201 HEBREW VERBS

FULLY CONJUGATED
IN ALL THE TENSES
Alphabetically arranged

Abraham S. Halkin, Ph.D.

formerly
Professor of Hebrew
The City College
City University of New York

BARRON'S EDUCATIONAL SERIES, Inc.

All inquiries should be addressed to:

Barron's Educational Series, Inc.
250 Wireless Boulevard
Hauppauge, New York 11788

Library of Congress Catalog Card No. 70-102878
International Standard Book No. 0-8120-0331-4

PRINTED IN THE UNITED STATES OF AMERICA

56   500   28 27 26

To the numerous students — who have enjoyed studying Hebrew as I enjoyed teaching them

CONTENTS

1. The Hebrew verb differs from English and other Indo-European verbs in several respects. Every verb-stem in Hebrew is made up of three consonants which appear in the various forms of the verb. By the addition of prefixes and suffixes, and by the variation of vowels, both the tense and the person doing the action can be indicated. The Hebrew tense-system is limited. It includes a past, a present, and a future, and also an imperative and a gerund. No special forms exist for the subjunctive or the optative. Within these limits a remarkable regularity of structure is characteristic of the Hebrew verb. A glance at any of the pages of the text will show that a pair of basic forms at the left provides us with the parts of the verb to which the suffixes are added to indicate the persons in the past, or prefixes and suffixes to serve the same purpose in the future. If the last letter of the root is *n*, it will coalesce with the *n* of the suffix; if it is *t*, it will do the same with *t* of the suffix.

2. What is peculiar to Hebrew and its sister-languages is a fixed method of modifying the basic meaning of the verb-stem. Something similar to it exists in English, but it lacks the regularity of Hebrew. We distinguish, for example, between *to fall* and *to fell, to sit* and *to seat*. We modify the meaning of the root by *ad-mit, sub-mit,* or *re-mit*. By altering the root-vowels, or by changing the prefix, we vary the meaning of the resulting form. Now, what is occasional and unpredictable in English is quite consistent in Hebrew. Except for some survivals from its early history, there are altogether seven patterns which a verb-stem may assume. Each of these will be inflected with the addition of the same prefixes and suffixes to show the same tenses and persons. They are:

I. *KAL,* the simple verb stem discussed in paragraph 1.

II. *NIF'AL,* expressing the passive sense of the *Kal,* or the reflexive. It is built by the addition of *n* to the stem, which is absorbed in the future by the first letter of the root.

III. *PI'EL,* in which the second of the three root-consonants is stressed (doubled) in pronunciation. In print this is shown by a dot *(Dagesh)* in the stressed letter. If it is one of the four gutturals, or *r,* which the ancient Hebrews were not able to double, it is compensated by lengthening the preceding vowel (see p. ix). It generally expresses intensification of the meaning of the root, or it makes transitive a verb intransitive in the *Kal.*

IV. *PU'AL,* the passive of the preceding, similarly characterized by *Dagesh* in the second root-letter, or by compensation where it cannot be stressed (see p x).

V. *HIF'IL,* the generally causative form, fashioned by prefixing *h* to the root, which is absorbed by the preceding letter in the present and future.

VI. *HUF'AL,* the passive of the preceding and, like it, having a *h* prefixed with the same treatment in the present and future. It will be noted that this form is frequently *HOF'AL.*

VII. *HITPA'EL,* the reflexive, identified by the prefix *hit* attached to the root. In the present and future the *h* of the prefix is replaced by *m* in the former, and by the prefixes in the latter.

NOTE 1. If a root begins with *s* or *sh,* this first letter is placed between *hi* and *t* in the entire *HITPA'EL.* If the first letter is *s* or *z,* the same transposition takes place and, in addition, *t* changes to *ṭ* or *d* respectively.

NOTE 2. Roughly since the begining of the Common Era, the *PU'AL* and *HUF'AL* dropped out of use, except for their present, and were replaced, in the past tense only, by a form *NITPA'EL.* In the present and future the regular *HITPA'EL* is substituted for them.

3. In the conjugation of the verb in our book it will be noted that every one of the seven forms is preceded by a line with four Hebrew

words on it, two at the left of the page and two at the right. The former were discussed in paragraph 1. The first of the two words to the right is the infinitive of the particular form which it heads. The second is the gerund, which is listed with the four prepositions *b, k, l, m.* Like the gerund in English, it is used with every other preposition in the language, *including the particle* to *which, in English, is used with the infinitive.* The passive *PU'AL* and *HUF'AL* possess no gerund.

4. In the paradigm of the *KAL,* you will find that in many cases (mostly in transitive verbs) a passive of the present is listed. It is like an adjective in usage, and is the equivalent of the English past participle when it is employed as an adjective. But when the force of the latter is of a verb, its Hebrew equivalent is the *NIF'AL* or another of the passive forms.

5. Some of the verbs whose second letter is *v* or *y,* or which have the same second or third letter (the geminated verbs), appear in two paradigms in the *PI'EL, PU'AL, HITPA'EL.* One, the older, is peculiar to these classes of verbs; the second is simpler, resembling the regular verbs.

NOTE. The *HIF'IL* of some of the verbs in these classes can likewise appear in one of two alternate forms in the past tense. Generally one is more frequent than the other.

6. As the paradigms of the verbs are studied, the student will become aware of certain variations guided by certain principles. These are classes of verbs which will now be described. To facilitate the summary, it should be learned that the first radical of a root is called its *Pé,* the second its *'Ayin,* and the third its *Lamed;* the terms come from the three letters of the Hebrew word for verb (פעל):

a. פ"נ, i.e. verbs whose first radical is *n.* When vowelless and standing between two vowelled letters, it will be elided and replaced by *Dagesh* in the following letter. This situation exists in the future of the *Kal,* the past and present of the *Nif'al,* and the entire *Hif'il* and *Huf'al.* If the second letter is one of the gutturals (אהח"ע), the *n* will not be elided.

b. **פ״י**. the six verbs ישב, ירד, יצא, ילד, ידע and הלך which behaves like **פ״י**, lose the *yod* in the future, imperative and the gerund of the *Kal*. The other **פ״י** verbs retain it as a silent letter which lengthens the preceding *i*. In the *Nif'al, Hif'il* and *Huf'al*, the *y* changes to *v*.

c. The five **פ״א** verbs, אפה, אמר, אכל, אבה, אבד, keep the *aleph* silent in the future of the *Kal*, and the vowel of the prefix is *Ō*. Other verbs in this class and all of them in the other forms behave like the other first-radical-gutturals.

d. **ע״ו** and **ע״י** can be learned from a model in the text. (See p. xii) This is also true of the geminated verbs.

e. **ל״א**. Since the *aleph* is a silent letter, it causes the short *a* of the letter preceding it to be converted to long *a*.

f. **ל״ה**. In the first and second persons of the past tense in the singular and plural of all the seven forms, the *he* is replaced by *yod*. So also in the present passive of the *Kal*.

7. The verbs whose three radicals are sounded in every form of the system are called שלמים (sound).

8. It is important to bear in mind that although theoretically every root can be put through the seven forms, many of them have not developed all the seven in usage. There is no way of predicting which will and which will not. A good dictionary is the best guide.

9. The actual meaning of the several forms of verbs is not always evident in translation in relation to the form. It is therefore much more advisable to identify the forms by their vocalization and general appearance than by their meaning. Conversely, when translating from English to Hebrew the dictionary is to be consulted for the proper form, if the student is in doubt.

Abraham S. Halkin

Professor of Hebrew

THE CITY COLLEGE
CITY UNIVERSITY OF NEW YORK

SAMPLE ENGLISH VERB CONJUGATION

INFINITIVE **to be heavy—to win honor**

I — *Kal* (Simple): to be heavy

> *Past* I was heavy, you were heavy (m.), you were heavy (f.), he was heavy, she was heavy, we were heavy, you (f.p.) were heavy, they were heavy

> *Future* I shall be heavy, you (m.) will be heavy, you (f.) will be heavy, he will be heavy, she will be heavy, we shall be heavy, you (m.p.) will be heavy, you (f.p.) will be heavy, they (m.) will be heavy, they (f.) will be heavy

> *Present* I am, you are, he is heavy; I (f.) you (p.), she is heavy; we (m.), you, they are heavy; we (f.), you, they are heavy

Imperative Be heavy (m.s.), be heavy (f.s.), be heavy (m.p.), be heavy (f.p.)

Gerund In being heavy, on being heavy, to be heavy, from being heavy

II — *Nif'al* (Reflexive, passive): to win honor

> *Past* I won honor, you (m.) won honor, you (f.) won honor, he won honor, she won honor, we won honor, you (m.p.) won honor, you (f.p.) won honor, they won honor

> *Future* I shall win honor, you (m.) will win honor, you (f.) will win honor, he will win honor, she will win honor, we shall win honor, you (m.p.) will win honor, you (f.p.) will win honor, they (m.) will win honor, they (f.) will win honor

> *Present* I win, you win, he wins honor; I win, you win, she wins honor; we (m.p.), you, they win honor; we (f.p.), you, they win honor

Imperative Win honor (m.s.), win honor (f.s.), win honor (m.p.), win honor (f.p.)

Gerund In winning honor, on winning honor, to win honor, from winning honor

III — *Pi'el* (Intensive): To honor

> *Past* I honored, you (m.) honored, you (f.) honored, he honored, she honored, we honored, you (m.p.) honored, you (f.p.) honored, they honored

> *Future* I shall honor, you (m.) will honor, you (f.) will honor, he will honor, she will honor, we shall honor, you (m.p.) will honor, you (f.p.) will honor, they (m.) will honor, they (f.) will honor

> *Present* I honor, you honor, he honors; I honor, you honor, she honors; we (m.) honor, you honor, they honor; we (f.) honor, you honor, they honor

Imperative Honor (m.s.), honor (f.s.), honor (m.p.), honor (f.p.)

Gerund In honoring, on honoring, to honor, from honoring

IV — *Pu'al* (Intensive Passive): to be honored

Past I was honored, you (m.) were honored, you (f.) were honored, he was honored, she was honored, we were honored, you (m.p.) were honored, you (f.p.) were honored, they were honored

Future I shall be honored, you (m.) will be honored), you (f.) will be honored, he will be honored, she will be honored, we shall be honored, you (m.p.) will be honored, you (f.p.) will be honored, they (m.) will be honored, they (f.) will be honored

Present I am, you are, he is honored; I (f.) am, you are, she is honored; we (m.p.), you, they are honored; we (f.p.), you, they are honored

V — *Hif'il* (Causative): to make heavy

Past I made heavy, you (m.) made heavy, you (f.) made heavy, he made heavy, she made heavy, we made heavy, you (m.p.) made heavy, you (f.p.) made heavy, they made heavy

Future I shall make heavy, you (m.) will make heavy, you (f.) will make heavy, he will make heavy, she will make heavy, we shall make heavy, you (m.p.) will make heavy, you (f.p.) will make heavy, they (m.) will make heavy, they (f.) will make heavy

Present I make, you make, he makes heavy; I (f.) make, you make, she makes heavy; we, you, they make heavy, we (f.), you, they make heavy

Imperative Make heavy (m.s.), make heavy (f.s.), make heavy (m.p.), make heavy (f.p.)

Gerund In making heavy, on making heavy, to make heavy, from making heavy

VI — *Huf'al* (Causative Passive): to be made heavy

Past I was made heavy, you (m.) were made heavy, you (f.) were made heavy, he was made heavy, she was made heavy, we were made heavy, you (m.p.) were made heavy, you (f.p.) were made heavy, they were made heavy

Future I shall be made heavy, you (m.) will be made heavy, you (f.) will be made heavy, he will be made heavy, she will be made heavy, we shall be made heavy, you (m.p.) will be made heavy, you (f.p.) will be made heavy, they (m.) will be made heavy, they (f.) will be made heavy

Present I am, you (m.) are, he is made heavy; I (f.) am, you are, she is made heavy; we, you, they are made heavy; we (f.), you, they are made heavy

VII — *Hitpa'el* (Reflexive-passive): to exalt oneself

Past I exalted myself, you (m.) exalted yourself, you (f.) exalted yourself, he exalted himself, she exalted herself, we exalted ourselves, you (m.p.) exalted yourselves, you (f.p.) exalted yourselves, they exalted themselves

Future I shall exalt myself, you (m.) will exalt yourself, you (f.) will exalt yourself, he will exalt himself, she will exalt herself, we shall exalt ourselves, you (m.p.) will exalt yourselves, you (f.p.) will exalt yourselves, they (m.) will exalt themselves, they (f.) will exalt themselves

Present I, you, he exalt myself, yourself, himself; I (f.) exalt myself, you exalt yourself, she exalts herself; we, you, they exalt ourselves, yourselves, themselves; we (f.), you, they exalt ourselves, yourselves, themselves

Imperative Exalt yourself (m.s.), exalt yourself (f.s.), exalt yourselves (m.p.), exalt yourselves (f.p.)

Gerund In exalting oneself, on exalting oneself, to exalt oneself, from exalting oneself

MODEL VERB פקד

Kal

I – פָּקַד – פְּקֹד to visit, to remember: פְּקֹד, פָּקֹד

Past		Future		Present	Passive Present	Imperative	Gerund
פָּקַדְתִּי	פָּקַדְנוּ	אֶפְקֹד	נִפְקֹד	פּוֹקֵד	פָּקוּד	פְּקֹד	בִּפְקֹד
פָּקַדְתָּ	פְּקַדְתֶּם	תִּפְקֹד	תִּפְקְדוּ	פּוֹקֶדֶת	פְּקוּדָה	פִּקְדִי	כִּפְקֹד
פָּקַדְתְּ	פְּקַדְתֶּן	תִּפְקְדִי	תִּפְקֹדְנָה	(פּוֹקְדָה)	פְּקוּדִים	פִּקְדוּ	לִפְקֹד
פָּקַד	פָּקְדוּ	יִפְקֹד	יִפְקְדוּ	פּוֹקְדִים	פְּקוּדוֹת	פְּקֹדְנָה	מִפְּקֹד
פָּקְדָה		תִּפְקֹד	תִּפְקֹדְנָה	פּוֹקְדוֹת			

Nif'al

II – נִפְקַד – הִפָּקֵד to be lacking, to be remembered: הִפָּקֵד, הִפָּקֵד

Past		Future		Present	Imperative	Gerund
נִפְקַדְתִּי	נִפְקַדְנוּ	אֶפָּקֵד	נִפָּקֵד	נִפְקָד	הִפָּקֵד	בְּהִפָּקֵד
נִפְקַדְתָּ	נִפְקַדְתֶּם	תִּפָּקֵד	תִּפָּקְדוּ	נִפְקֶדֶת	הִפָּקְדִי	כְּהִפָּקֵד
נִפְקַדְתְּ	נִפְקַדְתֶּן	תִּפָּקְדִי	תִּפָּקַדְנָה	(נִפְקָדָה)	הִפָּקְדוּ	לְהִפָּקֵד
נִפְקַד	נִפְקְדוּ	יִפָּקֵד	יִפָּקְדוּ	נִפְקָדִים	הִפָּקַדְנָה	מֵהִפָּקֵד
נִפְקְדָה		תִּפָּקֵד	תִּפָּקַדְנָה	נִפְקָדוֹת		

Pi'el

III – פִּקֵּד – פַּקֵּד to muster, to command: פַּקֵּד, פַּקֵּד

Past		Future		Present	Imperative	Gerund
פִּקַּדְתִּי	פִּקַּדְנוּ	אֲפַקֵּד	נְפַקֵּד	מְפַקֵּד	פַּקֵּד	בְּפַקֵּד
פִּקַּדְתָּ	פִּקַּדְתֶּם	תְּפַקֵּד	תְּפַקְּדוּ	מְפַקֶּדֶת	פַּקְּדִי	כְּפַקֵּד
פִּקַּדְתְּ	פִּקַּדְתֶּן	תְּפַקְּדִי	תְּפַקֵּדְנָה	(מְפַקְּדָה)	פַּקְּדוּ	לְפַקֵּד
פִּקֵּד	פִּקְּדוּ	יְפַקֵּד	יְפַקְּדוּ	מְפַקְּדִים	פַּקֵּדְנָה	מִפַּקֵּד
פִּקְּדָה		תְּפַקֵּד	תְּפַקֵּדְנָה	מְפַקְּדוֹת		

Pu'al

IV – פֻּקַּד – פֻּקַּד to be numbered, to be commanded: פֻּקֹּד

Past		Future		Present
פֻּקַּדְתִּי	פֻּקַּדְנוּ	אֲפֻקַּד	נְפֻקַּד	מְפֻקָּד
פֻּקַּדְתָּ	פֻּקַּדְתֶּם	תְּפֻקַּד	תְּפֻקְּדוּ	מְפֻקֶּדֶת
פֻּקַּדְתְּ	פֻּקַּדְתֶּן	תְּפֻקְּדִי	תְּפֻקַּדְנָה	(מְפֻקָּדָה)
פֻּקַּד	פֻּקְּדוּ	יְפֻקַּד	יְפֻקְּדוּ	מְפֻקָּדִים
פֻּקְּדָה		תְּפֻקַּד	תְּפֻקַּדְנָה	מְפֻקָּדוֹת

פקד

Hif'il

V – הִפְקִיד – הַפְקִיד to entrust, to deposit, to appoint: הַפְקִיד, הַפְקֵד

Past		Future		Present	Imperative	Gerund
הִפְקַדְתִּי	הִפְקַדְנוּ	אַפְקִיד	נַפְקִיד	מַפְקִיד	הַפְקֵד	בְּהַפְקִיד
הִפְקַדְתָּ	הִפְקַדְתֶּם	תַּפְקִיד	תַּפְקִידוּ	מַפְקֶדֶת	הַפְקִידִי	כְּהַפְקִיד
הִפְקַדְתְּ	הִפְקַדְתֶּן	תַּפְקִידִי	תַּפְקֵדְנָה	(מַפְקִידָה)	הַפְקִידוּ	לְהַפְקִיד
הִפְקִיד	הִפְקִידוּ	יַפְקִיד	יַפְקִידוּ	מַפְקִידִים	הַפְקֵדְנָה	מֵהַפְקִיד
הִפְקִידָה		תַּפְקִיד	תַּפְקֵדְנָה	מַפְקִידוֹת		

Huf'al

VI – הֻפְקַד – הֻפְקַד to be entrusted, to be deposited, to be appointed: הֻפְקֵד

Past		Future		Present
הֻפְקַדְתִּי	הֻפְקַדְנוּ	אֻפְקַד	נֻפְקַד	מֻפְקָד
הֻפְקַדְתָּ	הֻפְקַדְתֶּם	תֻּפְקַד	תֻּפְקְדוּ	מֻפְקֶדֶת
הֻפְקַדְתְּ	הֻפְקַדְתֶּן	תֻּפְקְדִי	תֻּפְקַדְנָה	(מֻפְקָדָה)
הֻפְקַד	הֻפְקְדוּ	יֻפְקַד	יֻפְקְדוּ	מֻפְקָדִים
הֻפְקְדָה		תֻּפְקַד	תֻּפְקַדְנָה	מֻפְקָדוֹת

Hitpa'el

VII – הִתְפַּקֵּד – הִתְפַּקֵּד to be numbered, to be commanded: הִתְפַּקֵּד, הִתְפַּקֵּד

Past		Future		Present	Imperative	Gerund
הִתְפַּקַּדְתִּי	הִתְפַּקַּדְנוּ	אֶתְפַּקֵּד	נִתְפַּקֵּד	מִתְפַּקֵּד	הִתְפַּקֵּד	בְּהִתְפַּקֵּד
הִתְפַּקַּדְתָּ	הִתְפַּקַּדְתֶּם	תִּתְפַּקֵּד	תִּתְפַּקְּדוּ	מִתְפַּקֶּדֶת	הִתְפַּקְּדִי	כְּהִתְפַּקֵּד
הִתְפַּקַּדְתְּ	הִתְפַּקַּדְתֶּן	תִּתְפַּקְּדִי	תִּתְפַּקֵּדְנָה	(מִתְפַּקְּדָה)	הִתְפַּקְּדוּ	לְהִתְפַּקֵּד
הִתְפַּקֵּד	הִתְפַּקְּדוּ	יִתְפַּקֵּד	יִתְפַּקְּדוּ	מִתְפַּקְּדִים	הִתְפַּקֵּדְנָה	מֵהִתְפַּקֵּד
הִתְפַּקְּדָה		תִּתְפַּקֵּד	תִּתְפַּקֵּדְנָה	מִתְפַּקְּדוֹת		

אבד

Kal

I – אָבַד – אֱבֹד to perish, to be lost: **אֱבֹד, אָבֹד**

Past		*Future*		*Present*	*Passive Present*	*Imperative*	*Gerund*
אָבַדְתִּי	אָבַדְנוּ	אֹבַד	נֹאבַד	אוֹבֵד	אָבוּד	אֱבֹד	בַּאֲבֹד
אָבַדְתָּ	אֲבַדְתֶּם	תֹּאבַד	תֹּאבְדוּ	אוֹבֶדֶת	אֲבוּדָה	אִבְדִי	כַּאֲבֹד
אָבַדְתְּ	אֲבַדְתֶּן	תֹּאבְדִי	תֹּאבַדְנָה	(אוֹבְדָה)	אֲבוּדִים	אִבְדוּ	לַאֲבֹד
אָבַד	אָבְדוּ	יֹאבַד	יֹאבְדוּ	אוֹבְדִים	אֲבוּדוֹת	אֱבֹדְנָה	מֵאֲבֹד
אָבְדָה		תֹּאבַד	תֹּאבַדְנָה	אוֹבְדוֹת			

Nif'al

II – נֶאֱבַד – הֵאָבֵד to be lost, to perish: **הֵאָבֵד, הֵאָבֵד**

Past		*Future*		*Present*	*Imperative*	*Gerund*
נֶאֱבַדְתִּי	נֶאֱבַדְנוּ	אֵאָבֵד	נֵאָבֵד	נֶאֱבָד	הֵאָבֵד	בְּהֵאָבֵד
נֶאֱבַדְתָּ	נֶאֱבַדְתֶּם	תֵּאָבֵד	תֵּאָבְדוּ	נֶאֱבֶדֶת	הֵאָבְדִי	כְּהֵאָבֵד
נֶאֱבַדְתְּ	נֶאֱבַדְתֶּן	תֵּאָבְדִי	תֵּאָבַדְנָה	(נֶאֱבָדָה)	הֵאָבְדוּ	לְהֵאָבֵד
נֶאֱבַד	נֶאֶבְדוּ	יֵאָבֵד	יֵאָבְדוּ	נֶאֱבָדִים	הֵאָבַדְנָה	מֵהֵאָבֵד
נֶאֶבְדָה		תֵּאָבֵד	תֵּאָבַדְנָה	נֶאֱבָדוֹת		

Pi'el

III – אִבֵּד – אַבֵּד to lose, to waste, to destroy: **אַבֵּד, אַבֵּד**

Past		*Future*		*Present*	*Imperative*	*Gerund*
אִבַּדְתִּי	אִבַּדְנוּ	אֲאַבֵּד	נְאַבֵּד	מְאַבֵּד	אַבֵּד	בְּאַבֵּד
אִבַּדְתָּ	אִבַּדְתֶּם	תְּאַבֵּד	תְּאַבְּדוּ	מְאַבֶּדֶת	אַבְּדִי	כְּאַבֵּד
אִבַּדְתְּ	אִבַּדְתֶּן	תְּאַבְּדִי	תְּאַבֵּדְנָה	(מְאַבְּדָה)	אַבְּדוּ	לְאַבֵּד
אִבֵּד	אִבְּדוּ	יְאַבֵּד	יְאַבְּדוּ	מְאַבְּדִים	אַבֵּדְנָה	מֵאַבֵּד
אִבְּדָה		תְּאַבֵּד	תְּאַבֵּדְנָה	מְאַבְּדוֹת		

Pu'al

IV – אֻבַּד – אֻבַּד to be wasted, to be destroyed: **אֻבֹּד**

Past		*Future*		*Present*
אֻבַּדְתִּי	אֻבַּדְנוּ	אֲאֻבַּד	נְאֻבַּד	מְאֻבָּד
אֻבַּדְתָּ	אֻבַּדְתֶּם	תְּאֻבַּד	תְּאֻבְּדוּ	מְאֻבֶּדֶת
אֻבַּדְתְּ	אֻבַּדְתֶּן	תְּאֻבְּדִי	תְּאֻבַּדְנָה	(מְאֻבָּדָה)
אֻבַּד	אֻבְּדוּ	יְאֻבַּד	יְאֻבְּדוּ	מְאֻבָּדִים
אֻבְּדָה		תְּאֻבַּד	תְּאֻבַּדְנָה	מְאֻבָּדוֹת

אבד

Hif'il

V – הֶאֱבִיד – הַאֲבִיד to ruin, to cause to perish: **הַאֲבִיד, הַאֲבֵד**

Past		Future		Present	Imperative	Gerund
הֶאֱבַדְתִּי	הֶאֱבַדְנוּ	אַאֲבִיד	נַאֲבִיד	מַאֲבִיד	הַאֲבֵד	בְּהַאֲבִיד
הֶאֱבַדְתָּ	הֶאֱבַדְתֶּם	תַּאֲבִיד	תַּאֲבִידוּ	מַאֲבִידָה	הַאֲבִידִי	כְּהַאֲבִיד
הֶאֱבַדְתְּ	הֶאֱבַדְתֶּן	תַּאֲבִידִי	תַּאֲבֵדְנָה	(מַאֲבֶדֶת)	הַאֲבִידוּ	לְהַאֲבִיד
הֶאֱבִיד	הֶאֱבִידוּ	יַאֲבִיד	יַאֲבִידוּ	מַאֲבִידִים	הַאֲבֵדְנָה	מֵהַאֲבִיד
הֶאֱבִידָה		תַּאֲבִיד	תַּאֲבֵדְנָה	מַאֲבִידוֹת		

Huf'al

VI*–

* This root has not developed this form.

Hitpa'el

VII – הִתְאַבֵּד – הִתְאַבֵּד to commit suicide: **הִתְאַבֵּד, הִתְאַבֵּד**

Past		Future		Present	Imperative	Gerund
הִתְאַבַּדְתִּי	הִתְאַבַּדְנוּ	אֶתְאַבֵּד	נִתְאַבֵּד	מִתְאַבֵּד	הִתְאַבֵּד	בְּהִתְאַבֵּד
הִתְאַבַּדְתָּ	הִתְאַבַּדְתֶּם	תִּתְאַבֵּד	תִּתְאַבְּדוּ	מִתְאַבֶּדֶת	הִתְאַבְּדִי	כְּהִתְאַבֵּד
הִתְאַבַּדְתְּ	הִתְאַבַּדְתֶּן	תִּתְאַבְּדִי	תִּתְאַבֵּדְנָה	(מִתְאַבְּדָה)	הִתְאַבְּדוּ	לְהִתְאַבֵּד
הִתְאַבֵּד	הִתְאַבְּדוּ	יִתְאַבֵּד	יִתְאַבְּדוּ	מִתְאַבְּדִים	הִתְאַבֵּדְנָה	מֵהִתְאַבֵּד
הִתְאַבְּדָה		תִּתְאַבֵּד	תִּתְאַבֵּדְנָה	מִתְאַבְּדוֹת		

אהב

Kal

I – אָהַב – אֱהַב to love, to like: אֱהֹב, אָהֹב

Past		Future		Present	Passive Present	Imperative	Gerund
אָהַבְתִּי	אָהַבְנוּ	*אֶאֱהַב	נֶאֱהַב	אוֹהֵב	אָהוּב	אֱהַב	בֶּאֱהֹב
אָהַבְתָּ	אֲהַבְתֶּם	תֶּאֱהַב	תֶּאֶהֱבוּ	אוֹהֶבֶת	אֲהוּבָה	אֶהֱבִי	כֶּאֱהֹב
אָהַבְתְּ	אֲהַבְתֶּן	תֶּאֶהֱבִי	תֶּאֱהַבְנָה	(אוֹהֲבָה)	אֲהוּבִים	אֶהֱבוּ	לֶאֱהֹב
אָהַב	אָהֲבוּ	יֶאֱהַב	יֶאֶהֱבוּ	אוֹהֲבִים	אֲהוּבוֹת	אֱהַבְנָה	מֵאֱהֹב
אָהֲבָה		תֶּאֱהַב	תֶּאֱהַבְנָה	אוֹהֲבוֹת			

*or: אֹהַב תֹּאהַב תֹּאהֲבִי etc.

Nif'al

II – נֶאֱהַב – הֵאָהֵב to be loved, to be liked: הֵאָהֵב, הֵאָהֵב

Past		Future		Present	Imperative	Gerund
נֶאֱהַבְתִּי	נֶאֱהַבְנוּ	אֵאָהֵב	נֵאָהֵב	נֶאֱהָב	הֵאָהֵב	בְּהֵאָהֵב
נֶאֱהַבְתָּ	נֶאֱהַבְתֶּם	תֵּאָהֵב	תֵּאָהֲבוּ	נֶאֱהֶבֶת	הֵאָהֲבִי	כְּהֵאָהֵב
נֶאֱהַבְתְּ	נֶאֱהַבְתֶּן	תֵּאָהֲבִי	תֵּאָהַבְנָה	(נֶאֱהָבָה)	הֵאָהֲבוּ	לְהֵאָהֵב
נֶאֱהַב	נֶאֶהֱבוּ	יֵאָהֵב	יֵאָהֲבוּ	נֶאֱהָבִים	הֵאָהַבְנָה	מֵהֵאָהֵב
נֶאֶהֱבָה		תֵּאָהֵב	תֵּאָהַבְנָה	נֶאֱהָבוֹת		

Pi'el

III – אִהֵב – אַהֵב to love passionately, to lust: אַהֵב, אַהֵב

Past		Future		Present	Imperative	Gerund
אִהַבְתִּי	אִהַבְנוּ	אֲאַהֵב	נְאַהֵב	מְאַהֵב	אַהֵב	בְּאַהֵב
אִהַבְתָּ	אִהַבְתֶּם	תְּאַהֵב	תְּאַהֲבוּ	מְאַהֶבֶת	אַהֲבִי	כְּאַהֵב
אִהַבְתְּ	אִהַבְתֶּן	תְּאַהֲבִי	תְּאַהֵבְנָה	מְאַהֲבִים	אַהֲבוּ	לְאַהֵב
אִהֵב	אִהֲבוּ	יְאַהֵב	יְאַהֲבוּ	מְאַהֲבוֹת	אַהֵבְנָה	מֵאַהֵב
אִהֲבָה		תְּאַהֵב	תְּאַהֵבְנָה			

Pu'al

IV – אֻהַב – אֻהַב to be in love: אֻהֹב

Past		Future		Present
אֻהַבְתִּי	אֻהַבְנוּ	אֲאֻהַב	נְאֻהַב	מְאֻהָב
אֻהַבְתָּ	אֻהַבְתֶּם	תְּאֻהַב	תְּאֻהֲבוּ	מְאֻהָבָה
אֻהַבְתְּ	אֻהַבְתֶּן	תְּאֻהֲבִי	תְּאֻהַבְנָה	(מְאֻהֶבֶת)
אֻהַב	אֻהֲבוּ	יְאֻהַב	יְאֻהֲבוּ	מְאֻהָבִים
אֻהֲבָה		תְּאֻהַב	תְּאֻהַבְנָה	מְאֻהָבוֹת

אהב

Hif'il

V – הֶאֱהִיב – הַאֲהִיב to cause to love, to make lovable: הַאֲהִיב, הַאֲהֵב

Past		*Future*		*Present*	*Imperative*	*Gerund*
הֶאֱהַבְתִּי	הֶאֱהַבְנוּ	אַאֲהִיב	נַאֲהִיב	מַאֲהִיב	הַאֲהֵב	בְּהַאֲהִיב
הֶאֱהַבְתָּ	הֶאֱהַבְתֶּם	תַּאֲהִיב	תַּאֲהִיבוּ	מַאֲהֶבֶת	הַאֲהִיבִי	כְּהַאֲהִיב
הֶאֱהַבְתְּ	הֶאֱהַבְתֶּן	תַּאֲהִיבִי	תַּאֲהֵבְנָה	(מַאֲהִיבָה)	הַאֲהִיבוּ	לְהַאֲהִיב
הֶאֱהִיב	הֶאֱהִיבוּ	יַאֲהִיב	יַאֲהִיבוּ	מַאֲהִיבִים	הַאֲהֵבְנָה	מֵהַאֲהִיב
הֶאֱהִיבָה		תַּאֲהִיב	תַּאֲחֵבְנָה	מַאֲהִיבוֹת		

Huf'al

VI*–

* This root has not developed this form.

Hitpa'el

VII – הִתְאַהֵב – הִתְאַהֵב to fall in love: הִתְאַהֵב

Past		*Future*		*Present*	*Imperative*	*Gerund*
הִתְאַהַבְתִּי	הִתְאַהַבְנוּ	אֶתְאַהֵב	נִתְאַהֵב	מִתְאַהֵב	הִתְאַהֵב	בְּהִתְאַהֵב
הִתְאַהַבְתָּ	הִתְאַהַבְתֶּם	תִּתְאַהֵב	תִּתְאַהֲבוּ	מִתְאַהֶבֶת	הִתְאַהֲבִי	כְּהִתְאַהֵב
הִתְאַהַבְתְּ	הִתְאַהַבְתֶּן	תִּתְאַהֲבִי	תִּתְאַהֵבְנָה	(מִתְאַהֲבָה)	הִתְאַהֲבוּ	לְהִתְאַהֵב
הִתְאַהֵב	הִתְאַהֲבוּ	יִתְאַהֵב	יִתְאַהֲבוּ	מִתְאַהֲבִים	הִתְאַהֵבְנָה	מֵהִתְאַהֵב
הִתְאַהֲבָה		תִּתְאַהֵב	תִּתְאַהֵבְנָה	מִתְאַהֲבוֹת		

אור

Kal

I – אוֹר – אוֹר to become light, to shine: **אוֹר, אוֹר**

Past		*Future*		*Present*	*Passive Present*	*Imperative*	*Gerund*
אֹרְתִּי	אֹרְנוּ	אָאוֹר	נָאוֹר	אוֹר		אוֹר	בְּאוֹר
אֹרְתָּ	אָרְתֶּם	תָּאוֹר	תָּאוֹרוּ	אוֹרָה		אוֹרִי	כְּאוֹר
אֹרְתְּ	אָרְתֶּן	תָּאוֹרִי	תָּאֹרְנָה	אוֹרִים		אוֹרוּ	לָאוֹר
אוֹר	אוֹרוּ	יָאוֹר	יָאוֹרוּ	אוֹרוֹת		אֹרְנָה	מֵאוֹר
אוֹרָה		תָּאוֹר	תָּאֹרְנָה				

Nif'al

II – נָאוֹר – הֵאוֹר to be light, to become brightened: **הֵאוֹר, הֵאוֹר**

Past		*Future*		*Present*	*Imperative*	*Gerund*
נְאוּרוֹתִי	נְאוּרוֹנוּ	אֵאוֹר	נֵאוֹר	נָאוֹר	הֵאוֹר	בְּהֵאוֹר
נְאוּרוֹתָ	נְאוּרוֹתֶם	תֵּאוֹר	תֵּאוֹרוּ	נְאוֹרָה	הֵאוֹרִי	כְּהֵאוֹר
נְאוּרוֹת	נְאוּרוֹתֶן	תֵּאוֹרִי	תֵּאֹרְנָה	נְאוֹרִים	הֵאוֹרוּ	לְהֵאוֹר
נָאוֹר	נָאוֹרוּ	יֵאוֹר	יֵאוֹרוּ	נְאוֹרוֹת	הֵאֹרְנָה	מֵהֵאוֹר
נָאוֹרָה		תֵּאוֹר	תֵּאֹרְנָה			

Pi'el

III – אִוֵּר – אַוֵּר to air: **אַוֵּר, אַוֵּר**

Past		*Future*		*Present*	*Imperative*	*Gerund*
אִוַּרְתִּי	אִוַּרְנוּ	אֲאַוֵּר	נְאַוֵּר	מְאַוֵּר	אַוֵּר	בְּאַוֵּר
אִוַּרְתָּ	אִוַּרְתֶּם	תְּאַוֵּר	תְּאַוְּרוּ	מְאַוֶּרֶת	אַוְּרִי	כְּאַוֵּר
אִוַּרְתְּ	אִוַּרְתֶּן	תְּאַוְּרִי	תְּאַוֵּרְנָה	(מְאַוְּרָה)	אַוְּרוּ	לְאַוֵּר
אִוֵּר	אִוְּרוּ	יְאַוֵּר	יְאַוְּרוּ	מְאַוְּרִים	אַוֵּרְנָה	מֵאַוֵּר
אִוְּרָה		תְּאַוֵּר	תְּאַוֵּרְנָה	מְאַוְּרוֹת		

Pu'al

IV – אֻוַּר – אֻוַּר to be aired: **אֻוֹּר**

Past		*Future*		*Present*
אֻוַּרְתִּי	אֻוַּרְנוּ	אֲאֻוַּר	נְאֻוַּר	מְאֻוָּר
אֻוַּרְתָּ	אֻוַּרְתֶּם	תְּאֻוַּר	תְּאֻוְּרוּ	מְאֻוֶּרֶת
אֻוַּרְתְּ	אֻוַּרְתֶּן	תְּאֻוְּרִי	תְּאֻוַּרְנָה	(מְאֻוָּרָה)
אֻוַּר	אֻוְּרוּ	יְאֻוַּר	יְאֻוְּרוּ	מְאֻוָּרִים
אֻוְּרָה		תְּאֻוַּר	תְּאֻוַּרְנָה	מְאֻוָּרוֹת

אור

Hif'il

V – הֵאִיר – הָאִיר to shine, to light up: **הָאִיר, הָאֵר**

Past		*Future*		*Present*	*Imperative*	*Gerund*
הֵאַרְתִּי	הֵאַרְנוּ	אָאִיר	נָאִיר	מֵאִיר	הָאֵר	בְּהָאִיר
הֵאַרְתָּ	הֵאַרְתֶּם	תָּאִיר	תָּאִירוּ	מְאִירָה	הָאִירִי	כְּהָאִיר
הֵאַרְתְּ	הֵאַרְתֶּן	תָּאִירִי	תָּאֵרְנָה	מְאִירִים	הָאִירוּ	לְהָאִיר
הֵאִיר	הֵאִירוּ	יָאִיר	יָאִירוּ	מְאִירוֹת	הָאֵרְנָה	מֵהָאִיר
הֵאִירָה		תָּאִיר	תָּאֵרְנָה			

Huf'al

VI – הוּאַר – הוּאַר to be lit, to be illuminated: **הוּאֵר**

Past		*Future*		*Present*
הוּאַרְתִּי	הוּאַרְנוּ	אוּאַר	נוּאַר	מוּאָר
הוּאַרְתָּ	הוּאַרְתֶּם	תּוּאַר	תּוּאֲרוּ	מוּאָרָה
הוּאַרְתְּ	הוּאַרְתֶּן	תּוּאֲרִי	תּוּאַרְנָה	מוּאָרִים
הוּאַר	הוּאֲרוּ	יוּאַר	יוּאֲרוּ	מוּאָרוֹת
הוּאֲרָה		תּוּאַר	תּוּאַרְנָה	

Hitpa'el

VII – הִתְאַוֵּר – הִתְאַוֵּר – הִתְאַוֵּר to become aired: **הִתְאַוֵּר, הִתְאַוֵּר**

Past		*Future*		*Present*	*Imperative*	*Gerund*
הִתְאַוַּרְתִּי	הִתְאַוַּרְנוּ	אֶתְאַוֵּר	נִתְאַוֵּר	מִתְאַוֵּר	הִתְאַוֵּר	בְּהִתְאַוֵּר
הִתְאַוַּרְתָּ	הִתְאַוַּרְתֶּם	תִּתְאַוֵּר	תִּתְאַוְּרוּ	מִתְאַוֶּרֶת	הִתְאַוְּרִי	כְּהִתְאַוֵּר
הִתְאַוַּרְתְּ	הִתְאַוַּרְתֶּן	תִּתְאַוְּרִי	תִּתְאַוֵּרְנָה	(מִתְאַוְּרָה)	הִתְאַוְּרוּ	לְהִתְאַוֵּר
הִתְאַוֵּר	הִתְאַוְּרוּ	יִתְאַוֵּר	יִתְאַוְּרוּ	מִתְאַוְּרִים	הִתְאַוֵּרְנָה	מֵהִתְאַוֵּר
הִתְאַוְּרָה		תִּתְאַוֵּר	תִּתְאַוֵּרְנָה	מִתְאַוְּרוֹת		

אחז

Kal

I — אָחַז — אֶאֱחֹז to seize, to take possession: **אָחֹז**

Past		*Future*		*Present*	*Passive Present*	*Imperative*	*Gerund*
אָחַזְתִּי	אָחַזְנוּ	אֶאֱחֹז	נֶאֱחֹז	אוֹחֵז	אָחוּז	אֱחֹז	בֶּאֱחֹז
אָחַזְתָּ	אֲחַזְתֶּם	תֶּאֱחֹז	תֶּאֶחֱזוּ	אוֹחֶזֶת	אֲחוּזָה	אֶחֱזִי	כֶּאֱחֹז
אָחַזְתְּ	אֲחַזְתֶּן	תֶּאֶחֱזִי	תֶּאֱחֹזְנָה	(אוֹחֲזָה)	אֲחוּזִים	אֶחֱזוּ	לֶאֱחֹז
אָחַז	אָחֲזוּ	יֶאֱחֹז	יֶאֶחֱזוּ	אוֹחֲזִים	אֲחוּזוֹת	אֱחֹזְנָה	מֵאֱחֹז
אָחֲזָה		תֶּאֱחֹז	תֶּאֱחֹזְנָה	אוֹחֲזוֹת			

Nif'al

II — נֶאֱחַז — הֵאָחֵז to be seized, to take hold: **הֵאָחֵז, הֵאָחֵז**

Past		*Future*		*Present*		*Imperative*	*Gerund*
נֶאֱחַזְתִּי	נֶאֱחַזְנוּ	אֵאָחֵז	נֵאָחֵז	נֶאֱחָז		הֵאָחֵז	בְּהֵאָחֵז
נֶאֱחַזְתָּ	נֶאֱחַזְתֶּם	תֵּאָחֵז	תֵּאָחֲזוּ	נֶאֱחֶזֶת		הֵאָחֲזִי	כְּהֵאָחֵז
נֶאֱחַזְתְּ	נֶאֱחַזְתֶּן	תֵּאָחֲזִי	תֵּאָחַזְנָה	(נֶאֱחָזָה)		הֵאָחֲזוּ	לְהֵאָחֵז
נֶאֱחַז	נֶאֶחֱזוּ	יֵאָחֵז	יֵאָחֲזוּ	נֶאֱחָזִים		הֵאָחַזְנָה	מֵהֵאָחֵז
נֶאֶחֱזָה		תֵּאָחֵז	תֵּאָחַזְנָה	נֶאֱחָזוֹת			

Pi'el

III — אִחֵז — אַחֵז to cover, to enclose: **אַחֵז, אַחֵז**

Past		*Future*		*Present*		*Imperative*	*Gerund*
אִחַזְתִּי	אִחַזְנוּ	אֲאַחֵז	נְאַחֵז	מְאַחֵז		אַחֵז	בְּאַחֵז
אִחַזְתָּ	אִחַזְתֶּם	תְּאַחֵז	תְּאַחֲזוּ	מְאַחֶזֶת		אַחֲזִי	כְּאַחֵז
אִחַזְתְּ	אִחַזְתֶּן	תְּאַחֲזִי	תְּאַחֵזְנָה	(מְאַחֲזָה)		אַחֲזוּ	לְאַחֵז
אִחֵז	אִחֲזוּ	יְאַחֵז	יְאַחֲזוּ	מְאַחֲזִים		אַחֵזְנָה	מֵאַחֵז
אִחֲזָה		תְּאַחֵז	תְּאַחֵזְנָה	מְאַחֲזוֹת			

Pu'al

IV*—

* This root has not developed this form.

אחז

Hif'il

V — הֶאֱחִיז — הַאֲחִיז to cause to hold, to cause to seize: הַאֲחִיז, הַאֲחֵז

Past	Past	Future	Future	Present	Imperative	Gerund
הֶאֱחַזְתִּי	הֶאֱחַזְנוּ	אַאֲחִיז	נַאֲחִיז	מַאֲחִיז	הַאֲחֵז	בְּהַאֲחִיז
הֶאֱחַזְתָּ	הֶאֱחַזְתֶּם	תַּאֲחִיז	תַּאֲחִיזוּ	מַאֲחֶזֶת	הַאֲחִיזִי	כְּהַאֲחִיז
הֶאֱחַזְתְּ	הֶאֱחַזְתֶּן	תַּאֲחִיזִי	תַּאֲחֵזְנָה	(מַאֲחִיזָה)	הַאֲחִיזוּ	לְהַאֲחִיז
הֶאֱחִיז	הֶאֱחִיזוּ	יַאֲחִיז	יַאֲחִיזוּ	מַאֲחִיזִים	הַאֲחֵזְנָה	מֵהַאֲחִיז
הֶאֱחִיזָה		תַּאֲחִיז	תַּאֲחֵזְנָה	מַאֲחִיזוֹת		

Huf'al

VI — הָאֳחַז — הָאֳחַז to be held, to be fastened: הָאֳחֵז

Past	Past	Future	Future	Present
הָאֳחַזְתִּי	הָאֳחַזְנוּ	אָאֳחַז	נָאֳחַז	מָאֳחָז
הָאֳחַזְתָּ	הָאֳחַזְתֶּם	תָּאֳחַז	תָּאָחֲזוּ	מָאֳחֶזֶת
הָאֳחַזְתְּ	הָאֳחַזְתֶּן	תָּאָחֲזִי	תָּאֳחַזְנָה	(מָאֳחָזָה)
הָאֳחַז	הָאָחֲזוּ	יָאֳחַז	יָאָחֲזוּ	מָאֳחָזִים
הָאָחֲזָה		תָּאֳחַז	תָּאֳחַזְנָה	מָאֳחָזוֹת

Hitpa'el

VII — הִתְאַחֵז — הִתְאַחֵז to become closely knit, to settle: הִתְאַחֵז, הִתְאַחֵז

Past	Past	Future	Future	Present	Imperative	Gerund
הִתְאַחַזְתִּי	הִתְאַחַזְנוּ	אֶתְאַחֵז	נִתְאַחֵז	מִתְאַחֵז	הִתְאַחֵז	בְּהִתְאַחֵז
הִתְאַחַזְתָּ	הִתְאַחַזְתֶּם	תִּתְאַחֵז	תִּתְאַחֲזוּ	מִתְאַחֶזֶת	הִתְאַחֲזִי	כְּהִתְאַחֵז
הִתְאַחַזְתְּ	הִתְאַחַזְתֶּן	תִּתְאַחֲזִי	תִּתְאַחֵזְנָה	(מִתְאַחֲזָה)	הִתְאַחֲזוּ	לְהִתְאַחֵז
הִתְאַחֵז	הִתְאַחֲזוּ	יִתְאַחֵז	יִתְאַחֲזוּ	מִתְאַחֲזִים	הִתְאַחֵזְנָה	מֵהִתְאַחֵז
הִתְאַחֲזָה		תִּתְאַחֵז	תִּתְאַחֵזְנָה	מִתְאַחֲזוֹת		

Nitpa'el: Passive Past — נִתְאַחַזְתִּי etc.

אחר

Kal

I*–

Nif'al

II*–

* This root has not developed this form.

Pi'el

III – אֵחַר – אֵחַר – אַחֵר to be late, to linger: אַחֵר, אַחֵר

Past		*Future*		*Present*	*Imperative*	*Gerund*
אֵחַרְתִּי	אֵחַרְנוּ	אֲאַחֵר	נְאַחֵר	מְאַחֵר	אַחֵר	בְּאַחֵר
אֵחַרְתָּ	אֵחַרְתֶּם	תְּאַחֵר	תְּאַחֲרוּ	מְאַחֶרֶת	אַחֲרִי	כְּאַחֵר
אֵחַרְתְּ	אֵחַרְתֶּן	תְּאַחֲרִי	תְּאַחֵרְנָה	(מְאַחֲרָה)	אַחֲרוּ	לְאַחֵר
אֵחַר	אֵחֲרוּ	יְאַחֵר	יְאַחֲרוּ	מְאַחֲרִים	אַחֵרְנָה	מֵאַחֵר
אֵחֲרָה		תְּאַחֵר	תְּאַחֵרְנָה	מְאַחֲרוֹת		

Pu'al

IV – אֻחַר – אֻחַר to be made late: אֻחֹר

Past		*Future*		*Present*
אֻחַרְתִּי	אֻחַרְנוּ	אֲאֻחַר	נְאֻחַר	מְאֻחָר
אֻחַרְתָּ	אֻחַרְתֶּם	תְּאֻחַר	תְּאֻחֲרוּ	מְאֻחֶרֶת
אֻחַרְתְּ	אֻחַרְתֶּן	תְּאֻחֲרִי	תְּאֻחַרְנָה	(מְאֻחָרָה)
אֻחַר	אֻחֲרוּ	יְאֻחַר	יְאֻחֲרוּ	מְאֻחָרִים
אֻחֲרָה		תְּאֻחַר	תְּאֻחַרְנָה	מְאֻחָרוֹת

אחר

Hif'il

V – הֶאֱחִיר – הַאֲחִיר to postpone: **הַאֲחִיר, הַאֲחֵר**

Past		Future		Present	Imperative	Gerund
הֶאֱחַרְתִּי	הֶאֱחַרְנוּ	אַאֲחִיר	נַאֲחִיר	מַאֲחִיר	הַאֲחֵר	בְּהַאֲחִיר
הֶאֱחַרְתָּ	הֶאֱחַרְתֶּם	תַּאֲחִיר	תַּאֲחִירוּ	מַאֲחֶרֶת	הַאֲחִירִי	כְּהַאֲחִיר
הֶאֱחַרְתְּ	הֶאֱחַרְתֶּן	תַּאֲחִירִי	תַּאֲחֵרְנָה	(מַאֲחִירָה)	הַאֲחִירוּ	לְהַאֲחִיר
הֶאֱחִיר	הֶאֱחִירוּ	יַאֲחִיר	יַאֲחִירוּ	מַאֲחִירִים	הַאֲחֵרְנָה	מֵהַאֲחִיר
הֶאֱחִירָה		תַּאֲחִיר	תַּאֲחֵרְנָה	מַאֲחִירוֹת		

Huf'al

VI*–

* This root has not developed this form.

Hitpa'el

VII – הִתְאַחֵר – הִתְאַחֵר to be delayed, to tarry: **הִתְאַחֵר, הִתְאַחֵר**

Past		Future		Present	Imperative	Gerund
הִתְאַחַרְתִּי	הִתְאַחַרְנוּ	אֶתְאַחֵר	נִתְאַחֵר	מִתְאַחֵר	הִתְאַחֵר	בְּהִתְאַחֵר
הִתְאַחַרְתָּ	הִתְאַחַרְתֶּם	תִּתְאַחֵר	תִּתְאַחֲרוּ	מִתְאַחֶרֶת	הִתְאַחֲרִי	כְּהִתְאַחֵר
הִתְאַחַרְתְּ	הִתְאַחַרְתֶּן	תִּתְאַחֲרִי	תִּתְאַחֵרְנָה	(מִתְאַחֲרָה)	הִתְאַחֲרוּ	לְהִתְאַחֵר
הִתְאַחֵר	הִתְאַחֲרוּ	יִתְאַחֵר	יִתְאַחֲרוּ	מִתְאַחֲרִים	הִתְאַחֵרְנָה	מֵהִתְאַחֵר
הִתְאַחֲרָה		תִּתְאַחֵר	תִּתְאַחֵרְנָה	מִתְאַחֲרוֹת		

אכל

Kal

I – אָכַל – אֱכֹל to eat, to dine: אֱכֹל, אָכֹל

Past		Future		Present	Passive Present	Imperative	Gerund
אָכַלְתִּי	אָכַלְנוּ	אֹכַל	נֹאכַל	אוֹכֵל	אָכוּל	אֱכֹל	בֶּאֱכֹל
אָכַלְתָּ	אֲכַלְתֶּם	תֹּאכַל	תֹּאכְלוּ	אוֹכֶלֶת	אֲכוּלָה	אִכְלִי	כֶּאֱכֹל
אָכַלְתְּ	אֲכַלְתֶּן	תֹּאכְלִי	תֹּאכַלְנָה	(אוֹכְלָה)	אֲכוּלִים	אִכְלוּ	לֶאֱכֹל
אָכַל	אָכְלוּ	יֹאכַל	יֹאכְלוּ	אוֹכְלִים	אֲכוּלוֹת	אֱכֹלְנָה	מֵאֱכֹל
אָכְלָה		תֹּאכַל	תֹּאכַלְנָה	אוֹכְלוֹת			

Nif'al

II – נֶאֱכַל – הֵאָכֵל to be eaten: הֵאָכֵל, הֵאָכֹל

Past		Future		Present	Imperative	Gerund
נֶאֱכַלְתִּי	נֶאֱכַלְנוּ	אֵאָכֵל	נֵאָכֵל	נֶאֱכָל	הֵאָכֵל	בְּהֵאָכֵל
נֶאֱכַלְתָּ	נֶאֱכַלְתֶּם	תֵּאָכֵל	תֵּאָכְלוּ	נֶאֱכֶלֶת	הֵאָכְלִי	כְּהֵאָכֵל
נֶאֱכַלְתְּ	נֶאֱכַלְתֶּן	תֵּאָכְלִי	תֵּאָכַלְנָה	(נֶאֱכָלָה)	הֵאָכְלוּ	לְהֵאָכֵל
נֶאֱכַל	נֶאֶכְלוּ	יֵאָכֵל	יֵאָכְלוּ	נֶאֱכָלִים	הֵאָכַלְנָה	מֵהֵאָכֵל
נֶאֶכְלָה		תֵּאָכֵל	תֵּאָכַלְנָה	נֶאֱכָלוֹת		

Pi'el

III – אִכֵּל – אַכֵּל to devour, to consume: אַכֵּל, אַכֵּל

Past		Future		Present	Imperative	Gerund
אִכַּלְתִּי	אִכַּלְנוּ	אֲאַכֵּל	נְאַכֵּל	מְאַכֵּל	אַכֵּל	בְּאַכֵּל
אִכַּלְתָּ	אִכַּלְתֶּם	תְּאַכֵּל	תְּאַכְּלוּ	מְאַכֶּלֶת	אַכְּלִי	כְּאַכֵּל
אִכַּלְתְּ	אִכַּלְתֶּן	תְּאַכְּלִי	תְּאַכֵּלְנָה	(מְאַכְּלָה)	אַכְּלוּ	לְאַכֵּל
אִכֵּל	אִכְּלוּ	יְאַכֵּל	יְאַכְּלוּ	מְאַכְּלִים	אַכֵּלְנָה	מֵאַכֵּל
אִכְּלָה		תְּאַכֵּל	תְּאַכֵּלְנָה	מְאַכְּלוֹת		

Pu'al

IV – אֻכַּל – אֻכַּל to be devoured, be consumed: אֻכֹּל

Past		Future		Present
אֻכַּלְתִּי	אֻכַּלְנוּ	אֲאֻכַּל	נְאֻכַּל	מְאֻכָּל
אֻכַּלְתָּ	אֻכַּלְתֶּם	תְּאֻכַּל	תְּאֻכְּלוּ	מְאֻכָּלָה
אֻכַּלְתָּ	אֻכַּלְתֶּן	תְּאֻכְּלִי	תְּאֻכַּלְנָה	(מְאֻכֶּלֶת)
אֻכַּל	אֻכְּלוּ	יְאֻכַּל	יְאֻכְּלוּ	מְאֻכָּלִים
אֻכְּלָה		תְּאֻכַּל	תְּאֻכַּלְנָה	מְאֻכָּלוֹת

אכל

Hif'il

V – הֶאֱכִיל – הַאֲכִיל to feed, to nouish: הַאֲכִיל, הַאֲכֵל

Past	*Past*	*Future*	*Future*	*Present*	*Imperative*	*Gerund*
הֶאֱכַלְתִּי	הֶאֱכַלְנוּ	אַאֲכִיל	נַאֲכִיל	מַאֲכִיל	הַאֲכֵל	בְּהַאֲכִיל
הֶאֱכַלְתָּ	הֶאֱכַלְתֶּם	תַּאֲכִיל	תַּאֲכִילוּ	מַאֲכִילָה	הַאֲכִילִי	כְּהַאֲכִיל
הֶאֱכַלְתְּ	הֶאֱכַלְתֶּן	תַּאֲכִילִי	תַּאֲכֵלְנָה	(מַאֲכֶלֶת)	הַאֲכִילוּ	לְהַאֲכִיל
הֶאֱכִיל	הֶאֱכִילוּ	יַאֲכִיל	יַאֲכִילוּ	מַאֲכִילִים	הַאֲכֵלְנָה	מֵהַאֲכִיל
הֶאֱכִילָה		תַּאֲכִיל	תַּאֲכֵלְנָה	מַאֲכִילוֹת		

Huf'al

VI – הָאֳכַל – הָאֳכַל to be fed, to be nourished: הָאֳכַל

Past	*Past*	*Future*	*Future*	*Present*
הָאֳכַלְתִּי	הָאֳכַלְנוּ	אָאֳכַל	נָאֳכַל	מָאֳכָל
הָאֳכַלְתָּ	הָאֳכַלְתֶּם	תָּאֳכַל	תָּאָכְלוּ	מָאֳכֶלֶת
הָאֳכַלְתְּ	הָאֳכַלְתֶּן	תָּאָכְלִי	תָּאֳכַלְנָה	(מָאֳכָלָה)
הָאֳרַל	הָאָרְלוּ	יָאֳכַל	יָאָכְלוּ	מָאֳכָלִים
הָאָכְלָה		תָּאֳכַל	תָּאֳכַלְנָה	מָאֳכָלוֹת

Hitpa'el

VII – הִתְאַכֵּל – הִתְאַכֵּל to be digested: הִתְאַכֵּל, הִתְאַכֵּל

Past	*Past*	*Future*	*Future*	*Present*	*Imperative*	*Gerund*
הִתְאַכַּלְתִּי	הִתְאַכַּלְנוּ	אֶתְאַכֵּל	נִתְאַכֵּל	מִתְאַכֵּל	הִתְאַכֵּל	בְּהִתְאַכֵּל
הִתְאַכַּלְתָּ	הִתְאַכַּלְתֶּם	תִּתְאַכֵּל	תִּתְאַכְּלוּ	מִתְאַכֶּלֶת	הִתְאַכְּלִי	כְּהִתְאַכֵּל
הִתְאַכַּלְתְּ	הִתְאַכַּלְתֶּן	תִּתְאַכְּלִי	תִּתְאַכֵּלְנָה	(מִתְאַכְּלָה)	הִתְאַכְּלוּ	לְהִתְאַכֵּל
הִתְאַכֵּל	הִתְאַכְּלוּ	יִתְאַכֵּל	יִתְאַכְּלוּ	מִתְאַכְּלִים	הִתְאַכֵּלְנָה	מֵהִתְאַכֵּל
הִתְאַכְּלָה		תִּתְאַכֵּל	תִּתְאַכֵּלְנָה	מִתְאַכְּלוֹת		

אמן

Kal

I — אָמַן — אֱמֹן to bring up, to foster: אֱמֹן, אָמֹן

Past		*Future*		*Present*	*Passive Present*	*Imperative*	*Gerund*
אָמַנְתִּי	אָמַנּוּ	אֶאֱמֹן	נֶאֱמֹן	אוֹמֵן	אָמוּן	אֱמֹן	בֶּאֱמֹן
אָמַנְתָּ	אֲמַנְתֶּם	תֶּאֱמֹן	תֶּאֶמְנוּ	אוֹמֶנֶת	אֲמוּנָה	אִמְנִי	כֶּאֱמֹן
אָמַנְתְּ	אֲמַנְתֶּן	תֶּאֶמְנִי	תֶּאֱמֹנָּה	(אוֹמְנָה)	אֲמוּנִים	אִמְנוּ	לֶאֱמֹן
אָמַן	אָמְנוּ	יֶאֱמֹן	יֶאֶמְנוּ	אוֹמְנִים	אֲמוּנוֹת	אֱמֹנָּה	מֵאֱמֹן
אָמְנָה		תֶּאֱמֹן	תֶּאֱמֹנָּה	אוֹמְנוֹת			

Nif'al

II — נֶאֱמַן — הֵאָמֵן to be true, to be faithful: הֵאָמֵן, הֵאָמֵן

Past		*Future*		*Present*	*Imperative*	*Gerund*
נֶאֱמַנְתִּי	נֶאֱמַנּוּ	אֵאָמֵן	נֵאָמֵן	נֶאֱמָן	הֵאָמֵן	בְּהֵאָמֵן
נֶאֱמַנְתָּ	נֶאֱמַנְתֶּם	תֵּאָמֵן	תֵּאָמְנוּ	נֶאֱמֶנֶת	הֵאָמְנִי	כְּהֵאָמֵן
נֶאֱמַנְתְּ	נֶאֱמַנְתֶּן	תֵּאָמְנִי	תֵּאָמַנָּה	(נֶאֱמָנָה)	הֵאָמְנוּ	לְהֵאָמֵן
נֶאֱמַן	נֶאֶמְנוּ	יֵאָמֵן	יֵאָמְנוּ	נֶאֱמָנִים	הֵאָמַנָּה	מֵהֵאָמֵן
נֶאֶמְנָה		תֵּאָמֵן	תֵּאָמַנָּה	נֶאֱמָנוֹת		

Pi'el

III — אִמֵּן — אַמֵּן to train, to educate: אַמֵּן, אַמֵּן

Past		*Future*		*Present*	*Imperative*	*Gerund*
אִמַּנְתִּי	אִמַּנּוּ	אֲאַמֵּן	נְאַמֵּן	מְאַמֵּן	אַמֵּן	בְּאַמֵּן
אִמַּנְתָּ	אִמַּנְתֶּם	תְּאַמֵּן	תְּאַמְּנוּ	מְאַמֶּנֶת	אַמְּנִי	כְּאַמֵּן
אִמַּנְתְּ	אִמַּנְתֶּן	תְּאַמְּנִי	תְּאַמֵּנָּה	(מְאַמְּנָה)	אַמְּנוּ	לְאַמֵּן
אִמֵּן	אִמְּנוּ	יְאַמֵּן	יְאַמְּנוּ	מְאַמְּנִים	אַמֵּנָּה	מֵאַמֵּן
אִמְּנָה		תְּאַמֵּן	תְּאַמֵּנָּה	מְאַמְּנוֹת		

Pu'al

IV — אֻמַּן — אֻמַּן to be educated, to be skilled: אֻמֹּן

Past		*Future*		*Present*
אֻמַּנְתִּי	אֻמַּנּוּ	אֲאֻמַּן	נְאֻמַּן	מְאֻמָּן
אֻמַּנְתָּ	אֻמַּנְתֶּם	תְּאֻמַּן	תְּאֻמְּנוּ	מְאֻמֶּנֶת
אֻמַּנְתְּ	אֻמַּנְתֶּן	תְּאֻמְּנִי	תְּאֻמַּנָּה	(מְאֻמָּנָה)
אֻמַּן	אֻמְּנוּ	יְאֻמַּן	יְאֻמְּנוּ	מְאֻמָּנִים
אֻמְּנָה		תְּאֻמַּן	תְּאֻמַּנָּה	מְאֻמָּנוֹת

אמן

Hif'il

V – הֶאֱמִין – הַאֲמִין to believe, to entrust: הַאֲמִין, הַאֲמֵן

Past		Future		Present	Imperative	Gerund
הֶאֱמַנְתִּי	הֶאֱמַנּוּ	אַאֲמִין	נַאֲמִין	מַאֲמִין	הַאֲמֵן	בְּהַאֲמִין
הֶאֱמַנְתָּ	הֶאֱמַנְתֶּם	תַּאֲמִין	תַּאֲמִינוּ	מַאֲמֶנֶת	הַאֲמִינִי	כְּהַאֲמִין
הֶאֱמַנְתְּ	הֶאֱמַנְתֶּן	תַּאֲמִינִי	תַּאֲמֵנָּה	(מַאֲמִינָה)	הַאֲמִינוּ	לְהַאֲמִין
הֶאֱמִין	הֶאֱמִינוּ	יַאֲמִין	יַאֲמִינוּ	מַאֲמִינִים	הַאֲמֵנָּה	מֵהַאֲמִין
הֶאֱמִינָה		תַּאֲמִין	תַּאֲמֵנָּה	מַאֲמִינוֹת		

Huf'al

VI – הָאֳמַן – הָאֳמַן to be believed: הָאֳמֵן

Past		Future		Present
הָאֳמַנְתִּי	הָאֳמַנּוּ	אָאֳמַן	נָאֳמַן	מָאֳמָן
הָאֳמַנְתָּ	הָאֳמַנְתֶּם	תָּאֳמַן	תָּאָמְנוּ	מָאֳמֶנֶת
הָאֳמַנְתְּ	הָאֳמַנְתֶּן	תָּאָמְנִי	תָּאֳמַנָּה	(מָאֳמָנָה)
הָאֳמַן	הָאָמְנוּ	יָאֳמַן	יָאָמְנוּ	מָאֳמָנִים
הָאָמְנָה		תָּאֳמַן	תָּאֳמַנָּה	מָאֳמָנוֹת

Hitpa'el

VII – הִתְאַמֵּן – הִתְאַמֵּן to train oneself, to practice: הִתְאַמֵּן, הִתְאַמֵּן

Past		Future		Present	Imperative	Gerund
הִתְאַמַּנְתִּי	הִתְאַמַּנּוּ	אֶתְאַמֵּן	נִתְאַמֵּן	מִתְאַמֵּן	הִתְאַמֵּן	בְּהִתְאַמֵּן
הִתְאַמַּנְתָּ	הִתְאַמַּנְתֶּם	תִּתְאַמֵּן	תִּתְאַמְּנוּ	מִתְאַמֶּנֶת	הִתְאַמְּנִי	כְּהִתְאַמֵּן
הִתְאַמַּנְתְּ	הִתְאַמַּנְתֶּן	תִּתְאַמְּנִי	תִּתְאַמֵּנָּה	(מִתְאַמְּנָה)	הִתְאַמְּנוּ	לְהִתְאַמֵּן
הִתְאַמֵּן	הִתְאַמְּנוּ	יִתְאַמֵּן	יִתְאַמְּנוּ	מִתְאַמְּנִים	הִתְאַמֵּנָּה	מֵהִתְאַמֵּן
הִתְאַמְּנָה		תִּתְאַמֵּן	תִּתְאַמֵּנָּה	מִתְאַמְּנוֹת		

אמר

Kal

I – אָמַר – אֱמֹר to intend, to say: אֱמֹר, אָמֹר

Past		*Future*		*Present*	*Passive Present*	*Imperative*	*Gerund*
אָמַרְתִּי	אָמַרְנוּ	אֹמַר	נֹאמַר	אוֹמֵר	אָמוּר	אֱמֹר	בֶּאֱמֹר
אָמַרְתָּ	אֲמַרְתֶּם	תֹּאמַר	תֹּאמְרוּ	אוֹמֶרֶת	אֲמוּרָה	אִמְרִי	כֶּאֱמֹר
אָמַרְתְּ	אֲמַרְתֶּן	תֹּאמְרִי	תֹּאמַרְנָה	(אוֹמְרָה)	אֲמוּרִים	אִמְרוּ	לֵאמֹר
אָמַר	אָמְרוּ	יֹאמַר	יֹאמְרוּ	אוֹמְרִים	אֲמוּרוֹת	אֱמֹרְנָה	מֵאֱמֹר
אָמְרָה		תֹּאמַר	תֹּאמַרְנָה	אוֹמְרוֹת			

Nif'al

II – נֶאֱמַר – הֵאָמֵר to be said: הֵאָמֵר, הֵאָמֵר

Past		*Future*		*Present*	*Imperative*	*Gerund*
נֶאֱמַרְתִּי	נֶאֱמַרְנוּ	אֵאָמֵר	נֵאָמֵר	נֶאֱמָר	הֵאָמֵר	בְּהֵאָמֵר
נֶאֱמַרְתָּ	נֶאֱמַרְתֶּם	תֵּאָמֵר	תֵּאָמְרוּ	נֶאֱמֶרֶת	הֵאָמְרִי	כְּהֵאָמֵר
נֶאֱמַרְתְּ	נֶאֱמַרְתֶּן	תֵּאָמְרִי	תֵּאָמַרְנָה	(נֶאֱמָרָה)	הֵאָמְרוּ	לְהֵאָמֵר
נֶאֱמַר	נֶאֶמְרוּ	יֵאָמֵר	יֵאָמְרוּ	נֶאֱמָרִים	הֵאָמַרְנָה	מֵהֵאָמֵר
נֶאֶמְרָה		תֵּאָמֵר	תֵּאָמַרְנָה	נֶאֱמָרוֹת		

Pi'el

III – אִמֵּר – אַמֵּר to declare a strike: אַמֵּר, אַמֵּר

Past		*Future*		*Present*	*Imperative*	*Gerund*
אִמַּרְתִּי	אִמַּרְנוּ	אֲאַמֵּר	נְאַמֵּר	מְאַמֵּר	אַמֵּר	בְּאַמֵּר
אִמַּרְתָּ	אִמַּרְתֶּם	תְּאַמֵּר	תְּאַמְּרוּ	מְאַמֶּרֶת	אַמְּרִי	כְּאַמֵּר
אִמַּרְתְּ	אִמַּרְתֶּן	תְּאַמְּרִי	תְּאַמֵּרְנָה	מְאַמְּרִים	אַמְּרוּ	לְאַמֵּר
אִמֵּר	אִמְּרוּ	יְאַמֵּר	יְאַמְּרוּ	מְאַמְּרוֹת	אַמֵּרְנָה	מֵאַמֵּר
אִמְּרָה		תְּאַמֵּר	תְּאַמֵּרְנָה			

Pu'al

IV*–

* This root has not developed this form.

אמר

Hif'il

V – הֶאֱמִיר הַאֲמִיר to glorify, to soar: **הַאֲמִיר, הַאֲמֵר**

Past		*Future*		*Present*	*Imperative*	*Gerund*
הֶאֱמַרְתִּי	הֶאֱמַרְנוּ	אַאֲמִיר	נַאֲמִיר	מַאֲמִיר	הַאֲמֵר	בְּהַאֲמִיר
הֶאֱמַרְתָּ	הֶאֱמַרְתֶּם	תַּאֲמִיר	תַּאֲמִירוּ	מַאֲמֶרֶת	הַאֲמִירִי	כְּהַאֲמִיר
הֶאֱמַרְתְּ	הֶאֱמַרְתֶּן	תַּאֲמִירִי	תַּאֲמֵרְנָה	(מַאֲמִירָה)	הַאֲמִירוּ	לְהַאֲמִיר
הֶאֱמִיר	הֶאֱמִירוּ	יַאֲמִיר	יַאֲמִירוּ	מַאֲמִירִים	הַאֲמֵרְנָה	מֵהַאֲמִיר
הֶאֱמִירָה		תַּאֲמִיר	תַּאֲמֵרְנָה	מַאֲמִירוֹת		

Huf'al

VI*–

Hitpa'el

VII – הִתְאַמֵּר – הִתְאַמֵּר to boast, to pretend: **הִתְאַמֵּר, הִתְאַמֵּר**

Past		*Future*		*Present*	*Imperative*	*Gerund*
הִתְאַמַּרְתִּי	הִתְאַמַּרְנוּ	אֶתְאַמֵּר	נִתְאַמֵּר	מִתְאַמֵּר	הִתְאַמֵּר	בְּהִתְאַמֵּר
הִתְאַמַּרְתָּ	הִתְאַמַּרְתֶּם	תִּתְאַמֵּר	תִּתְאַמְּרוּ	מִתְאַמֶּרֶת	הִתְאַמְּרִי	כְּהִתְאַמֵּר
הִתְאַמַּרְתְּ	הִתְאַמַּרְתֶּן	תִּתְאַמְּרִי	תִּתְאַמֵּרְנָה	(מִתְאַמְּרָה)	הִתְאַמְּרוּ	לְהִתְאַמֵּר
הִתְאַמֵּר	הִתְאַמְּרוּ	יִתְאַמֵּר	יִתְאַמְּרוּ	מִתְאַמְּרִים	הִתְאַמֵּרְנָה	מֵהִתְאַמֵּר
הִתְאַמְּרָה		תִּתְאַמֵּר	תִּתְאַמֵּרְנָה	מִתְאַמְּרוֹת		

* This root has not developed this form.

אסף

Kal

I – אָסַף – אֱסֹף to gather, to collect: **אֱסֹף, אָסֹף**

Past		*Future*		*Present*	*Passive Present*	*Imperative*	*Gerund*
אָסַפְתִּי	אָסַפְנוּ	אֶאֱסֹף	נֶאֱסֹף	אוֹסֵף	אָסוּף	אֱסֹף	בֶּאֱסֹף
אָסַפְתָּ	אֲסַפְתֶּם	תֶּאֱסֹף	תַּאַסְפוּ	אוֹסֶפֶת	אֲסוּפָה	אִסְפִי	כֶּאֱסֹף
אָסַפְתְּ	אֲסַפְתֶּן	תַּאַסְפִי	תֶּאֱסֹפְנָה	(אוֹסְפָה)	אֲסוּפִים	אִסְפוּ	לֶאֱסֹף
אָסַף	אָסְפוּ	יֶאֱסֹף	יַאַסְפוּ	אוֹסְפִים	אֲסוּפוֹת	אֱסֹפְנָה	מֵאֱסֹף
אָסְפָה		תֶּאֱסֹף	תֶּאֱסֹפְנָה	אוֹסְפוֹת			

Nif'al

II – נֶאֱסַף – הֵאָסֵף to assemble, to congregate: **הֵאָסֵף, הֵאָסֵף**

Past		*Future*		*Present*	*Imperative*	*Gerund*
נֶאֱסַפְתִּי	נֶאֱסַפְנוּ	אֵאָסֵף	נֵאָסֵף	נֶאֱסָף	הֵאָסֵף	בְּהֵאָסֵף
נֶאֱסַפְתָּ	נֶאֱסַפְתֶּם	תֵּאָסֵף	תֵּאָסְפוּ	נֶאֱסֶפֶת	הֵאָסְפִי	כְּהֵאָסֵף
נֶאֱסַפְתְּ	נֶאֱסַפְתֶּן	תֵּאָסְפִי	תֵּאָסַפְנָה	(נֶאֱסָפָה)	הֵאָסְפוּ	לְהֵאָסֵף
נֶאֱסַף	נֶאֶסְפוּ	יֵאָסֵף	יֵאָסְפוּ	נֶאֱסָפִים	הֵאָסַפְנָה	מֵהֵאָסֵף
נֶאֶסְפָה		תֵּאָסֵף	תֵּאָסַפְנָה	נֶאֱסָפוֹת		

Pi'el

III – אִסֵּף – אַסֵּף to receive a guest, to act as rear guard: **אַסֵּף, אַסֵּף**

Past		*Future*		*Present*	*Imperative*	*Gerund*
אִסַּפְתִּי	אִסַּפְנוּ	אֲאַסֵּף	נְאַסֵּף	מְאַסֵּף	אַסֵּף	בְּאַסֵּף
אִסַּפְתָּ	אִסַּפְתֶּם	תְּאַסֵּף	תְּאַסְּפוּ	מְאַסֶּפֶת	אַסְּפִי	כְּאַסֵּף
אִסַּפְתְּ	אִסַּפְתֶּן	תְּאַסְּפִי	תְּאַסֵּפְנָה	מְאַסְּפִים	אַסְּפוּ	לְאַסֵּף
אִסֵּף	אִסְּפוּ	יְאַסֵּף	יְאַסְּפוּ	מְאַסְּפוֹת	אַסֵּפְנָה	מֵאַסֵּף
אִסְּפָה		תְּאַסֵּף	תְּאַסֵּפְנָה			

Pu'al

IV – אֻסַּף – אֻסַּף to be gathered, to be collected: **אֻסֹּף**

Past		*Future*		*Present*
אֻסַּפְתִּי	אֻסַּפְנוּ	אֲאֻסַּף	נְאֻסַּף	מְאֻסָּף
אֻסַּפְתָּ	אֻסַּפְתֶּם	תְּאֻסַּף	תְּאֻסְּפוּ	מְאֻסֶּפֶת
אֻסַּפְתְּ	אֻסַּפְתֶּן	תְּאֻסְּפִי	תְּאֻסַּפְנָה	(מְאֻסָּפָה)
אֻסַּף	אֻסְּפוּ	יְאֻסַּף	יְאֻסְּפוּ	מְאֻסָּפִים
אֻסְּפָה		תְּאֻסַּף	תְּאֻסַּפְנָה	מְאֻסָּפוֹת

אסף

Hif'il

V*–

Huf'al

VI*–

* This root has not developed this form.

Hitpa'el

VII – הִתְאַסֵּף – הִתְאַסֵּף to assemble, to come together: **הִתְאַסֵּף, הִתְאַסֵּף**

Past		Future		Present	Imperative	Gerund
הִתְאַסַּפְנוּ	הִתְאַסַּפְתִּי	נִתְאַסֵּף	אֶתְאַסֵּף	מִתְאַסֵּף	הִתְאַסֵּף	בְּהִתְאַסֵּף
הִתְאַסַּפְתֶּם	הִתְאַסַּפְתָּ	תִּתְאַסְּפוּ	תִּתְאַסֵּף	מִתְאַסֶּפֶת	הִתְאַסְּפִי	כְּהִתְאַסֵּף
הִתְאַסַּפְתֶּן	הִתְאַסַּפְתְּ	תִּתְאַסֵּפְנָה	תִּתְאַסְּפִי	(מִתְאַסְּפָה)	הִתְאַסְּפוּ	לְהִתְאַסֵּף
הִתְאַסְּפוּ	הִתְאַסֵּף	יִתְאַסְּפוּ	יִתְאַסֵּף	מִתְאַסְּפִים	הִתְאַסֵּפְנָה	מֵהִתְאַסֵּף
	הִתְאַסְּפָה	תִּתְאַסֵּפְנָה	תִּתְאַסֵּף	מִתְאַסְּפוֹת		

באר

Kal

I*–

Nif'al

II*–

* This root has not developed this form.

Pi'el

III – בָּאֵר – בֵּאֵר to explain, to elucidate: **בָּאֵר, בָּאֵר**

Past		*Future*		*Present*	*Imperative*	*Gerund*
בֵּאַרְתִּי	בֵּאַרְנוּ	אֲבָאֵר	נְבָאֵר	מְבָאֵר	בָּאֵר	בְּבָאֵר
בֵּאַרְתָּ	בֵּאַרְתֶּם	תְּבָאֵר	תְּבָאֲרוּ	מְבָאֶרֶת	בָּאֲרִי	כְּבָאֵר
בֵּאַרְתְּ	בֵּאַרְתֶּן	תְּבָאֲרִי	תְּבָאֵרְנָה	(מְבָאֲרָה)	בָּאֲרוּ	לְבָאֵר
בֵּאֵר	בֵּאֲרוּ	יְבָאֵר	יְבָאֲרוּ	מְבָאֲרִים	בָּאֵרְנָה	מִבָּאֵר
בֵּאֲרָה		תְּבָאֵר	תְּבָאֵרְנָה	מְבָאֲרוֹת		

Pu'al

IV – בֹּאַר – בֹּאַר to be explained: **בֹּאַר**

Past		*Future*		*Present*
בֹּאַרְתִּי	בֹּאַרְנוּ	אֲבֹאַר	נְבֹאַר	מְבֹאָר
בֹּאַרְתָּ	בֹּאַרְתֶּם	תְּבֹאַר	תְּבֹאֲרוּ	מְבֹאֶרֶת
בֹּאַרְתְּ	בֹּאַרְתֶּן	תְּבֹאֲרִי	תְּבֹאַרְנָה	(מְבֹאָרָה)
בֹּאַר	בֹּאֲרוּ	יְבֹאַר	יְבֹאֲרוּ	מְבֹאָרִים
בֹּאֲרָה		תְּבֹאַר	תְּבֹאַרְנָה	מְבֹאָרוֹת

באר

Hif'il

V – הִבְאִיר – הַבְאִיר to tell in detail: הַבְאִיר, הַבְאֵר

Past		Future		Present	Imperative	Gerund
הִבְאַרְתִּי	הִבְאַרְנוּ	אַבְאִיר	נַבְאִיר	מַבְאִיר	הַבְאֵר	בְּהַבְאִיר
הִבְאַרְתָּ	הִבְאַרְתֶּם	תַּבְאִיר	תַּבְאִירוּ	מַבְאֶרֶת	הַבְאִירִי	כְּהַבְאִיר
הִבְאַרְתְּ	הִבְאַרְתֶּן	תַּבְאִירִי	תַּבְאֵרְנָה	(מַבְאִירָה)	הַבְאִירוּ	לְהַבְאִיר
הִבְאִיר	הִבְאִירוּ	יַבְאִיר	יַבְאִירוּ	מַבְאִירִים	הַבְאֵרְנָה	מֵהַבְאִיר
הִבְאִירָה		תַּבְאִיר	תַּבְאֵרְנָה	מַבְאִירוֹת		

Huf'al

VI*–

* This root has not developed this form.

Hitpa'el

VII – הִתְבָּאֵר – הִתְבָּאֵר to become clear, to be elucidated: הִתְבָּאֵר, הִתְבָּאֵר

Past		Future		Present	Imperative	Gerund
הִתְבָּאַרְתִּי	הִתְבָּאַרְנוּ	אֶתְבָּאֵר	נִתְבָּאֵר	מִתְבָּאֵר	הִתְבָּאֵר	בְּהִתְבָּאֵר
הִתְבָּאַרְתָּ	הִתְבָּאַרְתֶּם	תִּתְבָּאֵר	תִּתְבָּאֲרוּ	מִתְבָּאֶרֶת	הִתְבָּאֲרִי	כְּהִתְבָּאֵר
הִתְבָּאַרְתְּ	הִתְבָּאַרְתֶּן	תִּתְבָּאֲרִי	תִּתְבָּאֵרְנָה	(מִתְבָּאֲרָה)	הִתְבָּאֲרוּ	לְהִתְבָּאֵר
הִתְבָּאֵר	הִתְבָּאֲרוּ	יִתְבָּאֵר	יִתְבָּאֲרוּ	מִתְבָּאֲרִים	הִתְבָּאֵרְנָה	מֵהִתְבָּאֵר
הִתְבָּאֲרָה		תִּתְבָּאֵר	תִּתְבָּאֵרְנָה	מִתְבָּאֲרוֹת		

בוא

Kal

I – בָּא – בּוֹא to come, to arrive: בּוֹא, בּוֹא

Past		*Future*		*Present*	*Imperative*	*Gerund*
בָּאתִי	בָּאנוּ	אָבוֹא	נָבוֹא	בָּא	בּוֹא	בְּבוֹא
בָּאתָ	בָּאתֶם	תָּבוֹא	תָּבוֹאוּ	בָּאָה	בּוֹאִי	כְּבוֹא
בָּאת	בָּאתֶן	תָּבוֹאִי	תָּבֹאנָה	בָּאִים	בּוֹאוּ	לָבוֹא
בָּא	בָּאוּ	יָבוֹא	יָבוֹאוּ	בָּאוֹת	בֹּאנָה	מִבּוֹא
בָּאָה		תָּבוֹא	תָּבֹאנָה			
			(תְּבוֹאֶינָה)			

Nif'al

II*–

* This root has not developed this form.

Pi'el

III – יִבֵּא – יַבֵּא to import: יַבֵּא, יַבֵּא

Past		*Future*		*Present*	*Imperative*	*Gerund*
יִבֵּאתִי	יִבֵּאנוּ	אֲיַבֵּא	נְיַבֵּא	מְיַבֵּא	יַבֵּא	בְּיַבֵּא
יִבֵּאתָ	יִבֵּאתֶם	תְּיַבֵּא	תְּיַבְּאוּ	מְיַבֵּאת	יַבְּאִי	כְּיַבֵּא
יִבֵּאת	יִבֵּאתֶן	תְּיַבְּאִי	תְּיַבֶּאנָה	(מְיַבְּאָה)	יַבְּאוּ	לְיַבֵּא
יִבֵּא	יִבְּאוּ	יְיַבֵּא	יְיַבְּאוּ	מְיַבְּאִים	יַבֶּאנָה	מִיַּבֵּא
יִבְּאָה		תְּיַבֵּא	תְּיַבֶּאנָה	מְיַבְּאוֹת		

Pu'al

IV – יֻבָּא – יֻבָּא to be imported: יֻבֹּא

Past		*Future*		*Present*
יֻבֵּאתִי	יֻבֵּאנוּ	אֲיֻבָּא	נְיֻבָּא	מְיֻבָּא
יֻבֵּאתָ	יֻבֵּאתֶם	תְּיֻבָּא	תְּיֻבְּאוּ	מְיֻבָּאָה
יֻבֵּאת	יֻבֵּאתֶן	תְּיֻבְּאִי	תְּיֻבֶּאנָה	(מְיֻבֵּאת)
יֻבָּא	יֻבְּאוּ	יְיֻבָּא	יְיֻבְּאוּ	מְיֻבָּאִים
יֻבְּאָה		תְּיֻבָּא	תְּיֻבֶּאנָה	מְיֻבָּאוֹת

בוא

Hif'il

V – הֵבִיא – הָבִיא to bring, to put in: הָבִיא, הָבֵא

Past		*Future*		*Present*	*Imperative*	*Gerund*
הֵבֵאתִי	הֵבֵאנוּ	אָבִיא	נָבִיא	מֵבִיא	הָבֵא	בְּהָבִיא
הֵבֵאתָ	הֲבֵאתֶם	תָּבִיא	תָּבִיאוּ	מְבִיאָה	הָבִיאִי	כְּהָבִיא
הֵבֵאת	הֲבֵאתֶן	תָּבִיאִי	תָּבֶאנָה	מְבִיאִים	הָבִיאוּ	לְהָבִיא
הֵבִיא	הֵבִיאוּ	יָבִיא	(תְּבִיאֶינָה)	מְבִיאוֹת	הָבֶאנָה	מֵהָבִיא
הֵבִיאָה		תָּבִיא	יָבִיאוּ			
			תָּבֶאנָה			
			(תְּבִיאֶינָה)			

Huf'al

VI – הוּבָא – הוּבָא to be brought, to be put in: הוּבֵא

Past		*Future*		*Present*
הוּבֵאתִי	הוּבֵאנוּ	אוּבָא	נוּבָא	מוּבָא
הוּבֵאתָ	הוּבֵאתֶם	תּוּבָא	תּוּבְאוּ	מוּבְאָה
הוּבֵאת	הוּבֵאתֶן	תּוּבְאִי	תּוּבֶאנָה	מוּבָאִים
הוּבָא	הוּבְאוּ	יוּבָא	יוּבְאוּ	מוּבָאוֹת
הוּבְאָה		תּוּבָא	תּוּבֶאנָה	

Hitpa'el

VII*–

* This root has not developed this form.

בחר

Kal

I – בָּחַר – בְּחַר to choose, to elect: בְּחֹר, בָּחֹר

Past		*Future*		*Present*	*Passive present*	*Imperative*	*Gerund*
בָּחַרְתִּי	בָּחַרְנוּ	אֶבְחַר	נִבְחַר	בּוֹחֵר	בָּחוּר	בְּחַר	בִּבְחֹר
בָּחַרְתָּ	בְּחַרְתֶּם	תִּבְחַר	תִּבְחֲרוּ	בּוֹחֶרֶת	בְּחוּרָה	בַּחֲרִי	כִּבְחֹר
בָּחַרְתְּ	בְּחַרְתֶּן	תִּבְחֲרִי	תִּבְחַרְנָה	(בּוֹחֲרָה)	בְּחוּרִים	בַּחֲרוּ	לִבְחֹר
בָּחַר	בָּחֲרוּ	יִבְחַר	יִבְחֲרוּ	בּוֹחֲרִים	בְּחוּרוֹת	בְּחַרְנָה	מִבְּחֹר
בָּחֲרָה		תִּבְחַר	תִּבְחַרְנָה	בּוֹחֲרוֹת			

Nif'al

II – נִבְחַר – הִבָּחֵר to be chosen, to be preferable: הִבָּחֵר, הִבָּחֵר

Past		*Future*		*Present*	*Imperative*	*Gerund*
נִבְחַרְתִּי	נִבְחַרְנוּ	אֶבָּחֵר	נִבָּחֵר	נִבְחָר	הִבָּחֵר	בְּהִבָּחֵר
נִבְחַרְתָּ	נִבְחַרְתֶּם	תִּבָּחֵר	תִּבָּחֲרוּ	נִבְחֶרֶת	הִבָּחֲרִי	כְּהִבָּחֵר
נִבְחַרְתְּ	נִבְחַרְתֶּן	תִּבָּחֲרִי	תִּבָּחַרְנָה	(נִבְחָרָה)	הִבָּחֲרוּ	לְהִבָּחֵר
נִבְחַר	נִבְחֲרוּ	יִבָּחֵר	יִבָּחֲרוּ	נִבְחָרִים	הִבָּחַרְנָה	מֵהִבָּחֵר
נִבְחֲרָה		תִּבָּחֵר	תִּבָּחַרְנָה	נִבְחָרוֹת		

Pi'el

III – בִּחֵר – בַּחֵר to prefer: בַּחֵר, בַּחֵר

Past		*Future*		*Present*	*Imperative*	*Gerund*
בֵּחַרְתִּי	בֵּחַרְנוּ	אֲבַחֵר	נְבַחֵר	מְבַחֵר	בַּחֵר	בְּבַחֵר
בֵּחַרְתָּ	בֵּחַרְתֶּם	תְּבַחֵר	תְּבַחֲרוּ	מְבַחֶרֶת	בַּחֲרִי	כְּבַחֵר
בֵּחַרְתְּ	בֵּחַרְתֶּן	תְּבַחֲרִי	תְּבַחֵרְנָה	מְבַחֲרִים	בַּחֲרוּ	לְבַחֵר
בֵּחֵר	בֵּחֲרוּ	יְבַחֵר	יְבַחֲרוּ	מְבַחֲרוֹת	בַּחֵרְנָה	מִבַּחֵר
בֵּחֲרָה		תְּבַחֵר	תְּבַחֵרְנָה			

Pu'al

IV – בֻּחַר – בֻּחַר to be prefered: בֻּחֹר

Past		*Future*		*Present*
בֻּחַרְתִּי	בֻּחַרְנוּ	אֲבֻחַר	נְבֻחַר	מְבֻחָר
בֻּחַרְתָּ	בֻּחַרְתֶּם	תְּבֻחַר	תְּבֻחֲרוּ	מְבֻחֶרֶת
בֻּחַרְתְּ	בֻּחַרְתֶּן	תְּבֻחֲרִי	תְּבֻחַרְנָה	(מְבֻחָרָה)
בֻּחַר	בֻּחֲרוּ	יְבֻחַר	יְבֻחֲרוּ	מְבֻחָרִים
בֻּחֲרָה		תְּבֻחַר	תְּבֻחַרְנָה	מְבֻחָרוֹת

בחר

Hif'il

V – הִבְחִיר – הַבְחִיר to select: הַבְחִיר, הַבְחֵר

Past		*Future*		*Present*
הִבְחַרְתִּי	הִבְחַרְנוּ	אַבְחִיר	נַבְחִיר	מַבְחִיר
הִבְחַרְתָּ	הִבְחַרְתֶּם	תַּבְחִיר	תַּבְחִירוּ	מַבְחֶרֶת
הִבְחַרְתְּ	הִבְחַרְתֶּן	תַּבְחִירִי	תַּבְחֵרְנָה	(מַבְחִירָה)
הִבְחִיר	הִבְחִירוּ	יַבְחִיר	יַבְחִירוּ	מַבְחִירִים
הִבְחִירָה		תַּבְחִיר	תַּבְחֵרְנָה	מַבְחִירוֹת

Imperative	*Gerund*
הַבְחֵר	בְּהַבְחִיר
הַבְחִירִי	כְּהַבְחִיר
הַבְחִירוּ	לְהַבְחִיר
הַבְחֵרְנָה	מֵהַבְחִיר

Huf'al

VI – הֻבְחַר – הֻבְחַר to be selected, to be the best: הֻבְחֵר

Past		*Future*		*Present*
הֻבְחַרְתִּי	הֻבְחַרְנוּ	אֻבְחַר	נֻבְחַר	מֻבְחָר
הֻבְחַרְתָּ	הֻבְחַרְתֶּם	תֻּבְחַר	תֻּבְחֲרוּ	מֻבְחֶרֶת
הֻבְחַרְתְּ	הֻבְחַרְתֶּן	תֻּבְחֲרִי	תֻּבְחַרְנָה	(מֻבְחָרָה)
הֻבְחַר	הֻבְחֲרוּ	יֻבְחַר	יֻבְחֲרוּ	מֻבְחָרִים
הֻבְחֲרָה		תֻּבְחַר	תֻּבְחַרְנָה	מֻבְחָרוֹת

Hitpa'el

VII* –

* This root has not developed this form.

בטח

Kal

I – בְּטַח – בָּטַח to trust, to depend: בְּטֹחַ, בָּטֹחַ

Past		*Future*		*Present*	*Passive Present*	*Imperative*	*Gerund*
בָּטַחְתִּי	בָּטַחְנוּ	אֶבְטַח	נִבְטַח	בּוֹטֵחַ	בָּטוּחַ	בְּטַח	בִּבְטֹחַ
בָּטַחְתָּ	בְּטַחְתֶּם	תִּבְטַח	תִּבְטְחוּ	בּוֹטַחַת	בְּטוּחָה	בִּטְחִי	כִּבְטֹחַ
בָּטַחַתְּ	בְּטַחְתֶּן	תִּבְטְחִי	תִּבְטַחְנָה	(בּוֹטְחָה)	בְּטוּחִים	בִּטְחוּ	לִבְטֹחַ
בָּטַח	בָּטְחוּ	יִבְטַח	יִבְטְחוּ	בּוֹטְחִים	בְּטוּחוֹת	בְּטַחְנָה	מִבְּטֹחַ
בָּטְחָה		תִּבְטַח	תִּבְטַחְנָה	בּוֹטְחוֹת			

Nif'al

II – הִבָּטַח – נִבְטַח to rely on: הִבָּטֵחַ, הִבָּטַח

Past		*Future*		*Present*	*Imperative*	*Gerund*
נִבְטַחְתִּי	נִבְטַחְנוּ	אֶבָּטַח	נִבָּטַח	נִבְטָח	הִבָּטַח	בְּהִבָּטַח
נִבְטַחְתָּ	נִבְטַחְתֶּם	תִּבָּטַח	תִּבָּטְחוּ	נִבְטַחַת	הִבָּטְחִי	כְּהִבָּטַח
נִבְטַחַתְּ	נִבְטַחְתֶּן	תִּבָּטְחִי	תִּבָּטַחְנָה	(נִבְטָחָה)	הִבָּטְחוּ	לְהִבָּטַח
נִבְטַח	נִבְטְחוּ	יִבָּטַח	יִבָּטְחוּ	נִבְטָחִים	הִבָּטַחְנָה	מֵהִבָּטַח
נִבְטְחָה		תִּבָּטַח	תִּבָּטַחְנָה	נִבְטָחוֹת		

Pi'el

III – בַּטַּח – בִּטַּח to insure, to secure: בַּטֵּחַ, בַּטַּח

Past		*Future*		*Present*	*Imperative*	*Gerund*
בִּטַּחְתִּי	בִּטַּחְנוּ	אֲבַטַּח	נְבַטַּח	מְבַטֵּחַ	בַּטַּח	בְּבַטַּח
בִּטַּחְתָּ	בִּטַּחְתֶּם	תְּבַטַּח	תְּבַטְּחוּ	מְבַטַּחַת	בַּטְּחִי	כְּבַטַּח
בִּטַּחַתְּ	בִּטַּחְתֶּן	תְּבַטְּחִי	תְּבַטַּחְנָה	(מְבַטְּחָה)	בַּטְּחוּ	לְבַטֵּחַ
בִּטַּח	בִּטְּחוּ	יְבַטַּח	יְבַטְּחוּ	מְבַטְּחִים	בַּטַּחְנָה	מִבַּטַּח
בִּטְּחָה		תְּבַטַּח	תְּבַטַּחְנָה	מְבַטְּחוֹת		

Pu'al

IV – בֻּטַּח – בֻּטַּח to be insured, to be secured: בֻּטֹּחַ

Past		*Future*		*Present*
בֻּטַּחְתִּי	בֻּטַּחְנוּ	אֲבֻטַּח	נְבֻטַּח	מְבֻטָּח
בֻּטַּחְתָּ	בֻּטַּחְתֶּם	תְּבֻטַּח	תְּבֻטְּחוּ	מְבֻטַּחַת
בֻּטַּחַתְּ	בֻּטַּחְתֶּן	תְּבֻטְּחִי	תְּבֻטַּחְנָה	(מְבֻטָּחָה)
בֻּטַּח	בֻּטְּחוּ	יְבֻטַּח	יְבֻטְּחוּ	מְבֻטָּחִים
בֻּטְּחָה		תְּבֻטַּח	תְּבֻטַּחְנָה	מְבֻטָּחוֹת

בטח

Hif'il

V – הַבְטִיחַ – הִבְטִיחַ – הִבְטִיחַ to promise, to assure: **הַבְטִיחַ, הַבְטֵחַ**

Past		*Future*		*Present*	*Imperative*	*Gerund*
הִבְטַחְתִּי	הִבְטַחְנוּ	אַבְטִיחַ	נַבְטִיחַ	מַבְטִיחַ	הַבְטַח	בְּהַבְטִיחַ
הִבְטַחְתָּ	הִבְטַחְתֶּם	תַּבְטִיחַ	תַּבְטִיחוּ	מַבְטַחַת	הַבְטִיחִי	כְּהַבְטִיחַ
הִבְטַחַתְּ	הִבְטַחְתֶּן	תַּבְטִיחִי	תַּבְטַחְנָה	(מַבְטִיחָה)	הַבְטִיחוּ	לְהַבְטִיחַ
הִבְטִיחַ	הִבְטִיחוּ	יַבְטִיחַ	יַבְטִיחוּ	מַבְטִיחִים	הַבְטַחְנָה	מֵהַבְטִיחַ
הִבְטִיחָה		תַּבְטִיחַ	תַּבְטַחְנָה	מַבְטִיחוֹת		

Huf'al

VI – הֻבְטַח – הֻבְטַח – הֻבְטַח to be assured, to be promised: **הֻבְטֵחַ**

Past		*Future*		*Present*
הֻבְטַחְתִּי	הֻבְטַחְנוּ	אֻבְטַח	נֻבְטַח	מֻבְטָח
הֻבְטַחְתָּ	הֻבְטַחְתֶּם	תֻּבְטַח	תֻּבְטְחוּ	מֻבְטַחַת
הֻבְטַחַתְּ	הֻבְטַחְתֶּן	תֻּבְטְחִי	תֻּבְטַחְנָה	(מֻבְטָחָה)
הֻבְטַח	הֻבְטְחוּ	יֻבְטַח	יֻבְטְחוּ	מֻבְטָחִים
הֻבְטְחָה		תֻּבְטַח	תֻּבְטַחְנָה	מֻבְטָחוֹת

Hitpa'el

VII*–

* This root has not developed this form.

בטל

Kal

I — בָּטַל — בְּטַל to be idle, to be void, to cease: בְּטֹל, בָּטֹל

Past		*Future*		*Present*	*Imperative*	*Gerund*
בָּטַלְתִּי	בָּטַלְנוּ	אֶבְטַל	נִבְטַל	בָּטֵל	בְּטַל	בִּבְטֹל
בָּטַלְתָּ	בְּטַלְתֶּם	תִּבְטַל	תִּבְטְלוּ	בְּטֵלָה	בִּטְלִי	כִּבְטֹל
בָּטַלְתְּ	בְּטַלְתֶּן	תִּבְטְלִי	תִּבְטַלְנָה	בְּטֵלִים	בִּטְלוּ	לִבְטֹל
בָּטַל	בָּטְלוּ	יִבְטַל	יִבְטְלוּ	בְּטֵלוֹת	בְּטַלְנָה	מִבְּטֹל
בָּטְלָה		תִּבְטַל	תִּבְטַלְנָה			

Nif'al

II — נִבְטַל — הִבָּטֵל to be abolished, to desist: הִבָּטֵל, הִבָּטֵל

Past		*Future*		*Present*	*Imperative*	*Gerund*
נִבְטַלְתִּי	נִבְטַלְנוּ	אֶבָּטֵל	נִבָּטֵל	נִבְטָל	הִבָּטֵל	בְּהִבָּטֵל
נִבְטַלְתָּ	נִבְטַלְתֶּם	תִּבָּטֵל	תִּבָּטְלוּ	נִבְטֶלֶת	הִבָּטְלִי	כְּהִבָּטֵל
נִבְטַלְתְּ	נִבְטַלְתֶּן	תִּבָּטְלִי	תִּבָּטַלְנָה	(נִבְטָלָה)	הִבָּטְלוּ	לְהִבָּטֵל
נִבְטַל	נִבְטְלוּ	יִבָּטֵל	יִבָּטְלוּ	נִבְטָלִים	הִבָּטַלְנָה	מֵהִבָּטֵל
נִבְטְלָה		תִּבָּטֵל	תִּבָּטַלְנָה	נִבְטָלוֹת		

Pi'el

III — בִּטֵּל — בַּטֵּל to abolish, to cancel, to negate: בַּטֵּל, בַּטֵּל

Past		*Future*		*Present*	*Imperative*	*Gerund*
בִּטַּלְתִּי	בִּטַּלְנוּ	אֲבַטֵּל	נְבַטֵּל	מְבַטֵּל	בַּטֵּל	בְּבַטֵּל
בִּטַּלְתָּ	בִּטַּלְתֶּם	תְּבַטֵּל	תְּבַטְּלוּ	מְבַטֶּלֶת	בַּטְּלִי	כְּבַטֵּל
בִּטַּלְתְּ	בִּטַּלְתֶּן	תְּבַטְּלִי	תְּבַטֵּלְנָה	(מְבַטְּלָה)	בַּטְּלוּ	לְבַטֵּל
בִּטֵּל	בִּטְּלוּ	יְבַטֵּל	יְבַטְּלוּ	מְבַטְּלִים	בַּטֵּלְנָה	מִבַּטֵּל
בִּטְּלָה		תְּבַטֵּל	תְּבַטֵּלְנָה	מְבַטְּלוֹת		

Pu'al

IV — בֻּטַּל — בֻּטַּל to cease to be, to be annulled: בֻּטֹּל

Past		*Future*		*Present*
בֻּטַּלְתִּי	בֻּטַּלְנוּ	אֲבֻטַּל	נְבֻטַּל	מְבֻטָּל
בֻּטַּלְתָּ	בֻּטַּלְתֶּם	תְּבֻטַּל	תְּבֻטְּלוּ	מְבֻטֶּלֶת
בֻּטַּלְתְּ	בֻּטַּלְתֶּן	תְּבֻטְּלִי	תְּבֻטַּלְנָה	(מְבֻטָּלָה)
בֻּטַּל	בֻּטְּלוּ	יְבֻטַּל	יְבֻטְּלוּ	מְבֻטָּלִים
בֻּטְּלָה		תְּבֻטַּל	תְּבֻטַּלְנָה	מְבֻטָּלוֹת

בטל

Hif'il

V – הִבְטִיל – הַבְטִיל to put out of work, to suspend: הַבְטִיל, הַבְטֵל

Past		*Future*		*Present*	*Imperative*	*Gerund*
הִבְטַלְתִּי	הִבְטַלְנוּ	אַבְטִיל	נַבְטִיל	מַבְטִיל	הַבְטֵל	בְּהַבְטִיל
הִבְטַלְתָּ	הִבְטַלְתֶּם	תַּבְטִיל	תַּבְטִילוּ	מַבְטֶלֶת	הַבְטִילִי	כְּהַבְטִיל
הִבְטַלְתְּ	הִבְטַלְתֶּן	תַּבְטִילִי	תַּבְטֵלְנָה	(מַבְטִילָה)	הַבְטִילוּ	לְהַבְטִיל
הִבְטִיל	הִבְטִילוּ	יַבְטִיל	יַבְטִילוּ	מַבְטִילִים	הַבְטֵלְנָה	מֵהַבְטִיל
הִבְטִילָה		תַּבְטִיל	תַּבְטֵלְנָה	מַבְטִילוֹת		

Huf'al

VI – הֻבְטַל – הֻבְטַל to be put out of work, to be suspended: הֻבְטֵל

Past		*Future*		*Present*
הֻבְטַלְתִּי	הֻבְטַלְנוּ	אֻבְטַל	נֻבְטַל	מֻבְטָל
הֻבְטַלְתָּ	הֻבְטַלְתֶּם	תֻּבְטַל	תֻּבְטְלוּ	מֻבְטֶלֶת
הֻבְטַלְתְּ	הֻבְטַלְתֶּן	תֻּבְטְלִי	תֻּבְטַלְנָה	(מֻבְטָלָה)
הֻבְטַל	הֻבְטְלוּ	יֻבְטַל	יֻבְטְלוּ	מֻבְטָלִים
הֻבְטְלָה		תֻּבְטַל	תֻּבְטַלְנָה	מֻבְטָלוֹת

Hitpa'el

VII – הִתְבַּטֵּל – הִתְבַּטֵּל to become idle, to cease: הִתְבַּטֵּל, הִתְבַּטֵּל

Past		*Future*		*Present*	*Imperative*	*Gerund*
הִתְבַּטַּלְתִּי	הִתְבַּטַּלְנוּ	אֶתְבַּטֵּל	נִתְבַּטֵּל	מִתְבַּטֵּל	הִתְבַּטֵּל	בְּהִתְבַּטֵּל
הִתְבַּטַּלְתָּ	הִתְבַּטַּלְתֶּם	תִּתְבַּטֵּל	תִּתְבַּטְּלוּ	מִתְבַּטֶּלֶת	הִתְבַּטְּלִי	כְּהִתְבַּטֵּל
הִתְבַּטַּלְתְּ	הִתְבַּטַּלְתֶּן	תִּתְבַּטְּלִי	תִּתְבַּטֵּלְנָה	(מִתְבַּטְּלָה)	הִתְבַּטְּלוּ	לְהִתְבַּטֵּל
הִתְבַּטֵּל	הִתְבַּטְּלוּ	יִתְבַּטֵּל	יִתְבַּטְּלוּ	מִתְבַּטְּלִים	הִתְבַּטֵּלְנָה	מֵהִתְבַּטֵּל
הִתְבַּטְּלָה		תִּתְבַּטֵּל	תִּתְבַּטֵּלְנָה	מִתְבַּטְּלוֹת		

Nitpa'el: Passive Past — נִתְבַּטַּלְתִּי נִתְבַּטַּלְתָּ נִתְבַּטַּלְתְּ נִתְבַּטֵּל נִתְבַּטְּלָה etc.

בין

Kal

I — בָּן — בִּין to understand, to discern: בִּין, בִּין

Past		*Future*		*Present*	*Imperative*	*Gerund*
בַּנְתִּי	בַּנּוּ	אָבִין	נָבִין	בָּן	בִּין	בְּבִין
בַּנְתָּ	בַּנְתֶּם	תָּבִין	תָּבִינוּ	בָּנָה	בִּינִי	כְּבִין
בַּנְתְּ	בַּנְתֶּן	תָּבִינִי	תְּבֶנָּה	בָּנִים	בִּינוּ	לָבִין
בָּן	בָּנוּ	יָבִין	(תְּבִינֶינָה)	בָּנוֹת	בֵּנָּה	מִבִּין
בָּנָה		תָּבִין	יָבִינוּ			
			תְּבֶנָּה			
			(תְּבִינֶינָה)			

Nif'al

II — נָבוֹן — הִבּוֹן to be wise, to become wise: הִבּוֹן, הִבּוֹן

Past		*Future*		*Present*	*Imperative*	*Gerund*
נְבוּנוֹתִי	נְבוּנוֹנוּ	אֶבּוֹן	נִבּוֹן	נָבוֹן	הִבּוֹן	בְּהִבּוֹן
נְבוּנוֹתָ	נְבוּנוֹתֶם	תִּבּוֹן	תִּבּוֹנוּ	נְבוֹנָה	הִבּוֹנִי	כְּהִבּוֹן
נְבוּנוֹת	נְבוּנוֹתֶן	תִּבּוֹנִי	תִּבֹּנָּה	נְבוֹנִים	הִבּוֹנוּ	לְהִבּוֹן
נָבוֹן	נָבוֹנוּ	יִבּוֹן	יִבּוֹנוּ	נְבוֹנוֹת	הִבֹּנָּה	מֵהִבּוֹן
נָבוֹנָה		תִּבּוֹן	תִּבֹּנָּה			

Pi'el

III — בּוֹנֵן — בּוֹנֵן to consider attentively: בּוֹנֵן, בּוֹנֵן

Past		*Future*		*Present*	*Imperative*	*Gerund*
בּוֹנַנְתִּי	בּוֹנַנּוּ	אֲבוֹנֵן	נְבוֹנֵן	מְבוֹנֵן	בּוֹנֵן	בְּבוֹנֵן
בּוֹנַנְתָּ	בּוֹנַנְתֶּם	תְּבוֹנֵן	תְּבוֹנְנוּ	מְבוֹנֶנֶת	בּוֹנְנִי	כְּבוֹנֵן
בּוֹנַנְתְּ	בּוֹנַנְתֶּן	תְּבוֹנְנִי	תְּבוֹנֵנָּה	(מְבוֹנְנָה)	בּוֹנְנוּ	לְבוֹנֵן
בּוֹנֵן	בּוֹנְנוּ	יְבוֹנֵן	יְבוֹנְנוּ	מְבוֹנְנִים	בּוֹנֵנָּה	מִבּוֹנֵן
בּוֹנְנָה		תְּבוֹנֵן	תְּבוֹנֵנָּה	מְבוֹנְנוֹת		

Pu'al

IV*—

* This root has not developed this form.

בין

Hif'il

V – הֵבִין – הָבִין to understand, to give understanding: הָבִין, הָבֵן

Past		*Future*		*Present*	*Imperative*	*Gerund*
הֲבִינוֹתִי*	הֲבִינוֹנוּ*	אָבִין	נָבִין	מֵבִין	הָבֵן	בְּהָבִין
הֲבִינוֹתָ	הֲבִינוֹתֶם	תָּבִין	תָּבִינוּ	מְבִינָה	הָבִינִי	כְּהָבִין
הֲבִינוֹת	הֲבִינוֹתֶן	תָּבִינִי	תָּבֵנָּה	מְבִינִים	הָבִינוּ	לְהָבִין
הֵבִין	הֵבִינוּ	יָבִין	(תְּבִינֶינָה)	מְבִינוֹת	הָבֵנָּה	מֵהָבִין
הֵבִינָה		תָּבִין	יָבִינוּ			
			תָּבֵנָּה			
			(תְּבִינֶינָה)			

* or: הֵבִינוּ הֲבַנְתֶּן הֲבַנְתֶּם הֵבַנּוּ הֵבִינָה הֵבִין הֵבַנְתְּ הֵבַנְתָּ הֵבַנְתִּי

Huf'al

VI – הוּבַן – הוּבַן to be understood, to be explained: הוּבַן

Past		*Future*		*Present*
הוּבַנְתִּי	הוּבַנּוּ	אוּבַן	נוּבַן	מוּבָן
הוּבַנְתָּ	הוּבַנְתֶּם	תּוּבַן	תּוּבְנוּ	מוּבֶנֶת
הוּבַנְתְּ	הוּבַנְתֶּן	תּוּבְנִי	תּוּבַנָּה	(מוּבָנָה)
הוּבַן	הוּבְנוּ	יוּבַן	יוּבְנוּ	מוּבָנִים
הוּבְנָה		תּוּבַן	תּוּבַנָּה	מוּבָנוֹת

Hitpa'el

VII – הִתְבּוֹנֵן – הִתְבּוֹנֵן to look attentively, to consider: הִתְבּוֹנֵן, הִתְבּוֹנֵן

Past		*Future*		*Present*	*Imperative*	*Gerund*
הִתְבּוֹנַנְתִּי	הִתְבּוֹנַנּוּ	אֶתְבּוֹנֵן	נִתְבּוֹנֵן	מִתְבּוֹנֵן	הִתְבּוֹנֵן	בְּהִתְבּוֹנֵן
הִתְבּוֹנַנְתָּ	הִתְבּוֹנַנְתֶּם	תִּתְבּוֹנֵן	תִּתְבּוֹנְנוּ	מִתְבּוֹנֶנֶת	הִתְבּוֹנְנִי	כְּהִתְבּוֹנֵן
הִתְבּוֹנַנְתְּ	הִתְבּוֹנַנְתֶּן	תִּתְבּוֹנְנִי	תִּתְבּוֹנֵנָּה	(מִתְבּוֹנְנָה)	הִתְבּוֹנְנוּ	לְהִתְבּוֹנֵן
הִתְבּוֹנֵן	הִתְבּוֹנְנוּ	יִתְבּוֹנֵן	יִתְבּוֹנְנוּ	מִתְבּוֹנְנִים	הִתְבּוֹנֵנָּה	מֵהִתְבּוֹנֵן
הִתְבּוֹנְנָה		תִּתְבּוֹנֵן	תִּתְבּוֹנֵנָּה	מִתְבּוֹנְנוֹת		

בכה

Kal

I — בָּכָה — בְּכֵה to cry, to weep: בְּכוֹת, בָּכֹה

Past		*Future*		*Present*	*Imperative*	*Gerund*
בָּכִיתִי	בָּכִינוּ	אֶבְכֶּה	נִבְכֶּה	בּוֹכֶה	בְּכֵה	בִּבְכוֹת
בָּכִיתָ	בְּכִיתֶם	תִּבְכֶּה	תִּבְכּוּ	בּוֹכָה	בְּכִי	כִּבְכוֹת
בָּכִית	בְּכִיתֶן	תִּבְכִּי	תִּבְכֶּינָה	(בּוֹכִיָּה)	בְּכוּ	לִבְכּוֹת
בָּכָה	בָּכוּ	יִבְכֶּה	יִבְכּוּ	בּוֹכִים	בְּכֶינָה	מִבְּכוֹת
בָּכְתָה		תִּבְכֶּה	תִּבְכֶּינָה	בּוֹכוֹת		

Nif'al

II*—

* This root has not developed this form.

Pi'el

III — בִּכָּה — בַּכֵּה to bewail, to lament: בַּכּוֹת, בַּכֵּה

Past		*Future*		*Present*	*Imperative*	*Gerund*
בִּכִּיתִי	בִּכִּינוּ	אֲבַכֶּה	נְבַכֶּה	מְבַכֶּה	בַּכֵּה	בְּבַכּוֹת
בִּכִּיתָ	בִּכִּיתֶם	תְּבַכֶּה	תְּבַכּוּ	מְבַכָּה	בַּכִּי	כְּבַכּוֹת
בִּכִּית	בִּכִּיתֶן	תְּבַכִּי	תְּבַכֶּינָה	מְבַכִּים	בַּכּוּ	לְבַכּוֹת
בִּכָּה	בִּכּוּ	יְבַכֶּה	יְבַכּוּ	מְבַכּוֹת	בַּכֶּינָה	מִבַּכּוֹת
בִּכְּתָה		תְּבַכֶּה	תְבַכֶּינָה			

Pu'al

IV*—

* This root has not developed this form.

בכה

Hif'il

V – הִבְכָּה – הַבְכֵּה to show a doleful countenance: הַבְכּוֹת, הַבְכֵּה

Past		Future		Present	Imperative	Gerund
הִבְכֵּיתִי	הִבְכִּינוּ	אַבְכֶּה	נַבְכֶּה	מַבְכֶּה	הַבְכֵּה	בְּהַבְכּוֹת
הִבְכֵּיתָ	הִבְכֵּיתֶם	תַּבְכֶּה	תַּבְכּוּ	מַבְכָּה	הַבְכִּי	כְּהַבְכּוֹת
הִבְכֵּית	הִבְכֵּיתֶן	תַּבְכִּי	תַּבְכֶּינָה	מַבְכִּים	הַבְכּוּ	לְהַבְכּוֹת
הִבְכָּה	הִבְכּוּ	יַבְכֶּה	יַבְכּוּ	מַבְכּוֹת	הַבְכֶּינָה	מֵהַבְכּוֹת
הִבְכְּתָה		תַּבְכֶּה	תַּבְכֶּינָה			

Huf'al

VI*–

* This root has not developed this form.

Hitpa'el

VII – הִתְבַּכָּה – הִתְבַּכֵּה to break out crying: הִתְבַּכּוֹת, הִתְבַּכֵּה

Past		Future		Present	Imperative	Gerund
הִתְבַּכֵּיתִי	הִתְבַּכִּינוּ	אֶתְבַּכֶּה	נִתְבַּכֶּה	מִתְבַּכֶּה	הִתְבַּכֵּה	בְּהִתְבַּכּוֹת
הִתְבַּכֵּיתָ	הִתְבַּכֵּיתֶם	תִּתְבַּכֶּה	תִּתְבַּכּוּ	מִתְבַּכֵּית	הִתְבַּכִּי	כְּהִתְבַּכּוֹת
הִתְבַּכֵּית	הִתְבַּכֵּיתֶן	תִּתְבַּכִּי	תִּתְבַּכֶּינָה	(מִתְבַּכָּה)	הִתְבַּכּוּ	לְהִתְבַּכּוֹת
הִתְבַּכָּה	הִתְבַּכּוּ	יִתְבַּכֶּה	יִתְבַּכּוּ	מִתְבַּכִּים	הִתְבַּכֶּינָה	מֵהִתְבַּכּוֹת
הִתְבַּכְּתָה		תִּתְבַּכֶּה	תִּתְבַּכֶּינָה	מִתְבַּכּוֹת		

בלה

Kal

I – בָּלָה – בָּלֶה to decay, to become old: בְּלוֹת, בָּלֹה

Past		*Future*		*Pvesent*	*Passive Present*	*Imperative*	*Gerund*
בָּלִיתִי	בָּלִינוּ	אֶבְלֶה	נִבְלֶה	בָּלֶה	בָּלוּי	בְּלֵה	בִּבְלוֹת
בָּלִיתָ	בְּלִיתֶם	תִּבְלֶה	תִּבְלוּ	בָּלָה	בְּלוּיָה	בְּלִי	כִּבְלוֹת
בָּלִית	בְּלִיתֶן	תִּבְלִי	תִּבְלֶינָה	בָּלִים	בְּלוּיִים	בְּלוּ	לִבְלוֹת
בָּלָה	בָּלוּ	יִבְלֶה	יִבְלוּ	בָּלוֹת	בְּלוּיוֹת	בְּלֶינָה	מִבְּלוֹת
בָּלְתָה		תִּבְלֶה	תִּבְלֶינָה				

Nif'al

II – נִבְלָה – הִבָּלֵה to be worn out: הִבָּלוֹת, הִבָּלֵה

Past		*Future*		*Present*		*Imperative*	*Gerund*
נִבְלֵיתִי	נִבְלִינוּ	אֶבָּלֶה	נִבָּלֶה	נִבְלֶה		הִבָּלֵה	בְּהִבָּלוֹת
נִבְלֵיתָ	נִבְלֵיתֶם	תִּבָּלֶה	תִּבָּלוּ	נִבְלֵית		הִבָּלִי	כְּהִבָּלוֹת
נִבְלֵית	נִבְלֵיתֶן	תִּבָּלִי	תִּבָּלֶינָה	(נִבְלָה)		הִבָּלוּ	לְהִבָּלוֹת
נִבְלָה	נִבְלוּ	יִבָּלֶה	יִבָּלוּ	נִבְלִים		הִבָּלֶינָה	מֵהִבָּלוֹת
נִבְלְתָה		תִּבָּלֶה	תִּבָּלֶינָה	נִבְלוֹת			

Pi'el

III – בִּלָּה – בַּלֵּה to consume, to waste: בַּלּוֹת, בַּלֵּה

Past		*Future*		*Present*		*Imperative*	*Gerund*
בִּלִּיתִי	בִּלִּינוּ	אֲבַלֶּה	נְבַלֶּה	מְבַלֶּה		בַּלֵּה	בְּבַלּוֹת
בִּלִּיתָ	בִּלִּיתֶם	תְּבַלֶּה	תְּבַלּוּ	מְבַלָּה		בַּלִּי	כְּבַלּוֹת
בִּלִּית	בִּלִּיתֶן	תְּבַלִּי	תְּבַלֶּינָה	מְבַלִּים		בַּלּוּ	לְבַלּוֹת
בִּלָּה	בִּלּוּ	יְבַלֶּה	יְבַלּוּ	מְבַלּוֹת		בַּלֶּינָה	מִבַּלּוֹת
בִּלְּתָה		תְּבַלֶּה	תְּבַלֶּינָה				

Pu'al

IV*–

* This root has not developed this form.

בלה

Hif'il

V*–

Huf'al

VI*–

* This root has not developed this form.

Hitpa'el

VII – הִתְבַּלָּה – הִתְבַּלֵּה to become worn-out, to decay: **הִתְבַּלּוֹת, הִתְבַּלֵּה**

Past		*Future*		*Present*	*Imperative*	*Gerund*
הִתְבַּלֵּיתִי	הִתְבַּלֵּינוּ	אֶתְבַּלֶּה	נִתְבַּלֶּה	מִתְבַּלֶּה	הִתְבַּלֵּה	בְּהִתְבַּלּוֹת
הִתְבַּלֵּיתָ	הִתְבַּלֵּיתֶם	תִּתְבַּלֶּה	תִּתְבַּלּוּ	מִתְבַּלֵּית	הִתְבַּלִּי	כְּהִתְבַּלּוֹת
הִתְבַּלֵּית	הִתְבַּלֵּיתֶן	תִּתְבַּלִּי	תִּתְבַּלֶּינָה	(מִתְבַּלָּה)	הִתְבַּלּוּ	לְהִתְבַּלּוֹת
הִתְבַּלָּה	הִתְבַּלּוּ	יִתְבַּלֶּה	יִתְבַּלּוּ	מִתְבַּלִּים	הִתְבַּלֶּינָה	מֵהִתְבַּלּוֹת
הִתְבַּלְּתָה		תִּתְבַּלֶּה	תִּתְבַּלֶּינָה	מִתְבַּלּוֹת		

בלע

Kal

I — בְּלַע — בָּלַע to swallow, to absorb: בְּלֹעַ, בָּלֹעַ

Past		Future		Present	Passive Present	Imperative	Gerund
בָּלַעְתִּי	בָּלַעְנוּ	אֶבְלַע	נִבְלַע	בּוֹלֵעַ	בָּלוּעַ	בְּלַע	בִּבְלֹעַ
בָּלַעְתָּ	בְּלַעְתֶּם	תִּבְלַע	תִּבְלְעוּ	בּוֹלַעַת	בְּלוּעָה	בִּלְעִי	כִּבְלֹעַ
בָּלַעַתְּ	בְּלַעְתֶּן	תִּבְלְעִי	תִּבְלַעְנָה	(בּוֹלְעָה)	בְּלוּעִים	בִּלְעוּ	לִבְלֹעַ
בָּלַע	בָּלְעוּ	יִבְלַע	יִבְלְעוּ	בּוֹלְעִים	בְּלוּעוֹת	בְּלַעְנָה	מִבְּלֹעַ
בָּלְעָה		תִּבְלַע	תִּבְלַעְנָה	בּוֹלְעוֹת			

Nif'al

II — נִבְלַע — הִבָּלַע to be swallowed: הִבָּלַע, הִבָּלֵעַ

Past		Future		Present	Imperative	Gerund
נִבְלַעְתִּי	נִבְלַעְנוּ	אֶבָּלַע	נִבָּלַע	נִבְלָע	הִבָּלַע	בְּהִבָּלַע
נִבְלַעְתָּ	נִבְלַעְתֶּם	תִּבָּלַע	תִּבָּלְעוּ	נִבְלַעַת	הִבָּלְעִי	כְּהִבָּלַע
נִבְלַעַתְּ	נִבְלַעְתֶּן	תִּבָּלְעִי	תִּבָּלַעְנָה	(נִבְלָעָה)	הִבָּלְעוּ	לְהִבָּלַע
נִבְלַע	נִבְלְעוּ	יִבָּלַע	יִבָּלְעוּ	נִבְלָעִים	הִבָּלַעְנָה	מֵהִבָּלַע
נִבְלְעָה		תִּבָּלַע	תִּבָּלַעְנָה	נִבְלָעוֹת		

Pi'el

III — בִּלַּע — בַּלַּע to destroy, to confound: בַּלַּע, בַּלֵּעַ

Past		Future		Present	Imperative	Gerund
בִּלַּעְתִּי	בִּלַּעְנוּ	אֲבַלַּע	נְבַלַּע	מְבַלֵּעַ	בַּלַּע	בְּבַלַּע
בִּלַּעְתָּ	בִּלַּעְתֶּם	תְּבַלַּע	תְּבַלְּעוּ	מְבַלַּעַת	בַּלְּעִי	כְּבַלַּע
בִּלַּעַתְּ	בִּלַּעְתֶּן	תְּבַלְּעִי	תְּבַלַּעְנָה	(מְבַלְּעָה)	בַּלְּעוּ	לְבַלַּע
בִּלַּע	בִּלְּעוּ	יְבַלַּע	יְבַלְּעוּ	מְבַלְּעִים	בַּלַּעְנָה	מִבַּלַּע
בִּלְּעָה		תְּבַלַּע	תְּבַלַּעְנָה	מְבַלְּעוֹת		

Pu'al

IV — בֻּלַּע — בֻּלַּע to be destroyed, to be damaging: בֻּלֹּעַ

Past		Future		Present
בֻּלַּעְתִּי	בֻּלַּעְנוּ	אֲבֻלַּע	נְבֻלַּע	מְבֻלָּע
בֻּלַּעְתָּ	בֻּלַּעְתֶּם	תְּבֻלַּע	תְּבֻלְּעוּ	מְבֻלַּעַת
בֻּלַּעַתְּ	בֻּלַּעְתֶּן	תְּבֻלְּעִי	תְּבֻלַּעְנָה	(מְבֻלָּעָה)
בֻּלַּע	בֻּלְּעוּ	יְבֻלַּע	יְבֻלְּעוּ	מְבֻלָּעִים
בֻּלְּעָה		תְּבֻלַּע	תְּבֻלַּעְנָה	מְבֻלָּעוֹת

בלע

Hif'il

V – הִבְלִיעַ – הַבְלִיעַ to slur over, to elide: הַבְלִיעַ, הַבְלֵעַ

Past		Future		Present	Imperative	Gerund
הִבְלַעְתִּי	הִבְלַעְנוּ	אַבְלִיעַ	נַבְלִיעַ	מַבְלִיעַ	הַבְלַע	בְּהַבְלִיעַ
הִבְלַעְתָּ	הִבְלַעְתֶּם	תַּבְלִיעַ	תַּבְלִיעוּ	מַבְלַעַת	הַבְלִיעִי	כְּהַבְלִיעַ
הִבְלַעַתְּ	הִבְלַעְתֶּן	תַּבְלִיעִי	תַּבְלַעְנָה	(מַבְלִיעָה)	הַבְלִיעוּ	לְהַבְלִיעַ
הִבְלִיעַ	הִבְלִיעוּ	יַבְלִיעַ	יַבְלִיעוּ	מַבְלִיעִים	הַבְלַעְנָה	מֵהַבְלִיעַ
הִבְלִיעָה		תַּבְלִיעַ	תַּבְלַעְנָה	מַבְלִיעוֹת		

Huf'al

VI – הֻבְלַע – הֻבְלַע to be included, to be mingled: הֻבְלֵעַ

Past		Future		Present
הֻבְלַעְתִּי	הֻבְלַעְנוּ	אֻבְלַע	נֻבְלַע	מֻבְלָע
הֻבְלַעְתָּ	הֻבְלַעְתֶּם	תֻּבְלַע	תֻּבְלְעוּ	מֻבְלַעַת
הֻבְלַעַתְּ	הֻבְלַעְתֶּן	תֻּבְלְעִי	תֻּבְלַעְנָה	(מֻבְלָעָה)
הֻבְלַע	הֻבְלְעוּ	יֻבְלַע	יֻבְלְעוּ	מֻבְלָעִים
הֻבְלְעָה		תֻּבְלַע	תֻּבְלַעְנָה	מֻבְלָעוֹת

Hitpa'el

VII – הִתְבַּלַּע – הִתְבַּלַּע to be swallowed up, to disappear: הִתְבַּלַּע, הִתְבַּלֵּעַ

Past		Future		Present	Imperative	Gerund
הִתְבַּלַּעְתִּי	הִתְבַּלַּעְנוּ	אֶתְבַּלַּע	נִתְבַּלַּע	מִתְבַּלֵּעַ	הִתְבַּלַּע	בְּהִתְבַּלַּע
הִתְבַּלַּעְתָּ	הִתְבַּלַּעְתֶּם	תִּתְבַּלַּע	תִּתְבַּלְּעוּ	מִתְבַּלַּעַת	הִתְבַּלְּעִי	כְּהִתְבַּלַּע
הִתְבַּלַּעַתְּ	הִתְבַּלַּעְתֶּן	תִּתְבַּלְּעִי	תִּתְבַּלַּעְנָה	(מִתְבַּלְּעָה)	הִתְבַּלְּעוּ	לְהִתְבַּלַּע
הִתְבַּלַּע	הִתְבַּלְּעוּ	יִתְבַּלַּע	יִתְבַּלְּעוּ	מִתְבַּלְּעִים	הִתְבַּלַּעְנָה	מֵהִתְבַּלַּע
הִתְבַּלְּעָה		תִּתְבַּלַּע	תִּתְבַּלַּעְנָה	מִתְבַּלְּעוֹת		

בנה

Kal

I – בָּנָה – בְּנֵה to build, to raise: בְּנוֹת, בָּנֹה

Past		*Future*		*Present*	*Passive present*	*Imperative*	*Gerund*
בָּנִיתִי	בָּנִינוּ	אֶבְנֶה	נִבְנֶה	בּוֹנֶה	בָּנוּי	בְּנֵה	בִּבְנוֹת
בָּנִיתָ	בְּנִיתֶם	תִּבְנֶה	תִּבְנוּ	בּוֹנָה	בְּנוּיָה	בְּנִי	כִּבְנוֹת
בָּנִית	בְּנִיתֶן	תִּבְנִי	תִּבְנֶינָה	בּוֹנִים	בְּנוּיִים	בְּנוּ	לִבְנוֹת
בָּנָה	בָּנוּ	יִבְנֶה	יִבְנוּ	בּוֹנוֹת	בְּנוּיוֹת	בְּנֶינָה	מִבְּנוֹת
בָּנְתָה		תִּבְנֶה	תִּבְנֶינָה				

Nif'al

II – נִבְנָה – הִבָּנֵה to be built, be raised: הִבָּנוֹת, הִבָּנֵה

Past		*Future*		*Present*	*Imperative*	*Gerund*
נִבְנֵיתִי	נִבְנִינוּ	אֶבָּנֶה	נִבָּנֶה	נִבְנֶה	הִבָּנֵה	בְּהִבָּנוֹת
נִבְנֵיתָ	נִבְנֵיתֶם	תִּבָּנֶה	תִּבָּנוּ	נִבְנֵית	הִבָּנִי	כְּהִבָּנוֹת
נִבְנֵית	נִבְנֵיתֶן	תִּבָּנִי	תִּבָּנֶינָה	(נִבְנָה)	הִבָּנוּ	לְהִבָּנוֹת
נִבְנָה	נִבְנוּ	יִבָּנֶה	יִבָּנוּ	נִבְנִים	הִבָּנֶינָה	מֵהִבָּנוֹת
נִבְנְתָה		תִּבָּנֶה	תִּבָּנֶינָה	נִבְנוֹת		

Pi'el

III – בִּנָּה – בַּנֵּה to erect, to establish: בַּנּוֹת, בַּנֵּה

Past		*Future*		*Present*	*Imperative*	*Gerund*
בִּנִּיתִי	בִּנִּינוּ	אֲבַנֶּה	נְבַנֶּה	מְבַנֶּה	בַּנֵּה	בְּבַנּוֹת
בִּנִּיתָ	בִּנִּיתֶם	תְּבַנֶּה	תְּבַנּוּ	מְבַנָּה	בַּנִּי	כְּבַנּוֹת
בִּנִּית	בִּנִּיתֶן	תְּבַנִּי	תְּבַנֶּינָה	מְבַנִּים	בַּנּוּ	לְבַנּוֹת
בִּנָּה	בִּנּוּ	יְבַנֶּה	יְבַנּוּ	מְבַנּוֹת	בַּנֶּינָה	מִבַּנּוֹת
בִּנְּתָה		תְּבַנֶּה	תְּבַנֶּינָה			

Pu'al

IV – בֻּנָּה – בֻּנֵּה to be erected, established: בֻּנֹּה

Past		*Future*		*Present*
בֻּנֵּיתִי	בֻּנֵּינוּ	אֲבֻנֶּה	נְבֻנֶּה	מְבֻנֶּה
בֻּנֵּיתָ	בֻּנֵּיתֶם	תְּבֻנֶּה	תְּבֻנּוּ	מְבֻנָּה
בֻּנֵּית	בֻּנֵּיתֶן	תְּבֻנִּי	תְּבֻנֶּינָה	(מְבֻנֵּית)
בֻּנָּה	בֻּנּוּ	יְבֻנֶּה	יְבֻנּוּ	מְבֻנִּים
בֻּנְּתָה		תְּבֻנֶּה	תְּבֻנֶּינָה	מְבֻנּוֹת

בנה

Hif'il

V*–

Huf'al

VI*–

* This root has not developed this form.

Hitpa'el

VII – הִתְבַּנָּה – הִתְבַּנֵּה to build oneself up: **הִתְבַּנּוֹת, הִתְבַּנֵּה**

Past		*Future*		*Present*	*Imperative*	*Gerund*
הִתְבַּנֵּיתִי	הִתְבַּנִּינוּ	אֶתְבַּנֶּה	נִתְבַּנֶּה	מִתְבַּנֶּה	הִתְבַּנֵּה	בְּהִתְבַּנּוֹת
הִתְבַּנֵּיתָ	הִתְבַּנֵּיתֶם	תִּתְבַּנֶּה	תִּתְבַּנּוּ	מִתְבַּנָּה	הִתְבַּנִּי	כְּהִתְבַּנּוֹת
הִתְבַּנֵּית	הִתְבַּנֵּיתֶן	תִּתְבַּנִּי	תִּתְבַּנֶּינָה	(מִתְבַּנֵּית)	הִתְבַּנּוּ	לְהִתְבַּנּוֹת
הִתְבַּנָּה	הִתְבַּנּוּ	יִתְבַּנֶּה	יִתְבַּנּוּ	מִתְבַּנִּים	הִתְבַּנֶּינָה	מֵהִתְבַּנּוֹת
הִתְבַּנְּתָה		תִּתְבַּנֶּה	תִּתְבַּנֶּינָה	מִתְבַּנּוֹת		

בקר

Kal

I*—

Nif'al

II*—

* This root has not developed this form.

Pi'el

III — בִּקֵּר — בַּקֵּר to visit, to criticize: בַּקֵּר, בַּקֵּר

Past		*Future*		*Present*	*Imperative*	*Gerund*
בִּקַּרְתִּי	בִּקַּרְנוּ	אֲבַקֵּר	נְבַקֵּר	מְבַקֵּר	בַּקֵּר	בְּבַקֵּר
בִּקַּרְתָּ	בִּקַּרְתֶּם	תְּבַקֵּר	תְּבַקְּרוּ	מְבַקֶּרֶת	בַּקְּרִי	כְּבַקֵּר
בִּקַּרְתְּ	בִּקַּרְתֶּן	תְּבַקְּרִי	תְּבַקֵּרְנָה	(מְבַקְּרָה)	בַּקְּרוּ	לְבַקֵּר
בִּקֵּר	בִּקְּרוּ	יְבַקֵּר	יְבַקְּרוּ	מְבַקְּרִים	בַּקֵּרְנָה	מִבַּקֵּר
בִּקְּרָה		תְּבַקֵּר	תְּבַקֵּרְנָה	מְבַקְּרוֹת		

Pu'al

IV — בֻּקַּר — בֻּקַּר to be examined, to be tested: בֻּקֹּר

Past		*Future*		*Present*
בֻּקַּרְתִּי	בֻּקַּרְנוּ	אֲבֻקַּר	נְבֻקַּר	מְבֻקָּר
בֻּקַּרְתָּ	בֻּקַּרְתֶּם	תְּבֻקַּר	תְּבֻקְּרוּ	מְבֻקֶּרֶת
בֻּקַּרְתְּ	בֻּקַּרְתֶּן	תְּבֻקְּרִי	תְּבֻקַּרְנָה	(מְבֻקָּרָה)
בֻּקַּר	בֻּקְּרוּ	יְבֻקַּר	יְבֻקְּרוּ	מְבֻקָּרִים
בֻּקְּרָה		תְּבֻקַּר	תְּבֻקַּרְנָה	מְבֻקָּרוֹת

בקר

Hif'il

V*–

Huf'al

VI*–

* This root has not developed this form.

Hitpa'el

VII – הִתְבַּקֵּר – הִתְבַּקֵּר to be visited, to be criticized: **הִתְבַּקֵּר, הִתְבַּקֵּר**

Past		*Future*		*Present*	*Imperative*	*Gerund*
הִתְבַּקַּרְתִּי	הִתְבַּקַּרְנוּ	אֶתְבַּקֵּר	נִתְבַּקֵּר	מִתְבַּקֵּר	הִתְבַּקֵּר	בְּהִתְבַּקֵּר
הִתְבַּקַּרְתָּ	הִתְבַּקַּרְתֶּם	תִּתְבַּקֵּר	תִּתְבַּקְּרוּ	מִתְבַּקֶּרֶת	הִתְבַּקְּרִי	כְּהִתְבַּקֵּר
הִתְבַּקַּרְתְּ	הִתְבַּקַּרְתֶּן	תִּתְבַּקְּרִי	תִּתְבַּקֵּרְנָה	(מִתְבַּקְּרָה)	הִתְבַּקְּרוּ	לְהִתְבַּקֵּר
הִתְבַּקֵּר	הִתְבַּקְּרוּ	יִתְבַּקֵּר	יִתְבַּקְּרוּ	מִתְבַּקְּרִים	הִתְבַּקֵּרְנָה	מֵהִתְבַּקֵּר
הִתְבַּקְּרָה		תִּתְבַּקֵּר	תִּתְבַּקֵּרְנָה	מִתְבַּקְּרוֹת		

בקש

Kal

I*–

Nif'al

II*–

* This root has not developed this form.

Pi'el

III – בִּקֵּשׁ – בַּקֵּשׁ to seek ,to request: בַּקֵּשׁ , בַּקֵּשׁ

Past		*Future*		*Present*	*Imperative*	*Gerund*
בִּקַּשְׁתִּי	בִּקַּשְׁנוּ	אֲבַקֵּשׁ	נְבַקֵּשׁ	מְבַקֵּשׁ	בַּקֵּשׁ	בְּבַקֵּשׁ
בִּקַּשְׁתָּ	בִּקַּשְׁתֶּם	תְּבַקֵּשׁ	תְּבַקְּשׁוּ	מְבַקֶּשֶׁת	בַּקְּשִׁי	כְּבַקֵּשׁ
בִּקַּשְׁתְּ	בִּקַּשְׁתֶּן	תְּבַקְּשִׁי	תְּבַקֵּשְׁנָה	(מְבַקְּשָׁה)	בַּקְּשׁוּ	לְבַקֵּשׁ
בִּקֵּשׁ	בִּקְּשׁוּ	יְבַקֵּשׁ	יְבַקְּשׁוּ	מְבַקְּשִׁים	בַּקֵּשְׁנָה	מִבַּקֵּשׁ
בִּקְּשָׁה		תְּבַקֵּשׁ	תְּבַקֵּשְׁנָה	מְבַקְּשׁוֹת		

Pu'al

IV – בֻּקַּשׁ – בֻּקַּשׁ to be searched, to be sought: בֻּקֹּשׁ

Past		*Future*		*Present*
בֻּקַּשְׁתִּי	בֻּקַּשְׁנוּ	אֲבֻקַּשׁ	נְבֻקַּשׁ	מְבֻקָּשׁ
בֻּקַּשְׁתָּ	בֻּקַּשְׁתֶּם	תְּבֻקַּשׁ	תְּבֻקְּשׁוּ	מְבֻקֶּשֶׁת
בֻּקַּשְׁתְּ	בֻּקַּשְׁתֶּן	תְּבֻקְּשִׁי	תְּבֻקַּשְׁנָה	(מְבֻקָּשָׁה)
בֻּקַּשׁ	בֻּקְּשׁוּ	יְבֻקַּשׁ	יְבֻקְּשׁוּ	מְבֻקָּשִׁים
בֻּקְּשָׁה		תְּבֻקַּשׁ	תְּבֻקַּשְׁנָה	מְבֻקָּשׁוֹת

בקש

Hif'il

V*–

Huf'al

VI*–

* This root has not developed this form.

Hitpa'el

VII – הִתְבַּקֵּשׁ – הִתְבַּקֵּשׁ to be requested, to be summoned: **הִתְבַּקֵּשׁ, הִתְבַּקֵּשׁ**

Past		Future		Present	Imperative	Gerund
הִתְבַּקַּשְׁתִּי	הִתְבַּקַּשְׁנוּ	אֶתְבַּקֵּשׁ	נִתְבַּקֵּשׁ	מִתְבַּקֵּשׁ	הִתְבַּקֵּשׁ	בְּהִתְבַּקֵּשׁ
הִתְבַּקַּשְׁתָּ	הִתְבַּקַּשְׁתֶּם	תִּתְבַּקֵּשׁ	תִּתְבַּקְּשׁוּ	מִתְבַּקֶּשֶׁת	הִתְבַּקְּשִׁי	כְּהִתְבַּקֵּשׁ
הִתְבַּקַּשְׁתְּ	הִתְבַּקַּשְׁתֶּן	תִּתְבַּקְּשִׁי	תִּתְבַּקֵּשְׁנָה	(מִתְבַּקְּשָׁה)	הִתְבַּקְּשׁוּ	לְהִתְבַּקֵּשׁ
הִתְבַּקֵּשׁ	הִתְבַּקְּשׁוּ	יִתְבַּקֵּשׁ	יִתְבַּקְּשׁוּ	מִתְבַּקְּשִׁים	הִתְבַּקֵּשְׁנָה	מֵהִתְבַּקֵּשׁ
הִתְבַּקְּשָׁה		תִּתְבַּקֵּשׁ	תִּתְבַּקֵּשְׁנָה	מִתְבַּקְּשׁוֹת		

ברא

Kal

I – בָּרָא – בְּרָא to create, to form: **בְּרֹא, בָּרֹא**

Past		*Future*		*Present*	*Passive present*	*Imperative*	*Gerund*
בָּרָאתִי	בָּרָאנוּ	אֶבְרָא	נִבְרָא	בּוֹרֵא	בָּרוּא	בְּרָא	בִּבְרֹא
בָּרָאתָ	בְּרָאתֶם	תִּבְרָא	תִּבְרְאוּ	בּוֹרֵאת	בְּרוּאָה	בִּרְאִי	כִּבְרֹא
בָּרָאת	בְּרָאתֶן	תִּבְרְאִי	תִּבְרֶאנָה	(בּוֹרְאָה)	בְּרוּאִים	בִּרְאוּ	לִבְרֹא
בָּרָא	בָּרְאוּ	יִבְרָא	יִבְרְאוּ	בּוֹרְאִים	בְּרוּאוֹת	בְּרֶאנָה	מִבְּרֹא
בָּרְאָה		תִּבְרָא	תִּבְרֶאנָה	בּוֹרְאוֹת			

Nif'al

II – נִבְרָא – הִבָּרֵא to be created: **הִבָּרֵא, הִבָּרֵא**

Past		*Future*		*Present*	*Imperative*	*Gerund*
נִבְרֵאתִי	נִבְרֵאנוּ	אֶבָּרֵא	נִבָּרֵא	נִבְרָא	הִבָּרֵא	בְּהִבָּרֵא
נִבְרֵאתָ	נִבְרֵאתֶם	תִּבָּרֵא	תִּבָּרְאוּ	נִבְרֵאת	הִבָּרְאִי	כְּהִבָּרֵא
נִבְרֵאת	נִבְרֵאתֶן	תִּבָּרְאִי	תִּבָּרֶאנָה	(נִבְרָאָה)	הִבָּרְאוּ	לְהִבָּרֵא
נִבְרָא	נִבְרְאוּ	יִבָּרֵא	יִבָּרְאוּ	נִבְרָאִים	הִבָּרֶאנָה	מֵהִבָּרֵא
נִבְרְאָה		תִּבָּרֵא	תִּבָּרֶאנָה	נִבְרָאוֹת		

Pi'el

III – בֵּרֵא – בָּרֵא to cut down: **בָּרֵא, בָּרֵא**

Past		*Future*		*Present*	*Imperative*	*Gerund*
בֵּרֵאתִי	בֵּרֵאנוּ	אֲבָרֵא	נְבָרֵא	מְבָרֵא	בָּרֵא	בְּבָרֵא
בֵּרֵאתָ	בֵּרֵאתֶם	תְּבָרֵא	תְּבָרְאוּ	מְבָרֵאת	בָּרְאִי	כְּבָרֵא
בֵּרֵאת	בֵּרֵאתֶן	תְּבָרְאִי	תְּבָרֶאנָה	מְבָרְאִים	בָּרְאוּ	לְבָרֵא
בֵּרֵא	בֵּרְאוּ	יְבָרֵא	יְבָרְאוּ	מְבָרְאוֹת	בָּרֶאנָה	מִבָּרֵא
בֵּרְאָה		תְּבָרֵא	תְּבָרֶאנָה			

Pu'al

IV*–

* This root has not developed this form.

ברא

Hif'il

V – הִבְרִיא – הַבְרִיא to recover, to fatten: הַבְרִיא, הַבְרֵא

Past		*Future*		*Present*	*Imperative*	*Gerund*
הִבְרֵאתִי	הִבְרֵאנוּ	אַבְרִיא	נַבְרִיא	מַבְרִיא	הַבְרֵא	בְּהַבְרִיא
הִבְרֵאתָ	הִבְרֵאתֶם	תַּבְרִיא	תַּבְרִיאוּ	מַבְרִיאָה	הַבְרִיאִי	כְּהַבְרִיא
הִבְרֵאת	הִבְרֵאתֶן	תַּבְרִיאִי	תַּבְרֶאנָה	מַבְרִיאִים	הַבְרִיאוּ	לְהַבְרִיא
הִבְרִיא	הִבְרִיאוּ	יַבְרִיא	יַבְרִיאוּ	מַבְרִיאוֹת	הַבְרֶאנָה	מֵהַבְרִיא
הִבְרִיאָה		תַּבְרִיא	תַּבְרֶאנָה			

Huf'al

VI – הֻבְרָא – הֻבְרָא to be fattened: הֻבְרֵא

Past		*Future*		*Present*
הֻבְרֵאתִי	הֻבְרֵאנוּ	אֻבְרָא	נֻבְרָא	מֻבְרָא
הֻבְרֵאתָ	הֻבְרֵאתֶם	תֻּבְרָא	תֻּבְרְאוּ	מֻבְרֵאת
הֻבְרֵאת	הֻבְרֵאתֶן	תֻּבְרְאִי	תֻּבְרֶאנָה	(מֻבְרָאָה)
הֻבְרָא	הֻבְרְאוּ	יֻבְרָא	יֻבְרְאוּ	מֻבְרָאִים
הֻבְרְאָה		תֻּבְרָא	תֻּבְרֶאנָה	מֻבְרָאוֹת

Hitpa'el

VII*–

* This root has not developed this form.

ברך

Kal

I – בָּרַךְ – בְּרַךְ to kneel: **בָּרֹךְ, בָּרֹךְ**

Past		*Future*		*Present*	*Passive Present*	*Imperative*	*Gerund*
בָּרַכְתִּי	בָּרַכְנוּ	אֶבְרַךְ	נִבְרַךְ	בּוֹרֵךְ	בָּרוּךְ	בְּרַךְ	בִּבְרֹךְ
בָּרַכְתָּ	בְּרַכְתֶּם	תִּבְרַךְ	תִּבְרְכוּ	בּוֹרֶכֶת	בְּרוּכָה	בִּרְכִי	כִּבְרֹךְ
בָּרַכְתְּ	בְּרַכְתֶּן	תִּבְרְכִי	תִּבְרַכְנָה	(בּוֹרְכָה)	בְּרוּכִים	בִּרְכוּ	לִבְרֹךְ
בָּרַךְ	בָּרְכוּ	יִבְרַךְ	יִבְרְכוּ	בּוֹרְכִים	בְּרוּכוֹת	בְּרַכְנָה	מִבְּרֹךְ
בָּרְכָה		תִּבְרַךְ	תִּבְרַכְנָה	בּוֹרְכוֹת			

Nif'al

II – נִבְרַךְ – הִבָּרֵךְ to bless onself: **הִבָּרֵךְ, הִבָּרֵךְ**

Past		*Futuue*		*Present*	*Imperative*	*Gerund*
נִבְרַכְתִּי	נִבְרַכְנוּ	אֶבָּרֵךְ	נִבָּרֵךְ	נִבְרָךְ	הִבָּרֵךְ	בְּהִבָּרֵךְ
נִבְרַכְתָּ	נִבְרַכְתֶּם	תִּבָּרֵךְ	תִּבָּרְכוּ	נִבְרֶכֶת	הִבָּרְכִי	כְּהִבָּרֵךְ
נִבְרַכְתְּ	נִבְרַכְתֶּן	תִּבָּרְכִי	תִּבָּרַכְנָה	(נִבְרָכָה)	הִבָּרְכוּ	לְהִבָּרֵךְ
נִבְרַךְ	נִבְרְכוּ	יִבָּרֵךְ	יִבָּרְכוּ	נִבְרָכִים	הִבָּרַכְנָה	מֵהִבָּרֵךְ
נִבְרְכָה		תִּבָּרֵךְ	תִּבָּרַכְנָה	נִבְרָכוֹת		

Pi'el

III – בֵּרֵךְ – בָּרֵךְ to bless: **בָּרֵךְ, בָּרֵךְ**

Past		*Future*		*Present*	*Imperative*	*Gerund*
בֵּרַכְתִּי	בֵּרַכְנוּ	אֲבָרֵךְ	נְבָרֵךְ	מְבָרֵךְ	בָּרֵךְ	בְּבָרֵךְ
בֵּרַכְתָּ	בֵּרַכְתֶּם	תְּבָרֵךְ	תְּבָרְכוּ	מְבָרֶכֶת	בָּרְכִי	כְּבָרֵךְ
בֵּרַכְתְּ	בֵּרַכְתֶּן	תְּבָרְכִי	תְּבָרֵכְנָה	(מְבָרְכָה)	בָּרְכוּ	לְבָרֵךְ
בֵּרֵךְ	בֵּרְכוּ	יְבָרֵךְ	יְבָרְכוּ	מְבָרְכִים	בָּרֵכְנָה	מִבָּרֵךְ
בֵּרְכָה		תְּבָרֵךְ	תְּבָרֵכְנָה	מְבָרְכוֹת		

Pu'al

IV – בֹּרַךְ – בֹּרַךְ to be blessed: **בֹּרֹךְ**

Past		*Future*		*Present*
בֹּרַכְתִּי	בֹּרַכְנוּ	אֲבֹרַךְ	נְבֹרַךְ	מְבֹרָךְ
בֹּרַכְתָּ	בֹּרַכְתֶּם	תְּבֹרַךְ	תְּבֹרְכוּ	מְבֹרֶכֶת
בֹּרַכְתְּ	בֹּרַכְתֶּן	תְּבֹרְכִי	תְּבֹרַכְנָה	(מְבֹרָכָה)
בֹּרַךְ	בֹּרְכוּ	יְבֹרַךְ	יְבֹרְכוּ	מְבֹרָכִים
בֹּרְכָה		תְּבֹרַךְ	תְּבֹרַכְנָה	מְבֹרָכוֹת

ברך

Hif'il

V – הִבְרִיךְ – הַבְרִיךְ to make one kneel, to engraft: הַבְרִיךְ, הַבְרֵךְ

Past		Future		Present	Imperative	Gerund
הִבְרַכְתִּי	הִבְרַכְנוּ	אַבְרִיךְ	נַבְרִיךְ	מַבְרִיךְ	הַבְרֵךְ	בְּהַבְרִיךְ
הִבְרַכְתָּ	הִבְרַכְתֶּם	תַּבְרִיךְ	תַּבְרִיכוּ	מַבְרִיכָה	הַבְרִיכִי	כְּהַבְרִיךְ
הִבְרַכְתְּ	הִבְרַכְתֶּן	תַּבְרִיכִי	תַּבְרֵכְנָה	(מַבְרֶכֶת)	הַבְרִיכוּ	לְהַבְרִיךְ
הִבְרִיךְ	הִבְרִיכוּ	יַבְרִיךְ	יַבְרִיכוּ	מַבְרִיכִים	הַבְרֵכְנָה	מֵהַבְרִיךְ
הִבְרִיכָה		תַּבְרִיךְ	תַּבְרֵכְנָה	מַבְרִיכוֹת		

Huf'al

VI – הָבְרַךְ – הָבְרַךְ to be grafted: הָבְרֵךְ

Past		Future		Present
הָבְרַכְתִּי	הָבְרַכְנוּ	אָבְרַךְ	נָבְרַךְ	מָבְרָךְ
הָבְרַכְתָּ	הָבְרַכְתֶּם	תָּבְרַךְ	תָּבְרְכוּ	מָבְרֶכֶת
הָבְרַכְתְּ	הָבְרַכְתֶּן	תָּבְרְכִי	תָּבְרַכְנָה	(מָבְרָכָה)
הָבְרַךְ	הָבְרְכוּ	יָבְרַךְ	יָבְרְכוּ	מָבְרָכִים
הָבְרְכָה		תָּבְרַךְ	תָּבְרַכְנָה	מָבְרָכוֹת

Hitpa'el

VII – הִתְבָּרֵךְ – הִתְבָּרֵךְ to consider oneself blessed: הִתְבָּרֵךְ, הִתְבָּרֵךְ

Past		Future		Present	Imperative	Gerund
הִתְבָּרַכְתִּי	הִתְבָּרַכְנוּ	אֶתְבָּרֵךְ	נִתְבָּרֵךְ	מִתְבָּרֵךְ	הִתְבָּרֵךְ	בְּהִתְבָּרֵךְ
הִתְבָּרַכְתָּ	הִתְבָּרַכְתֶּם	תִּתְבָּרֵךְ	תִּתְבָּרְכוּ	מִתְבָּרֶכֶת	הִתְבָּרְכִי	כְּהִתְבָּרֵךְ
הִתְבָּרַכְתְּ	הִתְבָּרַכְתֶּן	תִּתְבָּרְכִי	תִּתְבָּרֵכְנָה	(מִתְבָּרְכָה)	הִתְבָּרְכוּ	לְהִתְבָּרֵךְ
הִתְבָּרֵךְ	הִתְבָּרְכוּ	יִתְבָּרֵךְ	יִתְבָּרְכוּ	מִתְבָּרְכִים	הִתְבָּרֵכְנָה	מֵהִתְבָּרֵךְ
הִתְבָּרְכָה		תִּתְבָּרֵךְ	תִּתְבָּרֵכְנָה	מִתְבָּרְכוֹת		

גאל

Kal

I — גָאַל — גְאַל to redeem, to liberate: גְאֹל, גָאֹל

Past		*Future*		*Present*	*Passive present*	*Imperative*	*Gerund*
גָאַלְתִּי	גָאַלְנוּ	אֶגְאַל	נִגְאַל	גוֹאֵל	גָאוּל	גְאַל	בִּגְאֹל
גָאַלְתָּ	גְאַלְתֶּם	תִּגְאַל	תִּגְאֲלוּ	גוֹאֶלֶת	גְאוּלָה	גַאֲלִי	כִּגְאֹל
גָאַלְתְּ	גְאַלְתֶּן	תִּגְאֲלִי	תִּגְאַלְנָה	(גוֹאֲלָה)	גְאוּלִים	גַאֲלוּ	לִגְאֹל
גָאַל	גָאֲלוּ	יִגְאַל	יִגְאֲלוּ	גוֹאֲלִים	גְאוּלוֹת	גְאַלְנָה	מִגְאֹל
גָאֲלָה		תִּגְאַל	תִּגְאַלְנָה	גוֹאֲלוֹת			

Nif'al

II — נִגְאַל — הִגָּאֵל to be redeemed: הִגָּאֵל, הִגָּאֵל

Past		*Future*		*Present*	*Imperative*	*Gerund*
נִגְאַלְתִּי	נִגְאַלְנוּ	אֶגָּאֵל	נִגָּאֵל	נִגְאָל	הִגָּאֵל	בְּהִגָּאֵל
נִגְאַלְתָּ	נִגְאַלְתֶּם	תִּגָּאֵל	תִּגָּאֲלוּ	נִגְאֶלֶת	הִגָּאֲלִי	כְּהִגָּאֵל
נִגְאַלְתְּ	נִגְאַלְתֶּן	תִּגָּאֲלִי	תִּגָּאַלְנָה	(נִגְאָלָה)	הִגָּאֲלוּ	לְהִגָּאֵל
נִגְאַל	נִגְאֲלוּ	יִגָּאֵל	יִגָּאֲלוּ	נִגְאָלִים	הִגָּאַלְנָה	מֵהִגָּאֵל
נִגְאֲלָה		תִּגָּאֵל	תִּגָּאַלְנָה	נִגְאָלוֹת		

Pi'el

III — גֵאַל — גָאֵל to defile, to desecrate: גָאֵל, גָאֵל

Past		*Future*		*Present*	*Imperative*	*Gerund*
גֵאַלְתִּי	גֵאַלְנוּ	אֲגָאֵל	נְגָאֵל	מְגָאֵל	גָאֵל	בְּגָאֵל
גֵאַלְתָּ	גֵאַלְתֶּם	תְּגָאֵל	תְּגָאֲלוּ	מְגָאֶלֶת	גָאֲלִי	כְּגָאֵל
גֵאַלְתְּ	גֵאַלְתֶּן	תְּגָאֲלִי	תְּגָאֵלְנָה	(מְגָאֲלָה)	גָאֲלוּ	לְגָאֵל
גֵאֵל	גֵאֲלוּ	יְגָאֵל	יְגָאֲלוּ	מְגָאֲלִים	גָאֵלְנָה	מִגָּאֵל
גֵאֲלָה		תְּגָאֵל	תְּגָאֵלְנָה	מְגָאֲלוֹת		

Pu'al

IV — גֹאַל — גֹאַל to be defiled, to te polluted: גֹאַל

Past		*Future*		*Present*
גֹאַלְתִּי	גֹאַלְנוּ	אֲגֹאַל	נְגֹאַל	מְגֹאָל
גֹאַלְתָּ	גֹאַלְתֶּם	תְּגֹאַל	תְּגֹאֲלוּ	מְגֹאֶלֶת
גֹאַלְתְּ	גֹאַלְתֶּן	תְּגֹאֲלִי	תְּגֹאַלְנָה	(מְגֹאָלָה)
גֹאַל	גֹאֲלוּ	יְגֹאַל	יְגֹאֲלוּ	מְגֹאָלִים
גֹאֲלָה		תְּגֹאַל	תְּגֹאַלְנָה	מְגֹאָלוֹת

גאל

Hif'il

V – הִגְאִיל – הַגְאִיל to soil, to stain: הַגְאִיל, הַגְאֵל

Past		Future		Present	Imperative	Gerund
הִגְאַלְתִּי	הִגְאַלְנוּ	אַגְאִיל	נַגְאִיל	מַגְאִיל	הַגְאֵל	בְּהַגְאִיל
הִגְאַלְתָּ	הִגְאַלְתֶּם	תַּגְאִיל	תַּגְאִילוּ	מַגְאֶלֶת	הַגְאִילִי	כְּהַגְאִיל
הִגְאַלְתְּ	הִגְאַלְתֶּן	תַּגְאִילִי	תַּגְאֵלְנָה	(מַגְאִילָה)	הַגְאִילוּ	לְהַגְאִיל
הִגְאִיל	הִגְאִילוּ	יַגְאִיל	יַגְאִילוּ	מַגְאִילִים	הַגְאֵלְנָה	מֵהַגְאִיל
הִגְאִילָה		תַּגְאִיל	תַּגְאֵלְנָה	מַגְאִילוֹת		

Huf'al

VI – הָגְאַל – הָגְאַל to be soiled, to be stained: הָגְאֵל

Past		Future		Present
הָגְאַלְתִּי	הָגְאַלְנוּ	אָגְאַל	נָגְאַל	מָגְאָל
הָגְאַלְתָּ	הָגְאַלְתֶּם	תָּגְאַל	תָּגְאֲלוּ	מָגְאֶלֶת
הָגְאַלְתְּ	הָגְאַלְתֶּן	תָּגְאֲלִי	תָּגְאַלְנָה	(מָגְאָלָה)
הָגְאַל	הָגְאֲלוּ	יָגְאַל	יָגְאֲלוּ	מָגְאָלִים
הָגְאֲלָה		תָּגְאַל	תָּגְאַלְנָה	מָגְאָלוֹת

Hitpa'el

VII – הִתְגָּאֵל – הִתְגָּאֵל to defile oneself: הִתְגָּאֵל, הִתְגָּאֵל

Past		Future		Present	Imperative	Gerund
הִתְגָּאַלְתִּי	הִתְגָּאַלְנוּ	אֶתְגָּאֵל	נִתְגָּאֵל	מִתְגָּאֵל	הִתְגָּאֵל	בְּהִתְגָּאֵל
הִתְגָּאַלְתָּ	הִתְגָּאַלְתֶּם	תִּתְגָּאֵל	תִּתְגָּאֲלוּ	מִתְגָּאֶלֶת	הִתְגָּאֲלִי	כְּהִתְגָּאֵל
הִתְגָּאַלְתְּ	הִתְגָּאַלְתֶּן	תִּתְגָּאֲלִי	תִּתְגָּאֵלְנָה	(מִתְגָּאָלָה)	הִתְגָּאֲלוּ	לְהִתְגָּאֵל
הִתְגָּאֵל	הִתְגָּאֲלוּ	יִתְגָּאֵל	יִתְגָּאֲלוּ	מִתְגָּאֲלִים	הִתְגָּאֵלְנָה	מֵהִתְגָּאֵל
הִתְגָּאֲלָה		תִּתְגָּאֵל	תִּתְגָּאֵלְנָה	מִתְגָּאֲלוֹת		

גור

Kal

I — גּוּר — גּוּר to dwell: **גּוּר, גּוּר**

Past		Future		Present	Imperative	Gerund
גַּרְתִּי	גַּרְנוּ	אָגוּר	נָגוּר	גָּר	גּוּר	בְּגוּר
גַּרְתָּ	גַּרְתֶּם	תָּגוּר	תָּגוּרוּ	גָּרָה	גּוּרִי	כְּגוּר
גַּרְתְּ	גַּרְתֶּן	תָּגוּרִי	תָּגֹרְנָה	גָּרִים	גּוּרוּ	לָגוּר
גָּר	גָּרוּ	יָגוּר	יָגוּרוּ	גָּרוֹת	גֹּרְנָה	מִגּוּר
גָּרָה		תָּגוּר	תָּגֹרְנָה			

Nif'al

II*—

* This root has not developed this form.

Pi'el

III — גִּיֵּר — גַּיֵּר to make a proselyte: **גַּיֵּר, גַּיֵּר**

Past		Future		Present	Imperative	Gerund
גִּיַּרְתִּי	גִּיַּרְנוּ	אֲגַיֵּר	נְגַיֵּר	מְגַיֵּר	גַּיֵּר	בְּגַיֵּר
גִּיַּרְתָּ	גִּיַּרְתֶּם	תְּגַיֵּר	תְּגַיְּרוּ	מְגַיֶּרֶת	גַּיְּרִי	כְּגַיֵּר
גִּיַּרְתְּ	גִּיַּרְתֶּן	תְּגַיְּרִי	תְּגַיֵּרְנָה	(מְגַיְּרָה)	גַּיְּרוּ	לְגַיֵּר
גִּיֵּר	גִּיְּרוּ	יְגַיֵּר	יְגַיְּרוּ	מְגַיְּרִים	גַּיֵּרְנָה	מִגַּיֵּר
גִּיְּרָה		תְּגַיֵּר	תְּגַיֵּרְנָה	מְגַיְּרוֹת		

Pu'al

IV — גֻּיַּר — גֻּיַּר to be made a proselyte: **גֻּיַּר**

Past		Future		Present
גֻּיַּרְתִּי	גֻּיַּרְנוּ	אֲגֻיַּר	נְגֻיַּר	מְגֻיָּר
גֻּיַּרְתָּ	גֻּיַּרְתֶּם	תְּגֻיַּר	תְּגֻיְּרוּ	מְגֻיֶּרֶת
גֻּיַּרְתְּ	גֻּיַּרְתֶּן	תְּגֻיְּרִי	תְּגֻיַּרְנָה	מְגֻיָּרִים
גֻּיַּר	גֻּיְּרוּ	יְגֻיַּר	יְגֻיְּרוּ	מְגֻיָּרוֹת
גֻּיְּרָה		תְּגֻיַּר	תְּגֻיַּרְנָה	

גור

Hif'il

V*—

Huf'al

VI*—

*This root has not developed this form.

Hitpa'el

VII a) — הִתְגוֹרֵר — הִתְגוֹרֵר to sojourn, to dwell: **הִתְגוֹרֵר, הִתְגוֹרֵר**

Past		Future		Present	Imperative	Gerund
הִתְגוֹרַרְתִּי	הִתְגוֹרַרְנוּ	אֶתְגוֹרֵר	נִתְגוֹרֵר	מִתְגוֹרֵר	הִתְגוֹרֵר	בְּהִתְגוֹרֵר
הִתְגוֹרַרְתָּ	הִתְגוֹרַרְתֶּם	תִּתְגוֹרֵר	תִּתְגוֹרְרוּ	מִתְגוֹרֶרֶת	הִתְגוֹרְרִי	כְּהִתְגוֹרֵר
הִתְגוֹרַרְתְּ	הִתְגוֹרַרְתֶּן	תִּתְגוֹרְרִי	תִּתְגוֹרֵרְנָה	(מִתְגוֹרְרָה)	הִתְגוֹרְרוּ	לְהִתְגוֹרֵר
הִתְגוֹרֵר	הִתְגוֹרְרוּ	יִתְגוֹרֵר	יִתְגוֹרְרוּ	מִתְגוֹרְרִים	הִתְגוֹרֵרְנָה	מֵהִתְגוֹרֵר
הִתְגוֹרְרָה		תִּתְגוֹרֵר	תִּתְגוֹרֵרְנָה	מִתְגוֹרְרוֹת		

Hitpa'el

VII b) — הִתְגַיֵּר — הִתְגַיֵּר to become a proselyte: **הִתְגַיֵּר, הִתְגַיֵּר**

Past		Future		Present	Imperative	Gerund
הִתְגַיַּרְתִּי	הִתְגַיַּרְנוּ	אֶתְגַיֵּר	נִתְגַיֵּר	מִתְגַיֵּר	הִתְגַיֵּר	בְּהִתְגַיֵּר
הִתְגַיַּרְתָּ	הִתְגַיַּרְתֶּם	תִּתְגַיֵּר	תִּתְגַיְּרוּ	מִתְגַיֶּרֶת	הִתְגַיְּרִי	כְּהִתְגַיֵּר
הִתְגַיַּרְתְּ	הִתְגַיַּרְתֶּן	תִּתְגַיְּרִי	תִּתְגַיֵּרְנָה	(מִתְגַיְּרָה)	הִתְגַיְּרוּ	לְהִתְגַיֵּר
הִתְגַיֵּר	הִתְגַיְּרוּ	יִתְגַיֵּר	יִתְגַיְּרוּ	מִתְגַיְּרִים	הִתְגַיֵּרְנָה	מֵהִתְגַיֵּר
הִתְגַיְּרָה		תִּתְגַיֵּר	תִּתְגַיֵּרְנָה	מִתְגַיְּרוֹת		

Nitpa'el: passive past — נִתְגַיְּרָה נִתְגַיֵּר נִתְגַיַּרְתְּ נִתְגַיַּרְתָּ נִתְגַיַּרְתִּי etc.

גמר

Kal

I — גָּמַר — גְּמֹר to finish, to complete: גְּמֹר, גָּמֹר

Past		Future		Present	Passive Present	Imperative	Gerund
גָּמַרְתִּי	גָּמַרְנוּ	אֶגְמֹר	נִגְמֹר	גּוֹמֵר	גָּמוּר	גְּמֹר	בִּגְמֹר
גָּמַרְתָּ	גְּמַרְתֶּם	תִּגְמֹר	תִּגְמְרוּ	גּוֹמֶרֶת	גְּמוּרָה	גִּמְרִי	כִּגְמֹר
גָּמַרְתְּ	גְּמַרְתֶּן	תִּגְמְרִי	תִּגְמֹרְנָה	(גּוֹמְרָה)	גְּמוּרִים	גִּמְרוּ	לִגְמֹר
גָּמַר	גָּמְרוּ	יִגְמֹר	יִגְמְרוּ	גּוֹמְרִים	גְּמוּרוֹת	גְּמֹרְנָה	מִגְּמֹר
גָּמְרָה		תִּגְמֹר	תִּגְמֹרְנָה	גּוֹמְרוֹת			

Nif'al

II — נִגְמַר — הִגָּמֵר to be finished, to come to an end: הִגָּמֵר, הִגָּמֵר

Past		Future		Present	Imperative	Gerund
נִגְמַרְתִּי	נִגְמַרְנוּ	אֶגָּמֵר	נִגָּמֵר	נִגְמָר	הִגָּמֵר	בְּהִגָּמֵר
נִגְמַרְתָּ	נִגְמַרְתֶּם	תִּגָּמֵר	תִּגָּמְרוּ	נִגְמֶרֶת	הִגָּמְרִי	כְּהִגָּמֵר
נִגְמַרְתְּ	נִגְמַרְתֶּן	תִּגָּמְרִי	תִּגָּמַרְנָה	(נִגְמָרָה)	הִגָּמְרוּ	לְהִגָּמֵר
נִגְמַר	נִגְמְרוּ	יִגָּמֵר	יִגָּמְרוּ	נִגְמָרִים	הִגָּמַרְנָה	מֵהִגָּמֵר
נִגְמְרָה		תִּגָּמֵר	תִּגָּמַרְנָה	נִגְמָרוֹת		

Pi'el

III — גִּמֵּר — גַּמֵּר to waste, to burn spices גַּמֵּר, גַּמֵּר

Past		Future		Present	Imperative	Gerund
גִּמַּרְתִּי	גִּמַּרְנוּ	אֲגַמֵּר	נְגַמֵּר	מְגַמֵּר	גַּמֵּר	בְּגַמֵּר
גִּמַּרְתָּ	גִּמַּרְתֶּם	תְּגַמֵּר	תְּגַמְּרוּ	מְגַמֶּרֶת	גַּמְּרִי	כְּגַמֵּר
גִּמַּרְתְּ	גִּמַּרְתֶּן	תְּגַמְּרִי	תְּגַמֵּרְנָה	(מְגַמְּרָה)	גַּמְּרוּ	לְגַמֵּר
גִּמֵּר	גִּמְּרוּ	יְגַמֵּר	יְגַמְּרוּ	מְגַמְּרִים	גַּמֵּרְנָה	מִגַּמֵּר
גִּמְּרָה		תְּגַמֵּר	תְּגַמֵּרְנָה	מְגַמְּרוֹת		

Pu'al

VI*—

* This root has not developed this form.

גמר

Hif'il

V*—

* This root has not developed this form.

Huf'al

VI — הֻגְמַר — הֻגְמַר to be decided, to be burnt: הֻגְמֵר

Present	Future		Past	
מֻגְמָר	נֻגְמַר	אֻגְמַר	הֻגְמַרְנוּ	הֻגְמַרְתִּי
מֻגְמֶרֶת	תֻּגְמְרוּ	תֻּגְמַר	הֻגְמַרְתֶּם	הֻגְמַרְתָּ
(מֻגְמָרָה)	תֻּגְמַרְנָה	תֻּגְמְרִי	הֻגְמַרְתֶּן	הֻגְמַרְתְּ
מֻגְמָרִים	יֻגְמְרוּ	יֻגְמַר	הֻגְמְרוּ	הֻגְמַר
מֻגְמָרוֹת	תֻּגְמַרְנָה	תֻּגְמַר		הֻגְמְרָה

Hitpa'el

VII — הִתְגַּמֵּר — הִתְגַּמֵּר to be perfumed, to ripen: הִתְגַּמֵּר, הִתְגַּמֵּר

Gerund	Imperative	Present	Future		Past	
בְּהִתְגַּמֵּר	הִתְגַּמֵּר	מִתְגַּמֵּר	נִתְגַּמֵּר	אֶתְגַּמֵּר	הִתְגַּמַּרְנוּ	הִתְגַּמַּרְתִּי
כְּהִתְגַּמֵּר	הִתְגַּמְּרִי	מִתְגַּמֶּרֶת	תִּתְגַּמְּרוּ	תִּתְגַּמֵּר	הִתְגַּמַּרְתֶּם	הִתְגַּמַּרְתָּ
לְהִתְגַּמֵּר	הִתְגַּמְּרוּ	(מִתְגַּמְּרָה)	תִּתְגַּמֵּרְנָה	תִּתְגַּמְּרִי	הִתְגַּמַּרְתֶּן	הִתְגַּמַּרְתְּ
מֵהִתְגַּמֵּר	הִתְגַּמֵּרְנָה	מִתְגַּמְּרִים	יִתְגַּמְּרוּ	יִתְגַּמֵּר	הִתְגַּמְּרוּ	הִתְגַּמֵּר
		מִתְגַּמְּרוֹת	תִּתְגַּמֵּרְנָה	תִּתְגַּמֵּר		הִתְגַּמְּרָה

געגע

Kal

I*–

Nif'al

II*–

Pi'el

III – גִּעְגַּע – גַּעְגֵּעַ – גַּעְגֵּעַ to peck, to cackle: **גַּעְגֵּעַ, גַּעְגֵּעַ**

Past	*Past*	*Future*	*Future*	*Present*	*Imperative*	*Gerund*
גִּעְגַּעְתִּי	גִּעְגַּעְנוּ	אֲגַעְגֵּעַ	נְגַעְגֵּעַ	מְגַעְגֵּעַ	גַּעְגֵּעַ	בְּגַעְגֵּעַ
גִּעְגַּעְתָּ	גִּעְגַּעְתֶּם	תְּגַעְגֵּעַ	תְּגַעְגְּעוּ	מְגַעְגַּעַת	גַּעְגְּעִי	כְּגַעְגֵּעַ
גִּעְגַּעַתְּ	גִּעְגַּעְתֶּן	תְּגַעְגְּעִי	תְּגַעְגַּעְנָה	(מְגַעְגְּעָה)	גַּעְגְּעוּ	לְגַעְגֵּעַ
גִּעְגַּע	גִּעְגְּעוּ	יְגַעְגֵּעַ	יְגַעְגְּעוּ	מְגַעְגְּעִים	גַּעְגַּעְנָה	מִגַּעְגֵּעַ
גִּעְגְּעָה		תְּגַעְגֵּעַ	תְּגַעְגַּעְנָה	מְגַעְגְּעוֹת		

Pu'al

IV*–

* This root has not developed this form.

געגע

Hif'il

V*–

Huf'al

VI*–

* This root has not developed this form.

Hitpa'el

VII – הִתְגַעְגַע – הִתְגַעְגַע to long, to yearn: הִתְגַעְגַע, הִתְגַעְגֵעַ

Past	Past	Future	Future	Present	Imperative	Gerund
הִתְגַעְגַעְתִּי	הִתְגַעְגַעְנוּ	אֶתְגַעְגַע	נִתְגַעְגַע	מִתְגַעְגֵעַ	הִתְגַעְגַע	בְּהִתְגַעְגֵעַ
הִתְגַעְגַעְתָּ	הִתְגַעְגַעְתֶּם	תִּתְגַעְגַע	תִּתְגַעְגְעוּ	מִתְגַעְגַעַת	הִתְגַעְגְעִי	כְּהִתְגַעְגֵעַ
הִתְגַעְגַעַתְּ	הִתְגַעְגַעְתֶּן	תִּתְגַעְגְעִי	תִּתְגַעְגַעְנָה	(מִתְגַעְגְעָה)	הִתְגַעְגְעוּ	לְהִתְגַעְגֵעַ
הִתְגַעְגַע	הִתְגַעְגְעוּ	יִתְגַעְגַע	יִתְגַעְגְעוּ	מִתְגַעְגְעִים	הִתְגַעְגַעְנָה	מֵהִתְגַעְגֵעַ
הִתְגַעְגְעָה		תִּתְגַעְגַע	תִּתְגַעְגַעְנָה	מִתְגַעְגְעוֹת		

גרם

Kal

I – גָּרַם – גְּרֹם to cause, to bring about: **גְּרֹם, גָּרֹם**

Gerund	Imperative	Present	Future		Past	
בִּגְרֹם	גְּרֹם	גּוֹרֵם	נִגְרֹם	אֶגְרֹם	גָּרַמְנוּ	גָּרַמְתִּי
כִּגְרֹם	גִּרְמִי	גּוֹרֶמֶת	תִּגְרְמוּ	תִּגְרֹם	גְּרַמְתֶּם	גָּרַמְתָּ
לִגְרֹם	גִּרְמוּ	(גּוֹרְמָה)	תִּגְרֹמְנָה	תִּגְרְמִי	גְּרַמְתֶּן	גָּרַמְתְּ
מִגְּרֹם	גְּרֹמְנָה	גּוֹרְמִים	יִגְרְמוּ	יִגְרֹם	גָּרְמוּ	גָּרַם
		גּוֹרְמוֹת	תִּגְרֹמְנָה	תִּגְרֹם		גָּרְמָה

Nif'al

II – נִגְרַם – הִגָּרֵם to be caused: **הִגָּרֵם, הִגָּרֵם**

Gerund	Imperative	Present	Future		Past	
בְּהִגָּרֵם	הִגָּרֵם	נִגְרָם	נִגָּרֵם	אֶגָּרֵם	נִגְרַמְנוּ	נִגְרַמְתִּי
כְּהִגָּרֵם	הִגָּרְמִי	נִגְרֶמֶת	תִּגָּרְמוּ	תִּגָּרֵם	נִגְרַמְתֶּם	נִגְרַמְתָּ
לְהִגָּרֵם	הִגָּרְמוּ	(נִגְרָמָה)	תִּגָּרַמְנָה	תִּגָּרְמִי	נִגְרַמְתֶּן	נִגְרַמְתְּ
מֵהִגָּרֵם	הִגָּרַמְנָה	נִגְרָמִים	יִגָּרְמוּ	יִגָּרֵם	נִגְרְמוּ	נִגְרַם
		נִגְרָמוֹת	תִּגָּרַמְנָה	תִּגָּרֵם		נִגְרְמָה

Pi'el

III – גֵּרַם – גָּרֵם to break bones, to break: **גָּרֵם, גָּרֵם**

Gerund	Imperative	Present	Future		Past	
בְּגָרֵם	גָּרֵם	מְגָרֵם	נְגָרֵם	אֲגָרֵם	גֵּרַמְנוּ	גֵּרַמְתִּי
כְּגָרֵם	גָּרְמִי	מְגָרֶמֶת	תְּגָרְמוּ	תְּגָרֵם	גֵּרַמְתֶּם	גֵּרַמְתָּ
לְגָרֵם	גָּרְמוּ	(מְגָרְמָה)	תְּגָרֵמְנָה	תְּגָרְמִי	גֵּרַמְתֶּן	גֵּרַמְתְּ
מִגָּרֵם	גָּרֵמְנָה	מְגָרְמִים	יְגָרְמוּ	יְגָרֵם	גֵּרְמוּ	גֵּרַם
		מְגָרְמוֹת	תְּגָרֵמְנָה	תְּגָרֵם		גֵּרְמָה

Pu'al

IV – גֹּרַם – גֹּרַם to be broken: **גֹּרַם**

Present	Future		Past	
מְגֹרָם	נְגֹרַם	אֲגֹרַם	גֹּרַמְנוּ	גֹּרַמְתִּי
מְגֹרֶמֶת	תְּגֹרְמוּ	תְּגֹרַם	גֹּרַמְתֶּם	גֹּרַמְתָּ
(מְגֹרָמָה)	תְּגֹרַמְנָה	תְּגֹרְמִי	גֹּרַמְתֶּן	גֹּרַמְתְּ
מְגֹרָמִים	יְגֹרְמוּ	יְגֹרַם	גֹּרְמוּ	גֹּרַם
מְגֹרָמוֹת	תְּגֹרַמְנָה	תְּגֹרַם		גֹּרְמָה

גרם

Hif'il

V – הִגְרִים – הַגְרִים to make the knives slide: הַגְרִים, הַגְרֵם

Past		*Future*		*Present*	*Imperative*	*Gerund*
הִגְרַמְתִּי	הִגְרַמְנוּ	אַגְרִים	נַגְרִים	מַגְרִים	הַגְרֵם	בְּהַגְרִים
הִגְרַמְתָּ	הִגְרַמְתֶּם	תַּגְרִים	תַּגְרִימוּ	מַגְרֶמֶת	הַגְרִימִי	כְּהַגְרִים
הִגְרַמְתְּ	הִגְרַמְתֶּן	תַּגְרִימִי	תַּגְרֵמְנָה	(מַגְרִימָה)	הַגְרִימוּ	לְהַגְרִים
הִגְרִים	הִגְרִימוּ	יַגְרִים	יַגְרִימוּ	מַגְרִימִים	הַגְרֵמְנָה	מֵהַגְרִים
הִגְרִימָה		תַּגְרִים	תַּגְרֵמְנָה	מַגְרִימוֹת		

Huf'al

VI – הֻגְרַם – הֻגְרַם to be made to slide: הֻגְרֵם

Past		*Future*		*Present*
הֻגְרַמְתִּי	הֻגְרַמְנוּ	אֻגְרַם	נֻגְרַם	מֻגְרָם
הֻגְרַמְתָּ	הֻגְרַמְתֶּם	תֻּגְרַם	תֻּגְרְמוּ	מֻגְרֶמֶת
הֻגְרַמְתְּ	הֻגְרַמְתֶּן	תֻּגְרְמִי	תֻּגְרַמְנָה	(מֻגְרָמָה)
הֻגְרַם	הֻגְרְמוּ	יֻגְרַם	יֻגְרְמוּ	מֻגְרָמִים
הֻגְרְמָה		תֻּגְרַם	תֻּגְרַמְנָה	מֻגְרָמוֹת

Hitpa'el

VII*–

* This root has not developed this form.

גרש

Kal

I — גְּרֹשׁ — גָּרֹשׁ — גְּרֹשׁ to drive out, to cast up: גְּרֹשׁ, גָּרֹשׁ

Past		*Future*		*Present*	*Passive present*	*Imperative*	*Gerund*
גָּרַשְׁתִּי	גָּרַשְׁנוּ	אֶגְרֹשׁ	נִגְרֹשׁ	גּוֹרֵשׁ	גָּרוּשׁ	גְּרֹשׁ	בִּגְרֹשׁ
גָּרַשְׁתָּ	גְּרַשְׁתֶּם	תִּגְרֹשׁ	תִּגְרְשׁוּ	גּוֹרֶשֶׁת	גְּרוּשָׁה	גִּרְשִׁי	כִּגְרֹשׁ
גָּרַשְׁתְּ	גְּרַשְׁתֶּן	תִּגְרְשִׁי	תִּגְרֹשְׁנָה	(גּוֹרְשָׁה)	גְּרוּשִׁים	גִּרְשׁוּ	לִגְרֹשׁ
גָּרַשׁ	גָּרְשׁוּ	יִגְרֹשׁ	יִגְרְשׁוּ	גּוֹרְשִׁים	גְּרוּשׁוֹת	גְּרֹשְׁנָה	מִגְּרֹשׁ
גָּרְשָׁה		תִּגְרֹשׁ	תִּגְרֹשְׁנָה	גּוֹרְשׁוֹת			

Nif'al

II — הִגָּרֵשׁ — נִגְרַשׁ — הִגָּרֵשׁ to be stormy, to be cast up: הִגָּרֵשׁ, הִגָּרֵשׁ

Past		*Future*		*Present*	*Imperative*	*Gerund*
נִגְרַשְׁתִּי	נִגְרַשְׁנוּ	אֶגָּרֵשׁ	נִגָּרֵשׁ	נִגְרָשׁ	הִגָּרֵשׁ	בְּהִגָּרֵשׁ
נִגְרַשְׁתָּ	נִגְרַשְׁתֶּם	תִּגָּרֵשׁ	תִּגָּרְשׁוּ	נִגְרֶשֶׁת	הִגָּרְשִׁי	כְּהִגָּרֵשׁ
נִגְרַשְׁתְּ	נִגְרַשְׁתֶּן	תִּגָּרְשִׁי	תִּגָּרַשְׁנָה	(נִגְרָשָׁה)	הִגָּרְשׁוּ	לְהִגָּרֵשׁ
נִגְרַשׁ	נִגְרְשׁוּ	יִגָּרֵשׁ	יִגָּרְשׁוּ	נִגְרָשִׁים	הִגָּרַשְׁנָה	מֵהִגָּרֵשׁ
נִגְרְשָׁה		תִּגָּרֵשׁ	תִּגָּרַשְׁנָה	נִגְרָשׁוֹת		

Pi'el

III — גָּרֵשׁ — גֵּרֵשׁ — גָּרֵשׁ to chase out, or away, to divorce: גָּרֵשׁ, גָּרֵשׁ

Past		*Future*		*Present*	*Imperative*	*Gerund*
גֵּרַשְׁתִּי	גֵּרַשְׁנוּ	אֲגָרֵשׁ	נְגָרֵשׁ	מְגָרֵשׁ	גָּרֵשׁ	בְּגָרֵשׁ
גֵּרַשְׁתָּ	גֵּרַשְׁתֶּם	תְּגָרֵשׁ	תְּגָרְשׁוּ	מְגָרֶשֶׁת	גָּרְשִׁי	כְּגָרֵשׁ
גֵּרַשְׁתְּ	גֵּרַשְׁתֶּן	תְּגָרְשִׁי	תְּגָרֵשְׁנָה	(מְגָרְשָׁה)	גָּרְשׁוּ	לְגָרֵשׁ
גֵּרֵשׁ	גֵּרְשׁוּ	יְגָרֵשׁ	יְגָרְשׁוּ	מְגָרְשִׁים	גָּרֵשְׁנָה	מִגָּרֵשׁ
גֵּרְשָׁה		תְּגָרֵשׁ	תְּגָרֵשְׁנָה	מְגָרְשׁוֹת		

Pu'al

IV — גֹּרַשׁ — גֹּרַשׁ — גֹּרַשׁ to be chased out, to be divorced: גֹּרַשׁ

Past		*Future*		*Present*
גֹּרַשְׁתִּי	גֹּרַשְׁנוּ	אֲגֹרַשׁ	נְגֹרַשׁ	מְגֹרָשׁ
גֹּרַשְׁתָּ	גֹּרַשְׁתֶּם	תְּגֹרַשׁ	תְּגֹרְשׁוּ	מְגֹרֶשֶׁת
גֹּרַשְׁתְּ	גֹּרַשְׁתֶּן	תְּגֹרְשִׁי	תְּגֹרַשְׁנָה	(מְגֹרָשָׁה)
גֹּרַשׁ	גֹּרְשׁוּ	יְגֹרַשׁ	יְגֹרְשׁוּ	מְגֹרָשִׁים
גֹּרְשָׁה		תְּגֹרַשׁ	תְּגֹרַשְׁנָה	מְגֹרָשׁוֹת

גרש

Hif'il

V*–

Huf'al

VI*–

* This root has not developed this form.

Hitpa'el

VII – הִתְגָרֵשׁ – הִתְגָרֵשׁ to be divorced: **הִתְגָרֵשׁ, הִתְגָרֵשׁ**

Past		*Future*		*Present*	*Imperative*	*Gerund*
הִתְגָרַשְׁתִּי	הִתְגָרַשְׁנוּ	אֶתְגָרֵשׁ	נִתְגָרֵשׁ	מִתְגָרֵשׁ	הִתְגָרֵשׁ	בְּהִתְגָרֵשׁ
הִתְגָרַשְׁתָּ	הִתְגָרַשְׁתֶּם	תִּתְגָרֵשׁ	תִּתְגָרְשׁוּ	מִתְגָרֶשֶׁת	הִתְגָרְשִׁי	כְּהִתְגָרֵשׁ
הִתְגָרַשְׁתְּ	הִתְגָרַשְׁתֶּן	תִּתְגָרְשִׁי	תִּתְגָרֵשְׁנָה	(מִתְגָרְשָׁה)	הִתְגָרְשׁוּ	לְהִתְגָרֵשׁ
הִתְגָרֵשׁ	הִתְגָרְשׁוּ	יִתְגָרֵשׁ	יִתְגָרְשׁוּ	מִתְגָרְשִׁים	הִתְגָרֵשְׁנָה	מֵהִתְגָרֵשׁ
הִתְגָרְשָׁה		תִּתְגָרֵשׁ	תִּתְגָרֵשְׁנָה	מִתְגָרְשׁוֹת		

Nitpa'el: Passive Past — נִתְגָרַשְׁתִּי נִתְגָרַשְׁתָּ נִתְגָרַשְׁתְּ נִתְגָרֵשׁ נִתְגָרְשָׁה etc.

דבר

Kal

I –

Past	Future	Present	Passive Present	Imperative	Gerund
		דּוֹבֵר	דָּבוּר		
		דּוֹבֶרֶת	דְּבוּרָה		
		דּוֹבְרִים	דְּבוּרִים		
		דּוֹבְרוֹת	דְּבוּרוֹת		

Nif'al

II – נִדְבַּר – הִדָּבֵר to converse: הִדָּבֵר, הִדָּבֵר

Past		Future		Present	Imperative	Gerund
נִדְבַּרְתִּי	נִדְבַּרְנוּ	אֶדָּבֵר	נִדָּבֵר	נִדְבָּר	הִדָּבֵר	בְּהִדָּבֵר
נִדְבַּרְתָּ	נִדְבַּרְתֶּם	תִּדָּבֵר	תִּדָּבְרוּ	נִדְבֶּרֶת	הִדָּבְרִי	כְּהִדָּבֵר
נִדְבַּרְתְּ	נִדְבַּרְתֶּן	תִּדָּבְרִי	תִּדָּבַרְנָה	(נִדְבָּרָה)	הִדָּבְרוּ	לְהִדָּבֵר
נִדְבַּר	נִדְבְּרוּ	יִדָּבֵר	יִדָּבְרוּ	נִדְבָּרִים	הִדָּבַרְנָה	מֵהִדָּבֵר
נִדְבְּרָה		תִּדָּבֵר	תִּדָּבַרְנָה	נִדְבָּרוֹת		

Pi'el

III – דִּבֵּר – דַּבֵּר to speak: דַּבֵּר, דַּבֵּר

Past		Future		Present	Imperative	Gerund
דִּבַּרְתִּי	דִּבַּרְנוּ	אֲדַבֵּר	נְדַבֵּר	מְדַבֵּר	דַּבֵּר	בְּדַבֵּר
דִּבַּרְתָּ	דִּבַּרְתֶּם	תְּדַבֵּר	תְּדַבְּרוּ	מְדַבֶּרֶת	דַּבְּרִי	כְּדַבֵּר
דִּבַּרְתְּ	דִּבַּרְתֶּן	תְּדַבְּרִי	תְּדַבֵּרְנָה	(מְדַבְּרָה)	דַּבְּרוּ	לְדַבֵּר
דִּבֵּר	דִּבְּרוּ	יְדַבֵּר	יְדַבְּרוּ	מְדַבְּרִים	דַּבֵּרְנָה	מִדַּבֵּר
דִּבְּרָה		תְּדַבֵּר	תְּדַבֵּרְנָה	מְדַבְּרוֹת		

Pu'al

IV – דֻּבַּר – דֻּבַּר to be spoken: דֻּבֹּר

Past		Future		Present
דֻּבַּרְתִּי	דֻּבַּרְנוּ	אֲדֻבַּר	נְדֻבַּר	מְדֻבָּר
דֻּבַּרְתָּ	דֻּבַּרְתֶּם	תְּדֻבַּר	תְּדֻבְּרוּ	מְדֻבֶּרֶת
דֻּבַּרְתְּ	דֻּבַּרְתֶּן	תְּדֻבְּרִי	תְּדֻבַּרְנָה	(מְדֻבָּרָה)
דֻּבַּר	דֻּבְּרוּ	יְדֻבַּר	יְדֻבְּרוּ	מְדֻבָּרִים
דֻּבְּרָה		תְּדֻבַּר	תְּדֻבַּרְנָה	מְדֻבָּרוֹת

דבר

Hif'il

V – הִדְבִּיר – הַדְבִּיר to subdue: הַדְבִּיר, הַדְבֵּר

Gerund	Imperative	Present	Future		Past	
בְּהַדְבִּיר	הַדְבֵּר	מַדְבִּיר	נַדְבִּיר	אַדְבִּיר	הִדְבַּרְנוּ	הִדְבַּרְתִּי
כְּהַדְבִּיר	הַדְבִּירִי	מַדְבֶּרֶת	תַּדְבִּירוּ	תַּדְבִּיר	הִדְבַּרְתֶּם	הִדְבַּרְתָּ
לְהַדְבִּיר	הַדְבִּירוּ	(מַדְבִּירָה)	תַּדְבֵּרְנָה	תַּדְבִּירִי	הִדְבַּרְתֶּן	הִדְבַּרְתְּ
מֵהַדְבִּיר	הַדְבֵּרְנָה	מַדְבִּירִים	יַדְבִּירוּ	יַדְבִּיר	הִדְבִּירוּ	הִדְבִּיר
		מַדְבִּירוֹת	תַּדְבֵּרְנָה	תַּדְבִּיר		הִדְבִּירָה

Huf'al

VI – הָדְבַּר – הָדְבַּר to be subdued: הָדְבֵּר

Present	Future		Past	
מָדְבָּר	נָדְבַּר	אָדְבַּר	הָדְבַּרְנוּ	הָדְבַּרְתִּי
מָדְבֶּרֶת	תָּדְבְּרוּ	תָּדְבַּר	הָדְבַּרְתֶּם	הָדְבַּרְתָּ
(מָדְבָּרָה)	תָּדְבַּרְנָה	תָּדְבְּרִי	הָדְבַּרְתֶּן	הָדְבַּרְתְּ
מָדְבָּרִים	יָדְבְּרוּ	יָדְבַּר	הָדְבְּרוּ	הָדְבַּר
מָדְבָּרוֹת	תָּדְבַּרְנָה	תָּדְבַּר		הָדְבְּרָה

Hitpa'el

VII – הִדַּבֵּר – הִדַּבֵּר to converse: הִדַּבֵּר, הִדַּבֵּר (also הִתְדַּבֵּר)

Gerund	Imperative	Present	Future		Past	
בְּהִדַּבֵּר	הִדַּבֵּר	מִדַּבֵּר	נִדַּבֵּר	אֶדַּבֵּר	הִדַּבַּרְנוּ	הִדַּבַּרְתִּי
כְּהִדַּבֵּר	הִדַּבְּרִי	מִדַּבֶּרֶת	תִּדַּבְּרוּ	תִּדַּבֵּר	הִדַּבַּרְתֶּם	הִדַּבַּרְתָּ
לְהִדַּבֵּר	הִדַּבְּרוּ	(מִדַּבְּרָה)	תִּדַּבֵּרְנָה	תִּדַּבְּרִי	הִדַּבַּרְתֶּן	הִדַּבַּרְתְּ
מֵהִדַּבֵּר	הִדַּבֵּרְנָה	מִדַּבְּרִים	יִדַּבְּרוּ	יִדַּבֵּר	הִדַּבְּרוּ	הִדַּבֵּר
		מִדַּבְּרוֹת	תִּדַּבֵּרְנָה	תִּדַּבֵּר		הִדַּבְּרָה

דין

Kal

I – דָן – דִין to judge, to sentence: **דִין, דִין**

Past		*Future*		*Present*	*Imperative*	*Gerund*
דַנְתִּי	דַנּוּ	אָדִין	נָדִין	דָן	דִין	בְּדִין
דַנְתָּ	דַנְתֶּם	תָּדִין	תָּדִינוּ	דָנָה	דִינִי	כְּדִין
דַנְתְּ	דַנְתֶּן	תָּדִינִי	תָּדֵנָּה	דָנִים	דִינוּ	לָדִין
דָן	דָנוּ	יָדִין	יָדִינוּ	דָנוֹת	דֵנָּה	מִדִּין
דָנָה		תָּדִין	תָּדֵנָּה			

Nif'al

II – נָדוֹן – הִדּוֹן to be judged, to be punished: **הִדּוֹן, הִדּוֹן**

Past a *		*Future*		*Present*	*Imperative*	*Gerund*
נְדוּנוֹתִי	נְדוּנוֹנוּ	אֶדּוֹן	נִדּוֹן	נָדוֹן	הִדּוֹן	בְּהִדּוֹן
נְדוּנוֹתָ	נְדוּנוֹתֶם	תִּדּוֹן	תִּדּוֹנוּ	נְדוֹנָה	הִדּוֹנִי	כְּהִדּוֹן
נְדוּנוֹת	נְדוּנוֹתֶן	תִּדּוֹנִי	תִּדֹּנָּה	נְדוֹנִים	הִדּוֹנוּ	לְהִדּוֹן
נָדוֹן	נָדוֹנוּ	יִדּוֹן	יִדּוֹנוּ	נְדוֹנוֹת	הִדֹּנָּה	מֵהִדּוֹן
נָדוֹנָה		תִּדּוֹן	תִּדֹּנָּה			

*past b: נִדַּנְתִּי נִדַּנְתָּ נִדַּנְתְּ נִדּוֹן נִדּוֹנָה etc.

Pi'el

III – דִּיֵּן – דַּיֵּן to argue, to discuss: **דַּיֵּן, דַּיֵּן**

Past		*Future*		*Present*	*Imperative*	*Gerund*
דִּיַּנְתִּי	דִּיַּנּוּ	אֲדַיֵּן	נְדַיֵּן	מְדַיֵּן	דַּיֵּן	בְּדַיֵּן
דִּיַּנְתָּ	דִּיַּנְתֶּם	תְּדַיֵּן	תְּדַיְּנוּ	מְדַיֶּנֶת	דַּיְּנִי	כְּדַיֵּן
דִּיַּנְתְּ	דִּיַּנְתֶּן	תְּדַיְּנִי	תְּדַיֵּנָּה	(מְדַיְּנָה)	דַּיְּנוּ	לְדַיֵּן
דִּיֵּן	דִּיְּנוּ	יְדַיֵּן	יְדַיְּנוּ	מְדַיְּנִים	דַּיֵּנָּה	מִדַּיֵּן
דִּיְּנָה		תְּדַיֵּן	תְּדַיֵּנָּה	מְדַיְּנוֹת		

Pu'al

IV—

** This root has not developed this form.

דין

Hif'il

V*–

Huf'al

VI*–

* This root has not developed this form.

Hitpa'el

VII a) – הִדַּיֵּן – הִדַּיֵּן to litigate, to have a case of law: הִדַּיֵּן, הִדַּיֵּן

Past		*Future*		*Present*	*Imperative*	*Gerund*
**הִדַּיַּנְתִּי	הִדַּיַּנּוּ	אֶדַּיֵּן	נִדַּיֵּן	מִדַּיֵּן	הִדַּיֵּן	בְּהִדַּיֵּן
הִדַּיַּנְתָּ	הִדַּיַּנְתֶּם	תִּדַּיֵּן	תִּדַּיְּנוּ	מִדַּיֶּנֶת	הִדַּיְּנִי	כְּהִדַּיֵּן
הִדַּיַּנְתְּ	הִדַּיַּנְתֶּן	תִּדַּיְּנִי	תִּדַּיֵּנָּה	מִדַּיְּנִים	הִדַּיְּנוּ	לְהִדַּיֵּן
הִדַּיֵּן	הִדַּיְּנוּ	יִדַּיֵּן	יִדַּיְּנוּ	מִדַּיְּנוֹת	הִדַּיֵּנָּה	מֵהִדַּיֵּן
הִדַּיְּנָה		תִּדַּיֵּן	תִּדַּיֵּנָּה			

**Note: The *Tau* is absorbed in the following letter as indicated by the *Dagesh*.

VII b): הִתְדַּיַּנְתִּי הִתְדַּיַּנְתָּ הִתְדַּיַּנְתְּ הִתְדַּיֵּן הִתְדַּיְּנָה etc.

דמה

Kal

I — דָמָה — דְמֵה to be like, to resemble: דְמוֹת, דָמֹה

Past		Future		Present	Imperative	Gerund
דָמִיתִי	דָמִינוּ	אֶדְמֶה	נִדְמֶה	דוֹמֶה	דְמֵה	בִּדְמוֹת
דָמִיתָ	דְמִיתֶם	תִּדְמֶה	תִּדְמוּ	דוֹמָה	דְמִי	כִּדְמוֹת
דָמִית	דְמִיתֶן	תִּדְמִי	תִּדְמֶינָה	דוֹמִים	דְמוּ	לִדְמוֹת
דָמָה	דָמוּ	יִדְמֶה	יִדְמוּ	דוֹמוֹת	דְמֶינָה	מִדְּמוֹת
דָמְתָה		תִּדְמֶה	תִּדְמֶינָה			

Nif'al

II — נִדְמָה — הִדָּמֵה to resemble, to seem: הִדָּמוֹת, הִדָּמֵה

Past		Future		Present	Imperative	Gerund
נִדְמֵיתִי	נִדְמִינוּ	אֶדָּמֶה	נִדָּמֶה	נִדְמֶה	הִדָּמֵה	בְּהִדָּמוֹת
נִדְמֵיתָ	נִדְמֵיתֶם	תִּדָּמֶה	תִּדָּמוּ	נִדְמֵית	הִדָּמִי	כְּהִדָּמוֹת
נִדְמֵית	נִדְמֵיתֶן	תִּדָּמִי	תִּדָּמֶינָה	(נִדְמָה)	הִדָּמוּ	לְהִדָּמוֹת
נִדְמָה	נִדְמוּ	יִדָּמֶה	יִדָּמוּ	נִדְמִים	הִדָּמֶינָה	מֵהִדָּמוֹת
נִדְמְתָה		תִּדָּמֶה	תִּדָּמֶינָה	נִדְמוֹת		

Pi'el

III — דִּמָּה — דַּמֵּה to liken, to imagine: דַּמּוֹת, דַּמֵּה

Past		Future		Present	Imperative	Gerund
דִּמִּיתִי	דִּמִּינוּ	אֲדַמֶּה	נְדַמֶּה	מְדַמֶּה	דַּמֵּה	בְּדַמּוֹת
דִּמִּיתָ	דִּמִּיתֶם	תְּדַמֶּה	תְּדַמּוּ	מְדַמָּה	דַּמִּי	כְּדַמּוֹת
דִּמִּית	דִּמִּיתֶן	תְּדַמִּי	תְּדַמֶּינָה	מְדַמִּים	דַּמּוּ	לְדַמּוֹת
דִּמָּה	דִּמּוּ	יְדַמֶּה	יְדַמּוּ	מְדַמּוֹת	דַּמֶּינָה	מִדַּמּוֹת
דִּמְּתָה		תְּדַמֶּה	תְּדַמֶּינָה			

Pu'al

IV — דֻּמָּה — דֻּמֵּה to be likened, to appear: דֻּמֵּה

Past		Future		Present
דֻּמֵּיתִי	דֻּמִּינוּ	אֲדֻמֶּה	נְדֻמֶּה	מְדֻמֶּה
דֻּמֵּיתָ	דֻּמֵּיתֶם	תְּדֻמֶּה	תְּדֻמּוּ	מְדֻמֵּית
דֻּמֵּית	דֻּמֵּיתֶן	תְּדֻמִּי	תְּדֻמֶּינָה	(מְדֻמָּה)
דֻּמָּה	דֻּמּוּ	יְדֻמֶּה	יְדֻמּוּ	מְדֻמִּים
דֻּמְּתָה		תְּדֻמֶּה	תְּדֻמֶּינָה	מְדֻמּוֹת

דמה

Hif'il

V*–

Huf'al

VI*–

* This root has not developed this form.

Hitpa'el

VII – הִדַּמָּה – הִדַּמֵּה to liken oneself, to become like: הִדַּמּוֹת, הִדַּמֵּה

Past		*Future*		*Present*	*Imperative*	*Gerund*
הִדַּמֵּיתִי	הִדַּמִּינוּ	אֶדַּמֶּה	נִדַּמֶּה	מִדַּמֶּה	הִדַּמֵּה	בְּהִדַּמּוֹת
הִדַּמֵּיתָ	הִדַּמֵּיתֶם	תִּדַּמֶּה	תִּדַּמּוּ	מִדַּמֵּית	הִדַּמִּי	כְּהִדַּמּוֹת
הִדַּמֵּית	הִדַּמֵּיתֶן	תִּדַּמִּי	תִּדַּמֶּינָה	(מִדַּמָּה)	הִדַּמּוּ	לְהִדַּמּוֹת
הִדַּמָּה	הִדַּמּוּ	יִדַּמֶּה	יִדַּמּוּ	מִדַּמִּים	הִדַּמֶּינָה	מֵהִדַּמּוֹת
הִדַּמְּתָה		תִּדַּמֶּה	תִּדַּמֶּינָה	מִדַּמּוֹת		

היה

Kal

I – הָיָה – הֱיֵה to be, to exist: הֱיוֹת, הָיֹה

Past		*Future*		*Present*	*Imperative*	*Gerund*
הָיִיתִי	הָיִינוּ	אֶהְיֶה	נִהְיֶה	הֹוֶה	הֱיֵה	בִּהְיוֹת
הָיִיתָ	הֱיִיתֶם	תִּהְיֶה	תִּהְיוּ	הֹוָה	(הֱוֵה)	כִּהְיוֹת
הָיִית	הֱיִיתֶן	תִּהְיִי	תִּהְיֶינָה	(הֹוִיָּה)	הֲיִי	לִהְיוֹת
הָיָה	הָיוּ	יִהְיֶה	יִהְיוּ	הֹוִים	הֱיוּ	מִהְיוֹת
הָיְתָה		תִּהְיֶה	תִּהְיֶינָה	הוֹוֹת	הֱיֶינָה	

Nif'al

II – נִהְיָה – הֵהָיֵה to become: הֵהָיוֹת, הֵהָיֵה

Past		*Future*		*Present*	*Imperative*	*Gerund*
נִהְיֵיתִי	נִהְיֵינוּ	אֵהָיֶה	נֵהָיֶה	נִהְיֶה	הֵהָיֵה	בְּהֵהָיוֹת
נִהְיֵיתָ	נִהְיֵיתֶם	תֵּהָיֶה	תֵּהָיוּ	נִהְיֵית	הֵהָיִי	כְּהֵהָיוֹת
נִהְיֵית	נִהְיֵיתֶן	תֵּהָיִי	תֵּהָיֶינָה	נִהְיִים	הֵהָיוּ	לְהֵהָיוֹת
נִהְיָה	נִהְיוּ	יֵהָיֶה	יֵהָיוּ	נִהְיוֹת	הֵהָיֶינָה	מֵהֵהָיוֹת
נִהְיְתָה		תֵּהָיֶה	תֵּהָיֶינָה			

Pi'el

III – הִוָּה – הַוֵּה to form, to constitute: הַוּוֹת, הַוֵּה

Past		*Future*		*Present*	*Imperative*	*Gerund*
הִוִּיתִי	הִוִּינוּ	אֲהַוֶּה	נְהַוֶּה	מְהַוֶּה	הַוֵּה	בְּהַוּוֹת
הִוִּיתָ	הִוִּיתֶם	תְּהַוֶּה	תְּהַוּוּ	מְהַוָּה	הַוִּי	כְּהַוּוֹת
הִוִּית	הִוִּיתֶן	תְּהַוִּי	תְּהַוֶּינָה	מְהַוִּים	הַוּוּ	לְהַוּוֹת
הִוָּה	הִוּוּ	יְהַוֶּה	יְהַוּוּ	מְהַוּוֹת	הַוֶּינָה	מֵהַוּוֹת
הִוְּתָה		תְּהַוֶּה	תְּהַוֶּינָה			

Pu'al

IV – הֻוָּה – הֻוֵּה to be formed, to be constituted: הֻוֹּה

Past		*Future*		*Present*
הֻוֵּיתִי	הֻוִּינוּ	אֲהֻוֶּה	נְהֻוֶּה	מְהֻוֶּה
הֻוֵּיתָ	הֻוֵּיתֶם	תְּהֻוֶּה	תְּהֻוּוּ	מְהֻוָּה
הֻוֵּית	הֻוֵּיתֶן	תְּהֻוִּי	תְּהֻוֶּינָה	מְהֻוִּים
הֻוָּה	הֻוּוּ	יְהֻוֶּה	יְהֻוּוּ	מְהֻוּוֹת
הֻוְּתָה		תְּהֻוֶּה	תְּהֻוֶּינָה	

היה

Hif'il

V*–

Huf'al

VI*–

*This root has not developed this form.

Hitpa'el

VII – הִתְהַוָּה – הִתְהַוֵּה to come to be, to be generated: **הִתְהַוּוּת, הִתְהַוֵּה**

Past		*Future*		*Present*	*Imperative*	*Gerund*
הִתְהַוֵּיתִי	הִתְהַוִּינוּ	אֶתְהַוֶּה	נִתְהַוֶּה	מִתְהַוֶּה	הִתְהַוֵּה	בְּהִתְהַוּוֹת
הִתְהַוֵּיתָ	הִתְהַוֵּיתֶם	תִּתְהַוֶּה	תִּתְהַוּוּ	מִתְהַוָּה	הִתְהַוִּי	כְּהִתְהַוּוֹת
הִתְהַוֵּית	הִתְהַוֵּיתֶן	תִּתְהַוִּי	תִּתְהַוֶּינָה	מִתְהַוִּים	הִתְהַוּוּ	לְהִתְהַוּוֹת
הִתְהַוָּה	הִתְהַוּוּ	יִתְהַוֶּה	יִתְהַוּוּ	מִתְהַוּוֹת	הִתְהַוֶּינָה	מֵהִתְהַוּוֹת
הִתְהַוְּתָה		תִּתְהַוֶּה	תִּתְהַוֶּינָה			

הלך

Kal

I — הָלַךְ — לֵךְ to go, to walk: לֶכֶת, הָלֹךְ

Past		*Future*		*Present*	*Imperative*	*Gerund*
הָלַכְתִּי	הָלַכְנוּ	אֵלֵךְ	נֵלֵךְ	הוֹלֵךְ	לֵךְ	בְּלֶכֶת
הָלַכְתָּ	הֲלַכְתֶּם	תֵּלֵךְ	תֵּלְכוּ	הוֹלֶכֶת	לְכִי	כְּלֶכֶת
הָלַכְתְּ	הֲלַכְתֶּן	תֵּלְכִי	תֵּלַכְנָה	(הוֹלְכָה)	לְכוּ	לָלֶכֶת
הָלַךְ	הָלְכוּ	יֵלֵךְ	יֵלְכוּ	הוֹלְכִים	לֵכְנָה	מִלֶּכֶת
הָלְכָה		תֵּלֵךְ	תֵּלַכְנָה	הוֹלְכוֹת		

Nif'al

II — נֶהֱלַךְ — הֵהָלֵךְ to be gone, to pass away: הֵהָלֵךְ, הֵהָלֵךְ

Past		*Future*		*Present*	*Imperative*	*Gerund*
נֶהֱלַכְתִּי	נֶהֱלַכְנוּ	אֵהָלֵךְ	נֵהָלֵךְ	נֶהֱלָךְ	הֵהָלֵךְ	בְּהֵהָלֵךְ
נֶהֱלַכְתָּ	נֶהֱלַכְתֶּם	תֵּהָלֵךְ	תֵּהָלְכוּ	נֶהֱלֶכֶת	הֵהָלְכִי	כְּהֵהָלֵךְ
נֶהֱלַכְתְּ	נֶהֱלַכְתֶּן	תֵּהָלְכִי	תֵּהָלַכְנָה	(נֶהֱלָכָה)	הֵהָלְכוּ	לְהֵהָלֵךְ
נֶהֱלַךְ	נֶהֶלְכוּ	יֵהָלֵךְ	יֵהָלְכוּ	נֶהֱלָכִים	הֵהָלַכְנָה	מֵהֵהָלֵךְ
נֶהֶלְכָה		תֵּהָלֵךְ	תֵּהָלַכְנָה	נֶהֱלָכוֹת		

Pi'el

III — הִלֵּךְ — הַלֵּךְ to walk along: הַלֵּךְ, הַלֵּךְ

Past		*Future*		*Present*	*Imperative*	*Gerund*
הִלַּכְתִּי	הִלַּכְנוּ	אֲהַלֵּךְ	נְהַלֵּךְ	מְהַלֵּךְ	הַלֵּךְ	בְּהַלֵּךְ
הִלַּכְתָּ	הִלַּכְתֶּם	תְּהַלֵּךְ	תְּהַלְּכוּ	מְהַלֶּכֶת	הַלְּכִי	כְּהַלֵּךְ
הִלַּכְתְּ	הִלַּכְתֶּן	תְּהַלְּכִי	תְּהַלֵּכְנָה	מְהַלְּכִים	הַלְּכוּ	לְהַלֵּךְ
הִלֵּךְ	הִלְּכוּ	יְהַלֵּךְ	יְהַלְּכוּ	מְהַלְּכוֹת	הַלֵּכְנָה	מֵהַלֵּךְ
הִלְּכָה		תְּהַלֵּךְ	תְּהַלֵּכְנָה			

Pu'al

IV*—

* This root has not developed this form.

הלך

Hif'il

V – הוֹלִיךְ – הוֹלִיךְ to lead, to bring: הוֹלִיךְ, הוֹלֵךְ

Past		*Future*		*Present*	*Imperative*	*Gerund*
הוֹלַכְתִּי	הוֹלַכְנוּ	אוֹלִיךְ	נוֹלִיךְ	מוֹלִיךְ	הוֹלֵךְ	בְּהוֹלִיךְ
הוֹלַכְתָּ	הוֹלַכְתֶּם	תּוֹלִיךְ	תּוֹלִיכוּ	מוֹלִיכָה	הוֹלִיכִי	כְּהוֹלִיךְ
הוֹלַכְתְּ	הוֹלַכְתֶּן	תּוֹלִיכִי	תּוֹלֵכְנָה	(מוֹלֶכֶת)	הוֹלִיכוּ	לְהוֹלִיךְ
הוֹלִיךְ	הוֹלִיכוּ	יוֹלִיךְ	יוֹלִיכוּ	מוֹלִיכִים	הוֹלֵכְנָה	מֵהוֹלִיךְ
הוֹלִיכָה		תּוֹלִיךְ	תּוֹלֵכְנָה	מוֹלִיכוֹת		

Huf'al

VI*–

* This root has not developed this form.

Hitpa'el

VII – הִתְהַלֵּךְ – הִתְהַלֵּךְ to walk about: הִתְהַלֵּךְ, הִתְהַלֵּךְ

Past		*Future*		*Present*	*Imperative*	*Gerund*
הִתְהַלַּכְתִּי	הִתְהַלַּכְנוּ	אֶתְהַלֵּךְ	נִתְהַלֵּךְ	מִתְהַלֵּךְ	הִתְהַלֵּךְ	בְּהִתְהַלֵּךְ
הִתְהַלַּכְתָּ	הִתְהַלַּכְתֶּם	תִּתְהַלֵּךְ	תִּתְהַלְּכוּ	מִתְהַלֶּכֶת	הִתְהַלְּכִי	כְּהִתְהַלֵּךְ
הִתְהַלַּכְתְּ	הִתְהַלַּכְתֶּן	תִּתְהַלְּכִי	תִּתְהַלֵּכְנָה	מִתְהַלְּכִים	הִתְהַלְּכוּ	לְהִתְהַלֵּךְ
הִתְהַלֵּךְ	הִתְהַלְּכוּ	יִתְהַלֵּךְ	יִתְהַלְּכוּ	מִתְהַלְּכוֹת	הִתְהַלֵּכְנָה	מֵהִתְהַלֵּךְ
הִתְהַלְּכָה		תִּתְהַלֵּךְ	תִּתְהַלֵּכְנָה			

הלל

Kal

I*–

Nif'al

II*–

*This root has not developed this form.

Pi'el

III – הִלֵּל – הַלֵּל to praise, to commend: הַלֵּל, הַלֵּל

Past		Future		Present	Imperative	Gerund
הִלַּלְתִּי	הִלַּלְנוּ	אֲהַלֵּל	נְהַלֵּל	מְהַלֵּל	הַלֵּל	בְּהַלֵּל
הִלַּלְתָּ	הִלַּלְתֶּם	תְּהַלֵּל	תְּהַלְּלוּ	מְהַלֶּלֶת	הַלְּלִי	כְּהַלֵּל
הִלַּלְתְּ	הִלַּלְתֶּן	תְּהַלְּלִי	תְּהַלֵּלְנָה	(מְהַלְּלָה)	הַלְּלוּ	לְהַלֵּל
הִלֵּל	הִלְּלוּ	יְהַלֵּל	יְהַלְּלוּ	מְהַלְּלִים	הַלֵּלְנָה	מֵהַלֵּל
הִלְּלָה		תְּהַלֵּל	תְּהַלֵּלְנָה	מְהַלְּלוֹת		

Pu'al

VI – הֻלַּל – הֻלַּל to be praised: הֻלֹּל

Past		Future		Present
הֻלַּלְתִּי	הֻלַּלְנוּ	אֲהֻלַּל	נְהֻלַּל	מְהֻלָּל
הֻלַּלְתָּ	הֻלַּלְתֶּם	תְּהֻלַּל	תְּהֻלְּלוּ	מְהֻלֶּלֶת
הֻלַּלְתְּ	הֻלַּלְתֶּן	תְּהֻלְּלִי	תְּהֻלַּלְנָה	(מְהֻלָּלָה)
הֻלַּל	הֻלְּלוּ	יְהֻלַּל	יְהֻלְּלוּ	מְהֻלָּלִים
הֻלְּלָה		תְּהֻלַּל	תְּהֻלַּלְנָה	מְהֻלָּלוֹת

הלל

Hif'il

V*–

Huf'al

VI*–

* This root has not developed this form.

Hitpa'el

VII – הִתְהַלֵּל – הִתְהַלֵּל to praise oneself, to boast: **הִתְהַלֵּל, הִתְהַלֵּל**

Past		*Future*		*Present*	*Imperative*	*Gerund*
הִתְהַלַּלְתִּי	הִתְהַלַּלְנוּ	אֶתְהַלֵּל	נִתְהַלֵּל	מִתְהַלֵּל	הִתְהַלֵּל	בְּהִתְהַלֵּל
הִתְהַלַּלְתָּ	הִתְהַלַּלְתֶּם	תִּתְהַלֵּל	תִּתְהַלְּלוּ	מִתְהַלֶּלֶת	הִתְהַלְּלִי	כְּהִתְהַלֵּל
הִתְהַלַּלְתְּ	הִתְהַלַּלְתֶּן	תִּתְהַלְּלִי	תִּתְהַלֵּלְנָה	(מִתְהַלְּלָה)	הִתְהַלְּלוּ	לְהִתְהַלֵּל
הִתְהַלֵּל	הִתְהַלְּלוּ	יִתְהַלֵּל	יִתְהַלְּלוּ	מִתְהַלְּלִים	הִתְהַלֵּלְנָה	מֵהִתְהַלֵּל
הִתְהַלְּלָה		תִּתְהַלֵּל	תִּתְהַלֵּלְנָה	מִתְהַלְּלוֹת		

הפך

Kal

I — הָפַךְ — הֲפֹךְ to turn, to change: הֲפֹךְ, הָפֹךְ

Past		*Future*		*Present*	*Passive present*	*Imperative*	*Gerund*
הָפַכְתִּי	הָפַכְנוּ	אֶהֱפֹךְ	נַהֲפֹךְ	הוֹפֵךְ	הָפוּךְ	הֲפֹךְ	בַּהֲפֹךְ
הָפַכְתָּ	הֲפַכְתֶּם	תַּהֲפֹךְ	תַּהַפְכוּ	הוֹפֶכֶת	הֲפוּכָה	הִפְכִי	כַּהֲפֹךְ
הָפַכְתְּ	הֲפַכְתֶּן	תַּהַפְכִי	תַּהֲפֹכְנָה	(הוֹפְכָה)	הֲפוּכִים	הִפְכוּ	לַהֲפֹךְ
הָפַךְ	הָפְכוּ	יַהֲפֹךְ	יַהַפְכוּ	הוֹפְכִים	הֲפוּכוֹת	הֲפֹכְנָה	מֵהֲפֹךְ
הָפְכָה		תַּהֲפֹךְ	תַּהֲפֹכְנָה	הוֹפְכוֹת			

Nif'al

II — נֶהְפַּךְ — הֵהָפֵךְ to be turned, to change: הֵהָפֵךְ, הֵהָפֵךְ

Past		*Future*		*Present*		*Imperative*	*Gerund*
נֶהְפַּכְתִּי	נֶהְפַּכְנוּ	אֵהָפֵךְ	נֵהָפֵךְ	נֶהְפָּךְ		הֵהָפֵךְ	בְּהֵהָפֵךְ
נֶהְפַּכְתָּ	נֶהְפַּכְתֶּם	תֵּהָפֵךְ	תֵּהָפְכוּ	נֶהְפֶּכֶת		הֵהָפְכִי	כְּהֵהָפֵךְ
נֶהְפַּכְתְּ	נֶהְפַּכְתֶּן	תֵּהָפְכִי	תֵּהָפַכְנָה	(נֶהְפָּכָה)		הֵהָפְכוּ	לְהֵהָפֵךְ
נֶהְפַּךְ	נֶהֶפְכוּ	יֵהָפֵךְ	יֵהָפְכוּ	נֶהְפָּכִים		הֵהָפַכְנָה	מֵהֵהָפֵךְ
נֶהֶפְכָה		תֵּהָפֵךְ	תֵּהָפַכְנָה	נֶהְפָּכוֹת			

Pi'el

III — הִפֵּךְ — הַפֵּךְ to reverse, to turn: הַפֵּךְ, הַפֵּךְ

Past		*Future*		*Present*		*Imperative*	*Gerund*
הִפַּכְתִּי	הִפַּכְנוּ	אֲהַפֵּךְ	נְהַפֵּךְ	מְהַפֵּךְ		הַפֵּךְ	בְּהַפֵּךְ
הִפַּכְתָּ	הִפַּכְתֶּם	תְּהַפֵּךְ	תְּהַפְּכוּ	מְהַפֶּכֶת		הַפְּכִי	כְּהַפֵּךְ
הִפַּכְתְּ	הִפַּכְתֶּן	תְּהַפְּכִי	תְּהַפֵּכְנָה	(מְהַפְּכָה)		הַפְּכוּ	לְהַפֵּךְ
הִפֵּךְ	הִפְּכוּ	יְהַפֵּךְ	יְהַפְּכוּ	מְהַפְּכִים		הַפֵּכְנָה	מֵהַפֵּךְ
הִפְּכָה		תְּהַפֵּךְ	תְּהַפֵּכְנָה	מְהַפְּכוֹת			

Pu'al

IV — הֻפַּךְ — הֻפַּךְ to be reversed, to be turned: הֻפֹּךְ

Past		*Future*		*Present*
הֻפַּכְתִּי	הֻפַּכְנוּ	אֲהֻפַּךְ	נְהֻפַּךְ	מְהֻפָּךְ
הֻפַּכְתָּ	הֻפַּכְתֶּם	תְּהֻפַּךְ	תְּהֻפְּכוּ	מְהֻפֶּכֶת
הֻפַּכְתְּ	הֻפַּכְתֶּן	תְּהֻפְּכִי	תְּהֻפַּכְנָה	(מְהֻפָּכָה)
הֻפַּךְ	הֻפְּכוּ	יְהֻפַּךְ	יְהֻפְּכוּ	מְהֻפָּכִים
הֻפְּכָה		תְּהֻפַּךְ	תְּהֻפַּכְנָה	מְהֻפָּכוֹת

הפך

Hif'il

V*–

Huf'al

VI*–

* This root has not developed this form.

Hitpa'el

VII – הִתְהַפֵּךְ – הִתְהַפֵּךְ to turn over and over: **הִתְהַפֵּךְ, הִתְהַפֵּךְ**

Past	*Past*	*Future*	*Future*	*Present*	*Imperative*	*Gerund*
הִתְהַפַּכְתִּי	הִתְהַפַּכְנוּ	אֶתְהַפֵּךְ	נִתְהַפֵּךְ	מִתְהַפֵּךְ	הִתְהַפֵּךְ	בְּהִתְהַפֵּךְ
הִתְהַפַּכְתָּ	הִתְהַפַּכְתֶּם	תִּתְהַפֵּךְ	תִּתְהַפְּכוּ	מִתְהַפֶּכֶת	הִתְהַפְּכִי	כְּהִתְהַפֵּךְ
הִתְהַפַּכְתְּ	הִתְהַפַּכְתֶּן	תִּתְהַפְּכִי	תִּתְהַפֵּכְנָה	(מִתְהַפְּכָה)	הִתְהַפְּכוּ	לְהִתְהַפֵּךְ
הִתְהַפֵּךְ	הִתְהַפְּכוּ	יִתְהַפֵּךְ	יִתְהַפְּכוּ	מִתְהַפְּכִים	הִתְהַפֵּכְנָה	מֵהִתְהַפֵּךְ
הִתְהַפְּכָה		תִּתְהַפֵּךְ	תִּתְהַפֵּכְנָה	מִתְהַפְּכוֹת		

הרג

Kal

I – הָרַג – הֲרֹג to kill, to slay: **הֲרֹג, הָרֹג**

Past		*Future*		*Present*	*Passive Present*	*Imperative*	*Gerund*
הָרַגְתִּי	הָרַגְנוּ	אֶהֱרֹג	נַהֲרֹג	הוֹרֵג	הָרוּג	הֲרֹג	בַּהֲרֹג
הָרַגְתָּ	הֲרַגְתֶּם	תַּהֲרֹג	תַּהַרְגוּ	הוֹרֶגֶת	הֲרוּגָה	הִרְגִי	כַּהֲרֹג
הָרַגְתְּ	הֲרַגְתֶּן	תַּהַרְגִי	תַּהֲרֹגְנָה	(הוֹרְגָה)	הֲרוּגִים	הִרְגוּ	לַהֲרֹג
הָרַג	הָרְגוּ	יַהֲרֹג	יַהַרְגוּ	הוֹרְגִים	הֲרוּגוֹת	הֲרֹגְנָה	מֵהֲרֹג
הָרְגָה		תַּהֲרֹג	תַּהֲרֹגְנָה	הוֹרְגוֹת			

Nif'al

II – נֶהֱרַג – הֵהָרֵג to be killed, to be slain: **הֵהָרֵג, הֵהָרֵג**

Past		*Future*		*Present*		*Imperative*	*Gerund*
נֶהֱרַגְתִּי	נֶהֱרַגְנוּ	אֵהָרֵג	נֵהָרֵג	נֶהֱרָג		הֵהָרֵג	בְּהֵהָרֵג
נֶהֱרַגְתָּ	נֶהֱרַגְתֶּם	תֵּהָרֵג	תֵּהָרְגוּ	נֶהֱרֶגֶת		הֵהָרְגִי	כְּהֵהָרֵג
נֶהֱרַגְתְּ	נֶהֱרַגְתֶּן	תֵּהָרְגִי	תֵּהָרַגְנָה	(נֶהֱרָגָה)		הֵהָרְגוּ	לְהֵהָרֵג
נֶהֱרַג	נֶהֶרְגוּ	יֵהָרֵג	יֵהָרְגוּ	נֶהֱרָגִים		הֵהָרַגְנָה	מֵהֵהָרֵג
נֶהֶרְגָה		תֵּהָרֵג	תֵּהָרַגְנָה	נֶהֱרָגוֹת			

Pi'el

III*–

Pu'al

IV*–

* This root has not developed this form.

הרג

Hif'il

V*–

Huf'al

VI*–

Hitpa'el

VII*–

* This root has not developed this form.

זכה

Kal

I – זָכָה – זְכֵה to acquire, to be worthy, to be privileged: **זְכוֹת, זָכֹה**

Past		*Future*		*Present*	*Imperative*	*Gerund*
זָכִיתִי	זָכִינוּ	אֶזְכֶּה	נִזְכֶּה	זוֹכֶה	זְכֵה	בִּזְכוֹת
זָכִיתָ	זְכִיתֶם	תִּזְכֶּה	תִּזְכּוּ	זוֹכָה	זְכִי	כִּזְכוֹת
זָכִית	זְכִיתֶן	תִּזְכִּי	תִּזְכֶּינָה	זוֹכִים	זְכוּ	לִזְכּוֹת
זָכָה	זָכוּ	יִזְכֶּה	יִזְכּוּ	זוֹכוֹת	זְכֶינָה	מִזְכוֹת
זָכְתָה		תִּזְכֶּה	תִּזְכֶּינָה			

Nif'al

II*–

* This root has not developed this form.

Pi'el

III – זִכָּה – זַכֵּה to acquit, to credit: **זַכּוֹת, זַכֵּה**

Past		*Future*		*Present*	*Imperative*	*Gerund*
זִכִּיתִי	זִכִּינוּ	אֲזַכֶּה	נְזַכֶּה	מְזַכֶּה	זַכֵּה	בְּזַכּוֹת
זִכִּיתָ	זִכִּיתֶם	תְּזַכֶּה	תְּזַכּוּ	מְזַכָּה	זַכִּי	כְּזַכּוֹת
זִכִּית	זִכִּיתֶן	תְּזַכִּי	תְּזַכֶּינָה	מְזַכִּים	זַכּוּ	לְזַכּוֹת
זִכָּה	זִכּוּ	יְזַכֶּה	יְזַכּוּ	מְזַכּוֹת	זַכֶּינָה	מִזַּכּוֹת
זִכְּתָה		תְּזַכֶּה	תְּזַכֶּינָה			

Pu'al

IV – זֻכָּה – זֻכָּה to be acquitted, to be credited: **זֻכֹּה**

Past		*Future*		*Present*
זֻכֵּיתִי	זֻכִּינוּ	אֲזֻכֶּה	נְזֻכֶּה	מְזֻכֶּה
זֻכֵּיתָ	זֻכֵּיתֶם	תְּזֻכֶּה	תְּזֻכּוּ	מְזֻכֵּית
זֻכֵּית	זֻכֵּיתֶן	תְּזֻכִּי	תְּזֻכֶּינָה	(מְזֻכָּה)
זֻכָּה	זֻכּוּ	יְזֻכֶּה	יְזֻכּוּ	מְזֻכִּים
זֻכְּתָה		תְּזֻכֶּה	תְּזֻכֶּינָה	מְזֻכּוֹת

זכה

Hif'il

V*–

Huf'al

VI*–

* This root has not developed this form.

Hitpa'el

VII – הִזְדַּכָּה – הִזְדַּכֵּה to make oneself clean, to be acquitted: הִזְדַּכּוֹת, הִזְדַּכֵּה

Past		Future		Present	Imperative	Gerund
**הִזְדַּכֵּיתִי	הִזְדַּכִּינוּ	אֶזְדַּכֶּה	נִזְדַּכֶּה	מִזְדַּכֶּה	הִזְדַּכֵּה	בְּהִזְדַּכּוֹת
הִזְדַּכֵּיתָ	הִזְדַּכֵּיתֶם	תִּזְדַּכֶּה	תִּזְדַּכּוּ	מִזְדַּכֵּית	הִזְדַּכִּי	כְּהִזְדַּכּוֹת
הִזְדַּכֵּית	הִזְדַּכֵּיתֶן	תִּזְדַּכִּי	תִּזְדַּכֶּינָה	(מִזְדַּכָּה)	הִזְדַּכּוּ	לְהִזְדַּכּוֹת
הִזְדַּכָּה	הִזְדַּכּוּ	יִזְדַּכֶּה	יִזְדַּכּוּ	מִזְדַּכִּים	הִזְדַּכֶּינָה	מֵהִזְדַּכּוֹת
הִזְדַּכְּתָה		תִּזְדַּכֶּה	תִּזְדַּכֶּינָה	מִזְדַּכּוֹת		

** Note: or — הִזַּכֵּיתִי etc. The *Tau* of Hitpa'el is absorbed in following *Zayin*, as is indicated by *Dagesh*

Nitpa'el: Passive Past — נִזְדַּכֵּיתִי נִזְדַּכֵּיתָ נִזְדַּכֵּית etc.

זכר

Kal

I – זָכַר – זְכֹר to remember, to call to mind: זְכֹר, זָכֹר

Past		*Future*		*Present*	*Passive Present*	*Imperative*	*Gerund*
זָכַרְתִּי	זָכַרְנוּ	אֶזְכֹּר	נִזְכֹּר	זוֹכֵר	זָכוּר	זְכֹר	בִּזְכֹּר
זָכַרְתָּ	זְכַרְתֶּם	תִּזְכֹּר	תִּזְכְּרוּ	זוֹכֶרֶת	זְכוּרָה	זִכְרִי	כִּזְכֹּר
זָכַרְתְּ	זְכַרְתֶּן	תִּזְכְּרִי	תִּזְכֹּרְנָה	(זוֹכְרָה)	זְכוּרִים	זִכְרוּ	לִזְכֹּר
זָכַר	זָכְרוּ	יִזְכֹּר	יִזְכְּרוּ	זוֹכְרִים	זְכוּרוֹת	זְכֹרְנָה	מִזְּכֹר
זָכְרָה		תִּזְכֹּר	תִּזְכֹּרְנָה	זוֹכְרוֹת			

Nif'al

II – נִזְכַּר – הִזָּכֵר to be remembered, to recollect: הִזָּכֵר, הִזָּכֵר

Past		*Future*		*Present*	*Imperative*	*Gerund*
נִזְכַּרְתִּי	נִזְכַּרְנוּ	אֶזָּכֵר	נִזָּכֵר	נִזְכָּר	הִזָּכֵר	בְּהִזָּכֵר
נִזְכַּרְתָּ	נִזְכַּרְתֶּם	תִּזָּכֵר	תִּזָּכְרוּ	נִזְכֶּרֶת	הִזָּכְרִי	כְּהִזָּכֵר
נִזְכַּרְתְּ	נִזְכַּרְתֶּן	תִּזָּכְרִי	תִּזָּכַרְנָה	(נִזְכָּרָה)	הִזָּכְרוּ	לְהִזָּכֵר
נִזְכַּר	נִזְכְּרוּ	יִזָּכֵר	יִזָּכְרוּ	נִזְכָּרִים	הִזָּכַרְנָה	מֵהִזָּכֵר
נִזְכְּרָה		תִּזָּכֵר	תִּזָּכַרְנָה	נִזְכָּרוֹת		

Pi'el

III – זִכֵּר – זַכֵּר to treat as masculine: זַכֵּר, זַכֵּר

Past		*Future*		*Present*	*Imperative*	*Gerund*
זִכַּרְתִּי	זִכַּרְנוּ	אֲזַכֵּר	נְזַכֵּר	מְזַכֵּר	זַכֵּר	בְּזַכֵּר
זִכַּרְתָּ	זִכַּרְתֶּם	תְּזַכֵּר	תְּזַכְּרוּ	מְזַכֶּרֶת	זַכְּרִי	כְּזַכֵּר
זִכַּרְתְּ	זִכַּרְתֶּן	תְּזַכְּרִי	תְּזַכֵּרְנָה	(מְזַכְּרָה)	זַכְּרוּ	לְזַכֵּר
זִכֵּר	זִכְּרוּ	יְזַכֵּר	יְזַכְּרוּ	מְזַכְּרִים	זַכֵּרְנָה	מִזַּכֵּר
זִכְּרָה		תְּזַכֵּר	תְּזַכֵּרְנָה	מְזַכְּרוֹת		

Pu'al

IV – זֻכַּר – זֻכַּר to be treated as masculine: זֻכֹּר

Past		*Future*		*Present*
זֻכַּרְתִּי	זֻכַּרְנוּ	אֲזֻכַּר	נְזֻכַּר	מְזֻכָּר
זֻכַּרְתָּ	זֻכַּרְתֶּם	תְּזֻכַּר	תְּזֻכְּרוּ	מְזֻכָּרָה
זֻכַּרְתְּ	זֻכַּרְתֶּן	תְּזֻכְּרִי	תְּזֻכַּרְנָה	(מְזֻכֶּרֶת)
זֻכַּר	זֻכְּרוּ	יְזֻכַּר	יְזֻכְּרוּ	מְזֻכָּרִים
זֻכְּרָה		תְּזֻכַּר	תְּזֻכַּרְנָה	מְזֻכָּרוֹת

זכר

Hif'il

V – הִזְכִּיר – הַזְכִּיר to remind, to mention: **הִזְכִּיר, הַזְכֵּר**

Past		Future		Present	Imperative	Gerund
הִזְכַּרְתִּי	הִזְכַּרְנוּ	אַזְכִּיר	נַזְכִּיר	מַזְכִּיר	הַזְכֵּר	בְּהַזְכִּיר
הִזְכַּרְתָּ	הִזְכַּרְתֶּם	תַּזְכִּיר	תַּזְכִּירוּ	מַזְכִּירָה	הַזְכִּירִי	כְּהַזְכִּיר
הִזְכַּרְתְּ	הִזְכַּרְתֶּן	תַּזְכִּירִי	תַּזְכֵּרְנָה	(מַזְכֶּרֶת)	הַזְכִּירוּ	לְהַזְכִּיר
הִזְכִּיר	הִזְכִּירוּ	יַזְכִּיר	יַזְכִּירוּ	מַזְכִּירִים	הַזְכֵּרְנָה	מֵהַזְכִּיר
הִזְכִּירָה		תַּזְכִּיר	תַּזְכֵּרְנָה	מַזְכִּירוֹת		

Huf'al

VI – הֻזְכַּר – הֻזְכַּר to be reminded, to be mentioned: **הֻזְכֵּר**

Past		Future		Present
הֻזְכַּרְתִּי	הֻזְכַּרְנוּ	אֻזְכַּר	נֻזְכַּר	מֻזְכָּר
הֻזְכַּרְתָּ	הֻזְכַּרְתֶּם	תֻּזְכַּר	תֻּזְכְּרוּ	מֻזְכֶּרֶת
הֻזְכַּרְתְּ	הֻזְכַּרְתֶּן	תֻּזְכְּרִי	תֻּזְכַּרְנָה	(מֻזְכָּרָה)
הֻזְכַּר	הֻזְכְּרוּ	יֻזְכַּר	יֻזְכְּרוּ	מֻזְכָּרִים
הֻזְכְּרָה		תֻּזְכַּר	תֻּזְכַּרְנָה	מֻזְכָּרוֹת

Hitpa'el

VII – הִזְדַּכֵּר – הִזְדַּכֵּר to reminiscc: **הִזְדַּכֵּר, הִזְדַּכֵּר**

Past		Future		Present	Imperative	Gerund
הִזְדַּכַּרְתִּי	הִזְדַּכַּרְנוּ	אֶזְדַּכֵּר	נִזְדַּכֵּר	מִזְדַּכֵּר	הִזְדַּכֵּר	בְּהִזְדַּכֵּר
הִזְדַּכַּרְתָּ	הִזְדַּכַּרְתֶּם	תִּזְדַּכֵּר	תִּזְדַּכְּרוּ	מִזְדַּכֶּרֶת	הִזְדַּכְּרִי	כְּהִזְדַּכֵּר
הִזְדַּכַּרְתְּ	הִזְדַּכַּרְתֶּן	תִּזְדַּכְּרִי	תִּזְדַּכֵּרְנָה	(מִזְדַּכְּרָה)	הִזְדַּכְּרוּ	לְהִזְדַּכֵּר
הִזְדַּכֵּר	הִזְדַּכְּרוּ	יִזְדַּכֵּר	יִזְדַּכְּרוּ	מִזְדַּכְּרִים	הִזְדַּכֵּרְנָה	מֵהִזְדַּכֵּר
הִזְדַּכְּרָה		תִּזְדַּכֵּר	תִּזְדַּכֵּרְנָה	מִזְדַּכְּרוֹת		

זמן

Kal

I*–

Nif'al

II*–

* This root has not developed this form.

Pi'el

III — זִמֵּן — זַמֵּן to provide, to prepare: **זַמֵּן, זַמֵּן**

Past		Future		Present	Imperative	Gerund
זִמַּנְתִּי	זִמַּנּוּ	אֲזַמֵּן	נְזַמֵּן	מְזַמֵּן	זַמֵּן	בְּזַמֵּן
זִמַּנְתָּ	זִמַּנְתֶּם	תְּזַמֵּן	תְּזַמְּנוּ	מְזַמֶּנֶת	זַמְּנִי	כְּזַמֵּן
זִמַּנְתְּ	זִמַּנְתֶּן	תְּזַמְּנִי	תְּזַמֵּנָּה	(מְזַמְּנָה)	זַמְּנוּ	לְזַמֵּן
זִמֵּן	זִמְּנוּ	יְזַמֵּן	יְזַמְּנוּ	מְזַמְּנִים	זַמֵּנָּה	מִזַּמֵּן
זִמְּנָה		תְּזַמֵּן	תְּזַמֵּנָּה	מְזַמְּנוֹת		

Pu'al

IV — זֻמַּן — זֻמַּן to be prepared, to be ready: **זֻמֹּן**

Past		Future		Present
זֻמַּנְתִּי	זֻמַּנּוּ	אֲזֻמַּן	נְזֻמַּן	מְזֻמָּן
זֻמַּנְתָּ	זֻמַּנְתֶּם	תְּזֻמַּן	תְּזֻמְּנוּ	מְזֻמֶּנֶת
זֻמַּנְתְּ	זֻמַּנְתֶּן	תְּזֻמְּנִי	תְּזֻמַּנָּה	(מְזֻמָּנָה)
זֻמַּן	זֻמְּנוּ	יְזֻמַּן	יְזֻמְּנוּ	מְזֻמָּנִים
זֻמְּנָה		תְּזֻמַּן	תְּזֻמַּנָּה	מְזֻמָּנוֹת

זמן

Hif'il

V – הִזְמִין – הַזְמִין to invite, to summon: הַזְמִין, הַזְמֵן

Past		*Future*		*Present*	*Imperative*	*Gerund*
הִזְמַנְתִּי	הִזְמַנּוּ	אַזְמִין	נַזְמִין	מַזְמִין	הַזְמֵן	בְּהַזְמִין
הִזְמַנְתָּ	הִזְמַנְתֶּם	תַּזְמִין	תַּזְמִינוּ	מַזְמִינָה	הַזְמִינִי	כְּהַזְמִין
הִזְמַנְתְּ	הִזְמַנְתֶּן	תַּזְמִינִי	תַּזְמֵנָּה	(מַזְמֶנֶת)	הַזְמִינוּ	לְהַזְמִין
הִזְמִין	הִזְמִינוּ	יַזְמִין	יַזְמִינוּ	מַזְמִינִים	הַזְמֵנָּה	מֵהַזְמִין
הִזְמִינָה		תַּזְמִין	תַּזְמֵנָּה	מַזְמִינוֹת		

Huf'al

VI – הֻזְמַן – הֻזְמַן to be invited, to be summoned: הֻזְמֵן

Past		*Future*		*Present*
הֻזְמַנְתִּי	הֻזְמַנּוּ	אֻזְמַן	נֻזְמַן	מֻזְמָן
הֻזְמַנְתָּ	הֻזְמַנְתֶּם	תֻּזְמַן	תֻּזְמְנוּ	מֻזְמֶנֶת
הֻזְמַנְתְּ	הֻזְמַנְתֶּן	תֻּזְמְנִי	תֻּזְמַנָּה	(מֻזְמָנָה)
הֻזְמַן	הֻזְמְנוּ	יֻזְמַן	יֻזְמְנוּ	מֻזְמָנִים
הֻזְמְנָה		תֻּזְמַן	תֻּזְמַנָּה	מֻזְמָנוֹת

Hitpa'el

VII – הִזְדַּמֵּן – הִזְדַּמֵּן to meet, to chance: הִזְדַּמֵּן, הִזְדַּמֵּן

Past		*Future*		*Present*	*Imperative*	*Gerund*
הִזְדַּמַּנְתִּי	הִזְדַּמַּנּוּ	אֶזְדַּמֵּן	נִזְדַּמֵּן	מִזְדַּמֵּן	הִזְדַּמֵּן	בְּהִזְדַּמֵּן
הִזְדַּמַּנְתָּ	הִזְדַּמַּנְתֶּם	תִּזְדַּמֵּן	תִּזְדַּמְּנוּ	מִזְדַּמֶּנֶת	הִזְדַּמְּנִי	כְּהִזְדַּמֵּן
הִזְדַּמַּנְתְּ	הִזְדַּמַּנְתֶּן	תִּזְדַּמְּנִי	תִּזְדַּמֵּנָּה	(מִזְדַּמְּנָה)	הִזְדַּמְּנוּ	לְהִזְדַּמֵּן
הִזְדַּמֵּן	הִזְדַּמְּנוּ	יִזְדַּמֵּן	יִזְדַּמְּנוּ	מִזְדַּמְּנִים	הִזְדַּמֵּנָּה	מֵהִזְדַּמֵּן
הִזְדַּמְּנָה		תִּזְדַּמֵּן	תִּזְדַּמֵּנָּה	מִזְדַּמְּנוֹת		

Nitpa'el: Passive Past — נִזְדַּמַּנְתִּי נִזְדַּמַּנְתָּ נִזְדַּמַּנְתְּ נִזְדַּמֵּן נִזְדַּמְּנָה etc.

חדל

Kal

I – חָדַל – חֲדַל to stop, to cease: **חֲדֹל, חָדֹל**

Past		*Future*		*Present*	*Imperative*	*Gerund*
חָדַלְתִּי	חָדַלְנוּ	אֶחְדַל	נֶחְדַל	חָדֵל	חֲדַל	בַּחֲדֹל
חָדַלְתָּ	חֲדַלְתֶּם	תֶּחְדַל	תֶּחְדְלוּ	חֲדֵלָה	חִדְלִי	כַּחֲדֹל
חָדַלְתְּ	חֲדַלְתֶּן	תֶּחְדְלִי	תֶּחְדַלְנָה	חֲדֵלִים	חִדְלוּ	לַחֲדֹל
חָדַל	חָדְלוּ	יֶחְדַל	יֶחְדְלוּ	חֲדֵלוֹת	חֲדַלְנָה	מֵחֲדֹל
חָדְלָה		תֶּחְדַל	תֶּחְדַלְנָה			

Nif'al

II – נֶחְדַל – הֵחָדֵל to be stopped: **הֵחָדֵל, הֵחָדֵל**

Past		*Future*		*Present*	*Imperative*	*Gerund*
נֶחְדַלְתִּי	נֶחְדַלְנוּ	אֵחָדֵל	נֵחָדֵל	נֶחְדָל	הֵחָדֵל	בְּהֵחָדֵל
נֶחְדַלְתָּ	נֶחְדַלְתֶּם	תֵּחָדֵל	תֵּחָדְלוּ	נֶחְדֶלֶת	הֵחָדְלִי	כְּהֵחָדֵל
נֶחְדַלְתְּ	נֶחְדַלְתֶּן	תֵּחָדְלִי	תֵּחָדַלְנָה	(נֶחְדָלָה)	הֵחָדְלוּ	לְהֵחָדֵל
נֶחְדַל	נֶחְדְלוּ	יֵחָדֵל	יֵחָדְלוּ	נֶחְדָלִים	הֵחָדַלְנָה	מֵהֵחָדֵל
נֶחְדְלָה		תֵּחָדֵל	תֵּחָדַלְנָה	נֶחְדָלוֹת		

Pi'el

III*–

Pu'al

IV*–

* This root has not developed this form.

חדל

Hif'il

V – הֶחְדִיל – הַחְדִיל to make one stop *or* cease: **הַחְדִיל, הַחְדֵל**

Past		*Future*		*Present*	*Imperative*	*Gerund*
הֶחְדַלְתִּי	הֶחְדַלְנוּ	אַחְדִיל	נַחְדִיל	מַחְדִיל	הַחְדֵל	בְּהַחְדִיל
הֶחְדַלְתָּ	הֶחְדַלְתֶּם	תַּחְדִיל	תַּחְדִילוּ	מַחְדֶלֶת	הַחְדִילִי	כְּהַחְדִיל
הֶחְדַלְתְּ	הֶחְדַלְתֶּן	תַּחְדִילִי	תַּחְדֵלְנָה	(מַחְדִילָה)	הַחְדִילוּ	לְהַחְדִיל
הֶחְדִיל	הֶחְדִילוּ	יַחְדִיל	יַחְדִילוּ	מַחְדִילִים	הַחְדֵלְנָה	מֵהַחְדִיל
הֶחְדִילָה		תַּחְדִיל	תַּחְדֵלְנָה	מַחְדִילוֹת		

Huf'al

VI*–

Hitpa'el

VII*–

* This root has not developed this form.

חזק

Kal

I – חָזַק – חֲזַק to be strong, to be firm: **חֲזֹק, חָזֹק**

Past		Future		Present	Imperative	Gerund
חָזַקְתִּי	חָזַקְנוּ	אֶחֱזַק	נֶחֱזַק	חָזָק	חֲזַק	בַּחֲזֹק
חָזַקְתָּ	חֲזַקְתֶּם	תֶּחֱזַק	תֶּחֶזְקוּ	חֲזָקָה	חִזְקִי	כַּחֲזֹק
חָזַקְתְּ	חֲזַקְתֶּן	תֶּחֶזְקִי	תֶּחֱזַקְנָה	חֲזָקִים	חִזְקוּ	לַחֲזֹק
חָזַק	חָזְקוּ	יֶחֱזַק	יֶחֶזְקוּ	חֲזָקוֹת	חֲזַקְנָה	מֵחֲזֹק
חָזְקָה		תֶּחֱזַק	תֶּחֱזַקְנָה			

Nif'al

II*–

* This root has not developed this form.

Pi'el

III – חִזֵּק – חַזֵּק to strengthen, to harden: **חַזֵּק, חַזֵּק**

Past		Future		Present	Imperative	Gerund
חִזַּקְתִּי	חִזַּקְנוּ	אֲחַזֵּק	נְחַזֵּק	מְחַזֵּק	חַזֵּק	בְּחַזֵּק
חִזַּקְתָּ	חִזַּקְתֶּם	תְּחַזֵּק	תְּחַזְּקוּ	מְחַזֶּקֶת	חַזְּקִי	כְּחַזֵּק
חִזַּקְתְּ	חִזַּקְתֶּן	תְּחַזְּקִי	תְּחַזֵּקְנָה	(מְחַזְּקָה)	חַזְּקוּ	לְחַזֵּק
חִזֵּק	חִזְּקוּ	יְחַזֵּק	יְחַזְּקוּ	מְחַזְּקִים	חַזֵּקְנָה	מֵחַזֵּק
חִזְּקָה		תְּחַזֵּק	תְּחַזֵּקְנָה	מְחַזְּקוֹת		

Pu'al

IV – חֻזַּק – חֻזַּק to be strengthened, to be hardened: **חֻזֹּק**

Past		Future		Present
חֻזַּקְתִּי	חֻזַּקְנוּ	אֲחֻזַּק	נְחֻזַּק	מְחֻזָּק
חֻזַּקְתָּ	חֻזַּקְתֶּם	תְּחֻזַּק	תְּחֻזְּקוּ	מְחֻזֶּקֶת
חֻזַּקְתְּ	חֻזַּקְתֶּן	תְּחֻזְּקִי	תְּחֻזַּקְנָה	(מְחֻזָּקָה)
חֻזַּק	חֻזְּקוּ	יְחֻזַּק	יְחֻזְּקוּ	מְחֻזָּקִים
חֻזְּקָה		תְּחֻזַּק	תְּחֻזַּקְנָה	מְחֻזָּקוֹת

חזק

Hif'il

V – הֶחֱזִיק – הַחֲזִיק to take hold of, to hold: הַחֲזִיק, הַחֲזֵק

Past		*Future*		*Present*	*Imperative*	*Gerund*
הֶחֱזַקְתִּי	הֶחֱזַקְנוּ	אַחֲזִיק	נַחֲזִיק	מַחֲזִיק	הַחֲזֵק	בְּהַחֲזִיק
הֶחֱזַקְתָּ	הֶחֱזַקְתֶּם	תַּחֲזִיק	תַּחֲזִיקוּ	מַחֲזֶקֶת	הַחֲזִיקִי	כְּהַחֲזִיק
הֶחֱזַקְתְּ	הֶחֱזַקְתֶּן	תַּחֲזִיקִי	תַּחֲזֵקְנָה	(מַחֲזִיקָה)	הַחֲזִיקוּ	לְהַחֲזִיק
הֶחֱזִיק	הֶחֱזִיקוּ	יַחֲזִיק	יַחֲזִיקוּ	מַחֲזִיקִים	הַחֲזֵקְנָה	מֵהַחֲזִיק
הֶחֱזִיקָה		תַּחֲזִיק	תַּחֲזֵקְנָה	מַחֲזִיקוֹת		

Huf'al

VI – הָחְזַק – הָחְזַק to bcheld for, to be regarded as: הָחְזֵק

Past		*Future*		*Present*
הָחְזַקְתִּי	הָחְזַקְנוּ	אָחְזַק	נָחְזַק	מָחְזָק
הָחְזַקְתָּ	הָחְזַקְתֶּם	תָּחְזַק	תָּחְזְקוּ	מָחְזֶקֶת
הָחְזַקְתְּ	הָחְזַקְתֶּן	תָּחְזְקִי	תָּחְזַקְנָה	(מָחְזָקָה)
הָחְזַק	הָחְזְקוּ	יָחְזַק	יָחְזְקוּ	מָחְזָקִים
הָחְזְקָה		תָּחְזַק	תָּחְזַקְנָה	מָחְזָקוֹת

Hitpa'el

VII – הִתְחַזֵּק – הִתְחַזֵּק to strengthen oneself, to exert oneself: הִתְחַזֵּק, הִתְחַזֵּק

Past		*Future*		*Present*	*Imperative*	*Gerund*
הִתְחַזַּקְתִּי	הִתְחַזַּקְנוּ	אֶתְחַזֵּק	נִתְחַזֵּק	מִתְחַזֵּק	הִתְחַזֵּק	בְּהִתְחַזֵּק
הִתְחַזַּקְתָּ	הִתְחַזַּקְתֶּם	תִּתְחַזֵּק	תִּתְחַזְּקוּ	מִתְחַזֶּקֶת	הִתְחַזְּקִי	כְּהִתְחַזֵּק
הִתְחַזַּקְתְּ	הִתְחַזַּקְתֶּן	תִּתְחַזְּקִי	תִּתְחַזֵּקְנָה	(מִתְחַזְּקָה)	הִתְחַזְּקוּ	לְהִתְחַזֵּק
הִתְחַזֵּק	הִתְחַזְּקוּ	יִתְחַזֵּק	יִתְחַזְּקוּ	מִתְחַזְּקִים	הִתְחַזֵּקְנָה	מֵהִתְחַזֵּק
הִתְחַזְּקָה		תִּתְחַזֵּק	תִּתְחַזֵּקְנָה	מִתְחַזְּקוֹת		

חזר

Kal

I – חָזַר – חֲזוֹר to return, to repeat, to go round: חֲזוֹר, חָזוֹר

Past		*Future*		*Present*	*Imperative*	*Gerund*
חָזַרְתִּי	חָזַרְנוּ	אֶחֱזוֹר	נַחֲזוֹר	חוֹזֵר	חֲזוֹר	בַּחֲזוֹר
חָזַרְתָּ	חֲזַרְתֶּם	תַּחֲזוֹר	תַּחַזְרוּ	חוֹזֶרֶת	חִזְרִי	כַּחֲזוֹר
חָזַרְתְּ	חֲזַרְתֶּן	תַּחַזְרִי	תַּחֲזוֹרְנָה	(חוֹזְרָה)	חִזְרוּ	לַחֲזוֹר
חָזַר	חָזְרוּ	יַחֲזוֹר	יַחַזְרוּ	חוֹזְרִים	חֲזוֹרְנָה	מֵחֲזוֹר
חָזְרָה		תַּחֲזוֹר	תַּחֲזוֹרְנָה	חוֹזְרוֹת		

Nif'al

II*–

Pi'el

III – חִזֵּר – חַזֵּר to circulate, to search: חַזֵּר, חַזֵּר

Past		*Future*		*Present*	*Imperative*	*Gerund*
חִזַּרְתִּי	חִזַּרְנוּ	אֲחַזֵּר	נְחַזֵּר	מְחַזֵּר	חַזֵּר	בְּחַזֵּר
חִזַּרְתָּ	חִזַּרְתֶּם	תְּחַזֵּר	תְּחַזְּרוּ	מְחַזֶּרֶת	חַזְּרִי	כְּחַזֵּר
חִזַּרְתְּ	חִזַּרְתֶּן	תְּחַזְּרִי	תְּחַזֵּרְנָה	(מְחַזְּרָה)	חַזְּרוּ	לְחַזֵּר
חִזֵּר	חִזְּרוּ	יְחַזֵּר	יְחַזְּרוּ	מְחַזְּרִים	חַזֵּרְנָה	מֵחַזֵּר
חִזְּרָה		תְּחַזֵּר	תְּחַזֵּרְנָה	מְחַזְּרוֹת		

Pu'al

IV*–

* This root has not developed this form.

חזר

Hif'il

V – הֶחֱזִיר – הַחֲזִיר to give back, to return: הַחֲזִיר, הַחֲזֵר

Past		*Future*		*Present*	*Imperative*	*Gerund*
הֶחֱזַרְתִּי	הֶחֱזַרְנוּ	אַחֲזִיר	נַחֲזִיר	מַחֲזִיר	הַחֲזֵר	בְּהַחֲזִיר
הֶחֱזַרְתָּ	הֶחֱזַרְתֶּם	תַּחֲזִיר	תַּחֲזִירוּ	מַחֲזֶרֶת	הַחֲזִירִי	כְּהַחֲזִיר
הֶחֱזַרְתְּ	הֶחֱזַרְתֶּן	תַּחֲזִירִי	תַּחֲזֵרְנָה	(מַחֲזִירָה)	הַחֲזִירוּ	לְהַחֲזִיר
הֶחֱזִיר	הֶחֱזִירוּ	יַחֲזִיר	יַחֲזִירוּ	מַחֲזִירִים	הַחֲזֵרְנָה	מֵהַחֲזִיר
הֶחֱזִירָה		תַּחֲזִיר	תַּחֲזֵרְנָה	מַחֲזִירוֹת		

Huf'al

VI – הֻחְזַר – הֻחֲזַר to be given back, to be returned: הֻחְזַר

Past		*Future*		*Present*
הֻחְזַרְתִּי	הֻחְזַרְנוּ	אֻחְזַר	נֻחְזַר	מֻחְזָר
הֻחְזַרְתָּ	הֻחְזַרְתֶּם	תֻּחְזַר	תֻּחְזְרוּ	מֻחְזֶרֶת
הֻחְזַרְתְּ	הֻחְזַרְתֶּן	תֻּחְזְרִי	תֻּחְזַרְנָה	(מֻחְזָרָה)
הֻחְזַר	הֻחְזְרוּ	יֻחְזַר	יֻחְזְרוּ	מֻחְזָרִים
הֻחְזְרָה		תֻּחְזַר	תֻּחְזַרְנָה	מֻחְזָרוֹת

Hitpa'el

VII – הִתְחַזֵּר – הִתְחַזֵּר to go back, to repeat itself: הִתְחַזֵּר, הִתְחַזֵּר

Past		*Future*		*Present*	*Imperative*	*Gerund*
הִתְחַזַּרְתִּי	הִתְחַזַּרְנוּ	אֶתְחַזֵּר	נִתְחַזֵּר	מִתְחַזֵּר	הִתְחַזֵּר	בְּהִתְחַזֵּר
הִתְחַזַּרְתָּ	הִתְחַזַּרְתֶּם	תִּתְחַזֵּר	תִּתְחַזְּרוּ	מִתְחַזֶּרֶת	הִתְחַזְּרִי	כְּהִתְחַזֵּר
הִתְחַזַּרְתְּ	הִתְחַזַּרְתֶּן	תִּתְחַזְּרִי	תִּתְחַזֵּרְנָה	(מִתְחַזְּרָה)	הִתְחַזְּרוּ	לְהִתְחַזֵּר
הִתְחַזֵּר	הִתְחַזְּרוּ	יִתְחַזֵּר	יִתְחַזְּרוּ	מִתְחַזְּרִים	הִתְחַזֵּרְנָה	מֵהִתְחַזֵּר
הִתְחַזְּרָה		תִּתְחַזֵּר	תִּתְחַזֵּרְנָה	מִתְחַזְּרוֹת		

חטא

Kal

I — חָטָא — חֲטָא to sin, to miss: **חֲטֹא, חָטֹא**

Past		*Future*		*Present*	*Imperative*	*Gerund*
חָטָאתִי	חָטָאנוּ	אֶחֱטָא	נֶחֱטָא	חוֹטֵא	חֲטָא	בַּחֲטֹא
חָטָאתָ	חֲטָאתֶם	תֶּחֱטָא	תֶּחֶטְאוּ	חוֹטֵאת	חִטְאִי	כַּחֲטֹא
חָטָאת	חֲטָאתֶן	תֶּחֶטְאִי	תֶּחֱטֶאנָה	(חוֹטְאָה)	חִטְאוּ	לַחֲטֹא
חָטָא	חָטְאוּ	יֶחֱטָא	יֶחֶטְאוּ	חוֹטְאִים	חֲטֶאנָה	מֵחֲטֹא
חָטְאָה		תֶּחֱטָא	תֶּחֱטֶאנָה	חוֹטְאוֹת		

Nif'al

II*—

* This root has not developed this form.

Pi'el

III — חִטֵּא — חַטֵּא to cleanse, disinfect: **חַטֵּא, חַטֵּא**

Past		*Future*		*Present*	*Imperative*	*Gerund*
חִטֵּאתִי	חִטֵּאנוּ	אֲחַטֵּא	נְחַטֵּא	מְחַטֵּא	חַטֵּא	בְּחַטֵּא
חִטֵּאתָ	חִטֵּאתֶם	תְּחַטֵּא	תְּחַטְּאוּ	מְחַטֵּאת	חַטְּאִי	כְּחַטֵּא
חִטֵּאת	חִטֵּאתֶן	תְּחַטְּאִי	תְּחַטֶּאנָה	(מְחַטְּאָה)	חַטְּאוּ	לְחַטֵּא
חִטֵּא	חִטְּאוּ	יְחַטֵּא	יְחַטְּאוּ	מְחַטְּאִים	חַטֶּאנָה	מֵחַטֵּא
חִטְּאָה		תְּחַטֵּא	תְּחַטֶּאנָה	מְחַטְּאוֹת		

Pu'al

IV — חֻטָּא — חֻטָּא to be cleansed, to be disinfected: **חֻטֹּא**

Past		*Future*		*Present*
חֻטֵּאתִי	חֻטֵּאנוּ	אֲחֻטָּא	נְחֻטָּא	מְחֻטָּא
חֻטֵּאתָ	חֻטֵּאתֶם	תְּחֻטָּא	תְּחֻטְּאוּ	מְחֻטֵּאת
חֻטֵּאת	חֻטֵּאתֶן	תְּחֻטְּאִי	תְּחֻטֶּאנָה	(מְחֻטָּאָה)
חֻטָּא	חֻטְּאוּ	יְחֻטָּא	יְחֻטְּאוּ	מְחֻטָּאִים
חֻטְּאָה		תְּחֻטָּא	תְּחֻטֶּאנָה	מְחֻטָּאוֹת

חטא

Hif'il

V – הֶחֱטִיא – הַחֲטֵא to cause to sin, to miss the mark: הַחֲטִיא, הַחֲטֵא

Past		*Future*		*Present*	*Imperative*	*Gerund*
הֶחֱטֵאתִי	הֶחֱטֵאנוּ	אַחֲטִיא	נַחֲטִיא	מַחֲטִיא	הַחֲטֵא	בְּהַחֲטִיא
הֶחֱטֵאתָ	הֶחֱטֵאתֶם	תַּחֲטִיא	תַּחֲטִיאוּ	מַחֲטֵאת	הַחֲטִיאִי	כְּהַחֲטִיא
הֶחֱטֵאת	הֶחֱטֵאתֶן	תַּחֲטִיאִי	תַּחֲטֶאנָה	(מַחֲטִיאָה)	הַחֲטִיאוּ	לְהַחֲטִיא
הֶחֱטִיא	הֶחֱטִיאוּ	יַחֲטִיא	יַחֲטִיאוּ	מַחֲטִיאִים	הַחֲטֶאנָה	מֵהַחֲטִיא
הֶחֱטִיאָה		תַּחְטִיא	תַּחֲטֶאנָה	מַחֲטִיאוֹת		

Hof'al

VI – הָחְטָא – הָחְטָא to be made to sin: הָחְטֵא

Past		*Future*		*Present*
הָחְטֵאתִי	הָחְטֵאנוּ	אָחְטָא	נָחְטָא	מָחְטָא
הָחְטֵאתָ	הָחְטֵאתֶם	תָּחְטָא	תָּחְטְאוּ	מָחְטֵאת
הָחְטֵאת	הָחְטֵאתֶן	תָּחְטְאִי	תָּחְטֶאנָה	(מָחְטָאָה)
הָחְטָא	הָחְטְאוּ	יָחְטָא	יָחְטְאוּ	מָחְטָאִים
הָחְטְאָה		תָּחְטָא	תָּחְטֶאנָה	מָחְטָאוֹת

Hitpa'el

VII – הִתְחַטֵּא – הִתְחַטֵּא to cleanse oneself, to importune: הִתְחַטֵּא, הִתְחַטֵּא

Past		*Future*		*Present*	*Imperative*	*Gerund*
הִתְחַטֵּאתִי	הִתְחַטֵּאנוּ	אֶתְחַטֵּא	נִתְחַטֵּא	מִתְחַטֵּא	הִתְחַטֵּא	בְּהִתְחַטֵּא
הִתְחַטֵּאתָ	הִתְחַטֵּאתֶם	תִּתְחַטֵּא	תִּתְחַטְּאוּ	מִתְחַטֵּאת	הִתְחַטְּאִי	כְּהִתְחַטֵּא
הִתְחַטֵּאת	הִתְחַטֵּאתֶן	תִּתְחַטְּאִי	תִּתְחַטֶּאנָה	(מִתְחַטְּאָה)	הִתְחַטְּאוּ	לְהִתְחַטֵּא
הִתְחַטֵּא	הִתְחַטְּאוּ	יִתְחַטֵּא	יִתְחַטְּאוּ	מִתְחַטְּאִים	הִתְחַטֶּאנָה	מֵהִתְחַטֵּא
הִתְחַטְּאָה		תִּתְחַטֵּא	תִּתְחַטֶּאנָה	מִתְחַטְּאוֹת		

חיה

Kal

I – חָיָה – חֲיֵה to live: **חֲיוֹת, חָיֹה**

Past		*Future*		*Present*	*Imperative*	*Gerund*
חָיִיתִי	חָיִינוּ	אֶחְיֶה	נִחְיֶה	חַי	חֲיֵה	בִּחְיוֹת
חָיִיתָ	חֲיִיתֶם	תִּחְיֶה	תִּחְיוּ	חַיָּה	חֲיִי	כִּחְיוֹת
חָיִית	חֲיִיתֶן	תִּחְיִי	תִּחְיֶינָה	חַיִּים	חֲיוּ	לִחְיוֹת
חָיָה	חָיוּ	יִחְיֶה	יִחְיוּ	חַיּוֹת	חֲיֶינָה	מִחְיוֹת
(חַי)		תִּחְיֶה	תִּחְיֶינָה			
חָיְתָה						

Nif'al

II*–

* This root has not developed this form.

Pi'el

III – חִיָּה – חַיֵּה to let live, to resurrect: **חַיּוֹת, חַיֵּה**

Past		*Future*		*Present*	*Imperative*	*Gerund*
חִיִּיתִי	חִיִּינוּ	אֲחַיֶּה	נְחַיֶּה	מְחַיֶּה	חַיֵּה	בְּחַיּוֹת
חִיִּיתָ	חִיִּיתֶם	תְּחַיֶּה	תְּחַיּוּ	מְחַיָּה	חַיִּי	כְּחַיּוֹת
חִיִּית	חִיִּיתֶן	תְּחַיִּי	תְּחַיֶּינָה	מְחַיִּים	חַיּוּ	לְחַיּוֹת
חִיָּה	חִיּוּ	יְחַיֶּה	יְחַיּוּ	מְחַיּוֹת	חַיֶּינָה	מֵחַיּוֹת
חִיְּתָה		תְּחַיֶּה	תְּחַיֶּינָה			

Pu'al

IV – חֻיָּה – חֻיֵּה to be allowed to live: **חֻיֹּה**

Past		*Future*		*Present*
חֻיֵּיתִי	חֻיֵּינוּ	אֲחֻיֶּה	נְחֻיֶּה	מְחֻיֶּה
חֻיֵּיתָ	חֻיֵּיתֶם	תְּחֻיֶּה	תְּחֻיּוּ	מְחֻיָּה
חֻיֵּית	חֻיֵּיתֶן	תְּחֻיִּי	תְּחֻיֶּינָה	מְחֻיִּים
חֻיָּה	חֻיּוּ	יְחֻיֶּה	יְחֻיּוּ	מְחֻיּוֹת
חֻיְּתָה		תְּחֻיֶּה	תְּחֻיֶּינָה	

חיה

Hif'il

V – הֶחֱיָה – הַחֲיֵה to revive: הַחֲיוֹת, הַחֲיֵה

Past		Future		Present	Imperative	Gerund
הֶחֱיֵיתִי	הֶחֱיֵינוּ	אַחֲיֶה	נַחֲיֶה	מַחֲיֶה	הַחֲיֵה	בְּהַחֲיוֹת
הֶחֱיֵיתָ	הֶחֱיֵיתֶם	תַּחֲיֶה	תַּחֲיוּ	מַחֲיָה	הַחֲיִי	כְּהַחֲיוֹת
הֶחֱיֵית	הֶחֱיֵיתֶן	תַּחֲיִי	תַּחֲיֶינָה	מַחֲיִים	הַחֲיוּ	לְהַחֲיוֹת
הֶחֱיָה	הֶחֱיוּ	יַחֲיֶה	יַחֲיוּ	מַחֲיוֹת	הַחֲיֶינָה	מֵהַחֲיוֹת
הֶחֶיְתָה		תַּחֲיֶה	תַּחֲיֶינָה			

Huf'al

VI – הָחֳיָה – הָחֳיֵה to be revived: הָחֳיֵה

Past		Future		Present
הָחֳיֵיתִי	הָחֳיֵינוּ	אָחֳיֶה	נָחֳיֶה	מָחֳיֶה
הָחֳיֵיתָ	הָחֳיֵיתֶם	תָּחֳיֶה	תָּחֳיוּ	מָחֳיָה
הָחֳיֵית	הָחֳיֵיתֶן	תָּחֳיִי	תָּחֳיֶינָה	מָחֳיִים
הָחֳיָה	הָחֳיוּ	יָחֳיֶה	יָחֳיוּ	מָחֳיוֹת
הָחָיְתָה		תָּחֳיֶה	תָּחֳיֶינָה	

Hitpa'el

VII – הִתְחַיָּה – הִתְחַיֵּה to get along, to make viable: הִתְחַיּוֹת, הִתְחַיֵּה

Past		Future		Present	Imperative	Gerund
הִתְחַיֵּיתִי	הִתְחַיֵּינוּ	אֶתְחַיֶּה	נִתְחַיֶּה	מִתְחַיֶּה	הִתְחַיֵּה	בְּהִתְחַיּוֹת
הִתְחַיֵּיתָ	הִתְחַיֵּיתֶם	תִּתְחַיֶּה	תִּתְחַיּוּ	מִתְחַיָּה	הִתְחַיִּי	כְּהִתְחַיּוֹת
הִתְחַיֵּית	הִתְחַיֵּיתֶן	תִּתְחַיִּי	תִּתְחַיֶּינָה	מִתְחַיִּים	הִתְחַיּוּ	לְהִתְחַיּוֹת
הִתְחַיָּה	הִתְחַיּוּ	יִתְחַיֶּה	יִתְחַיּוּ	מִתְחַיּוֹת	הִתְחַיֶּינָה	מֵהִתְחַיּוֹת
הִתְחַיְּתָה		תִּתְחַיֶּה	תִּתְחַיֶּינָה			

חכה

Kal

I*–

Nif'al

II*–

* This root has not developed this form.

Pi'el

III – חִכָּה – חַכֵּה to wait, to long for: **חַכּוֹת, חַכֵּה**

Past		*Future*		*Present*	*Imperative*	*Gerund*
חִכִּיתִי	חִכִּינוּ	אֲחַכֶּה	נְחַכֶּה	מְחַכֶּה	חַכֵּה	בְּחַכּוֹת
חִכִּיתָ	חִכִּיתֶם	תְּחַכֶּה	תְּחַכּוּ	מְחַכָּה	חַכִּי	כְּחַכּוֹת
חִכִּית	חִכִּיתֶן	תְּחַכִּי	תְּחַכֶּינָה	מְחַכִּים	חַכּוּ	לְחַכּוֹת
חִכָּה	חִכּוּ	יְחַכֶּה	יְחַכּוּ	מְחַכּוֹת	חַכֶּינָה	מֵחַכּוֹת
חִכְּתָה		תְּחַכֶּה	תְּחַכֶּינָה			

Pu'al

IV – חֻכָּה – חֻכֵּה to be awaited: **חֻכֹּה**

Past		*Future*		*Present*
חֻכֵּיתִי	חֻכִּינוּ	אֲחֻכֶּה	נְחֻכֶּה	מְחֻכֶּה
חֻכֵּיתָ	חֻכֵּיתֶם	תְּחֻכֶּה	תְּחֻכּוּ	מְחֻכָּה
חֻכֵּית	חֻכֵּיתֶן	תְּחֻכִּי	תְּחֻכֶּינָה	מְחֻכִּים
חֻכָּה	חֻכּוּ	יְחֻכֶּה	יְחֻכּוּ	מְחֻכּוֹת
חֻכְּתָה		תְּחֻכֶּה	תְּחֻכֶּינָה	

חכה

Hif'il

V*—

Huf'al

VI*—

Hitpa'el

VII*—

* This root has not developed this form.

חלה

Kal

I – חָלָה – חֲלֵה to be sick, weak: חֲלוֹת, חָלֹה

Past		*Future*		*Present*	*Imperative*	*Gerund*
חָלִיתִי	חָלִינוּ	אֶחֱלֶה	נֶחֱלֶה	חוֹלֶה	חֲלֵה	בַּחֲלוֹת
חָלִיתָ	חֲלִיתֶם	תֶּחֱלֶה	תֶּחֱלוּ	חוֹלָה	חֲלִי	כַּחֲלוֹת
חָלִית	חֲלִיתֶן	תֶּחֱלִי	תֶּחֱלֶינָה	חוֹלִים	חֲלוּ	לַחֲלוֹת
חָלָה	חָלוּ	יֶחֱלֶה	יֶחֱלוּ	חוֹלוֹת	חֲלֶינָה	מֵחֲלוֹת
חָלְתָה		תֶּחֱלֶה	תֶּחֱלֶינָה			

Nif'al

II – נֶחֱלָה – הֵחָלֵה to become sick, be diseased: הֵחָלוֹת, הֵחָלֵה

Past		*Future*		*Present*	*Imperative*	*Gerund*
נֶחֱלֵיתִי	נֶחֱלֵינוּ	אֵחָלֶה	נֵחָלֶה	נֶחֱלֶה	הֵחָלֵה	בְּהֵחָלוֹת
נֶחֱלֵיתָ	נֶחֱלֵיתֶם	תֵּחָלֶה	תֵּחָלוּ	נֶחֱלֵית	הֵחָלִי	כְּהֵחָלוֹת
נֶחֱלֵית	נֶחֱלֵיתֶן	תֵּחָלִי	תֵּחָלֶינָה	(נֶחֱלָה)	הֵחָלוּ	לְהֵחָלוֹת
נֶחֱלָה	נֶחֱלוּ	יֵחָלֶה	יֵחָלוּ	נֶחֱלִים	הֵחָלֶינָה	מֵהֵחָלוֹת
נֶחֱלְתָה		תֵּחָלֶה	תֵּחָלֶינָה	נֶחֱלוֹת		

Pi'el

III – חִלָּה – חַלֵּה to implore: חַלּוֹת, חַלֵּה

Past		*Future*		*Present*	*Imperative*	*Gerund*
חִלִּיתִי	חִלִּינוּ	אֲחַלֶּה	נְחַלֶּה	מְחַלֶּה	חַלֵּה	בְּחַלּוֹת
חִלִּיתָ	חִלִּיתֶם	תְּחַלֶּה	תְּחַלּוּ	מְחַלָּה	חַלִּי	כְּחַלּוֹת
חִלִּית	חִלִּיתֶן	תְּחַלִּי	תְּחַלֶּינָה	מְחַלִּים	חַלּוּ	לְחַלּוֹת
חִלָּה	חִלּוּ	יְחַלֶּה	יְחַלּוּ	מְחַלּוֹת	חַלֶּינָה	מֵחַלּוֹת
חִלְּתָה		תְּחַלֶּה	תְּחַלֶּינָה			

Pu'al

IV – חֻלָּה – חֻלָּה to be made weak: חֻלּוֹת, חֻלֹּה

Past		*Future*		*Present*
חֻלֵּיתִי	חֻלִּינוּ	אֲחֻלֶּה	נְחֻלֶּה	מְחֻלֶּה
חֻלֵּיתָ	חֻלֵּיתֶם	תְּחֻלֶּה	תְּחֻלּוּ	מְחֻלָּה
חֻלֵּית	חֻלֵּיתֶן	תְּחֻלִּי	תְּחֻלֶּינָה	מְחֻלִּים
חֻלָּה	חֻלּוּ	יְחֻלֶּה	יְחֻלּוּ	מְחֻלּוֹת
חֻלְּתָה		תְּחֻלֶּה	תְּחֻלֶּינָה	

חלה

Hif'il

V – הֶחֱלָה – הַחֲלֵה to make sick: הַחֲלוֹת, הַחֲלֵה

Past		Future		Present	Imperative	Gerund
הֶחֱלֵיתִי	הֶחֱלֵינוּ	אַחֲלֶה	נַחֲלֶה	מַחֲלֶה	הַחֲלֵה	בְּהַחֲלוֹת
הֶחֱלֵיתָ	הֶחֱלֵיתֶם	תַּחֲלֶה	תַּחֲלוּ	מַחֲלָה	הַחֲלִי	כְּהַחֲלוֹת
הֶחֱלֵית	הֶחֱלֵיתֶן	תַּחֲלִי	תַּחֲלֶינָה	מַחֲלִים	הַחֲלוּ	לְהַחֲלוֹת
הֶחֱלָה	הֶחֱלוּ	יַחֲלֶה	יַחֲלוּ	מַחֲלוֹת	הַחֲלֶינָה	מֵהַחֲלוֹת
הֶחֱלְתָה		תַּחֲלֶה	תַּחֲלֶינָה			

Huf'al

VI – הָחֳלָה – הָחֳלֵה to be made sick: הָחֳלֵה

Past		Future		Present
הָחֳלֵיתִי	הָחֳלֵינוּ	אָחֳלֶה	נָחֳלֶה	מָחֳלֶה
הָחֳלֵיתָ	הָחֳלֵיתֶם	תָּחֳלֶה	תָּחֳלוּ	מָחֳלֵית
הָחֳלֵית	הָחֳלֵיתֶן	תָּחֳלִי	תָּחֳלֶינָה	(מָחֳלָה)
הָחֳלָה	הָחֳלוּ	יָחֳלֶה	יָחֳלוּ	מָחֳלִים
הָחָלְתָה		תָּחֳלֶה	תָּחֳלֶינָה	מָחֳלוֹת

Hitpa'el

VII – הִתְחַלָה – הִתְחַלֵה to make oneself sick, to feign sickness: הִתְחַלוֹת, הִתְחַלֵה

Past		Future		Present	Imperative	Gerund
הִתְחַלֵיתִי	הִתְחַלֵינוּ	אֶתְחַלֶה	נִתְחַלֶה	מִתְחַלֶה	הִתְחַלֵה	בְּהִתְחַלוֹת
הִתְחַלֵיתָ	הִתְחַלֵיתֶם	תִּתְחַלֶה	תִּתְחַלוּ	מִתְחַלֵית	הִתְחַלִי	כְּהִתְחַלוֹת
הִתְחַלֵית	הִתְחַלֵיתֶן	תִּתְחַלִי	תִּתְחַלֶינָה	(מִתְחַלָה)	הִתְחַלוּ	לְהִתְחַלוֹת
הִתְחַלָה	הִתְחַלוּ	יִתְחַלֶה	יִתְחַלוּ	מִתְחַלִים	הִתְחַלֶינָה	מֵהִתְחַלוֹת
הִתְחַלְתָה		תִּתְחַלֶה	תִּתְחַלֶינָה	מִתְחַלוֹת		

חלם

Kal

I – חָלַם – חֲלֹם to dream: חֲלֹם, חָלֹם

Past		Future		Present	Imperative	Gerund
חָלַמְתִּי	חָלַמְנוּ	אֶחֱלֹם	נַחֲלֹם	חוֹלֵם	חֲלֹם	בַּחֲלֹם
חָלַמְתָּ	חֲלַמְתֶּם	תַּחֲלֹם	תַּחַלְמוּ	חוֹלֶמֶת	חִלְמִי	כַּחֲלֹם
חָלַמְתְּ	חֲלַמְתֶּן	תַּחַלְמִי	תַּחֲלֹמְנָה	(חוֹלְמָה)	חִלְמוּ	לַחֲלֹם
חָלַם	חָלְמוּ	יַחֲלֹם	יַחַלְמוּ	חוֹלְמִים	חֲלֹמְנָה	מֵחֲלֹם
חָלְמָה		תַּחֲלֹם	תַּחֲלֹמְנָה	חוֹלְמוֹת		

Nif'al

II*–

Pi'el

III*–

Pu'al

IV*–

* This root has not developed this form.

חלם

Hif'il

V – הֶחֱלִים – הַחֲלִים to make one well, to recuperate: הַחֲלִים, הַחֲלֵם

Past		Future		Present	Imperative	Gerund
הֶחֱלַמְתִּי	הֶחֱלַמְנוּ	אַחֲלִים	נַחֲלִים	מַחֲלִים	הַחֲלֵם	בְּהַחֲלִים
הֶחֱלַמְתָּ	הֶחֱלַמְתֶּם	תַּחֲלִים	תַּחֲלִימוּ	מַחֲלֶמֶת	הַחֲלִימִי	כְּהַחֲלִים
הֶחֱלַמְתְּ	הֶחֱלַמְתֶּן	תַּחֲלִימִי	תַּחֲלֵמְנָה	(מַחֲלִימָה)	הַחֲלִימוּ	לְהַחֲלִים
הֶחֱלִים	הֶחֱלִימוּ	יַחֲלִים	יַחֲלִימוּ	מַחֲלִימִים	הַחֲלֵמְנָה	מֵהַחֲלִים
הֶחֱלִימָה		תַּחֲלִים	תַּחֲלֵמְנָה	מַחֲלִימוֹת		

Huf'al

VI*–

Hitpa'el

VII*–

* This root has not developed this form.

חלף

Kal

I – חָלַף – חֲלֹף to pass, to pass away: חֲלֹף, חָלֹף

Past		*Future*		*Present*	*Imperative*	*Gerund*
חָלַפְתִּי	חָלַפְנוּ	אֶחֱלֹף	נַחֲלֹף	חוֹלֵף	חֲלֹף	בַּחֲלֹף
חָלַפְתָּ	חֲלַפְתֶּם	תַּחֲלֹף	תַּחַלְפוּ	חוֹלֶפֶת	חִלְפִי	כַּחֲלֹף
חָלַפְתְּ	חֲלַפְתֶּן	תַּחַלְפִי	תַּחֲלֹפְנָה	(חוֹלְפָה)	חִלְפוּ	לַחֲלֹף
חָלַף	חָלְפוּ	יַחֲלֹף	יַחַלְפוּ	חוֹלְפִים	חֲלֹפְנָה	מֵחֲלֹף
חָלְפָה		תַּחֲלֹף	תַּחֲלֹפְנָה	חוֹלְפוֹת		

Nif'al

II – נֶחֱלַף – הֵחָלֵף to be changed: הֵחָלֵף, הֵחָלֵף

Past		*Future*		*Present*	*Imperative*	*Gerund*
נֶחֱלַפְתִּי	נֶחֱלַפְנוּ	אֵחָלֵף	נֵחָלֵף	נֶחֱלָף	הֵחָלֵף	בְּהֵחָלֵף
נֶחֱלַפְתָּ	נֶחֱלַפְתֶּם	תֵּחָלֵף	תֵּחָלְפוּ	נֶחֱלֶפֶת	הֵחָלְפִי	כְּהֵחָלֵף
נֶחֱלַפְתְּ	נֶחֱלַפְתֶּן	תֵּחָלְפִי	תֵּחָלַפְנָה	(נֶחֱלָפָה)	הֵחָלְפוּ	לְהֵחָלֵף
נֶחֱלַף	נֶחֶלְפוּ	יֵחָלֵף	יֵחָלְפוּ	נֶחֱלָפִים	הֵחָלַפְנָה	מֵהֵחָלֵף
נֶחֶלְפָה		תֵּחָלֵף	תֵּחָלַפְנָה	נֶחֱלָפוֹת		

Pi'el

III – חִלֵּף – חַלֵּף to change: חַלֵּף, חַלֵּף

Past		*Future*		*Present*	*Imperative*	*Gerund*
חִלַּפְתִּי	חִלַּפְנוּ	אֲחַלֵּף	נְחַלֵּף	מְחַלֵּף	חַלֵּף	בְּחַלֵּף
חִלַּפְתָּ	חִלַּפְתֶּם	תְּחַלֵּף	תְּחַלְּפוּ	מְחַלֶּפֶת	חַלְּפִי	כְּחַלֵּף
חִלַּפְתְּ	חִלַּפְתֶּן	תְּחַלְּפִי	תְּחַלֵּפְנָה	מְחַלְּפִים	חַלְּפוּ	לְחַלֵּף
חִלֵּף	חִלְּפוּ	יְחַלֵּף	יְחַלְּפוּ	מְחַלְּפוֹת	חַלֵּפְנָה	מֵחַלֵּף
חִלְּפָה		תְּחַלֵּף	תְּחַלֵּפְנָה			

Pu'al

IV – חֻלַּף – חֻלַּף to be changed, to be altered: חֻלֹּף

Past		*Future*		*Present*
חֻלַּפְתִּי	חֻלַּפְנוּ	אֲחֻלַּף	נְחֻלַּף	מְחֻלָּף
חֻלַּפְתָּ	חֻלַּפְתֶּם	תְּחֻלַּף	תְּחֻלְּפוּ	מְחֻלֶּפֶת
חֻלַּפְתְּ	חֻלַּפְתֶּן	תְּחֻלְּפִי	תְּחֻלַּפְנָה	(מְחֻלָּפָה)
חֻלַּף	חֻלְּפוּ	יְחֻלַּף	יְחֻלְּפוּ	מְחֻלָּפִים
חֻלְּפָה		תְּחֻלַּף	תְּחֻלַּפְנָה	מְחֻלָּפוֹת

חלף

Hif'il

V – הֶחֱלִיף – הַחֲלִיף to substitute, replace: הַחֲלִיף, הַחֲלֵף

Past		Future		Present	Imperative	Gerund
הֶחֱלַפְתִּי	הֶחֱלַפְנוּ	אַחֲלִיף	נַחֲלִיף	מַחֲלִיף	הַחֲלֵף	בְּהַחֲלִיף
הֶחֱלַפְתָּ	הֶחֱלַפְתֶּם	תַּחֲלִיף	תַּחֲלִיפוּ	מַחֲלֶפֶת	הַחֲלִיפִי	כְּהַחֲלִיף
הֶחֱלַפְתְּ	הֶחֱלַפְתֶּן	תַּחֲלִיפִי	תַּחֲלֵפְנָה	(מַחֲלִיפָה)	הַחֲלִיפוּ	לְהַחֲלִיף
הֶחֱלִיף	הֶחֱלִיפוּ	יַחֲלִיף	יַחֲלִיפוּ	מַחֲלִיפִים	הַחֲלֵפְנָה	מֵהַחֲלִיף
הֶחֱלִיפָה		תַּחֲלִיף	תַּחֲלֵפְנָה	מַחֲלִיפוֹת		

Huf'al

VI – הָחֳלַף – הָחֳלַף to be reversed: הָחֳלֵף

Past		Future		Present
הָחֳלַפְתִּי	הָחֳלַפְנוּ	אָחֳלַף	נָחֳלַף	מָחֳלָף
הָחֳלַפְתָּ	הָחֳלַפְתֶּם	תָּחֳלַף	תָּחָלְפוּ	מָחֳלֶפֶת
הָחֳלַפְתְּ	הָחֳלַפְתֶּן	תָּחָלְפִי	תָּחֳלַפְנָה	(מָחֳלָפָה)
הָחֳלַף	הָחָלְפוּ	יָחֳלַף	יָחָלְפוּ	מָחֳלָפִים
הָחָלְפָה		תָּחֳלַף	תָּחֳלַפְנָה	מָחֳלָפוֹת

Hitpa'el

VII – הִתְחַלֵּף – הִתְחַלֵּף to exchange, to be changed: הִתְחַלֵּף, הִתְחַלֵּף

Past		Future		Present	Imperative	Gerund
הִתְחַלַּפְתִּי	הִתְחַלַּפְנוּ	אֶתְחַלֵּף	נִתְחַלֵּף	מִתְחַלֵּף	הִתְחַלֵּף	בְּהִתְחַלֵּף
הִתְחַלַּפְתָּ	הִתְחַלַּפְתֶּם	תִּתְחַלֵּף	תִּתְחַלְּפוּ	מִתְחַלֶּפֶת	הִתְחַלְּפִי	כְּהִתְחַלֵּף
הִתְחַלַּפְתְּ	הִתְחַלַּפְתֶּן	תִּתְחַלְּפִי	תִּתְחַלֵּפְנָה	(מִתְחַלְּפָה)	הִתְחַלְּפוּ	לְהִתְחַלֵּף
הִתְחַלֵּף	הִתְחַלְּפוּ	יִתְחַלֵּף	יִתְחַלְּפוּ	מִתְחַלְּפִים	הִתְחַלֵּפְנָה	מֵהִתְחַלֵּף
הִתְחַלְּפָה		תִּתְחַלֵּף	תִּתְחַלֵּפְנָה	מִתְחַלְּפוֹת		

Nitpa'el: Passive Past — נִתְחַלַּפְתִּי נִתְחַלַּפְתָּ נִתְחַלַּפְתְּ נִתְחַלֵּף נִתְחַלְּפָה etc.

חלק

Kal

I – חָלַק – חֲלֹק to divide, to apportion: חֲלֹק, חָלֹק

Past		Future		Present	Passive Present	Imperative	Gerund
חָלַקְתִּי	חָלַקְנוּ	אֶחֱלֹק	נַחֲלֹק	חוֹלֵק	חָלוּק	חֲלֹק	בַּחֲלֹק
חָלַקְתָּ	חֲלַקְתֶּם	תַּחֲלֹק	תַּחַלְקוּ	חוֹלֶקֶת	חֲלוּקָה	חִלְקִי	כַּחֲלֹק
חָלַקְתְּ	חֲלַקְתֶּן	תַּחַלְקִי	תַּחֲלֹקְנָה	(חוֹלְקָה)	חֲלוּקִים	חִלְקוּ	לַחֲלֹק
חָלַק	חָלְקוּ	יַחֲלֹק	יַחַלְקוּ	חוֹלְקִים	חֲלוּקוֹת	חֲלֹקְנָה	מֵחֲלֹק
חָלְקָה		תַּחֲלֹק	תַּחֲלֹקְנָה	חוֹלְקוֹת			

Nif'al

II – נֶחֱלַק, הֵחָלֵק to differ: הֵחָלֵק, הֵחָלֵק

Past		Future		Present	Imperative	Gerund
נֶחֱלַקְתִּי	נֶחֱלַקְנוּ	אֵחָלֵק	נֵחָלֵק	נֶחֱלָק	הֵחָלֵק	בְּהֵחָלֵק
נֶחֱלַקְתָּ	נֶחֱלַקְתֶּם	תֵּחָלֵק	תֵּחָלְקוּ	נֶחֱלֶקֶת	הֵחָלְקִי	כְּהֵחָלֵק
נֶחֱלַקְתְּ	נֶחֱלַקְתֶּן	תֵּחָלְקִי	תֵּחָלַקְנָה	(נֶחֱלָקָה)	הֵחָלְקוּ	לְהֵחָלֵק
נֶחֱלַק	נֶחֶלְקוּ	יֵחָלֵק	יֵחָלְקוּ	נֶחֱלָקִים	הֵחָלַקְנָה	מֵהֵחָלֵק
נֶחֶלְקָה		תֵּחָלֵק	תֵּחָלַקְנָה	נֶחֱלָקוֹת		

Pi'el

III – חִלֵּק – חַלֵּק to distribute: חַלֵּק, חַלֵּק

Past		Future		Present	Imperative	Gerund
חִלַּקְתִּי	חִלַּקְנוּ	אֲחַלֵּק	נְחַלֵּק	מְחַלֵּק	חַלֵּק	בְּחַלֵּק
חִלַּקְתָּ	חִלַּקְתֶּם	תְּחַלֵּק	תְּחַלְּקוּ	מְחַלֶּקֶת	חַלְּקִי	כְּחַלֵּק
חִלַּקְתְּ	חִלַּקְתֶּן	תְּחַלְּקִי	תְּחַלֵּקְנָה	(מְחַלְּקָה)	חַלְּקוּ	לְחַלֵּק
חִלֵּק	חִלְּקוּ	יְחַלֵּק	יְחַלְּקוּ	מְחַלְּקִים	חַלֵּקְנָה	מֵחַלֵּק
חִלְּקָה		תְּחַלֵּק	תְּחַלֵּקְנָה	מְחַלְּקוֹת		

Pu'al

IV – חֻלַּק – חֻלַּק to be divided, distributed: חֻלֹּק

Past		Future		Present
חֻלַּקְתִּי	חֻלַּקְנוּ	אֲחֻלַּק	נְחֻלַּק	מְחֻלָּק
חֻלַּקְתָּ	חֻלַּקְתֶּם	תְּחֻלַּק	תְּחֻלְּקוּ	מְחֻלֶּקֶת
חֻלַּקְתְּ	חֻלַּקְתֶּן	תְּחֻלְּקִי	תְּחֻלַּקְנָה	(מְחֻלָּקָה)
חֻלַּק	חֻלְּקוּ	יְחֻלַּק	יְחֻלְּקוּ	מְחֻלָּקִים
חֻלְּקָה		תְּחֻלַּק	תְּחֻלַּקְנָה	מְחֻלָּקוֹת

חלק

Hif'il

V – הֶחֱלִיק – הַחֲלֵק to be smooth, to flatter: הַחֲלִיק, הַחֲלֵק

Past		*Future*		*Present*	*Imperative*	*Gerund*
הֶחֱלַקְתִּי	הֶחֱלַקְנוּ	אַחֲלִיק	נַחֲלִיק	מַחֲלִיק	הַחֲלֵק	בְּהַחֲלִיק
הֶחֱלַקְתָּ	הֶחֱלַקְתֶּם	תַּחֲלִיק	תַּחֲלִיקוּ	מַחֲלֶקֶת	הַחֲלִיקִי	כְּהַחֲלִיק
הֶחֱלַקְתְּ	הֶחֱלַקְתֶּן	תַּחֲלִיקִי	תַּחֲלֵקְנָה	(מַחֲלִיקָה)	הַחֲלִיקוּ	לְהַחֲלִיק
הֶחֱלִיק	הֶחֱלִיקוּ	יַחֲלִיק	יַחֲלִיקוּ	מַחֲלִיקִים	הַחֲלֵקְנָה	מֵהַחֲלִיק
הֶחֱלִיקָה		תַּחֲלִיק	תַּחֲלֵקְנָה	מַחֲלִיקוֹת		

Huf'al

VI – הָחֳלַק – הָחֳלַק to be smoothed, to fall: הָחֳלַק

Past		*Future*		*Present*
הָחֳלַקְתִּי	הָחֳלַקְנוּ	אָחֳלַק	נָחֳלַק	מָחֳלָק
הָחֳלַקְתָּ	הָחֳלַקְתֶּם	תָּחֳלַק	תָּחָלְקוּ	מָחֳלֶקֶת
הָחֳלַקְתְּ	הָחֳלַקְתֶּן	תָּחָלְקִי	תָּחֳלַקְנָה	(מָחֳלָקָה)
הָחֳלַק	הָחָלְקוּ	יָחֳלַק	יָחָלְקוּ	מָחֳלָקִים
הָחָלְקָה		תָּחֳלַק	תָּחֳלַקְנָה	מָחֳלָקוֹת

Hitpa'el

VII – הִתְחַלֵּק – הִתְחַלֵּק to be divided, to slide, glide: הִתְחַלֵּק, הִתְחַלֵּק

Past		*Future*		*Present*	*Imperative*	*Gerund*
הִתְחַלַּקְתִּי	הִתְחַלַּקְנוּ	אֶתְחַלֵּק	נִתְחַלֵּק	מִתְחַלֵּק	הִתְחַלֵּק	בְּהִתְחַלֵּק
הִתְחַלַּקְתָּ	הִתְחַלַּקְתֶּם	תִּתְחַלֵּק	תִּתְחַלְּקוּ	מִתְחַלֶּקֶת	הִתְחַלְּקִי	כְּהִתְחַלֵּק
הִתְחַלַּקְתְּ	הִתְחַלַּקְתֶּן	תִּתְחַלְּקִי	תִּתְחַלֵּקְנָה	(מִתְחַלְּקָה)	הִתְחַלְּקוּ	לְהִתְחַלֵּק
הִתְחַלֵּק	הִתְחַלְּקוּ	יִתְחַלֵּק	יִתְחַלְּקוּ	מִתְחַלְּקִים	הִתְחַלֵּקְנָה	מֵהִתְחַלֵּק
הִתְחַלְּקָה		תִּתְחַלֵּק	תִּתְחַלֵּקְנָה	מִתְחַלְּקוֹת		

חמד

Kal

I – חָמַד – חֲמֹד to desire, to covet: **חֲמֹד, חָמֹד**

Past		*Future*		*Present*	*Passive Present*	*Imperative*	*Gerund*
חָמַדְתִּי	חָמַדְנוּ	אֶחְמֹד	נַחְמֹד	חוֹמֵד	חָמוּד	חֲמֹד	בַּחֲמֹד
חָמַדְתָּ	חֲמַדְתֶּם	תַּחְמֹד	תַּחְמְדוּ	חוֹמֶדֶת	חֲמוּדָה	חִמְדִי	כַּחֲמֹד
חָמַדְתְּ	חֲמַדְתֶּן	תַּחְמְדִי	תַּחְמֹדְנָה	(חוֹמְדָה)	חֲמוּדִים	חִמְדוּ	לַחֲמֹד
חָמַד	חָמְדוּ	יַחְמֹד	יַחְמְדוּ	חוֹמְדִים	חֲמוּדוֹת	חֲמֹדְנָה	מֵחֲמֹד
חָמְדָה		תַּחְמֹד	תַּחְמֹדְנָה	חוֹמְדוֹת			

Nif'al

II – נֶחְמַד – הֵחָמֵד to be desired, or desirable: **הֵחָמֵד, הֵחָמֵד**

Past		*Future*		*Present*	*Imperative*	*Gerund*
נֶחְמַדְתִּי	נֶחְמַדְנוּ	אֵחָמֵד	נֵחָמֵד	נֶחְמָד	הֵחָמֵד	בְּהֵחָמֵד
נֶחְמַדְתָּ	נֶחְמַדְתֶּם	תֵּחָמֵד	תֵּחָמְדוּ	נֶחְמָדָה	הֵחָמְדִי	כְּהֵחָמֵד
נֶחְמַדְתְּ	נֶחְמַדְתֶּן	תֵּחָמְדִי	תֵּחָמַדְנָה	(נֶחְמֶדֶת)	הֵחָמְדוּ	לְהֵחָמֵד
נֶחְמַד	נֶחְמְדוּ	יֵחָמֵד	יֵחָמְדוּ	נֶחְמָדִים	הֵחָמַדְנָה	מֵהֵחָמֵד
נֶחְמְדָה		תֵּחָמֵד	תֵּחָמַדְנָה	נֶחְמָדוֹת		

Pi'el

III – חִמֵּד – חַמֵּד to desire greatly: **חַמֵּד, חַמֵּד**

Past		*Future*		*Present*	*Imperative*	*Gerund*
חִמַּדְתִּי	חִמַּדְנוּ	אֲחַמֵּד	נְחַמֵּד	מְחַמֵּד	חַמֵּד	בְּחַמֵּד
חִמַּדְתָּ	חִמַּדְתֶּם	תְּחַמֵּד	תְּחַמְּדוּ	מְחַמֶּדֶת	חַמְּדִי	כְּחַמֵּד
חִמַּדְתְּ	חִמַּדְתֶּן	תְּחַמְּדִי	תְּחַמֵּדְנָה	(מְחַמְּדָה)	חַמְּדוּ	לְחַמֵּד
חִמֵּד	חִמְּדוּ	יְחַמֵּד	יְחַמְּדוּ	מְחַמְּדִים	חַמֵּדְנָה	מֵחַמֵּד
חִמְּדָה		תְּחַמֵּד	תְּחַמֵּדְנָה	מְחַמְּדוֹת		

Pu'al

IV*–

* This root has not developed this form.

חמד

Hif'il

V – הֶחְמִיד – הַחְמִיד הַחְמִיד, הַחְמֵד to make desirable, to make lovely: הַחְמִיד, הַחְמֵד

Past		*Future*		*Present*	*Imperative*	*Gerund*
הֶחְמַדְתִּי	הֶחְמַדְנוּ	אַחְמִיד	נַחְמִיד	מַחְמִיד	הַחְמֵד	בְּהַחְמִיד
הֶחְמַדְתָּ	הֶחְמַדְתֶּם	תַּחְמִיד	תַּחְמִידוּ	מַחְמִידָה	הַחְמִידִי	כְּהַחְמִיד
הֶחְמַדְתְּ	הֶחְמַדְתֶּן	תַּחְמִידִי	תַּחְמֵדְנָה	(מַחְמֶדֶת)	הַחְמִידוּ	לְהַחְמִיד
הֶחְמִיד	הֶחְמִידוּ	יַחְמִיד	יַחְמִידוּ	מַחְמִידִים	הַחְמֵדְנָה	מֵהַחְמִיד
הֶחְמִידָה		תַּחְמִיד	תַּחְמֵדְנָה	מַחְמִידוֹת		

Hu'fal

VI*–

* This root has not developed this form.

Hitpa'el

VII – הִתְחַמֵּד – הִתְחַמֵּד to conceive a desire, to long for: הִתְחַמֵּד, הִתְחַמֵּד

Past		*Future*		*Present*	*Imperative*	*Gerund*
הִתְחַמַּדְתִּי	הִתְחַמַּדְנוּ	אֶתְחַמֵּד	נִתְחַמֵּד	מִתְחַמֵּד	הִתְחַמֵּד	בְּהִתְחַמֵּד
הִתְחַמַּדְתָּ	הִתְחַמַּדְתֶּם	תִּתְחַמֵּד	תִּתְחַמְּדוּ	מִתְחַמֶּדֶת	הִתְחַמְּדִי	כְּהִתְחַמֵּד
הִתְחַמַּדְתְּ	הִתְחַמַּדְתֶּן	תִּתְחַמְּדִי	תִּתְחַמֵּדְנָה	(מִתְחַמְּדָה)	הִתְחַמְּדוּ	לְהִתְחַמֵּד
הִתְחַמֵּד	הִתְחַמְּדוּ	יִתְחַמֵּד	יִתְחַמְּדוּ	מִתְחַמְּדִים	הִתְחַמֵּדְנָה	מֵהִתְחַמֵּד
הִתְחַמְּדָה		תִּתְחַמֵּד	תִּתְחַמֵּדְנָה	מִתְחַמְּדוֹת		

חסר

Kal

I – חֲסַר – חָסַר to lack, to diminish: חֲסֹר, חָסֹר

Past		Future		Present	Imperative	Gerund
חָסַרְתִּי	חָסַרְנוּ	אֶחְסַר	נֶחְסַר	חָסֵר	חֲסַר	בַּחֲסֹר
חָסַרְתָּ	חֲסַרְתֶּם	תֶּחְסַר	תֶּחְסְרוּ	חֲסֵרָה	חִסְרִי	כַּחֲסֹר
חָסַרְתְּ	חֲסַרְתֶּן	תֶּחְסְרִי	תֶּחְסַרְנָה	חֲסֵרִים	חִסְרוּ	לַחֲסֹר
חָסֵר	חָסְרוּ	יֶחְסַר	יֶחְסְרוּ	חֲסֵרוֹת	חֲסַרְנָה	מֵחֲסֹר
חָסְרָה		תֶּחְסַר	תֶּחְסַרְנָה			

Nif'al

II – הֵחָסֵר – נֶחְסַר to be lessened: הֵחָסֵר, הֵחָסֵר

Past		Future		Present	Imperative	Gerund
נֶחְסַרְתִּי	נֶחְסַרְנוּ	אֵחָסֵר	נֵחָסֵר	נֶחְסָר	הֵחָסֵר	בְּהֵחָסֵר
נֶחְסַרְתָּ	נֶחְסַרְתֶּם	תֵּחָסֵר	תֵּחָסְרוּ	נֶחְסֶרֶת	הֵחָסְרִי	כְּהֵחָסֵר
נֶחְסַרְתְּ	נֶחְסַרְתֶּן	תֵּחָסְרִי	תֵּחָסַרְנָה	(נֶחְסָרָה)	הֵחָסְרוּ	לְהֵחָסֵר
נֶחְסַר	נֶחְסְרוּ	יֵחָסֵר	יֵחָסְרוּ	נֶחְסָרִים	הֵחָסַרְנָה	מֵהֵחָסֵר
נֶחְסְרָה		תֵּחָסֵר	תֵּחָסַרְנָה	נֶחְסָרוֹת		

Pi'el

III – חַסֵּר – חִסֵּר to deprive, to subtract: חַסֵּר, חַסֵּר

Past		Future		Present	Imperative	Gerund
חִסַּרְתִּי	חִסַּרְנוּ	אֲחַסֵּר	נְחַסֵּר	מְחַסֵּר	חַסֵּר	בְּחַסֵּר
חִסַּרְתָּ	חִסַּרְתֶּם	תְּחַסֵּר	תְּחַסְּרוּ	מְחַסֶּרֶת	חַסְּרִי	כְּחַסֵּר
חִסַּרְתְּ	חִסַּרְתֶּן	תְּחַסְּרִי	תְּחַסֵּרְנָה	(מְחַסְּרָה)	חַסְּרוּ	לְחַסֵּר
חִסֵּר	חִסְּרוּ	יְחַסֵּר	יְחַסְּרוּ	מְחַסְּרִים	חַסֵּרְנָה	מֵחַסֵּר
חִסְּרָה		תְּחַסֵּר	תְּחַסֵּרְנָה	מְחַסְּרוֹת		

Pu'al

IV – חֻסַּר – חֻסַּר to be lacking, to be without: חֻסֹּר

Past		Future		Present
חֻסַּרְתִּי	חֻסַּרְנוּ	אֲחֻסַּר	נְחֻסַּר	מְחֻסָּר
חֻסַּרְתָּ	חֻסַּרְתֶּם	תְּחֻסַּר	תְּחֻסְּרוּ	מְחֻסֶּרֶת
חֻסַּרְתְּ	חֻסַּרְתֶּן	תְּחֻסְּרִי	תְּחֻסַּרְנָה	(מְחֻסָּרָה)
חֻסַּר	חֻסְּרוּ	יְחֻסַּר	יְחֻסְּרוּ	מְחֻסָּרִים
חֻסְּרָה		תְּחֻסַּר	תְּחֻסַּרְנָה	מְחֻסָּרוֹת

חסר

Hif'il

V – הֶחְסִיר – הַחְסִיר to omit, to cause to fail: הַחְסִיר, הַחְסֵר

Past		Future		Present	Imperative	Gerund
הֶחְסַרְתִּי	הֶחְסַרְנוּ	אַחְסִיר	נַחְסִיר	מַחְסִיר	הַחְסֵר	בְּהַחְסִיר
הֶחְסַרְתָּ	הֶחְסַרְתֶּם	תַּחְסִיר	תַּחְסִירוּ	מַחְסִירָה	הַחְסִירִי	כְּהַחְסִיר
הֶחְסַרְתְּ	הֶחְסַרְתֶּן	תַּחְסִירִי	תַּחְסֵרְנָה	(מַחְסֶרֶת)	הַחְסִירוּ	לְהַחְסִיר
הֶחְסִיר	הֶחְסִירוּ	יַחְסִיר	יַחְסִירוּ	מַחְסִירִים	הַחְסֵרְנָה	מֵהַחְסִיר
הֶחְסִירָה		תַּחְסִיר	תַּחְסֵרְנָה	מַחְסִירוֹת		

Huf'al

VI – הֻחְסַר – הֻחְסַר to be omitted, to be deprived: הֻחְסֵר

Past		Future		Present
הֻחְסַרְתִּי	הֻחְסַרְנוּ	אֻחְסַר	נֻחְסַר	מֻחְסָר
הֻחְסַרְתָּ	הֻחְסַרְתֶּם	תֻּחְסַר	תֻּחְסְרוּ	מֻחְסֶרֶת
הֻחְסַרְתְּ	הֻחְסַרְתֶּן	תֻּחְסְרִי	תֻּחְסַרְנָה	(מֻחְסָרָה)
הֻחְסַר	הֻחְסְרוּ	יֻחְסַר	יֻחְסְרוּ	מֻחְסָרִים
הֻחְסְרָה		תֻּחְסַר	תֻּחְסַרְנָה	מֻחְסָרוֹת

Hitpa'el

VII – הִתְחַסֵּר – הִתְחַסֵּר to grow less, to be reduced: הִתְחַסֵּר, הִתְחַסֵּר

Past		Future		Present	Imperative	Gerund
הִתְחַסַּרְתִּי	הִתְחַסַּרְנוּ	אֶתְחַסֵּר	נִתְחַסֵּר	מִתְחַסֵּר	הִתְחַסֵּר	בְּהִתְחַסֵּר
הִתְחַסַּרְתָּ	הִתְחַסַּרְתֶּם	תִּתְחַסֵּר	תִּתְחַסְּרוּ	מִתְחַסֶּרֶת	הִתְחַסְּרִי	כְּהִתְחַסֵּר
הִתְחַסַּרְתְּ	הִתְחַסַּרְתֶּן	תִּתְחַסְּרִי	תִּתְחַסֵּרְנָה	(מִתְחַסְּרָה)	הִתְחַסְּרוּ	לְהִתְחַסֵּר
הִתְחַסֵּר	הִתְחַסְּרוּ	יִתְחַסֵּר	יִתְחַסְּרוּ	מִתְחַסְּרִים	הִתְחַסֵּרְנָה	מֵהִתְחַסֵּר
הִתְחַסְּרָה		תִּתְחַסֵּר	תִּתְחַסֵּרְנָה	מִתְחַסְּרוֹת		

חפש

Kal

I – חָפַשׂ – חֲפֹשׂ to search: חֲפֹשׂ, חָפֹשׂ

Past		*Future*		*Present*	*Imperative*	*Gerund*
חָפַשְׂתִּי	חָפַשְׂנוּ	אֶחְפֹּשׂ	נַחְפֹּשׂ	חוֹפֵשׂ	חֲפֹשׂ	בַּחֲפֹשׂ
חָפַשְׂתָּ	חֲפַשְׂתֶּם	תַּחְפֹּשׂ	תַּחְפְּשׂוּ	חוֹפֶשֶׂת	חִפְשִׂי	כַּחֲפֹשׂ
חָפַשְׂתְּ	חֲפַשְׂתֶּן	תַּחְפְּשִׂי	תַּחְפֹּשְׂנָה	(חוֹפְשָׂה)	חִפְשׂוּ	לַחֲפֹשׂ
חָפַשׂ	חָפְשׂוּ	יַחְפֹּשׂ	יַחְפְּשׂוּ	חוֹפְשִׂים	חֲפֹשְׂנָה	מֵחֲפֹשׂ
חָפְשָׂה		תַּחְפֹּשׂ	תַּחְפֹּשְׂנָה	חוֹפְשׂוֹת		

Nif'al

II – נֶחְפַּשׂ – הֵחָפֵשׂ to be searched: הֵחָפֵשׂ, הֵחָפֵשׂ

Past		*Future*		*Present*	*Imperative*	*Gerund*
נֶחְפַּשְׂתִּי	נֶחְפַּשְׂנוּ	אֵחָפֵשׂ	נֵחָפֵשׂ	נֶחְפָּשׂ	הֵחָפֵשׂ	בְּהֵחָפֵשׂ
נֶחְפַּשְׂתָּ	נֶחְפַּשְׂתֶּם	תֵּחָפֵשׂ	תֵּחָפְשׂוּ	נֶחְפֶּשֶׂת	הֵחָפְשִׂי	כְּהֵחָפֵשׂ
נֶחְפַּשְׂתְּ	נֶחְפַּשְׂתֶּן	תֵּחָפְשִׂי	תֵּחָפַשְׂנָה	(נֶחְפָּשָׂה)	הֵחָפְשׂוּ	לְהֵחָפֵשׂ
נֶחְפַּשׂ	נֶחְפְּשׂוּ	יֵחָפֵשׂ	יֵחָפְשׂוּ	נֶחְפָּשִׂים	הֵחָפַשְׂנָה	מֵהֵחָפֵשׂ
נֶחְפְּשָׂה		תֵּחָפֵשׂ	תֵּחָפַשְׂנָה	נֶחְפָּשׂוֹת		

Pi'el

III – חִפֵּשׂ – חַפֵּשׂ to search, to investigate: חַפֵּשׂ, חַפֵּשׂ

Past		*Future*		*Present*	*Imperaitve*	*Gerund*
חִפַּשְׂתִּי	חִפַּשְׂנוּ	אֲחַפֵּשׂ	נְחַפֵּשׂ	מְחַפֵּשׂ	חַפֵּשׂ	בְּחַפֵּשׂ
חִפַּשְׂתָּ	חִפַּשְׂתֶּם	תְּחַפֵּשׂ	תְּחַפְּשׂוּ	מְחַפֶּשֶׂת	חַפְּשִׂי	כְּחַפֵּשׂ
חִפַּשְׂתְּ	חִפַּשְׂתֶּן	תְּחַפְּשִׂי	תְּחַפֵּשְׂנָה	(מְחַפְּשָׂה)	חַפְּשׂוּ	לְחַפֵּשׂ
חִפֵּשׂ	חִפְּשׂוּ	יְחַפֵּשׂ	יְחַפְּשׂוּ	מְחַפְּשִׂים	חַפֵּשְׂנָה	מֵחַפֵּשׂ
חִפְּשָׂה		תְּחַפֵּשׂ	תְּחַפֵּשְׂנָה	מְחַפְּשׂוֹת		

Pu'al

IV – חֻפַּשׂ – חֻפַּשׂ to be searched, to be investigated: חֻפֹּשׂ

Past		*Future*		*Present*
חֻפַּשְׂתִּי	חֻפַּשְׂנוּ	אֲחֻפַּשׂ	נְחֻפַּשׂ	מְחֻפָּשׂ
חֻפַּשְׂתָּ	חֻפַּשְׂתֶּם	תְּחֻפַּשׂ	תְּחֻפְּשׂוּ	מְחֻפֶּשֶׂת
חֻפַּשְׂתְּ	חֻפַּשְׂתֶּן	תְּחֻפְּשִׂי	תְּחֻפַּשְׂנָה	(מְחֻפָּשָׂה)
חֻפַּשׂ	חֻפְּשׂוּ	יְחֻפַּשׂ	יְחֻפְּשׂוּ	מְחֻפָּשִׂים
חֻפְּשָׂה		תְּחֻפַּשׂ	תְּחֻפַּשְׂנָה	מְחֻפָּשׂוֹת

חפש

Hif'il

V*–

Huf'al

VI*–

* This root has not developed this form.

Hitpa'el

VII – הִתְחַפֵּשׂ – הִתְחַפֵּשׂ to disguise oneself: **הִתְחַפֵּשׂ, הִתְחַפֵּשׂ**

Past		*Future*		*Present*	*Imperative*	*Gerund*
הִתְחַפַּשְׂתִּי	הִתְחַפַּשְׂנוּ	אֶתְחַפֵּשׂ	נִתְחַפֵּשׂ	מִתְחַפֵּשׂ	הִתְחַפֵּשׂ	בְּהִתְחַפֵּשׂ
הִתְחַפַּשְׂתָּ	הִתְחַפַּשְׂתֶּם	תִּתְחַפֵּשׂ	תִּתְחַפְּשׂוּ	מִתְחַפֶּשֶׂת	הִתְחַפְּשִׂי	כְּהִתְחַפֵּשׂ
הִתְחַפַּשְׂתְּ	הִתְחַפַּשְׂתֶּן	תִּתְחַפְּשִׂי	תִּתְחַפֵּשְׂנָה	(מִתְחַפְּשָׂה)	הִתְחַפְּשׂוּ	לְהִתְחַפֵּשׂ
הִתְחַפֵּשׂ	הִתְחַפְּשׂוּ	יִתְחַפֵּשׂ	יִתְחַפְּשׂוּ	מִתְחַפְּשִׂים	הִתְחַפֵּשְׂנָה	מֵהִתְחַפֵּשׂ
הִתְחַפְּשָׂה		תִּתְחַפֵּשׂ	תִּתְחַפֵּשְׂנָה	מִתְחַפְּשׂוֹת		

חקר

Kal

I – חָקַר – חֲקֹר to search, to examine, explore: **חֲקֹר, חָקֹר**

Past		*Future*		*Present*	*Imperative*	*Gerund*
חָקַרְתִּי	חָקַרְנוּ	אֶחְקֹר	נַחְקֹר	חוֹקֵר	חֲקֹר	בַּחֲקֹר
חָקַרְתָּ	חֲקַרְתֶּם	תַּחְקֹר	תַּחְקְרוּ	חוֹקֶרֶת	חִקְרִי	כַּחֲקֹר
חָקַרְתְּ	חֲקַרְתֶּן	תַּחְקְרִי	תַּחְקֹרְנָה	(חוֹקְרָה)	חִקְרוּ	לַחֲקֹר
חָקַר	חָקְרוּ	יַחְקֹר	יַחְקְרוּ	חוֹקְרִים	חֲקֹרְנָה	מֵחֲקֹר
חָקְרָה		תַּחְקֹר	תַּחְקֹרְנָה	חוֹקְרוֹת		

Nif'al

II – נֶחְקַר – הֵחָקֵר to be searched, be examined: **הֵחָקֵר, הֵחָקֵר**

Past		*Future*		*Present*	*Imperative*	*Gerund*
נֶחְקַרְתִּי	נֶחְקַרְנוּ	אֵחָקֵר	נֵחָקֵר	נֶחְקָר	הֵחָקֵר	בְּהֵחָקֵר
נֶחְקַרְתָּ	נֶחְקַרְתֶּם	תֵּחָקֵר	תֵּחָקְרוּ	נֶחְקֶרֶת	הֵחָקְרִי	כְּהֵחָקֵר
נֶחְקַרְתְּ	נֶחְקַרְתֶּן	תֵּחָקְרִי	תֵּחָקַרְנָה	(נֶחְקָרָה)	הֵחָקְרוּ	לְהֵחָקֵר
נֶחְקַר	נֶחְקְרוּ	יֵחָקֵר	יֵחָקְרוּ	נֶחְקָרִים	הֵחָקַרְנָה	מֵהֵחָקֵר
נֶחְקְרָה		תֵּחָקֵר	תֵּחָקַרְנָה	נֶחְקָרוֹת		

Pi'el

III – חִקֵּר – חַקֵּר to investigate, to carry on research: **חַקֵּר, חַקֵּר**

Past		*Future*		*Present*	*Imperative*	*Gerund*
חִקַּרְתִּי	חִקַּרְנוּ	אֲחַקֵּר	נְחַקֵּר	מְחַקֵּר	חַקֵּר	בְּחַקֵּר
חִקַּרְתָּ	חִקַּרְתֶּם	תְּחַקֵּר	תְּחַקְּרוּ	מְחַקֶּרֶת	חַקְּרִי	כְּחַקֵּר
חִקַּרְתְּ	חִקַּרְתֶּן	תְּחַקְּרִי	תְּחַקֵּרְנָה	(מְחַקְּרָה)	חַקְּרוּ	לְחַקֵּר
חִקֵּר	חִקְּרוּ	יְחַקֵּר	יְחַקְּרוּ	מְחַקְּרִים	חַקֵּרְנָה	מֵחַקֵּר
חִקְּרָה		תְּחַקֵּר	תְּחַקֵּרְנָה	מְחַקְּרוֹת		

Pu'al

IV*–

* This root has not developed this form.

חקר

Hif'il

V – הֶחְקִיר – הַחְקִיר to examine, investigate: **הַחְקִיר, הַחְקֵר**

Past		Future		Present	Imperative	Gerund
הֶחְקַרְתִּי	הֶחְקַרְנוּ	אַחְקִיר	נַחְקִיר	מַחְקִיר	הַחְקֵר	בְּהַחְקִיר
הֶחְקַרְתָּ	הֶחְקַרְתֶּם	תַּחְקִיר	תַּחְקִירוּ	מַחְקֶרֶת	הַחְקִירִי	כְּהַחְקִיר
הֶחְקַרְתְּ	הֶחְקַרְתֶּן	תַּחְקִירִי	תַּחְקֵרְנָה	(מַחְקִירָה)	הַחְקִירוּ	לְהַחְקִיר
הֶחְקִיר	הֶחְקִירוּ	יַחְקִיר	יַחְקִירוּ	מַחְקִירִים	הַחְקֵרְנָה	מֵהַחְקִיר
הֶחְקִירָה		תַּחְקִיר	תַּחְקֵרְנָח	מַחְקִירוֹת		

Huf'al

VI*–

* This root has not developed this form.

Hitpa'el

VII – הִתְחַקֵּר – הִתְחַקֵּר to be investigated, to be researched: **הִתְחַקֵּר, הִתְחַקֵּר**

Past		Future		Present	Imperative	Gerund
הִתְחַקַּרְתִּי	הִתְחַקַּרְנוּ	אֶתְחַקֵּר	נִתְחַקֵּר	מִתְחַקֵּר	הִתְחַקֵּר	בְּהִתְחַקֵּר
הִתְחַקַּרְתָּ	הִתְחַקַּרְתֶּם	תִּתְחַקֵּר	תִּתְחַקְּרוּ	מִתְחַקֶּרֶת	הִתְחַקְּרִי	כְּהִתְחַקֵּר
הִתְחַקַּרְתְּ	הִתְחַקַּרְתֶּן	תִּתְחַקְּרִי	תִּתְחַקֵּרְנָה	(מִתְחַקְּרָה)	הִתְחַקְּרוּ	לְהִתְחַקֵּר
הִתְחַקֵּר	הִתְחַקְּרוּ	יִתְחַקֵּר	יִתְחַקְּרוּ	מִתְחַקְּרִים	הִתְחַקֵּרְנָה	מֵהִתְחַקֵּר
הִתְחַקְּרָה		תִּתְחַקֵּר	תִּתְחַקֵּרְנָה	מִתְחַקְּרוֹת		

חשב

Kal

I – חָשֹׁב – חָשַׁב   to think, to intend: חָשֹׁב, חָשַׁב

Past		Future		Present	Passive Present	Imperative	Gerund
חָשַׁבְתִּי	חָשַׁבְנוּ	אֶחְשֹׁב	נַחְשֹׁב	חוֹשֵׁב	חָשׁוּב	חֲשֹׁב	בַּחְשֹׁב
חָשַׁבְתָּ	חֲשַׁבְתֶּם	תַּחְשֹׁב	תַּחְשְׁבוּ	חוֹשֶׁבֶת	חֲשׁוּבָה	חִשְׁבִי	כַּחְשֹׁב
חָשַׁבְתְּ	חֲשַׁבְתֶּן	תַּחְשְׁבִי	תַּחְשֹׁבְנָה	חוֹשְׁבִים	חֲשׁוּבִים	חִשְׁבוּ	לַחְשֹׁב
חָשַׁב	חָשְׁבוּ	יַחְשֹׁב	יַחְשְׁבוּ	חוֹשְׁבוֹת	חֲשׁוּבוֹת	חֲשֹׁבְנָה	מֵחְשֹׁב
חָשְׁבָה		תַּחְשֹׁב	תַּחְשֹׁבְנָה				

Nif‘al

II – נֶחְשַׁב – הֵחָשֵׁב   to be thought, to be esteemed: הֵחָשֵׁב, הֶחְשֵׁב

Past		Future		Present	Imperative	Gerund
נֶחְשַׁבְתִּי	נֶחְשַׁבְנוּ	אֵחָשֵׁב	נֵחָשֵׁב	נֶחְשָׁב	הֵחָשֵׁב	בְּהֵחָשֵׁב
נֶחְשַׁבְתָּ	נֶחְשַׁבְתֶּם	תֵּחָשֵׁב	תֵּחָשְׁבוּ	נֶחְשֶׁבֶת	הֵחָשְׁבִי	כְּהֵחָשֵׁב
נֶחְשַׁבְתְּ	נֶחְשַׁבְתֶּן	תֵּחָשְׁבִי	תֵּחָשַׁבְנָה	(נֶחְשָׁבָה)	הֵחָשְׁבוּ	לְהֵחָשֵׁב
נֶחְשַׁב	נֶחְשְׁבוּ	יֵחָשֵׁב	יֵחָשְׁבוּ	נֶחְשָׁבִים	הֵחָשַׁבְנָה	מֵהֵחָשֵׁב
נֶחְשְׁבָה		תֵּחָשֵׁב	תֵּחָשַׁבְנָה	נֶחְשָׁבוֹת		

Pi‘el

III – חִשֵּׁב – חַשֵּׁב   to calculate: חַשֵּׁב, חִשֵּׁב

Past		Future		Present	Imperative	Gerund
חִשַּׁבְתִּי	חִשַּׁבְנוּ	אֲחַשֵּׁב	נְחַשֵּׁב	מְחַשֵּׁב	חַשֵּׁב	בְּחַשֵּׁב
חִשַּׁבְתָּ	חִשַּׁבְתֶּם	תְּחַשֵּׁב	תְּחַשְּׁבוּ	מְחַשֶּׁבֶת	חַשְּׁבִי	כְּחַשֵּׁב
חִשַּׁבְתְּ	חִשַּׁבְתֶּן	תְּחַשְּׁבִי	תְּחַשֵּׁבְנָה	(מְחַשְּׁבָה)	חַשְּׁבוּ	לְחַשֵּׁב
חִשֵּׁב	חִשְּׁבוּ	יְחַשֵּׁב	יְחַשְּׁבוּ	מְחַשְּׁבִים	חַשֵּׁבְנָה	מֵחַשֵּׁב
חִשְּׁבָה		תְּחַשֵּׁב	תְּחַשֵּׁבְנָה	מְחַשְּׁבוֹת		

Pu‘al

IV – חֻשַּׁב – חֻשַּׁב   to be reckoned, to be imagined: חֻשַּׁב

Past		Future		Present
חֻשַּׁבְתִּי	חֻשַּׁבְנוּ	אֲחֻשַּׁב	נְחֻשַּׁב	מְחֻשָּׁב
חֻשַּׁבְתָּ	חֻשַּׁבְתֶּם	תְּחֻשַּׁב	תְּחֻשְּׁבוּ	מְחֻשֶּׁבֶת
חֻשַּׁבְתְּ	חֻשַּׁבְתֶּן	תְּחֻשְּׁבִי	תְּחֻשַּׁבְנָה	(מְחֻשָּׁבָה)
חֻשַּׁב	חֻשְּׁבוּ	יְחֻשַּׁב	יְחֻשְּׁבוּ	מְחֻשָּׁבִים
חֻשְּׁבָה		תְּחֻשַּׁב	תְּחֻשַּׁבְנָה	מְחֻשָּׁבוֹת

חשב

Hif'il

V – הֶחֱשִׁיב – הַחֲשִׁיב to esteem: **הַחֲשִׁיב, הַחֲשֵׁב**

Past		Future		Present	Imperative	Gerund
הֶחֱשַׁבְתִּי	הֶחֱשַׁבְנוּ	אַחֲשִׁיב	נַחֲשִׁיב	מַחֲשִׁיב	הַחֲשֵׁב	בְּהַחֲשִׁיב
הֶחֱשַׁבְתָּ	הֶחֱשַׁבְתֶּם	תַּחֲשִׁיב	תַּחֲשִׁיבוּ	מַחֲשֶׁבֶת	הַחֲשִׁיבִי	כְּהַחֲשִׁיב
הֶחֱשַׁבְתְּ	הֶחֱשַׁבְתֶּן	תַּחֲשִׁיבִי	תַּחֲשֵׁבְנָה	(מַחֲשִׁיבָה)	הַחֲשִׁיבוּ	לְהַחֲשִׁיב
הֶחֱשִׁיב	הֶחֱשִׁיבוּ	יַחֲשִׁיב	יַחֲשִׁיבוּ	מַחֲשִׁיבִים	הַחֲשֵׁבְנָה	מֵהַחֲשִׁיב
הֶחֱשִׁיבָה		תַּחֲשִׁיב	תַּחֲשֵׁבְנָה	מַחֲשִׁיבוֹת		

Huf'al

VI – הָחֳשַׁב – הָחֳשַׁב to be esteemed: **הָחֳשֵׁב**

Past		Future		Present
הָחֳשַׁבְתִּי	הָחֳשַׁבְנוּ	אָחֳשַׁב	נָחֳשַׁב	מָחֳשָׁב
הָחֳשַׁבְתָּ	הָחֳשַׁבְתֶּם	תָּחֳשַׁב	תָּחָשְׁבוּ	מָחֳשֶׁבֶת
הָחֳשַׁבְתְּ	הָחֳשַׁבְתֶּן	תָּחָשְׁבִי	תָּחֳשַׁבְנָה	(מָחֳשָׁבָה)
הָחֳשַׁב	הָחָשְׁבוּ	יָחֳשַׁב	יָחָשְׁבוּ	מָחֳשָׁבִים
הָחָשְׁבָה		תָּחֳשַׁב	תָּחֳשַׁבְנָה	מָחֳשָׁבוֹת

Hitpa'el

VII – הִתְחַשֵּׁב – הִתְחַשֵּׁב to reckon, to take into account: **הִתְחַשֵּׁב, הִתְחַשֵּׁב**

Past		Future		Present	Imperative	Gerund
הִתְחַשַּׁבְתִּי	הִתְחַשַּׁבְנוּ	אֶתְחַשֵּׁב	נִתְחַשֵּׁב	מִתְחַשֵּׁב	הִתְחַשֵּׁב	בְּהִתְחַשֵּׁב
הִתְחַשַּׁבְתָּ	הִתְחַשַּׁבְתֶּם	תִּתְחַשֵּׁב	תִּתְחַשְּׁבוּ	מִתְחַשֶּׁבֶת	הִתְחַשְּׁבִי	כְּהִתְחַשֵּׁב
הִתְחַשַּׁבְתְּ	הִתְחַשַּׁבְתֶּן	תִּתְחַשְּׁבִי	תִּתְחַשֵּׁבְנָה	(מִתְחַשְּׁבָה)	הִתְחַשְּׁבוּ	לְהִתְחַשֵּׁב
הִתְחַשֵּׁב	הִתְחַשְּׁבוּ	יִתְחַשֵּׁב	יִתְחַשְּׁבוּ	מִתְחַשְּׁבִים	הִתְחַשֵּׁבְנָה	מֵהִתְחַשֵּׁב
הִתְחַשְּׁבָה		תִּתְחַשֵּׁב	תִּתְחַשֵּׁבְנָה	מִתְחַשְּׁבוֹת		

חתך

Kal

I – חָתַךְ – חֲתֹךְ to cut, to decide, to intersect: חֲתֹךְ, חָתֹךְ

Past		*Future*		*Present*	*Passive Present*	*Imperative*	*Gerund*
חָתַכְתִּי	חָתַכְנוּ	אֶחְתֹּךְ	נַחְתֹּךְ	חוֹתֵךְ	חָתוּךְ	חֲתֹךְ	בַּחֲתֹךְ
חָתַכְתָּ	חֲתַכְתֶּם	תַּחְתֹּךְ	תַּחְתְּכוּ	חוֹתֶכֶת	חֲתוּכָה	חִתְכִי	כַּחֲתֹךְ
חָתַכְתְּ	חֲתַכְתֶּן	תַּחְתְּכִי	תַּחְתֹּכְנָה	חוֹתְכִים	חֲתוּכִים	חִתְכוּ	לַחֲתֹךְ
חָתַךְ	חָתְכוּ	יַחְתֹּךְ	יַחְתְּכוּ	חוֹתְכוֹת	חֲתוּכוֹת	חֲתֹכְנָה	מֵחֲתֹךְ
חָתְכָה		תַּחְתֹּךְ	תַּחְתֹּכְנָה				

Nif'al

II – נֶחְתַּךְ – הֵחָתֵךְ to be decided, to be cut: הֵחָתֵךְ, הֵחָתֵךְ

Past		*Future*		*Present*	*Imperative*	*Gerund*
נֶחְתַּכְתִּי	נֶחְתַּכְנוּ	אֵחָתֵךְ	נֵחָתֵךְ	נֶחְתָּךְ	הֵחָתֵךְ	בְּהֵחָתֵךְ
נֶחְתַּכְתָּ	נֶחְתַּכְתֶּם	תֵּחָתֵךְ	תֵּחָתְכוּ	נֶחְתֶּכֶת	הֵחָתְכִי	כְּהֵחָתֵךְ
נֶחְתַּכְתְּ	נֶחְתַּכְתֶּן	תֵּחָתְכִי	תֵּחָתַכְנָה	(נֶחְתָּכָה)	הֵחָתְכוּ	לְהֵחָתֵךְ
נֶחְתַּךְ	נֶחְתְּכוּ	יֵחָתֵךְ	יֵחָתְכוּ	נֶחְתָּכִים	הֵחָתַכְנָה	מֵהֵחָתֵךְ
נֶחְתְּכָה		תֵּחָתֵךְ	תֵּחָתַכְנָה	נֶחְתָּכוֹת		

Pi'el

III – חִתֵּךְ – חַתֵּךְ to cut up, to articulate: חַתֵּךְ, חַתֵּךְ

Past		*Future*		*Present*	*Imperative*	*Gerund*
חִתַּכְתִּי	חִתַּכְנוּ	אֲחַתֵּךְ	נְחַתֵּךְ	מְחַתֵּךְ	חַתֵּךְ	בְּחַתֵּךְ
חִתַּכְתָּ	חִתַּכְתֶּם	תְּחַתֵּךְ	תְּחַתְּכוּ	מְחַתֶּכֶת	חַתְּכִי	כְּחַתֵּךְ
חִתַּכְתְּ	חִתַּכְתֶּן	תְּחַתְּכִי	תְּחַתֵּכְנָה	(מְחַתְּכָה)	חַתְּכוּ	לְחַתֵּךְ
חִתֵּךְ	חִתְּכוּ	יְחַתֵּךְ	יְחַתְּכוּ	מְחַתְּכִים	חַתֵּכְנָה	מֵחַתֵּךְ
חִתְּכָה		תְּחַתֵּךְ	תְּחַתֵּכְנָה	מְחַתְּכוֹת		

Pu'al

IV – חֻתַּךְ – חֻתַּךְ to be cut up: חֻתֹּךְ

Past		*Future*		*Present*
חֻתַּכְתִּי	חֻתַּכְנוּ	אֲחֻתַּךְ	נְחֻתַּךְ	מְחֻתָּךְ
חֻתַּכְתָּ	חֻתַּכְתֶּם	תְּחֻתַּךְ	תְּחֻתְּכוּ	מְחֻתֶּכֶת
חֻתַּכְתְּ	חֻתַּכְתֶּן	תְּחֻתְּכִי	תְּחֻתַּכְנָה	(מְחֻתָּכָה)
חֻתַּךְ	חֻתְּכוּ	יְחֻתַּךְ	יְחֻתְּכוּ	מְחֻתָּכִים
חֻתְּכָה		תְּחֻתַּךְ	תְּחֻתַּכְנָה	מְחֻתָּכוֹת

חתך

Hif'il

V*—

Huf'al

VI*—

* This root has not developed this form.

Hitpa'el

VII — הִתְחַתֵּךְ — הִתְחַתֵּךְ to intersect, to be cut up: **הִתְחַתֵּךְ, הִתְחַתֵּךְ**

Past		*Future*		*Present*	*Imperative*	*Gerund*
הִתְחַתַּכְתִּי	הִתְחַתַּכְנוּ	אֶתְחַתֵּךְ	נִתְחַתֵּךְ	מִתְחַתֵּךְ	הִתְחַתֵּךְ	בְּהִתְחַתֵּךְ
הִתְחַתַּכְתָּ	הִתְחַתַּכְתֶּם	תִּתְחַתֵּךְ	תִּתְחַתְּכוּ	מִתְחַתֶּכֶת	הִתְחַתְּכִי	כְּהִתְחַתֵּךְ
הִתְחַתַּכְתְּ	הִתְחַתַּכְתֶּן	תִּתְחַתְּכִי	תִּתְחַתֵּכְנָה	(מִתְחַתְּכָה)	הִתְחַתְּכוּ	לְהִתְחַתֵּךְ
הִתְחַתֵּךְ	הִתְחַתְּכוּ	יִתְחַתֵּךְ	יִתְחַתְּכוּ	מִתְחַתְּכִים	הִתְחַתֵּכְנָה	מֵהִתְחַתֵּךְ
הִתְחַתְּכָה		תִּתְחַתֵּךְ	תִּתְחַתֵּכְנָה	מִתְחַתְּכוֹת		

טיל

Kal

I*–

Nif'al

II*–

Pi'el

III – טִיֵּל – טַיֵּל to go for a walk, to promenade: טַיֵּל, טַיֵּל

Past		Future		Present	Imperative	Gerund
טִיַּלְתִּי	טִיַּלְנוּ	אֲטַיֵּל	נְטַיֵּל	מְטַיֵּל	טַיֵּל	בְּטַיֵּל
טִיַּלְתָּ	טִיַּלְתֶּם	תְּטַיֵּל	תְּטַיְּלוּ	מְטַיֶּלֶת	טַיְּלִי	כְּטַיֵּל
טִיַּלְתְּ	טִיַּלְתֶּן	תְּטַיְּלִי	תְּטַיֵּלְנָה	(מְטַיְּלָה)	טַיְּלוּ	לְטַיֵּל
טִיֵּל	טִיְּלוּ	יְטַיֵּל	יְטַיְּלוּ	מְטַיְּלִים	טַיֵּלְנָה	מִטַיֵּל
טִיְּלָה		תְּטַיֵּל	תְּטַיֵּלְנָה	מְטַיְּלוֹת		

Pu'al

IV*–

* This root has not developed this form.

טיל

Hif'il

V – הֵטִיל – הָטִיל to cast, to throw: **הָטִיל, הָטֵל**

Past		Future		Present	Imperative	Gerund
הֵטַלְתִּי	הֵטַלְנוּ	אָטִיל	נָטִיל	מֵטִיל	הָטֵל	בְּהָטִיל
הֵטַלְתָּ	הֲטַלְתֶּם	תָּטִיל	תָּטִילוּ	מְטִילָה	הָטִילִי	כְּהָטִיל
הֵטַלְתְּ	הֲטַלְתֶּן	תָּטִילִי	תָּטֵלְנָה	מְטִילִים	הָטִילוּ	לְהָטִיל
הֵטִיל	הֵטִילוּ	יָטִיל	יָטִילוּ	מְטִילוֹת	הָטֵלְנָה	מֵהָטִיל
הֵטִילָה		תָּטִיל	תָּטֵלְנָה			

Huf'al

VI – הוּטַל – הוּטַל to be thrown, to be cast: **הוּטֵל, הָטֵל**

Past		Future		Present
הוּטַלְתִּי	הוּטַלְנוּ	אוּטַל	נוּטַל	מוּטָל
הוּטַלְתָּ	הוּטַלְתֶּם	תּוּטַל	תּוּטְלוּ	מוּטֶלֶת
הוּטַלְתְּ	הוּטַלְתֶּן	תּוּטְלִי	תּוּטַלְנָה	(מוּטָלָה)
הוּטַל	הוּטְלוּ	יוּטַל	יוּטְלוּ	מוּטָלִים
הוּטְלָה		תּוּטַל	תּוּטַלְנָה	מוּטָלוֹת

Hitpa'el

VII – הִטַּיֵּל – הִטַּיֵּל to walk about: **הִטַּיֵּל, הִטַּיֵּל**

Past		Future		Present	Imperative	Gerund
הִטַּיַּלְתִּי	הִטַּיַּלְנוּ	אֲטַיֵּל	נִטַּיֵּל	מִטַּיֵּל	הִטַּיֵּל	בְּהִטַּיֵּל
הִטַּיַּלְתָּ	הִטַּיַּלְתֶּם	תִּטַּיֵּל	תִּטַּיְּלוּ	מִטַּיֶּלֶת	הִטַּיְּלִי	כְּהִטַּיֵּל
הִטַּיַּלְתְּ	הִטַּיַּלְתֶּן	תִּטַּיְּלִי	תִּטַּיֵּלְנָה	(מִטַּיְּלָה)	הִטַּיְּלוּ	לְהִטַּיֵּל
הִטַּיֵּל	הִטַּיְּלוּ	יִטַּיֵּל	יִטַּיְּלוּ	מִטַּיְּלִים	הִטַּיֵּלְנָה	מֵהִטַּיֵּל
הִטַּיְּלָה		תִּטַּיֵּל	תִּטַּיֵּלְנָה	מִטַּיְּלוֹת		

טען

Kal

I – טָעַן – טְעַן to load, to claim, to argue: טְעֹן, טָעֹן

Past		Future		Present	Passive Present	Imperative	Gerund
טָעַנְתִּי	טָעַנּוּ	אֶטְעַן	נִטְעַן	טוֹעֵן	טָעוּן	טְעַן	בִּטְעֹן
טָעַנְתָּ	טְעַנְתֶּם	תִּטְעַן	תִּטְעֲנוּ	טוֹעֶנֶת	טְעוּנָה	טַעֲנִי	כִּטְעֹן
טָעַנְתְּ	טְעַנְתֶּן	תִּטְעֲנִי	תִּטְעַנָּה	(טוֹעֲנָה)	טְעוּנִים	טַעֲנוּ	לִטְעֹן
טָעַן	טָעֲנוּ	יִטְעַן	יִטְעֲנוּ	טוֹעֲנִים	טְעוּנוֹת	טְעַנָּה	מִטְעֹן
טָעֲנָה		תִּטְעַן	תִּטְעַנָּה	טוֹעֲנוֹת			

Nif'al

II – נִטְעַן – הִטָּעֵן to be loaded, to be sued, to be a defendent: הִטָּעֵן, הִטָּעֵן

Past		Future		Present	Imperative	Gerund
נִטְעַנְתִּי	נִטְעַנּוּ	אֶטָּעֵן	נִטָּעֵן	נִטְעָן	הִטָּעֵן	בְּהִטָּעֵן
נִטְעַנְתָּ	נִטְעַנְתֶּם	תִּטָּעֵן	תִּטָּעֲנוּ	נִטְעֶנֶת	הִטָּעֲנִי	כְּהִטָּעֵן
נִטְעַנְתְּ	נִטְעַנְתֶּן	תִּטָּעֲנִי	תִּטָּעַנָּה	(נִטְעָנָה)	הִטָּעֲנוּ	לְהִטָּעֵן
נִטְעַן	נִטְעֲנוּ	יִטָּעֵן	יִטָּעֲנוּ	נִטְעָנִים	הִטָּעַנָּה	מֵהִטָּעֵן
נִטְעֲנָה		תִּטָּעֵן	תִּטָּעַנָּה	נִטְעָנוֹת		

Pi'el

III – טִעֵן – טַעֵן to pierce, to plead: טַעֵן, טַעֵן

Past		Future		Present	Imperative	Gerund
טִעַנְתִּי	טִעַנּוּ	אֲטַעֵן	נְטַעֵן	מְטַעֵן	טַעֵן	בְּטַעֵן
טִעַנְתָּ	טִעַנְתֶּם	תְּטַעֵן	תְּטַעֲנוּ	מְטַעֶנֶת	טַעֲנִי	כְּטַעֵן
טִעַנְתְּ	טִעַנְתֶּן	תְּטַעֲנִי	תְּטַעֵנָּה	מְטַעֲנִים	טַעֲנוּ	לְטַעֵן
טִעֵן	טִעֲנוּ	יְטַעֵן	יְטַעֲנוּ	מְטַעֲנוֹת	טַעֵנָּה	מְטַעֵן
טִעֲנָה		תְּטַעֵן	תְּטַעֵנָּה			

Pu'al

IV – טֹעַן – טֹעַן to be pierced: טֹעֹן

Past		Future		Present
טֹעַנְתִּי	טֹעַנּוּ	אֲטֹעַן	נְטֹעַן	מְטֹעָן
טֹעַנְתָּ	טֹעַנְתֶּם	תְּטֹעַן	תְּטֹעֲנוּ	מְטֹעֶנֶת
טֹעַנְתְּ	טֹעַנְתֶּן	תְּטֹעֲנִי	תְּטֹעַנָּה	(מְטֹעָנָה)
טֹעַן	טֹעֲנוּ	יְטֹעַן	יְטֹעֲנוּ	מְטֹעָנִים
טֹעֲנָה		תְּטֹעַן	תְּטֹעַנָּה	מְטֹעָנוֹת

טען

Hif'il

V – הִטְעִין – הַטְעִין to load, to burden: **הַטְעִין, הַטְעֵן**

Past		*Future*		*Present*	*Imperative*	*Gerund*
הִטְעַנְתִּי	הִטְעַנּוּ	אַטְעִין	נַטְעִין	מַטְעִין	הַטְעֵן	בְּהַטְעִין
הִטְעַנְתָּ	הִטְעַנְתֶּם	תַּטְעִין	תַּטְעִינוּ	מַטְעֶנֶת	הַטְעִינִי	כְּהַטְעִין
הִטְעַנְתְּ	הִטְעַנְתֶּן	תַּטְעִינִי	תַּטְעֵנָּה	(מַטְעִינָה)	הַטְעִינוּ	לְהַטְעִין
הִטְעִין	הִטְעִינוּ	יַטְעִין	יַטְעִינוּ	מַטְעִינִים	הַטְעֵנָּה	מֵהַטְעִין
הִטְעִינָה		תַּטְעִין	תַּטְעֵנָּה	מַטְעִינוֹת		

Huf'al

VI – הֻטְעַן – הֻטְעַן to be burdened, to be loaded: **הֻטְעֵן**

Past		*Future*		*Present*
הֻטְעַנְתִּי	הֻטְעַנּוּ	אֻטְעַן	נֻטְעַן	מֻטְעָן
הֻטְעַנְתָּ	הֻטְעַנְתֶּם	תֻּטְעַן	תֻּטְעֲנוּ	מֻטְעֶנֶת
הֻטְעַנְתְּ	הֻטְעַנְתֶּן	תֻּטְעֲנִי	תֻּטְעַנָּה	(מֻטְעָנָה)
הֻטְעַן	הֻטְעֲנוּ	יֻטְעַן	יֻטְעֲנוּ	מֻטְעָנִים
הֻטְעֲנָה		תֻּטְעַן	תֻּטְעַנָּה	מֻטְעָנוֹת

Hitpa'el

VII*–

* This root has not developed this form.

טפל

Kal

I – טָפַל – טְפֹל to impute, to be subordinate: **טְפֹל, טָפֹל**

Past		Future		Present	Passive Present	Imperative	Gerund
טָפַלְתִּי	טָפַלְנוּ	אֶטְפֹּל	נִטְפֹּל	טוֹפֵל	טָפֵל	טְפֹל	בִּטְפֹּל
טָפַלְתָּ	טְפַלְתֶּם	תִּטְפֹּל	תִּטְפְּלוּ	טוֹפֶלֶת	טְפֵלָה	טִפְלִי	כִּטְפֹּל
טָפַלְתְּ	טְפַלְתֶּן	תִּטְפְּלִי	תִּטְפֹּלְנָה	(טוֹפְלָה)	טְפֵלִים	טִפְלוּ	לִטְפֹּל
טָפַל	טָפְלוּ	יִטְפֹּל	יִטְפְּלוּ	טוֹפְלִים	טְפֵלוֹת	טְפֹלְנָה	מִטְפֹּל
טָפְלָה		תִּטְפֹּל	תִּטְפֹּלְנָה	טוֹפְלוֹת			

Nif'al

II – נִטְפַּל – הִטָּפֵל to attach oneself, to join: **הִטָּפֵל, הִטָּפֵל**

Past		Future		Present	Imperative	Gerund
נִטְפַּלְתִּי	נִטְפַּלְנוּ	אֶטָּפֵל	נִטָּפֵל	נִטְפָּל	הִטָּפֵל	בְּהִטָּפֵל
נִטְפַּלְתָּ	נִטְפַּלְתֶּם	תִּטָּפֵל	תִּטָּפְלוּ	נִטְפֶּלֶת	הִטָּפְלִי	כְּהִטָּפֵל
נִטְפַּלְתְּ	נִטְפַּלְתֶּן	תִּטָּפְלִי	תִּטָּפַלְנָה	(נִטְפָּלָה)	הִטָּפְלוּ	לְהִטָּפֵל
נִטְפַּל	נִטְפְּלוּ	יִטָּפֵל	יִטָּפְלוּ	נִטְפָּלִים	הִטָּפַלְנָה	מֵהִטָּפֵל
נִטְפְּלָה		תִּטָּפֵל	תִּטָּפַלְנָה	נִטְפָּלוֹת		

Pi'el

III – טִפֵּל – טַפֵּל to busy oneself, to bother: **טַפֵּל, טַפֵּל**

Past		Future		Present	Imperative	Gerund
טִפַּלְתִּי	טִפַּלְנוּ	אֲטַפֵּל	נְטַפֵּל	מְטַפֵּל	טַפֵּל	בְּטַפֵּל
טִפַּלְתָּ	טִפַּלְתֶּם	תְּטַפֵּל	תְּטַפְּלוּ	מְטַפֶּלֶת	טַפְּלִי	כְּטַפֵּל
טִפַּלְתְּ	טִפַּלְתֶּן	תְּטַפְּלִי	תְּטַפֵּלְנָה	(מְטַפְּלָה)	טַפְּלוּ	לְטַפֵּל
טִפֵּל	טִפְּלוּ	יְטַפֵּל	יְטַפְּלוּ	מְטַפְּלִים	טַפֵּלְנָה	מִטַּפֵּל
טִפְּלָה		תְּטַפֵּל	תְּטַפֵּלְנָה	מְטַפְּלוֹת		

Pu'al

IV*–

* This root has not developed this form.

טפל

Hif'il

V – הִטְפִּיל – הַטְפִּיל to attend, to subordinate: **הַטְפִּיל, הַטְפֵּל**

Past		*Future*		*Present*	*Imperative*	*Gerund*
הִטְפַּלְתִּי	הִטְפַּלְנוּ	אַטְפִּיל	נַטְפִּיל	מַטְפִּיל	הַטְפֵּל	בְּהַטְפִּיל
הִטְפַּלְתָּ	הִטְפַּלְתֶּם	תַּטְפִּיל	תַּטְפִּילוּ	מַטְפֶּלֶת	הַטְפִּילִי	כְּהַטְפִּיל
הִטְפַּלְתְּ	הִטְפַּלְתֶּן	תַּטְפִּילִי	תַּטְפֵּלְנָה	(מַטְפִּילָה)	הַטְפִּילוּ	לְהַטְפִּיל
הִטְפִּיל	הִטְפִּילוּ	יַטְפִּיל	יַטְפִּילוּ	מַטְפִּילִים	הַטְפֵּלְנָה	מֵהַטְפִּיל
הִטְפִּילָה		תַּטְפִּיל	תַּטְפֵּלְנָה	מַטְפִּילוֹת		

Huf'al

VI – הָטְפַּל – הָטְפַּל to be subordinated: **הָטְפֵּל**

Past		*Future*		*Present*
הָטְפַּלְתִּי	הָטְפַּלְנוּ	אָטְפַּל	נָטְפַּל	מָטְפָּל
הָטְפַּלְתָּ	הָטְפַּלְתֶּם	תָּטְפַּל	תָּטְפְּלוּ	מָטְפֶּלֶת
הָטְפַּלְתְּ	חָטְפַּלְתֶּן	תָּטְפְּלִי	תָּטְפַּלְנָה	(מָטְפָּלָה)
הָטְפַּל	הָטְפְּלוּ	יָטְפַּל	יָטְפְּלוּ	מָטְפָּלִים
הָטְפְּלָה		תָּטְפַּל	תָּטְפַּלְנָה	מָטְפָּלוֹת

Hitpa'el

VII – הִטַּפֵּל – הִטַּפֵּל to join, to busy oneself: **הִטַּפֵּל, הִטַּפֵּל**

Past		*Future*		*Present*	*Imperative*	*Gerund*
הִטַּפַּלְתִּי	הִטַּפַּלְנוּ	אֶטַּפֵּל	נִטַּפֵּל	מִטַּפֵּל	הִטַּפֵּל	בְּהִטַּפֵּל
הִטַּפַּלְתָּ	הִטַּפַּלְתֶּם	תִּטַּפֵּל	תִּטַּפְּלוּ	מִטַּפֶּלֶת	הִטַּפְּלִי	כְּהִטַּפֵּל
הִטַּפַּלְתְּ	הִטַּפַּלְתֶּן	תִּטַּפְּלִי	תִּטַּפֵּלְנָה	(מִטַּפְּלָה)	הִטַּפְּלוּ	לְהִטַּפֵּל
הִטַּפֵּל	הִטַּפְּלוּ	יִטַּפֵּל	יִטַּפְּלוּ	מִטַּפְּלִים	הִטַּפֵּלְנָה	מֵהִטַּפֵּל
הִטַּפְּלָה		תִּטַּפֵּל	תִּטַּפֵּלְנָה	מִטַּפְּלוֹת		

Nitpa'el: Passive Past — נִטַּפַּלְתִּי נִטַּפַּלְתָּ נִטַּפַּלְתְּ נִטַּפֵּל נִטַּפְּלָה etc.

יבל

Kal

I*–

Nif'al

II*–

* This root has not developed this form.

Pi'el

III — יִבֵּל — יַבֵּל to weed, to remove warts: יַבֵּל, יַבֵּל

Past		Future		Present	Imperative	Gerund
יִבַּלְתִּי	יִבַּלְנוּ	אֲיַבֵּל	נְיַבֵּל	מְיַבֵּל	יַבֵּל	בְּיַבֵּל
יִבַּלְתָּ	יִבַּלְתֶּם	תְּיַבֵּל	תְּיַבְּלוּ	מְיַבֶּלֶת	יַבְּלִי	כְּיַבֵּל
יִבַּלְתְּ	יִבַּלְתֶּן	תְּיַבְּלִי	תְּיַבֵּלְנָה	(מְיַבְּלָה)	יַבְּלוּ	לְיַבֵּל
יִבֵּל	יִבְּלוּ	יְיַבֵּל	יְיַבְּלוּ	מְיַבְּלִים	יַבֵּלְנָה	מִיַּבֵּל
יִבְּלָה		תְּיַבֵּל	תְּיַבֵּלְנָה	מְיַבְּלוֹת		

Pu'al

IV — יֻבַּל — יֻבַּל to be weeded, to have warts removed: יֻבֹּל

Past		Future		Present
יֻבַּלְתִּי	יֻבַּלְנוּ	אֲיֻבַּל	נְיֻבַּל	מְיֻבָּל
יֻבַּלְתָּ	יֻבַּלְתֶּם	תְּיֻבַּל	תְּיֻבְּלוּ	מְיֻבֶּלֶת
יֻבַּלְתְּ	יֻבַּלְתֶּן	תְּיֻבְּלִי	תְּיֻבַּלְנָה	(מְיֻבָּלָה)
יֻבַּל	יֻבְּלוּ	יְיֻבַּל	יְיֻבְּלוּ	מְיֻבָּלִים
יֻבְּלָה		תְּיֻבַּל	תְּיֻבַּלְנָה	מְיֻבָּלוֹת

יבל

Hif'il

V – הוֹבִיל – הוֹבִיל to lead, to transport: הוֹבִיל, הוֹבֵל

Past		*Future*		*Present*	*Imperative*	*Gerund*
הוֹבַלְתִּי	הוֹבַלְנוּ	אוֹבִיל	נוֹבִיל	מוֹבִיל	הוֹבֵל	בְּהוֹבִיל
הוֹבַלְתָּ	הוֹבַלְתֶּם	תּוֹבִיל	תּוֹבִילוּ	מוֹבֶלֶת	הוֹבִילִי	כְּהוֹבִיל
הוֹבַלְתְּ	הוֹבַלְתֶּן	תּוֹבִילִי	תּוֹבֵלְנָה	(מוֹבִילָה)	הוֹבִילוּ	לְהוֹבִיל
הוֹבִיל	הוֹבִילוּ	יוֹבִיל	יוֹבִילוּ	מוֹבִילִים	הוֹבֵלְנָה	מֵהוֹבִיל
הוֹבִילָה		תּוֹבִיל	תּוֹבֵלְנָה	מוֹבִילוֹת		

Huf'al

VI – הוּבַל – הוּבַל to be led, transported: הוּבֵל

Past		*Future*		*Present*
הוּבַלְתִּי	הוּבַלְנוּ	אוּבַל	נוּבַל	מוּבָל
הוּבַלְתָּ	הוּבַלְתֶּם	תּוּבַל	תּוּבְלוּ	מוּבֶלֶת
הוּבַלְתְּ	הוּבַלְתֶּן	תּוּבְלִי	תּוּבַלְנָה	(מוּבָלָה)
הוּבַל	הוּבְלוּ	יוּבַל	יוּבְלוּ	מוּבָלִים
הוּבְלָה		תּוּבַל	תּוּבַלְנָה	מוּבָלוֹת

Hitpa'el

VII*–

* This root has not developed this form.

יבש

Kal

I — יָבַשׁ — יְבַשׁ to be dry, to be withered: יְבֹשׁ, יָבֹשׁ

Past		*Future*		*Present*	*Imperative*	*Gerund*
יָבַשְׁתִּי	יָבַשְׁנוּ	אִיבַשׁ	נִיבַשׁ	יָבֵשׁ	יְבַשׁ	בִּיבֹשׁ
יָבַשְׁתָּ	יְבַשְׁתֶּם	תִּיבַשׁ	תִּיבְשׁוּ	יְבֵשָׁה	יִבְשִׁי	כִּיבֹשׁ
יָבַשְׁתְּ	יְבַשְׁתֶּן	תִּיבְשִׁי	תִּיבַשְׁנָה	יְבֵשִׁים	יִבְשׁוּ	לִיבֹשׁ
יָבַשׁ	יָבְשׁוּ	יִיבַשׁ	יִיבְשׁוּ	יְבֵשׁוֹת	יְבַשְׁנָה	מִיבֹשׁ
יָבְשָׁה		תִּיבַשׁ	תִּיבַשְׁנָה			

Nif'al

II*—

* This root has not developed this form.

Pi'el

III — יִבֵּשׁ — יַבֵּשׁ to dry, to drain: יַבֵּשׁ, יַבֵּשׁ

Past		*Future*		*Present*	*Imperative*	*Gerund*
יִבַּשְׁתִּי	יִבַּשְׁנוּ	אֲיַבֵּשׁ	נְיַבֵּשׁ	מְיַבֵּשׁ	יַבֵּשׁ	בְּיַבֵּשׁ
יִבַּשְׁתָּ	יִבַּשְׁתֶּם	תְּיַבֵּשׁ	תְּיַבְּשׁוּ	מְיַבֶּשֶׁת	יַבְּשִׁי	כְּיַבֵּשׁ
יִבַּשְׁתְּ	יִבַּשְׁתֶּן	תְּיַבְּשִׁי	תְּיַבֵּשְׁנָה	(מְיַבְּשָׁה)	יַבְּשׁוּ	לְיַבֵּשׁ
יִבֵּשׁ	יִבְּשׁוּ	יְיַבֵּשׁ	יְיַבְּשׁוּ	מְיַבְּשִׁים	יַבֵּשְׁנָה	מִיַּבֵּשׁ
יִבְּשָׁה		תְּיַבֵּשׁ	תְּיַבֵּשְׁנָה	מְיַבְּשׁוֹת		

Pu'al

IV — יֻבַּשׁ — יֻבַּשׁ to be dried, to be drained: יֻבֹּשׁ

Past		*Future*		*Present*
יֻבַּשְׁתִּי	יֻבַּשְׁנוּ	אֲיֻבַּשׁ	נְיֻבַּשׁ	מְיֻבָּשׁ
יֻבַּשְׁתָּ	יֻבַּשְׁתֶּם	תְּיֻבַּשׁ	תְּיֻבְּשׁוּ	מְיֻבֶּשֶׁת
יֻבַּשְׁתְּ	יֻבַּשְׁתֶּן	תְּיֻבְּשִׁי	תְּיֻבַּשְׁנָה	(מְיֻבָּשָׁה)
יֻבַּשׁ	יֻבְּשׁוּ	יְיֻבַּשׁ	יְיֻבְּשׁוּ	מְיֻבָּשִׁים
יֻבְּשָׁה		תְּיֻבַּשׁ	תְּיֻבַּשְׁנָה	מְיֻבָּשׁוֹת

יבש

Hif'il

V — הוֹבִישׁ — הוֹבִישׁ to wither, to cause to dry: הוֹבִישׁ, הוֹבֵשׁ

Past		*Future*		*Present*	*Imperative*	*Gerund*
הוֹבַשְׁתִּי	הוֹבַשְׁנוּ	אוֹבִישׁ	נוֹבִישׁ	מוֹבִישׁ	הוֹבֵשׁ	בְּהוֹבִישׁ
הוֹבַשְׁתָּ	הוֹבַשְׁתֶּם	תּוֹבִישׁ	תּוֹבִישׁוּ	מוֹבֶשֶׁת	הוֹבִישִׁי	כְּהוֹבִישׁ
הוֹבַשְׁתְּ	הוֹבַשְׁתֶּן	תּוֹבִישִׁי	תּוֹבֵשְׁנָה	(מוֹבִישָׁה)	הוֹבִישׁוּ	לְהוֹבִישׁ
הוֹבִישׁ	הוֹבִישׁוּ	יוֹבִישׁ	יוֹבִישׁוּ	מוֹבִישִׁים	הוֹבֵשְׁנָה	מֵהוֹבִישׁ
הוֹבִישָׁה		תּוֹבִישׁ	תּוֹבֵשְׁנָה	מוֹבִישׁוֹת		

Huf'al

VI — הוּבַשׁ — הוּבַשׁ to be made to dry: הוּבַשׁ

Past		*Future*		*Present*
הוּבַשְׁתִּי	הוּבַשְׁנוּ	אוּבַשׁ	נוּבַשׁ	מוּבָשׁ
הוּבַשְׁתָּ	הוּבַשְׁתֶּם	תּוּבַשׁ	תּוּבְשׁוּ	מוּבֶשֶׁת
הוּבַשְׁתְּ	הוּבַשְׁתֶּן	תּוּבְשִׁי	תּוּבַשְׁנָה	(מוּבָשָׁה)
הוּבַשׁ	הוּבְשׁוּ	יוּבַשׁ	יוּבְשׁוּ	מוּבָשִׁים
הוּבְשָׁה		תּוּבַשׁ	תּוּבַשְׁנָה	מוּבָשׁוֹת

Hitpa'el

VII — הִתְיַבֵּשׁ — הִתְיַבֵּשׁ to become dry, to dry up: הִתְיַבֵּשׁ, הִתְיַבֵּשׁ

Past		*Future*		*Present*	*Imperative*	*Gerund*
הִתְיַבַּשְׁתִּי	הִתְיַבַּשְׁנוּ	אֶתְיַבֵּשׁ	נִתְיַבֵּשׁ	מִתְיַבֵּשׁ	הִתְיַבֵּשׁ	בְּהִתְיַבֵּשׁ
הִתְיַבַּשְׁתָּ	הִתְיַבַּשְׁתֶּם	תִּתְיַבֵּשׁ	תִּתְיַבְּשׁוּ	מִתְיַבֶּשֶׁת	הִתְיַבְּשִׁי	כְּהִתְיַבֵּשׁ
הִתְיַבַּשְׁתְּ	הִתְיַבַּשְׁתֶּן	תִּתְיַבְּשִׁי	תִּתְיַבֵּשְׁנָה	(מִתְיַבְּשָׁה)	הִתְיַבְּשׁוּ	לְהִתְיַבֵּשׁ
הִתְיַבֵּשׁ	הִתְיַבְּשׁוּ	יִתְיַבֵּשׁ	יִתְיַבְּשׁוּ	מִתְיַבְּשִׁים	הִתְיַבֵּשְׁנָה	מֵהִתְיַבֵּשׁ
הִתְיַבְּשָׁה		תִּתְיַבֵּשׁ	תִּתְיַבֵּשְׁנָה	מִתְיַבְּשׁוֹת		

Nitpa'el: Passive Past — נִתְיַבְּשָׁה נִתְיַבֵּשׁ נִתְיַבַּשְׁתְּ נִתְיַבַּשְׁתָּ נִתְיַבַּשְׁתִּי etc.

ידה

Kal

I – יָדָה – יְדֵה to throw, to shoot: יְדוֹת, יָדֹה

Past		*Future*		*Present*	*Imperative*	*Gerund*
יָדִיתִי	יָדִינוּ	אִידֶה	נִידֶה	יוֹדֶה	יְדֵה	בִּידוֹת
יָדִיתָ	יְדִיתֶם	תִּידֶה	תִּידוּ	יוֹדָה	יְדִי	כִּידוֹת
יָדִית	יְדִיתֶן	תִּידִי	תִּידֶינָה	יוֹדִים	יְדוּ	לִידוֹת
יָדָה	יָדוּ	יִידֶה	יִידוּ	יוֹדוֹת	יְדֶינָה	מִידוֹת
יָדְתָה		תִּידֶה	תִּידֶינָה			

Nif'al

II*–

Pi'el

III – יִדָּה – יַדֵּה to cast, to throw down: יַדּוֹת, יַדֵּה

Past		*Future*		*Present*	*Imperative*	*Gerund*
יִדִּיתִי	יִדִּינוּ	אֲיַדֶּה	נְיַדֶּה	מְיַדֶּה	יַדֵּה	בְּיַדּוֹת
יִדִּיתָ	יִדִּיתֶם	תְּיַדֶּה	תְּיַדּוּ	מְיַדָּה	יַדִּי	כְּיַדּוֹת
יִדִּית	יִדִּיתֶן	תְּיַדִּי	תְּיַדֶּינָה	מְיַדִּים	יַדּוּ	לְיַדּוֹת
יִדָּה	יִדּוּ	יְיַדֶּה	יְיַדּוּ	מְיַדּוֹת	יַדֶּינָה	מִיַּדּוֹת
יִדְּתָה		תְּיַדֶּה	תְּיַדֶּינָה			

Pu'al

IV*–

* This root has not developed this form.

ידה

Hif'il

V – הוֹדָה – הוֹדֵה to thank, to praise: הוֹדוֹת, הוֹדֵה

Past		Future		Present	Imperative	Gerund
הוֹדֵיתִי	הוֹדִינוּ	אוֹדֶה	נוֹדֶה	מוֹדֶה	הוֹדֵה	בְּהוֹדוֹת
הוֹדֵיתָ	הוֹדֵיתֶם	תּוֹדֶה	תּוֹדוּ	מוֹדָה	הוֹדִי	כְּהוֹדוֹת
הוֹדֵית	הוֹדֵיתֶן	תּוֹדִי	תּוֹדֶינָה	מוֹדִים	הוֹדוּ	לְהוֹדוֹת
הוֹדָה	הוֹדוּ	יוֹדֶה	יוֹדוּ	מוֹדוֹת	הוֹדֶינָה	מֵהוֹדוֹת
הוֹדְתָה		תּוֹדֶה	תּוֹדֶינָה			

Huf'al

VI* –

* This root has not developed this form.

Hitpa'el

VII – הִתְוַדָּה – הִתְוַדֵּה to confess: הִתְוַדּוֹת, הִתְוַדֵּה

Past		Future		Present	Imperative	Gerund
הִתְוַדֵּיתִי	הִתְוַדֵּינוּ	אֶתְוַדֶּה	נִתְוַדֶּה	מִתְוַדֶּה	הִתְוַדֵּה	בְּהִתְוַדּוֹת
הִתְוַדֵּיתָ	הִתְוַדֵּיתֶם	תִּתְוַדֶּה	תִּתְוַדּוּ	מִתְוַדָּה	הִתְוַדִּי	כְּהִתְוַדּוֹת
הִתְוַדֵּית	הִתְוַדֵּיתֶן	תִּתְוַדִּי	תִּתְוַדֶּינָה	מִתְוַדִּים	הִתְוַדּוּ	לְהִתְוַדּוֹת
הִתְוַדָּה	הִתְוַדּוּ	יִתְוַדֶּה	יִתְוַדּוּ	מִתְוַדּוֹת	הִתְוַדֶּינָה	מֵהִתְוַדּוֹת
הִתְוַדְּתָה		תִּתְוַדֶּה	תִּתְוַדֶּינָה			

ידע

Kal

I – יָדַע – דַע to know, to know how: **דַּעַת, יָדֹעַ**

Past		Future		Present	Passive Present	Imperative	Gerund
יָדַעְנוּ	יָדַעְתִּי	נֵדַע	אֵדַע	יוֹדֵעַ	יָדוּעַ	דַע	בְּדַעַת
יְדַעְתֶּם	יָדַעְתָּ	תֵּדְעוּ	תֵּדַע	יוֹדַעַת	יְדוּעָה	דְּעִי	כְּדַעַת
יְדַעְתֶּן	יָדַעַתְּ	תֵּדַעְנָה	תֵּדְעִי	(יוֹדְעָה)	יְדוּעִים	דְּעוּ	לָדַעַת
יָדְעוּ	יָדַע	יֵדְעוּ	יֵדַע	יוֹדְעִים	יְדוּעוֹת	דַּעְנָה	מִדַּעַת
	יָדְעָה	תֵּדַעְנָה	תֵּדַע	יוֹדְעוֹת			

Nif'al

II – נוֹדַע – הִוָּדַע to be known, to become known: **הִוָּדַע, הִוָּדֵעַ**

Past		Future		Present	Imperative	Gerund
נוֹדַעְנוּ	נוֹדַעְתִּי	נִוָּדַע	אִוָּדַע	נוֹדָע	הִוָּדַע	בְּהִוָּדַע
נוֹדַעְתֶּם	נוֹדַעְתָּ	תִּוָּדְעוּ	תִּוָּדַע	נוֹדַעַת	הִוָּדְעִי	כְּהִוָּדַע
נוֹדַעְתֶּן	נוֹדַעַתְּ	תִּוָּדַעְנָה	תִּוָּדְעִי	(נוֹדָעָה)	הִוָּדְעוּ	לְהִוָּדַע
נוֹדְעוּ	נוֹדַע	יִוָּדְעוּ	יִוָּדַע	נוֹדָעִים	הִוָּדַעְנָה	מֵהִוָּדַע
	נוֹדְעָה	תִּוָּדַעְנָה	תִּוָּדַע	נוֹדָעוֹת		

Pi'el

III – יִדַּע – יַדַּע to appoint, to assign: **יַדַּע, יַדֵּעַ**

Past		Future		Present	Imperative	Gerund
יִדַּעְנוּ	יִדַּעְתִּי	נְיַדַּע	אֲיַדַּע	מְיַדֵּעַ	יַדַּע	בְּיַדֵּעַ
יִדַּעְתֶּם	יִדַּעְתָּ	תְּיַדְּעוּ	תְּיַדַּע	מְיַדַּעַת	יַדְּעִי	כְּיַדֵּעַ
יִדַּעְתֶּן	יִדַּעַתְּ	תְּיַדַּעְנָה	תְּיַדְּעִי	מְיַדְּעִים	יַדְּעוּ	לְיַדֵּעַ
יִדְּעוּ	יִדַּע	יְיַדְּעוּ	יְיַדַּע	מְיַדְּעוֹת	יַדַּעְנָה	מִיַּדֵּעַ
	יִדְּעָה	תְּיַדַּעְנָה	תְּיַדַּע			

Pu'al

IV – יֻדַּע – יְיֻדַּע to be assigned, to be familiar: **יֻדֹּעַ**

Past		Future		Present
יֻדַּעְנוּ	יֻדַּעְתִּי	נְיֻדַּע	אֲיֻדַּע	מְיֻדָּע
יֻדַּעְתֶּם	יֻדַּעְתָּ	תְּיֻדְּעוּ	תְּיֻדַּע	מְיֻדַּעַת
יֻדַּעְתֶּן	יֻדַּעַתְּ	תְּיֻדַּעְנָה	תְּיֻדְּעִי	(מְיֻדָּעָה)
יֻדְּעוּ	יֻדַּע	יְיֻדְּעוּ	יְיֻדַּע	מְיֻדָּעִים
	יֻדְּעָה	תְּיֻדַּעְנָה	תְּיֻדַּע	מְיֻדָּעוֹת

ידע

Hif'il

V – הוֹדִיעַ – הוֹדִיעַ‎ to inform, to announce: הוֹדִיעַ, הוֹדֵעַ

Gerund	Imperative	Present	Future		Past	
בְּהוֹדִיעַ	הוֹדַע	מוֹדִיעַ	נוֹדִיעַ	אוֹדִיעַ	הוֹדַעְנוּ	הוֹדַעְתִּי
כְּהוֹדִיעַ	הוֹדִיעִי	מוֹדַעַת	תּוֹדִיעוּ	תּוֹדִיעַ	הוֹדַעְתֶּם	הוֹדַעְתָּ
לְהוֹדִיעַ	הוֹדִיעוּ	(מוֹדִיעָה)	תּוֹדִיעִי	תּוֹדַעְנָה	הוֹדַעְתֶּן	הוֹדַעַתְּ
מֵהוֹדִיעַ	הוֹדַעְנָה	מוֹדִיעִים	יוֹדִיעוּ	יוֹדִיעַ	הוֹדִיעוּ	הוֹדִיעַ
		מוֹדִיעוֹת	תּוֹדַעְנָה	תּוֹדִיעַ		הוֹדִיעָה

Huf'al

VI – הוּדַע – הוּדַע‎ to be announced, to be made known: הוּדַע

Present	Future		Past	
מוּדָע	נוּדַע	אוּדַע	הוּדַעְנוּ	הוּדַעְתִּי
מוּדַעַת	תּוּדְעוּ	תּוּדַע	הוּדַעְתֶּם	הוּדַעְתָּ
(מוּדָעָה)	תּוּדַעְנָה	תּוּדְעִי	הוּדַעְתֶּן	הוּדַעַתְּ
מוּדָעִים	יוּדְעוּ	יוּדַע	הוּדְעוּ	הוּדַע
מוּדָעוֹת	תּוּדַעְנָה	תּוּדַע		הוּדְעָה

Hitpa'el

VII – הִתְוַדַּע – הִתְוַדַּע‎ to make oneself known, to become acquainted: הִתְוַדֵּעַ, הִתְוַדַּע

Gerund	Imperative	Present	Future		Past	
בְּהִתְוַדַּע	הִתְוַדַּע	מִתְוַדֵּעַ	נִתְוַדַּע	אֶתְוַדַּע	הִתְוַדַּעְנוּ	הִתְוַדַּעְתִּי
כְּהִתְוַדַּע	הִתְוַדְּעִי	מִתְוַדַּעַת	תִּתְוַדְּעוּ	תִּתְוַדַּע	הִתְוַדַּעְתֶּם	הִתְוַדַּעְתָּ
לְהִתְוַדַּע	הִתְוַדְּעוּ	(מִתְוַדְּעָה)	תִּתְוַדַּעְנָה	תִּתְוַדְּעִי	הִתְוַדַּעְתֶּן	הִתְוַדַּעַתְּ
מֵהִתְוַדַּע	הִתְוַדַּעְנָה	מִתְוַדְּעִים	יִתְוַדְּעוּ	יִתְוַדַּע	הִתְוַדְּעוּ	הִתְוַדַּע
		מִתְוַדְּעוֹת	תִּתְוַדַּעְנָה	תִּתְוַדַּע		הִתְוַדְּעָה

יכח

Kal

I*—

Nif'al

II – נוֹכַח – הִוָּכֵחַ to be convinced, to be present: הִוָּכַח, הִוָּכֵחַ

Past		Future		Present	Imperative	Gerund
נוֹכַחְתִּי	נוֹכַחְנוּ	אֶוָּכַח	נִוָּכַח	נוֹכָח	הִוָּכַח	בְּהִוָּכַח
נוֹכַחְתָּ	נוֹכַחְתֶּם	תִּוָּכַח	תִּוָּכְחוּ	נוֹכַחַת	הִוָּכְחִי	כְּהִוָּכַח
נוֹכַחַתְּ	נוֹכַחְתֶּן	תִּוָּכְחִי	תִּוָּכַחְנָה	נוֹכָחִים	הִוָּכְחוּ	לְהִוָּכַח
נוֹכַח	נוֹכְחוּ	יִוָּכַח	יִוָּכְחוּ	נוֹכָחוֹת	הִוָּכַחְנָה	מֵהִוָּכַח
נוֹכְחָה		תִּוָּכַח	תִּוָּכַחְנָה			

Pi'el

III*—

Pu'al

IV*—

* This root has not developed this form.

יכח

Hif'il

V – הוֹכִיחַ – הוֹכִיחַ to rebuke, to convince: **הוֹכִיחַ, הוֹכֵחַ**

Past		*Future*		*Present*	*Imperative*	*Gerund*
הוֹכַחְתִּי	הוֹכַחְנוּ	אוֹכִיחַ	נוֹכִיחַ	מוֹכִיחַ	הוֹכַח	בְּהוֹכִיחַ
הוֹכַחְתָּ	הוֹכַחְתֶּם	תּוֹכִיחַ	תּוֹכִיחוּ	מוֹכַחַת	הוֹכִיחִי	כְּהוֹכִיחַ
הוֹכַחַתְּ	הוֹכַחְתֶּן	תּוֹכִיחִי	תּוֹכַחְנָה	(מוֹכִיחָה)	הוֹכִיחוּ	לְהוֹכִיחַ
הוֹכִיחַ	הוֹכִיחוּ	יוֹכִיחַ	יוֹכִיחוּ	מוֹכִיחִים	הוֹכַחְנָה	מֵהוֹכִיחַ
הוֹכִיחָה		תּוֹכִיחַ	תּוֹכַחְנָה	מוֹכִיחוֹת		

Huf'al

VI – הוּכַח – הוּכַח to be chastened, to be proved: **הוּכֵחַ**

Past		*Future*		*Present*
הוּכַחְתִּי	הוּכַחְנוּ	אוּכַח	נוּכַח	מוּכָח
חוּכַחְתָּ	הוּכַחְתֶּם	תּוּכַח	תּוּכְחוּ	מוּכַחַת
הוּכַחַתְּ	הוּכַחְתֶּן	תּוּכְחִי	תּוּכַחְנָה	(מוּכָחָה)
הוּכַח	הוּכְחוּ	יוּכַח	יוּכְחוּ	מוּכָחִים
הוּכְחָה		תּוּכַח	תּוּכַחְנָה	מוּכָחוֹת

Hitpa'el

VII – הִתְוַכַּח – הִתְוַכַּח to debate, to dispute: **הִתְוַכַּח, הִתְוַכֵּחַ**

Past		*Future*		*Present*	*Imperative*	*Gerund*
הִתְוַכַּחְתִּי	הִתְוַכַּחְנוּ	אֶתְוַכַּח	נִתְוַכַּח	מִתְוַכֵּחַ	הִתְוַכַּח	בְּהִתְוַכֵּחַ
הִתְוַכַּחְתָּ	הִתְוַכַּחְתֶּם	תִּתְוַכַּח	תִּתְוַכְּחוּ	מִתְוַכַּחַת	הִתְוַכְּחִי	כְּהִתְוַכֵּחַ
הִתְוַכַּחַתְּ	הִתְוַכַּחְתֶּן	תִּתְוַכְּחִי	תִּתְוַכַּחְנָה	(מִתְוַכְּחָה)	הִתְוַכְּחוּ	לְהִתְוַכֵּחַ
הִתְוַכַּח	הִתְוַכְּחוּ	יִתְוַכַּח	יִתְוַכְּחוּ	מִתְוַכְּחִים	הִתְוַכַּחְנָה	מֵהִתְוַכֵּחַ
הִתְוַכְּחָה		תִּתְוַכַּח	תִּתְוַכַּחְנָה	מִתְוַכְּחוֹת		

יכל

Kal

I – יָכֹל – יוּכַל to be able, to prevail: **יְכֹל, יָכֹל**

Past		*Future*		*Present*	*Gerund*
יָכֹלְתִּי	יָכֹלְנוּ	אוּכַל	נוּכַל	יָכוֹל	בִּיכֹל
יָכֹלְתָּ	יְכָלְתֶּם	תּוּכַל	תּוּכְלוּ	יְכוֹלָה	כִּיכֹל
יָכֹלְתְּ	יְכָלְתֶּן	תּוּכְלִי	תּוּכַלְנָה	יְכוֹלִים	לִיכֹל
יָכֹל	יָכְלוּ	יוּכַל	יוּכְלוּ	יְכוֹלוֹת	מִיכֹל
יָכְלָה		תּוּכַל	תּוּכַלְנָה		

Nif'al

II*–

Pi'el

III*–

Pu'al

IV*–

* This root has not developed this form.

יכל

Hif'il

V*—

Huf'al

VI*—

Hitpa'el

VII*—

* This root has not developed this form.

ילד

Kal

I – יָלַד – לֵד to bear, to bring forth: לֶדֶת, יָלֹד

Past		*Future*		*Present*	*Passive Present*	*Imperative*	*Gerund*
יָלַדְתִּי	יָלַדְנוּ	אֵלֵד	נֵלֵד	יוֹלֵד	יָלוּד	לֵד	בְּלֶדֶת
יָלַדְתָּ	יְלַדְתֶּם	תֵּלֵד	תֵּלְדוּ	יוֹלֶדֶת	יְלוּדָה	לְדִי	כְּלֶדֶת
יָלַדְתְּ	יְלַדְתֶּן	תֵּלְדִי	תֵּלַדְנָה	(יוֹלְדָה)	יְלוּדִים	לְדוּ	לָלֶדֶת
יָלַד	יָלְדוּ	יֵלֵד	יֵלְדוּ	יוֹלְדִים	יְלוּדוֹת	לֵדְנָה	מִלֶּדֶת
יָלְדָה		תֵּלֵד	תֵּלַדְנָה	יוֹלְדוֹת			

Nif'al

II – נוֹלַד – הִוָּלֵד to be born: הִוָּלֵד, הִוָּלֵד

Past		*Future*		*Present*		*Imperative*	*Gerund*
נוֹלַדְתִּי	נוֹלַדְנוּ	אִוָּלֵד	נִוָּלֵד	נוֹלָד		הִוָּלֵד	בְּהִוָּלֵד
נוֹלַדְתָּ	נוֹלַדְתֶּם	תִּוָּלֵד	תִּוָּלְדוּ	נוֹלֶדֶת		הִוָּלְדִי	כְּהִוָּלֵד
נוֹלַדְתְּ	נוֹלַדְתֶּן	תִּוָּלְדִי	תִּוָּלַדְנָה	(נוֹלָדָה)		הִוָּלְדוּ	לְהִוָּלֵד
נוֹלַד	נוֹלְדוּ	יִוָּלֵד	יִוָּלְדוּ	נוֹלָדִים		הִוָּלַדְנָה	מֵהִוָּלֵד
נוֹלְדָה		תִּוָּלֵד	תִּוָּלַדְנָה	נוֹלָדוֹת			

Pi'el

III – יִלֵּד – יַלֵּד to assist in birth, to act as midwife: יַלֵּד, יַלֵּד

Past		*Future*		*Present*		*Imperative*	*Gerund*
יִלַּדְתִּי	יִלַּדְנוּ	אֲיַלֵּד	נְיַלֵּד	מְיַלֵּד		יַלֵּד	בְּיַלֵּד
יִלַּדְתָּ	יִלַּדְתֶּם	תְּיַלֵּד	תְּיַלְּדוּ	מְיַלֶּדֶת		יַלְּדִי	כְּיַלֵּד
יִלַּדְתְּ	יִלַּדְתֶּן	תְּיַלְּדִי	תְּיַלֵּדְנָה	(מְיַלְּדָה)		יַלְּדוּ	לְיַלֵּד
יִלֵּד	יִלְּדוּ	יְיַלֵּד	יְיַלְּדוּ	מְיַלְּדִים		יַלֵּדְנָה	מִיַּלֵּד
יִלְּדָה		תְּיַלֵּד	תְּיַלֵּדְנָה	מְיַלְּדוֹת			

Pu'al

IV*–

* This root has not developed this form.

ילד

Hif'il

V – הוֹלִיד – הוֹלִיד to beget, to cause to bear: הוֹלִיד, הוֹלֵד

Past		*Future*		*Present*	*Imperative*	*Gerund*
הוֹלַדְתִּי	הוֹלַדְנוּ	אוֹלִיד	נוֹלִיד	מוֹלִיד	הוֹלֵד	בְּהוֹלִיד
הוֹלַדְתָּ	הוֹלַדְתֶּם	תּוֹלִיד	תּוֹלִידוּ	מוֹלִידָה	הוֹלִידִי	כְּהוֹלִיד
הוֹלַדְתְּ	הוֹלַדְתֶּן	תּוֹלִידִי	תּוֹלֵדְנָה	(מוֹלֶדֶת)	הוֹלִידוּ	לְהוֹלִיד
הוֹלִיד	הוֹלִידוּ	יוֹלִיד	יוֹלִידוּ	מוֹלִידִים	הוֹלֵדְנָה	מֵהוֹלִיד
הוֹלִידָה		תּוֹלִיד	תּוֹלֵדְנָה	מוֹלִידוֹת		

Huf'al

VI – הוּלַד – הוּלַד to be begotten: הוּלֵד

Past		*Future*		*Present*
הוּלַדְתִּי	הוּלַדְנוּ	אוּלַד	נוּלַד	מוּלָד
חוּלַדְתָּ	הוּלַדְתֶּם	תּוּלַד	תּוּלְדוּ	מוּלָדָה
הוּלַדְתְּ	הוּלַדְתֶּן	תּוּלְדִי	חוּלַדְנָה	(מוּלֶדֶת)
הוּלַד	הוּלְדוּ	יוּלַד	יוּלְדוּ	מוּלָדִים
הוּלְדָה		תּוּלַד	תּוּלַדְנָה	מוּלָדוֹת

Hitpa'el

VII – הִתְיַלֵּד – הִתְיַלֵּד to declare one's pedigree, to be produced: הִתְיַלֵּד, הִתְיַלֵּד

Past		*Future*		*Present*	*Imperative*	*Gerund*
הִתְיַלַּדְתִּי	הִתְיַלַּדְנוּ	אֶתְיַלֵּד	נִתְיַלֵּד	מִתְיַלֵּד	הִתְיַלֵּד	בְּהִתְיַלֵּד
הִתְיַלַּדְתָּ	הִתְיַלַּדְתֶּם	תִּתְיַלֵּד	תִּתְיַלְּדוּ	מִתְיַלֶּדֶת	הִתְיַלְּדִי	כְּהִתְיַלֵּד
הִתְיַלַּדְתְּ	הִתְיַלַּדְתֶּן	תִּתְיַלְּדִי	תִּתְיַלֵּדְנָה	(מִתְיַלְּדָה)	הִתְיַלְּדוּ	לְהִתְיַלֵּד
הִתְיַלֵּד	הִתְיַלְּדוּ	יִתְיַלֵּד	יִתְיַלְּדוּ	מִתְיַלְּדִים	הִתְיַלֵּדְנָה	מֵהִתְיַלֵּד
הִתְיַלְּדָה		תִּתְיַלֵּד	תִּתְיַלֵּדְנָה	מִתְיַלְּדוֹת		

יסף

Kal

I — יָסַף to increase, to do again: סְפוֹת, יָסֹף

Past		Future		Present	Imperative	Gerund
יָסַפְתִּי	יָסַפְנוּ			יוֹסֵף		
יָסַפְתָּ	יְסַפְתֶּם			יוֹסֶפֶת		
יָסַפְתְּ	יְסַפְתֶּן			יוֹסְפִים		
יָסַף	יָסְפוּ			יוֹסְפוֹת		
יָסְפָה						

Nif'al

II — נוֹסַף — הִוָּסֵף to be added, to be increased: הִוָּסֵף, הִוָּסֵף

Past		Future		Present	Imperative	Gerund
נוֹסַפְתִּי	נוֹסַפְנוּ	אֶוָּסֵף	נִוָּסֵף	נוֹסָף	הִוָּסֵף	בְּהִוָּסֵף
נוֹסַפְתָּ	נוֹסַפְתֶּם	תִּוָּסֵף	תִּוָּסְפוּ	נוֹסֶפֶת	הִוָּסְפִי	כְּהִוָּסֵף
נוֹסַפְתְּ	נוֹסַפְתֶּן	תִּוָּסְפִי	תִּוָּסַפְנָה	(נוֹסָפָה)	הִוָּסְפוּ	לְהִוָּסֵף
נוֹסַף	נוֹסְפוּ	יִוָּסֵף	יִוָּסְפוּ	נוֹסָפִים	הִוָּסַפְנָה	מֵהִוָּסֵף
נוֹסְפָה		תִּוָּסֵף	תִּוָּסַפְנָה	נוֹסָפוֹת		

Pi'el

III*—

Pu'al

IV*—

* This root has not developed this form.

יסף

Hif'il

V — הוֹסִיף — הוֹסִיף to add, to continue: הוֹסִיף, הוֹסֵף

Past		Future		Present	Imperative	Gerund
הוֹסַפְתִּי	הוֹסַפְנוּ	אוֹסִיף	נוֹסִיף	מוֹסִיף	הוֹסֵף	בְּהוֹסִיף
הוֹסַפְתָּ	הוֹסַפְתֶּם	תּוֹסִיף	תּוֹסִיפוּ	מוֹסִיפָה	הוֹסִיפִי	כְּהוֹסִיף
הוֹסַפְתְּ	הוֹסַפְתֶּן	תּוֹסִיפִי	תּוֹסֵפְנָה	(מוֹסֶפֶת)	הוֹסִיפוּ	לְהוֹסִיף
הוֹסִיף	הוֹסִיפוּ	יוֹסִיף	יוֹסִיפוּ	מוֹסִיפִים	הוֹסֵפְנָה	מֵהוֹסִיף
הוֹסִיפָה		תּוֹסִיף	תּוֹסֵפְנָה	מוֹסִיפוֹת		

Huf'al

VI — הוּסַף — הוּסַף to be added: הוּסֵף

Past		Future		Present
הוּסַפְתִּי	הוּסַפְנוּ	אוּסַף	נוּסַף	מוּסָף
הוּסַפְתָּ	הוּסַפְתֶּם	תּוּסַף	תּוּסְפוּ	מוּסֶפֶת
הוּסַפְתְּ	הוּסַפְתֶּן	תּוּסְפִי	תּוּסַפְנָה	(מוּסָפָה)
הוּסַף	הוּסְפוּ	יוּסַף	יוּסְפוּ	מוּסָפִים
הוּסְפָה		תּוּסַף	תּוּסַפְנָה	מוּסָפוֹת

Hitpa'el

VII — הִתּוֹסֵף — הִתּוֹסֵף to be increased, to be augmented: הִתּוֹסֵף, הִתּוֹסֵף

Past		Future		Present	Imperative	Gerund
הִתּוֹסַפְתִּי	הִתּוֹסַפְנוּ	אֶתּוֹסֵף	נִתּוֹסֵף	מִתּוֹסֵף	הִתּוֹסֵף	בְּהִתּוֹסֵף
הִתּוֹסַפְתָּ	הִתּוֹסַפְתֶּם	תִּתּוֹסֵף	תִּתּוֹסְפוּ	מִתּוֹסֶפֶת	הִתּוֹסְפִי	כְּהִתּוֹסֵף
הִתּוֹסַפְתְּ	הִתּוֹסַפְתֶּן	תִּתּוֹסְפִי	תִּתּוֹסֵפְנָה	(מִתּוֹסְפָה)	הִתּוֹסְפוּ	לְהִתּוֹסֵף
הִתּוֹסֵף	הִתּוֹסְפוּ	יִתּוֹסֵף	יִתּוֹסְפוּ	מִתּוֹסְפִים	הִתּוֹסֵפְנָה	מֵהִתּוֹסֵף
הִתּוֹסְפָה		תִּתּוֹסֵף	תִּתּוֹסֵפְנָה	מִתּוֹסְפוֹת		

Nitpa'el: Passive Past — נִתּוֹסַפְתִּי נִתּוֹסַפְתָּ נִתּוֹסַפְתְּ נִתּוֹסֵף נִתּוֹסְפָה etc.

יעץ

Kal

I – יָעַץ – יְעַץ to advise, to plan: יְעֹץ, יָעֹץ

Past		Future		Present	Passive Present	Imperative	Gerund
יָעַצְתִּי	יָעַצְנוּ	אִיעַץ	נִיעַץ	יוֹעֵץ	יָעוּץ	עוּץ	בִּיעֹץ
יָעַצְתָּ	יְעַצְתֶּם	תִּיעַץ	תִּיעֲצוּ	יוֹעֶצֶת	יְעוּצָה	עוּצִי	כִּיעֹץ
יָעַצְתְּ	יְעַצְתֶּן	תִּיעֲצִי	תִּיעַצְנָה	(יוֹעֲצָה)	יְעוּצִים	עוּצוּ	לִיעֹץ
יָעַץ	יָעֲצוּ	יִיעַץ	יִיעֲצוּ	יוֹעֲצִים	יְעוּצוֹת	עֹצְנָה	מִיעֹץ
יָעֲצָה		תִּיעַץ	תִּיעַצְנָה	יוֹעֲצוֹת			

Nif'al

II – נוֹעַץ – הִוָּעֵץ to consult, to decide: הִוָּעֵץ

Past		Future		Present	Imperative	Gerund
נוֹעַצְתִּי	נוֹעַצְנוּ	אִוָּעֵץ	נִוָּעֵץ	נוֹעָץ	הִוָּעֵץ	בְּהִוָּעֵץ
נוֹעַצְתָּ	נוֹעַצְתֶּם	תִּוָּעֵץ	תִּוָּעֲצוּ	נוֹעֶצֶת	הִוָּעֲצִי	כְּהִוָּעֵץ
נוֹעַצְתְּ	נוֹעַצְתֶּן	תִּוָּעֲצִי	תִּוָּעַצְנָה	(נוֹעָצָה)	הִוָּעֲצוּ	לְהִוָּעֵץ
נוֹעַץ	נוֹעֲצוּ	יִוָּעֵץ	יִוָּעֲצוּ	נוֹעָצִים	הִוָּעַצְנָה	מֵהִוָּעֵץ
נוֹעֲצָה		תִּוָּעֵץ	תִּוָּעַצְנָה	נוֹעָצוֹת		

Pi'el

III – יִעֵץ – יָעֵץ to give counsel, to recommend: יָעֵץ, יָעֵץ

Past		Future		Present	Imperative	Gerund
יִעַצְתִּי	יִעַצְנוּ	אֲיָעֵץ	נְיָעֵץ	מְיָעֵץ	יָעֵץ	בְּיָעֵץ
יִעַצְתָּ	יִעַצְתֶּם	תְּיָעֵץ	תְּיָעֲצוּ	מְיָעֶצֶת	יָעֲצִי	כְּיָעֵץ
יִעַצְתְּ	יִעַצְתֶּן	תְּיָעֲצִי	תְּיָעֵצְנָה	(מְיָעֲצָה)	יָעֲצוּ	לְיָעֵץ
יִעֵץ	יִעֲצוּ	יְיָעֵץ	יְיָעֲצוּ	מְיָעֲצִים	יָעֵצְנָה	מִיָּעֵץ
יִעֲצָה		תְּיָעֵץ	תְּיָעֵצְנָה	מְיָעֲצוֹת		

Pu'al

IV*–

* This root has not developed this form.

יעץ

Hif'il

V*–

Huf'al

VI*–

* This root has not developed this form.

Hitpa'el

VII – הִתְיָעֵץ – הִתְיָעֵץ to take counsel together, to consult: הִתְיָעֵץ, הִתְיָעֵץ

Past		Future		Present	Imperative	Gerund
הִתְיָעַצְתִּי	הִתְיָעַצְנוּ	אֶתְיָעֵץ	נִתְיָעֵץ	מִתְיָעֵץ	הִתְיָעֵץ	בְּהִתְיָעֵץ
הִתְיָעַצְתָּ	הִתְיָעַצְתֶּם	תִּתְיָעֵץ	תִּתְיָעֲצוּ	מִתְיָעֶצֶת	הִתְיָעֲצִי	כְּהִתְיָעֵץ
הִתְיָעַצְתְּ	הִתְיָעַצְתֶּן	תִּתְיָעֲצִי	תִּתְיָעֵצְנָה	(מִתְיָעֲצָה)	הִתְיָעֲצוּ	לְהִתְיָעֵץ
הִתְיָעֵץ	הִתְיָעֲצוּ	יִתְיָעֵץ	יִתְיָעֲצוּ	מִתְיָעֲצִים	הִתְיָעֵצְנָה	מֵהִתְיָעֵץ
הִתְיָעֲצָה		תִּתְיָעֵץ	תִּתְיָעֵצְנָה	מִתְיָעֲצוֹת		

יצא

Kal

I — יָצָא — צֵא to go out, to result: צֵאת, יָצֹא

Past		*Future*		*Present*	*Imperative*	*Gerund*
יָצָאתִי	יָצָאנוּ	אֵצֵא	נֵצֵא	יוֹצֵא	צֵא	בְּצֵאת
יָצָאתָ	יְצָאתֶם	תֵּצֵא	תֵּצְאוּ	יוֹצֵאת	צְאִי	כְּצֵאת
יָצָאת	יְצָאתֶן	תֵּצְאִי	תֵּצֶאנָה	(יוֹצְאָה)	צְאוּ	לָצֵאת
יָצָא	יָצְאוּ	יֵצֵא	יֵצְאוּ	יוֹצְאִים	צֶאנָה	מִצֵּאת
יָצְאָה		תֵּצֵא	תֵּצֶאנָה	יוֹצְאוֹת		

Nif'al

II*—

* This root has not developed this form.

Pi'el

III — יִצֵּא — יַצֵּא to export: יַצֵּא, יַצֵּא

Past		*Future*		*Present*	*Imperative*	*Gerund*
יִצֵּאתִי	יִצֵּאנוּ	אֲיַצֵּא	נְיַצֵּא	מְיַצֵּא	יַצֵּא	בְּיַצֵּא
יִצֵּאתָ	יִצֵּאתֶם	תְּיַצֵּא	תְּיַצְּאוּ	מְיַצֵּאת	יַצְּאִי	כְּיַצֵּא
יִצֵּאת	יִצֵּאתֶן	תְּיַצְּאִי	תְּיַצֶּאנָה	(מְיַצְּאָה)	יַצְּאוּ	לְיַצֵּא
יִצֵּא	יִצְּאוּ	יְיַצֵּא	יְיַצְּאוּ	מְיַצְּאִים	יַצֶּאנָה	מִיַּצֵּא
יִצְּאָה		תְּיַצֵּא	תְּיַצֶּאנָה	מְיַצְּאוֹת		

Pu'al

IV — יֻצָּא — יֻצָּא to be exported: יֻצֹּא

Past		*Future*		*Present*
יֻצֵּאתִי	יֻצֵּאנוּ	אֲיֻצָּא	נְיֻצָּא	מְיֻצָּא
יֻצֵּאתָ	יֻצֵּאתֶם	תְּיֻצָּא	תְּיֻצְּאוּ	מְיֻצֵּאת
יֻצֵּאת	יֻצֵּאתֶן	תְּיֻצְּאִי	תְּיֻצֶּאנָה	(מְיֻצָּאָה)
יֻצָּא	יֻצְּאוּ	יְיֻצָּא	יְיֻצְּאוּ	מְיֻצָּאִים
יֻצְּאָה		תְּיֻצָּא	תְּיֻצֶּאנָה	מְיֻצָּאוֹת

יצא

Hif'il

V — הוֹצִיא — הוֹצִיא to bring out, to expel: הוֹצִיא, הוֹצֵא

Past		Future		Present	Imperative	Gerund
הוֹצֵאתִי	הוֹצֵאנוּ	אוֹצִיא	נוֹצִיא	מוֹצִיא	הוֹצֵא	בְּהוֹצִיא
הוֹצֵאתָ	הוֹצֵאתֶם	תּוֹצִיא	תּוֹצִיאוּ	מוֹצִיאָה	הוֹצִיאִי	כְּהוֹצִיא
הוֹצֵאת	הוֹצֵאתֶן	תּוֹצִיאִי	תּוֹצֶאנָה	(מוֹצֵאת)	הוֹצִיאוּ	לְהוֹצִיא
הוֹצִיא	הוֹצִיאוּ	יוֹצִיא	יוֹצִיאוּ	מוֹצִיאִים	הוֹצֶאנָה	מֵהוֹצִיא
הוֹצִיאָה		תּוֹצִיא	תּוֹצֶאנָה	מוֹצִיאוֹת		

Huf'al

VI — הוּצָא — הוּצָא to be expelled, to be brought out: הוּצָא

Past		Future		Present
הוּצֵאתִי	הוּצֵאנוּ	אוּצָא	נוּצָא	מוּצָא
הוּצֵאתָ	הוּצֵאתֶם	תּוּצָא	תּוּצְאוּ	מוּצָאָה
הוּצֵאת	הוּצֵאתֶן	תּוּצְאִי	תּוּצֶאנָה	(מוּצֵאת)
הוּצָא	הוּצְאוּ	יוּצָא	יוּצְאוּ	מוּצָאִים
הוּצְאָה		תּוּצָא	תּוּצֶאנָה	מוּצָאוֹת

Hitpa'el

VII*—

*This root has not developed this form.

139

ירד

Kal

I – יָרַד – רֵד to go down, descend: רֶדֶת, יָרֹד

Past		*Future*		*Present*	*Passive Present*	*Imperative*	*Gerund*
יָרַדְתִּי	יָרַדְנוּ	אֵרֵד	נֵרֵד	יוֹרֵד	יָרוּד	רֵד	בְּרֶדֶת
יָרַדְתָּ	יְרַדְתֶּם	תֵּרֵד	תֵּרְדוּ	יוֹרֶדֶת	יְרוּדָה	רְדִי	כְּרֶדֶת
יָרַדְתְּ	יְרַדְתֶּן	תֵּרְדִי	תֵּרַדְנָה	(יוֹרְדָה)	יְרוּדִים	רְדוּ	לָרֶדֶת
יָרַד	יָרְדוּ	יֵרֵד	יֵרְדוּ	יוֹרְדִים	יְרוּדוֹת	רֵדְנָה	מֵרֶדֶת
יָרְדָה		תֵּרֵד	תֵּרַדְנָה	יוֹרְדוֹת			

Nif'al

II*–

Pi'el

III*–

Pu'al

IV*–

* This root has not developed this form.

ירד

Hif'il

V – הוֹרִיד – הוֹרִיד to lower, to lead down: **הוֹרִיד, הוֹרֵד**

Past		Future		Present	Imperative	Gerund
הוֹרַדְתִּי	הוֹרַדְנוּ	אוֹרִיד	נוֹרִיד	מוֹרִיד	הוֹרֵד	בְּהוֹרִיד
הוֹרַדְתָּ	הוֹרַדְתֶּם	תּוֹרִיד	תּוֹרִידוּ	מוֹרִידָה	הוֹרִידִי	כְּהוֹרִיד
הוֹרַדְתְּ	הוֹרַדְתֶּן	תּוֹרִידִי	תּוֹרֵדְנָה	(מוֹרֶדֶת)	הוֹרִידוּ	לְהוֹרִיד
הוֹרִיד	הוֹרִידוּ	יוֹרִיד	יוֹרִידוּ	מוֹרִידִים	הוֹרֵדְנָה	מֵהוֹרִיד
הוֹרִידָה		תּוֹרִיד	תּוֹרֵדְנָה	מוֹרִידוֹת		

Huf'al

VI – הוּרַד – הוּרַד to be lowered, to be led down: **הוּרַד**

Past		Future		Present
הוּרַדְתִּי	הוּרַדְנוּ	אוּרַד	נוּרַד	מוּרָד
הוּרַדְתָּ	הוּרַדְתֶּם	תּוּרַד	תּוּרְדוּ	מוּרָדָה
הוּרַדְתְּ	הוּרַדְתֶּן	תּוּרְדִי	תּוּרַדְנָה	מוּרָדִים
הוּרַד	הוּרְדוּ	יוּרַד	יוּרְדוּ	מוּרָדוֹת
הוּרְדָה		תּוּרַד	תּוּרַדְנָה	

Hitpa'el

VII*–

* This root has not developed this form.

ישב

Kal

I — יָשַׁב — שֵׁב to sit, to sit down: שֶׁבֶת, יָשֹׁב

Past		*Future*		*Present*	*Imperative*	*Gerund*
יָשַׁבְתִּי	יָשַׁבְנוּ	אֵשֵׁב	נֵשֵׁב	יוֹשֵׁב	שֵׁב	בְּשֶׁבֶת
יָשַׁבְתָּ	יְשַׁבְתֶּם	תֵּשֵׁב	תֵּשְׁבוּ	יוֹשֶׁבֶת	שְׁבִי	כְּשֶׁבֶת
יָשַׁבְתְּ	יְשַׁבְתֶּן	תֵּשְׁבִי	תֵּשַׁבְנָה	(יוֹשְׁבָה)	שְׁבוּ	לָשֶׁבֶת
יָשַׁב	יָשְׁבוּ	יֵשֵׁב	יֵשְׁבוּ	יוֹשְׁבִים	שֵׁבְנָה	מִשֶּׁבֶת
יָשְׁבָה		תֵּשֵׁב	תֵּשַׁבְנָה	יוֹשְׁבוֹת		

Nif'al

II — נוֹשַׁב — הִוָּשֵׁב to be inhabited, to settle: הִוָּשֵׁב, הִוָּשֵׁב

Past		*Future*		*Present*	*Imperative*	*Gerund*
נוֹשַׁבְתִּי	נוֹשַׁבְנוּ	אִוָּשֵׁב	נִוָּשֵׁב	נוֹשָׁב	הִוָּשֵׁב	בְּהִוָּשֵׁב
נוֹשַׁבְתָּ	נוֹשַׁבְתֶּם	תִּוָּשֵׁב	תִּוָּשְׁבוּ	נוֹשֶׁבֶת	הִוָּשְׁבִי	כְּהִוָּשֵׁב
נוֹשַׁבְתְּ	נוֹשַׁבְתֶּן	תִּוָּשְׁבִי	תִּוָּשַׁבְנָה	(נוֹשָׁבָה)	הִוָּשְׁבוּ	לְהִוָּשֵׁב
נוֹשַׁב	נוֹשְׁבוּ	יִוָּשֵׁב	יִוָּשְׁבוּ	נוֹשָׁבִים	הִוָּשַׁבְנָה	מֵהִוָּשֵׁב
נוֹשְׁבָה		תִּוָּשֵׁב	תִּוָּשַׁבְנָה	נוֹשָׁבוֹת		

Pi'el

III — יִשֵּׁב — יַשֵּׁב to colonize, to settle a difficulty: יַשֵּׁב, יַשֵּׁב

Past		*Future*		*Present*	*Imperative*	*Gerund*
יִשַּׁבְתִּי	יִשַּׁבְנוּ	אֲיַשֵּׁב	נְיַשֵּׁב	מְיַשֵּׁב	יַשֵּׁב	בְּיַשֵּׁב
יִשַּׁבְתָּ	יִשַּׁבְתֶּם	תְּיַשֵּׁב	תְּיַשְּׁבוּ	מְיַשֶּׁבֶת	יַשְּׁבִי	כְּיַשֵּׁב
יִשַּׁבְתְּ	יִשַּׁבְתֶּן	תְּיַשְּׁבִי	תְּיַשֵּׁבְנָה	(מְיַשְּׁבָה)	יַשְּׁבוּ	לְיַשֵּׁב
יִשֵּׁב	יִשְּׁבוּ	יְיַשֵּׁב	יְיַשְּׁבוּ	מְיַשְּׁבִים	יַשֵּׁבְנָה	מִיַּשֵּׁב
יִשְּׁבָה		תְּיַשֵּׁב	תְּיַשֵּׁבְנָה	מְיַשְּׁבוֹת		

Pu'al

IV — יֻשַּׁב — יֻשַּׁב to be colonized, to be sedate: יֻשֹּׁב

Past		*Future*		*Present*
יֻשַּׁבְתִּי	יֻשַּׁבְנוּ	אֲיֻשַּׁב	נְיֻשַּׁב	מְיֻשָּׁב
יֻשַּׁבְתָּ	יֻשַּׁבְתֶּם	תְּיֻשַּׁב	תְּיֻשְּׁבוּ	מְיֻשֶּׁבֶת
יֻשַּׁבְתְּ	יֻשַּׁבְתֶּן	תְּיֻשְּׁבִי	תְּיֻשַּׁבְנָה	(מְיֻשָּׁבָה)
יֻשַּׁב	יֻשְּׁבוּ	יְיֻשַּׁב	יְיֻשְּׁבוּ	מְיֻשָּׁבִים
יֻשְּׁבָה		תְּיֻשַּׁב	תְּיֻשַּׁבְנָה	מְיֻשָּׁבוֹת

ישב

Hif'il

V – הוֹשִׁיב – הוֹשִׁיב to seat, to come to settle: הוֹשִׁיב, הוֹשֵׁב

Past		*Future*		*Present*	*Imperative*	*Gerund*
הוֹשַׁבְתִּי	הוֹשַׁבְנוּ	אוֹשִׁיב	נוֹשִׁיב	מוֹשִׁיב	הוֹשֵׁב	בְּהוֹשִׁיב
הוֹשַׁבְתָּ	הוֹשַׁבְתֶּם	תּוֹשִׁיב	תּוֹשִׁיבוּ	מוֹשֶׁבֶת	הוֹשִׁיבִי	כְּהוֹשִׁיב
הוֹשַׁבְתְּ	הוֹשַׁבְתֶּן	תּוֹשִׁיבִי	תּוֹשֵׁבְנָה	(מוֹשִׁיבָה)	הוֹשִׁיבוּ	לְהוֹשִׁיב
הוֹשִׁיב	הוֹשִׁיבוּ	יוֹשִׁיב	יוֹשִׁיבוּ	מוֹשִׁיבִים	הוֹשֵׁבְנָה	מֵהוֹשִׁיב
הוֹשִׁיבָה		תּוֹשִׁיב	תּוֹשֵׁבְנָה	מוֹשִׁיבוֹת		

Huf'al

VI – הוּשַׁב – הוּשַׁב to be made to dwell, to be inhabited: הוּשַׁב

Past		*Future*		*Present*
הוּשַׁבְתִּי	הוּשַׁבְנוּ	אוּשַׁב	נוּשַׁב	מוּשָׁב
הוּשַׁבְתָּ	הוּשַׁבְתֶּם	תּוּשַׁב	תּוּשְׁבוּ	מוּשֶׁבֶת
הוּשַׁבְתְּ	הוּשַׁבְתֶּן	תּוּשְׁבִי	תּוּשַׁבְנָה	(מוּשָׁבָה)
הוּשַׁב	הוּשְׁבוּ	יוּשַׁב	יוּשְׁבוּ	מוּשָׁבִים
הוּשְׁבָה		תּוּשַׁב	תּוּשַׁבְנָה	מוּשָׁבוֹת

Hitpa'el

VII – הִתְיַשֵּׁב – הִתְיַשֵּׁב – הִתְיַשֵּׁב to settle, to be at ease: הִתְיַשֵּׁב, הִתְיַשֵּׁב

Past		*Future*		*Present*	*Imperative*	*Gerund*
הִתְיַשַּׁבְתִּי	הִתְיַשַּׁבְנוּ	אֶתְיַשֵּׁב	נִתְיַשֵּׁב	מִתְיַשֵּׁב	הִתְיַשֵּׁב	בְּהִתְיַשֵּׁב
הִתְיַשַּׁבְתָּ	הִתְיַשַּׁבְתֶּם	תִּתְיַשֵּׁב	תִּתְיַשְּׁבוּ	מִתְיַשֶּׁבֶת	הִתְיַשְּׁבִי	כְּהִתְיַשֵּׁב
הִתְיַשַּׁבְתְּ	הִתְיַשַּׁבְתֶּן	תִּתְיַשְּׁבִי	תִּתְיַשֵּׁבְנָה	(מִתְיַשְּׁבָה)	הִתְיַשְּׁבוּ	לְהִתְיַשֵּׁב
הִתְיַשֵּׁב	הִתְיַשְּׁבוּ	יִתְיַשֵּׁב	יִתְיַשְּׁבוּ	מִתְיַשְּׁבִים	הִתְיַשֵּׁבְנָה	מֵהִתְיַשֵּׁב
הִתְיַשְּׁבָה		תִּתְיַשֵּׁב	תִּתְיַשֵּׁבְנָה	מִתְיַשְּׁבוֹת		

ישן

Kal

I — יָשַׁן — יְשַׁן to sleep, to go to sleep: יְשֹׁן, יָשֹׁן

Past		*Future*		*Present*	*Imperative*	*Gerund*
יָשַׁנְתִּי	יָשַׁנּוּ	אִישַׁן	נִישַׁן	יָשֵׁן	יְשַׁן	בִּישׁוֹן
יָשַׁנְתָּ	יְשַׁנְתֶּם	תִּישַׁן	תִּישְׁנוּ	יְשֵׁנָה	יִשְׁנִי	כִּישׁוֹן
יָשַׁנְתְּ	יְשַׁנְתֶּן	תִּישְׁנִי	תִּישַׁנָּה	יְשֵׁנִים	יִשְׁנוּ	לִישׁוֹן
יָשַׁן	יָשְׁנוּ	יִישַׁן	יִישְׁנוּ	יְשֵׁנוֹת	יְשַׁנָּה	מִישׁוֹן
יָשְׁנָה		תִּישַׁן	תִּישַׁנָּה			

Nif'al

II — נוֹשַׁן — הִוָּשֵׁן to be old, to grow old: הִוָּשֵׁן, הִוָּשֵׁן

Past		*Future*		*Present*	*Imperative*	*Gerund*
נוֹשַׁנְתִּי	נוֹשַׁנּוּ	אֶוָּשֵׁן	נִוָּשֵׁן	נוֹשָׁן	הִוָּשֵׁן	בְּהִוָּשֵׁן
נוֹשַׁנְתָּ	נוֹשַׁנְתֶּם	תִּוָּשֵׁן	תִּוָּשְׁנוּ	נוֹשֶׁנֶת	הִוָּשְׁנִי	כְּהִוָּשֵׁן
נוֹשַׁנְתְּ	נוֹשַׁנְתֶּן	תִּוָּשְׁנִי	תִּוָּשַׁנָּה	(נוֹשָׁנָה)	הִוָּשְׁנוּ	לְהִוָּשֵׁן
נוֹשַׁן	נוֹשְׁנוּ	יִוָּשֵׁן	יִוָּשְׁנוּ	נוֹשָׁנִים	הִוָּשַׁנָּה	מֵהִוָּשֵׁן
נוֹשְׁנָה		תִּוָּשֵׁן	תִּוָּשַׁנָּה	נוֹשָׁנוֹת		

Pi'el

III — יִשֵּׁן — יַשֵּׁן to put to sleep, to cause to grow old: יַשֵּׁן, יַשֵּׁן

Past		*Future*		*Present*	*Imperative*	*Gerund*
יִשַּׁנְתִּי	יִשַּׁנּוּ	אֲיַשֵּׁן	נְיַשֵּׁן	מְיַשֵּׁן	יַשֵּׁן	בְּיַשֵּׁן
יִשַּׁנְתָּ	יִשַּׁנְתֶּם	תְּיַשֵּׁן	תְּיַשְּׁנוּ	מְיַשֶּׁנֶת	יַשְּׁנִי	כְּיַשֵּׁן
יִשַּׁנְתְּ	יִשַּׁנְתֶּן	תְּיַשְּׁנִי	תְּיַשֵּׁנָּה	(מְיַשְּׁנָה)	יַשְּׁנוּ	לְיַשֵּׁן
יִשֵּׁן	יִשְּׁנוּ	יְיַשֵּׁן	יְיַשְּׁנוּ	מְיַשְּׁנִים	יַשֵּׁנָּה	מִיַּשֵּׁן
יִשְּׁנָה		תְּיַשֵּׁן	תְּיַשֵּׁנָּה	מְיַשְּׁנוֹת		

Pu'al

IV — יֻשַּׁן — יֻשַּׁן to be made old, to be put to sleep: יֻשַּׁן

Past		*Future*		*Present*
יֻשַּׁנְתִּי	יֻשַּׁנּוּ	אֲיֻשַּׁן	נְיֻשַּׁן	מְיֻשָּׁן
יֻשַּׁנְתָּ	יֻשַּׁנְתֶּם	תְּיֻשַּׁן	תְּיֻשְּׁנוּ	מְיֻשֶּׁנֶת
יֻשַּׁנְתְּ	יֻשַּׁנְתֶּן	תְּיֻשְּׁנִי	תְּיֻשַּׁנָּה	(מְיֻשָּׁנָה)
יֻשַּׁן	יֻשְּׁנוּ	יְיֻשַּׁן	יְיֻשְּׁנוּ	מְיֻשָּׁנִים
יֻשְּׁנָה		תְּיֻשַּׁן	תְּיֻשַּׁנָּה	מְיֻשָּׁנוֹת

ישן

Hif'il

V*–

Huf'al

VI*–

* This root has not developed this form.

Hitpa'el

VII – הִתְיַשֵּׁן – הִתְיַשֵּׁן to become old: הִתְיַשֵּׁן, הִתְיַשֵּׁן

Past		*Future*		*Present*	*Imperative*	*Gerund*
הִתְיַשַּׁנְתִּי	הִתְיַשַּׁנּוּ	אֶתְיַשֵּׁן	נִתְיַשֵּׁן	מִתְיַשֵּׁן	הִתְיַשֵּׁן	בְּהִתְיַשֵּׁן
הִתְיַשַּׁנְתָּ	הִתְיַשַּׁנְתֶּם	תִּתְיַשֵּׁן	תִּתְיַשְּׁנוּ	מִתְיַשֶּׁנֶת	הִתְיַשְּׁנִי	כְּהִתְיַשֵּׁן
הִתְיַשַּׁנְתְּ	הִתְיַשַּׁנְתֶּן	תִּתְיַשְּׁנִי	תִּתְיַשֵּׁנָּה	(מִתְיַשְּׁנָה)	הִתְיַשְּׁנוּ	לְהִתְיַשֵּׁן
הִתְיַשֵּׁן	הִתְיַשְּׁנוּ	יִתְיַשֵּׁן	יִתְיַשְּׁנוּ	מִתְיַשְּׁנִים	הִתְיַשֵּׁנָּה	מֵהִתְיַשֵּׁן
הִתְיַשְּׁנָה		תִּתְיַשֵּׁן	תִּתְיַשֵּׁנָּה	מִתְיַשְּׁנוֹת		

Nitpa'el: Passive Past — נִתְיַשְּׁנָה נִתְיַשֵּׁן נִתְיַשַּׁנְתְּ נִתְיַשַּׁנְתָּ נִתְיַשַּׁנְתִּי etc.

יתר

Kal

I*–

* This root has not developed this form.

Nif'al

II – נוֹתַר – הִוָּתֵר to remain, to be left over: **הִוָּתֵר, הִוָּתֵר**

Past		*Future*		*Present*	*Imperative*	*Gerund*
נוֹתַרְתִּי	נוֹתַרְנוּ	אֶוָּתֵר	נִוָּתֵר	נוֹתָר	הִוָּתֵר	בְּהִוָּתֵר
נוֹתַרְתָּ	נוֹתַרְתֶּם	תִּוָּתֵר	תִּוָּתְרוּ	נוֹתֶרֶת	הִוָּתְרִי	כְּהִוָּתֵר
נוֹתַרְתְּ	נוֹתַרְתֶּן	תִּוָּתְרִי	תִּוָּתַרְנָה	(נוֹתָרָה)	הִוָּתְרוּ	לְהִוָּתֵר
נוֹתַר	נוֹתְרוּ	יִוָּתֵר	יִוָּתְרוּ	נוֹתָרִים	הִוָּתַרְנָה	מֵהִוָּתֵר
נוֹתְרָה		תִּוָּתֵר	תִּוָּתַרְנָה	נוֹתָרוֹת		

Pi'el

III – יִתֵּר – יַתֵּר to add, to make superfluous: **יַתֵּר, יַתֵּר**

Past		*Future*		*Present*	*Imperative*	*Gerund*
יִתַּרְתִּי	יִתַּרְנוּ	אֲיַתֵּר	נְיַתֵּר	מְיַתֵּר	יַתֵּר	בְּיַתֵּר
יִתַּרְתָּ	יִתַּרְתֶּם	תְּיַתֵּר	תְּיַתְּרוּ	מְיַתֶּרֶת	יַתְּרִי	כְּיַתֵּר
יִתַּרְתְּ	יִתַּרְתֶּן	תְּיַתְּרִי	תְּיַתֵּרְנָה	(מְיַתְּרָה)	יַתְּרוּ	לְיַתֵּר
יִתֵּר	יִתְּרוּ	יְיַתֵּר	יְיַתְּרוּ	מְיַתְּרִים	יַתֵּרְנָה	מִיַּתֵּר
יִתְּרָה		תְּיַתֵּר	תְּיַתֵּרְנָה	מְיַתְּרוֹת		

Pu'al

IV – יֻתַּר – יֻתַּר to be added, to be made superfluous: **יֻתֹּר**

Past		*Future*		*Present*
יֻתַּרְתִּי	יֻתַּרְנוּ	אֲיֻתַּר	נְיֻתַּר	מְיֻתָּר
יֻתַּרְתָּ	יֻתַּרְתֶּם	תְּיֻתַּר	תְּיֻתְּרוּ	מְיֻתֶּרֶת
יֻתַּרְתְּ	יֻתַּרְתֶּן	תְּיֻתְּרִי	תְּיֻתַּרְנָה	(מְיֻתָּרָה)
יֻתַּר	יֻתְּרוּ	יְיֻתַּר	יְיֻתְּרוּ	מְיֻתָּרִים
יֻתְּרָה		תְּיֻתַּר	תְּיֻתַּרְנָה	מְיֻתָּרוֹת

יתר

Hif'il

V – הוֹתִיר – הוֹתִיר to leave over: **הוֹתִיר, הוֹתֵר**

Past		*Future*		*Present*	*Imperative*	*Gerund*
הוֹתַרְתִּי	הוֹתַרְנוּ	אוֹתִיר	נוֹתִיר	מוֹתִיר	הוֹתֵר	בְּהוֹתִיר
הוֹתַרְתָּ	הוֹתַרְתֶּם	תּוֹתִיר	תּוֹתִירוּ	מוֹתֶרֶת	הוֹתִירִי	כְּהוֹתִיר
הוֹתַרְתְּ	הוֹתַרְתֶּן	תּוֹתִירִי	תּוֹתֵרְנָה	(מוֹתִירָה)	הוֹתִירוּ	לְהוֹתִיר
הוֹתִיר	הוֹתִירוּ	יוֹתִיר	יוֹתִירוּ	מוֹתִירִים	הוֹתֵרְנָה	מֵהוֹתִיר
הוֹתִירָה		תּוֹתִיר	תּוֹתֵרְנָה	מוֹתִירוֹת		

Huf'al

VI*–

* This root has not developed this form.

Hitpa'el

VII – הִתְיַתֵּר – נִתְיַתֵּר to be increased: **הִתְיַתֵּר, הִתְיַתֵּר**

Past		*Future*		*Present*	*Imperative*	*Gerund*
הִתְיַתַּרְתִּי	הִתְיַתַּרְנוּ	אֶתְיַתֵּר	נִתְיַתֵּר	מִתְיַתֵּר	הִתְיַתֵּר	בְּהִתְיַתֵּר
הִתְיַתַּרְתָּ	הִתְיַתַּרְתֶּם	תִּתְיַתֵּר	תִּתְיַתְּרוּ	מִתְיַתֶּרֶת	הִתְיַתְּרִי	כְּהִתְיַתֵּר
הִתְיַתַּרְתְּ	הִתְיַתַּרְתֶּן	תִּתְיַתְּרִי	תִּתְיַתֵּרְנָה	(מִתְיַתְּרָה)	הִתְיַתְּרוּ	לְהִתְיַתֵּר
הִתְיַתֵּר	הִתְיַתְּרוּ	יִתְיַתֵּר	יִתְיַתְּרוּ	מִתְיַתְּרִים	הִתְיַתֵּרְנָה	מֵהִתְיַתֵּר
הִתְיַתְּרָה		תִּתְיַתֵּר	תִּתְיַתֵּרְנָה	מִתְיַתְּרוֹת		

Nitpa'el: Passive Past — נִתְיַתַּרְתִּי נִתְיַתַּרְתָּ נִתְיַתַּרְתְּ נִתְיַתֵּר נִתְיַתְּרָה etc.

כבד

Kal

I – כָּבַד – כְּבַד to be heavy: כְּבֹד, כָּבֹד

Past		Future		Present	Imperative	Gerund
כָּבַדְתִּי	כָּבַדְנוּ	אֶכְבַּד	נִכְבַּד	כָּבֵד	כְּבַד	בִּכְבֹד
כָּבַדְתָּ	כְּבַדְתֶּם	תִּכְבַּד	תִּכְבְּדוּ	כְּבֵדָה	כִּבְדִי	כִּכְבֹד
כָּבַדְתְּ	כְּבַדְתֶּן	תִּכְבְּדִי	תִּכְבַּדְנָה	כְּבֵדִים	כִּבְדוּ	לִכְבֹּד
כָּבַד	כָּבְדוּ	יִכְבַּד	יִכְבְּדוּ	כְּבֵדוֹת	כְּבַדְנָה	מִכְּבֹד
כָּבְדָה		תִּכְבַּד	תִּכְבַּדְנָה			

Nif'al

II – נִכְבַּד – הִכָּבֵד to abound, to gain honor: הִכָּבֵד, הִכָּבֵד

Past		Future		Present	Imperative	Gerund
נִכְבַּדְתִּי	נִכְבַּדְנוּ	אֶכָּבֵד	נִכָּבֵד	נִכְבָּד	הִכָּבֵד	בְּהִכָּבֵד
נִכְבַּדְתָּ	נִכְבַּדְתֶּם	תִּכָּבֵד	תִּכָּבְדוּ	נִכְבֶּדֶת	הִכָּבְדִי	כְּהִכָּבֵד
נִכְבַּדְתְּ	נִכְבַּדְתֶּן	תִּכָּבְדִי	תִּכָּבַדְנָה	(נִכְבָּדָה)	הִכָּבְדוּ	לְהִכָּבֵד
נִכְבַּד	נִכְבְּדוּ	יִכָּבֵד	יִכָּבְדוּ	נִכְבָּדִים	הִכָּבַדְנָה	מֵהִכָּבֵד
נִכְבְּדָה		תִּכָּבֵד	תִּכָּבַדְנָה	נִכְבָּדוֹת		

Pi'el

III – כִּבֵּד – כַּבֵּד to honor, to sweep: כַּבֵּד, כַּבֵּד

Past		Future		Present	Imperative	Gerund
כִּבַּדְתִּי	כִּבַּדְנוּ	אֲכַבֵּד	נְכַבֵּד	מְכַבֵּד	כַּבֵּד	בְּכַבֵּד
כִּבַּדְתָּ	כִּבַּדְתֶּם	תְּכַבֵּד	תְּכַבְּדוּ	מְכַבֶּדֶת	כַּבְּדִי	כְּכַבֵּד
כִּבַּדְתְּ	כִּבַּדְתֶּן	תְּכַבְּדִי	תְּכַבֵּדְנָה	(מְכַבְּדָה)	כַּבְּדוּ	לְכַבֵּד
כִּבֵּד	כִּבְּדוּ	יְכַבֵּד	יְכַבְּדוּ	מְכַבְּדִים	כַּבֵּדְנָה	מִכַּבֵּד
כִּבְּדָה		תְּכַבֵּד	תְּכַבֵּדְנָה	מְכַבְּדוֹת		

Pu'al

IV – כֻּבַּד – כֻּבַּד to be honored: כֻּבֹּד

Past		Future		Present
כֻּבַּדְתִּי	כֻּבַּדְנוּ	אֲכֻבַּד	נְכֻבַּד	מְכֻבָּד
כֻּבַּדְתָּ	כֻּבַּדְתֶּם	תְּכֻבַּד	תְּכֻבְּדוּ	מְכֻבֶּדֶת
כֻּבַּדְתְּ	כֻּבַּדְתֶּן	תְּכֻבְּדִי	תְּכֻבַּדְנָה	(מְכֻבָּדָה)
כֻּבַּד	כֻּבְּדוּ	יְכֻבַּד	יְכֻבְּדוּ	מְכֻבָּדִים
כֻּבְּדָה		תְּכֻבַּד	תְּכֻבַּדְנָה	מְכֻבָּדוֹת

כבד

Hif'il

V – הִכְבִּיד – הַכְבִּיד to make heavy: הַכְבִּיד, הַכְבֵּד

Past		Future		Present	Imperative	Gerund
הִכְבַּדְתִּי	הִכְבַּדְנוּ	אַכְבִּיד	נַכְבִּיד	מַכְבִּיד	הַכְבֵּד	בְּהַכְבִּיד
הִכְבַּדְתָּ	הִכְבַּדְתֶּם	תַּכְבִּיד	תַּכְבִּידוּ	מַכְבֶּדֶת	הַכְבִּידִי	כְּהַכְבִּיד
הִכְבַּדְתְּ	הִכְבַּדְתֶּן	תַּכְבִּידִי	תַּכְבֵּדְנָה	(מַכְבִּידָה)	הַכְבִּידוּ	לְהַכְבִּיד
הִכְבִּיד	הִכְבִּידוּ	יַכְבִּיד	יַכְבִּידוּ	מַכְבִּידִים	הַכְבֵּדְנָה	מֵהַכְבִּיד
הִכְבִּידָה		תַּכְבִּיד	תַּכְבֵּדְנָה	מַכְבִּידוֹת		

Huf'al

VI – הֻכְבַּד – הֻכְבַּד to be made heavy: הֻכְבֵּד

Past		Future		Present
הֻכְבַּדְתִּי	הֻכְבַּדְנוּ	אֻכְבַּד	נֻכְבַּד	מֻכְבָּד
הֻכְבַּדְתָּ	הֻכְבַּדְתֶּם	תֻּכְבַּד	תֻּכְבְּדוּ	מֻכְבֶּדֶת
הֻכְבַּדְתְּ	הֻכְבַּדְתֶּן	תֻּכְבְּדִי	תֻּכְבַּדְנָה	(מֻכְבָּדָה)
הֻכְבַּד	הֻכְבְּדוּ	יֻכְבַּד	יֻכְבְּדוּ	מֻכְבָּדִים
הֻכְבְּדָה		תֻּכְבַּד	תֻּכְבַּדְנָה	מֻכְבָּדוֹת

Hitpa'el

VII – הִתְכַּבֵּד – הִתְכַּבֵּד to be honored, to exalt oneself: הִתְכַּבֵּד, הִתְכַּבֶּד

Past		Future		Present	Imperative	Gerund
הִתְכַּבַּדְתִּי	הִתְכַּבַּדְנוּ	אֶתְכַּבֵּד	נִתְכַּבֵּד	מִתְכַּבֵּד	הִתְכַּבֵּד	בְּהִתְכַּבֵּד
הִתְכַּבַּדְתָּ	הִתְכַּבַּדְתֶּם	תִּתְכַּבֵּד	תִּתְכַּבְּדוּ	מִתְכַּבֶּדֶת	הִתְכַּבְּדִי	כְּהִתְכַּבֵּד
הִתְכַּבַּדְתְּ	הִתְכַּבַּדְתֶּן	תִּתְכַּבְּדִי	תִּתְכַּבֵּדְנָה	(מִתְכַּבְּדָה)	דִתְכַּבְּדוּ	לְהִתְכַּבֵּד
הִתְכַּבֵּד	הִתְכַּבְּדוּ	יִתְכַּבֵּד	יִתְכַּבְּדוּ	מִתְכַּבְּדִים	הִתְכַּבֵּדְנָה	מֵהִתְכַּבֵּד
הִתְכַּבְּדָה		תִּתְכַּבֵּד	תִּתְכַּבֵּדְנָה	מִתְכַּבְּדוֹת		

כבש

Kal

I — כָּבַשׁ — כָּבֹשׁ — כְּבֹשׁ to subdue, to press, to pickel: **כְּבֹשׁ, כָּבֹשׁ**

Past		*Future*		*Present*	*Passive Present*	*Imperative*	*Gerund*
כָּבַשְׁתִּי	כָּבַשְׁנוּ	אֶכְבֹּשׁ	נִכְבֹּשׁ	כּוֹבֵשׁ	כָּבוּשׁ	כְּבֹשׁ	בִּכְבֹשׁ
כָּבַשְׁתָּ	כְּבַשְׁתֶּם	תִּכְבֹּשׁ	תִּכְבְּשׁוּ	כּוֹבֶשֶׁת	כְּבוּשָׁה	כִּבְשִׁי	כִּכְבֹשׁ
כָּבַשְׁתְּ	כְּבַשְׁתֶּן	תִּכְבְּשִׁי	תִּכְבֹּשְׁנָה	(כּוֹבְשָׁה)	כְּבוּשִׁים	כִּבְשׁוּ	לִכְבֹּשׁ
כָּבַשׁ	כָּבְשׁוּ	יִכְבֹּשׁ	יִכְבְּשׁוּ	כּוֹבְשִׁים	כְּבוּשׁוֹת	כְּבֹשְׁנָה	מִכְּבֹשׁ
כָּבְשָׁה		תִּכְבֹּשׁ	תִּכְבֹּשְׁנָה	כּוֹבְשׁוֹת			

Nif'al

II — נִכְבַּשׁ — הִכָּבֵשׁ — הִכָּבֵשׁ to be subdued, to be preserved: **הִכָּבֵשׁ, הִכָּבֵשׁ**

Past		*Future*		*Present*	*Imperative*	*Gerund*
נִכְבַּשְׁתִּי	נִכְבַּשְׁנוּ	אֶכָּבֵשׁ	נִכָּבֵשׁ	נִכְבָּשׁ	הִכָּבֵשׁ	בְּהִכָּבֵשׁ
נִכְבַּשְׁתָּ	נִכְבַּשְׁתֶּם	תִּכָּבֵשׁ	תִּכָּבְשׁוּ	נִכְבֶּשֶׁת	הִכָּבְשִׁי	כְּהִכָּבֵשׁ
נִכְבַּשְׁתְּ	נִכְבַּשְׁתֶּן	תִּכָּבְשִׁי	תִּכָּבַשְׁנָה	(נִכְבָּשָׁה)	הִכָּבְשׁוּ	לְהִכָּבֵשׁ
נִכְבַּשׁ	נִכְבְּשׁוּ	יִכָּבֵשׁ	יִכָּבְשׁוּ	נִכְבָּשִׁים	הִכָּבַשְׁנָה	מֵהִכָּבֵשׁ
נִכְבְּשָׁה		תִּכָּבֵשׁ	תִּכָּבַשְׁנָה	נִכְבָּשׁוֹת		

Pi'el

III — כִּבֵּשׁ — כַּבֵּשׁ — כַּבֵּשׁ to conquer, to subjugate: **כַּבֵּשׁ, כַּבֵּשׁ**

Past		*Future*		*Present*	*Imperative*	*Gerund*
כִּבַּשְׁתִּי	כִּבַּשְׁנוּ	אֲכַבֵּשׁ	נְכַבֵּשׁ	מְכַבֵּשׁ	כַּבֵּשׁ	בְּכַבֵּשׁ
כִּבַּשְׁתָּ	כִּבַּשְׁתֶּם	תְּכַבֵּשׁ	תְּכַבְּשׁוּ	מְכַבֶּשֶׁת	כַּבְּשִׁי	כְּכַבֵּשׁ
כִּבַּשְׁתְּ	כִּבַּשְׁתֶּן	תְּכַבְּשִׁי	תְּכַבֵּשְׁנָה	(מְכַבְּשָׁה)	כַּבְּשׁוּ	לְכַבֵּשׁ
כִּבֵּשׁ	כִּבְּשׁוּ	יְכַבֵּשׁ	יְכַבְּשׁוּ	מְכַבְּשִׁים	כַּבֵּשְׁנָה	מִכַּבֵּשׁ
כִּבְּשָׁה		תְּכַבֵּשׁ	תְּכַבֵּשְׁנָה	מְכַבְּשׁוֹת		

Pu'al

IV — כֻּבַּשׁ — כֻּבַּשׁ — כֻּבַּשׁ to be conquered, to be subdued: **כֻּבֹּשׁ**

Past		*Future*		*Present*
כֻּבַּשְׁתִּי	כֻּבַּשְׁנוּ	אֲכֻבַּשׁ	נְכֻבַּשׁ	מְכֻבָּשׁ
כֻּבַּשְׁתָּ	כֻּבַּשְׁתֶּם	תְּכֻבַּשׁ	תְּכֻבְּשׁוּ	מְכֻבֶּשֶׁת
כֻּבַּשְׁתְּ	כֻּבַּשְׁתֶּן	תְּכֻבְּשִׁי	תְּכֻבַּשְׁנָה	(מְכֻבָּשָׁה)
כֻּבַּשׁ	כֻּבְּשׁוּ	יְכֻבַּשׁ	יְכֻבְּשׁוּ	מְכֻבָּשִׁים
כֻּבְּשָׁה		תְּכֻבַּשׁ	תְּכֻבַּשְׁנָה	מְכֻבָּשׁוֹת

כבש

Hif'il

V – הִכְבִּישׁ – הַכְבִּישׁ to bring into bondage: הַכְבִּישׁ, הַכְבֵּשׁ

Gerund	Imperative	Present	Future	Future	Past	Past
בְּהַכְבִּישׁ	הַכְבֵּשׁ	מַכְבִּישׁ	נַכְבִּישׁ	אַכְבִּישׁ	הִכְבַּשְׁנוּ	הִכְבַּשְׁתִּי
כְּהַכְבִּישׁ	הַכְבִּישִׁי	מַכְבֶּשֶׁת	תַּכְבִּישׁוּ	תַּכְבִּישׁ	הִכְבַּשְׁתֶּם	הִכְבַּשְׁתָּ
לְהַכְבִּישׁ	הַכְבִּישׁוּ	(מַכְבִּישָׁה)	תַּכְבֵּשְׁנָה	תַּכְבִּישִׁי	הִכְבַּשְׁתֶּן	הִכְבַּשְׁתְּ
מֵהַכְבִּישׁ	הַכְבֵּשְׁנָה	מַכְבִּישִׁים	יַכְבִּישׁוּ	יַכְבִּישׁ	הִכְבִּישׁוּ	הִכְבִּישׁ
		מַכְבִּישׁוֹת	תַּכְבֵּשְׁנָה	תַּכְבִּישׁ		הִכְבִּישָׁה

Huf'al

VI – הֻכְבַּשׁ – הֻכְבַּשׁ to be brought into bondage: הֻכְבֵּשׁ

Present	Future	Future	Past	Past
מֻכְבָּשׁ	נֻכְבַּשׁ	אֻכְבַּשׁ	הֻכְבַּשְׁנוּ	הֻכְבַּשְׁתִּי
מֻכְבֶּשֶׁת	תֻּכְבְּשׁוּ	תֻּכְבַּשׁ	הֻכְבַּשְׁתֶּם	הֻכְבַּשְׁתָּ
(מֻכְבָּשָׁה)	תֻּכְבַּשְׁנָה	תֻּכְבְּשִׁי	הֻכְבַּשְׁתֶּן	הֻכְבַּשְׁתְּ
מֻכְבָּשִׁים	יֻכְבְּשׁוּ	יֻכְבַּשׁ	הֻכְבְּשׁוּ	הֻכְבַּשׁ
מֻכְבָּשׁוֹת	תֻּכְבַּשְׁנָה	תֻּכְבַּשׁ		הֻכְבְּשָׁה

Hitpa'el

VII – הִתְכַּבֵּשׁ – הִתְכַּבֵּשׁ to be conquered: הִתְכַּבֵּשׁ, הִתְכַּבֵּשׁ

Gerund	Imperative	Present	Future	Future	Past	Past
בְּהִתְכַּבֵּשׁ	הִתְכַּבֵּשׁ	מִתְכַּבֵּשׁ	נִתְכַּבֵּשׁ	אֶתְכַּבֵּשׁ	הִתְכַּבַּשְׁנוּ	הִתְכַּבַּשְׁתִּי
כְּהִתְכַּבֵּשׁ	הִתְכַּבְּשִׁי	מִתְכַּבֶּשֶׁת	תִּתְכַּבְּשׁוּ	תִּתְכַּבֵּשׁ	הִתְכַּבַּשְׁתֶּם	הִתְכַּבַּשְׁתָּ
לְהִתְכַּבֵּשׁ	הִתְכַּבְּשׁוּ	(מִתְכַּבְּשָׁה)	תִּתְכַּבֵּשְׁנָה	תִּתְכַּבְּשִׁי	הִתְכַּבַּשְׁתֶּן	הִתְכַּבַּשְׁתְּ
מֵהִתְכַּבֵּשׁ	הִתְכַּבֵּשְׁנָה	מִתְכַּבְּשִׁים	יִתְכַּבְּשׁוּ	יִתְכַּבֵּשׁ	הִתְכַּבְּשׁוּ	הִתְכַּבֵּשׁ
		מִתְכַּבְּשׁוֹת	תִּתְכַּבֵּשְׁנָה	תִּתְכַּבֵּשׁ		הִתְכַּבְּשָׁה

Nitpa'el: Passive Past — נִתְכַּבַּשְׁתִּי נִתְכַּבַּשְׁתָּ נִתְכַּבַּשְׁתְּ נִתְכַּבֵּשׁ נִתְכַּבְּשָׁה etc.

כון (א)

Kal

I*—

* This root has not developed this form.

Nif'al

II — נָכוֹן — הִכּוֹן to get ready: הִכּוֹן, הִכּוֹן

Past		Future		Present	Imperative	Gerund
נְכוּנוֹתִי	נְכוּנוֹנוּ	אֶכּוֹן	נִכּוֹן	נָכוֹן	הִכּוֹן	בְּהִכּוֹן
נְכוּנוֹתָ	נְכוּנוֹתֶם	תִּכּוֹן	תִּכּוֹנוּ	נְכוֹנָה	הִכּוֹנִי	כְּהִכּוֹן
נְכוּנוֹת	נְכוּנוֹתֶן	תִּכּוֹנִי	תִּכֹּנָּה	נְכוֹנִים	הִכּוֹנוּ	לְהִכּוֹן
נָכוֹן	נָכוֹנוּ	יִכּוֹן	יִכּוֹנוּ	נְכוֹנוֹת	הִכֹּנָּה	מֵהִכּוֹן
נָכוֹנָה		תִּכּוֹן	תִּכֹּנָּה			

Pi'el

III — כּוֹנֵן — כּוֹנֵן to establish, to constitute: כּוֹנֵן, כּוֹנֵן

Past		Future		Present	Imperative	Gerund
כּוֹנַנְתִּי	כּוֹנַנּוּ	אֲכוֹנֵן	נְכוֹנֵן	מְכוֹנֵן	כּוֹנֵן	בְּכוֹנֵן
כּוֹנַנְתָּ	כּוֹנַנְתֶּם	תְּכוֹנֵן	תְּכוֹנְנוּ	מְכוֹנֶנֶת	כּוֹנְנִי	כְּכוֹנֵן
כּוֹנַנְתְּ	כּוֹנַנְתֶּן	תְּכוֹנְנִי	תְּכוֹנֵנָּה	(מְכוֹנְנָה)	כּוֹנְנוּ	לְכוֹנֵן
כּוֹנֵן	כּוֹנְנוּ	יְכוֹנֵן	יְכוֹנְנוּ	מְכוֹנְנִים	כּוֹנֵנָּה	מִכּוֹנֵן
כּוֹנְנָה		תְּכוֹנֵן	תְּכוֹנֵנָּה	מְכוֹנְנוֹת		

Pu'al

IV — כּוֹנַן — כּוֹנַן to be established: כּוֹנַן

Past		Future		Present
כּוֹנַנְתִּי	כּוֹנַנּוּ	אֲכוֹנַן	נְכוֹנַן	מְכוֹנָן
כּוֹנַנְתָּ	כּוֹנַנְתֶּם	תְּכוֹנַן	תְּכוֹנְנוּ	מְכוֹנֶנֶת
כּוֹנַנְתְּ	כּוֹנַנְתֶּן	תְּכוֹנְנִי	תְּכוֹנַנָּה	(מְכוֹנָנָה)
כּוֹנַן	כּוֹנְנוּ	יְכוֹנַן	יְכוֹנְנוּ	מְכוֹנָנִים
כּוֹנְנָה		תְּכוֹנַן	תְּכוֹנַנָּה	מְכוֹנָנוֹת

כון (א)

Hif'il

V – הֵכִין – הָכִין to prepare, to provide: הָכִין, הָכֵן

Past		Future		Present	Imperative	Gerund
הֲכִינוֹתִי*	הֲכִינוֹנוּ**	אָכִין	נָכִין	מֵכִין	הָכֵן	בְּהָכִין
הֲכִינוֹתָ	הֲכִינוֹתֶם	תָּכִין	תָּכִינוּ	מְכִינָה	הָכִינִי	כְּהָכִין
הֲכִינוֹת	הֲכִינוֹתֶן	תָּכִינִי	תָּכֵנָּה	מְכִינִים	הָכִינוּ	לְהָכִין
הֵכִין	הֵכִינוּ	יָכִין	(תְּכִינֶינָה)	מְכִינוֹת	הָכֵנָּה	מֵהָכִין
הֵכִינָה		תָּכִין	יָכִינוּ			
			תָּכֵנָּה			
			(תְּכִינֶינָה)			

* or: הֵכַנְתִּי הֵכַנְתָּ הֵכַנְתְּ הֵכִין הֵכִינָה   ** הֵכַנּוּ הֲכַנְתֶּם הֲכַנְתֶּם הֵכִינוּ

Huf'al

VI – הוּכַן – הוּכַן to be prepared: הוּכֵן

Past		Future		Present
הוּכַנְתִּי	הוּכַנּוּ	אוּכַן	נוּכַן	מוּכָן
הוּכַנְתָּ	הוּכַנְתֶּם	תּוּכַן	תּוּכְנוּ	מוּכָנָה
הוּכַנְתְּ	הוּכַנְתֶּן	תּוּכְנִי	תּוּכַנָּה	מוּכָנִים
הוּכַן	הוּכְנוּ	יוּכַן	יוּכְנוּ	מוּכָנוֹת
הוּכְנָה		תּוּכַן	תּוּכַנָּה	

Hitpa'el

VII – הִתְכּוֹנֵן – הִתְכּוֹנֵן to get read, prepare (intr.): הִתְכּוֹנֵן, הִתְכּוֹנֵן

Past		Future		Present	Imperative	Gerund
הִתְכּוֹנַנְתִּי	הִתְכּוֹנַנּוּ	אֶתְכּוֹנֵן	נִתְכּוֹנֵן	מִתְכּוֹנֵן	הִתְכּוֹנֵן	בְּהִתְכּוֹנֵן
הִתְכּוֹנַנְתָּ	הִתְכּוֹנַנְתֶּם	תִּתְכּוֹנֵן	תִּתְכּוֹנְנוּ	מִתְכּוֹנֶנֶת	הִתְכּוֹנְנִי	כְּהִתְכּוֹנֵן
הִתְכּוֹנַנְתְּ	הִתְכּוֹנַנְתֶּן	תִּתְכּוֹנְנִי	תִּתְכּוֹנֵנָּה	(מִתְכּוֹנְנָה)	הִתְכּוֹנְנוּ	לְהִתְכּוֹנֵן
הִתְכּוֹנֵן	הִתְכּוֹנְנוּ	יִתְכּוֹנֵן	יִתְכּוֹנְנוּ	מִתְכּוֹנְנִים	הִתְכּוֹנֵנָּה	מֵהִתְכּוֹנֵן
הִתְכּוֹנְנָה		תִּתְכּוֹנֵן	תִּתְכּוֹנֵנָּה	מִתְכּוֹנְנוֹת		

כון (ב)

Kal

I*–

Nif'al

II*–

* This root has not developed this form.

Pi'el

III — כִּוֵּן — כַּוֵּן to direct, to determine, to mean: כַּוֵּן, כַּוֵּן

Past		Future		Present	Imperative	Gerund
כִּוַּנְתִּי	כִּוַּנּוּ	אֲכַוֵּן	נְכַוֵּן	מְכַוֵּן	כַּוֵּן	בְּכַוֵּן
כִּוַּנְתָּ	כִּוַּנְתֶּם	תְּכַוֵּן	תְּכַוְּנוּ	מְכַוֶּנֶת	כַּוְּנִי	כְּכַוֵּן
כִּוַּנְתְּ	כִּוַּנְתֶּן	תְּכַוְּנִי	תְּכַוֵּנָּה	(מְכַוְּנָה)	כַּוְּנוּ	לְכַוֵּן
כִּוֵּן	כִּוְּנוּ	יְכַוֵּן	יְכַוְּנוּ	מְכַוְּנִים	כַּוֵּנָּה	מִכַּוֵּן
כִּוְּנָה		תְּכַוֵּן	תְּכַוֵּנָּה	מְכַוְּנוֹת		

Pu'al

IV — כֻּוַּן — כֻּוַּן to be determined, to be meant: כֻּוֹּן

Past		Future		Present
כֻּוַּנְתִּי	כֻּוַּנּוּ	אֲכֻוַּן	נְכֻוַּן	מְכֻוָּן
כֻּוַּנְתָּ	כֻּוַּנְתֶּם	תְּכֻוַּן	תְּכֻוְּנוּ	מְכֻוֶּנֶת
כֻּוַּנְתְּ	כֻּוַּנְתֶּן	תְּכֻוְּנִי	תְּכֻוַּנָּה	(מְכֻוָּנָה)
כֻּוַּן	כֻּוְּנוּ	יְכֻוַּן	יְכֻוְּנוּ	מְכֻוָּנִים
כֻּוְּנָה		תְּכֻוַּן	תְּכֻוַּנָּה	מְכֻוָּנוֹת

כון (ב)

Hif'il

V – הִכְוִין – הַכְוִין to guide, to direct: הַכְוִין, הַכְוֵן

Past		Future		Present	Imperative	Gerund
הִכְוַנְתִּי	הִכְוַנּוּ	אַכְוִין	נַכְוִין	מַכְוִין	הַכְוֵן	בְּהַכְוִין
הִכְוַנְתָּ	הִכְוַנְתֶּם	תַּכְוִין	תַּכְוִינוּ	מַכְוֶנֶת	הַכְוִינִי	כְּהַכְוִין
הִכְוַנְתְּ	הִכְוַנְתֶּן	תַּכְוִינִי	תַּכְוֶנָּה	(מַכְוִינָה)	הַכְוִינוּ	לְהַכְוִין
הִכְוִין	הִכְוִינוּ	יַכְוִין	יַכְוִינוּ	מַכְוִינִים	הַכְוֶנָּה	מֵהַכְוִין
הִכְוִינָה		תַּכְוִין	תַּכְוֶנָּה	מַכְוִינוֹת		

Huf'al

VI – הֻכְוַן – הֻכְוַן to be guided, to be directed: הֻכְוַן

Past		Future		Present
הֻכְוַנְתִּי	הֻכְוַנּוּ	אֻכְוַן	נֻכְוַן	מֻכְוָן
הֻכְוַנְתָּ	הֻכְוַנְתֶּם	תֻּכְוַן	תֻּכְוְנוּ	מֻכְוֶנֶת
הֻכְוַנְתְּ	הֻכְוַנְתֶּן	תֻּכְוְנִי	תֻּכְוַנָּה	(מֻכְוָנָה)
הֻכְוַן	הֻכְוְנוּ	יֻכְוַן	יֻכְוְנוּ	מֻכְוָנִים
הֻכְוְנָה		תֻּכְוַן	תֻּכְוַנָּה	מֻכְוָנוֹת

Hitpa'el

VII – הִתְכַּוֵּן – הִתְכַּוֵּן to intend, to mean: הִתְכַּוֵּן, הִתְכַּוֵּן

Past		Future		Present	Imperative	Gerund
הִתְכַּוַּנְתִּי	הִתְכַּוַּנּוּ	אֶתְכַּוֵּן	נִתְכַּוֵּן	מִתְכַּוֵּן	הִתְכַּוֵּן	בְּהִתְכַּוֵּן
הִתְכַּוַּנְתָּ	הִתְכַּוַּנְתֶּם	תִּתְכַּוֵּן	תִּתְכַּוְּנוּ	מִתְכַּוֶּנֶת	הִתְכַּוְּנִי	כְּהִתְכַּוֵּן
הִתְכַּוַּנְתְּ	הִתְכַּוַּנְתֶּן	תִּתְכַּוְּנִי	תִּתְכַּוֵּנָּה	(מִתְכַּוְּנָה)	הִתְכַּוְּנוּ	לְהִתְכַּוֵּן
הִתְכַּוֵּן	הִתְכַּוְּנוּ	יִתְכַּוֵּן	יִתְכַּוְּנוּ	מִתְכַּוְּנִים	הִתְכַּוֵּנָּה	מֵהִתְכַּוֵּן
הִתְכַּוְּנָה		תִּתְכַּוֵּן	תִּתְכַּוֵּנָּה	מִתְכַּוְּנוֹת		

כלכל

Kal

I*—

Nif'al

II*—

* This root has not developed this form.

Pi'el

III – כִּלְכֵּל – כַּלְכֵּל to sustain, to nourish: כַּלְכֵּל, כַּלְכֵּל

Past		Future		Present	Imperative	Gerund
כִּלְכַּלְתִּי	כִּלְכַּלְנוּ	אֲכַלְכֵּל	נְכַלְכֵּל	מְכַלְכֵּל	כַּלְכֵּל	בְּכַלְכֵּל
כִּלְכַּלְתָּ	כִּלְכַּלְתֶּם	תְּכַלְכֵּל	תְּכַלְכְּלוּ	מְכַלְכֶּלֶת	כַּלְכְּלִי	כְּכַלְכֵּל
כִּלְכַּלְתְּ	כִּלְכַּלְתֶּן	תְּכַלְכְּלִי	תְּכַלְכֵּלְנָה	(מְכַלְכְּלָה)	כַּלְכְּלוּ	לְכַלְכֵּל
כִּלְכֵּל	כִּלְכְּלוּ	יְכַלְכֵּל	יְכַלְכְּלוּ	מְכַלְכְּלִים	כַּלְכֵּלְנָה	מִכַּלְכֵּל
כִּלְכְּלָה		תְּכַלְכֵּל	תְּכַלְכֵּלְנָה	מְכַלְכְּלוֹת		

Pu'al

IV – כֻּלְכַּל – כֻּלְכַּל to be nourished, to be sustained: כֻּלְכֹּל

Past		Future		Present
כֻּלְכַּלְתִּי	כֻּלְכַּלְנוּ	אֲכֻלְכַּל	נְכֻלְכַּל	מְכֻלְכָּל
כֻּלְכַּלְתָּ	כֻּלְכַּלְתֶּם	תְּכֻלְכַּל	תְּכֻלְכְּלוּ	מְכֻלְכֶּלֶת
כֻּלְכַּלְתְּ	כֻּלְכַּלְתֶּן	תְּכֻלְכְּלִי	תְּכֻלְכַּלְנָה	(מְכֻלְכָּלָה)
כֻּלְכַּל	כֻּלְכְּלוּ	יְכֻלְכַּל	יְכֻלְכְּלוּ	מְכֻלְכָּלִים
כֻּלְכְּלָה		תְּכֻלְכַּל	תְּכֻלְכַּלְנָה	מְכֻלְכָּלוֹת

כלכל

Hif'il

V*–

Huf'al

VI*–

* This root has not developed this form.

Hitpa'el

VII – הִתְכַּלְכֵּל – הִתְכַּלְכֵּל to support oneself, to endure: הִתְכַּלְכֵּל, הִתְכַּלְכֵּל

Past		Future		Present	Imperative	Gerund
הִתְכַּלְכַּלְתִּי	הִתְכַּלְכַּלְנוּ	אֶתְכַּלְכֵּל	נִתְכַּלְכֵּל	מִתְכַּלְכֵּל	הִתְכַּלְכֵּל	בְּהִתְכַּלְכֵּל
הִתְכַּלְכַּלְתָּ	הִתְכַּלְכַּלְתֶּם	תִּתְכַּלְכֵּל	תִּתְכַּלְכְּלוּ	מִתְכַּלְכֶּלֶת	הִתְכַּלְכְּלִי	כְּהִתְכַּלְכֵּל
הִתְכַּלְכַּלְתְּ	הִתְכַּלְכַּלְתֶּן	תִּתְכַּלְכְּלִי	תִּתְכַּלְכֵּלְנָה	(מִתְכַּלְכְּלָה)	הִתְכַּלְכְּלוּ	לְהִתְכַּלְכֵּל
הִתְכַּלְכֵּל	הִתְכַּלְכְּלוּ	יִתְכַּלְכֵּל	יִתְכַּלְכְּלוּ	מִתְכַּלְכְּלִים	הִתְכַּלְכֵּלְנָה	מֵהִתְכַּלְכֵּל
הִתְכַּלְכְּלָה		תִּתְכַּלְכֵּל	תִּתְכַּלְכֵּלְנָה	מִתְכַּלְכְּלוֹת		

Nitpa'el: Passive Past — נִתְכַּלְכְּלָה נִתְכַּלְכֵּל נִתְכַּלְכַּלְתְּ נִתְכַּלְכַּלְתָּ נִתְכַּלְכַּלְתִּי etc.

כנס

Kal

I — כָּנַס — כְּנֹס to collect, to gather: כְּנֹס, כָּנֹס

Past		*Future*		*Present*	*Imperative*	*Gerund*
כָּנַסְתִּי	כָּנַסְנוּ	אֶכְנֹס	נִכְנֹס	כּוֹנֵס	כְּנֹס	בִּכְנֹס
כָּנַסְתָּ	כְּנַסְתֶּם	תִּכְנֹס	תִּכְנְסוּ	כּוֹנֶסֶת	כִּנְסִי	כִּכְנֹס
כָּנַסְתְּ	כְּנַסְתֶּן	תִּכְנְסִי	תִּכְנֹסְנָה	(כּוֹנְסָה)	כִּנְסוּ	לִכְנֹס
כָּנַס	כָּנְסוּ	יִכְנֹס	יִכְנְסוּ	כּוֹנְסִים	כְּנֹסְנָה	מִכְּנֹס
כָּנְסָה		תִּכְנֹס	תִּכְנֹסְנָה	כּוֹנְסוֹת		

Nif'al

II — נִכְנַס — הִכָּנֵס to enter, come in: הִכָּנֵס, הִכָּנֵס

Past		*Future*		*Present*	*Imperative*	*Gerund*
נִכְנַסְתִּי	נִכְנַסְנוּ	אֶכָּנֵס	נִכָּנֵס	נִכְנָס	הִכָּנֵס	בְּהִכָּנֵס
נִכְנַסְתָּ	נִכְנַסְתֶּם	תִּכָּנֵס	תִּכָּנְסוּ	נִכְנֶסֶת	הִכָּנְסִי	כְּהִכָּנֵס
נִכְנַסְתְּ	נִכְנַסְתֶּן	תִּכָּנְסִי	תִּכָּנַסְנָה	(נִכְנָסָה)	הִכָּנְסוּ	לְהִכָּנֵס
נִכְנַס	נִכְנְסוּ	יִכָּנֵס	יִכָּנְסוּ	נִכְנָסִים	הִכָּנַסְנָה	מֵהִכָּנֵס
נִכְנְסָה		תִּכָּנֵס	תִּכָּנַסְנָה	נִכְנָסוֹת		

Pi'el

III — כִּנֵּס — כַּנֵּס to assemble, to gather: כַּנֵּס, כַּנֵּס

Past		*Future*		*Present*	*Imperative*	*Gerund*
כִּנַּסְתִּי	כִּנַּסְנוּ	אֲכַנֵּס	נְכַנֵּס	מְכַנֵּס	כַּנֵּס	בְּכַנֵּס
כִּנַּסְתָּ	כִּנַּסְתֶּם	תְּכַנֵּס	תְּכַנְּסוּ	מְכַנֶּסֶת	כַּנְּסִי	כְּכַנֵּס
כִּנַּסְתְּ	כִּנַּסְתֶּן	תְּכַנְּסִי	תְּכַנֵּסְנָה	(מְכַנְּסָה)	כַּנְּסוּ	לְכַנֵּס
כִּנֵּס	כִּנְּסוּ	יְכַנֵּס	יְכַנְּסוּ	מְכַנְּסִים	כַּנֵּסְנָה	מִכַּנֵּס
כִּנְּסָה		תְּכַנֵּס	תְּכַנֵּסְנָה	מְכַנְּסוֹת		

Pu'al

IV — כֻּנַּס — כֻּנֹּס to be assembled: כֻּנֹּס

Past		*Future*		*Present*
כֻּנַּסְתִּי	כֻּנַּסְנוּ	אֲכֻנַּס	נְכֻנַּס	מְכֻנָּס
כֻּנַּסְתָּ	כֻּנַּסְתֶּם	תְּכֻנַּס	תְּכֻנְּסוּ	מְכֻנֶּסֶת
כֻּנַּסְתְּ	כֻּנַּסְתֶּן	תְּכֻנְּסִי	תְּכֻנַּסְנָה	(מְכֻנָּסָה)
כֻּנַּס	כֻּנְּסוּ	יְכֻנַּס	יְכֻנְּסוּ	מְכֻנָּסִים
כֻּנְּסָה		תְּכֻנַּס	תְּכֻנַּסְנָה	מְכֻנָּסוֹת

כנס

Hif'il

V – הִכְנִיס – הַכְנִיס to bring in, to admit: **הַכְנִיס, הַכְנֵס**

Past		*Future*		*Present*	*Imperative*	*Gerund*
הִכְנַסְתִּי	הִכְנַסְנוּ	אַכְנִיס	נַכְנִיס	מַכְנִיס	הַכְנֵס	בְּהַכְנִיס
הִכְנַסְתָּ	הִכְנַסְתֶּם	תַּכְנִיס	תַּכְנִיסוּ	מַכְנֶסֶת	הַכְנִיסִי	כְּהַכְנִיס
הִכְנַסְתְּ	הִכְנַסְתֶּן	תַּכְנִיסִי	תַּכְנֵסְנָה	(מַכְנִיסָה)	הַכְנִיסוּ	לְהַכְנִיס
הִכְנִיס	הִכְנִיסוּ	יַכְנִיס	יַכְנִיסוּ	מַכְנִיסִים	הַכְנֵסְנָה	מֵהַכְנִיס
הִכְנִיסָה		תַּכְנִיס	תַּכְנֵסְנָה	מַכְנִיסוֹת		

Hof'al

VI – הָכְנַס – הָכְנַס to be brought in, to be admitted: **הָכְנֵס**

Past		*Future*		*Present*
הָכְנַסְתִּי	הָכְנַסְנוּ	אָכְנַס	נָכְנַס	מָכְנָס
הָכְנַסְתָּ	הָכְנַסְתֶּם	תָּכְנַס	תָּכְנְסוּ	מָכְנֶסֶת
הָכְנַסְתְּ	הָכְנַסְתֶּן	תָּכְנְסִי	תָּכְנַסְנָה	(מָכְנָסָה)
הָכְנַס	הָכְנְסוּ	יָכְנַס	יָכְנְסוּ	מָכְנָסִים
הָכְנְסָה		תָּכְנַס	תָּכְנַסְנָה	מָכְנָסוֹת

Hitpa'el

VII – הִתְכַּנֵּס – הִתְכַּנֵּס to convene, come together: **הִתְכַּנֵּס**

Past		*Future*		*Present*	*Imperative*	*Gerund*
הִתְכַּנַּסְתִּי	הִתְכַּנַּסְנוּ	אֶתְכַּנֵּס	נִתְכַּנֵּס	מִתְכַּנֵּס	הִתְכַּנֵּס	בְּהִתְכַּנֵּס
הִתְכַּנַּסְתָּ	הִתְכַּנַּסְתֶּם	תִּתְכַּנֵּס	תִּתְכַּנְּסוּ	מִתְכַּנֶּסֶת	הִתְכַּנְּסִי	כְּהִתְכַּנֵּס
הִתְכַּנַּסְתְּ	הִתְכַּנַּסְתֶּן	תִּתְכַּנְּסִי	תִּתְכַּנֵּסְנָה	(מִתְכַּנְּסָה)	הִתְכַּנְּסוּ	לְהִתְכַּנֵּס
הִתְכַּנֵּס	הִתְכַּנְּסוּ	יִתְכַּנֵּס	יִתְכַּנְּסוּ	מִתְכַּנְּסִים	הִתְכַּנֵּסְנָה	מֵהִתְכַּנֵּס
הִתְכַּנְּסָה		תִּתְכַּנֵּס	תִּתְכַּנֵּסְנָה	מִתְכַּנְּסוֹת		

כסה

Kal

I – כָּסָה – כְּסֵה to cover, to conceal: כְּסוֹת, כָּסֹה

Past		*Future*		*Present*	*Passive present*	*Imperative*	*Gerund*
כָּסִיתִי	כָּסִינוּ	אֶכְסֶה	נִכְסֶה	כּוֹסֶה	כָּסוּי	כְּסֵה	בִּכְסוֹת
כָּסִיתָ	כְּסִיתֶם	תִּכְסֶה	תִּכְסוּ	כּוֹסָה	כְּסוּיָה	כְּסִי	כִּכְסוֹת
כָּסִית	כְּסִיתֶן	תִּכְסִי	תִּכְסֶינָה	כּוֹסִים	כְּסוּיִים	כְּסוּ	לִכְסוֹת
כָּסָה	כָּסוּ	יִכְסֶה	יִכְסוּ	כּוֹסוֹת	כְּסוּיוֹת	כְּסֶינָה	מִכְּסוֹת
כָּסְתָה		תִּכְסֶה	תִּכְסֶינָה				

Nif'al

II – נִכְסָה – הִכָּסֵה to be covered, to be concealed: הִכָּסוֹת, הִכָּסֵה

Past		*Future*		*Present*	*Imperative*	*Gerund*
נִכְסֵיתִי	נִכְסֵינוּ	אֶכָּסֶה	נִכָּסֶה	נִכְסֶה	הִכָּסֵה	בְּהִכָּסוֹת
נִכְסֵיתָ	נִכְסֵיתֶם	תִּכָּסֶה	תִּכָּסוּ	נִכְסֵית	הִכָּסִי	כְּהִכָּסוֹת
נִכְסֵית	נִכְסֵיתֶן	תִּכָּסִי	תִּכָּסֶינָה	(נִכְסָה)	הִכָּסוּ	לְהִכָּסוֹת
נִכְסָה	נִכְסוּ	יִכָּסֶה	יִכָּסוּ	נִכְסִים	הִכָּסֶינָה	מֵהִכָּסוֹת
נִכְסְתָה		תִּכָּסֶה	תִּכָּסֶינָה	נִכְסוֹת		

Pi'el

III – כִּסָּה – כַּסֵּה to cover, to clothe: כַּסּוֹת, כַּסֵּה

Past		*Future*		*Present*	*Imperative*	*Gerund*
כִּסִּיתִי	כִּסִּינוּ	אֲכַסֶּה	נְכַסֶּה	מְכַסֶּה	כַּסֵּה	בְּכַסּוֹת
כִּסִּיתָ	כִּסִּיתֶם	תְּכַסֶּה	תְּכַסּוּ	מְכַסָּה	כַּסִּי	כְּכַסּוֹת
כִּסִּית	כִּסִּיתֶן	תְּכַסִּי	תְּכַסֶּינָה	מְכַסִּים	כַּסּוּ	לְכַסּוֹת
כִּסָּה	כִּסּוּ	יְכַסֶּה	יְכַסּוּ	מְכַסּוֹת	כַּסֶּינָה	מִכַּסּוֹת
כִּסְּתָה		תְּכַסֶּה	תְּכַסֶּינָה			

Pu'al

IV – כֻּסָּה – כֻּסֵּה to be covered, to be clothed: כֻּסֹּה

Past		*Future*		*Present*
כֻּסֵּיתִי	כֻּסֵּינוּ	אֲכֻסֶּה	נְכֻסֶּה	מְכֻסֶּה
כֻּסֵּיתָ	כֻּסֵּיתֶם	תְּכֻסֶּה	תְּכֻסּוּ	מְכֻסָּה
כֻּסֵּית	כֻּסֵּיתֶן	תְּכֻסִּי	תְּכֻסֶּינָה	מְכֻסִּים
כֻּסָּה	כֻּסּוּ	יְכֻסֶּה	יְכֻסּוּ	מְכֻסּוֹת
כֻּסְּתָה		תְּכֻסֶּה	תְּכֻסֶּינָה	

כסה

Hif'il

V*–

Huf'al

VI*–

* This root has not developed this form.

Hitpa'el

VII – הִתְכַּסָּה – הִתְכַּסֵּה to cover oneself, to clothe oneself: **הִתְכַּסּוֹת, הִתְכַּסֵּה**

Past		*Future*		*Present*	*Imperative*	*Gerund*
הִתְכַּסֵּיתִי	הִתְכַּסִּינוּ	אֶתְכַּסֶּה	נִתְכַּסֶּה	מִתְכַּסֶּה	הִתְכַּסֵּה	בְּהִתְכַּסּוֹת
הִתְכַּסֵּיתָ	הִתְכַּסֵּיתֶם	תִּתְכַּסֶּה	תִּתְכַּסּוּ	מִתְכַּסֵּית	הִתְכַּסִּי	כְּהִתְכַּסּוֹת
הִתְכַּסֵּית	הִתְכַּסֵּיתֶן	תִּתְכַּסִּי	תִּתְכַּסֶּינָה	(מִתְכַּסָּה)	הִתְכַּסּוּ	לְהִתְכַּסּוֹת
הִתְכַּסָּה	הִתְכַּסּוּ	יִתְכַּסֶּה	יִתְכַּסּוּ	מִתְכַּסִּים	הִתְכַּסֶּינָה	מֵהִתְכַּסּוֹת
הִתְכַּסְּתָה		תִּתְכַּסֶּה	תִּתְכַּסֶּינָה	מִתְכַּסּוֹת		

כתב

Kal

I – כָּתַב – כְּתֹב to write, to assign: **כְּתֹב, כָּתֹב**

Past		*Future*		*Present*	*Passive present*	*Imperative*	*Gerund*
כָּתַבְתִּי	כָּתַבְנוּ	אֶכְתֹּב	נִכְתֹּב	כּוֹתֵב	כָּתוּב	כְּתֹב	בִּכְתֹּב
כָּתַבְתָּ	כְּתַבְתֶּם	תִּכְתֹּב	תִּכְתְּבוּ	כּוֹתֶבֶת	כְּתוּבָה	כִּתְבִי	כִּכְתֹּב
כָּתַבְתְּ	כְּתַבְתֶּן	תִּכְתְּבִי	תִּכְתֹּבְנָה	(כּוֹתְבָה)	כְּתוּבִים	כִּתְבוּ	לִכְתֹּב
כָּתַב	כָּתְבוּ	יִכְתֹּב	יִכְתְּבוּ	כּוֹתְבִים	כְּתוּבוֹת	כְּתֹבְנָה	מִכְּתֹב
כָּתְבָה		תִּכְתֹּב	תִּכְתֹּבְנָה	כּוֹתְבוֹת			

Nif'al

II – נִכְתַּב – הִכָּתֵב to be written, to be inscribed: **הִכָּתֵב, הִכָּתֵב**

Past		*Future*		*Present*	*Imperative*	*Gerund*
נִכְתַּבְתִּי	נִכְתַּבְנוּ	אֶכָּתֵב	נִכָּתֵב	נִכְתָּב	הִכָּתֵב	בְּהִכָּתֵב
נִכְתַּבְתָּ	נִכְתַּבְתֶּם	תִּכָּתֵב	תִּכָּתְבוּ	נִכְתֶּבֶת	הִכָּתְבִי	כְּהִכָּתֵב
נִכְתַּבְתְּ	נִכְתַּבְתֶּן	תִּכָּתְבִי	תִּכָּתַבְנָה	(נִכְתָּבָה)	הִכָּתְבוּ	לְהִכָּתֵב
נִכְתַּב	נִכְתְּבוּ	יִכָּתֵב	יִכָּתְבוּ	נִכְתָּבִים	הִכָּתַבְנָה	מֵהִכָּתֵב
נִכְתְּבָה		תִּכָּתֵב	תִּכָּתַבְנָה	נִכְתָּבוֹת		

Pi'el

III – כִּתֵּב – כַּתֵּב to write busily, much: **כַּתֵּב, כַּתֵּב**

Past		*Future*		*Present*	*Imperative*	*Gerund*
כִּתַּבְתִּי	כִּתַּבְנוּ	אֲכַתֵּב	נְכַתֵּב	מְכַתֵּב	כַּתֵּב	בְּכַתֵּב
כִּתַּבְתָּ	כִּתַּבְתֶּם	תְּכַתֵּב	תְּכַתְּבוּ	מְכַתֶּבֶת	כַּתְּבִי	כְּכַתֵּב
כִּתַּבְתְּ	כִּתַּבְתֶּן	תְּכַתְּבִי	תְּכַתֵּבְנָה	(מְכַתְּבָה)	כַּתְּבוּ	לְכַתֵּב
כִּתֵּב	כִּתְּבוּ	יְכַתֵּב	יְכַתְּבוּ	מְכַתְּבִים	כַּתֵּבְנָה	מִכַּתֵּב
כִּתְּבָה		תְּכַתֵּב	תְּכַתֵּבְנָה	מְכַתְּבוֹת		

Pu'al

IV*–

*This root has not developed this form.

כתב

Hif'il

V – הִכְתִּיב – הַכְתִּיב to dictate, to enlist: **הַכְתִּיב, הַכְתֵּב**

Past		*Future*		*Present*	*Imperative*	*Gerund*
הִכְתַּבְתִּי	הִכְתַּבְנוּ	אַכְתִּיב	נַכְתִּיב	מַכְתִּיב	הַכְתֵּב	בְּהַכְתִּיב
הִכְתַּבְתָּ	הִכְתַּבְתֶּם	תַּכְתִּיב	תַּכְתִּיבוּ	מַכְתֶּבֶת	הַכְתִּיבִי	כְּהַכְתִּיב
הִכְתַּבְתְּ	הִכְתַּבְתֶּן	תַּכְתִּיבִי	תַּכְתֵּבְנָה	(מַכְתִּיבָה)	הַכְתִּיבוּ	לְהַכְתִּיב
הִכְתִּיב	הִכְתִּיבוּ	יַכְתִּיב	יַכְתִּיבוּ	מַכְתִּיבִים	הַכְתֵּבְנָה	מֵהַכְתִּיב
הִכְתִּיבָה		תַּכְתִּיב	תַּכְתֵּבְנָה	מַכְתִּיבוֹת		

Huf'al

VI – הָכְתַּב – הָכְתַּב to be registered, to be enlisted: **הָכְתֵּב**

Past		*Future*		*Present*
הָכְתַּבְתִּי	הָכְתַּבְנוּ	אָכְתַּב	נָכְתַּב	מָכְתָּב
הָכְתַּבְתָּ	הָכְתַּבְתֶּם	תָּכְתַּב	תָּכְתְּבוּ	מָכְתֶּבֶת
הָכְתַּבְתְּ	הָכְתַּבְתֶּן	תָּכְתְּבִי	תָּכְתַּבְנָה	(מָכְתָּבָה)
הָכְתַּב	הָכְתְּבוּ	יָכְתַּב	יָכְתְּבוּ	מָכְתָּבִים
הָכְתְּבָה		תָּכְתַּב	תָּכְתַּבְנָה	מָכְתָּבוֹת

Hitpa'el

VII – הִתְכַּתֵּב – הִתְכַּתֵּב to correspond: **הִתְכַּתֵּב, הִתְכַּתֵּב**

Past		*Future*		*Present*	*Imperative*	*Gerund*
הִתְכַּתַּבְתִּי	הִתְכַּתַּבְנוּ	אֶתְכַּתֵּב	נִתְכַּתֵּב	מִתְכַּתֵּב	הִתְכַּתֵּב	בְּהִתְכַּתֵּב
הִתְכַּתַּבְתָּ	הִתְכַּתַּבְתֶּם	תִּתְכַּתֵּב	תִּתְכַּתְּבוּ	מִתְכַּתֶּבֶת	הִתְכַּתְּבִי	כְּהִתְכַּתֵּב
הִתְכַּתַּבְתְּ	הִתְכַּתַּבְתֶּן	תִּתְכַּתְּבִי	תִּתְכַּתֵּבְנָה	(מִתְכַּתְּבָה)	הִתְכַּתְּבוּ	לְהִתְכַּתֵּב
הִתְכַּתֵּב	הִתְכַּתְּבוּ	יִתְכַּתֵּב	יִתְכַּתְּבוּ	מִתְכַּתְּבִים	הִתְכַּתֵּבְנָה	מֵהִתְכַּתֵּב
הִתְכַּתְּבָה		תִּתְכַּתֵּב	תִּתְכַּתֵּבְנָה	מִתְכַּתְּבוֹת		

לבשׁ

Kal

I – לָבַשׁ – לְבַשׁ to put on, to wear: לְבֹשׁ, לָבֹשׁ

Past		*Future*		*Present*	*Passive Present*	*Imperative*	*Gerund*
לָבַשְׁתִּי	לָבַשְׁנוּ	אֶלְבַּשׁ	נִלְבַּשׁ	לוֹבֵשׁ	לָבוּשׁ	לְבַשׁ	בִּלְבֹּשׁ
לָבַשְׁתָּ	לְבַשְׁתֶּם	תִּלְבַּשׁ	תִּלְבְּשׁוּ	לוֹבֶשֶׁת	לְבוּשָׁה	לִבְשִׁי	כִּלְבֹּשׁ
לָבַשְׁתְּ	לְבַשְׁתֶּן	תִּלְבְּשִׁי	תִּלְבַּשְׁנָה	(לוֹבְשָׁה)	לְבוּשִׁים	לִבְשׁוּ	לִלְבֹּשׁ
לָבַשׁ	לָבְשׁוּ	יִלְבַּשׁ	יִלְבְּשׁוּ	לוֹבְשִׁים	לְבוּשׁוֹת	לְבַשְׁנָה	מִלְּבֹשׁ
לָבְשָׁה		תִּלְבַּשׁ	תִּלְבַּשְׁנָה	לוֹבְשׁוֹת			

Nif'al

II – נִלְבַּשׁ – הִלָּבֵשׁ to be worn: הִלָּבֵשׁ, הִלָּבֵשׁ

Past		*Future*		*Present*	*Gerund*
נִלְבַּשְׁתִּי	נִלְבַּשְׁנוּ	אֶלָּבֵשׁ	נִלָּבֵשׁ	נִלְבָּשׁ	בְּהִלָּבֵשׁ
נִלְבַּשְׁתָּ	נִלְבַּשְׁתֶּם	תִּלָּבֵשׁ	תִּלָּבְשׁוּ	נִלְבֶּשֶׁת	כְּהִלָּבֵשׁ
נִלְבַּשְׁתְּ	נִלְבַּשְׁתֶּן	תִּלָּבְשִׁי	תִּלָּבַשְׁנָה	(נִלְבָּשָׁה)	לְהִלָּבֵשׁ
נִלְבַּשׁ	נִלְבְּשׁוּ	יִלָּבֵשׁ	יִלָּבְשׁוּ	נִלְבָּשִׁים	מֵהִלָּבֵשׁ
נִלְבְּשָׁה		תִּלָּבֵשׁ	תִּלָּבַשְׁנָה	נִלְבָּשׁוֹת	

Pi'el

III*–

* This root has not developed this form.

Pu'al

IV – לֻבַּשׁ – לֻבַּשׁ to be attired: לֻבֹּשׁ

Past		*Future*		*Present*
לֻבַּשְׁתִּי	לֻבַּשְׁנוּ	אֲלֻבַּשׁ	נְלֻבַּשׁ	מְלֻבָּשׁ
לֻבַּשְׁתָּ	לֻבַּשְׁתֶּם	תְּלֻבַּשׁ	תְּלֻבְּשׁוּ	מְלֻבֶּשֶׁת
לֻבַּשְׁתְּ	לֻבַּשְׁתֶּן	תְּלֻבְּשִׁי	תְּלֻבַּשְׁנָה	(מְלֻבָּשָׁה)
לֻבַּשׁ	לֻבְּשׁוּ	יְלֻבַּשׁ	יְלֻבְּשׁוּ	מְלֻבָּשִׁים
לֻבְּשָׁה		תְּלֻבַּשׁ	תְּלֻבַּשְׁנָה	מְלֻבָּשׁוֹת

לבש

Hif'il

V – הִלְבִּישׁ – הַלְבִּישׁ to dress, to clothe; הַלְבִּישׁ, הַלְבֵּשׁ

Past		Future		Present	Imperative	Gerund
הִלְבַּשְׁתִּי	הִלְבַּשְׁנוּ	אַלְבִּישׁ	נַלְבִּישׁ	מַלְבִּישׁ	הַלְבֵּשׁ	בְּהַלְבִּישׁ
הִלְבַּשְׁתָּ	הִלְבַּשְׁתֶּם	תַּלְבִּישׁ	תַּלְבִּישׁוּ	מַלְבֶּשֶׁת	הַלְבִּישִׁי	כְּהַלְבִּישׁ
הִלְבַּשְׁתְּ	הִלְבַּשְׁתֶּן	תַּלְבִּישִׁי	תַּלְבֵּשְׁנָה	(מַלְבִּישָׁה)	הַלְבִּישׁוּ	לְהַלְבִּישׁ
הִלְבִּישׁ	הִלְבִּישׁוּ	יַלְבִּישׁ	יַלְבִּישׁוּ	מַלְבִּישִׁים	הַלְבֵּשְׁנָה	מֵהַלְבִּישׁ
הִלְבִּישָׁה		תַּלְבִּישׁ	תַּלְבֵּשְׁנָה	מַלְבִּישׁוֹת		

Huf'al

VI – הָלְבַּשׁ – הָלְבַּשׁ to be dressed, to be clothed: הָלְבֵּשׁ

Past		Future		Present
הָלְבַּשְׁתִּי	הָלְבַּשְׁנוּ	אָלְבַּשׁ	נָלְבַּשׁ	מָלְבָּשׁ
הָלְבַּשְׁתָּ	הָלְבַּשְׁתֶּם	תָּלְבַּשׁ	תָּלְבְּשׁוּ	מָלְבֶּשֶׁת
הָלְבַּשְׁתְּ	הָלְבַּשְׁתֶּן	תָּלְבְּשִׁי	תָּלְבַּשְׁנָה	(מָלְבָּשָׁה)
הָלְבַּשׁ	הָלְבְּשׁוּ	יָלְבַּשׁ	יָלְבְּשׁוּ	מָלְבָּשִׁים
הָלְבְּשָׁה		תָּלְבַּשׁ	תָּלְבַּשְׁנָה	מָלְבָּשׁוֹת

Hitpa'el

VII – הִתְלַבֵּשׁ – הִתְלַבֵּשׁ to dress oneself: הִתְלַבֵּשׁ, הִתְלַבֵּשׁ

Past		Future		Present	Imperative	Gerund
הִתְלַבַּשְׁתִּי	הִתְלַבַּשְׁנוּ	אֶתְלַבֵּשׁ	נִתְלַבֵּשׁ	מִתְלַבֵּשׁ	הִתְלַבֵּשׁ	בְּהִתְלַבֵּשׁ
הִתְלַבַּשְׁתָּ	הִתְלַבַּשְׁתֶּם	תִּתְלַבֵּשׁ	תִּתְלַבְּשׁוּ	מִתְלַבֶּשֶׁת	הִתְלַבְּשִׁי	כְּהִתְלַבֵּשׁ
הִתְלַבַּשְׁתְּ	הִתְלַבַּשְׁתֶּן	תִּתְלַבְּשִׁי	תִּתְלַבֵּשְׁנָה	(מִתְלַבְּשָׁה)	הִתְלַבְּשׁוּ	לְהִתְלַבֵּשׁ
הִתְלַבֵּשׁ	הִתְלַבְּשׁוּ	יִתְלַבֵּשׁ	יִתְלַבְּשׁוּ	מִתְלַבְּשִׁים	הִתְלַבֵּשְׁנָה	מֵהִתְלַבֵּשׁ
הִתְלַבְּשָׁה		תִּתְלַבֵּשׁ	תִּתְלַבֵּשְׁנָה	מִתְלַבְּשׁוֹת		

לחם

Kal

I — לָחַם — לְחַם to fight, to eat bread: לְחֹם, לָחֹם

Past		*Future*		*Present*	*Imperative*	*Gerund*
לָחַמְתִּי	לָחַמְנוּ	אֶלְחַם	נִלְחַם	לוֹחֵם	לְחַם	בִּלְחֹם
לָחַמְתָּ	לְחַמְתֶּם	תִּלְחַם	תִּלְחֲמוּ	לוֹחֶמֶת	לַחֲמִי	כִּלְחֹם
לָחַמְתְּ	לְחַמְתֶּן	תִּלְחֲמִי	תִּלְחַמְנָה	(לוֹחֲמָה)	לַחֲמוּ	לִלְחֹם
לָחַם	לָחֲמוּ	יִלְחַם	יִלְחֲמוּ	לוֹחֲמִים	לְחַמְנָה	מִלְחֹם
לָחֲמָה		תִּלְחַם	תִּלְחַמְנָה	לוֹחֲמוֹת		

Nif'al

II — נִלְחַם — הִלָּחֵם to make war, to combat: הִלָּחֵם, הִלָּחֵם

Past		*Future*		*Present*	*Imperative*	*Gerund*
נִלְחַמְתִּי	נִלְחַמְנוּ	אֶלָּחֵם	נִלָּחֵם	נִלְחָם	הִלָּחֵם	בְּהִלָּחֵם
נִלְחַמְתָּ	נִלְחַמְתֶּם	תִּלָּחֵם	תִּלָּחֲמוּ	נִלְחֶמֶת	הִלָּחֲמִי	כְּהִלָּחֵם
נִלְחַמְתְּ	נִלְחַמְתֶּן	תִּלָּחֲמִי	תִּלָּחַמְנָה	(נִלְחָמָה)	הִלָּחֲמוּ	לְהִלָּחֵם
נִלְחַם	נִלְחֲמוּ	יִלָּחֵם	יִלָּחֲמוּ	נִלְחָמִים	הִלָּחַמְנָה	מֵהִלָּחֵם
נִלְחֲמָה		תִּלָּחֵם	תִּלָּחַמְנָה	נִלְחָמוֹת		

Pi'el

III*—

Pu'al

IV*—

* This root has not developed this form.

לחם

Hif'il

V – הִלְחִים – הַלְחִים to solder, to join together: הַלְחִים, הַלְחֵם

Past		*Future*		*Present*	*Imperative*	*Gerund*
הִלְחַמְתִּי	הִלְחַמְנוּ	אַלְחִים	נַלְחִים	מַלְחִים	הַלְחֵם	בְּהַלְחִים
הִלְחַמְתָּ	הִלְחַמְתֶּם	תַּלְחִים	תַּלְחִימוּ	מַלְחֶמֶת	הַלְחִימִי	כְּהַלְחִים
הִלְחַמְתְּ	הִלְחַמְתֶּן	תַּלְחִימִי	תַּלְחֵמְנָה	(מַלְחִימָה)	הַלְחִימוּ	לְהַלְחִים
הִלְחִים	הִלְחִימוּ	יַלְחִים	יַלְחִימוּ	מַלְחִימִים	הַלְחֵמְנָה	מֵהַלְחִים
הִלְחִימָה		תַּלְחִים	תַּלְחֵמְנָה	מַלְחִימוֹת		

Huf'al

VI – הָלְחַם – הָלְחַם to be soldered: הָלְחֵם

Past		*Future*		*Present*
הָלְחַמְתִּי	הָלְחַמְנוּ	אָלְחַם	נָלְחַם	מָלְחָם
הָלְחַמְתָּ	הָלְחַמְתֶּם	תָּלְחַם	תָּלְחֲמוּ	מָלְחֶמֶת
הָלְחַמְתְּ	הָלְחַמְתֶּן	תָּלְחֲמִי	תָּלְחַמְנָה	(מָלְחָמָה)
הָלְחַם	הָלְחֲמוּ	יָלְחַם	יָלְחֲמוּ	מָלְחָמִים
הָלְחֲמָה		תָּלְחַם	תָּלְחַמְנָה	מָלְחָמוֹת

Hitpa'el

VII – הִתְלַחֵם – הִתְלַחֵם to contest, to dispute: הִתְלַחֵם, הִתְלַחֵם

Past		*Future*		*Present*	*Imperative*	*Gerund*
הִתְלַחַמְתִּי	הִתְלַחַמְנוּ	אֶתְלַחֵם	נִתְלַחֵם	מִתְלַחֵם	הִתְלַחֵם	בְּהִתְלַחֵם
הִתְלַחַמְתָּ	הִתְלַחַמְתֶּם	תִּתְלַחֵם	תִּתְלַחֲמוּ	מִתְלַחֶמֶת	הִתְלַחֲמִי	כְּהִתְלַחֵם
הִתְלַחַמְתְּ	הִתְלַחַמְתֶּן	תִּתְלַחֲמִי	תִּתְלַחֵמְנָה	(מִתְלַחֲמָה)	הִתְלַחֲמוּ	לְהִתְלַחֵם
הִתְלַחֵם	הִתְלַחֲמוּ	יִתְלַחֵם	יִתְלַחֲמוּ	מִתְלַחֲמִים	הִתְלַחֵמְנָה	מֵהִתְלַחֵם
הִתְלַחֲמָה		תִּתְלַחֵם	תִּתְלַחֵמְנָה	מִתְלַחֲמוֹת		

למד

Kal

I — לָמַד — לְמַד to learn, to study: לְמֹד, לָמֹד

Past		Future		Present	Passive Present	Imperative	Gerund
לָמַדְתִּי	לָמַדְנוּ	אֶלְמַד	נִלְמַד	לוֹמֵד	לָמֵד	לְמַד	בִּלְמֹד
לָמַדְתָּ	לְמַדְתֶּם	תִּלְמַד	תִּלְמְדוּ	לוֹמֶדֶת	לְמֵדָה	לִמְדִי	כִּלְמֹד
לָמַדְתְּ	לְמַדְתֶּן	תִּלְמְדִי	תִּלְמַדְנָה	(לוֹמְדָה)	לְמֵדִים	לִמְדוּ	לִלְמֹד
לָמַד	לָמְדוּ	יִלְמַד	יִלְמְדוּ	לוֹמְדִים	לְמֵדוֹת	לְמַדְנָה	מִלְּמֹד
לָמְדָה		תִּלְמַד	תִּלְמַדְנָה	לוֹמְדוֹת			

Nif'al

II — נִלְמַד — הִלָּמֵד to be trained, accustomed: הִלָּמֵד, הִלָּמֵד

Past		Future		Present	Imperative	Gerund
נִלְמַדְתִּי	נִלְמַדְנוּ	אֶלָּמֵד	נִלָּמֵד	נִלְמָד	הִלָּמֵד	בְּהִלָּמֵד
נִלְמַדְתָּ	נִלְמַדְתֶּם	תִּלָּמֵד	תִּלָּמְדוּ	נִלְמֶדֶת	הִלָּמְדִי	כְּהִלָּמֵד
נִלְמַדְתְּ	נִלְמַדְתֶּן	תִּלָּמְדִי	תִּלָּמַדְנָה	(נִלְמָדָה)	הִלָּמְדוּ	לְהִלָּמֵד
נִלְמַד	נִלְמְדוּ	יִלָּמֵד	יִלָּמְדוּ	נִלְמָדִים	הִלָּמַדְנָה	מֵהִלָּמֵד
נִלְמְדָה		תִּלָּמֵד	תִּלָּמַדְנָה	נִלְמָדוֹת		

Pi'el

III — לִמֵּד — לַמֵּד to teach, to train: לַמֵּד, לַמֵּד

Past		Future		Present	Imperative	Gerund
לִמַּדְתִּי	לִמַּדְנוּ	אֲלַמֵּד	נְלַמֵּד	מְלַמֵּד	לַמֵּד	בְּלַמֵּד
לִמַּדְתָּ	לִמַּדְתֶּם	תְּלַמֵּד	תְּלַמְּדוּ	מְלַמֶּדֶת	לַמְּדִי	כְּלַמֵּד
לִמַּדְתְּ	לִמַּדְתֶּן	תְּלַמְּדִי	תְּלַמֵּדְנָה	(מְלַמְּדָה)	לַמְּדוּ	לְלַמֵּד
לִמֵּד	לִמְּדוּ	יְלַמֵּד	יְלַמְּדוּ	מְלַמְּדִים	לַמֵּדְנָה	מִלַּמֵּד
לִמְּדָה		תְּלַמֵּד	תְּלַמֵּדְנָה	מְלַמְּדוֹת		

Pu'al

IV — לֻמַּד — לֻמַּד to be taught, to be learned: לֻמֹּד

Past		Future		Present
לֻמַּדְתִּי	לֻמַּדְנוּ	אֲלֻמַּד	נְלֻמַּד	מְלֻמָּד
לֻמַּדְתָּ	לֻמַּדְתֶּם	תְּלֻמַּד	תְּלֻמְּדוּ	מְלֻמֶּדֶת
לֻמַּדְתְּ	לֻמַּדְתֶּן	תְּלֻמְּדִי	תְּלֻמַּדְנָה	(מְלֻמָּדָה)
לֻמַּד	לֻמְּדוּ	יְלֻמַּד	יְלֻמְּדוּ	מְלֻמָּדִים
לֻמְּדָה		תְּלֻמַּד	תְּלֻמַּדְנָה	מְלֻמָּדוֹת

למד

Hif'il

V*–

Huf'al

VI*–

* This root has not developed this form.

Hitpa'el

VII – הִתְלַמֵּד – הִתְלַמֵּד to become learned, to study: **הִתְלַמֵּד, הִתְלַמֵּד**

Past		*Future*		*Present*	*Imperative*	*Gerund*
הִתְלַמַּדְתִּי	הִתְלַמַּדְנוּ	אֶתְלַמֵּד	נִתְלַמֵּד	מִתְלַמֵּד	הִתְלַמֵּד	בְּהִתְלַמֵּד
הִתְלַמַּדְתָּ	הִתְלַמַּדְתֶּם	תִּתְלַמֵּד	תִּתְלַמְּדוּ	מִתְלַמֶּדֶת	הִתְלַמְּדִי	כְּהִתְלַמֵּד
הִתְלַמַּדְתְּ	הִתְלַמַּדְתֶּן	תִּתְלַמְּדִי	תִּתְלַמֵּדְנָה	(מִתְלַמְּדָה)	הִתְלַמְּדוּ	לְהִתְלַמֵּד
הִתְלַמֵּד	הִתְלַמְּדוּ	יִתְלַמֵּד	יִתְלַמְּדוּ	מִתְלַמְּדִים	הִתְלַמֵּדְנָה	מֵהִתְלַמֵּד
הִתְלַמְּדָה		תִּתְלַמֵּד	תִּתְלַמֵּדְנָה	מִתְלַמְּדוֹת		

לקח

Kal

I – לָקַח – קַח to take: קַחַת, לָקֹחַ

Past		Future		Present	Passive Present	Imperative	Gerund
לָקַחְתִּי	לָקַחְנוּ	אֶקַּח	נִקַּח	לוֹקֵחַ	לָקוּחַ	קַח	בְּקַחַת
לָקַחְתָּ	לְקַחְתֶּם	תִּקַּח	תִּקְחוּ	לוֹקַחַת	לְקוּחָה	קְחִי	כְּקַחַת
לָקַחַתְּ	לְקַחְתֶּן	תִּקְחִי	תִּקַּחְנָה	(לוֹקְחָה)	לְקוּחִים	קְחוּ	לָקַחַת
לָקַח	לָקְחוּ	יִקַּח	יִקְחוּ	לוֹקְחִים	לְקוּחוֹת	קַחְנָה	מִקַּחַת
לָקְחָה		תִּקַּח	תִּקַּחְנָה	לוֹקְחוֹת			

Nif'al

II – נִלְקַח – הִלָּקַח to be taken: הִלָּקַח, הִלָּקֵחַ

Past		Future		Present	Imperative	Gerund
נִלְקַחְתִּי	נִלְקַחְנוּ	אֶלָּקַח	נִלָּקַח	נִלְקָח	הִלָּקַח	בְּהִלָּקַח
נִלְקַחְתָּ	נִלְקַחְתֶּם	תִּלָּקַח	תִּלָּקְחוּ	נִלְקַחַת	הִלָּקְחִי	כְּהִלָּקַח
נִלְקַחַתְּ	נִלְקַחְתֶּן	תִּלָּקְחִי	תִּלָּקַחְנָה	(נִלְקָחָה)	הִלָּקְחוּ	לְהִלָּקַח
נִלְקַח	נִלְקְחוּ	יִלָּקַח	יִלָּקְחוּ	נִלְקָחִים	הִלָּקַחְנָה	מֵהִלָּקַח
נִלְקְחָה		תִּלָּקַח	תִּלָּקַחְנָה	נִלְקָחוֹת		

Pi'el

III*–

Pu'al

IV*–

* This root has not developed this form.

לקח

Hif'il

V*–

Huf'al

VI*–

* This root has not developed this form.

Hitpa'el

VII – הִתְלַקַּח – הִתְלַקַּח to take fire, to flame up: **הִתְלַקַּח, הִתְלַקֵּחַ**

Past		*Future*		*Present*	*Imperative*	*Gerund*
הִתְלַקַּחְתִּי	הִתְלַקַּחְנוּ	אֶתְלַקַּח	נִתְלַקַּח	מִתְלַקֵּחַ	הִתְלַקַּח	בְּהִתְלַקַּח
הִתְלַקַּחְתָּ	הִתְלַקַּחְתֶּם	תִּתְלַקַּח	תִּתְלַקְּחוּ	מִתְלַקַּחַת	הִתְלַקְּחִי	כְּהִתְלַקַּח
הִתְלַקַּחַתְּ	הִתְלַקַּחְתֶּן	תִּתְלַקְּחִי	תִּתְלַקַּחְנָה	(מִתְלַקְּחָה)	הִתְלַקְּחוּ	לְהִתְלַקֵּחַ
הִתְלַקַּח	הִתְלַקְּחוּ	יִתְלַקַּח	יִתְלַקְּחוּ	מִתְלַקְּחִים	הִתְלַקַּחְנָה	מֵהִתְלַקַּח
הִתְלַקְּחָה		תִּתְלַקַּח	תִּתְלַקַּחְנָה	מִתְלַקְּחוֹת		

לקט

Kal

I — לָקַט — לָקֹט — לְקֹט to pick up, to glean, to gather: לְקֹט, לָקֹט

Past		*Future*		*Present*	*Imperative*	*Gerund*
לָקַטְתִּי	לָקַטְנוּ	אֶלְקֹט	נִלְקֹט	לוֹקֵט	לְקֹט	בִּלְקֹט
לָקַטְתָּ	לְקַטְתֶּם	תִּלְקֹט	תִּלְקְטוּ	לוֹקֶטֶת	לִקְטִי	כִּלְקֹט
לָקַטְתְּ	לְקַטְתֶּן	תִּלְקְטִי	תִּלְקֹטְנָה	(לוֹקְטָה)	לִקְטוּ	לִלְקֹט
לָקַט	לָקְטוּ	יִלְקֹט	יִלְקְטוּ	לוֹקְטִים	לְקֹטְנָה	מִלְּקֹט
לָקְטָה		תִּלְקֹט	תִּלְקֹטְנָה	לוֹקְטוֹת		

Nif'al

II — נִלְקַט — הִלָּקֵט — הִלָּקֵט to be picked, to be gathered: הִלָּקֵט, הִלָּקֵט

Past		*Future*		*Present*	*Imperative*	*Gerund*
נִלְקַטְתִּי	נִלְקַטְנוּ	אֶלָּקֵט	נִלָּקֵט	נִלְקָט	הִלָּקֵט	בְּהִלָּקֵט
נִלְקַטְתָּ	נִלְקַטְתֶּם	תִּלָּקֵט	תִּלָּקְטוּ	נִלְקֶטֶת	הִלָּקְטִי	כְּהִלָּקֵט
נִלְקַטְתְּ	נִלְקַטְתֶּן	תִּלָּקְטִי	תִּלָּקַטְנָה	(נִלְקָטָה)	הִלָּקְטוּ	לְהִלָּקֵט
נִלְקַט	נִלְקְטוּ	יִלָּקֵט	יִלָּקְטוּ	נִלְקָטִים	הִלָּקַטְנָה	מֵהִלָּקֵט
נִלְקְטָה		תִּלָּקֵט	תִּלָּקַטְנָה	נִלְקָטוֹת		

Pi'el

III — לִקֵּט — לַקֵּט — לַקֵּט to gather up, to collect: לַקֵּט, לַקֵּט

Past		*Future*		*Present*	*Imperative*	*Gerund*
לִקַּטְתִּי	לִקַּטְנוּ	אֲלַקֵּט	נְלַקֵּט	מְלַקֵּט	לַקֵּט	בְּלַקֵּט
לִקַּטְתָּ	לִקַּטְתֶּם	תְּלַקֵּט	תְּלַקְּטוּ	מְלַקֶּטֶת	לַקְּטִי	כְּלַקֵּט
לִקַּטְתְּ	לִקַּטְתֶּן	תְּלַקְּטִי	תְּלַקֵּטְנָה	(מְלַקְּטָה)	לַקְּטוּ	לְלַקֵּט
לִקֵּט	לִקְּטוּ	יְלַקֵּט	יְלַקְּטוּ	מְלַקְּטִים	לַקֵּטְנָה	מִלַּקֵּט
לִקְּטָה		תְּלַקֵּט	תְּלַקֵּטְנָה	מְלַקְּטוֹת		

Pu'al

IV — לֻקַּט — לֻקַּט — לֻקַּט to be gathered up, to be collected: לֻקֹּט

Past		*Future*		*Present*
לֻקַּטְתִּי	לֻקַּטְנוּ	אֲלֻקַּט	נְלֻקַּט	מְלֻקָּט
לֻקַּטְתָּ	לֻקַּטְתֶּם	תְּלֻקַּט	תְּלֻקְּטוּ	מְלֻקֶּטֶת
לֻקַּטְתְּ	לֻקַּטְתֶּן	תְּלֻקְּטִי	תְּלֻקַּטְנָה	(מְלֻקָּטָה)
לֻקַּט	לֻקְּטוּ	יְלֻקַּט	יְלֻקְּטוּ	מְלֻקָּטִים
לֻקְּטָה		תְּלֻקַּט	תְּלֻקַּטְנָה	מְלֻקָּטוֹת

לקט

Hif'il

V – הִלְקִיט – הַלְקִיט to strew: **הַלְקִיט, הַלְקֵט**

Past	Past	Future	Future	Present	Imperative	Gerund
הִלְקַטְתִּי	הִלְקַטְנוּ	אַלְקִיט	נַלְקִיט	מַלְקִיט	הַלְקֵט	בְּהַלְקִיט
הִלְקַטְתָּ	הִלְקַטְתֶּם	תַּלְקִיט	תַּלְקִיטוּ	מַלְקֶטֶת	הַלְקִיטִי	כְּהַלְקִיט
הִלְקַטְתְּ	הִלְקַטְתֶּן	תַּלְקִיטִי	תַּלְקֵטְנָה	(מַלְקִיטָה)	הַלְקִיטוּ	לְהַלְקִיט
הִלְקִיט	הִלְקִיטוּ	יַלְקִיט	יַלְקִיטוּ	מַלְקִיטִים	הַלְקֵטְנָה	מֵהַלְקִיט
הִלְקִיטָה		תַּלְקִיט	תַּלְקֵטְנָה	מַלְקִיטוֹת		

Huf'al

VI*–

* This root has not developed this form.

Hitpa'el

VII – הִתְלַקֵּט – הִתְלַקֵּט to collect (intr.), to come together: **הִתְלַקֵּט, הִתְלַקֵּט**

Past	Past	Future	Future	Present	Imperative	Gerund
הִתְלַקַּטְתִּי	הִתְלַקַּטְנוּ	אֶתְלַקֵּט	נִתְלַקֵּט	מִתְלַקֵּט	הִתְלַקֵּט	בְּהִתְלַקֵּט
הִתְלַקַּטְתָּ	הִתְלַקַּטְתֶּם	תִּתְלַקֵּט	תִּתְלַקְּטוּ	מִתְלַקֶּטֶת	הִתְלַקְּטִי	כְּהִתְלַקֵּט
הִתְלַקַּטְתְּ	הִתְלַקַּטְתֶּן	תִּתְלַקְּטִי	תִּתְלַקֵּטְנָה	(מִתְלַקְּטָה)	הִתְלַקְּטוּ	לְהִתְלַקֵּט
הִתְלַקֵּט	הִתְלַקְּטוּ	יִתְלַקֵּט	יִתְלַקְּטוּ	מִתְלַקְּטִים	הִתְלַקֵּטְנָה	מֵהִתְלַקֵּט
הִתְלַקְּטָה		תִּתְלַקֵּט	תִּתְלַקֵּטְנָה	מִתְלַקְּטוֹת		

מהר

Kal

I – מָהַר – מְהַר to buy a wife: **מְהֹר, מָהֹר**

Past		Future		Present	Imperative	Gerund
מָהַרְתִּי	מָהַרְנוּ	אֶמְהַר	נִמְהַר	מוֹהֵר	מְהַר	בִּמְהֹר
מָהַרְתָּ	מְהַרְתֶּם	תִּמְהַר	תִּמְהֲרוּ	מוֹהֶרֶת	מַהֲרִי	כִּמְהֹר
מָהַרְתְּ	מְהַרְתֶּן	תִּמְהֲרִי	תִּמְהַרְנָה	(מוֹהֲרָה)	מַהֲרוּ	לִמְהֹר
מָהַר	מָהֲרוּ	יִמְהַר	יִמְהֲרוּ	מוֹהֲרִים	מְהַרְנָה	מִמְּהֹר
מָהֲרָה		תִּמְהַר	תִּמְהַרְנָה	מוֹהֲרוֹת		

Nif'al

II – נִמְהַר – הִמָּהֵר to be impulsive, to be hasty: **הִמָּהֵר, הִמָּהֵר**

Past		Future		Present	Imperative	Gerund
נִמְהַרְתִּי	נִמְהַרְנוּ	אֶמָּהֵר	נִמָּהֵר	נִמְהָר	הִמָּהֵר	בְּהִמָּהֵר
נִמְהַרְתָּ	נִמְהַרְתֶּם	תִּמָּהֵר	תִּמָּהֲרוּ	נִמְהֶרֶת	הִמָּהֲרִי	כְּהִמָּהֵר
נִמְהַרְתְּ	נִמְהַרְתֶּן	תִּמָּהֲרִי	תִּמָּהַרְנָה	(נִמְהָרָה)	הִמָּהֲרוּ	לְהִמָּהֵר
נִמְהַר	נִמְהֲרוּ	יִמָּהֵר	יִמָּהֲרוּ	נִמְהָרִים	הִמָּהַרְנָה	מֵהִמָּהֵר
נִמְהֲרָה		תִּמָּהֵר	תִּמָּהַרְנָה	נִמְהָרוֹת		

Pi'el

III – מִהֵר – מַהֵר to hasten, to hurry: **מַהֵר, מַהֵר**

Past		Future		Present	Imperative	Gerund
מִהַרְתִּי	מִהַרְנוּ	אֲמַהֵר	נְמַהֵר	מְמַהֵר	מַהֵר	בְּמַהֵר
מִהַרְתָּ	מִהַרְתֶּם	תְּמַהֵר	תְּמַהֲרוּ	מְמַהֶרֶת	מַהֲרִי	כְּמַהֵר
מִהַרְתְּ	מִהַרְתֶּן	תְּמַהֲרִי	תְּמַהֵרְנָה	(מְמַהֲרָה)	מַהֲרוּ	לְמַהֵר
מִהֵר	מִהֲרוּ	יְמַהֵר	יְמַהֲרוּ	מְמַהֲרִים	מַהֵרְנָה	מִמַּהֵר
מִהֲרָה		תְּמַהֵר	תְּמַהֵרְנָה	מְמַהֲרוֹת		

Pu'al

IV*–

*This root has not developed this form.

מהר

Hif'il

V*—

Huf'al

VI*—

*This root has not developed this form.

Hitpa'el

VII — הִתְמַהֵר – הִתְמַהֵר to be accelerated: הִתְמַהֵר, הִתְמַהֵר

Past		Future		Present	Imperative	Gerund
הִתְמַהַרְתִּי	הִתְמַהַרְנוּ	אֶתְמַהֵר	נִתְמַהֵר	מִתְמַהֵר	הִתְמַהֵר	בְּהִתְמַהֵר
הִתְמַהַרְתָּ	הִתְמַהַרְתֶּם	תִּתְמַהֵר	תִּתְמַהֲרוּ	מִתְמַהֶרֶת	הִתְמַהֲרִי	כְּהִתְמַהֵר
הִתְמַהַרְתְּ	הִתְמַהַרְתֶּן	תִּתְמַהֲרִי	תִּתְמַהֵרְנָה	(מִתְמַהֲרָה)	הִתְמַהֲרוּ	לְהִתְמַהֵר
הִתְמַהֵר	הִתְמַהֲרוּ	יִתְמַהֵר	יִתְמַהֲרוּ	מִתְמַהֲרִים	הִתְמַהֵרְנָה	מֵהִתְמַהֵר
הִתְמַהֲרָה		תִּתְמַהֵר	תִּתְמַהֵרְנָה	מִתְמַהֲרוֹת		

מות

Kal

I – מֵת – מוּת to die, to perish: **מוּת, מוּת**

Past		Future		Present	Imperative	Gerund
מַתִּי	מַתְנוּ	אָמוּת	נָמוּת	מֵת	מוּת	בְּמוּת
מַתָּ	מַתֶּם	תָּמוּת	תָּמוּתוּ	מֵתָה	מוּתִי	כְּמוּת
מַתְּ	מַתֶּן	תָּמוּתִי	תְּמוּתֶינָה	מֵתִים	מוּתוּ	לָמוּת
מֵת	מֵתוּ	יָמוּת	(תָּמֹתְנָה)	מֵתוֹת	מֹתְנָה	מִמּוּת
מֵתָה		תָּמוּת	יָמוּתוּ			
			תְּמוּתֶינָה			
			(תָּמֹתְנָה)			

Nif'al

II*–

Pi'el

III – מוֹתֵת – מוֹתֵת to kill, to give the death-blow: **מוֹתֵת, מוֹתֵת**

Past		Future		Present	Imperative	Gerund
מוֹתַתִּי	מוֹתַתְנוּ	אֲמוֹתֵת	נְמוֹתֵת	מְמוֹתֵת	מוֹתֵת	בְּמוֹתֵת
מוֹתַתָּ	מוֹתַתֶּם	תְּמוֹתֵת	תְּמוֹתְתוּ	מְמוֹתֶתֶת	מוֹתְתִי	כְּמוֹתֵת
מוֹתַתְּ	מוֹתַתֶּן	תְּמוֹתְתִי	תְּמוֹתֵתְנָה	מְמוֹתְתִים	מוֹתְתוּ	לְמוֹתֵת
מוֹתֵת	מוֹתְתוּ	יְמוֹתֵת	יְמוֹתְתוּ	מְמוֹתְתוֹת	מוֹתֵתְנָה	מְמוֹתֵת
מוֹתְתָה		תְּמוֹתֵת	תְּמוֹתֵתְנָה			

Pu'al

IV*–

* This root has not developed this form.

מות

Hif'il

V – הֵמִית – הָמִית to kill, to put to death: הָמִית, הָמֵת

Past		Future		Present	Imperative	Gerund
הֵמַתִּי	הֵמַתְנוּ	אָמִית	נָמִית	מֵמִית	הָמֵת	בְּהָמִית
הֵמַתָּ	הֲמִתֶּם	תָּמִית	תָּמִיתוּ	מְמִיתָה	הָמִיתִי	כְּהָמִית
הֵמַתְּ	הֲמִתֶּן	תָּמִיתִי	תָּמֵתְנָה	מְמִיתִים	הָמִיתוּ	לְהָמִית
הֵמִית	הֵמִיתוּ	יָמִית	(תְּמִיתֶינָה)	מְמִיתוֹת	הָמֵתְנָה	מֵהָמִית
הֵמִיתָה		תָּמִית	יָמִיתוּ			
			תָּמֵתְנָה			
			(תְּמִיתֶינָה)			

Huf'al

VI – הוּמַת – הוּמַת to be killed, to be put to death: הוּמֵת

Past		Future		Present
הוּמַתִּי	הוּמַתְנוּ	אוּמַת	נוּמַת	מוּמָת
הוּמַתָּ	הוּמַתֶּם	תּוּמַת	תּוּמְתוּ	מוּמֶתֶת
הוּמַתְּ	הוּמַתֶּן	תּוּמְתִי	תּוּמַתְנָה	(מוּמָתָה)
הוּמַת	הוּמְתוּ	יוּמַת	יוּמְתוּ	מוּמָתִים
הוּמְתָה		תּוּמַת	תּוּמַתְנָה	מוּמָתוֹת

Hitpa'el

VII*–

* This root has not developed this form.

מכר

Kal

I – מָכַר – מְכֹר to sell, to deliver: **מְכֹר, מָכֹר**

Past		*Future*		*Present*	*Passive Present*	*Imperative*	*Gerund*
מָכַרְתִּי	מָכַרְנוּ	אֶמְכֹּר	נִמְכֹּר	מוֹכֵר	מָכוּר	מְכֹר	בִּמְכֹּר
מָכַרְתָּ	מְכַרְתֶּם	תִּמְכֹּר	תִּמְכְּרוּ	מוֹכֶרֶת	מְכוּרָה	מִכְרִי	כִּמְכֹּר
מָכַרְתְּ	מְכַרְתֶּן	תִּמְכְּרִי	תִּמְכֹּרְנָה	(מוֹכְרָה)	מְכוּרִים	מִכְרוּ	לִמְכֹּר
מָכַר	מָכְרוּ	יִמְכֹּר	יִמְכְּרוּ	מוֹכְרִים	מְכוּרוֹת	מְכֹרְנָה	מִמְּכֹר
מָכְרָה		תִּמְכֹּר	תִּמְכֹּרְנָה	מוֹכְרוֹת			

Nif'al

II – נִמְכַּר – הִמָּכֵר to be sold: **הִמָּכֵר, הִמָּכֵר**

Past		*Future*		*Present*	*Imperative*	*Gerund*
נִמְכַּרְתִּי	נִמְכַּרְנוּ	אֶמָּכֵר	נִמָּכֵר	נִמְכָּר	הִמָּכֵר	בְּהִמָּכֵר
נִמְכַּרְתָּ	נִמְכַּרְתֶּם	תִּמָּכֵר	תִּמָּכְרוּ	נִמְכֶּרֶת	הִמָּכְרִי	כְּהִמָּכֵר
נִמְכַּרְתְּ	נִמְכַּרְתֶּן	תִּמָּכְרִי	תִּמָּכַרְנָה	(נִמְכָּרָה)	הִמָּכְרוּ	לְהִמָּכֵר
נִמְכַּר	נִמְכְּרוּ	יִמָּכֵר	יִמָּכְרוּ	נִמְכָּרִים	הִמָּכַרְנָה	מֵהִמָּכֵר
נִמְכְּרָה		תִּמָּכֵר	תִּמָּכַרְנָה	נִמְכָּרוֹת		

Pi'el

III*–

Pu'al

IV*–

* This root has not developed this form.

מכר

Hif'il

V*–

Huf'al

VI*–

*This root has not developed this form.

Hitpa'el

VII – הִתְמַכֵּר – הִתְמַכֵּר to sell oneself, to devote oneself: הִתְמַכֵּר, הִתְמַכֵּר

Past		Future		Present	Imperative	Gerund
הִתְמַכַּרְתִּי הִתְמַכַּרְנוּ		אֶתְמַכֵּר נִתְמַכֵּר		מִתְמַכֵּר	הִתְמַכֵּר	בְּהִתְמַכֵּר
הִתְמַכַּרְתָּ הִתְמַכַּרְתֶּם		תִּתְמַכֵּר תִּתְמַכְּרוּ		מִתְמַכֶּרֶת	הִתְמַכְּרִי	כְּהִתְמַכֵּר
הִתְמַכַּרְתְּ הִתְמַכַּרְתֶּן		תִּתְמַכְּרִי תִּתְמַכֵּרְנָה		(מִתְמַכְּרָה)	הִתְמַכְּרוּ	לְהִתְמַכֵּר
הִתְמַכֵּר הִתְמַכְּרוּ		יִתְמַכֵּר יִתְמַכְּרוּ		מִתְמַכְּרִים	הִתְמַכֵּרְנָה	מֵהִתְמַכֵּר
הִתְמַכְּרָה		תִּתְמַכֵּר תִּתְמַכֵּרְנָה		מִתְמַכְּרוֹת		

מלא

Kal

I – מָלֵא – מְלָא to be full: מְלֹא, מָלֹא

Past	Past	Future	Future	Present	Imperative	Gerund
מָלֵאתִי	מָלֵאנוּ	אֶמְלָא	נִמְלָא	מָלֵא	מְלָא	בִּמְלֹא
מָלֵאתָ	מְלֵאתֶם	תִּמְלָא	תִּמְלְאוּ	מְלֵאָה	מִלְאִי	כִּמְלֹא
מָלֵאת	מְלֵאתֶן	תִּמְלְאִי	תִּמְלֶאנָה	מְלֵאִים	מִלְאוּ	לִמְלֹא
מָלֵא	מָלְאוּ	יִמְלָא	יִמְלְאוּ	מְלֵאוֹת	מְלֶאנָה	מִמְּלֹא
מָלְאָה		תִּמְלָא	תִּמְלֶאנָה			

Nif'al

II – נִמְלָא – הִמָּלֵא to be filled, to be ended: הִמָּלֵא, הִמָּלֵא

Past	Past	Future	Future	Present	Imperative	Gerund
נִמְלֵאתִי	נִמְלֵאנוּ	אֶמָּלֵא	נִמָּלֵא	נִמְלָא	הִמָּלֵא	בְּהִמָּלֵא
נִמְלֵאתָ	נִמְלֵאתֶם	תִּמָּלֵא	תִּמָּלְאוּ	נִמְלֵאת	הִמָּלְאִי	כְּהִמָּלֵא
נִמְלֵאת	נִמְלֵאתֶן	תִּמָּלְאִי	תִּמָּלֶאנָה	(נִמְלָאָה)	הִמָּלְאוּ	לְהִמָּלֵא
נִמְלָא	נִמְלְאוּ	יִמָּלֵא	יִמָּלְאוּ	נִמְלָאִים	הִמָּלֶאנָה	מֵהִמָּלֵא
נִמְלְאָה		תִּמָּלֵא	תִּמָּלֶאנָה	נִמְלָאוֹת		

Pi'el

III – מִלֵּא – מַלֵּא to fill, to fulfill: מַלֵּא, מַלֵּא

Past	Past	Future	Future	Present	Imperative	Gerund
מִלֵּאתִי	מִלֵּאנוּ	אֲמַלֵּא	נְמַלֵּא	מְמַלֵּא	מַלֵּא	בְּמַלֵּא
מִלֵּאתָ	מִלֵּאתֶם	תְּמַלֵּא	תְּמַלְּאוּ	מְמַלֵּאת	מַלְּאִי	כְּמַלֵּא
מִלֵּאת	מִלֵּאתֶן	תְּמַלְּאִי	תְּמַלֶּאנָה	(מְמַלְּאָה)	מַלְּאוּ	לְמַלֵּא
מִלֵּא	מִלְּאוּ	יְמַלֵּא	יְמַלְּאוּ	מְמַלְּאִים	מַלֶּאנָה	מִמַּלֵּא
מִלְּאָה		תְּמַלֵּא	תְּמַלֶּאנָה	מְמַלְּאוֹת		

Pu'al

IV – מֻלָּא – מֻלָּא to be filled, to be fulfilled: מֻלֹּא

Past	Past	Future	Future	Present
מֻלֵּאתִי	מֻלֵּאנוּ	אֲמֻלָּא	נְמֻלָּא	מְמֻלָּא
מֻלֵּאתָ	מֻלֵּאתֶם	תְּמֻלָּא	תְּמֻלְּאוּ	מְמֻלֵּאת
מֻלֵּאת	מֻלֵּאתֶן	תְּמֻלְּאִי	תְּמֻלֶּאנָה	(מְמֻלָּאָה)
מֻלָּא	מֻלְּאוּ	יְמֻלָּא	יְמֻלְּאוּ	מְמֻלָּאִים
מֻלְּאָה		תְּמֻלָּא	תְּמֻלֶּאנָה	מְמֻלָּאוֹת

מלא

Hif'il

V*–

Huf'al

VI*–

* This root has not developed this form.

Hitpa'el

VII – הִתְמַלֵּא – הִתְמַלֵּא to fill oneself, to become filled: הִתְמַלֵּא, הִתְמַלֵּא

Past		*Future*		*Present*	*Imperative*	*Gerund*
הִתְמַלֵּאתִי	הִתְמַלֵּאנוּ	אֶתְמַלֵּא	נִתְמַלֵּא	מִתְמַלֵּא	הִתְמַלֵּא	בְּהִתְמַלֵּא
הִתְמַלֵּאתָ	הִתְמַלֵּאתֶם	תִּתְמַלֵּא	תִּתְמַלְּאוּ	מִתְמַלֵּאת	הִתְמַלְּאִי	כְּהִתְמַלֵּא
הִתְמַלֵּאת	הִתְמַלֵּאתֶן	תִּתְמַלְּאִי	תִּתְמַלֶּאנָה	(מִתְמַלְּאָה)	הִתְמַלְּאוּ	לְהִתְמַלֵּא
הִתְמַלֵּא	הִתְמַלְּאוּ	יִתְמַלֵּא	יִתְמַלְּאוּ	מִתְמַלְּאִים	הִתְמַלֶּאנָה	מֵהִתְמַלֵּא
הִתְמַלְּאָה		תִּתְמַלֵּא	תִּתְמַלֶּאנָה	מִתְמַלְּאוֹת		

Nitpa'el: Passive Past — נִתְמַלֵּאתִי נִתְמַלֵּאתָ נִתְמַלֵּאת נִתְמַלֵּא נִתְמַלְּאָה etc.

מלך

Kal

I — מָלַךְ — מֹלֵךְ to rule, to be king: **מְלֹךְ, מָלֹךְ**

Past		*Future*		*Present*	*Imperative*	*Gerund*
מָלַכְתִּי	מָלַכְנוּ	אֶמְלֹךְ	נִמְלֹךְ	מוֹלֵךְ	מְלֹךְ	בִּמְלֹךְ
מָלַכְתָּ	מְלַכְתֶּם	תִּמְלֹךְ	תִּמְלְכוּ	מוֹלֶכֶת	מִלְכִי	כִּמְלֹךְ
מָלַכְתְּ	מְלַכְתֶּן	תִּמְלְכִי	תִּמְלֹכְנָה	(מוֹלְכָה)	מִלְכוּ	לִמְלֹךְ
מָלַךְ	מָלְכוּ	יִמְלֹךְ	יִמְלְכוּ	מוֹלְכִים	מְלֹכְנָה	מִמְּלֹךְ
מָלְכָה		תִּמְלֹךְ	תִּמְלֹכְנָה	מוֹלְכוֹת		

Nif'al

II — נִמְלַךְ — הִמָּלֵךְ to consider, to take counsel: **הִמָּלֵךְ, הִמָּלֵךְ**

Past		*Future*		*Present*	*Imperative*	*Gerund*
נִמְלַכְתִּי	נִמְלַכְנוּ	אֶמָּלֵךְ	נִמָּלֵךְ	נִמְלָךְ	הִמָּלֵךְ	בְּהִמָּלֵךְ
נִמְלַכְתָּ	נִמְלַכְתֶּם	תִּמָּלֵךְ	תִּמָּלְכוּ	נִמְלֶכֶת	הִמָּלְכִי	כְּהִמָּלֵךְ
נִמְלַכְתְּ	נִמְלַכְתֶּן	תִּמָּלְכִי	תִּמָּלַכְנָה	(נִמְלָכָה)	הִמָּלְכוּ	לְהִמָּלֵךְ
נִמְלַךְ	נִמְלְכוּ	יִמָּלֵךְ	יִמָּלְכוּ	נִמְלָכִים	הִמָּלַכְנָה	מֵהִמָּלֵךְ
נִמְלְכָה		תִּמָּלֵךְ	תִּמָּלַכְנָה	נִמְלָכוֹת		

Pi'el

III*—

Pu'al

IV*—

* This root has not developed this form.

מלך

Hif'il

V – הִמְלִיךְ – הַמְלִיךְ to make king, to cause to reign: **הַמְלִיךְ, הַמְלֵךְ**

Gerund	Imperative	Present	Future	Future	Past	Past
בְּהַמְלִיךְ	הַמְלֵךְ	מַמְלִיךְ	נַמְלִיךְ	אַמְלִיךְ	הִמְלַכְנוּ	הִמְלַכְתִּי
כְּהַמְלִיךְ	הַמְלִיכִי	מַמְלֶכֶת	תַּמְלִיכוּ	תַּמְלִיךְ	הִמְלַכְתֶּם	הִמְלַכְתָּ
לְהַמְלִיךְ	הַמְלִיכוּ	(מַמְלִיכָה)	תַּמְלֵכְנָה	תַּמְלִיכִי	הִמְלַכְתֶּן	הִמְלַכְתְּ
מֵהַמְלִיךְ	הַמְלֵכְנָה	מַמְלִיכִים	יַמְלִיכוּ	יַמְלִיךְ	הִמְלִיכוּ	הִמְלִיךְ
		מַמְלִיכוֹת	תַּמְלֵכְנָה	תַּמְלִיךְ		הִמְלִיכָה

Huf'al

VI – הֻמְלַךְ – הֻמְלַךְ to be made king: **הֻמְלֵךְ**

Present	Future	Future	Past	Past
מֻמְלָךְ	נֻמְלַךְ	אֻמְלַךְ	הֻמְלַכְנוּ	הֻמְלַכְתִּי
מֻמְלֶכֶת	תֻּמְלְכוּ	תֻּמְלַךְ	הֻמְלַכְתֶּם	הֻמְלַכְתָּ
(מֻמְלָכָה)	תֻּמְלַכְנָה	תֻּמְלְכִי	הֻמְלַכְתֶּן	הֻמְלַכְתְּ
מֻמְלָכִים	יֻמְלְכוּ	יֻמְלַךְ	הֻמְלְכוּ	הֻמְלַךְ
מֻמְלָכוֹת	תֻּמְלַכְנָה	תֻּמְלַךְ		הֻמְלְכָה

Hitpa'el

VII – הִתְמַלֵּךְ – הִתְמַלֵּךְ to make oneself king, to usurp a throne: **הִתְמַלֵּךְ, הִתְמַלֵּךְ**

Gerund	Imperative	Present	Future	Future	Past	Past
בְּהִתְמַלֵּךְ	הִתְמַלֵּךְ	מִתְמַלֵּךְ	נִתְמַלֵּךְ	אֶתְמַלֵּךְ	הִתְמַלַּכְנוּ	הִתְמַלַּכְתִּי
כְּהִתְמַלֵּךְ	הִתְמַלְּכִי	מִתְמַלֶּכֶת	תִּתְמַלְּכוּ	תִּתְמַלֵּךְ	הִתְמַלַּכְתֶּם	הִתְמַלַּכְתָּ
לְהִתְמַלֵּךְ	הִתְמַלְּכוּ	(מִתְמַלְּכָה)	תִּתְמַלֵּכְנָה	תִּתְמַלְּכִי	הִתְמַלַּכְתֶּן	הִתְמַלַּכְתְּ
מֵהִתְמַלֵּךְ	הִתְמַלֵּכְנָה	מִתְמַלְּכִים	יִתְמַלְּכוּ	יִתְמַלֵּךְ	הִתְמַלְּכוּ	הִתְמַלֵּךְ
		מִתְמַלְּכוֹת	תִּתְמַלֵּכְנָה	תִּתְמַלֵּךְ		הִתְמַלְּכָה

מנע

Kal

I — מָנַע — מְנַע to keep back, to restrain: **מְנֹעַ, מָנֹעַ**

Past		*Future*		*Present*	*Passive Present*	*Imperative*	*Gerund*
מָנַעְתִּי	מָנַעְנוּ	אֶמְנַע	נִמְנַע	מוֹנֵעַ	מָנוּעַ	מְנַע	בִּמְנֹעַ
מָנַעְתָּ	מְנַעְתֶּם	תִּמְנַע	תִּמְנְעוּ	מוֹנַעַת	מְנוּעָה	מִנְעִי	כִּמְנֹעַ
מָנַעַתְּ	מְנַעְתֶּן	תִּמְנְעִי	תִּמְנַעְנָה	(מוֹנְעָה)	מְנוּעִים	מִנְעוּ	לִמְנֹעַ
מָנַע	מָנְעוּ	יִמְנַע	יִמְנְעוּ	מוֹנְעִים	מְנוּעוֹת	מְנַעְנָה	מִמְּנֹעַ
מָנְעָה		תִּמְנַע	תִּמְנַעְנָה	מוֹנְעוֹת			

Nif'al

II — נִמְנַע — הִמָּנַע to be kept back, to refrain: **הִמָּנַע, הִמָּנֵעַ**

Past		*Future*		*Present*		*Imperative*	*Gerund*
נִמְנַעְתִּי	נִמְנַעְנוּ	אֶמָּנַע	נִמָּנַע	נִמְנָע		הִמָּנַע	בְּהִמָּנַע
נִמְנַעְתָּ	נִמְנַעְתֶּם	תִּמָּנַע	תִּמָּנְעוּ	נִמְנַעַת		הִמָּנְעִי	כְּהִמָּנַע
נִמְנַעַתְּ	נִמְנַעְתֶּן	תִּמָּנְעִי	תִּמָּנַעְנָה	(נִמְנָעָה)		הִמָּנְעוּ	לְהִמָּנַע
נִמְנַע	נִמְנְעוּ	יִמָּנַע	יִמָּנְעוּ	נִמְנָעִים		הִמָּנַעְנָה	מֵהִמָּנַע
נִמְנְעָה		תִּמָּנַע	תִּמָּנַעְנָה	נִמְנָעוֹת			

Pi'el

III*—

Pu'al

IV*—

* This root has not developed this form.

מנע

Hif'il

V – הִמְנִיעַ – הַמְנִיעַ to keep apart: הַמְנִיעַ, הַמְנֵעַ

Past		Future		Present	Imperative	Gerund
הִמְנַעְתִּי	הִמְנַעְנוּ	אַמְנִיעַ	נַמְנִיעַ	מַמְנִיעַ	הַמְנַע	בְּהַמְנִיעַ
הִמְנַעְתָּ	הִמְנַעְתֶּם	תַּמְנִיעַ	תַּמְנִיעוּ	מַמְנַעַת	הַמְנִיעִי	כְּהַמְנִיעַ
הִמְנַעַתְּ	הִמְנַעְתֶּן	תַּמְנִיעִי	תַּמְנַעְנָה	(מַמְנִיעָה)	הַמְנִיעוּ	לְהַמְנִיעַ
הִמְנִיעַ	הִמְנִיעוּ	יַמְנִיעַ	יַמְנִיעוּ	מַמְנִיעִים	הַמְנַעְנָה	מֵהַמְנִיעַ
הִמְנִיעָה		תַּמְנִיעַ	תַּמְנַעְנָה	מַמְנִיעוֹת		

Huf'al

VI*–

Hitpa'el

VII*–

* This root has not developed this form.

מסר

Kal

I – מָסַר – מְסֹר to deliver, to hand, to inform against: מְסֹר, מָסֹר

Past	*Past*	*Future*	*Future*	*Present*	*Passive Present*	*Imperative*	*Gerund*
מָסַרְתִּי	מָסַרְנוּ	אֶמְסֹר	נִמְסֹר	מוֹסֵר	מָסוּר	מְסֹר	בִּמְסֹר
מָסַרְתָּ	מְסַרְתֶּם	תִּמְסֹר	תִּמְסְרוּ	מוֹסֶרֶת	מְסוּרָה	מִסְרִי	כִּמְסֹר
מָסַרְתְּ	מְסַרְתֶּן	תִּמְסְרִי	תִּמְסֹרְנָה	(מוֹסְרָה)	מְסוּרִים	מִסְרוּ	לִמְסֹר
מָסַר	מָסְרוּ	יִמְסֹר	יִמְסְרוּ	מוֹסְרִים	מְסוּרוֹת	מְסֹרְנָה	מִמְּסֹר
מָסְרָה		תִּמְסֹר	תִּמְסֹרְנָה	מוֹסְרוֹת			

Nif'al

II – נִמְסַר – הִמָּסֵר to be delivered: הִמָּסֵר, הִמָּסֵר

Past	*Past*	*Future*	*Future*	*Present*		*Imperative*	*Gerund*
נִמְסַרְתִּי	נִמְסַרְנוּ	אֶמָּסֵר	נִמָּסֵר	נִמְסָר		הִמָּסֵר	בְּהִמָּסֵר
נִמְסַרְתָּ	נִמְסַרְתֶּם	תִּמָּסֵר	תִּמָּסְרוּ	נִמְסֶרֶת		הִמָּסְרִי	כְּהִמָּסֵר
נִמְסַרְתְּ	נִמְסַרְתֶּן	תִּמָּסְרִי	תִּמָּסַרְנָה	(נִמְסָרָה)		הִמָּסְרוּ	לְהִמָּסֵר
נִמְסַר	נִמְסְרוּ	יִמָּסֵר	יִמָּסְרוּ	נִמְסָרִים		הִמָּסַרְנָה	מֵהִמָּסֵר
נִמְסְרָה		תִּמָּסֵר	תִּמָּסַרְנָה	נִמְסָרוֹת			

Pi'el

III*–

Pu'al

IV*–

* This root has not developed this form.

מסר

Hif'il

V*–

Huf'al

VI*–

* This root has not developed this form.

Hitpa'el

VII – הִתְמַסֵּר – הִתְמַסֵּר to devote oneself: **הִתְמַסֵּר, הִתְמַסֵּר**

Past		*Future*		*Present*	*Imperative*	*Gerund*
הִתְמַסַּרְתִּי	הִתְמַסַּרְנוּ	אֶתְמַסֵּר	נִתְמַסֵּר	מִתְמַסֵּר	הִתְמַסֵּר	בְּהִתְמַסֵּר
הִתְמַסַּרְתָּ	הִתְמַסַּרְתֶּם	תִּתְמַסֵּר	תִּתְמַסְּרוּ	מִתְמַסֶּרֶת	הִתְמַסְּרִי	כְּהִתְמַסֵּר
הִתְמַסַּרְתְּ	הִתְמַסַּרְתֶּן	תִּתְמַסְּרִי	תִּתְמַסֵּרְנָה	(מִתְמַסְּרָה)	הִתְמַסְּרוּ	לְהִתְמַסֵּר
הִתְמַסֵּר	הִתְמַסְּרוּ	יִתְמַסֵּר	יִתְמַסְּרוּ	מִתְמַסְּרִים	הִתְמַסֵּרְנָה	מֵהִתְמַסֵּר
הִתְמַסְּרָה		תִּתְמַסֵּר	תִּתְמַסֵּרְנָה	מִתְמַסְּרוֹת		

מצא

Kal

I – מָצָא – מָצָא – מְצָא to find, to befall: **מְצֹא, מָצֹא**

Past		*Future*		*Present*	*Passive Present*	*Imperative*	*Gerund*
מָצָאתִי	מָצָאנוּ	אֶמְצָא	נִמְצָא	מוֹצֵא	*מָצוּי	מְצָא	בִּמְצֹא
מָצָאתָ	מְצָאתֶם	תִּמְצָא	תִּמְצְאוּ	מוֹצֵאת	מְצוּיָה	מִצְאִי	כִּמְצֹא
מָצָאת	מְצָאתֶן	תִּמְצְאִי	תִּמְצֶאנָה	(מוֹצְאָה)	מְצוּיִים	מִצְאוּ	לִמְצֹא
מָצָא	מָצְאוּ	יִמְצָא	יִמְצְאוּ	מוֹצְאִים	מְצוּיוֹת	מְצֶאנָה	מִמְּצֹא
מָצְאָה		תִּמְצָא	תִּמְצֶאנָה	מוֹצְאוֹת			

*or: מָצוּא מְצוּאָה מְצוּאִים מְצוּאוֹת

Nif'al

II – נִמְצָא – הִמָּצֵא – הִמָּצֵא to be found, to exist: **הִמָּצֵא, הִמָּצֵא**

Past		*Future*		*Present*	*Imperative*	*Gerund*
נִמְצֵאתִי	נִמְצֵאנוּ	אֶמָּצֵא	נִמָּצֵא	נִמְצָא	הִמָּצֵא	בְּהִמָּצֵא
נִמְצֵאתָ	נִמְצֵאתֶם	תִּמָּצֵא	תִּמָּצְאוּ	נִמְצֵאת	הִמָּצְאִי	כְּהִמָּצֵא
נִמְצֵאת	נִמְצֵאתֶן	תִּמָּצְאִי	תִּמָּצֶאנָה	(נִמְצָאָה)	הִמָּצְאוּ	לְהִמָּצֵא
נִמְצָא	נִמְצְאוּ	יִמָּצֵא	יִמָּצְאוּ	נִמְצָאִים	הִמָּצֶאנָה	מֵהִמָּצֵא
נִמְצְאָה		תִּמָּצֵא	תִּמָּצֶאנָה	נִמְצָאוֹת		

Pi'el

III*–

Pu'al

IV*–

* This root has not developed this form.

מצא

Hif'il

V – הִמְצִיא – הַמְצִיא – הַמְצִיא to furnish, to invent: הַמְצִיא, הַמְצֵא

Past	*Past*	*Future*	*Future*	*Present*	*Imperative*	*Gerund*
הִמְצֵאתִי	הִמְצֵאנוּ	אַמְצִיא	נַמְצִיא	מַמְצִיא	הַמְצֵא	בְּהַמְצִיא
הִמְצֵאתָ	הִמְצֵאתֶם	תַּמְצִיא	תַּמְצִיאוּ	מַמְצֵאת	הַמְצִיאִי	כְּהַמְצִיא
הִמְצֵאת	הִמְצֵאתֶן	תַּמְצִיאִי	תַּמְצֶאנָה	(מַמְצִיאָה)	הַמְצִיאוּ	לְהַמְצִיא
הִמְצִיא	הִמְצִיאוּ	יַמְצִיא	יַמְצִיאוּ	מַמְצִיאִים	הַמְצֶאנָה	מֵהַמְצִיא
הִמְצִיאָה		תַּמְצִיא	תַּמְצֶאנָה	מַמְצִיאוֹת		

Huf'al

VI – הֻמְצָא – הֻמְצָא – הֻמְצָא to be furnished, to be invented: הֻמְצֵא

Past	*Past*	*Future*	*Future*	*Present*
הֻמְצֵאתִי	הֻמְצֵאנוּ	אֻמְצָא	נֻמְצָא	מֻמְצָא
הֻמְצֵאתָ	הֻמְצֵאתֶם	תֻּמְצָא	תֻּמְצְאוּ	מֻמְצֵאת
הֻמְצֵאת	הֻמְצֵאתֶן	תֻּמְצְאִי	תֻּמְצֶאנָה	(מֻמְצָאָה)
הֻמְצָא	הֻמְצְאוּ	יֻמְצָא	יֻמְצְאוּ	מֻמְצָאִים
הֻמְצְאָה		תֻּמְצָא	תֻּמְצֶאנָה	מֻמְצָאוֹת

Hitpa'el

VII – הִתְמַצֵּא – הִתְמַצֵּא – הִתְמַצֵּא to find oneself, to find one's way: הִתְמַצֵּא, הִתְמַצֵּא

Past	*Past*	*Future*	*Future*	*Present*	*Imperative*	*Gerund*
הִתְמַצֵּאתִי	הִתְמַצֵּאנוּ	אֶתְמַצֵּא	נִתְמַצֵּא	מִתְמַצֵּא	הִתְמַצֵּא	בְּהִתְמַצֵּא
הִתְמַצֵּאתָ	הִתְמַצֵּאתֶם	תִּתְמַצֵּא	תִּתְמַצְּאוּ	מִתְמַצֵּאת	הִתְמַצְּאִי	כְּהִתְמַצֵּא
הִתְמַצֵּאת	הִתְמַצֵּאתֶן	תִּתְמַצְּאִי	תִּתְמַצֶּאנָה	(מִתְמַצְּאָה)	הִתְמַצְּאוּ	לְהִתְמַצֵּא
הִתְמַצֵּא	הִתְמַצְּאוּ	יִתְמַצֵּא	יִתְמַצְּאוּ	מִתְמַצְּאִים	הִתְמַצֶּאנָה	מֵהִתְמַצֵּא
הִתְמַצְּאָה		תִּתְמַצֵּא	תִּתְמַצֶּאנָה	מִתְמַצְּאוֹת		

משך

Kal

I — מָשַׁךְ — מְשֹׁךְ to draw, to pull: מְשֹׁךְ, מָשֹׁךְ

Past		Future		Present	Passive Present	Imperative	Gerund
מָשַׁכְתִּי	מָשַׁכְנוּ	אֶמְשֹׁךְ	נִמְשֹׁךְ	מוֹשֵׁךְ	מָשׁוּךְ	מְשֹׁךְ	בִּמְשֹׁךְ
מָשַׁכְתָּ	מְשַׁכְתֶּם	תִּמְשֹׁךְ	תִּמְשְׁכוּ	מוֹשֶׁכֶת	מְשׁוּכָה	מִשְׁכִי	כִּמְשֹׁךְ
מָשַׁכְתְּ	מְשַׁכְתֶּן	תִּמְשְׁכִי	תִּמְשֹׁכְנָה	(מוֹשְׁכָה)	מְשׁוּכִים	מִשְׁכוּ	לִמְשֹׁךְ
מָשַׁךְ	מָשְׁכוּ	יִמְשֹׁךְ	יִמְשְׁכוּ	מוֹשְׁכִים	מְשׁוּכוֹת	מְשֹׁכְנָה	מִמְּשֹׁךְ
מָשְׁכָה		תִּמְשֹׁךְ	תִּמְשֹׁכְנָה	מוֹשְׁכוֹת			

Nif'al

II — נִמְשַׁךְ — הִמָּשֵׁךְ to be pulled, to be attracted: הִמָּשֵׁךְ, הִמָּשֵׁךְ

Past		Future		Present	Imperative	Gerund
נִמְשַׁכְתִּי	נִמְשַׁכְנוּ	אֶמָּשֵׁךְ	נִמָּשֵׁךְ	נִמְשָׁךְ	הִמָּשֵׁךְ	בְּהִמָּשֵׁךְ
נִמְשַׁכְתָּ	נִמְשַׁכְתֶּם	תִּמָּשֵׁךְ	תִּמָּשְׁכוּ	נִמְשֶׁכֶת	הִמָּשְׁכִי	כְּהִמָּשֵׁךְ
נִמְשַׁכְתְּ	נִמְשַׁכְתֶּן	תִּמָּשְׁכִי	תִּמָּשַׁכְנָה	(נִמְשָׁכָה)	הִמָּשְׁכוּ	לְהִמָּשֵׁךְ
נִמְשַׁךְ	נִמְשְׁכוּ	יִמָּשֵׁךְ	יִמָּשְׁכוּ	נִמְשָׁכִים	הִמָּשַׁכְנָה	מֵהִמָּשֵׁךְ
נִמְשְׁכָה		תִּמָּשֵׁךְ	תִּמָּשַׁכְנָה	נִמְשָׁכוֹת		

Pi'el

III — מִשֵּׁךְ — מַשֵּׁךְ to draw out, to delay: מַשֵּׁךְ, מַשֵּׁךְ

Past		Future		Present	Imperative	Gerund
מִשַּׁכְתִּי	מִשַּׁכְנוּ	אֲמַשֵּׁךְ	נְמַשֵּׁךְ	מְמַשֵּׁךְ	מַשֵּׁךְ	בְּמַשֵּׁךְ
מִשַּׁכְתָּ	מִשַּׁכְתֶּם	תְּמַשֵּׁךְ	תְּמַשְּׁכוּ	מְמַשֶּׁכֶת	מַשְּׁכִי	כְּמַשֵּׁךְ
מִשַּׁכְתְּ	מִשַּׁכְתֶּן	תְּמַשְּׁכִי	תְּמַשֵּׁכְנָה	(מְמַשְּׁכָה)	מַשְּׁכוּ	לְמַשֵּׁךְ
מִשֵּׁךְ	מִשְּׁכוּ	יְמַשֵּׁךְ	יְמַשְּׁכוּ	מְמַשְּׁכִים	מַשֵּׁכְנָה	מִמַּשֵּׁךְ
מִשְּׁכָה		תְּמַשֵּׁךְ	תְּמַשֵּׁכְנָה	מְמַשְּׁכוֹת		

Pu'al

IV — מֻשַּׁךְ — מֻשַּׁךְ to be drawn out, to be delayed: מֻשֹּׁךְ

Past		Future		Present
מֻשַּׁכְתִּי	מֻשַּׁכְנוּ	אֲמֻשַּׁךְ	נְמֻשַּׁךְ	מְמֻשָּׁךְ
מֻשַּׁכְתָּ	מֻשַּׁכְתֶּם	תְּמֻשַּׁךְ	תְּמֻשְּׁכוּ	מְמֻשֶּׁכֶת
מֻשַּׁכְתְּ	מֻשַּׁכְתֶּן	תְּמֻשְּׁכִי	תְּמֻשַּׁכְנָה	(מְמֻשָּׁכָה)
מֻשַּׁךְ	מֻשְּׁכוּ	יְמֻשַּׁךְ	יְמֻשְּׁכוּ	מְמֻשָּׁכִים
מֻשְּׁכָה		תְּמֻשַּׁךְ	תְּמֻשַּׁכְנָה	מְמֻשָּׁכוֹת

משך

Hif'il

V – הִמְשִׁיךְ – הַמְשִׁיךְ to prolong, to continue: הַמְשִׁיךְ, הַמְשֵׁךְ

Past		Future		Present	Imperative	Gerund
הִמְשַׁכְתִּי	הִמְשַׁכְנוּ	אַמְשִׁיךְ	נַמְשִׁיךְ	מַמְשִׁיךְ	הַמְשֵׁךְ	בְּהַמְשִׁיךְ
הִמְשַׁכְתָּ	הִמְשַׁכְתֶּם	תַּמְשִׁיךְ	תַּמְשִׁיכוּ	מַמְשֶׁכֶת	הַמְשִׁיכִי	כְּהַמְשִׁיךְ
הִמְשַׁכְתְּ	הִמְשַׁכְתֶּן	תַּמְשִׁיכִי	תַּמְשֵׁכְנָה	(מַמְשִׁיכָה)	הַמְשִׁיכוּ	לְהַמְשִׁיךְ
הִמְשִׁיךְ	הִמְשִׁיכוּ	יַמְשִׁיךְ	יַמְשִׁיכוּ	מַמְשִׁיכִים	הַמְשֵׁכְנָה	מֵהַמְשִׁיךְ
הִמְשִׁיכָה		תַּמְשִׁיךְ	תַּמְשֵׁכְנָה	מַמְשִׁיכוֹת		

Huf'al

VI – הָמְשַׁךְ – הָמְשַׁךְ to be prolonged, to be continued: הָמְשֵׁךְ

Past		Future		Present
הָמְשַׁכְתִּי	הָמְשַׁכְנוּ	אָמְשַׁךְ	נָמְשַׁךְ	מָמְשָׁךְ
הָמְשַׁכְתָּ	הָמְשַׁכְתֶּם	תָּמְשַׁךְ	תָּמְשְׁכוּ	מָמְשֶׁכֶת
הָמְשַׁכְתְּ	הָמְשַׁכְתֶּן	תָּמְשְׁכִי	תָּמְשַׁכְנָה	(מָמְשָׁכָה)
הָמְשַׁךְ	הָמְשְׁכוּ	יָמְשַׁךְ	יָמְשְׁרוּ	מָמְשָׁכִים
הָמְשְׁכָה		תָּמְשַׁךְ	תָּמְשַׁכְנָה	מָמְשָׁכוֹת

Hitpa'el

VII – הִתְמַשֵּׁךְ – הִתְמַשֵּׁךְ to stretch oneself out, to extend: הִתְמַשֵּׁךְ, הִתְמַשֵּׁךְ

Past		Future		Present	Imperative	Gerund
הִתְמַשַּׁכְתִּי	הִתְמַשַּׁכְנוּ	אֶתְמַשֵּׁךְ	נִתְמַשֵּׁךְ	מִתְמַשֵּׁךְ	הִתְמַשֵּׁךְ	בְּהִתְמַשֵּׁךְ
הִתְמַשַּׁכְתָּ	הִתְמַשַּׁכְתֶּם	תִּתְמַשֵּׁךְ	תִּתְמַשְּׁכוּ	מִתְמַשֶּׁכֶת	הִתְמַשְּׁכִי	כְּהִתְמַשֵּׁךְ
הִתְמַשַּׁכְתְּ	הִתְמַשַּׁכְתֶּן	תִּתְמַשְּׁכִי	תִּתְמַשֵּׁכְנָה	(מִתְמַשְּׁכָה)	הִתְמַשְּׁכוּ	לְהִתְמַשֵּׁךְ
הִתְמַשֵּׁךְ	הִתְמַשְּׁכוּ	יִתְמַשֵּׁךְ	יִתְמַשְּׁכוּ	מִתְמַשְּׁכִים	הִתְמַשֵּׁכְנָה	מֵהִתְמַשֵּׁךְ
הִתְמַשְּׁכָה		תִּתְמַשֵּׁךְ	תִּתְמַשֵּׁכְנָה	מִתְמַשְּׁכוֹת		

נבט

Kal

I — נָבַט — נְבֹט to sprout: נְבֹט, נָבֹט

Past		*Future*		*Present*	*Imperative*	*Gerund*
נָבַטְתִּי	נָבַטְנוּ	אֶנְבֹּט	נִנְבֹּט	נוֹבֵט	נְבֹט	בִּנְבֹּט
נָבַטְתָּ	נְבַטְתֶּם	תִּנְבֹּט	תִּנְבְּטוּ	נוֹבֶטֶת	נִבְטִי	כִּנְבֹּט
נָבַטְתְּ	נְבַטְתֶּן	תִּנְבְּטִי	תִּנְבֹּטְנָה	(נוֹבְטָה)	נִבְטוּ	לִנְבֹּט
נָבַט	נָבְטוּ	יִנְבֹּט	יִנְבְּטוּ	נוֹבְטִים	נְבֹטְנָה	מִנְּבֹט
נָבְטָה		תִּנְבֹּט	תִּנְבֹּטְנָה	נוֹבְטוֹת		

Nif'al

II — נִבַּט — הִנָּבֵט to look about: הִנָּבֵט, הִנָּבֵט

Past		*Future*		*Present*	*Imperative*	*Gerund*
נִבַּטְתִּי	נִבַּטְנוּ	אֶנָּבֵט	נִנָּבֵט	נִבָּט	הִנָּבֵט	בְּהִנָּבֵט
נִבַּטְתָּ	נִבַּטְתֶּם	תִּנָּבֵט	תִּנָּבְטוּ	נִבֶּטֶת	הִנָּבְטִי	כְּהִנָּבֵט
נִבַּטְתְּ	נִבַּטְתֶּן	תִּנָּבְטִי	תִּנָּבַטְנָה	(נִבָּטָה)	הִנָּבְטוּ	לְהִנָּבֵט
נִבַּט	נִבְּטוּ	יִנָּבֵט	יִנָּבְטוּ	נִבָּטִים	הִנָּבַטְנָה	מֵהִנָּבֵט
נִבְּטָה		תִּנָּבֵט	תִּנָּבַטְנָה	נִבָּטוֹת		

Pi'el

III*–

Pu'al

IV*–

* This root has not developed this form.

נבט

Hif'il

Va) — הִנְבִּיט — הַנְבִּיט to seed, to sow: הַנְבִּיט, הַנְבֵּט

Past		*Future*		*Present*	*Imperative*	*Gerund*
הִנְבַּטְתִּי	הִנְבַּטְנוּ	אַנְבִּיט	נַנְבִּיט	מַנְבִּיט	הַנְבֵּט	בְּהַנְבִּיט
הִנְבַּטְתָּ	הִנְבַּטְתֶּם	תַּנְבִּיט	תַּנְבִּיטוּ	מַנְבִּיטָה	הַנְבִּיטִי	כְּהַנְבִּיט
הִנְבַּטְתְּ	הִנְבַּטְתֶּן	תַּנְבִּיטִי	תַּנְבֵּטְנָה	(מַנְבֶּטֶת)	הַנְבִּיטוּ	לְהַנְבִּיט
הִנְבִּיט	הִנְבִּיטוּ	יַנְבִּיט	יַנְבִּיטוּ	מַנְבִּיטִים	הַנְבֵּטְנָה	מֵהַנְבִּיט
הִנְבִּיטָה		תַּנְבִּיט	תַּנְבֵּטְנָה	מַנְבִּיטוֹת		

Hif'il

Vb) — הִבִּיט — הַבִּיט to look, to view: הַבִּיט, הַבֵּט

Past		*Future*		*Present*	*Imperative*	*Gerund*
הִבַּטְתִּי	הִבַּטְנוּ	אַבִּיט	נַבִּיט	מַבִּיט	הַבֵּט	בְּהַבִּיט
הִבַּטְתָּ	הִבַּטְתֶּם	תַּבִּיט	תַּבִּיטוּ	מַבִּיטָה	הַבִּיטִי	כְּהַבִּיט
הִבַּטְתְּ	הִבַּטְתֶּן	תַּבִּיטִי	תַּבֵּטְנָה	(מַבֶּטֶת)	הַבִּיטוּ	לְהַבִּיט
הִבִּיט	הִבִּיטוּ	יַבִּיט	יַבִּיטוּ	מַבִּיטִים	הַבֵּטְנָה	מֵהַבִּיט
הִבִּיטָה		תַּבִּיט	תַּבֵּטְנָה	מַבִּיטוֹת		

Huf'al

VI — הֻנְבַּט — הֻנְבַּט to be seeded, to be sown: הֻנְבֵּט

Past		*Future*		*Present*
הֻנְבַּטְתִּי	הֻנְבַּטְנוּ	אֻנְבַּט	נֻנְבַּט	מֻנְבָּט
הֻנְבַּטְתָּ	הֻנְבַּטְתֶּם	תֻּנְבַּט	תֻּנְבְּטוּ	מֻנְבֶּטֶת
הֻנְבַּטְתְּ	הֻנְבַּטְתֶּן	תֻּנְבְּטִי	תֻּנְבַּטְנָה	(מֻנְבָּטָה)
הֻנְבַּט	הֻנְבְּטוּ	יֻנְבַּט	יֻנְבְּטוּ	מֻנְבָּטִים
הֻנְבְּטָה		תֻּנְבַּט	תֻּנְבַּטְנָה	מֻנְבָּטוֹת

Hitpa'el

VII*—

* This root has not developed this form.

נבע

Kal

I – נָבַע – נְבַע to flow, to gush: **נְבֹעַ, נָבֹעַ**

Past		*Future*		*Present*	*Imperative*	*Gerund*
נָבַעְתִּי	נָבַעְנוּ	אֶבַּע	נִבַּע	נוֹבֵעַ	נְבַע	בִּנְבֹעַ
נָבַעְתָּ	נְבַעְתֶּם	תִּבַּע	תִּבְּעוּ	נוֹבַעַת	נִבְעִי	כִּנְבֹעַ
נָבַעַתְּ	נְבַעְתֶּן	תִּבְּעִי	תִּבַּעְנָה	(נוֹבְעָה)	נִבְעוּ	לִנְבֹּעַ
נָבַע	נָבְעוּ	יִבַּע	יִבְּעוּ	נוֹבְעִים	נְבַעְנָה	מִנְּבֹעַ
נָבְעָה		תִּבַּע	תִּבַּעְנָה	נוֹבְעוֹת		

Nif'al

II*–

Pi'el

III*–

Pu'al

IV*–

* This root has not developed this form.

נבע

Hif'il

V – הִבִּיעַ – הַבִּיעַ to utter, to express: **הַבִּיעַ, הַבֵּעַ**

Past		Future		Present	Imperative	Gerund
הִבַּעְתִּי	הִבַּעְנוּ	אַבִּיעַ	נַבִּיעַ	מַבִּיעַ	הַבַּע	בְּהַבִּיעַ
הִבַּעְתָּ	הִבַּעְתֶּם	תַּבִּיעַ	תַּבִּיעוּ	מַבַּעַת	הַבִּיעִי	כְּהַבִּיעַ
הִבַּעַתְּ	הִבַּעְתֶּן	תַּבִּיעִי	תַּבַּעְנָה	(מַבִּיעָה)	הַבִּיעוּ	לְהַבִּיעַ
הִבִּיעַ	הִבִּיעוּ	יַבִּיעַ	יַבִּיעוּ	מַבִּיעִים	הַבַּעְנָה	מֵהַבִּיעַ
הִבִּיעָה		תַּבִּיעַ	תַּבַּעְנָה	מַבִּיעוֹת		

Huf'al

VI – הֻבַּע – הֻבַּע to be uttered, to be expressed: **הֻבֵּעַ**

Past		Future		Present
הֻבַּעְתִּי	הֻבַּעְנוּ	אֻבַּע	נֻבַּע	מֻבָּע
הֻבַּעְתָּ	הֻבַּעְתֶּם	תֻּבַּע	תֻּבְּעוּ	מֻבַּעַת
הֻבַּעַתְּ	הֻבַּעְתֶּן	תֻּבְּעִי	תֻּבַּעְנָה	(מֻבָּעָה)
הֻבַּע	הֻבְּעוּ	יֻבַּע	יֻבְּעוּ	מֻבָּעִים
הֻבְּעָה		תֻּבַּע	תֻּבַּעְנָה	מֻבָּעוֹת

Hitpa'el

VII*—

*This root has not developed this form.

נגד

Kal

I — נָגַד — נְגֹד to be in opposition to, to contradict: **נְגֹד, נָגֹד**

Past		*Future*		*Present*	*Imperative*	*Gerund*
נָגַדְתִּי	נָגַדְנוּ	אֶנְגֹּד	נִנְגֹּד	נוֹגֵד	נְגֹד	בִּנְגֹד
נָגַדְתָּ	נְגַדְתֶּם	תִּנְגֹּד	תִּנְגְּדוּ	נוֹגֶדֶת	נִגְדִי	כִּנְגֹד
נָגַדְתְּ	נְגַדְתֶּן	תִּנְגְּדִי	תִּנְגֹּדְנָה	(נוֹגְדָה)	נִגְדוּ	לִנְגֹּד
נָגַד	נָגְדוּ	יִנְגֹּד	יִנְגְּדוּ	נוֹגְדִים	נְגֹדְנָה	מִנְּגֹד
נָגְדָה		תִּנְגֹּד	תִּנְגֹּדְנָה	נוֹגְדוֹת		

Nif'al

II*—

* This root has not developed this form.

Pi'el

III — נִגֵּד — נַגֵּד to flog, to stretch: **נַגֵּד, נַגֵּד**

Past		*Future*		*Present*	*Imperative*	*Gerund*
נִגַּדְתִּי	נִגַּדְנוּ	אֲנַגֵּד	נְנַגֵּד	מְנַגֵּד	נַגֵּד	בְּנַגֵּד
נִגַּדְתָּ	נִגַּדְתֶּם	תְּנַגֵּד	תְּנַגְּדוּ	מְנַגֶּדֶת	נַגְּדִי	כְּנַגֵּד
נִגַּדְתְּ	נִגַּדְתֶּן	תְּנַגְּדִי	תְּנַגֵּדְנָה	(מְנַגְּדָה)	נַגְּדוּ	לְנַגֵּד
נִגֵּד	נִגְּדוּ	יְנַגֵּד	יְנַגְּדוּ	מְנַגְּדִים	נַגֵּדְנָה	מְנַגֵּד
נִגְּדָה		תְּנַגֵּד	תְּנַגֵּדְנָה	מְנַגְּדוֹת		

Pu'al

IV — נֻגַּד — נֻגַּד to be contrary: **נֻגֹּד**

Past		*Future*		*Present*
נֻגַּדְתִּי	נֻגַּדְנוּ	אֲנֻגַּד	נְנֻגַּד	מְנֻגָּד
נֻגַּדְתָּ	נֻגַּדְתֶּם	תְּנֻגַּד	תְּנֻגְּדוּ	מְנֻגֶּדֶת
נֻגַּדְתְּ	נֻגַּדְתֶּן	תְּנֻגְּדִי	תְּנֻגַּדְנָה	(מְנֻגָּדָה)
נֻגַּד	נֻגְּדוּ	יְנֻגַּד	יְנֻגְּדוּ	מְנֻגָּדִים
נֻגְּדָה		תְּנֻגַּד	תְּנֻגַּדְנָה	מְנֻגָּדוֹת

נגד

Hif'il

V – הִגִּיד – הַגִּיד to tell, to announce: **הַגִּיד, הַגֵּד**

Past	*Past*	*Future*	*Future*	*Present*	*Imperative*	*Gerund*
הִגַּדְתִּי	הִגַּדְנוּ	אַגִּיד	נַגִּיד	מַגִּיד	הַגֵּד	בְּהַגִּיד
הִגַּדְתָּ	הִגַּדְתֶּם	תַּגִּיד	תַּגִּידוּ	מַגֶּדֶת	הַגִּידִי	כְּהַגִּיד
הִגַּדְתְּ	הִגַּדְתֶּן	תַּגִּידִי	תַּגֵּדְנָה	(מַגִּידָה)	הַגִּידוּ	לְהַגִּיד
הִגִּיד	הִגִּידוּ	יַגִּיד	יַגִּידוּ	מַגִּידִים	הַגֵּדְנָה	מֵהַגִּיד
הִגִּידָה		תַּגִּיד	תַּגֵּדְנָה	מַגִּידוֹת		

Huf'al

VI – הֻגַּד – הֻגַּד to be told, to be announced: **הֻגֵּד**

Past	*Past*	*Future*	*Future*	*Present*
הֻגַּדְתִּי	הֻגַּדְנוּ	אֻגַּד	נֻגַּד	מֻגָּד
הֻגַּדְתָּ	הֻגַּדְתֶּם	תֻּגַּד	תֻּגְּדוּ	מֻגֶּדֶת
הֻגַּדְתְּ	הֻגַּדְתֶּן	תֻּגְּדִי	תֻּגַּדְנָה	(מֻגָּדָה)
הֻגַּד	הֻגְּדוּ	יֻגַּד	יֻגְּדוּ	מֻגָּדִים
הֻגְּדָה		תֻּגַּד	תֻּגַּדְנָה	מֻגָּדוֹת

Hitpa'el

VII – הִתְנַגֵּד – הִתְנַגֵּד to oppose: **הִתְנַגֵּד, הִתְנַגֵּד**

Past	*Past*	*Future*	*Future*	*Present*	*Imperative*	*Gerund*
הִתְנַגַּדְתִּי	הִתְנַגַּדְנוּ	אֶתְנַגֵּד	נִתְנַגֵּד	מִתְנַגֵּד	הִתְנַגֵּד	בְּהִתְנַגֵּד
הִתְנַגַּדְתָּ	הִתְנַגַּדְתֶּם	תִּתְנַגֵּד	תִּתְנַגְּדוּ	מִתְנַגֶּדֶת	הִתְנַגְּדִי	כְּהִתְנַגֵּד
הִתְנַגַּדְתְּ	הִתְנַגַּדְתֶּן	תִּתְנַגְּדִי	תִּתְנַגֵּדְנָה	(מִתְנַגְּדָה)	הִתְנַגְּדוּ	לְהִתְנַגֵּד
הִתְנַגֵּד	הִתְנַגְּדוּ	יִתְנַגֵּד	יִתְנַגְּדוּ	מִתְנַגְּדִים	הִתְנַגֵּדְנָה	מֵהִתְנַגֵּד
הִתְנַגְּדָה		תִּתְנַגֵּד	תִּתְנַגֵּדְנָה	מִתְנַגְּדוֹת		

נגן

Kal

I*—

Nif'al

II*—

* This root has not developed this form.

Pi'el

III — נִגֵּן — נַגֵּן to play music, to play an instrument: נַגֵּן, נַגֵּן

Past		Future		Present		Imperative	Gerund
נִגַּנְתִּי	נִגַּנּוּ	אֲנַגֵּן	נְנַגֵּן	מְנַגֵּן		נַגֵּן	בְּנַגֵּן
נִגַּנְתָּ	נִגַּנְתֶּם	תְּנַגֵּן	תְּנַגְּנוּ	מְנַגֶּנֶת		נַגְּנִי	כְּנַגֵּן
נִגַּנְתְּ	נִגַּנְתֶּן	תְּנַגְּנִי	תְּנַגֵּנָּה	(מְנַגְּנָה)		נַגְּנוּ	לְנַגֵּן
נִגֵּן	נִגְּנוּ	יְנַגֵּן	יְנַגְּנוּ	מְנַגְּנִים		נַגֵּנָּה	מִנַּגֵּן
נִגְּנָה		תְּנַגֵּן	תְּנַגֵּנָּה	מְנַגְּנוֹת			

Pu'al

IV — נֻגַּן — נֻגַּן to be played: נֻגֹּן

Past		Future		Present
נֻגַּנְתִּי	נֻגַּנּוּ	אֲנֻגַּן	נְנֻגַּן	מְנֻגָּן
נֻגַּנְתָּ	נֻגַּנְתֶּם	תְּנֻגַּן	תְּנֻגְּנוּ	מְנֻגֶּנֶת
נֻגַּנְתְּ	נֻגַּנְתֶּן	תְּנֻגְּנִי	תְּנֻגַּנָּה	(מְנֻגָּנָה)
נֻגַּן	נֻגְּנוּ	יְנֻגַּן	יְנֻגְּנוּ	מְנֻגָּנִים
נֻגְּנָה		תְּנֻגַּן	תְּנֻגַּנָּה	מְנֻגָּנוֹת

נגן

Hif'il

V – הִנְגִּין – הַנְגִּין to compose music, to set to music: הַנְגִּין, הַנְגֵּן

Past		Future		Present	Imperative	Gerund
הִנְגַּנְתִּי	הִנְגַּנּוּ	אַנְגִּין	נַנְגִּין	מַנְגִּין	הַנְגֵּן	בְּהַנְגִּין
הִנְגַּנְתָּ	הִנְגַּנְתֶּם	תַּנְגִּין	תַּנְגִּינוּ	מַנְגֶּנֶת	הַנְגִּינִי	כְּהַנְגִּין
הִנְגַּנְתְּ	הִנְגַּנְתֶּן	תַּנְגִּינִי	תַּנְגֵּנָּה	(מַנְגִּינָה)	הַנְגִּינוּ	לְהַנְגִּין
הִנְגִּין	הִנְגִּינוּ	יַנְגִּין	יַנְגִּינוּ	מַנְגִּינִים	הַנְגֵּנָּה	מֵהַנְגִּין
הִנְגִּינָה		תַּנְגִּין	תַּנְגֵּנָּה	מַנְגִּינוֹת		

Huf'al

VI – הָנְגַּן – הָנְגַּן to be composed, to be set to music: הָנְגַּן

Past		Future		Present
הָנְגַּנְתִּי	הָנְגַּנּוּ	אָנְגַּן	נָנְגַּן	מָנְגָּן
הָנְגַּנְתָּ	הָנְגַּנְתֶּם	תָּנְגַּן	תָּנְגְּנוּ	מָנְגֶּנֶת
הָנְגַּנְתְּ	הָנְגַּנְתֶּן	תָּנְגְּנִי	תָּנְגַּנָּה	(מָנְגָּנָה)
הָנְגַּן	הָנְגְּנוּ	יָנְגַּן	יָנְגְּנוּ	מָנְגָּנִים
הָנְגְּנָה		תָּנְגַּן	תָּנְגַּנָּה	מָנְגָּנוֹת

Hitpa'el

VII – הִתְנַגֵּן – הִתְנַגֵּן to break into song: הִתְנַגֵּן

Past		Future		Present	Imperative	Gerund
הִתְנַגַּנְתִּי	הִתְנַגַּנּוּ	אֶתְנַגֵּן	נִתְנַגֵּן	מִתְנַגֵּן	הִתְנַגֵּן	בְּהִתְנַגֵּן
הִתְנַגַּנְתָּ	הִתְנַגַּנְתֶּם	תִּתְנַגֵּן	תִּתְנַגְּנוּ	מִתְנַגֶּנֶת	הִתְנַגְּנִי	כְּהִתְנַגֵּן
הִתְנַגַּנְתְּ	הִתְנַגַּנְתֶּן	תִּתְנַגְּנִי	תִּתְנַגֵּנָּה	(מִתְנַגְּנָה)	הִתְנַגְּנוּ	לְהִתְנַגֵּן
הִתְנַגֵּן	הִתְנַגְּנוּ	יִתְנַגֵּן	יִתְנַגְּנוּ	מִתְנַגְּנִים	הִתְנַגֵּנָּה	מֵהִתְנַגֵּן
הִתְנַגְּנָה		תִּתְנַגֵּן	תִּתְנַגֵּנָּה	מִתְנַגְּנוֹת		

נגע

Kal

I — נָגַע — גַּע to touch, to strike: נְגֹעַ, נָגֹעַ

Past		Future		Present	Passive present	Imperative	Gerund
נָגַעְתִּי	נָגַעְנוּ	אֶגַּע	נִגַּע	נוֹגֵעַ	נָגוּעַ	גַּע	בִּנְגֹעַ
נָגַעְתָּ	נְגַעְתֶּם	תִּגַּע	תִּגְּעוּ	נוֹגַעַת	נְגוּעָה	גְּעִי	כִּנְגֹעַ
נָגַעַתְּ	נְגַעְתֶּן	תִּגְּעִי	תִּגַּעְנָה	(נוֹגְעָה)	נְגוּעִים	גְּעוּ	לִנְגֹעַ
נָגַע	נָגְעוּ	יִגַּע	יִגְּעוּ	נוֹגְעִים	נְגוּעוֹת	גַּעְנָה	מִנְּגֹעַ
נָגְעָה		תִּגַּע	תִּגַּעְנָה	נוֹגְעוֹת			

Nif'al

II — נִגַּע — הִנָּגַע to be stricken: הִנָּגַע, הִנָּגֵעַ

Past		Future		Present	Imperative	Gerund
נִגַּעְתִּי	נִגַּעְנוּ	אֶנָּגַע	נִנָּגַע	נִגָּע	הִנָּגַע	בְּהִנָּגַע
נִגַּעְתָּ	נִגַּעְתֶּם	תִּנָּגַע	תִּנָּגְעוּ	נִגַּעַת	הִנָּגְעִי	כְּהִנָּגַע
נִגַּעַתְּ	נִגַּעְתֶּן	תִּנָּגְעִי	תִּנָּגַעְנָה	(נִגָּעָה)	הִנָּגְעוּ	לְהִנָּגַע
נִגַּע	נִגְּעוּ	יִנָּגַע	יִנָּגְעוּ	נִגָּעִים	הִנָּגַעְנָה	מֵהִנָּגַע
נִגְּעָה		תִּנָּגַע	תִּנָּגַעְנָה	נִגָּעוֹת		

Pi'el

III — נִגַּע — נַגַּע to afflict, to strike: נַגַּע, נַגֵּעַ

Past		Future		Present	Imperative	Gerund
נִגַּעְתִּי	נִגַּעְנוּ	אֲנַגַּע	נְנַגַּע	מְנַגַּע	נַגַּע	בְּנַגַּע
נִגַּעְתָּ	נִגַּעְתֶּם	תְּנַגַּע	תְּנַגְּעוּ	מְנַגַּעַת	נַגְּעִי	כְּנַגַּע
נִגַּעַתְּ	נִגַּעְתֶּן	תְּנַגְּעִי	תְּנַגַּעְנָה	(מְנַגְּעָה)	נַגְּעוּ	לְנַגַּע
נִגַּע	נִגְּעוּ	יְנַגַּע	יְנַגְּעוּ	מְנַגְּעִים	נַגַּעְנָה	מִנַּגַּע
נִגְּעָה		תְּנַגַּע	תְּנַגַּעְנָה	מְנַגְּעוֹת		

Pu'al

IV — נֻגַּע — נֻגַּע to be afflicted, to be stricken: נֻגַּע

Past		Future		Present
נֻגַּעְתִּי	נֻגַּעְנוּ	אֲנֻגַּע	נְנֻגַּע	מְנֻגָּע
נֻגַּעְתָּ	נֻגַּעְתֶּם	תְּנֻגַּע	תְּנֻגְּעוּ	מְנֻגַּעַת
נֻגַּעַתְּ	נֻגַּעְתֶּן	תְּנֻגְּעִי	תְּנֻגַּעְנָה	(מְנֻגָּעָה)
נֻגַּע	נֻגְּעוּ	יְנֻגַּע	יְנֻגְּעוּ	מְנֻגָּעִים
נֻגְּעָה		תְּנֻגַּע	תְּנֻגַּעְנָה	מְנֻגָּעוֹת

נגע

Hif'il

V — הִגִּיעַ — הַגִּיעַ — הִגִּיעַ to reach, to arrive: הַגִּיעַ, הַגֵּעַ

Past		Future		Present	Imperative	Gerund
הִגַּעְתִּי	הִגַּעְנוּ	אַגִּיעַ	נַגִּיעַ	מַגִּיעַ	הַגַּע	בְּהַגִּיעַ
הִגַּעְתָּ	הִגַּעְתֶּם	תַּגִּיעַ	תַּגִּיעוּ	מַגַּעַת	הַגִּיעִי	כְּהַגִּיעַ
הִגַּעַתְּ	הִגַּעְתֶּן	תַּגִּיעִי	תַּגַּעְנָה	(מַגִּיעָה)	הַגִּיעוּ	לְהַגִּיעַ
הִגִּיעַ	הִגִּיעוּ	יַגִּיעַ	יַגִּיעוּ	מַגִּיעִים	הַגַּעְנָה	מֵהַגִּיעַ
הִגִּיעָה		תַּגִּיעַ	תַּגַּעְנָה	מַגִּיעוֹת		

Huf'al

VI — הֻגַּע — הֻגַּע — הֻגַּע to be made to touch, to be brought to: הֻגֵּעַ

Past		Future		Present
הֻגַּעְתִּי	הֻגַּעְנוּ	אֻגַּע	נֻגַּע	מֻגָּע
הֻגַּעְתָּ	הֻגַּעְתֶּם	תֻּגַּע	תֻּגְּעוּ	מֻגַּעַת
הֻגַּעַתְּ	הֻגַּעְתֶּן	תֻּגְּעִי	תֻּגַּעְנָה	(מֻגָּעָה)
הֻגַּע	הֻגְּעוּ	יֻגַּע	יֻגְּעוּ	מֻגָּעִים
הֻגְּעָה		תֻּגַּע	תֻּגַּעְנָה	מֻגָּעוֹת

Hitpa'el

VII — הִתְנַגַּע — הִתְנַגֵּעַ — הִתְנַגַּע to be afflicted with leprosy: הִתְנַגַּע, הִתְנַגֵּעַ

Past		Future		Present	Imperative	Gerund
הִתְנַגַּעְתִּי	הִתְנַגַּעְנוּ	אֶתְנַגַּע	נִתְנַגַּע	מִתְנַגֵּעַ	הִתְנַגַּע	בְּהִתְנַגֵּעַ
הִתְנַגַּעְתָּ	הִתְנַגַּעְתֶּם	תִּתְנַגַּע	תִּתְנַגְּעוּ	מִתְנַגַּעַת	הִתְנַגְּעִי	כְּהִתְנַגֵּעַ
הִתְנַגַּעַתְּ	הִתְנַגַּעְתֶּן	תִּתְנַגְּעִי	תִּתְנַגַּעְנָה	(מִתְנַגְּעָה)	הִתְנַגְּעוּ	לְהִתְנַגֵּעַ
הִתְנַגַּע	הִתְנַגְּעוּ	יִתְנַגַּע	יִתְנַגְּעוּ	מִתְנַגְּעִים	הִתְנַגַּעְנָה	מֵהִתְנַגֵּעַ
הִתְנַגְּעָה		תִּתְנַגַּע	תִּתְנַגַּעְנָה	מִתְנַגְּעוֹת		

Nitpa'el: Passive Past — נִתְנַגַּעְתִּי נִתְנַגַּעְתָּ נִתְנַגַּעַתְּ נִתְנַגַּע נִתְנַגְּעָה etc.

נגש

Kal

I — גַּשׁ to draw near, to approach: גֶּשֶׁת, נָגוֹשׁ

Past		Future		Present	Passive Present	Imperative	Gerund
	אֶגַּשׁ	נִגַּשׁ				גַּשׁ	בְּגֶשֶׁת
	תִּגַּשׁ	תִּגְּשׁוּ				גְּשִׁי	כְּגֶשֶׁת
	תִּגְּשִׁי	תִּגַּשְׁנָה				גְּשׁוּ	לָגֶשֶׁת
	יִגַּשׁ	יִגְּשׁוּ				גַּשְׁנָה	מִגֶּשֶׁת
	תִּגַּשׁ	תִּגַּשְׁנָה					

Nif'al

II — נִגַּשׁ — to draw near, to approach.

Past		Future	Present	Imperative	Gerund
נִגַּשְׁתִּי	נִגַּשְׁנוּ		נִגָּשׁ		
נִגַּשְׁתָּ	נִגַּשְׁתֶּם		נִגֶּשֶׁת		
נִגַּשְׁתְּ	נִגַּשְׁתֶּן		(נִגָּשָׁה)		
נִגַּשׁ	נִגְּשׁוּ		נִגָּשִׁים		
נִגְּשָׁה			נִגָּשׁוֹת		

Pi'el

III*—

Pu'al

IV*—

* This root has not developed this form.

נגשׁ

Hif'il

V — הִגִּישׁ — הַגִּישׁ to bring near, to serve: **הַגִּישׁ, הַגֵּשׁ**

Past		Future		Present	Imperative	Gerund
הִגַּשְׁתִּי	הִגַּשְׁנוּ	אַגִּישׁ	נַגִּישׁ	מַגִּישׁ	הַגֵּשׁ	בְּהַגִּישׁ
הִגַּשְׁתָּ	הִגַּשְׁתֶּם	תַּגִּישׁ	תַּגִּישׁוּ	מַגֶּשֶׁת	הַגִּישִׁי	כְּהַגִּישׁ
הִגַּשְׁתְּ	הִגַּשְׁתֶּן	תַּגִּישִׁי	תַּגֵּשְׁנָה	(מַגִּישָׁה)	הַגִּישׁוּ	לְהַגִּישׁ
הִגִּישׁ	הִגִּישׁוּ	יַגִּישׁ	יַגִּישׁוּ	מַגִּישִׁים	הַגֵּשְׁנָה	מֵהַגִּישׁ
הִגִּישָׁה		תַּגִּישׁ	תַּגֵּשְׁנָה	מַגִּישׁוֹת		

Huf'al

VI — הֻגַּשׁ — הֻגַּשׁ to be brought, to be served: **הֻגֵּשׁ**

Past		Future		Present
הֻגַּשְׁתִּי	הֻגַּשְׁנוּ	אֻגַּשׁ	נֻגַּשׁ	מֻגָּשׁ
הֻגַּשְׁתָּ	הֻגַּשְׁתֶּם	תֻּגַּשׁ	תֻּגְּשׁוּ	מֻגֶּשֶׁת
הֻגַּשְׁתְּ	הֻגַּשְׁתֶּן	תֻּגְּשִׁי	תֻּגַּשְׁנָה	(מֻגָּשָׁה)
הֻגַּשׁ	הֻגְּשׁוּ	יֻגַּשׁ	יֻגְּשׁוּ	מֻגָּשִׁים
הֻגְּשָׁה		תֻּגַּשׁ	תֻּגַּשְׁנָה	מֻגָּשׁוֹת

Hitpa'el

VII — הִתְנַגֵּשׁ — הִתְנַגֵּשׁ to collide, to conflict: **הִתְנַגֵּשׁ, הִתְנַגֵּשׁ**

Past		Future		Present	Imperative	Gerund
הִתְנַגַּשְׁתִּי	הִתְנַגַּשְׁנוּ	אֶתְנַגֵּשׁ	נִתְנַגֵּשׁ	מִתְנַגֵּשׁ	הִתְנַגֵּשׁ	בְּהִתְנַגֵּשׁ
הִתְנַגַּשְׁתָּ	הִתְנַגַּשְׁתֶּם	תִּתְנַגֵּשׁ	תִּתְנַגְּשׁוּ	מִתְנַגֶּשֶׁת	הִתְנַגְּשִׁי	כְּהִתְנַגֵּשׁ
הִתְנַגַּשְׁתְּ	הִתְנַגַּשְׁתֶּן	תִּתְנַגְּשִׁי	תִּתְנַגֵּשְׁנָה	(מִתְנַגְּשָׁה)	הִתְנַגְּשׁוּ	לְהִתְנַגֵּשׁ
הִתְנַגֵּשׁ	הִתְנַגְּשׁוּ	יִתְנַגֵּשׁ	יִתְנַגְּשׁוּ	מִתְנַגְּשִׁים	הִתְנַגֵּשְׁנָה	מֵהִתְנַגֵּשׁ
הִתְנַגְּשָׁה		תִּתְנַגֵּשׁ	תִּתְנַגֵּשְׁנָה	מִתְנַגְּשׁוֹת		

נהג

Kal

I — נָהַג — נְהַג to drive, to lead, to behave: נְהֹג, נָהֹג

Past		*Future*		*Present*	*Passive Present*	*Imperative*	*Gerund*
נָהַגְתִּי	נָהַגְנוּ	אֶנְהַג	נִנְהַג	נוֹהֵג	נָהוּג	נְהַג	בִּנְהֹג
נָהַגְתָּ	נְהַגְתֶּם	תִּנְהַג	תִּנְהֲגוּ	נוֹהֶגֶת	נְהוּגָה	נַהֲגִי	כִּנְהֹג
נָהַגְתְּ	נְהַגְתֶּן	תִּנְהֲגִי	תִּנְהַגְנָה	(נוֹהֲגָה)	נְהוּגִים	נַהֲגוּ	לִנְהֹג
נָהַג	נָהֲגוּ	יִנְהַג	יִנְהֲגוּ	נוֹהֲגִים	נְחוּגוֹת	נְהַגְנָה	מִנְּהֹג
נָהֲגָה		תִּנְהַג	תִּנְהַגְנָה	נוֹהֲגוֹת			

Nif'al

II — נִנְהַג — הִנָּהֵג to be driven, to be led: הִנָּהֵג, הִנָּהֵג

Past		*Future*		*Present*	*Imperative*	*Gerund*
נִנְהַגְתִּי	נִנְהַגְנוּ	אֶנָּהֵג	נִנָּהֵג	נִנְהָג	הִנָּהֵג	בְּהִנָּהֵג
נִנְהַגְתָּ	נִנְהַגְתֶּם	תִּנָּהֵג	תִּנָּהֲגוּ	נִנְהֶגֶת	הִנָּהֲגִי	כְּהִנָּהֵג
נִנְהַגְתְּ	נִנְהַגְתֶּן	תִּנָּהֲגִי	תִּנָּהַגְנָה	(נִנְהָגָה)	הִנָּהֲגוּ	לְהִנָּהֵג
נִנְהַג	נִנְהֲגוּ	יִנָּהֵג	יִנָּהֲגוּ	נִנְהָגִים	הִנָּהַגְנָה	מֵהִנָּהֵג
נִנְהֲגָה		תִּנָּהֵג	תִּנָּהַגְנָה	נִנְהָגוֹת		

Pi'el

III — נִהֵג — נַהֵג to drive away, to lead off: נַהֵג, נַהֵג

Past		*Future*		*Present*	*Imperative*	*Gerund*
נִהַגְתִּי	נִהַגְנוּ	אֲנַהֵג	נְנַהֵג	מְנַהֵג	נַהֵג	בְּנַהֵג
נִהַגְתָּ	נִהַגְתֶּם	תְּנַהֵג	תְּנַהֲגוּ	מְנַהֶגֶת	נַהֲגִי	כְּנַהֵג
נִהַגְתְּ	נִהַגְתֶּן	תְּנַהֲגִי	תְּנַהֵגְנָה	(מְנַהֲגָה)	נַהֲגוּ	לְנַהֵג
נִהֵג	נִהֲגוּ	יְנַהֵג	יְנַהֲגוּ	מְנַהֲגִים	נַהֵגְנָה	מִנַּהֵג
נִהֲגָה		תְּנַהֵג	תְּנַהֵגְנָה	מְנַהֲגוֹת		

Pu'al

IV — נֻהַג — נֻהַג to be driven off, to be led off: נֻהֹג

Past		*Future*		*Present*
נֻהַגְתִּי	נֻהַגְנוּ	אֲנֻהַג	נְנֻהַג	מְנֻהָג
נֻהַגְתָּ	נֻהַגְתֶּם	תְּנֻהַג	תְּנֻהֲגוּ	מְנֻהֶגֶת
נֻהַגְתְּ	נֻהַגְתֶּן	תְּנֻהֲגִי	תְּנֻהַגְנָה	(מְנֻהָגָה)
נֻהַג	נֻהֲגוּ	יְנֻהַג	יְנֻהֲגוּ	מְנֻהָגִים
נֻהֲגָה		תְּנֻהַג	תְּנֻהַגְנָה	מְנֻהָגוֹת

נהג

Hif'il

V – הִנְהִיג – הַנְהִיג to conduct, to introduce a practice: הַנְהִיג, הַנְהֵג

Past		*Future*		*Present*	*Imperative*	*Gerund*
הִנְהַגְתִּי	הִנְהַגְנוּ	אַנְהִיג	נַנְהִיג	מַנְהִיג	הַנְהֵג	בְּהַנְהִיג
הִנְהַגְתָּ	הִנְהַגְתֶּם	תַּנְהִיג	תַּנְהִיגוּ	מַנְהֶגֶת	הַנְהִיגִי	כְּהַנְהִיג
הִנְהַגְתְּ	הִנְהַגְתֶּן	תַּנְהִיגִי	תַּנְהֵגְנָה	(מַנְהִיגָה)	הַנְהִיגוּ	לְהַנְהִיג
הִנְהִיג	הִנְהִיגוּ	יַנְהִיג	יַנְהִיגוּ	מַנְהִיגִים	הַנְהֵגְנָה	מֵהַנְהִיג
הִנְהִיגָה		תַּנְהִיג	תַּנְהֵגְנָה	מַנְהִיגוֹת		

Huf'al

VI – הָנְהַג – הָנְהַג to become a practice: הָנְהֵג

Past		*Future*		*Present*
הָנְהַגְתִּי	הָנְהַגְנוּ	אָנְהַג	נָנְהַג	מָנְהָג
הָנְהַגְתָּ	הָנְהַגְתֶּם	תָּנְהַג	תָּנְהֲגוּ	מָנְהֶגֶת
הָנְהַגְתְּ	הָנְהַגְתֶּן	תָּנְהֲגִי	תָּנְהַגְנָה	(מָנְהָגָה)
הָנְהַג	הָנְהֲגוּ	יָנְהַג	יָנְהֲגוּ	מָנְהָגִים
הָנְהֲגָה		תָּנְהַג	תָּנְהַגְנָה	מָנְהָגוֹת

Hitpa'el

VII – הִתְנַהֵג – הִתְנַהֵג to behave, to conduct oneself: הִתְנַהֵג, הִתְנַהֵג

Past		*Future*		*Present*	*Imperative*	*Gerund*
הִתְנַהַגְתִּי	הִתְנַהַגְנוּ	אֶתְנַהֵג	נִתְנַהֵג	מִתְנַהֵג	הִתְנַהֵג	בְּהִתְנַהֵג
הִתְנַהַגְתָּ	הִתְנַהַגְתֶּם	תִּתְנַהֵג	תִּתְנַהֲגוּ	מִתְנַהֶגֶת	הִתְנַהֲגִי	כְּהִתְנַהֵג
הִתְנַהַגְתְּ	הִתְנַהַגְתֶּן	תִּתְנַהֲגִי	תִּתְנַהֵגְנָה	(מִתְנַהֲגָה)	הִתְנַהֲגוּ	לְהִתְנַהֵג
הִתְנַהֵג	הִתְנַהֲגוּ	יִתְנַהֵג	יִתְנַהֲגוּ	מִתְנַהֲגִים	הִתְנַהֵגְנָה	מֵהִתְנַהֵג
הִתְנַהֲגָה		תִּתְנַהֵג	תִּתְנַהֵגְנָה	מִתְנַהֲגוֹת		

נהל

Kal

I*–

Nif'al

II*–

* This root has not developed this form.

Pi'el

III – נִהֵל – נַהֵל to lead, to guide, to manage : נַהֵל, נַהֵל

Past		Future		Present	Imperative	Gerund
נִהַלְתִּי	נִהַלְנוּ	אֲנַהֵל	נְנַהֵל	מְנַהֵל	נַהֵל	בְּנַהֵל
נִהַלְתָּ	נִהַלְתֶּם	תְּנַהֵל	תְּנַהֲלוּ	מְנַהֶלֶת	נַהֲלִי	כְּנַהֵל
נִהַלְתְּ	נִהַלְתֶּן	תְּנַהֲלִי	תְּנַהֵלְנָה	(מְנַהֲלָה)	נַהֲלוּ	לְנַהֵל
נִהֵל	נִהֲלוּ	יְנַהֵל	יְנַהֲלוּ	מְנַהֲלִים	נַהֵלְנָה	מִנַּהֵל
נִהֲלָה		תְּנַהֵל	תְּנַהֵלְנָה	מְנַהֲלוֹת		

Pu'al

IV – נֻהַל – נֻהַל to be led, to be managed: נֻהֹל

Past		Future		Present
נֻהַלְתִּי	נֻהַלְנוּ	אֲנֻהַל	נְנֻהַל	מְנֻהָל
נֻהַלְתָּ	נֻהַלְתֶּם	תְּנֻהַל	תְּנֻהֲלוּ	מְנֻהֶלֶת
נֻהַלְתְּ	נֻהַלְתֶּן	תְּנֻהֲלִי	תְּנֻהַלְנָה	(מְנֻהָלָה)
נֻהַל	נֻהֲלוּ	יְנֻהַל	יְנֻהֲלוּ	מְנֻהָלִים
נֻהֲלָה		תְּנֻהַל	תְּנֻהַלְנָה	מְנֻהָלוֹת

נהל

Hif'il

V*–

Huf'al

VI*–

* This root has not developed this form.

Hitpa'el

VII – הִתְנַהֵל – הִתְנַהֵל to move along, to be conducted: הִתְנַהֵל, הִתְנַהֵל

Past		Future		Present	Imperative	Gerund
הִתְנַהַלְתִּי	הִתְנַהַלְנוּ	אֶתְנַהֵל	נִתְנַהֵל	מִתְנַהֵל	הִתְנַהֵל	בְּהִתְנַהֵל
הִתְנַהַלְתָּ	הִתְנַהַלְתֶּם	תִּתְנַהֵל	תִּתְנַהֲלוּ	מִתְנַהֶלֶת	הִתְנַהֲלִי	כְּהִתְנַהֵל
הִתְנַהַלְתְּ	הִתְנַהַלְתֶּן	תִּתְנַהֲלִי	תִּתְנַהֵלְנָה	(מִתְנַהֲלָה)	הִתְנַהֲלוּ	לְהִתְנַהֵל
הִתְנַהֵל	הִתְנַהֲלוּ	יִתְנַהֵל	יִתְנַהֲלוּ	מִתְנַהֲלִים	הִתְנַהֵלְנָה	מֵהִתְנַהֵל
הִתְנַהֲלָה		תִּתְנַהֵל	תִּתְנַהֵלְנָה	מִתְנַהֲלוֹת		

נוח

Kal

I — נָח — נוּחַ to rest, to be quiet: נוּחַ, נוּחַ

Past		*Future*		*Present*	*Imperative*	*Gerund*
נַחְתִּי	נַחְנוּ	אָנוּחַ	נָנוּחַ	נָח	נוּחַ	בְּנוּחַ
נַחְתָּ	נַחְתֶּם	תָּנוּחַ	תָּנוּחוּ	נָחָה	נוּחִי	כְּנוּחַ
נַחַתְּ	נַחְתֶּן	תָּנוּחִי	תָּנַחְנָה	נָחִים	נוּחוּ	לָנוּחַ
נָח	נָחוּ	יָנוּחַ	יָנוּחוּ	נָחוֹת	נַחְנָה	מִנּוּחַ
נָחָה		תָּנוּחַ	תָּנַחְנָה			

Nif'al

II — נִנּוֹחַ — הִנּוֹחַ to be relieved, to be given rest: הִנּוֹחַ, הִנּוֹחַ

Past		*Future*		*Present*	*Imperative*	*Gerund*
נִנַּחְתִּי	נִנַּחְנוּ	אֵנּוֹחַ	נִנּוֹחַ	נִנּוֹחַ	הִנּוֹחַ	בְּהִנּוֹחַ
נִנַּחְתָּ	נִנַּחְתֶּם	תִּנּוֹחַ	תִּנּוֹחוּ	נִנּוֹחָה	הִנּוֹחִי	כְּהִנּוֹחַ
נִנַּחַתְּ	נִנַּחְתֶּן	תִּנּוֹחִי	תִּנַּחְנָה	נִנּוֹחִים	הִנּוֹחוּ	לְהִנּוֹחַ
נִנּוֹחַ	נִנּוֹחוּ	יִנּוֹחַ	יִנּוֹחוּ	נִנּוֹחוֹת	הִנַּחְנָה	מֵהִנּוֹחַ
נִנּוֹחָה		תִּנּוֹחַ	תִּנַּחְנָה			

Pi'el

III*—

Pu'al

IV*—

* This root has not developed this form.

נוח

Hif'il

V a) — הֵנִיחַ — הָנִיחַ to give rest, to set at rest: הָנִיחַ, הָנֵחַ

Past		Future		Present	Imperative	Gerund
*הֵנַחְתִּי	הֵנַחְנוּ	אָנִיחַ	נָנִיחַ	מֵנִיחַ	הָנַח	בְּהָנִיחַ
הֵנַחְתָּ	הֲנַחְתֶּם	תָּנִיחַ	תָּנִיחוּ	מְנִיחָה	הָנִיחִי	כְּהָנִיחַ
הֵנַחְתְּ	הֲנַחְתֶּן	תָּנִיחִי	תְּנַחְנָה	מְנִיחִים	הָנִיחוּ	לְהָנִיחַ
הֵנִיחַ	הֵנִיחוּ	יָנִיחַ	יָנִיחוּ	מְנִיחוֹת	הֲנַחְנָה	מֵהָנִיחַ
הֵנִיחָה		תָּנִיחַ	תְּנַחְנָה			

*or: הֵנִיחוּ הֲנִיחוֹתֶן הֲנִיחוֹתֶם הֲנִיחוֹנוּ הֵנִיחָה הֵנִיחַ הֲנִיחַ הֲנִיחוֹת הֲנִיחוֹתָ הֲנִיחוֹתִי

Hif'il

V b) — הִנִּיחַ — הַנִּיחַ to put, to lay down, to let alone: הַנִּיחַ, הַנַּח

Past		Future		Present	Imperative	Gerund
הִנַּחְתִּי	הִנַּחְנוּ	אַנִּיחַ	נַנִּיחַ	מַנִּיחַ	הַנַּח	בְּהַנִּיחַ
הִנַּחְתָּ	הִנַּחְתֶּם	תַּנִּיחַ	תַּנִּיחוּ	מַנִּיחָה	הַנִּיחִי	כְּהַנִּיחַ
הִנַּחְתְּ	הִנַּחְתֶּן	תַּנִּיחִי	תַּנַּחְנָה	מַנִּיחִים	הַנִּיחוּ	לְהַנִּיחַ
הִנִּיחַ	הִנִּיחוּ	יַנִּיחַ	יַנִּיחוּ	מַנִּיחוֹת	הַנַּחְנָה	מֵהַנִּיחַ
הִנִּיחָה		תַּנִּיחַ	תַּנַּחְנָה			

Huf'al

VI a) — הוּנַח — הוּנַח to be given rest, to be set at rest: הוּנַח

Past		Future		Present
הוּנַחְתִּי	הוּנַחְנוּ	אוּנַח	נוּנַח	מוּנָח
הוּנַחְתָּ	הוּנַחְתֶּם	תּוּנַח	תּוּנְחוּ	מוּנַחַת
הוּנַחְתְּ	הוּנַחְתֶּן	תּוּנְחִי	תּוּנַחְנָה	(מוּנָחָה)
הוּנַח	הוּנְחוּ	יוּנַח	יוּנְחוּ	מוּנָחִים
הוּנְחָה		תּוּנַח	תּוּנַחְנָה	מוּנָחוֹת

Huf'al

VI b) — הֻנַּח — הֻנַּח to be laid down, to be let alone: הֻנַּח

Past		Future		Present
הֻנַּחְתִּי	הֻנַּחְנוּ	אֻנַּח	נֻנַּח	מֻנָּח
הֻנַּחְתָּ	הֻנַּחְתֶּם	תֻּנַּח	תֻּנְּחוּ	מֻנַּחַת
הֻנַּחְתְּ	הֻנַּחְתֶּן	תֻּנְּחִי	תֻּנַּחְנָה	(מֻנָּחָה)
הֻנַּח	הֻנְּחוּ	יֻנַּח	יֻנְּחוּ	מֻנָּחִים
הֻנְּחָה		תֻּנַּח	תֻּנַּחְנָה	מֻנָּחוֹת

Hitpa'el

VII**— **This root has not developed this form.

נטה

Kal

I – נָטָה – נְטֵה to turn, to stretch, to decline: **נְטוֹת, נָטֹה**

Past		*Future*		*Present*	*Passive present*	*Imperative*	*Gerund*
נָטִיתִי	נָטִינוּ	אֶטֶּה	נִטֶּה	נוֹטֶה	נָטוּי	נְטֵה	בִּנְטוֹת
נָטִיתָ	נְטִיתֶם	תִּטֶּה	תִּטּוּ	נוֹטָה	נְטוּיָה	נְטִי	כִּנְטוֹת
נָטִית	נְטִיתֶן	תִּטִּי	תִּטֶּינָה	נוֹטִים	נְטוּיִים	נְטוּ	לִנְטוֹת
נָטָה	נָטוּ	יִטֶּה	יִטּוּ	נוֹטוֹת	נְטוּיוֹת	נְטֶינָה	מִנְּטוֹת
נָטְתָה		תִּטֶּה	תִּטֶּינָה				

Nif'al

II – נִטָּה – הִנָּטֵה to be stretched, to extend oneself: **הִנָּטוֹת, הִנָּטֵה**

Past		*Future*		*Present*	*Imperative*	*Gerund*
נִטֵּיתִי	נִטֵּינוּ	אֶנָּטֶה	נִנָּטֶה	נִטֶּה	הִנָּטֵה	בְּהִנָּטוֹת
נִטֵּיתָ	נִטֵּיתֶם	תִּנָּטֶה	תִּנָּטוּ	נִטֵּית	הִנָּטִי	כְּהִנָּטוֹת
נִטֵּית	נִטֵּיתֶן	תִּנָּטִי	תִּנָּטֶינָה	(נִטָּה)	הִנָּטוּ	לְהִנָּטוֹת
נִטָּה	נִטּוּ	יִנָּטֶה	יִנָּטוּ	נִטִּים	הִנָּטֶינָה	מֵהִנָּטוֹת
נִטְּתָה		תִּנָּטֶה	תִּנָּטֶינָה	נִטּוֹת		

Pi'el

III*–

Pu'al

IV*–

* This root has not developed this form.

נטה

Hif'il

V – הִטָּה – הַטֵּה to turn, to extend, to incline: **הַטּוֹת, הַטֵּה**

Past		*Future*		*Present*	*Imperative*	*Gerund*
הִטִּיתִי	הִטִּינוּ	אַטֶּה	נַטֶּה	מַטֶּה	הַטֵּה	בְּהַטּוֹת
הִטִּיתָ	הִטִּיתֶם	תַּטֶּה	תַּטּוּ	מַטָּה	הַטִּי	כְּהַטּוֹת
הִטִּית	הִטִּיתֶן	תַּטִּי	תַּטֶּינָה	מַטִּים	הַטּוּ	לְהַטּוֹת
הִטָּה	הִטּוּ	יַטֶּה	יַטּוּ	מַטּוֹת	הַטֶּינָה	מֵהַטּוֹת
הִטְּתָה		תַּטֶּה	תַּטֶּינָה			

Huf'al

VI – הֻטָּה – הֻטֵּה to be turned, to be perverted: **הֻטֵּה**

Past		*Future*		*Present*
הֻטֵּיתִי	הֻטִּינוּ	אֻטֶּה	נֻטֶּה	מֻטֶּה
הֻטֵּיתָ	הֻטֵּיתֶם	תֻּטֶּה	תֻּטּוּ	מֻטָּה
הֻטֵּית	הֻטֵּיתֶן	תֻּטִּי	תֻּטֶּינָה	(מֻטֵּית)
הֻטָּה	הֻטּוּ	יֻטֶּה	יֻטּוּ	מֻטִּים
הֻטְּתָה		תֻּטֶּה	תֻּטֶּינָה	מֻטּוֹת

Hitpa'el

VII*–

*This root has not developed this form.

נטל

Kal

I – נָטַל – טֹל to lift, to take, to carry: **נְטֹל, נָטֹל**

Past		*Future*		*Present*	*Passive Present*	*Imperative*	*Gerund*
נָטַלְתִּי	נָטַלְנוּ	אֶטֹּל	נִטֹּל	נוֹטֵל	נָטוּל	טֹל	בִּנְטֹל
נָטַלְתָּ	נְטַלְתֶּם	תִּטֹּל	תִּטְּלוּ	נוֹטֶלֶת	נְטוּלָה	טְלִי	כִּנְטֹל
נָטַלְתְּ	נְטַלְתֶּן	תִּטְּלִי	תִּטֹּלְנָה	(נוֹטְלָה)	נְטוּלִים	טְלוּ	לִנְטֹל
נָטַל	נָטְלוּ	יִטֹּל	יִטְּלוּ	נוֹטְלִים	נְטוּלוֹת	טֹלְנָה	(לִטֹּל)
נָטְלָה		תִּטֹּל	תִּטֹּלְנָה	נוֹטְלוֹת			מִנְּטֹל

Nif'al

II – נִטַּל – הִנָּטֵל to be lifted, to be taken: **הִנָּטֵל, הִנָּטֵל**

Past		*Future*		*Present*	*Imperative*	*Gerund*
נִטַּלְתִּי	נִטַּלְנוּ	אֶנָּטֵל	נִנָּטֵל	נִטָּל	הִנָּטֵל	בְּהִנָּטֵל
נִטַּלְתָּ	נִטַּלְתֶּם	תִּנָּטֵל	תִּנָּטְלוּ	נִטֶּלֶת	הִנָּטְלִי	כְּהִנָּטֵל
נִטַּלְתְּ	נִטַּלְתֶּן	תִּנָּטְלִי	תִּנָּטַלְנָה	(נִטָּלָה)	הִנָּטְלוּ	לְהִנָּטֵל
נִטַּל	נִטְּלוּ	יִנָּטֵל	יִנָּטְלוּ	נִטָּלִים	הִנָּטַלְנָה	מֵהִנָּטֵל
נִטְּלָה		תִּנָּטֵל	תִּנָּטַלְנָה	נִטָּלוֹת		

Pi'el

III – נִטֵּל – נַטֵּל to take up, to bear: **נַטֵּל, נַטֵּל**

Past		*Future*		*Present*	*Imperative*	*Gerund*
נִטַּלְתִּי	נִטַּלְנוּ	אֲנַטֵּל	נְנַטֵּל	מְנַטֵּל	נַטֵּל	בְּנַטֵּל
נִטַּלְתָּ	נִטַּלְתֶּם	תְּנַטֵּל	תְּנַטְּלוּ	מְנַטֶּלֶת	נַטְּלִי	כְּנַטֵּל
נִטַּלְתְּ	נִטַּלְתֶּן	תְּנַטְּלִי	תְּנַטֵּלְנָה	(מְנַטְּלָה)	נַטְּלוּ	לְנַטֵּל
נִטֵּל	נִטְּלוּ	יְנַטֵּל	יְנַטְּלוּ	מְנַטְּלִים	נַטֵּלְנָה	מִנַּטֵּל
נִטְּלָה		תְּנַטֵּל	תְּנַטֵּלְנָה	מְנַטְּלוֹת		

Pu'al

IV*–

*This root has not developed this form.

נטל

Hif'il

V – הִטִיל – הַטִיל to put, to attach: **הַטִיל, הַטֵל**

Past		Future		Present	Imperative	Gerund
הִטַלְתִּי	הִטַלְנוּ	אַטִיל	נַטִיל	מַטִיל	הַטֵל	בְּהַטִיל
הִטַלְתָּ	הִטַלְתֶּם	תַּטִיל	תַּטִילוּ	מַטֶלֶת	הַטִילִי	כְּהַטִיל
הִטַלְתְּ	הִטַלְתֶּן	תַּטִילִי	תַּטֵלְנָה	(מַטִילָה)	הַטִילוּ	לְהַטִיל
הִטִיל	הִטִילוּ	יַטִיל	יַטִילוּ	מַטִילִים	הַטֵלְנָה	מֵהַטִיל
הִטִילָה		תַּטִיל	תַּטֵלְנָה	מַטִילוֹת		

Huf'al

VI*–

Hitpa'el

VII*–

* This root has not developed this form.

נטע

Kal

I — נָטַע — טַע — נְטֹעַ, נָטֹעַ to plant, to establish:

Past		Future		Present	Passive Present	Imperative	Gerund
נָטַעְתִּי	נָטַעְנוּ	אֶטַּע	נִטַּע	נוֹטֵעַ	נָטוּעַ	טַע	בִּנְטֹעַ
נָטַעְתָּ	נְטַעְתֶּם	תִּטַּע	תִּטְּעוּ	נוֹטַעַת	נְטוּעָה	טְעִי	כִּנְטֹעַ
נָטַעַתְּ	נְטַעְתֶּן	תִּטְּעִי	תִּטַּעְנָה	(נוֹטְעָה)	נְטוּעִים	טְעוּ	לִנְטֹעַ
נָטַע	נָטְעוּ	יִטַּע	יִטְּעוּ	נוֹטְעִים	נְטוּעוֹת	טַעְנָה	מִנְּטֹעַ
נָטְעָה		תִּטַּע	תִּטַּעְנָה	נוֹטְעוֹת			

Nif'al

II — נִטַּע — הִנָּטַע — הִנָּטַע, הִנָּטֵעַ to be planted:

Past		Future		Present	Imperative	Gerund
נִטַּעְתִּי	נִטַּעְנוּ	אֶנָּטַע	נִנָּטַע	נִטָּע	הִנָּטַע	בְּהִנָּטַע
נִטַּעְתָּ	נִטַּעְתֶּם	תִּנָּטַע	תִּנָּטְעוּ	נִטַּעַת	הִנָּטְעִי	כְּהִנָּטַע
נִטַּעַתְּ	נִטַּעְתֶּן	תִּנָּטְעִי	תִּנָּטַעְנָה	(נִטָּעָה)	הִנָּטְעוּ	לְהִנָּטַע
נִטַּע	נִטְּעוּ	יִנָּטַע	יִנָּטְעוּ	נִטָּעִים	הִנָּטַעְנָה	מֵהִנָּטַע
נִטְּעָה		תִּנָּטַע	תִּנָּטַעְנָה	נִטָּעוֹת		

Pi'el

III*—

Pu'al

IV*—

* This root has not developed this form.

נטע

Hif'il

V*—

Huf'al

VI*—

Hitpa'el

VII*—

*This root has not developed this form.

נכר

Kal

I*–

* This root has not developed this form.

Nif'al

II – נִכַּר – הִנָּכֵר to be recognizable, to be evident: **הִנָּכֵר, הִנָּכֵר**

Past		*Future*		*Present*	*Imperative*	*Gerund*
נִכַּרְתִּי	נִכַּרְנוּ	אֶנָּכֵר	נִנָּכֵר	נִכָּר	הִנָּכֵר	בְּהִנָּכֵר
נִכַּרְתָּ	נִכַּרְתֶּם	תִּנָּכֵר	תִּנָּכְרוּ	נִכֶּרֶת	הִנָּכְרִי	כְּהִנָּכֵר
נִכַּרְתְּ	נִכַּרְתֶּן	תִּנָּכְרִי	תִּנָּכַרְנָה	(נִכָּרָה)	הִנָּכְרוּ	לְהִנָּכֵר
נִכַּר	נִכְּרוּ	יִנָּכֵר	יִנָּכְרוּ	נִכָּרִים	הִנָּכַרְנָה	מֵהִנָּכֵר
נִכְּרָה		תִּנָּכֵר	תִּנָּכַרְנָה	נִכָּרוֹת		

Pi'el

III – נִכֵּר – נַכֵּר to show partiality, to deliver: **נַכֵּר, נַכֵּר**

Past		*Future*		*Present*	*Imperative*	*Gerund*
נִכַּרְתִּי	נִכַּרְנוּ	אֲנַכֵּר	נְנַכֵּר	מְנַכֵּר	נַכֵּר	בְּנַכֵּר
נִכַּרְתָּ	נִכַּרְתֶּם	תְּנַכֵּר	תְּנַכְּרוּ	מְנַכֶּרֶת	נַכְּרִי	כְּנַכֵּר
נִכַּרְתְּ	נִכַּרְתֶּן	תְּנַכְּרִי	תְּנַכֵּרְנָה	(מְנַכְּרָה)	נַכְּרוּ	לְנַכֵּר
נִכֵּר	נִכְּרוּ	יְנַכֵּר	יְנַכְּרוּ	מְנַכְּרִים	נַכֵּרְנָה	מִנַּכֵּר
נִכְּרָה		תְּנַכֵּר	תְּנַכֵּרְנָה	מְנַכְּרוֹת		

Pu'al

IV – נֻכַּר – נֻכַּר to be shown partiality, to be a stranger: **נֻכֹּר**

Past		*Future*		*Present*
נֻכַּרְתִּי	נֻכַּרְנוּ	אֲנֻכַּר	נְנֻכַּר	מְנֻכָּר
נֻכַּרְתָּ	נֻכַּרְתֶּם	תְּנֻכַּר	תְּנֻכְּרוּ	מְנֻכֶּרֶת
נֻכַּרְתְּ	נֻכַּרְתֶּן	תְּנֻכְּרִי	תְּנֻכַּרְנָה	(מְנֻכָּרָה)
נֻכַּר	נֻכְּרוּ	יְנֻכַּר	יְנֻכְּרוּ	מְנֻכָּרִים
נֻכְּרָה		תְּנֻכַּר	תְּנֻכַּרְנָה	מְנֻכָּרוֹת

נכר

Hif'il

V – הִכִּיר – הַכִּיר to recognize, to get to know: הַכִּיר, הַכֵּר

Past		*Future*		*Present*	*Imperative*	*Gerund*
הִכַּרְתִּי	הִכַּרְנוּ	אַכִּיר	נַכִּיר	מַכִּיר	הַכֵּר	בְּהַכִּיר
הִכַּרְתָּ	הִכַּרְתֶּם	תַּכִּיר	תַּכִּירוּ	מַכֶּרֶת	הַכִּירִי	כְּהַכִּיר
הִכַּרְתְּ	הִכַּרְתֶּן	תַּכִּירִי	תַּכֵּרְנָה	(מַכִּירָה)	הַכִּירוּ	לְהַכִּיר
הִכִּיר	הִכִּירוּ	יַכִּיר	יַכִּירוּ	מַכִּירִים	הַכֵּרְנָה	מֵהַכִּיר
הִכִּירָה		תַּכִּיר	תַּכֵּרְנָה	מַכִּירוֹת		

Huf'al

VI – הָכַּר – הָכַּר to be recognized, to be discernible: הָכֵּר

Past		*Future*		*Present*
הָכַּרְתִּי	הָכַּרְנוּ	אָכַּר	נָכַּר	מָכָּר
הָכַּרְתָּ	הָכַּרְתֶּם	תָּכַּר	תָּכְּרוּ	מָכֶּרֶת
הָכַּרְתְּ	הָכַּרְתֶּן	תָּכְּרִי	תָּכַּרְנָה	(מָכָּרָה)
הָכַּר	הָכְּרוּ	יָכַּר	יָכְּרוּ	מָכָּרִים
הָכְּרָה		תָּכַּר	תָּכַּרְנָה	מָכָּרוֹת

Hitpa'el

VII – הִתְנַכֵּר – הִתְנַכֵּר to act as a stranger, to show hostility: הִתְנַכֵּר, הִתְנַכֵּר

Past		*Future*		*Present*	*Imperative*	*Gerund*
הִתְנַכַּרְתִּי	הִתְנַכַּרְנוּ	אֶתְנַכֵּר	נִתְנַכֵּר	מִתְנַכֵּר	הִתְנַכֵּר	בְּהִתְנַכֵּר
הִתְנַכַּרְתָּ	הִתְנַכַּרְתֶּם	תִּתְנַכֵּר	תִּתְנַכְּרוּ	מִתְנַכֶּרֶת	הִתְנַכְּרִי	כְּהִתְנַכֵּר
הִתְנַכַּרְתְּ	הִתְנַכַּרְתֶּן	תִּתְנַכְּרִי	תִּתְנַכֵּרְנָה	(מִתְנַכְּרָה)	הִתְנַכְּרוּ	לְהִתְנַכֵּר
הִתְנַכֵּר	הִתְנַכְּרוּ	יִתְנַכֵּר	יִתְנַכְּרוּ	מִתְנַכְּרִים	הִתְנַכֵּרְנָה	מֵהִתְנַכֵּר
הִתְנַכְּרָה		תִּתְנַכֵּר	תִּתְנַכֵּרְנָה	מִתְנַכְּרוֹת		

נסע

Kal

I — נָסַע — סַע to journey, to depart: נְסֹעַ, נָסֹעַ

Past		Future		Present	Imperative	Gerund
נָסַעְתִּי	נָסַעְנוּ	אֶסַּע	נִסַּע	נוֹסֵעַ	סַע	בִּנְסֹעַ
נָסַעְתָּ	נְסַעְתֶּם	תִּסַּע	תִּסְּעוּ	נוֹסַעַת	סְעִי	כִּנְסֹעַ
נָסַעַתְּ	נְסַעְתֶּן	תִּסְּעִי	תִּסַּעְנָה	(נוֹסְעָה)	סְעוּ	לִנְסֹעַ
נָסַע	נָסְעוּ	יִסַּע	יִסְּעוּ	נוֹסְעִים	סַעְנָה	מִנְּסֹעַ
נָסְעָה		תִּסַּע	תִּסַּעְנָה	נוֹסְעוֹת		

Nif'al

II — נִסַּע — הִנָּסַע to be pulled out: הִנָּסַע, הִנָּסֵעַ

Past		Future		Present	Imperative	Gerund
נִסַּעְתִּי	נִסַּעְנוּ	אֶנָּסַע	נִנָּסַע	נִסָּע	הִנָּסַע	בְּהִנָּסַע
נִסַּעְתָּ	נִסַּעְתֶּם	תִּנָּסַע	תִּנָּסְעוּ	נִסַּעַת	הִנָּסְעִי	כְּהִנָּסַע
נִסַּעַתְּ	נִסַּעְתֶּן	תִּנָּסְעִי	תִּנָּסַעְנָה	(נִסָּעָה)	הִנָּסְעוּ	לְהִנָּסַע
נִסַּע	נִסְּעוּ	יִנָּסַע	יִנָּסְעוּ	נִסָּעִים	הִנָּסַעְנָה	מֵהִנָּסַע
נִסְּעָה		תִּנָּסַע	תִּנָּסַעְנָה	נִסָּעוֹת		

Pi'el

III*—

Pu'al

IV*—

* This root has not developed this form.

נסע

Hif'il

V – הִסִּיעַ – הַסִּיעַ to cause to depart, to pluck out: הַסִּיעַ, הַסֵּעַ

Past		Future		Present	Imperative	Gerund
הִסַּעְתִּי	הִסַּעְנוּ	אַסִּיעַ	נַסִּיעַ	מַסִּיעַ	הַסַּע	בְּהַסִּיעַ
הִסַּעְתָּ	הִסַּעְתֶּם	תַּסִּיעַ	תַּסִּיעוּ	מַסַּעַת	הַסִּיעִי	כְּהַסִּיעַ
הִסַּעַתְּ	הִסַּעְתֶּן	תַּסִּיעִי	תַּסַּעְנָה	(מַסִּיעָה)	הַסִּיעוּ	לְהַסִּיעַ
הִסִּיעַ	הִסִּיעוּ	יַסִּיעַ	יַסִּיעוּ	מַסִּיעִים	הַסַּעְנָה	מֵהַסִּיעַ
הִסִּיעָה		תַּסִּיעַ	תַּסַּעְנָה	מַסִּיעוֹת		

Huf'al

VI – הֻסַּע – הֻסַּע to be removed, to be plucked out: הֻסֵּעַ

Past		Future		Present
הֻסַּעְתִּי	הֻסַּעְנוּ	אֻסַּע	נֻסַּע	מֻסָּע
הֻסַּעְתָּ	הֻסַּעְתֶּם	תֻּסַּע	תֻּסְּעוּ	מֻסַּעַת
הֻסַּעַתְּ	הֻסַּעְתֶּן	תֻּסְּעִי	תֻּסַּעְנָה	(מֻסָּעָה)
הֻסַּע	הֻסְּעוּ	יֻסַּע	יֻסְּעוּ	מֻסָּעִים
הֻסְּעָה		תֻּסַּע	תֻּסַּעְנָה	מֻסָּעוֹת

Hitpa'el

VII*–

* This root has not developed this form.

נפל

Kal

I – נָפַל – פֹּל to fall: נְפֹל, נָפֹל

Past		*Future*		*Present*	*Passive Present*	*Imperative*	*Gerund*
נָפַלְתִּי	נָפַלְנוּ	אֶפֹּל	נִפֹּל	נוֹפֵל	נָפוּל	נְפֹל	בִּנְפֹל
נָפַלְתָּ	נְפַלְתֶּם	תִּפֹּל	תִּפְּלוּ	נוֹפֶלֶת	נְפוּלָה	נִפְלִי	כִּנְפֹל
נָפַלְתְּ	נְפַלְתֶּן	תִּפְּלִי	תִּפֹּלְנָה	(נוֹפְלָה)	נְפוּלִים	נִפְלוּ	לִנְפֹּל
נָפַל	נָפְלוּ	יִפֹּל	יִפְּלוּ	נוֹפְלִים	נְפוּלוֹת	נְפֹלְנָה	(לִפֹּל)
נָפְלָה		תִּפֹּל	תִּפֹּלְנָה	נוֹפְלוֹת			מִנְּפֹל

Nif'al

II – נִפַּל – הִנָּפֵל to fall apart: הִנָּפֵל, הִנָּפֵל

Past		*Future*		*Present*	*Imperative*	*Gerund*
נִפַּלְתִּי	נִפַּלְנוּ	אֶנָּפֵל	נִנָּפֵל	נִפָּל	הִנָּפֵל	בְּהִנָּפֵל
נִפַּלְתָּ	נִפַּלְתֶּם	תִּנָּפֵל	תִּנָּפְלוּ	נִפֶּלֶת	הִנָּפְלִי	כְּהִנָּפֵל
נִפַּלְתְּ	נִפַּלְתֶּן	תִּנָּפְלִי	תִּנָּפַלְנָה	(נִפָּלָה)	הִנָּפְלוּ	לְהִנָּפֵל
נִפַּל	נִפְּלוּ	יִנָּפֵל	יִנָּפְלוּ	נִפָּלִים	הִנָּפַלְנָה	מֵהִנָּפֵל
נִפְּלָה		תִּנָּפֵל	תִּנָּפַלְנָה	נִפָּלוֹת		

Pi'el

III*–

Pu'al

IV*–

* This root has not developed this form.

נפל

Hif'il

V – הִפִּיל – הַפִּיל to let fall, to throw down: הַפִּיל, הַפֵּל

Past	*Past*	*Future*	*Future*	*Present*	*Imperative*	*Gerund*
הִפַּלְתִּי	הִפַּלְנוּ	אַפִּיל	נַפִּיל	מַפִּיל	הַפֵּל	בְּהַפִּיל
הִפַּלְתָּ	הִפַּלְתֶּם	תַּפִּיל	תַּפִּילוּ	מַפִּילָה	הַפִּילִי	כְּהַפִּיל
הִפַּלְתְּ	הִפַּלְתֶּן	תַּפִּילִי	תַּפֵּלְנָה	(מַפֶּלֶת)	הַפִּילוּ	לְהַפִּיל
הִפִּיל	הִפִּילוּ	יַפִּיל	יַפִּילוּ	מַפִּילִים	הַפֵּלְנָה	מֵהַפִּיל
הִפִּילָה		תַּפִּיל	תַּפֵּלְנָה	מַפִּילוֹת		

Huf'al

VI – הֻפַּל – הֻפַּל to be thrown down, to be falled: הֻפֵּל

Past	*Past*	*Future*	*Future*	*Present*
הֻפַּלְתִּי	הֻפַּלְנוּ	אֻפַּל	נֻפַּל	מֻפָּל
הֻפַּלְתָּ	הֻפַּלְתֶּם	תֻּפַּל	תֻּפְּלוּ	מֻפָּלָה
הֻפַּלְתְּ	הֻפַּלְתֶּן	תֻּפְּלִי	תֻּפַּלְנָה	(מֻפֶּלֶת)
הֻפַּל	הֻפְּלוּ	יֻפַּל	יֻפְּלוּ	מֻפָּלִים
הֻפְּלָה		תֻּפַּל	תֻּפַּלְנָה	מֻפָּלוֹת

Hitpa'el

VII – הִתְנַפֵּל – הִתְנַפֵּל to fall upon, to attack: הִתְנַפֵּל, הִתְנַפֵּל

Past	*Past*	*Future*	*Future*	*Present*	*Imperative*	*Gerund*
הִתְנַפַּלְתִּי	הִתְנַפַּלְנוּ	אֶתְנַפֵּל	נִתְנַפֵּל	מִתְנַפֵּל	הִתְנַפֵּל	בְּהִתְנַפֵּל
הִתְנַפַּלְתָּ	הִתְנַפַּלְתֶּם	תִּתְנַפֵּל	תִּתְנַפְּלוּ	מִתְנַפְּלָה	הִתְנַפְּלִי	כְּהִתְנַפֵּל
הִתְנַפַּלְתְּ	הִתְנַפַּלְתֶּן	תִּתְנַפְּלִי	תִּתְנַפֵּלְנָה	(מִתְנַפֶּלֶת)	הִתְנַפְּלוּ	לְהִתְנַפֵּל
הִתְנַפֵּל	הִתְנַפְּלוּ	יִתְנַפֵּל	יִתְנַפְּלוּ	מִתְנַפְּלִים	הִתְנַפֵּלְנָה	מֵהִתְנַפֵּל
הִתְנַפְּלָה		תִּתְנַפֵּל	תִּתְנַפֵּלְנָה	מִתְנַפְּלוֹת		

נצל

Kal

I*—

* This root has not developed this form.

Nif'al

II — נִצַּל — הִנָּצֵל to be saved, to escape: **הִנָּצֵל, הִנָּצֵל**

Past		Future		Present	Imperative	Gerund
נִצַּלְתִּי	נִצַּלְנוּ	אֶנָּצֵל	נִנָּצֵל	נִצָּל	הִנָּצֵל	בְּהִנָּצֵל
נִצַּלְתָּ	נִצַּלְתֶּם	תִּנָּצֵל	תִּנָּצְלוּ	נִצֶּלֶת	הִנָּצְלִי	כְּהִנָּצֵל
נִצַּלְתְּ	נִצַּלְתֶּן	תִּנָּצְלִי	תִּנָּצַלְנָה	(נִצָּלָה)	הִנָּצְלוּ	לְהִנָּצֵל
נִצַּל	נִצְּלוּ	יִנָּצֵל	יִנָּצְלוּ	נִצָּלִים	הִנָּצַלְנָה	מֵהִנָּצֵל
נִצְּלָה		תִּנָּצֵל	תִּנָּצַלְנָה	נִצָּלוֹת		

Pi'el

III — נִצֵּל — נַצֵּל to exploit, to strip: **נַצֵּל, נַצֵּל**

Past		Future		Present	Imperative	Gerund
נִצַּלְתִּי	נִצַּלְנוּ	אֲנַצֵּל	נְנַצֵּל	מְנַצֵּל	נַצֵּל	בְּנַצֵּל
נִצַּלְתָּ	נִצַּלְתֶּם	תְּנַצֵּל	תְּנַצְּלוּ	מְנַצֶּלֶת	נַצְּלִי	כְּנַצֵּל
נִצַּלְתְּ	נִצַּלְתֶּן	תְּנַצְּלִי	תְּנַצֵּלְנָה	(מְנַצְּלָה)	נַצְּלוּ	לְנַצֵּל
נִצֵּל	נִצְּלוּ	יְנַצֵּל	יְנַצְּלוּ	מְנַצְּלִים	נַצֵּלְנָה	מִנַּצֵּל
נִצְּלָה		תְּנַצֵּל	תְּנַצֵּלְנָה	מְנַצְּלוֹת		

Pu'al

IV — נֻצַּל — נֻצַּל to be exploited, to be stripped: **נֻצַּל**

Past		Future		Present
נֻצַּלְתִּי	נֻצַּלְנוּ	אֲנֻצַּל	נְנֻצַּל	מְנֻצָּל
נֻצַּלְתָּ	נֻצַּלְתֶּם	תְּנֻצַּל	תְּנֻצְּלוּ	מְנֻצֶּלֶת
נֻצַּלְתְּ	נֻצַּלְתֶּן	תְּנֻצְּלִי	תְּנֻצַּלְנָה	(מְנֻצָּלָה)
נֻצַּל	נֻצְּלוּ	יְנֻצַּל	יְנֻצְּלוּ	מְנֻצָּלִים
נֻצְּלָה		תְּנֻצַּל	תְּנֻצַּלְנָה	מְנֻצָּלוֹת

נצל

Hif'il

V – הִצִּיל – הַצִּיל to save, to rescue: הַצִּיל, הַצֵּל

Past	*Past*	*Future*	*Future*	*Present*	*Imperative*	*Gerund*
הִצַּלְתִּי	הִצַּלְנוּ	אַצִּיל	נַצִּיל	מַצִּיל	הַצֵּל	בְּהַצִּיל
הִצַּלְתָּ	הִצַּלְתֶּם	תַּצִּיל	תַּצִּילוּ	מַצֶּלֶת	הַצִּילִי	כְּהַצִּיל
הִצַּלְתְּ	הִצַּלְתֶּן	תַּצִּילִי	תַּצֵּלְנָה	(מַצִּילָה)	הַצִּילוּ	לְהַצִּיל
הִצִּיל	הִצִּילוּ	יַצִּיל	יַצִּילוּ	מַצִּילִים	הַצֵּלְנָה	מֵהַצִּיל
הִצִּילָה		תַּצִּיל	תַּצֵּלְנָה	מַצִּילוֹת		

Huf'al

VI – הֻצַּל – הֻצַּל to be rescued: הֻצֵּל

Past	*Past*	*Future*	*Future*	*Present*
הֻצַּלְתִּי	הֻצַּלְנוּ	אֻצַּל	נֻצַּל	מֻצָּל
הֻצַּלְתָּ	הֻצַּלְתֶּם	תֻּצַּל	תֻּצְּלוּ	מֻצֶּלֶת
הֻצַּלְתְּ	הֻצַּלְתֶּן	תֻּצְּלִי	תֻּצַּלְנָה	(מֻצָּלָה)
הֻצַּל	הֻצְּלוּ	יֻצַּל	יֻצְּלוּ	מֻצָּלִים
הֻצְּלָה		תֻּצַּל	תֻּצַּלְנָה	מֻצָּלוֹת

Hitpa'el

VII – הִתְנַצֵּל – הִתְנַצֵּל to apologize, to strip oneself: הִתְנַצֵּל, הִתְנַצֵּל

Past	*Past*	*Future*	*Future*	*Present*	*Imperative*	*Gerund*
הִתְנַצַּלְתִּי	הִתְנַצַּלְנוּ	אֶתְנַצֵּל	נִתְנַצֵּל	מִתְנַצֵּל	הִתְנַצֵּל	בְּהִתְנַצֵּל
הִתְנַצַּלְתָּ	הִתְנַצַּלְתֶּם	תִּתְנַצֵּל	תִּתְנַצְּלוּ	מִתְנַצֶּלֶת	הִתְנַצְּלִי	כְּהִתְנַצֵּל
הִתְנַצַּלְתְּ	הִתְנַצַּלְתֶּן	תִּתְנַצְּלִי	תִּתְנַצֵּלְנָה	(מִתְנַצְּלָה)	הִתְנַצְּלוּ	לְהִתְנַצֵּל
הִתְנַצֵּל	הִתְנַצְּלוּ	יִתְנַצֵּל	יִתְנַצְּלוּ	מִתְנַצְּלִים	הִתְנַצֵּלְנָה	מֵהִתְנַצֵּל
הִתְנַצְּלָה		תִּתְנַצֵּל	תִּתְנַצֵּלְנָה	מִתְנַצְּלוֹת		

נשא

Kal

I — נָשָׂא — שָׂא to lift, carry, to marry: שֵׂאת, נָשֹׂא

Past		Future		Present	Passive Present	Imperative	Gerund
נָשָׂאתִי	נָשָׂאנוּ	אֶשָּׂא	נִשָּׂא	נוֹשֵׂא	נָשׂוּא	שָׂא	בְּשֵׂאת
נָשָׂאתָ	נְשָׂאתֶם	תִּשָּׂא	תִּשְׂאוּ	נוֹשֵׂאת	נְשׂוּאָה	שְׂאִי	כְּשֵׂאת
נָשָׂאת	נְשָׂאתֶן	תִּשְׂאִי	תִּשֶּׂאנָה	(נוֹשֵׂאה)	נְשׂוּאִים	שְׂאוּ	לָשֵׂאת
נָשָׂא	נָשְׂאוּ	יִשָּׂא	יִשְׂאוּ	נוֹשְׂאִים	נְשׂוּאוֹת	שֶׂאנָה	מִשֵּׂאת
נָשְׂאָה		תִּשָּׂא	תִּשֶּׂאנָה	נוֹשְׂאוֹת			

Nif'al

II — נִשָּׂא — הִנָּשֵׂא to be lifted, carried, to be married: הִנָּשֵׂא, הִנָּשֹׂא

Past		Future		Present	Imperative	Gerund
נִשֵּׂאתִי	נִשֵּׂאנוּ	אֶנָּשֵׂא	נִנָּשֵׂא	נִשָּׂא	הִנָּשֵׂא	בְּהִנָּשֵׂא
נִשֵּׂאתָ	נִשֵּׂאתֶם	תִּנָּשֵׂא	תִּנָּשְׂאוּ	נִשֵּׂאת	הִנָּשְׂאִי	כְּהִנָּשֵׂא
נִשֵּׂאת	נִשֵּׂאתֶן	תִּנָּשְׂאִי	תִּנָּשֶׂאנָה	(נִשֵּׂאה)	הִנָּשְׂאוּ	לְהִנָּשֵׂא
נִשָּׂא	נִשְּׂאוּ	יִנָּשֵׂא	יִנָּשְׂאוּ	נִשָּׂאִים	הִנָּשֶׂאנָה	מֵהִנָּשֵׂא
נִשְּׂאָה		תִּנָּשֵׂא	תִּנָּשֶׂאנָה	נִשָּׂאוֹת		

Pi'el

III — נִשֵּׂא — נַשֵּׂא to exalt, to elevate: נַשֵּׂא, נַשֹּׂא

Past		Future		Present	Imperative	Gerund
נִשֵּׂאתִי	נִשֵּׂאנוּ	אֲנַשֵּׂא	נְנַשֵּׂא	מְנַשֵּׂא	נַשֵּׂא	בְּנַשֵּׂא
נִשֵּׂאתָ	נִשֵּׂאתֶם	תְּנַשֵּׂא	תְּנַשְּׂאוּ	מְנַשֵּׂאת	נַשְּׂאִי	כְּנַשֵּׂא
נִשֵּׂאת	נִשֵּׂאתֶן	תְּנַשְּׂאִי	תְּנַשֶּׂאנָה	(מְנַשֵּׂאה)	נַשְּׂאוּ	לְנַשֵּׂא
נִשֵּׂא	נִשְּׂאוּ	יְנַשֵּׂא	יְנַשְּׂאוּ	מְנַשְּׂאִים	נַשֶּׂאנָה	מְנַשֵּׂא
נִשְּׂאָה		תְּנַשֵּׂא	תְּנַשֶּׂאנָה	מְנַשְּׂאוֹת		

Pu'al

IV — נֻשָּׂא — נֻשָּׂא to be exalted, to be elevated: נֻשָּׂא

Past		Future		Present
נֻשֵּׂאתִי	נֻשֵּׂאנוּ	אֲנֻשָּׂא	נְנֻשָּׂא	מְנֻשָּׂא
נֻשֵּׂאתָ	נֻשֵּׂאתֶם	תְּנֻשָּׂא	תְּנֻשְּׂאוּ	מְנֻשֵּׂאת
נֻשֵּׂאת	נֻשֵּׂאתֶן	תְּנֻשְּׂאִי	תְּנֻשֶּׂאנָה	(מְנֻשָּׂאה)
נֻשָּׂא	נֻשְּׂאוּ	יְנֻשָּׂא	יְנֻשְּׂאוּ	מְנֻשָּׂאִים
נֻשְּׂאָה		תְּנֻשָּׂא	תְּנֻשֶּׂאנָה	מְנֻשָּׂאוֹת

נשא

Hif‘il

V — הִשִּׂיא — הַשִּׂיא to cause to bear, to give in marriage: הַשִּׂיא, הַשֵּׂא

Past		Future		Present	Imperative	Gerund
הִשֵּׂאתִי	הִשֵּׂאנוּ	אַשִּׂיא	נַשִּׂיא	מַשִּׂיא	הַשֵּׂא	בְּהַשִּׂיא
הִשֵּׂאתָ	הִשֵּׂאתֶם	תַּשִּׂיא	תַּשִּׂיאוּ	מַשֵּׂאת	הַשִּׂיאִי	כְּהַשִּׂיא
הִשֵּׂאת	הִשֵּׂאתֶן	תַּשִּׂיאִי	תַּשֶּׂאנָה	(מַשִּׂיאָה)	הַשִּׂיאוּ	לְהַשִּׂיא
הִשִּׂיא	הִשִּׂיאוּ	יַשִּׂיא	יַשִּׂיאוּ	מַשִּׂיאִים	הַשֶּׂאנָה	מֵהַשִּׂיא
הִשִּׂיאָה		תַּשִּׂיא	תַּשֶּׂאנָה	מַשִּׂיאוֹת		

Huf‘al

VI — הֻשָּׂא — הֻשָּׂא to be made to bear, to be given in marriage: הֻשָּׂא

Past		Future		Present
הֻשֵּׂאתִי	הֻשֵּׂאנוּ	אֻשָּׂא	נֻשָּׂא	מֻשָּׂא
הֻשֵּׂאתָ	הֻשֵּׂאתֶם	תֻּשָּׂא	תֻּשְּׂאוּ	מֻשֵּׂאת
הֻשֵּׂאת	הֻשֵּׂאתֶן	תֻּשְּׂאִי	תֻּשֶּׂאנָה	(מֻשָּׂאָה)
הֻשָּׂא	הֻשְּׂאוּ	יֻשָּׂא	יֻשְּׂאוּ	מֻשָּׂאִים
הֻשְּׂאָה		תֻּשָּׂא	תֻּשֶּׂאנָה	מֻשָּׂאוֹת

Hitpa‘el

VII — הִתְנַשֵּׂא — הִתְנַשֵּׂא to exalt oneself, to boast: הִתְנַשֵּׂא, הִתְנַשֵּׂא

Past		Future		Present	Imperative	Gerund
הִתְנַשֵּׂאתִי	הִתְנַשֵּׂאנוּ	אֶתְנַשֵּׂא	נִתְנַשֵּׂא	מִתְנַשֵּׂא	הִתְנַשֵּׂא	בְּהִתְנַשֵּׂא
הִתְנַשֵּׂאתָ	הִתְנַשֵּׂאתֶם	תִּתְנַשֵּׂא	תִּתְנַשְּׂאוּ	מִתְנַשֵּׂאת	הִתְנַשְּׂאִי	כְּהִתְנַשֵּׂא
הִתְנַשֵּׂאת	הִתְנַשֵּׂאתֶן	תִּתְנַשְּׂאִי	תִּתְנַשֶּׂאנָה	(מִתְנַשְּׂאָה)	הִתְנַשְּׂאוּ	לְהִתְנַשֵּׂא
הִתְנַשֵּׂא	הִתְנַשְּׂאוּ	יִתְנַשֵּׂא	יִתְנַשְּׂאוּ	מִתְנַשְּׂאִים	הִתְנַשֶּׂאנָה	מֵהִתְנַשֵּׂא
הִתְנַשְּׂאָה		תִּתְנַשֵּׂא	תִּתְנַשֶּׂאנָה	מִתְנַשְּׂאוֹת		

נשג

Kal

I*—

Nif'al

II*—

Pi'el

III*—

Pu'al

IV*—

*This root has not developed this form.

נשג

Hif'il

V – הִשִּׂיג – הַשִּׂיג to overtake, to obtain: **הַשִּׂיג, הַשֵּׂג**

Past		*Future*		*Present*	*Imperative*	*Gerund*
הִשַׂגְתִּי	הִשַׂגְנוּ	אַשִׂיג	נַשִׂיג	מַשִׂיג	הַשֵׂג	בְּהַשִׂיג
הִשַׂגְתָּ	הִשַׂגְתֶּם	תַּשִׂיג	תַּשִׂיגוּ	מַשֶׂגֶת	הַשִׂיגִי	כְּהַשִׂיג
הִשַׂגְתְּ	הִשַׂגְתֶּן	תַּשִׂיגִי	תַּשֵׂגְנָה	(מַשִׂיגָה)	הַשִׂיגוּ	לְהַשִׂיג
הִשִׂיג	הִשִׂיגוּ	יַשִׂיג	יַשִׂיגוּ	מַשִׂיגִים	הַשֵׂגְנָה	מֵהַשִׂיג
הִשִׂיגָה		תַּשִׂיג	תַּשֵׂגְנָה	מַשִׂיגוֹת		

Huf'al

VI – הָשַׂג – הָשַׂג to be overtaken, to be obtained: **הָשֵׂג**

Past		*Future*		*Present*
הָשַׂגְתִּי	הָשַׂגְנוּ	אָשַׂג	נָשַׂג	מָשָׂג
הָשַׂגְתָּ	הָשַׂגְתֶּם	תָּשַׂג	תָּשְׂגוּ	מָשֶׂגֶת
הָשַׂגְתְּ	הָשַׂגְתֶּן	תָּשְׂגִי	תָּשַׂגְנָה	(מָשָׂגָה)
הָשַׂג	הָשְׂגוּ	יָשַׂג	יָשְׂגוּ	מָשָׂגִים
הָשְׂגָה		תָּשַׂג	תָּשַׂגְנָה	מָשָׂגוֹת

Hitpa'el

VII*–

* This root has not developed this form.

נשק

Kal

I — נָשַׁק — שַׁק to kiss: נְשֹׁק, נָשֹׁק

Past		Future		Present	Passive Present	Imperative	Gerund
נָשַׁקְתִּי	נָשַׁקְנוּ	אֶשַּׁק	נִשַּׁק	נוֹשֵׁק	נָשׁוּק	שַׁק	בִּנְשֹׁק
נָשַׁקְתָּ	נְשַׁקְתֶּם	תִּשַּׁק	תִּשְּׁקוּ	נוֹשֶׁקֶת	נְשׁוּקָה	שְׁקִי	כִּנְשֹׁק
נָשַׁקְתְּ	נְשַׁקְתֶּן	תִּשְּׁקִי	תִּשַּׁקְנָה	נוֹשְׁקִים	נְשׁוּקִים	שְׁקוּ	לִנְשֹׁק
נָשַׁק	נָשְׁקוּ	יִשַּׁק	יִשְּׁקוּ	נוֹשְׁקוֹת	נְשׁוּקוֹת	שַׁקְנָה	מִנְּשֹׁק
נָשְׁקָה		תִּשַּׁק	תִּשַּׁקְנָה				

Nif'al

II — נִשַּׁק — הִנָּשֵׁק to be kissed: הִנָּשֵׁק, הִנָּשֵׁק

Past		Future		Present	Imperative	Gerund
נִשַּׁקְתִּי	נִשַּׁקְנוּ	אֶנָּשֵׁק	נִנָּשֵׁק	נִשָּׁק	הִנָּשֵׁק	בְּהִנָּשֵׁק
נִשַּׁקְתָּ	נִשַּׁקְתֶּם	תִּנָּשֵׁק	תִּנָּשְׁקוּ	נִשֶּׁקֶת	הִנָּשְׁקִי	כְּהִנָּשֵׁק
נִשַּׁקְתְּ	נִשַּׁקְתֶּן	תִּנָּשְׁקִי	תִּנָּשַׁקְנָה	(נִשָּׁקָה)	הִנָּשְׁקוּ	לְהִנָּשֵׁק
נִשַּׁק	נִשְּׁקוּ	יִנָּשֵׁק	יִנָּשְׁקוּ	נִשָּׁקִים	הִנָּשַׁקְנָה	מֵהִנָּשֵׁק
נִשְּׁקָה		תִּנָּשֵׁק	תִּנָּשַׁקְנָה	נִשָּׁקוֹת		

Pi'el

III — נִשֵּׁק — נַשֵּׁק to kiss (intensely): נַשֵּׁק, נַשֵּׁק

Past		Future		Present	Imperative	Gerund
נִשַּׁקְתִּי	נִשַּׁקְנוּ	אֲנַשֵּׁק	נְנַשֵּׁק	מְנַשֵּׁק	נַשֵּׁק	בְּנַשֵּׁק
נִשַּׁקְתָּ	נִשַּׁקְתֶּם	תְּנַשֵּׁק	תְּנַשְּׁקוּ	מְנַשֶּׁקֶת	נַשְּׁקִי	כְּנַשֵּׁק
נִשַּׁקְתְּ	נִשַּׁקְתֶּן	תְּנַשְּׁקִי	תְּנַשֵּׁקְנָה	(מְנַשְּׁקָה)	נַשְּׁקוּ	לְנַשֵּׁק
נִשֵּׁק	נִשְּׁקוּ	יְנַשֵּׁק	יְנַשְּׁקוּ	מְנַשְּׁקִים	נַשֵּׁקְנָה	מִנַּשֵּׁק
נִשְּׁקָה		תְּנַשֵּׁק	תְּנַשֵּׁקְנָה	מְנַשְּׁקוֹת		

Pu'al

IV — נֻשַּׁק — נֻשַּׁק to be kissed (intensely): נֻשֹּׁק

Past		Future		Present
נֻשַּׁקְתִּי	נֻשַּׁקְנוּ	אֲנֻשַּׁק	נְנֻשַּׁק	מְנֻשָּׁק
נֻשַּׁקְתָּ	נֻשַּׁקְתֶּם	תְּנֻשַּׁק	תְּנֻשְּׁקוּ	מְנֻשֶּׁקֶת
נֻשַּׁקְתְּ	נֻשַּׁקְתֶּן	תְּנֻשְּׁקִי	תְּנֻשַּׁקְנָה	(מְנֻשָּׁקָה)
נֻשַּׁק	נֻשְּׁקוּ	יְנֻשַּׁק	יְנֻשְּׁקוּ	מְנֻשָּׁקִים
נֻשְּׁקָה		תְּנֻשַּׁק	תְּנֻשַּׁקְנָה	מְנֻשָּׁקוֹת

נשק

Hif'il

V – הִשִּׂיק – הַשִּׂיק to touch gently: הַשִּׂיק, הַשֵּׂק

Past		*Future*		*Present*	*Imperative*	*Gerund*
הִשַּׂקְתִּי	הִשַּׂקְנוּ	אַשִּׂיק	נַשִּׂיק	מַשִּׂיק	הַשֵּׂק	בְּהַשִּׂיק
הִשַּׂקְתָּ	הִשַּׂקְתֶּם	תַּשִּׂיק	תַּשִּׂיקוּ	מַשִּׂיקָה	הַשִּׂיקִי	כְּהַשִּׂיק
הִשַּׂקְתְּ	הִשַּׂקְתֶּן	תַּשִּׂיקִי	תַּשֵּׂקְנָה	(מַשֶּׂקֶת)	הַשִּׂיקוּ	לְהַשִּׂיק
הִשִּׂיק	הִשִּׂיקוּ	יַשִּׂיק	יַשִּׂיקוּ	מַשִּׂיקִים	הַשֵּׂקְנָה	מֵהַשִּׂיק
הִשִּׂיקָה		תַּשִּׂיק	תַּשֵּׂקְנָה	מַשִּׂיקוֹת		

Huf'al

VI*–

* This root has not developed this form.

Hitpa'el

VII – הִתְנַשֵּׂק – הִתְנַשֵּׂק to kiss one another: הִתְנַשֵּׂק, הִתְנַשֵּׂק

Past		*Future*		*Present*	*Imperative*	*Gerund*
הִתְנַשַּׂקְתִּי	הִתְנַשַּׂקְנוּ	אֶתְנַשֵּׂק	נִתְנַשֵּׂק	מִתְנַשֵּׂק	הִתְנַשֵּׂק	בְּהִתְנַשֵּׂק
הִתְנַשַּׂקְתָּ	הִתְנַשַּׂקְתֶּם	תִּתְנַשֵּׂק	תִּתְנַשְּׂקוּ	מִתְנַשְּׂקָה	הִתְנַשְּׂקִי	כְּהִתְנַשֵּׂק
הִתְנַשַּׂקְתְּ	הִתְנַשַּׂקְתֶּן	תִּתְנַשְּׂקִי	תִּתְנַשֵּׂקְנָה	(מִתְנַשֶּׂקֶת)	הִתְנַשְּׂקוּ	לְהִתְנַשֵּׂק
הִתְנַשֵּׂק	הִתְנַשְּׂקוּ	יִתְנַשֵּׂק	יִתְנַשְּׂקוּ	מִתְנַשְּׂקִים	הִתְנַשֵּׂקְנָה	מֵהִתְנַשֵּׂק
הִתְנַשְּׂקָה		תִּתְנַשֵּׂק	תִּתְנַשֵּׂקְנָה	מִתְנַשְּׂקוֹת		

נתן

Kal

I — נָתַן — תֵּן to give, to let: **תֵּת, נָתֹן**

Past		*Future*		*Present*	*Passive Present*	*Imperative*	*Gerund*
נָתַתִּי	נָתַנּוּ	אֶתֵּן	נִתֵּן	נוֹתֵן	נָתוּן	תֵּן	בְּתֵת
נָתַתָּ	נְתַתֶּם	תִּתֵּן	תִּתְּנוּ	נוֹתֶנֶת	נְתוּנָה	תְּנִי	כְּתֵת
נָתַתְּ	נְתַתֶּן	תִּתְּנִי	תִּתֵּנָּה	נוֹתְנִים	נְתוּנִים	תְּנוּ	לָתֵת
נָתַן	נָתְנוּ	יִתֵּן	יִתְּנוּ	נוֹתְנוֹת	נְתוּנוֹת	תֵּנָּה	מִתֵּת
נָתְנָה		תִּתֵּן	תִּתֵּנָּה				

Nif'al

II — נִתַּן — הִנָּתֵן to be given, to be let: **הִנָּתֵן, הִנָּתֵן**

Past		*Future*		*Present*		*Imperative*	*Gerund*
נִתַּתִּי	נִתַּנּוּ	אֶנָּתֵן	נִנָּתֵן	נִתָּן		הִנָּתֵן	בְּהִנָּתֵן
נִתַּתָּ	נִתַּתֶּם	תִּנָּתֵן	תִּנָּתְנוּ	נִתֶּנֶת		הִנָּתְנִי	כְּהִנָּתֵן
נִתַּתְּ	נִתַּתֶּן	תִּנָּתְנִי	תִּנָּתַנָּה	(נִתָּנָה)		הִנָּתְנוּ	לְהִנָּתֵן
נִתַּן	נִתְּנוּ	יִנָּתֵן	יִנָּתְנוּ	נִתָּנִים		הִנָּתַנָּה	מֵהִנָּתֵן
נִתְּנָה		תִּנָּתֵן	תִּנָּתַנָּה	נִתָּנוֹת			

Pi'el

III*–

Pu'al

IV*–

*This root has not developed this form.

נתן

Hif'il

V*–

Huf'al

VI*–

Hitpa'el

VII*–

* This root has not developed this form.

סבל

Kal

I – סָבַל – סְבֹל to suffer, to endure: סְבֹל, סָבֹל

Past		*Future*		*Present*	*Imperative*	*Gerund*
סָבַלְתִּי	סָבַלְנוּ	אֶסְבֹּל	נִסְבֹּל	סוֹבֵל	סְבֹל	בִּסְבֹּל
סָבַלְתָּ	סְבַלְתֶּם	תִּסְבֹּל	תִּסְבְּלוּ	סוֹבֶלֶת	סִבְלִי	כִּסְבֹּל
סָבַלְתְּ	סְבַלְתֶּן	תִּסְבְּלִי	תִּסְבֹּלְנָה	(סוֹבְלָה)	סִבְלוּ	לִסְבֹּל
סָבַל	סָבְלוּ	יִסְבֹּל	יִסְבְּלוּ	סוֹבְלִים	סְבֹלְנָה	מִסְּבֹל
סָבְלָה		תִּסְבֹּל	תִּסְבֹּלְנָה	סוֹבְלוֹת		

Nif'al

II – נִסְבַּל – הִסָּבֵל to be suffered, to be endured: הִסָּבֵל, הִסָּבֵל

Past		*Future*		*Present*	*Imperative*	*Gerund*
נִסְבַּלְתִּי	נִסְבַּלְנוּ	אֶסָּבֵל	נִסָּבֵל	נִסְבָּל	הִסָּבֵל	בְּהִסָּבֵל
נִסְבַּלְתָּ	נִסְבַּלְתֶּם	תִּסָּבֵל	תִּסָּבְלוּ	נִסְבֶּלֶת	הִסָּבְלִי	כְּהִסָּבֵל
נִסְבַּלְתְּ	נִסְבַּלְתֶּן	תִּסָּבְלִי	תִּסָּבַלְנָה	(נִסְבָּלָה)	הִסָּבְלוּ	לְהִסָּבֵל
נִסְבַּל	נִסְבְּלוּ	יִסָּבֵל	יִסָּבְלוּ	נִסְבָּלִים	הִסָּבַלְנָה	מֵהִסָּבֵל
נִסְבְּלָה		תִּסָּבֵל	תִּסָּבַלְנָה	נִסְבָּלוֹת		

Pi'el

III – סִבֵּל – סַבֵּל to send gifts, to load: סַבֵּל, סַבֵּל

Past		*Future*		*Present*	*Imperative*	*Gerund*
סִבַּלְתִּי	סִבַּלְנוּ	אֲסַבֵּל	נְסַבֵּל	מְסַבֵּל	סַבֵּל	בְּסַבֵּל
סִבַּלְתָּ	סִבַּלְתֶּם	תְּסַבֵּל	תְּסַבְּלוּ	מְסַבֶּלֶת	סַבְּלִי	כְּסַבֵּל
סִבַּלְתְּ	סִבַּלְתֶּן	תְּסַבְּלִי	תְּסַבֵּלְנָה	(מְסַבְּלָה)	סַבְּלוּ	לְסַבֵּל
סִבֵּל	סִבְּלוּ	יְסַבֵּל	יְסַבְּלוּ	מְסַבְּלִים	סַבֵּלְנָה	מִסַּבֵּל
סִבְּלָה		תְּסַבֵּל	תְּסַבֵּלְנָה	מְסַבְּלוֹת		

Pu'al

IV – סֻבַּל – סֻבַּל to be laden: סֻבֹּל

Past		*Future*		*Present*
סֻבַּלְתִּי	סֻבַּלְנוּ	אֲסֻבַּל	נְסֻבַּל	מְסֻבָּל
סֻבַּלְתָּ	סֻבַּלְתֶּם	תְּסֻבַּל	תְּסֻבְּלוּ	מְסֻבֶּלֶת
סֻבַּלְתְּ	סֻבַּלְתֶּן	תְּסֻבְּלִי	תְּסֻבַּלְנָה	(מְסֻבָּלָה)
סֻבַּל	סֻבְּלוּ	יְסֻבַּל	יְסֻבְּלוּ	מְסֻבָּלִים
סֻבְּלָה		תְּסֻבַּל	תְּסֻבַּלְנָה	מְסֻבָּלוֹת

סבל

Hif'il

V*–

Huf'al

VI*–

* This root has not developed this form.

Hitpa'el

VII – הִסְתַּבֵּל – הִסְתַּבֵּל to become burdensome: הִסְתַּבֵּל, הִסְתַּבֵּל

Past		*Future*		*Present*	*Imperative*	*Gerund*
הִסְתַּבַּלְתִּי	הִסְתַּבַּלְנוּ	אֶסְתַּבֵּל	נִסְתַּבֵּל	מִסְתַּבֵּל	הִסְתַּבֵּל	בְּהִסְתַּבֵּל
הִסְתַּבַּלְתָּ	הִסְתַּבַּלְתֶּם	תִּסְתַּבֵּל	תִּסְתַּבְּלוּ	מִסְתַּבֶּלֶת	הִסְתַּבְּלִי	כְּהִסְתַּבֵּל
הִסְתַּבַּלְתְּ	הִסְתַּבַּלְתֶּן	תִּסְתַּבְּלִי	תִּסְתַּבֵּלְנָה	(מִסְתַּבְּלָה)	הִסְתַּבְּלוּ	לְהִסְתַּבֵּל
הִסְתַּבֵּל	הִסְתַּבְּלוּ	יִסְתַּבֵּל	יִסְתַּבְּלוּ	מִסְתַּבְּלִים	הִסְתַּבֵּלְנָה	מֵהִסְתַּבֵּל
הִסְתַּבְּלָה		תִּסְתַּבֵּל	תִּסְתַּבֵּלְנָה	מִסְתַּבְּלוֹת		

סגר

Kal

I — סָגַר — סְגֹר to shut, to close: **סְגֹר, סָגֹר**

Past		*Future*		*Present*	*Passive present*	*Imperative*	*Gerund*
סָגַרְתִּי	סָגַרְנוּ	אֶסְגֹּר	נִסְגֹּר	סוֹגֵר	סָגוּר	סְגֹר	בִּסְגֹר
סָגַרְתָּ	סְגַרְתֶּם	תִּסְגֹּר	תִּסְגְּרוּ	סוֹגֶרֶת	סְגוּרָה	סִגְרִי	כִּסְגֹר
סָגַרְתְּ	סְגַרְתֶּן	תִּסְגְּרִי	תִּסְגֹּרְנָה	(סוֹגְרָה)	סְגוּרִים	סִגְרוּ	לִסְגֹּר
סָגַר	סָגְרוּ	יִסְגֹּר	יִסְגְּרוּ	סוֹגְרִים	סְגוּרוֹת	סְגֹרְנָה	מִסְּגֹר
סָגְרָה		תִּסְגֹּר	תִּסְגֹּרְנָה	סוֹגְרוֹת			

Nif'al

II — נִסְגַּר — הִסָּגֵר to be closed, to enclose oneself: **הִסָּגֵר, הִסָּגֵר**

Past		*Future*		*Present*	*Imperative*	*Gerund*
נִסְגַּרְתִּי	נִסְגַּרְנוּ	אֶסָּגֵר	נִסָּגֵר	נִסְגָּר	הִסָּגֵר	בְּהִסָּגֵר
נִסְגַּרְתָּ	נִסְגַּרְתֶּם	תִּסָּגֵר	תִּסָּגְרוּ	נִסְגֶּרֶת	הִסָּגְרִי	כְּהִסָּגֵר
נִסְגַּרְתְּ	נִסְגַּרְתֶּן	תִּסָּגְרִי	תִּסָּגַרְנָה	(נִסְגָּרָה)	הִסָּגְרוּ	לְהִסָּגֵר
נִסְגַּר	נִסְגְּרוּ	יִסָּגֵר	יִסָּגְרוּ	נִסְגָּרִים	הִסָּגַרְנָה	מֵהִסָּגֵר
נִסְגְּרָה		תִּסָּגֵר	תִּסָּגַרְנָה	נִסְגָּרוֹת		

Pi'el

III — סִגֵּר — סַגֵּר to deliver up, to surrender: **סַגֵּר, סַגֵּר**

Past		*Future*		*Present*	*Imperative*	*Gerund*
סִגַּרְתִּי	סִגַּרְנוּ	אֲסַגֵּר	נְסַגֵּר	מְסַגֵּר	סַגֵּר	בְּסַגֵּר
סִגַּרְתָּ	סִגַּרְתֶּם	תְּסַגֵּר	תְּסַגְּרוּ	מְסַגֶּרֶת	סַגְּרִי	כְּסַגֵּר
סִגַּרְתְּ	סִגַּרְתֶּן	תְּסַגְּרִי	תְּסַגֵּרְנָה	(מְסַגְּרָה)	סַגְּרוּ	לְסַגֵּר
סִגֵּר	סִגְּרוּ	יְסַגֵּר	יְסַגְּרוּ	מְסַגְּרִים	סַגֵּרְנָה	מִסַּגֵּר
סִגְּרָה		תְּסַגֵּר	תְּסַגֵּרְנָה	מְסַגְּרוֹת		

Pu'al

IV — סֻגַּר — סֻגַּר to be shut, to be delivered up: **סֻגֹּר**

Past		*Future*		*Present*
סֻגַּרְתִּי	סֻגַּרְנוּ	אֲסֻגַּר	נְסֻגַּר	מְסֻגָּר
סֻגַּרְתָּ	סֻגַּרְתֶּם	תְּסֻגַּר	תְּסֻגְּרוּ	מְסֻגֶּרֶת
סֻגַּרְתְּ	סֻגַּרְתֶּן	תְּסֻגְּרִי	תְּסֻגַּרְנָה	(מְסֻגָּרָה)
סֻגַּר	סֻגְּרוּ	יְסֻגַּר	יְסֻגְּרוּ	מְסֻגָּרִים
סֻגְּרָה		תְּסֻגַּר	תְּסֻגַּרְנָה	מְסֻגָּרוֹת

סגר

Hif'il

V – הִסְגִיר – הַסְגִיר to imprison: **הַסְגִיר, הַסְגֵר**

Past		*Future*		*Present*	*Imperative*	*Gerund*
הִסְגַרְתִּי	הִסְגַרְנוּ	אַסְגִיר	נַסְגִיר	מַסְגִיר	הַסְגֵר	בְּהַסְגִיר
הִסְגַרְתָּ	הִסְגַרְתֶּם	תַּסְגִיר	תַּסְגִירוּ	מַסְגֶרֶת	הַסְגִירִי	כְּהַסְגִיר
הִסְגַרְתְּ	הִסְגַרְתֶּן	תַּסְגִירִי	תַּסְגֵרְנָה	(מַסְגִירָה)	הַסְגִירוּ	לְהַסְגִיר
הִסְגִיר	הִסְגִירוּ	יַסְגִיר	יַסְגִירוּ	מַסְגִירִים	הַסְגֵרְנָה	מֵהַסְגִיר
הִסְגִירָה		תַּסְגִיר	תַּסְגֵרְנָה	מַסְגִירוֹת		

Huf'al

VI – הָסְגַר – הָסְגַר to be imprisoned: **הָסְגֵר**

Past		*Future*		*Present*
הָסְגַרְתִּי	הָסְגַרְנוּ	אָסְגַר	נָסְגַר	מָסְגָר
הָסְגַרְתָּ	הָסְגַרְתֶּם	תָּסְגַר	תָּסְגְרוּ	מָסְגֶרֶת
הָסְגַרְתְּ	הָסְגַרְתֶּן	תָּסְגְרִי	תָּסְגַרְנָה	(מָסְגָרָה)
הָסְגַר	הָסְגְרוּ	יָסְגַר	יָסְגְרוּ	מָסְגָרִים
הָסְגְרָה		תָּסְגַר	תָּסְגַרְנָה	מָסְגָרוֹת

Hitpa'el

VII – הִסְתַּגֵר – הִסְתַּגֵר to lock oneself, to be locked in: **הִסְתַּגֵר, הִסְתַּגֵר**

Past		*Future*		*Present*	*Imperative*	*Gerund*
הִסְתַּגַרְתִּי	הִסְתַּגַרְנוּ	אֶסְתַּגֵר	נִסְתַּגֵר	מִסְתַּגֵר	הִסְתַּגֵר	בְּהִסְתַּגֵר
הִסְתַּגַרְתָּ	הִסְתַּגַרְתֶּם	תִּסְתַּגֵר	תִּסְתַּגְרוּ	מִסְתַּגֶרֶת	הִסְתַּגְרִי	כְּהִסְתַּגֵר
הִסְתַּגַרְתְּ	הִסְתַּגַרְתֶּן	תִּסְתַּגְרִי	תִּסְתַּגֵרְנָה	(מִסְתַּגְרָה)	הִסְתַּגְרוּ	לְהִסְתַּגֵר
הִסְתַּגֵר	הִסְתַּגְרוּ	יִסְתַּגֵר	יִסְתַּגְרוּ	מִסְתַּגְרִים	הִסְתַּגֵרְנָה	מֵהִסְתַּגֵר
הִסְתַּגְרָה		תִּסְתַּגֵר	תִּסְתַּגֵרְנָה	מִסְתַּגְרוֹת		

סדר

Kal

I – סָדַר – סְדֹר, סָדֹר to arrange, to order:

Past		Future		Present	Passive present	Imperative	Gerund
סָדַרְתִּי	סָדַרְנוּ	אֶסְדֹר	נִסְדֹר	סוֹדֵר	סָדוּר	סְדֹר	בִּסְדֹר
סָדַרְתָּ	סְדַרְתֶּם	תִּסְדֹר	תִּסְדְרוּ	סוֹדֶרֶת	סְדוּרָה	סִדְרִי	כִּסְדֹר
סָדַרְתְּ	סְדַרְתֶּן	תִּסְדְרִי	תִּסְדֹרְנָה	(סוֹדְרָה)	סְדוּרִים	סִדְרוּ	לִסְדֹר
סָדַר	סָדְרוּ	יִסְדֹר	יִסְדְרוּ	סוֹדְרִים	סְדוּרוֹת	סְדֹרְנָה	מִסְּדֹר
סָדְרָה		תִּסְדֹר	תִּסְדֹרְנָה	סוֹדְרוֹת			

Nif'al

II – נִסְדַר – הִסָּדֵר, הִסָּדֹר to be arranged:

Past		Future		Present	Imperative	Gerund
נִסְדַרְתִּי	נִסְדַרְנוּ	אֶסָּדֵר	נִסָּדֵר	נִסְדָר	הִסָּדֵר	בְּהִסָּדֵר
נִסְדַרְתָּ	נִסְדַרְתֶּם	תִּסָּדֵר	תִּסָּדְרוּ	נִסְדֶרֶת	הִסָּדְרִי	כְּהִסָּדֵר
נִסְדַרְתְּ	נִסְדַרְתֶּן	תִּסָּדְרִי	תִּסָּדֵרְנָה	(נִסְדְרָה)	הִסָּדְרוּ	לְהִסָּדֵר
נִסְדַר	נִסְדְרוּ	יִסָּדֵר	יִסָּדְרוּ	נִסְדָרִים	הִסָּדֵרְנָה	מֵהִסָּדֵר
נִסְדְרָה		תִּסָּדֵר	תִּסָּדֵרְנָה	נִסְדָרוֹת		

Pi'el

III – סִדֵּר – סַדֵּר, סַדֵּר to arrange, to settle, to set type:

Past		Future		Present	Imperative	Gerund
סִדַּרְתִּי	סִדַּרְנוּ	אֲסַדֵּר	נְסַדֵּר	מְסַדֵּר	סַדֵּר	בְּסַדֵּר
סִדַּרְתָּ	סִדַּרְתֶּם	תְּסַדֵּר	תְּסַדְּרוּ	מְסַדֶּרֶת	סַדְּרִי	כְּסַדֵּר
סִדַּרְתְּ	סִדַּרְתֶּן	תְּסַדְּרִי	תְּסַדֵּרְנָה	(מְסַדְּרָה)	סַדְּרוּ	לְסַדֵּר
סִדֵּר	סִדְּרוּ	יְסַדֵּר	יְסַדְּרוּ	מְסַדְּרִים	סַדֵּרְנָה	מְסַדֵּר
סִדְּרָה		תְּסַדֵּר	תְּסַדֵּרְנָה	מְסַדְּרוֹת		

Pu'al

IV – סֻדַּר – סֻדַּר to be arranged, to be set:

Past		Future		Present
סֻדַּרְתִּי	סֻדַּרְנוּ	אֲסֻדַּר	נְסֻדַּר	מְסֻדָּר
סֻדַּרְתָּ	סֻדַּרְתֶּם	תְּסֻדַּר	תְּסֻדְּרוּ	מְסֻדֶּרֶת
סֻדַּרְתְּ	סֻדַּרְתֶּן	תְּסֻדְּרִי	תְּסֻדַּרְנָה	(מְסֻדְּרָה)
סֻדַּר	סֻדְּרוּ	יְסֻדַּר	יְסֻדְּרוּ	מְסֻדָּרִים
סֻדְּרָה		תְּסֻדַּר	תְּסֻדַּרְנָה	מְסֻדָּרוֹת

סדר

Hif'il

V – הִסְדִּיר – הַסְדִּיר to establish the order of, to arrange: הַסְדִּיר, הַסְדֵּר

	Past		Future	Present	Imperative	Gerund
הִסְדַּרְתִּי	הִסְדַּרְנוּ	אַסְדִּיר	נַסְדִּיר	מַסְדִּיר	הַסְדֵּר	בְּהַסְדִּיר
הִסְדַּרְתָּ	הִסְדַּרְתֶּם	תַּסְדִּיר	תַּסְדִּירוּ	מַסְדֶּרֶת	הַסְדִּירִי	כְּהַסְדִּיר
הִסְדַּרְתְּ	הִסְדַּרְתֶּן	תַּסְדִּירִי	תַּסְדֵּרְנָה	(מַסְדִּירָה)	הַסְדִּירוּ	לְהַסְדִּיר
הִסְדִּיר	הִסְדִּירוּ	יַסְדִּיר	יַסְדִּירוּ	מַסְדִּירִים	הַסְדֵּרְנָה	מֵהַסְדִּיר
הִסְדִּירָה		תַּסְדִּיר	תַּסְדֵּרְנָה	מַסְדִּירוֹת		

Huf'al

VI*–

*This root has not developed this form.

Hitpa'el

VII – הִסְתַּדֵּר – הַסְתַּדֵּר to organize, to be arranged: הִסְתַּדֵּר, הִסְתַּדֵּר

	Past		Future	Present	Imperative	Gerund
הִסְתַּדַּרְתִּי	הִסְתַּדַּרְנוּ	אֶסְתַּדֵּר	נִסְתַּדֵּר	מִסְתַּדֵּר	הִסְתַּדֵּר	בְּהִסְתַּדֵּר
הִסְתַּדַּרְתָּ	הִסְתַּדַּרְתֶּם	תִּסְתַּדֵּר	תִּסְתַּדְּרוּ	מִסְתַּדֶּרֶת	הִסְתַּדְּרִי	כְּהִסְתַּדֵּר
הִסְתַּדַּרְתְּ	הִסְתַּדַּרְתֶּן	תִּסְתַּדְּרִי	תִּסְתַּדֵּרְנָה	(מִסְתַּדְּרָה)	הִסְתַּדְּרוּ	לְהִסְתַּדֵּר
הִסְתַּדֵּר	הִסְתַּדְּרוּ	יִסְתַּדֵּר	יִסְתַּדְּרוּ	מִסְתַּדְּרִים	הִסְתַּדֵּרְנָה	מֵהִסְתַּדֵּר
הִסְתַּדְּרָה		תִּסְתַּדֵּרְנָה	תִּסְתַּדֵּר	מִסְתַּדְּרוֹת		

סור

Kal

I – סָר – סוּר to turn aside, to depart: סוּר, סוּר

Past		*Future*		*Present*	*Imperative*	*Gerund*
סַרְתִּי	סַרְנוּ	אָסוּר	נָסוּר	סָר	סוּר	בְּסוּר
סַרְתָּ	סַרְתֶּם	תָּסוּר	תָּסוּרוּ	סָרָה	סוּרִי	כְּסוּר
סַרְתְּ	סַרְתֶּן	תָּסוּרִי	תָּסֹרְנָה	סָרִים	סוּרוּ	לָסוּר
סָר	סָרוּ	יָסוּר	יָסוּרוּ	סָרוֹת	סֹרְנָה	מִסּוּר
סָרָה		תָּסוּר	תָּסֹרְנָה			

Nif'al

II*—

Pi'el

III – סוֹרֵר – סוֹרֵר to turn aside, to cause to turn: סוֹרֵר, סוֹרֵר

Past		*Future*		*Present*	*Imperative*	*Gerund*
סוֹרַרְתִּי	סוֹרַרְנוּ	אֲסוֹרֵר	נְסוֹרֵר	מְסוֹרֵר	סוֹרֵר	בְּסוֹרֵר
סוֹרַרְתָּ	סוֹרַרְתֶּם	תְּסוֹרֵר	תְּסוֹרְרוּ	מְסוֹרֶרֶת	סוֹרְרִי	כְּסוֹרֵר
סוֹרַרְתְּ	סוֹרַרְתֶּן	תְּסוֹרְרִי	תְּסוֹרֵרְנָה	(מְסוֹרְרָה)	סוֹרְרוּ	לְסוֹרֵר
סוֹרֵר	סוֹרְרוּ	יְסוֹרֵר	יְסוֹרְרוּ	מְסוֹרְרִים	סוֹרֵרְנָה	מִסּוֹרֵר
סוֹרְרָה		תְּסוֹרֵר	תְּסוֹרֵרְנָה	מְסוֹרְרוֹת		

Pu'al

IV*—

*This root has not developed this form.

סור

Hif'il

V – הֵסִיר – הָסִיר to remove, to put away: הָסִיר, הָסֵר

Past		Future		Present	Imperative	Gerund
*הֲסִירוֹתִי	**הֲסִירוֹנוּ	אָסִיר	נָסִיר	מֵסִיר	הָסֵר	בְּהָסִיר
הֲסִירוֹתָ	הֲסִירוֹתֶם	תָּסִיר	תָּסִירוּ	מְסִירָה	הָסִירִי	כְּהָסִיר
הֲסִירוֹת	הֲסִירוֹתֶן	תָּסִירִי	תָּסֵרְנָה	מְסִירִים	הָסִירוּ	לְהָסִיר
הֵסִיר	הֵסִירוּ	יָסִיר	יָסִירוּ	מְסִירוֹת	הָסֵרְנָה	מֵהָסִיר
הֵסִירָה		תָּסִיר	תָּסֵרְנָה			

or: * הֵסַרְתִּי הֵסַרְתָּ הֵסַרְתְּ הֵסִיר הֵסִירָה

** הֵסַרְנוּ הֲסַרְתֶּם הֲסַרְתֶּן הֵסִירוּ

Huf'al

VI – הוּסַר – הוּסַר to be removed, to be put away: הוּסֵר

Past		Future		Present
הוּסַרְתִּי	הוּסַרְנוּ	אוּסַר	נוּסַר	מוּסָר
הוּסַרְתָּ	הוּסַרְתֶּם	תּוּסַר	תּוּסְרוּ	מוּסֶרֶת
חוּסַרְתְּ	הוּסַרְתֶּן	תּוּסְרִי	תּוּסַרְנָה	(מוּסָרָה)
הוּסַר	הוּסְרוּ	יוּסַר	יוּסְרוּ	מוּסָרִים
הוּסְרָה		תּוּסַר	תּוּסַרְנָה	מוּסָרוֹת

Hitpa'el

VII*–

* This root has not developed this form.

סלח

Kal

I – סָלַח – סְלַח to forgive, to pardon: סְלֹחַ, סָלֹחַ

Past	Past	Future	Future	Present	Imperative	Gerund
סָלַחְתִּי	סָלַחְנוּ	אֶסְלַח	נִסְלַח	סוֹלֵחַ	סְלַח	בִּסְלֹחַ
סָלַחְתָּ	סְלַחְתֶּם	תִּסְלַח	תִּסְלְחוּ	סוֹלַחַת	סִלְחִי	כִּסְלֹחַ
סָלַחַתְּ	סְלַחְתֶּן	תִּסְלְחִי	תִּסְלַחְנָה	(סוֹלְחָה)	סִלְחוּ	לִסְלֹחַ
סָלַח	סָלְחוּ	יִסְלַח	יִסְלְחוּ	סוֹלְחִים	סְלַחְנָה	מִסְּלֹחַ
סָלְחָה		תִּסְלַח	תִּסְלַחְנָה	סוֹלְחוֹת		

Nif'al

II – נִסְלַח – הִסָּלַח to be forgiven, to be pardoned: הִסָּלַח, הִסָּלֵחַ

Past	Past	Future	Future	Present	Imperative	Gerund
נִסְלַחְתִּי	נִסְלַחְנוּ	אֶסָּלַח	נִסָּלַח	נִסְלָח	הִסָּלַח	בְּהִסָּלַח
נִסְלַחְתָּ	נִסְלַחְתֶּם	תִּסָּלַח	תִּסָּלְחוּ	נִסְלַחַת	הִסָּלְחִי	כְּהִסָּלַח
נִסְלַחַתְּ	נִסְלַחְתֶּן	תִּסָּלְחִי	תִּסָּלַחְנָה	(נִסְלָחָה)	הִסָּלְחוּ	לְהִסָּלַח
נִסְלַח	נִסְלְחוּ	יִסָּלַח	יִסָּלְחוּ	נִסְלָחִים	הִסָּלַחְנָה	מֵהִסָּלַח
נִסְלְחָה		תִּסָּלַח	תִּסָּלַחְנָה	נִסְלָחוֹת		

Pi'el

III*–

Pu'al

IV*–

* This root has not developed this form.

סלח

Hif'il

V*—

Huf'al

VI*—

Hitpa'el

VII*—

*This root has not developed this form.

ספר

Kal

I – סָפַר – סְפֹר to count, to number: סְפֹר, סָפֹר

Past		Future		Present	Passive Present	Imperative	Gerund
סָפַרְתִּי	סָפַרְנוּ	אֶסְפֹּר	נִסְפֹּר	סוֹפֵר	סָפוּר	סְפֹר	בִּסְפֹּר
סָפַרְתָּ	סְפַרְתֶּם	תִּסְפֹּר	תִּסְפְּרוּ	סוֹפֶרֶת	סְפוּרָה	סִפְרִי	כִּסְפֹּר
סָפַרְתְּ	סְפַרְתֶּן	תִּסְפְּרִי	תִּסְפֹּרְנָה	(סוֹפְרָה)	סְפוּרִים	סִפְרוּ	לִסְפֹּר
סָפַר	סָפְרוּ	יִסְפֹּר	יִסְפְּרוּ	סוֹפְרִים	סְפוּרוֹת	סְפֹרְנָה	מִסְּפֹר
סָפְרָה		תִּסְפֹּר	תִּסְפֹּרְנָה	סוֹפְרוֹת			

Nif'al

II – נִסְפַּר – הִסָּפֵר to be counted, to be numbered: הִסָּפֵר, הִסָּפֵר

Past		Future		Present	Imperative	Gerund
נִסְפַּרְתִּי	נִסְפַּרְנוּ	אֶסָּפֵר	נִסָּפֵר	נִסְפָּר	הִסָּפֵר	בְּהִסָּפֵר
נִסְפַּרְתָּ	נִסְפַּרְתֶּם	תִּסָּפֵר	תִּסָּפְרוּ	נִסְפֶּרֶת	הִסָּפְרִי	כְּהִסָּפֵר
נִסְפַּרְתְּ	נִסְפַּרְתֶּן	תִּסָּפְרִי	תִּסָּפַרְנָה	(נִסְפָּרָה)	הִסָּפְרוּ	לְהִסָּפֵר
נִסְפַּר	נִסְפְּרוּ	יִסָּפֵר	יִסָּפְרוּ	נִסְפָּרִים	הִסָּפַרְנָה	מֵהִסָּפֵר
נִסְפְּרָה		תִּסָּפֵר	תִּסָּפַרְנָה	נִסְפָּרוֹת		

Pi'el

III – סִפֵּר – סַפֵּר to relate, to recount, to cut hair: סַפֵּר, סַפֵּר

Past		Future		Present	Imperative	Gerund
סִפַּרְתִּי	סִפַּרְנוּ	אֲסַפֵּר	נְסַפֵּר	מְסַפֵּר	סַפֵּר	בְּסַפֵּר
סִפַּרְתָּ	סִפַּרְתֶּם	תְּסַפֵּר	תְּסַפְּרוּ	מְסַפֶּרֶת	סַפְּרִי	כְּסַפֵּר
סִפַּרְתְּ	סִפַּרְתֶּן	תְּסַפְּרִי	תְּסַפֵּרְנָה	(מְסַפְּרָה)	סַפְּרוּ	לְסַפֵּר
סִפֵּר	סִפְּרוּ	יְסַפֵּר	יְסַפְּרוּ	מְסַפְּרִים	סַפֵּרְנָה	מִסַּפֵּר
סִפְּרָה		תְּסַפֵּר	תְּסַפֵּרְנָה	מְסַפְּרוֹת		

Pu'al

IV – סֻפַּר – סֻפַּר to be related, to be recounted: סֻפֹּר

Past		Future		Present
סֻפַּרְתִּי	סֻפַּרְנוּ	אֲסֻפַּר	נְסֻפַּר	מְסֻפָּר
סֻפַּרְתָּ	סֻפַּרְתֶּם	תְּסֻפַּר	תְּסֻפְּרוּ	מְסֻפֶּרֶת
סֻפַּרְתְּ	סֻפַּרְתֶּן	תְּסֻפְּרִי	תְּסֻפַּרְנָה	(מְסֻפָּרָה)
סֻפַּר	סֻפְּרוּ	יְסֻפַּר	יְסֻפְּרוּ	מְסֻפָּרִים
סֻפְּרָה		תְּסֻפַּר	תְּסֻפַּרְנָה	מְסֻפָּרוֹת

ספר

Hif'il

V*–

Huf'al

VI*–

*This root has not developed this form.

Hitpa'el

VII – הִסְתַּפֵּר – הִסְתַּפֵּר to have the hair cut: **הִסְתַּפֵּר, הִסְתַּפֵּר**

Past		*Future*		*Present*	*Imperative*	*Gerund*
הִסְתַּפַּרְתִּי	הִסְתַּפַּרְנוּ	אֶסְתַּפֵּר	נִסְתַּפֵּר	מִסְתַּפֵּר	הִסְתַּפֵּר	בְּהִסְתַּפֵּר
הִסְתַּפַּרְתָּ	הִסְתַּפַּרְתֶּם	תִּסְתַּפֵּר	תִּסְתַּפְּרוּ	מִסְתַּפֶּרֶת	הִסְתַּפְּרִי	כְּהִסְתַּפֵּר
הִסְתַּפַּרְתְּ	הִסְתַּפַּרְתֶּן	תִּסְתַּפְּרִי	תִּסְתַּפֵּרְנָה	(מִסְתַּפְּרָה)	הִסְתַּפְּרוּ	לְהִסְתַּפֵּר
הִסְתַּפֵּר	הִסְתַּפְּרוּ	יִסְתַּפֵּר	יִסְתַּפְּרוּ	מִסְתַּפְּרִים	הִסְתַּפֵּרְנָה	מֵהִסְתַּפֵּר
הִסְתַּפְּרָה		תִּסְתַּפֵּר	תִּסְתַּפֵּרְנָה	מִסְתַּפְּרוֹת		

עבד

Kal

I — עָבַד — עֲבֹד to work, to serve: עֲבֹד, עָבֹד

Past		*Future*		*Present*	*Imperative*	*Gerund*
עָבַדְתִּי	עָבַדְנוּ	אֶעֱבֹד	נַעֲבֹד	עוֹבֵד	עֲבֹד	בַּעֲבֹד
עָבַדְתָּ	עֲבַדְתֶּם	תַּעֲבֹד	תַּעַבְדוּ	עוֹבֶדֶת	עִבְדִי	כַּעֲבֹד
עָבַדְתְּ	עֲבַדְתֶּן	תַּעַבְדִי	תַּעֲבֹדְנָה	(עוֹבְדָה)	עִבְדוּ	לַעֲבֹד
עָבַד	עָבְדוּ	יַעֲבֹד	יַעַבְדוּ	עוֹבְדִים	עֲבֹדְנָה	מֵעֲבֹד
עָבְדָה		תַּעֲבֹד	תַּעֲבֹדְנָה	עוֹבְדוֹת		

Nif'al

II — נֶעֱבַד — הֵעָבֵד to be worked, to be served: הֵעָבֵד, הֵעָבֵד

Past		*Future*		*Present*	*Imperative*	*Gerund*
נֶעֱבַדְתִּי	נֶעֱבַדְנוּ	אֵעָבֵד	נֵעָבֵד	נֶעֱבָד	הֵעָבֵד	בְּהֵעָבֵד
נֶעֱבַדְתָּ	נֶעֱבַדְתֶּם	תֵּעָבֵד	תֵּעָבְדוּ	נֶעֱבֶדֶת	הֵעָבְדִי	כְּהֵעָבֵד
נֶעֱבַדְתְּ	נֶעֱבַדְתֶּן	תֵּעָבְדִי	תֵּעָבַדְנָה	(נֶעֱבָדָה)	הֵעָבְדוּ	לְהֵעָבֵד
נֶעֱבַד	נֶעֶבְדוּ	יֵעָבֵד	יֵעָבְדוּ	נֶעֱבָדִים	הֵעָבַדְנָה	מֵהֵעָבֵד
נֶעֶבְדָה		תֵּעָבֵד	תֵּעָבַדְנָה	נֶעֱבָדוֹת		

Pi'el

III — עִבֵּד — עַבֵּד to elaborate, to adapt: עַבֵּד, עַבֵּד

Past		*Future*		*Present*	*Imperative*	*Gerund*
עִבַּדְתִּי	עִבַּדְנוּ	אֲעַבֵּד	נְעַבֵּד	מְעַבֵּד	עַבֵּד	בְּעַבֵּד
עִבַּדְתָּ	עִבַּדְתֶּם	תְּעַבֵּד	תְּעַבְּדוּ	מְעַבֶּדֶת	עַבְּדִי	כְּעַבֵּד
עִבַּדְתְּ	עִבַּדְתֶּן	תְּעַבְּדִי	תְּעַבֵּדְנָה	(מְעַבְּדָה)	עַבְּדוּ	לְעַבֵּד
עִבֵּד	עִבְּדוּ	יְעַבֵּד	יְעַבְּדוּ	מְעַבְּדִים	עַבֵּדְנָה	מֵעַבֵּד
עִבְּדָה		תְּעַבֵּד	תְּעַבֵּדְנָה	מְעַבְּדוֹת		

Pu'al

IV — עֻבַּד — עֻבַּד to be elaborated, to be adapted: עֻבֹּד

Past		*Future*		*Present*
עֻבַּדְתִּי	עֻבַּדְנוּ	אֲעֻבַּד	נְעֻבַּד	מְעֻבָּד
עֻבַּדְתָּ	עֻבַּדְתֶּם	תְּעֻבַּד	תְּעֻבְּדוּ	מְעֻבֶּדֶת
עֻבַּדְתְּ	עֻבַּדְתֶּן	תְּעֻבְּדִי	תְּעֻבַּדְנָה	(מְעֻבָּדָה)
עֻבַּד	עֻבְּדוּ	יְעֻבַּד	יְעֻבְּדוּ	מְעֻבָּדִים
עֻבְּדָה		תְּעֻבַּד	תְּעֻבַּדְנָה	מְעֻבָּדוֹת

עבד

Hif'il

V – הֶעֱבִיד – הַעֲבִיד to employ, to enslave: הַעֲבִיד, הַעֲבֵד

Past		*Future*		*Present*	*Imperative*	*Gerund*
הֶעֱבַדְתִּי	הֶעֱבַדְנוּ	אַעֲבִיד	נַעֲבִיד	מַעֲבִיד	הַעֲבֵד	בְּהַעֲבִיד
הֶעֱבַדְתָּ	הֶעֱבַדְתֶּם	תַּעֲבִיד	תַּעֲבִידוּ	מַעֲבֶדֶת	הַעֲבִידִי	כְּהַעֲבִיד
הֶעֱבַדְתְּ	הֶעֱבַדְתֶּן	תַּעֲבִידִי	תַּעֲבֵדְנָה	(מַעֲבִידָה)	הַעֲבִידוּ	לְהַעֲבִיד
הֶעֱבִיד	הֶעֱבִידוּ	יַעֲבִיד	יַעֲבִידוּ	מַעֲבִידִים	הַעֲבֵדְנָה	מֵהַעֲבִיד
הֶעֱבִידָה		תַּעֲבִיד	תַּעֲבֵדְנָה	מַעֲבִידוֹת		

Huf'al

VI – הָעֳבַד – הָעֳבַד to be enslaved, to be employed: הָעֳבֵד

Past		*Future*		*Present*
הָעֳבַדְתִּי	הָעֳבַדְנוּ	אָעֳבַד	נָעֳבַד	מָעֳבָד
הָעֳבַדְתָּ	הָעֳבַדְתֶּם	תָּעֳבַד	תָּעָבְדוּ	מָעֳבֶדֶת
חָעֳבַדְתְּ	הָעֳבַדְתֶּן	תָּעָבְדִי	תָּעֳבַדְנָה	(מָעֳבָדָה)
הָעֳבַד	הָעָבְדוּ	יָעֳבַד	יָעָבְדוּ	מָעֳבָדִים
הָעָבְדָה		תָּעֳבַד	תָּעֳבַדְנָה	מָעֳבָדוֹת

Hitpa'el

VII – הִתְעַבֵּד – הִתְעַבֵּד to be prepared, to be developed: הִתְעַבֵּד, הִתְעַבֵּד

Past		*Future*		*Present*	*Imperative*	*Gerund*
הִתְעַבַּדְתִּי	הִתְעַבַּדְנוּ	אֶתְעַבֵּד	נִתְעַבֵּד	מִתְעַבֵּד	הִתְעַבֵּד	בְּהִתְעַבֵּד
הִתְעַבַּדְתָּ	הִתְעַבַּדְתֶּם	תִּתְעַבֵּד	תִּתְעַבְּדוּ	מִתְעַבֶּדֶת	הִתְעַבְּדִי	כְּהִתְעַבֵּד
הִתְעַבַּדְתְּ	הִתְעַבַּדְתֶּן	תִּתְעַבְּדִי	תִּתְעַבֵּדְנָה	(מִתְעַבְּדָה)	הִתְעַבְּדוּ	לְהִתְעַבֵּד
הִתְעַבֵּד	הִתְעַבְּדוּ	יִתְעַבֵּד	יִתְעַבְּדוּ	מִתְעַבְּדִים	הִתְעַבֵּדְנָה	מֵהִתְעַבֵּד
הִתְעַבְּדָה		תִּתְעַבֵּד	תִּתְעַבֵּדְנָה	מִתְעַבְּדוֹת		

עבר

Kal

I – עָבַר – עֲבֹר to pass, to cross: עֲבֹר, עָבֹר

Past		*Future*		*Present*	*Imperative*	*Gerund*
עָבַרְתִּי	עָבַרְנוּ	אֶעֱבֹר	נַעֲבֹר	עוֹבֵר	עֲבֹר	בַּעֲבֹר
עָבַרְתָּ	עֲבַרְתֶּם	תַּעֲבֹר	תַּעַבְרוּ	עוֹבֶרֶת	עִבְרִי	כַּעֲבֹר
עָבַרְתְּ	עֲבַרְתֶּן	תַּעַבְרִי	תַּעֲבֹרְנָה	(עוֹבְרָה)	עִבְרוּ	לַעֲבֹר
עָבַר	עָבְרוּ	יַעֲבֹר	יַעַבְרוּ	עוֹבְרִים	עֲבֹרְנָה	מֵעֲבֹר
עָבְרָה		תַּעֲבֹר	תַּעֲבֹרְנָה	עוֹבְרוֹת		

Nif'al

II – נֶעֱבַר – הֵעָבֵר to be crossed, to be passed over: הֵעָבֵר, הֵעָבֵר

Past		*Future*		*Present*	*Imperative*	*Gerund*
נֶעֱבַרְתִּי	נֶעֱבַרְנוּ	אֵעָבֵר	נֵעָבֵר	נֶעֱבָר	הֵעָבֵר	בְּהֵעָבֵר
נֶעֱבַרְתָּ	נֶעֱבַרְתֶּם	תֵּעָבֵר	תֵּעָבְרוּ	נֶעֱבֶרֶת	הֵעָבְרִי	כְּהֵעָבֵר
נֶעֱבַרְתְּ	נֶעֱבַרְתֶּן	תֵּעָבְרִי	תֵּעָבַרְנָה	(נֶעֱבָרָה)	הֵעָבְרוּ	לְהֵעָבֵר
נֶעֱבַר	נֶעֶבְרוּ	יֵעָבֵר	יֵעָבְרוּ	נֶעֱבָרִים	הֵעָבַרְנָה	מֵהֵעָבֵר
נֶעֶבְרָה		תֵּעָבֵר	תֵּעָבַרְנָה	נֶעֱבָרוֹת		

Pi'el

III – עִבֵּר – עַבֵּר to impregnate, to proclaim a leap-year: עַבֵּר, עַבֵּר

Past		*Future*		*Present*	*Imperative*	*Gerund*
עִבַּרְתִּי	עִבַּרְנוּ	אֲעַבֵּר	נְעַבֵּר	מְעַבֵּר	עַבֵּר	בְּעַבֵּר
עִבַּרְתָּ	עִבַּרְתֶּם	תְּעַבֵּר	תְּעַבְּרוּ	מְעַבֶּרֶת	עַבְּרִי	כְּעַבֵּר
עִבַּרְתְּ	עִבַּרְתֶּן	תְּעַבְּרִי	תְּעַבֵּרְנָה	(מְעַבְּרָה)	עַבְּרוּ	לְעַבֵּר
עִבֵּר	עִבְּרוּ	יְעַבֵּר	יְעַבְּרוּ	מְעַבְּרִים	עַבֵּרְנָה	מֵעַבֵּר
עִבְּרָה		תְּעַבֵּר	תְּעַבֵּרְנָה	מְעַבְּרוֹת		

Pu'al

IV – עֻבַּר – עֻבַּר to become, be pregnant, intercalated: עֻבַּר

Past		*Future*		*Present*
עֻבַּרְתִּי	עֻבַּרְנוּ	אֲעֻבַּר	נְעֻבַּר	מְעֻבָּר
עֻבַּרְתָּ	עֻבַּרְתֶּם	תְּעֻבַּר	תְּעֻבְּרוּ	מְעֻבֶּרֶת
עֻבַּרְתְּ	עֻבַּרְתֶּן	תְּעֻבְּרִי	תְּעֻבַּרְנָה	(מְעֻבָּרָה)
עֻבַּר	עֻבְּרוּ	יְעֻבַּר	יְעֻבְּרוּ	מְעֻבָּרִים
עֻבְּרָה		תְּעֻבַּר	תְּעֻבַּרְנָה	מְעֻבָּרוֹת

עבר

Hif'il

V – הֶעֱבִיר – הַעֲבִיר – הַעֲבִיר to take across, to remove: הַעֲבִיר, הַעֲבֵר

Past		Future		Present	Imperative	Gerund
הֶעֱבַרְתִּי	הֶעֱבַרְנוּ	אַעֲבִיר	נַעֲבִיר	מַעֲבִיר	הַעֲבֵר	בְּהַעֲבִיר
הֶעֱבַרְתָּ	הֶעֱבַרְתֶּם	תַּעֲבִיר	תַּעֲבִירוּ	מַעֲבִירָה	הַעֲבִירִי	כְּהַעֲבִיר
הֶעֱבַרְתְּ	הֶעֱבַרְתֶּן	תַּעֲבִירִי	תַּעֲבֵרְנָה	(מַעֲבֶרֶת)	הַעֲבִירוּ	לְהַעֲבִיר
הֶעֱבִיר	הֶעֱבִירוּ	יַעֲבִיר	יַעֲבִירוּ	מַעֲבִירִים	הַעֲבֵרְנָה	מֵהַעֲבִיר
הֶעֱבִירָה		תַּעֲבִיר	תַּעֲבֵרְנָה	מַעֲבִירוֹת		

Huf'al

VI – הָעֳבַר – הָעֳבַר – הָעֳבַר to be taken across, to be removed: הָעֳבֵר

Past		Future		Present
הָעֳבַרְתִּי	הָעֳבַרְנוּ	אָעֳבַר	נָעֳבַר	מָעֳבָר
הָעֳבַרְתָּ	הָעֳבַרְתֶּם	תָּעֳבַר	תָּעָבְרוּ	מָעֳבֶרֶת
הָעֳבַרְתְּ	הָעֳבַרְתֶּן	תָּעָבְרִי	תָּעֳבַרְנָה	(מָעֳבָרָה)
הָעֳבַר	הָעָבְרוּ	יָעֳבַר	יָעָבְרוּ	מָעֳבָרִים
הָעָבְרָה		תָּעֳבַר	תָּעֳבַרְנָה	מָעֳבָרוֹת

Hitpa'el

VII – הִתְעַבֵּר – הִתְעַבֵּר – הִתְעַבֵּר to become angry, to become pregnant: הִתְעַבֵּר, הִתְעַבֵּר

Past		Future		Present	Imperative	Gerund
הִתְעַבַּרְתִּי	הִתְעַבַּרְנוּ	אֶתְעַבֵּר	נִתְעַבֵּר	מִתְעַבֵּר	הִתְעַבֵּר	בְּהִתְעַבֵּר
הִתְעַבַּרְתָּ	הִתְעַבַּרְתֶּם	תִּתְעַבֵּר	תִּתְעַבְּרוּ	מִתְעַבֶּרֶת	הִתְעַבְּרִי	כְּהִתְעַבֵּר
הִתְעַבַּרְתְּ	הִתְעַבַּרְתֶּן	תִּתְעַבְּרִי	תִּתְעַבֵּרְנָה	(מִתְעַבְּרָה)	הִתְעַבְּרוּ	לְהִתְעַבֵּר
הִתְעַבֵּר	הִתְעַבְּרוּ	יִתְעַבֵּר	יִתְעַבְּרוּ	מִתְעַבְּרִים	הִתְעַבֵּרְנָה	מֵהִתְעַבֵּר
הִתְעַבְּרָה		תִּתְעַבֵּר	תִּתְעַבֵּרְנָה	מִתְעַבְּרוֹת		

עור

Kal

I – עָר – עוּר to be awake, to awake (intr.): עוּ ר

Past		Future		Present	Passive Present	Imperative	Gerund
עַרְתִּי	עַרְנוּ	אָעוּר	נָעוּר	עָר	עֵר	עוּר	בְּעוּר
עַרְתָּ	עַרְתֶּם	תָּעוּר	תָּעוּרוּ	עָרָה	עֵרָה	עוּרִי	כְּעוּר
עַרְתְּ	עַרְתֶּן	תָּעוּרִי	תָּעֹרְנָה	עָרִים	עֵרִים	עוּרוּ	לָעוּר
עָר	עָרוּ	יָעוּר	יָעוּרוּ	עָרוֹת	עֵרוֹת	עֹרְנָה	מֵעוּר
עָרָה		תָּעוּר	תָּעֹרְנָה				

Nif'al

II – נֵעוֹר – הֵעוֹר to be awakened, to awake (intr.): הֵעוֹר, הֵעוֹר

Past		Future		Present	Imperative	Gerund
נֵעַרְתִּי	נֵעַרְנוּ	אֵעוֹר	נֵעוֹר	נֵעוֹר	הֵעוֹר	בְּהֵעוֹר
נֵעַרְתָּ	נֵעַרְתֶּם	תֵּעוֹר	תֵּעוֹרוּ	נֵעוֹרָה	הֵעוֹרִי	כְּהֵעוֹר
נֵעַרְתְּ	נֵעַרְתֶּן	תֵּעוֹרִי	תֵּעֹרְנָה	נֵעוֹרִים	הֵעוֹרוּ	לְהֵעוֹר
נֵעוֹר	נֵעוֹרוּ	יֵעוֹר	יֵעוֹרוּ	נֵעוֹרוֹת	הֵעֹרְנָה	מֵהֵעוֹר
נֵעוֹרָה		תֵּעוֹר	תֵּעֹרְנָה			

Pi'el

III – עוֹרֵר – עוֹרֵר to rouse, to stir: עוֹרֵר, עוֹרֵר

Past		Future		Present	Imperative	Gerund
עוֹרַרְתִּי	עוֹרַרְנוּ	אֲעוֹרֵר	נְעוֹרֵר	מְעוֹרֵר	עוֹרֵר	בְּעוֹרֵר
עוֹרַרְתָּ	עוֹרַרְתֶּם	תְּעוֹרֵר	תְּעוֹרְרוּ	מְעוֹרֶרֶת	עוֹרְרִי	כְּעוֹרֵר
עוֹרַרְתְּ	עוֹרַרְתֶּן	תְּעוֹרְרִי	תְּעוֹרֵרְנָה	(מְעוֹרְרָה)	עוֹרְרוּ	לְעוֹרֵר
עוֹרֵר	עוֹרְרוּ	יְעוֹרֵר	יְעוֹרְרוּ	מְעוֹרְרִים	עוֹרֵרְנָה	מֵעוֹרֵר
עוֹרְרָה		תְּעוֹרֵר	תְּעוֹרֵרְנָה	מְעוֹרְרוֹת		

Pu'al

IV*–

*This root has not developed this form.

עור

Hif'il

V – הֵעִיר – הָעִיר to waken (tr.) to comment: הָעִיר, הָעֵר

Past		Future		Present	Imperative	Gerund
*הַעִירוֹתִי	**הַעִירוֹנוּ	אָעִיר	נָעִיר	מֵעִיר	הָעֵר	בְּהָעִיר
הַעִירוֹתָ	הַעִירוֹתֶם	תָּעִיר	תָּעִירוּ	מְעִירָה	הָעִירִי	כְּהָעִיר
הַעִירוֹת	הַעִירוֹתֶן	תָּעִירִי	תָּעֵרְנָה	מְעִירִים	הָעִירוּ	לְהָעִיר
הֵעִיר	הֵעִירוּ	יָעִיר	יָעִירוּ	מְעִירוֹת	הָעֵרְנָה	מֵהָעִיר
הֵעִירָה		תָּעִיר	תָּעֵרְנָה			

or: * הֵעִירָה הֵעִיר הֵעַרְתְּ הֵעַרְתָּ הֵעַרְתִּי

** הֵעִירוּ הֵעַרְתֶּן הֵעַרְתֶּם הֵעַרְנוּ

Huf'al

VI – הוּעַר – הוּעַר to be stirred, to be remarked: הוּעֵר

Past		Future		Present
הוּעַרְתִּי	הוּעַרְנוּ	אוּעַר	נוּעַר	מוּעָר
הוּעַרְתָּ	הוּעַרְתֶּם	תּוּעַר	תּוּעֲרוּ	מוּעֶרֶת
הוּעַרְתְּ	הוּעַרְתֶּן	תּוּעֲרִי	תּוּעַרְנָה	(מוּעָרָה)
הוּעַר	הוּעֲרוּ	יוּעַר	יוּעֲרוּ	מוּעָרִים
הוּעֲרָה		תּוּעַר	תּוּעַרְנָה	מוּעָרוֹת

Hitpa'el

VII – הִתְעוֹרֵר – הִתְעוֹרֵר to rouse oneself, to be lively, to wake up: הִתְעוֹרֵר, הִתְעוֹרֵר

Past		Future		Present	Imperative	Gerund
הִתְעוֹרַרְתִּי	הִתְעוֹרַרְנוּ	אֶתְעוֹרֵר	נִתְעוֹרֵר	מִתְעוֹרֵר	הִתְעוֹרֵר	בְּהִתְעוֹרֵר
הִתְעוֹרַרְתָּ	הִתְעוֹרַרְתֶּם	תִּתְעוֹרֵר	תִּתְעוֹרְרוּ	מִתְעוֹרֶרֶת	הִתְעוֹרְרִי	כְּהִתְעוֹרֵר
הִתְעוֹרַרְתְּ	הִתְעוֹרַרְתֶּן	תִּתְעוֹרְרִי	תִּתְעוֹרֵרְנָה	(מִתְעוֹרְרָה)	הִתְעוֹרְרוּ	לְהִתְעוֹרֵר
הִתְעוֹרֵר	הִתְעוֹרְרוּ	יִתְעוֹרֵר	יִתְעוֹרְרוּ	מִתְעוֹרְרִים	הִתְעוֹרֵרְנָה	מֵהִתְעוֹרֵר
הִתְעוֹרְרָה		תִּתְעוֹרֵר	תִּתְעוֹרֵרְנָה	מִתְעוֹרְרוֹת		

עזב

Kal

I – עָזַב – עֲזֹב to leave, to forsake: עֲזֹב, עָזֹב

Past		Future		Present	Passive Present	Imperative	Gerund
עָזַבְתִּי	עָזַבְנוּ	אֶעֱזֹב	נַעֲזֹב	עוֹזֵב	עָזוּב	עֲזֹב	בַּעֲזֹב
עָזַבְתָּ	עֲזַבְתֶּם	תַּעֲזֹב	תַּעַזְבוּ	עוֹזֶבֶת	עֲזוּבָה	עִזְבִי	כַּעֲזֹב
עָזַבְתְּ	עֲזַבְתֶּן	תַּעַזְבִי	תַּעֲזֹבְנָה	(עוֹזְבָה)	עֲזוּבִים	עִזְבוּ	לַעֲזֹב
עָזַב	עָזְבוּ	יַעֲזֹב	יַעַזְבוּ	עוֹזְבִים	עֲזוּבוֹת	עֲזֹבְנָה	מֵעֲזֹב
עָזְבָה		תַּעֲזֹב	תַּעֲזֹבְנָה	עוֹזְבוֹת			

Nif'al

II – נֶעֱזַב – הֵעָזֵב to be left, to be forsaken: הֵעָזֵב, הֵעָזֵב

Past		Future		Present	Imperatve	Gerund
נֶעֱזַבְתִּי	נֶעֱזַבְנוּ	אֵעָזֵב	נֵעָזֵב	נֶעֱזָב	הֵעָזֵב	בְּהֵעָזֵב
נֶעֱזַבְתָּ	נֶעֱזַבְתֶּם	תֵּעָזֵב	תֵּעָזְבוּ	נֶעֱזֶבֶת	הֵעָזְבִי	כְּהֵעָזֵב
נֶעֱזַבְתְּ	נֶעֱזַבְתֶּן	תֵּעָזְבִי	תֵּעָזַבְנָה	(נֶעֱזָבָה)	הֵעָזְבוּ	לְהֵעָזֵב
נֶעֱזַב	נֶעֶזְבוּ	יֵעָזֵב	יֵעָזְבוּ	נֶעֱזָבִים	הֵעָזַבְנָה	מֵהֵעָזֵב
נֶעֶזְבָה		תֵּעָזֵב	תֵּעָזַבְנָה	נֶעֱזָבוֹת		

Pi'el

III – עִזֵּב – עַזֵּב to desert, to abandon: עַזֵּב, עַזֵּב

Past		Future		Present	Imperatve	Gerund
עִזַּבְתִּי	עִזַּבְנוּ	אֲעַזֵּב	נְעַזֵּב	מְעַזֵּב	עַזֵּב	בְּעַזֵּב
עִזַּבְתָּ	עִזַּבְתֶּם	תְּעַזֵּב	תְּעַזְּבוּ	מְעַזֶּבֶת	עַזְּבִי	כְּעַזֵּב
עִזַּבְתְּ	עִזַּבְתֶּן	תְּעַזְּבִי	תְּעַזֵּבְנָה	(מְעַזְּבָה)	עַזְּבוּ	לְעַזֵּב
עִזֵּב	עִזְּבוּ	יְעַזֵּב	יְעַזְּבוּ	מְעַזְּבִים	עַזֵּבְנָה	מֵעַזֵּב
עִזְּבָה		תְּעַזֵּב	תְּעַזֵּבְנָה	מְעַזְּבוֹת		

Pu'al

IV – עֻזַּב – עֻזַּב to be deserted: עֻזֹּב

Past		Future		Present
עֻזַּבְתִּי	עֻזַּבְנוּ	אֲעֻזַּב	נְעֻזַּב	מְעֻזָּב
עֻזַּבְתָּ	עֻזַּבְתֶּם	תְּעֻזַּב	תְּעֻזְּבוּ	מְעֻזֶּבֶת
עֻזַּבְתְּ	עֻזַּבְתֶּן	תְּעֻזְּבִי	תְּעֻזַּבְנָה	(מְעֻזָּבָה)
עֻזַּב	עֻזְּבוּ	יְעֻזַּב	יְעֻזְּבוּ	מְעֻזָּבִים
עֻזְּבָה		תְּעֻזַּב	תְּעֻזַּבְנָה	מְעֻזָּבוֹת

עזב

Hif'il

V – הֶעֱזִיב – הַעֲזִיב to release, to effect a divorce: **הַעֲזִיב, הַעֲזֵב**

Past		Future		Present	Imperative	Gerund
הֶעֱזַבְתִּי	הֶעֱזַבְנוּ	אַעֲזִיב	נַעֲזִיב	מַעֲזִיב	הַעֲזֵב	בְּהַעֲזִיב
הֶעֱזַבְתָּ	הֶעֱזַבְתֶּם	תַּעֲזִיב	תַּעֲזִיבוּ	מַעֲזִיבָה	הַעֲזִיבִי	כְּהַעֲזִיב
הֶעֱזַבְתְּ	הֶעֱזַבְתֶּן	תַּעֲזִיבִי	תַּעֲזֵבְנָה	(מַעֲזֶבֶת)	הַעֲזִיבוּ	לְהַעֲזִיב
הֶעֱזִיב	הֶעֱזִיבוּ	יַעֲזִיב	יַעֲזִיבוּ	מַעֲזִיבִים	הַעֲזֵבְנָה	מֵהַעֲזִיב
הֶעֱזִיבָה		תַּעֲזִיב	תַּעֲזֵבְנָה	מַעֲזִיבוֹת		

Huf'al

VI*–

* This root has not developed this form.

Hitpa'el

VII – הִתְעַזֵּב – הִתְעַזֵּב to be abandoned, to be hated: **הִתְעַזֵּב, הִתְעַזֵּב**

Past		Future		Present	Imperative	Gerund
הִתְעַזַּבְתִּי	הִתְעַזַּבְנוּ	אֶתְעַזֵּב	נִתְעַזֵּב	מִתְעַזֵּב	הִתְעַזֵּב	בְּהִתְעַזֵּב
הִתְעַזַּבְתָּ	הִתְעַזַּבְתֶּם	תִּתְעַזֵּב	תִּתְעַזְּבוּ	מִתְעַזֶּבֶת	הִתְעַזְּבִי	כְּהִתְעַזֵּב
הִתְעַזַּבְתְּ	הִתְעַזַּבְתֶּן	תִּתְעַזְּבִי	תִּתְעַזֵּבְנָה	מִתְעַזְּבִים	הִתְעַזְּבוּ	לְהִתְעַזֵּב
הִתְעַזֵּב	הִתְעַזְּבוּ	יִתְעַזֵּב	יִתְעַזְּבוּ	מִתְעַזְּבוֹת	הִתְעַזֵּבְנָה	מֵהִתְעַזֵּב
הִתְעַזְּבָה		תִּתְעַזֵּב	תִּתְעַזֵּבְנָה			

עזר

Kal

I – עָזַר – עֲזֹר to help: עֲזֹר, עָזֹר

Past		*Future*		*Present*	*Passive present*	*Imperative*	*Gerund*
עָזַרְתִּי	עָזַרְנוּ	אֶעֱזֹר	נַעֲזֹר	עוֹזֵר	עָזוּר	עֲזֹר	בַּעֲזֹר
עָזַרְתָּ	עֲזַרְתֶּם	תַּעֲזֹר	תַּעַזְרוּ	עוֹזֶרֶת	עֲזוּרָה	עִזְרִי	כַּעֲזֹר
עָזַרְתְּ	עֲזַרְתֶּן	תַּעַזְרִי	תַּעֲזֹרְנָה	(עוֹזְרָה)	עֲזוּרִים	עִזְרוּ	לַעֲזֹר
עָזַר	עָזְרוּ	יַעֲזֹר	יַעַזְרוּ	עוֹזְרִים	עֲזוּרוֹת	עֲזֹרְנָה	מֵעֲזֹר
עָזְרָה		תַּעֲזֹר	תַּעֲזֹרְנָה	עוֹזְרוֹת			

Nif'al

II – נֶעֱזַר – הֵעָזֵר to be helped: הֵעָזֵר, הֵעָזֵר

Past		*Future*		*Present*		*Imperative*	*Gerund*
נֶעֱזַרְתִּי	נֶעֱזַרְנוּ	אֵעָזֵר	נֵעָזֵר	נֶעֱזָר		הֵעָזֵר	בְּהֵעָזֵר
נֶעֱזַרְתָּ	נֶעֱזַרְתֶּם	תֵּעָזֵר	תֵּעָזְרוּ	נֶעֱזֶרֶת		הֵעָזְרִי	כְּהֵעָזֵר
נֶעֱזַרְתְּ	נֶעֱזַרְתֶּן	תֵּעָזְרִי	תֵּעָזַרְנָה	(נֶעֱזָרָה)		הֵעָזְרוּ	לְהֵעָזֵר
נֶעֱזַר	נֶעֶזְרוּ	יֵעָזֵר	יֵעָזְרוּ	נֶעֱזָרִים		הֵעָזַרְנָה	מֵהֵעָזֵר
נֶעֶזְרָה		תֵּעָזֵר	תֵּעָזַרְנָה	נֶעֱזָרוֹת			

Pi'el

III*–

Pu'al

IV*–

*This root has not developed this form.

עזר

Hif'il

V – הֶעֱזִיר – הַעֲזִיר to cause to help, to help: הַעֲזִיר, הַעֲזֵר

Past		*Future*		*Present*	*Imperative*	*Gerund*
הֶעֱזַרְתִּי	הֶעֱזַרְנוּ	אַעֲזִיר	נַעֲזִיר	מַעֲזִיר	הַעֲזֵר	בְּהַעֲזִיר
הֶעֱזַרְתָּ	הֶעֱזַרְתֶּם	תַּעֲזִיר	תַּעֲזִירוּ	מַעֲזִירָה	הַעֲזִירִי	כְּהַעֲזִיר
הֶעֱזַרְתְּ	הֶעֱזַרְתֶּן	תַּעֲזִירִי	תַּעֲזֵרְנָה	(מַעֲזֶרֶת)	הַעֲזִירוּ	לְהַעֲזִיר
הֶעֱזִיר	הֶעֱזִירוּ	יַעֲזִיר	יַעֲזִירוּ	מַעֲזִירִים	הַעֲזֵרְנָה	מֵהַעֲזִיר
הֶעֱזִירָה		תַּעֲזִיר	תַּעֲזֵרְנָה	מַעֲזִירוֹת		

Hof'al

VI הָעֳזַר – הָעֳזַר to be made, to help: הָעֳזֵר

Past		*Future*		*Present*
הָעֳזַרְתִּי	הָעֳזַרְנוּ	אָעֳזַר	נָעֳזַר	מָעֳזָר
הָעֳזַרְתָּ	הָעֳזַרְתֶּם	תָּעֳזַר	תָּעָזְרוּ	מָעֳזָרָה
הָעֳזַרְתְּ	הָעֳזַרְתֶּן	תָּעָזְרִי	תָּעֳזַרְנָה	(מָעֳזֶרֶת)
הָעֳזַר	הָעָזְרוּ	יָעֳזַר	יָעָזְרוּ	מָעֳזָרִים
הָעָזְרָה		תָּעֳזַר	תָּעֳזַרְנָה	מָעֳזָרוֹת

Hitpa'el

VII – הִתְעַזֵּר – הִתְעַזֵּר to help one another: הִתְעַזֵּר, הִתְעַזֵּר

Past		*Future*		*Present*	*Imperative*	*Gerund*
הִתְעַזַּרְתִּי	הִתְעַזַּרְנוּ	אֶתְעַזֵּר	נִתְעַזֵּר	מִתְעַזֵּר	הִתְעַזֵּר	בְּהִתְעַזֵּר
הִתְעַזַּרְתָּ	הִתְעַזַּרְתֶּם	תִּתְעַזֵּר	תִּתְעַזְּרוּ	מִתְעַזֶּרֶת	הִתְעַזְּרִי	כְּהִתְעַזֵּר
הִתְעַזַּרְתְּ	הִתְעַזַּרְתֶּן	תִּתְעַזְּרִי	תִּתְעַזֵּרְנָה	(מִתְעַזְּרָה)	הִתְעַזְּרוּ	לְהִתְעַזֵּר
הִתְעַזֵּר	הִתְעַזְּרוּ	יִתְעַזֵּר	יִתְעַזְּרוּ	מִתְעַזְּרִים	הִתְעַזֵּרְנָה	מֵהִתְעַזֵּר
הִתְעַזְּרָה		תִּתְעַזֵּר	תִּתְעַזֵּרְנָה	מִתְעַזְּרוֹת		

עלה

Kal

I – עָלָה – עֲלֵה to go up, to rise: עֲלוֹת, עָלֹה

Past		Future		Present	Imperative	Gerund
עָלִיתִי	עָלִינוּ	אֶעֱלֶה	נַעֲלֶה	עוֹלֶה	עֲלֵה	בַּעֲלוֹת
עָלִיתָ	עֲלִיתֶם	תַּעֲלֶה	תַּעֲלוּ	עוֹלָה	עֲלִי	כַּעֲלוֹת
עָלִית	עֲלִיתֶן	תַּעֲלִי	תַּעֲלֶינָה	עוֹלִים	עֲלוּ	לַעֲלוֹת
עָלָה	עָלוּ	יַעֲלֶה	יַעֲלוּ	עוֹלוֹת	עֲלֶינָה	מֵעֲלוֹת
עָלְתָה		תַּעֲלֶה	תַּעֲלֶינָה			

Nif'al

II – נַעֲלָה – הֵעָלֵה to be taken up, to withdraw: הֵעָלוֹת, הֵעָלֵה

Past		Future		Present	Imperative	Gerund
נַעֲלֵיתִי	נַעֲלֵינוּ	אֵעָלֶה	נֵעָלֶה	נַעֲלֶה	הֵעָלֵה	בְּהֵעָלוֹת
נַעֲלֵיתָ	נַעֲלֵיתֶם	תֵּעָלֶה	תֵּעָלוּ	נַעֲלָה	הֵעָלִי	כְּהֵעָלוֹת
נַעֲלֵית	נַעֲלֵיתֶן	תֵּעָלִי	תֵּעָלֶינָה	(נַעֲלֵית)	הֵעָלוּ	לְהֵעָלוֹת
נַעֲלָה	נַעֲלוּ	יֵעָלֶה	יֵעָלוּ	נַעֲלִים	הֵעָלֶינָה	מֵהֵעָלוֹת
נֶעֶלְתָה		תֵּעָלֶה	תֵּעָלֶינָה	נַעֲלוֹת		

Pi'el

III – עִלָה – עַלֵה to elevate, to praise: עַלוֹת, עַלֵה

Past		Future		Present	Imperative	Gerund
עִלִיתִי	עִלִינוּ	אֲעַלֶה	נְעַלֶה	מְעַלֶה	עַלֵה	בְּעַלוֹת
עִלִיתָ	עִלִיתֶם	תְּעַלֶה	תְּעַלוּ	מְעַלָה	עַלִי	כְּעַלוֹת
עִלִית	עִלִיתֶן	תְּעַלִי	תְּעַלֶינָה	מְעַלִים	עַלוּ	לְעַלוֹת
עִלָה	עִלוּ	יְעַלֶה	יְעַלוּ	מְעַלוֹת	עַלֶינָה	מֵעַלוֹת
עִלְתָה		תְּעַלֶה	תְּעַלֶינָה			

Pu'al

IV – עֻלָה – עֻלֵה to be the choicest, to be elevated: עֻלֹה

Past		Future		Present
עֻלֵיתִי	עֻלֵינוּ	אֲעֻלֶה	נְעֻלֶה	מְעֻלֶה
עֻלֵיתָ	(עֻלֵינוּ)	תְּעֻלֶה	תְּעֻלוּ	מְעֻלָה
עֻלֵית	עֻלֵיתֶם	תְּעֻלִי	תְּעֻלֶינָה	(מְעֻלֵית)
עֻלָה	עֻלֵיתֶן	יְעֻלֶה	יְעֻלוּ	מְעֻלִים
עֻלְתָה	עֻלוּ	תְּעֻלֶה	תְּעֻלֶינָה	מְעֻלוֹת

עלה

Hif'il

V – הֶעֱלָה – הַעֲלֵה to bring up, to raise: **הַעֲלוֹת, הַעֲלֵה**

Past		*Future*		*Present*	*Imperative*	*Gerund*
*הֶעֱלֵיתִי	הֶעֱלִינוּ	אַעֲלֶה	נַעֲלֶה	מַעֲלֶה	הַעֲלֵה	בְּהַעֲלוֹת
הֶעֱלִיתָ	הֶעֱלִיתֶם	תַּעֲלֶה	תַּעֲלוּ	מַעֲלָה	הַעֲלִי	כְּהַעֲלוֹת
הֶעֱלִית	הֶעֱלִיתֶן	תַּעֲלִי	תַּעֲלֶינָה	(מַעֲלִית)	הַעֲלוּ	לְהַעֲלוֹת
הֶעֱלָה	הֶעֱלוּ	יַעֲלֶה	יַעֲלוּ	מַעֲלִים	הַעֲלֶינָה	מֵהַעֲלוֹת
הֶעֶלְתָה		תַּעֲלֶה	תַּעֲלֶינָה	מַעֲלוֹת		

* or: הֶעֱלֵיתִי הֶעֱלֵיתָ הֶעֱלֵית הֶעֱלֵינוּ הֶעֱלֵיתֶם הֶעֱלֵיתֶן

Huf'al

VI – הָעֳלָה – הָעֳלֵה to be brought up, to be raised: **הָעֳלֵה**

Past		*Future*		*Present*
הָעֳלֵיתִי	הָעֳלֵינוּ	אָעֳלֶה	נָעֳלֶה	מָעֳלֶה
הָעֳלֵיתָ	(הָעֳלֵינוּ)	תָּעֳלֶה	תָּעֳלוּ	מָעֳלָה
הָעֳלֵית	הָעֳלֵיתֶם	תָּעֳלִי	תָּעֳלֶינָה	(מָעֳלֵית)
הָעֳלָה	הָעֳלֵיתֶן	יָעֳלֶה	יָעֳלוּ	מָעֳלִים
הָעָלְתָה	הָעֳלוּ	תָּעֳלֶה	תָּעֳלֶינָה	מָעֳלוֹת

Hitpa'el

VII – הִתְעַלָּה – הִתְעַלֵּה to lift oneself up, to be exalted: **הִתְעַלּוֹת, הִתְעַלֵּה**

Past		*Future*		*Present*	*Imperative*	*Gerund*
הִתְעַלֵּיתִי	הִתְעַלִּינוּ	אֶתְעַלֶּה	נִתְעַלֶּה	מִתְעַלֶּה	הִתְעַלֵּה	בְּהִתְעַלּוֹת
הִתְעַלֵּיתָ	(הִתְעַלֵּינוּ)	תִּתְעַלֶּה	תִּתְעַלּוּ	מִתְעַלָּה	הִתְעַלִּי	כְּהִתְעַלּוֹת
הִתְעַלֵּית	הִתְעַלֵּיתֶם	תִּתְעַלִּי	תִּתְעַלֶּינָה	(מִתְעַלֵּית)	הִתְעַלּוּ	לְהִתְעַלּוֹת
הִתְעַלָּה	הִתְעַלֵּיתֶן	יִתְעַלֶּה	יִתְעַלּוּ	מִתְעַלִּים	הִתְעַלֶּינָה	מֵהִתְעַלּוֹת
הִתְעַלְּתָה	הִתְעַלּוּ	תִּתְעַלֶּה	תִּתְעַלֶּינָה	מִתְעַלּוֹת		

Nitpa'el: Passive Past — נִתְעַלֵּיתִי etc.

עלם

Kal

I*—

* This root has not developed this form.

Nif'al

II – נֶעֱלַם – הֵעָלֵם to disappear, to vanish: **הֵעָלֵם, הֵעָלֵם**

Past		*Future*		*Present*	*Imperative*	*Gerund*
נֶעֱלַמְתִּי	נֶעֱלַמְנוּ	אֵעָלֵם	נֵעָלֵם	נֶעֱלָם	הֵעָלֵם	בְּהֵעָלֵם
נֶעֱלַמְתָּ	נֶעֱלַמְתֶּם	תֵּעָלֵם	תֵּעָלְמוּ	נֶעֱלֶמֶת	הֵעָלְמִי	כְּהֵעָלֵם
נֶעֱלַמְתְּ	נֶעֱלַמְתֶּן	תֵּעָלְמִי	תֵּעָלַמְנָה	(נֶעֱלָמָה)	הֵעָלְמוּ	לְהֵעָלֵם
נֶעֱלַם	נֶעֶלְמוּ	יֵעָלֵם	יֵעָלְמוּ	נֶעֱלָמִים	הֵעָלַמְנָה	מֵהֵעָלֵם
נֶעֶלְמָה		תֵּעָלֵם	תֵּעָלַמְנָה	נֶעֱלָמוֹת		

Pi'el

III – עִלֵּם – עַלֵּם to tie up, to close up: **עַלֵּם, עַלֵּם**

Past		*Future*		*Present*	*Imperative*	*Gerund*
עִלַּמְתִּי	עִלַּמְנוּ	אֲעַלֵּם	נְעַלֵּם	מְעַלֵּם	עַלֵּם	בְּעַלֵּם
עִלַּמְתָּ	עִלַּמְתֶּם	תְּעַלֵּם	תְּעַלְּמוּ	מְעַלֶּמֶת	עַלְּמִי	כְּעַלֵּם
עִלַּמְתְּ	עִלַּמְתֶּן	תְּעַלְּמִי	תְּעַלֵּמְנָה	מְעַלְּמִים	עַלְּמוּ	לְעַלֵּם
עִלֵּם	עִלְּמוּ	יְעַלֵּם	יְעַלְּמוּ	מְעַלְּמוֹת	עַלֵּמְנָה	מֵעַלֵּם
עִלְּמָה		תְּעַלֵּם	תְּעַלֵּמְנָה			

Pu'al

IV – עֻלַּם – עֻלַּם to be concealed: **עֻלֹּם**

Past		*Future*		*Present*
עֻלַּמְתִּי	עֻלַּמְנוּ	אֲעֻלַּם	נְעֻלַּם	מְעֻלָּם
עֻלַּמְתָּ	עֻלַּמְתֶּם	תְּעֻלַּם	תְּעֻלְּמוּ	מְעֻלֶּמֶת
עֻלַּמְתְּ	עֻלַּמְתֶּן	תְּעֻלְּמִי	תְּעֻלַּמְנָה	(מְעֻלָּמָה)
עֻלַּם	עֻלְּמוּ	יְעֻלַּם	יְעֻלְּמוּ	מְעֻלָּמִים
עֻלְּמָה		תְּעֻלַּם	תְּעֻלַּמְנָה	מְעֻלָּמוֹת

עלם

Hif'il

V – הֶעֱלִים – הַעֲלִים to hide, to conceal: הַעֲלִים, הַעֲלֵם

Past		Future		Present	Imperative	Gerund
הֶעֱלַמְתִּי	הֶעֱלַמְנוּ	אַעֲלִים	נַעֲלִים	מַעֲלִים	הַעֲלֵם	בְּהַעֲלִים
הֶעֱלַמְתָּ	הֶעֱלַמְתֶּם	תַּעֲלִים	תַּעֲלִימוּ	מַעֲלֶמֶת	הַעֲלִימִי	כְּהַעֲלִים
הֶעֱלַמְתְּ	הֶעֱלַמְתֶּן	תַּעֲלִימִי	תַּעֲלֵמְנָה	(מַעֲלִימָה)	הַעֲלִימוּ	לְהַעֲלִים
הֶעֱלִים	הֶעֱלִימוּ	יַעֲלִים	יַעֲלִימוּ	מַעֲלִימִים	הַעֲלֵמְנָה	מֵהַעֲלִים
הֶעֱלִימָה		תַּעֲלִים	תַּעֲלֵמְנָה	מַעֲלִימוֹת		

Huf'al

VI – הָעֳלַם – הָעֳלַם to be hidden, to be concealed: הָעֳלֵם

Past		Future		Present
הָעֳלַמְתִּי	הָעֳלַמְנוּ	אָעֳלַם	נָעֳלַם	מָעֳלָם
הָעֳלַמְתָּ	הָעֳלַמְתֶּם	תָּעֳלַם	תָּעָלְמוּ	מָעֳלֶמֶת
הָעֳלַמְתְּ	הָעֳלַמְתֶּן	תָּעָלְמִי	תָּעֳלַמְנָה	(מָעֳלָמָה)
הָעֳלַם	הָעָלְמוּ	יָעֳלַם	יָעָלְמוּ	מָעֳלָמִים
הָעָלְמָה		תָּעֳלַם	תָּעֳלַמְנָה	מָעֳלָמוֹת

Hitpa'el

VII – הִתְעַלֵּם – הִתְעַלֵּם to hide oneself, to neglect utterly: הִתְעַלֵּם, הִתְעַלֵּם

Past		Future		Present	Imperative	Gerund
הִתְעַלַּמְתִּי	הִתְעַלַּמְנוּ	אֶתְעַלֵּם	נִתְעַלֵּם	מִתְעַלֵּם	הִתְעַלֵּם	בְּהִתְעַלֵּם
הִתְעַלַּמְתָּ	הִתְעַלַּמְתֶּם	תִּתְעַלֵּם	תִּתְעַלְּמוּ	מִתְעַלֶּמֶת	הִתְעַלְּמִי	כְּהִתְעַלֵּם
הִתְעַלַּמְתְּ	הִתְעַלַּמְתֶּן	תִּתְעַלְּמִי	תִּתְעַלֵּמְנָה	(מִתְעַלְּמָה)	הִתְעַלְּמוּ	לְהִתְעַלֵּם
הִתְעַלֵּם	הִתְעַלְּמוּ	יִתְעַלֵּם	יִתְעַלְּמוּ	מִתְעַלְּמִים	הִתְעַלֵּמְנָה	מֵהִתְעַלֵּם
הִתְעַלְּמָה		תִּתְעַלֵּם	תִּתְעַלֵּמְנָה	מִתְעַלְּמוֹת		

Nitpa'el: Passive Past — נִתְעַלְּמָה נִתְעַלֵּם נִתְעַלַּמְתְּ נִתְעַלַּמְתָּ נִתְעַלַּמְתִּי etc.

עמד

Kal

I – עָמַד – עֲמֹד to stand, to rise: **עֲמֹד, עָמֹד**

Past		*Future*		*Present*	*Imperative*	*Gerund*
עָמַדְתִּי	עָמַדְנוּ	אֶעֱמֹד	נַעֲמֹד	עוֹמֵד	עֲמֹד	בַּעֲמֹד
עָמַדְתָּ	עֲמַדְתֶּם	תַּעֲמֹד	תַּעַמְדוּ	עוֹמֶדֶת	עִמְדִי	כַּעֲמֹד
עָמַדְתְּ	עֲמַדְתֶּן	תַּעַמְדִי	תַּעֲמֹדְנָה	(עוֹמְדָה)	עִמְדוּ	לַעֲמֹד
עָמַד	עָמְדוּ	יַעֲמֹד	יַעַמְדוּ	עוֹמְדִים	עֲמֹדְנָה	מֵעֲמֹד
עָמְדָה		תַּעֲמֹד	תַּעֲמֹדְנָה	עוֹמְדוֹת		

Nif'al

II – נֶעֱמַד – הֵעָמֵד to stop: **הֵעָמֵד, הֵעָמֵד**

Past		*Future*		*Present*	*Imperative*	*Gerund*
נֶעֱמַדְתִּי	נֶעֱמַדְנוּ	אֵעָמֵד	נֵעָמֵד	נֶעֱמָד	הֵעָמֵד	בְּהֵעָמֵד
נֶעֱמַדְתָּ	נֶעֱמַדְתֶּם	תֵּעָמֵד	תֵּעָמְדוּ	נֶעֱמֶדֶת	הֵעָמְדִי	כְּהֵעָמֵד
נֶעֱמַדְתְּ	נֶעֱמַדְתֶּן	תֵּעָמְדִי	תֵּעָמַדְנָה	(נֶעֱמָדָה)	הֵעָמְדוּ	לְהֵעָמֵד
נֶעֱמַד	נֶעֶמְדוּ	יֵעָמֵד	יֵעָמְדוּ	נֶעֱמָדִים	הֵעָמַדְנָה	מֵהֵעָמֵד
נֶעֶמְדָה		תֵּעָמֵד	תֵּעָמַדְנָה	נֶעֱמָדוֹת		

Pi'el

III – עִמֵד – עַמֵד to arrange in columns or pages: **עַמֵד, עַמֵד**

Past		*Future*		*Present*	*Imperative*	*Gerund*
עִמַדְתִּי	עִמַדְנוּ	אֲעַמֵד	נְעַמֵד	מְעַמֵד	עַמֵד	בְּעַמֵד
עִמַדְתָּ	עִמַדְתֶּם	תְּעַמֵד	תְּעַמְדוּ	מְעַמֶדֶת	עַמְדִי	כְּעַמֵד
עִמַדְתְּ	עִמַדְתֶּן	תְּעַמְדִי	תְּעַמֵדְנָה	(מְעַמְדָה)	עַמְדוּ	לְעַמֵד
עִמֵד	עִמְדוּ	יְעַמֵד	יְעַמְדוּ	מְעַמְדִים	עַמֵדְנָה	מֵעַמֵד
עִמְדָה		תְּעַמֵד	תְּעַמֵדְנָה	מְעַמְדוֹת		

Pu'al

IV – עֻמַד – עֻמַד to be arranged in columns or pages: **עֻמֹד**

Past		*Future*		*Present*
עֻמַדְתִּי	עֻמַדְנוּ	אֲעֻמַד	נְעֻמַד	מְעֻמָד
עֻמַדְתָּ	עֻמַדְתֶּם	תְּעֻמַד	תְּעֻמְדוּ	מְעֻמֶדֶת
עֻמַדְתְּ	עֻמַדְתֶּן	תְּעֻמְדִי	תְּעֻמַדְנָה	(מְעֻמָדָה)
עֻמַד	עֻמְדוּ	יְעֻמַד	יְעֻמְדוּ	מְעֻמָדִים
עֻמְדָה		תְּעֻמַד	תְּעֻמַדְנָה	מְעֻמָדוֹת

עמד

Hif'il

V – הֶעֱמִיד – הַעֲמִיד to place, to cause to stand: **הַעֲמִיד, הַעֲמֵד**

Gerund	*Imperative*	*Present*	*Future*	*Future*	*Past*	*Past*
בְּהַעֲמִיד	הַעֲמֵד	מַעֲמִיד	נַעֲמִיד	אַעֲמִיד	הֶעֱמַדְנוּ	הֶעֱמַדְתִּי
כְּהַעֲמִיד	הַעֲמִידִי	מַעֲמֶדֶת	תַּעֲמִידוּ	תַּעֲמִיד	הֶעֱמַדְתֶּם	הֶעֱמַדְתָּ
לְהַעֲמִיד	הַעֲמִידוּ	(מַעֲמִידָה)	תַּעֲמֵדְנָה	תַּעֲמִידִי	הֶעֱמַדְתֶּן	הֶעֱמַדְתְּ
מֵהַעֲמִיד	הַעֲמֵדְנָה	מַעֲמִידִים	יַעֲמִידוּ	יַעֲמִיד	הֶעֱמִידוּ	הֶעֱמִיד
		מַעֲמִידוֹת	תַּעֲמֵדְנָה	תַּעֲמִיד		הֶעֱמִידָה

Huf'al

VI – הָעֳמַד – הָעֳמַד to be presented: **הָעֳמֵד**

Present	*Future*	*Future*	*Past*	*Past*
מָעֳמָד	נָעֳמַד	אָעֳמַד	הָעֳמַדְנוּ	הָעֳמַדְתִּי
מָעֳמֶדֶת	תָּעָמְדוּ	תָּעֳמַד	הָעֳמַדְתֶּם	הָעֳמַדְתָּ
(מָעֳמָדָה)	תָּעֳמַדְנָה	תָּעָמְדִי	הָעֳמַדְתֶּן	הָעֳמַדְתְּ
מָעֳמָדִים	יָעָמְדוּ	יָעֳמַד	הָעָמְדוּ	הָעֳמַד
מָעֳמָדוֹת	תָּעֳמַדְנָה	תָּעֳמַד		הָעָמְדָה

Hitpa'el

VII – הִתְעַמֵּד – הִתְעַמֵּד to halt, to stand up: **הִתְעַמֵּד, הִתְעַמֵּד**

Gerund	*Imperative*	*Present*	*Future*	*Future*	*Past*	*Past*
בְּהִתְעַמֵּד	הִתְעַמֵּד	מִתְעַמֵּד	נִתְעַמֵּד	אֶתְעַמֵּד	הִתְעַמַּדְנוּ	הִתְעַמַּדְתִּי
כְּהִתְעַמֵּד	הִתְעַמְּדִי	מִתְעַמֶּדֶת	תִּתְעַמְּדוּ	תִּתְעַמֵּד	הִתְעַמַּדְתֶּם	הִתְעַמַּדְתָּ
לְהִתְעַמֵּד	הִתְעַמְּדוּ	(מִתְעַמְּדָה)	תִּתְעַמֵּדְנָה	תִּתְעַמְּדִי	הִתְעַמַּדְתֶּן	הִתְעַמַּדְתְּ
מֵהִתְעַמֵּד	הִתְעַמֵּדְנָה	מִתְעַמְּדִים	יִתְעַמְּדוּ	יִתְעַמֵּד	הִתְעַמְּדוּ	הִתְעַמֵּד
		מִתְעַמְּדוֹת	תִּתְעַמֵּדְנָה	תִּתְעַמֵּד		הִתְעַמְּדָה

ענה

Kal

I – עָנָה – עֲנֵה to answer, to submit: עֲנוֹת, עָנֹה

Past		*Future*		*Present*	*Imperative*	*Gerund*
עָנִיתִי	עָנִינוּ	אֶעֱנֶה	נַעֲנֶה	עוֹנֶה	עֲנֵה	בַּעֲנוֹת
עָנִיתָ	עֲנִיתֶם	תַעֲנֶה	תַעֲנוּ	עוֹנָה	עֲנִי	כַּעֲנוֹת
עָנִית	עֲנִיתֶן	תַעֲנִי	תַעֲנֶינָה	עוֹנִים	עֲנוּ	לַעֲנוֹת
עָנָה	עָנוּ	יַעֲנֶה	יַעֲנוּ	עוֹנוֹת	עֲנֶינָה	מֵעֲנוֹת
עָנְתָה		תַעֲנֶה	תַעֲנֶינָה			

Nif'al

II – נַעֲנָה – הֵעָנֵה to be answered, to speak up: הֵעָנוֹת, הֵעָנֵה

Past		*Future*		*Present*	*Imperative*	*Gerund*
נַעֲנֵיתִי	נַעֲנֵינוּ	אֵעָנֶה	נֵעָנֶה	נַעֲנֶה	הֵעָנֵה	בְּהֵעָנוֹת
נַעֲנֵיתָ	נַעֲנֵיתֶם	תֵעָנֶה	תֵעָנוּ	נַעֲנֵית	הֵעָנִי	כְּהֵעָנוֹת
נַעֲנֵית	נַעֲנֵיתֶן	תֵעָנִי	תֵעָנֶינָה	(נַעֲנָה)	הֵעָנוּ	לְהֵעָנוֹת
נַעֲנָה	נַעֲנוּ	יֵעָנֶה	יֵעָנוּ	נַעֲנִים	הֵעָנֶינָה	מֵהֵעָנוֹת
נֶעֶנְתָה		תֵעָנֶה	תֵעָנֶינָה	נַעֲנוֹת		

Pi'el

III – עִנָּה – עַנֵּה to torture, to oppress: עַנּוֹת, עַנֵּה

Past		*Future*		*Present*	*Imperative*	*Gerund*
עִנִּיתִי	עִנִּינוּ	אֲעַנֶּה	נְעַנֶּה	מְעַנֶּה	עַנֵּה	בְּעַנּוֹת
עִנִּיתָ	עִנִּיתֶם	תְעַנֶּה	תְעַנּוּ	מְעַנָּה	עַנִּי	כְּעַנּוֹת
עִנִּית	עִנִּיתֶן	תְעַנִּי	תְעַנֶּינָה	מְעַנִּים	עַנּוּ	לְעַנּוֹת
עִנָּה	עִנּוּ	יְעַנֶּה	יְעַנּוּ	מְעַנּוֹת	עַנֶּינָה	מֵעַנּוֹת
עִנְּתָה		תְעַנֶּה	תְעַנֶּינָה			

Pu'al

IV – עֻנָּה – עֻנֵּה to be tortured, to be oppressed: עֻנֹּה

Past		*Future*		*Present*
עֻנֵּיתִי	עֻנִּינוּ	אֲעֻנֶּה	נְעֻנֶּה	מְעֻנֶּה
עֻנֵּיתָ	עֻנֵּיתֶם	תְעֻנֶּה	תְעֻנּוּ	מְעֻנָּה
עֻנֵּית	עֻנֵּיתֶן	תְעֻנִּי	תְעֻנֶּינָה	מְעֻנִּים
עֻנָּה	עֻנּוּ	יְעֻנֶּה	יְעֻנּוּ	מְעֻנּוֹת
עֻנְּתָה		תְעֻנֶּה	תְעֻנֶּינָה	

עני

Hif'il

V*–

Huf'al

VI*–

* This root has not developed this form.

Hitpa'el

VII – הִתְעַנָּה – הִתְעַנֵּה to suffer, to fast: **הִתְעַנּוֹת, הִתְעַנֵּה**

Past		Future		Present	Imperative	Gerund
הִתְעַנֵּיתִי	הִתְעַנֵּינוּ	אֶתְעַנֶּה	נִתְעַנֶּה	מִתְעַנֶּה	הִתְעַנֵּה	בְּהִתְעַנּוֹת
הִתְעַנֵּיתָ	הִתְעַנֵּיתֶם	תִּתְעַנֶּה	תִּתְעַנּוּ	מִתְעַנֵּית	הִתְעַנִּי	כְּהִתְעַנּוֹת
הִתְעַנֵּית	הִתְעַנֵּיתֶן	תִּתְעַנִּי	תִּתְעַנֶּינָה	(מִתְעַנָּה)	הִתְעַנּוּ	לְהִתְעַנּוֹת
הִתְעַנָּה	הִתְעַנּוּ	יִתְעַנֶּה	יִתְעַנּוּ	מִתְעַנִּים	הִתְעַנֶּינָה	מֵהִתְעַנּוֹת
הִתְעַנְּתָה		תִּתְעַנֶּה	תִּתְעַנֶּינָה	מִתְעַנּוֹת		

ענין

Kal

I*—

Nif'al

II*—

* This root has not developed this form.

Pi'el

III – עִנְיֵן – עַנְיֵן to interest: עַנְיֵן, עַנְיֵן

Past		Future		Present	Imperative	Gerund
עִנְיַנְתִּי	עִנְיַנּוּ	אֲעַנְיֵן	נְעַנְיֵן	מְעַנְיֵן	עַנְיֵן	בְּעַנְיֵן
עִנְיַנְתָּ	עִנְיַנְתֶּם	תְּעַנְיֵן	תְּעַנְיְנוּ	מְעַנְיֶנֶת	עַנְיְנִי	כְּעַנְיֵן
עִנְיַנְתְּ	עִנְיַנְתֶּן	תְּעַנְיְנִי	תְּעַנְיֵנָּה	(מְעַנְיְנָה)	עַנְיְנוּ	לְעַנְיֵן
עִנְיֵן	עִנְיְנוּ	יְעַנְיֵן	יְעַנְיְנוּ	מְעַנְיְנִים	עַנְיֵנָּה	מֵעַנְיֵן
עִנְיְנָה		תְּעַנְיֵן	תְּעַנְיֵנָּה	מְעַנְיְנוֹת		

Pu'al

IV – עֻנְיַן – עֻנְיַן to be interested: עֻנְיָן

Past		Future		Present
עֻנְיַנְתִּי	עֻנְיַנּוּ	אֲעֻנְיַן	נְעֻנְיַן	מְעֻנְיָן
עֻנְיַנְתָּ	עֻנְיַנְתֶּם	תְּעֻנְיַן	תְּעֻנְיְנוּ	מְעֻנְיֶנֶת
עֻנְיַנְתְּ	עֻנְיַנְתֶּן	תְּעֻנְיְנִי	תְּעֻנְיַנָּה	(מְעֻנְיָנָה)
עֻנְיַן	עֻנְיְנוּ	יְעֻנְיַן	יְעֻנְיְנוּ	מְעֻנְיָנִים
עֻנְיְנָה		תְּעֻנְיַן	תְּעֻנְיַנָּה	מְעֻנְיָנוֹת

ענין

Hif'il

V*–

Huf'al

VI*–

* This root has not developed this form.

Hitpa'el

VII – הִתְעַנְיֵן – הִתְעַנְיֵן to become interested, to take an interest: הִתְעַנְיֵן, הִתְעַנְיֵן

Past		*Future*		*Present*	*Imperative*	*Gerund*
הִתְעַנְיַנְתִּי	הִתְעַנְיַנּוּ	אֶתְעַנְיֵן	נִתְעַנְיֵן	מִתְעַנְיֵן	הִתְעַנְיֵן	בְּהִתְעַנְיֵן
הִתְעַנְיַנְתָּ	הִתְעַנְיַנְתֶּם	תִּתְעַנְיֵן	תִּתְעַנְיְנוּ	מִתְעַנְיֶנֶת	הִתְעַנְיְנִי	כְּהִתְעַנְיֵן
הִתְעַנְיַנְתְּ	הִתְעַנְיַנְתֶּן	תִּתְעַנְיְנִי	תִּתְעַנְיֵנָּה	(מִתְעַנְיְנָה)	הִתְעַנְיְנוּ	לְהִתְעַנְיֵן
הִתְעַנְיֵן	הִתְעַנְיְנוּ	יִתְעַנְיֵן	יִתְעַנְיְנוּ	מִתְעַנְיְנִים	הִתְעַנְיֵנָּה	מֵהִתְעַנְיֵן
הִתְעַנְיְנָה		תִּתְעַנְיֵן	תִּתְעַנְיֵנָּה	מִתְעַנְיְנוֹת		

ערך

Kal

I – עָרַךְ – עֲרֹךְ to arrange, to edit: **עֲרֹךְ, עָרֹךְ**

Past		*Future*		*Present*	*Passive Present*	*Imperative*	*Gerund*
עָרַכְתִּי	עָרַכְנוּ	אֶעֱרֹךְ	נַעֲרֹךְ	עוֹרֵךְ	עָרוּךְ	עֲרֹךְ	בַּעֲרֹךְ
עָרַכְתָּ	עֲרַכְתֶּם	תַּעֲרֹךְ	תַּעַרְכוּ	עוֹרֶכֶת	עֲרוּכָה	עִרְכִי	כַּעֲרֹךְ
עָרַכְתְּ	עֲרַכְתֶּן	תַּעַרְכִי	תַּעֲרֹכְנָה	(עוֹרְכָה)	עֲרוּכִים	עִרְכוּ	לַעֲרֹךְ
עָרַךְ	עָרְכוּ	יַעֲרֹךְ	יַעַרְכוּ	עוֹרְכִים	עֲרוּכוֹת	עֲרֹכְנָה	מֵעֲרֹךְ
עָרְכָה		תַּעֲרֹךְ	תַּעֲרֹכְנָה	עוֹרְכוֹת			

Nif'al

II – נֶעֱרַךְ – הֵעָרֵךְ to be arranged, to be edited: **הֵעָרֵךְ, הֵעָרֵךְ**

Past		*Future*		*Present*	*Imperative*	*Gerund*
נֶעֱרַכְתִּי	נֶעֱרַכְנוּ	אֵעָרֵךְ	נֵעָרֵךְ	נֶעֱרָךְ	הֵעָרֵךְ	בְּהֵעָרֵךְ
נֶעֱרַכְתָּ	נֶעֱרַכְתֶּם	תֵּעָרֵךְ	תֵּעָרְכוּ	נֶעֱרֶכֶת	הֵעָרְכִי	כְּהֵעָרֵךְ
נֶעֱרַכְתְּ	נֶעֱרַכְתֶּן	תֵּעָרְכִי	תֵּעָרַכְנָה	(נֶעֱרָכָה)	הֵעָרְכוּ	לְהֵעָרֵךְ
נֶעֱרַךְ	נֶעֶרְכוּ	יֵעָרֵךְ	יֵעָרְכוּ	נֶעֱרָכִים	הֵעָרַכְנָה	מֵהֵעָרֵךְ
נֶעֶרְכָה		תֵּעָרֵךְ	תֵּעָרַכְנָה	נֶעֱרָכוֹת		

Pi'el

III*–

Pu'al

IV*–

* This root has not developed this form.

ערך

Hif'il

V – הֶעֱרִיךְ – הַעֲרִיךְ to estimate, to evaluate: **הַעֲרֵךְ, הַעֲרִיךְ**

Past	*Past*	*Future*	*Future*	*Present*	*Imperative*	*Gerund*
הֶעֱרַכְתִּי	הֶעֱרַכְנוּ	אַעֲרִיךְ	נַעֲרִיךְ	מַעֲרִיךְ	הַעֲרֵךְ	בְּהַעֲרִיךְ
הֶעֱרַכְתָּ	הֶעֱרַכְתֶּם	תַּעֲרִיךְ	תַּעֲרִיכוּ	מַעֲרֶכֶת	הַעֲרִיכִי	כְּהַעֲרִיךְ
הֶעֱרַכְתְּ	הֶעֱרַכְתֶּן	תַּעֲרִיכִי	תַּעֲרֵכְנָה	(מַעֲרִיכָה)	הַעֲרִיכוּ	לְהַעֲרִיךְ
הֶעֱרִיךְ	הֶעֱרִיכוּ	יַעֲרִיךְ	יַעֲרִיכוּ	מַעֲרִיכִים	הַעֲרֵכְנָה	מֵהַעֲרִיךְ
הֶעֱרִיכָה		תַּעֲרִיךְ	תַּעֲרֵכְנָה	מַעֲרִיכוֹת		

Huf'al

VI – הָעֳרַךְ – הָעֳרַךְ to be estimated, to be evaluated: **הָעֳרֵךְ**

Past	*Past*	*Future*	*Future*	*Present*
הָעֳרַכְתִּי	הָעֳרַכְנוּ	אָעֳרַךְ	נָעֳרַךְ	מָעֳרָךְ
הָעֳרַכְתָּ	הָעֳרַכְתֶּם	תָּעֳרַךְ	תָּעָרְכוּ	מָעֳרֶכֶת
הָעֳרַכְתְּ	הָעֳרַכְתֶּן	תָּעָרְכִי	תָּעֳרַכְנָה	(מָעֳרָכָה)
הָעֳרַךְ	הָעָרְכוּ	יָעֳרַךְ	יָעָרְכוּ	מָעֳרָכִים
הָעָרְכָה		תָּעֳרַךְ	תָּעֳרַכְנָה	מָעֳרָכוֹת

Hitpa'el

VII*–

* This root has not developed this form.

עשה

Kal

I – עָשָׂה – עֲשֵׂה to do, to make: **עֲשׂוֹת, עָשֹׂה**

Past		*Future*		*Present*	*Passive Present*	*Imperative*	*Gerund*
עָשִׂיתִי	עָשִׂינוּ	אֶעֱשֶׂה	נַעֲשֶׂה	עוֹשֶׂה	עָשׂוּי	עֲשֵׂה	בַּעֲשׂוֹת
עָשִׂיתָ	עֲשִׂיתֶם	תַּעֲשֶׂה	תַּעֲשׂוּ	עוֹשָׂה	עֲשׂוּיָה	עֲשִׂי	כַּעֲשׂוֹת
עָשִׂית	עֲשִׂיתֶן	תַּעֲשִׂי	תַּעֲשֶׂינָה	עוֹשִׂים	עֲשׂוּיִים	עֲשׂוּ	לַעֲשׂוֹת
עָשָׂה	עָשׂוּ	יַעֲשֶׂה	יַעֲשׂוּ	עוֹשׂוֹת	עֲשׂוּיוֹת	עֲשֶׂינָה	מַעֲשׂוֹת
עָשְׂתָה		תַּעֲשֶׂה	תַּעֲשֶׂינָה				

Nif'al

II – נַעֲשָׂה – הֵעָשֵׂה to be done, to be made: **הֵעָשׂוֹת, הֵעָשֵׂה**

Past		*Future*		*Present*	*Imperative*	*Gerund*
נַעֲשֵׂיתִי	נַעֲשֵׂינוּ	אֵעָשֶׂה	נֵעָשֶׂה	נַעֲשֶׂה	הֵעָשֵׂה	בְּהֵעָשׂוֹת
נַעֲשֵׂיתָ	נַעֲשֵׂיתֶם	תֵּעָשֶׂה	תֵּעָשׂוּ	נַעֲשֵׂית	הֵעָשִׂי	כְּהֵעָשׂוֹת
נַעֲשֵׂית	נַעֲשֵׂיתֶן	תֵּעָשִׂי	תֵּעָשֶׂינָה	(נַעֲשָׂה)	הֵעָשׂוּ	לְהֵעָשׂוֹת
נַעֲשָׂה	נַעֲשׂוּ	יֵעָשֶׂה	יֵעָשׂוּ	נַעֲשִׂים	הֵעָשֶׂינָה	מֵהֵעָשׂוֹת
נֶעֶשְׂתָה		תֵּעָשֶׂה	תֵּעָשֶׂינָה	נַעֲשׂוֹת		

Pi'el

III – עִשָּׂה – עַשֵּׂה to press, to force: **עַשּׂוֹת, עַשֵּׂה**

Past		*Future*		*Present*	*Imperative*	*Gerund*
עִשִּׂיתִי	עִשִּׂינוּ	אֲעַשֶּׂה	נְעַשֶּׂה	מְעַשֶּׂה	עַשֵּׂה	בְּעַשּׂוֹת
עִשִּׂיתָ	עִשִּׂיתֶם	תְּעַשֶּׂה	תְּעַשּׂוּ	מְעַשָּׂה	עַשִּׂי	כְּעַשּׂוֹת
עִשִּׂית	עִשִּׂיתֶן	תְּעַשִּׂי	תְּעַשֶּׂינָה	(מְעַשֵּׂית)	עַשּׂוּ	לְעַשּׂוֹת
עִשָּׂה	עִשּׂוּ	יְעַשֶּׂה	יְעַשּׂוּ	מְעַשִּׂים	עַשֶּׂינָה	מֵעַשּׂוֹת
עִשְּׂתָה		תְּעַשֶּׂה	תְּעַשֶּׂינָה	מְעַשּׂוֹת		

Pu'al

IV – עֻשָּׂה – עֻשֵּׂה to be formed, to be artificially made: **עֻשֵּׂה**

Past		*Future*		*Present*
עֻשֵּׂיתִי	עֻשִּׂינוּ	אֲעֻשֶּׂה	נְעֻשֶּׂה	מְעֻשֶּׂה
עֻשֵּׂיתָ	עֻשֵּׂיתֶם	תְּעֻשֶּׂה	תְּעֻשּׂוּ	מְעֻשָּׂה
עֻשֵּׂית	עֻשֵּׂיתֶן	תְּעֻשִּׂי	תְּעֻשֶּׂינָה	מְעֻשִּׂים
עֻשָּׂה	עֻשּׂוּ	יְעֻשֶּׂה	יְעֻשּׂוּ	מְעֻשּׂוֹת
עֻשְּׂתָה		תְּעֻשֶּׂה	תְּעֻשֶּׂינָה	

עשה

Hif'il

V – הֶעֱשָׂה – הַעֲשֵׂה to cause to do, to order to do: **הַעֲשׂוֹת, הַעֲשֵׂה**

Past		Future		Present	Imperative	Gerund
הֶעֱשֵׂינוּ	הֶעֱשֵׂיתִי	נַעֲשֶׂה	אַעֲשֶׂה	מַעֲשֶׂה	הַעֲשֵׂה	בְּהַעֲשׂוֹת
הֶעֱשֵׂיתֶם	הֶעֱשֵׂיתָ	תַּעֲשׂוּ	תַּעֲשֶׂה	מַעֲשָׂה	הַעֲשִׂי	כְּהַעֲשׂוֹת
הֶעֱשֵׂיתֶן	הֶעֱשֵׂית	תַּעֲשֶׂינָה	תַּעֲשִׂי	מַעֲשִׂים	הַעֲשׂוּ	לְהַעֲשׂוֹת
הֶעֱשׂוּ	הֶעֱשָׂה	יַעֲשׂוּ	יַעֲשֶׂה	מַעֲשׂוֹת	הַעֲשֶׂינָה	מֵהַעֲשׂוֹת
	הֶעֶשְׂתָה	תַּעֲשֶׂינָה	תַּעֲשֶׂה			

Huf'al

VI*–

Hitpa'el

VII*–

* This root has not developed this form.

פגע

Kal

I – פָּגַע – פְּגַע to meet, to offend, to fall open: פְּגֹעַ, פָּגֹעַ

Past		*Future*		*Present*	*Passive Present*	*Imperative*	*Gerund*
פָּגַעְתִּי	פָּגַעְנוּ	אֶפְגַּע	נִפְגַּע	פּוֹגֵעַ	פָּגוּעַ	פְּגַע	בִּפְגֹעַ
פָּגַעְתָּ	פְּגַעְתֶּם	תִּפְגַּע	תִּפְגְּעוּ	פּוֹגַעַת	פְּגוּעָה	פִּגְעִי	כִּפְגֹעַ
פָּגַעַתְּ	פְּגַעְתֶּן	תִּפְגְּעִי	תִּפְגַּעְנָה	(פּוֹגְעָה)	פְּגוּעִים	פִּגְעוּ	לִפְגֹּעַ
פָּגַע	פָּגְעוּ	יִפְגַּע	יִפְגְּעוּ	פּוֹגְעִים	פְּגוּעוֹת	פְּגַעְנָה	מִפְּגֹעַ
פָּגְעָה		תִּפְגַּע	תִּפְגַּעְנָה	פּוֹגְעוֹת			

Nif'al

II – נִפְגַּע – הִפָּגַע to be stricken, to feel hurt: הִפָּגַע, הִפָּגֵעַ

Past		*Future*		*Present*	*Imperative*	*Gerund*
נִפְגַּעְתִּי	נִפְגַּעְנוּ	אֶפָּגַע	נִפָּגַע	נִפְגָּע	הִפָּגַע	בְּהִפָּגַע
נִפְגַּעְתָּ	נִפְגַּעְתֶּם	תִּפָּגַע	תִּפָּגְעוּ	נִפְגַּעַת	הִפָּגְעִי	כְּהִפָּגַע
נִפְגַּעַתְּ	נִפְגַּעְתֶּן	תִּפָּגְעִי	תִּפָּגַעְנָה	(נִפְגָּעָה)	הִפָּגְעוּ	לְהִפָּגַע
נִפְגַּע	נִפְגְּעוּ	יִפָּגַע	יִפָּגְעוּ	נִפְגָּעִים	הִפָּגַעְנָה	מֵהִפָּגַע
נִפְגְּעָה		תִּפָּגַע	תִּפָּגַעְנָה	נִפְגָּעוֹת		

Pi'el

III*–

Pu'al

IV*–

* This root has not developed this form.

פגע

Hif'il

V – הִפְגִיעַ – הַפְגִיעַ to cause to entreat, to intercede: הַפְגִיעַ, הַפְגֵעַ

Past		Future		Present	Imperative	Gerund
הִפְגַעְתִּי	הִפְגַעְנוּ	אַפְגִיעַ	נַפְגִיעַ	מַפְגִיעַ	הַפְגַע	בְּהַפְגִיעַ
הִפְגַעְתָּ	הִפְגַעְתֶּם	תַּפְגִיעַ	תַּפְגִיעוּ	מַפְגַעַת	הַפְגִיעִי	כְּהַפְגִיעַ
הִפְגַעַתְּ	הִפְגַעְתֶּן	תַּפְגִיעִי	תַּפְגַעְנָה	(מַפְגִיעָה)	הַפְגִיעוּ	לְהַפְגִיעַ
הִפְגִיעַ	הִפְגִיעוּ	יַפְגִיעַ	יַפְגִיעוּ	מַפְגִיעִים	הַפְגַעְנָה	מֵהַפְגִיעַ
הִפְגִיעָה		תַּפְגִיעַ	תַּפְגַעְנָה	מַפְגִיעוֹת		

Huf'al

VI*–

Hitpa'el

VII*–

*This root has not developed this form.

פגש

Kal

I — פָּגַשׁ — פְּגֹשׁ to meet (tr.), encounter: פְּגֹשׁ, פָּגֹשׁ

Past		Future		Present	Passive Present	Imperative	Gerund
פָּגַשְׁתִּי	פָּגַשְׁנוּ	אֶפְגֹּשׁ	נִפְגֹּשׁ	פּוֹגֵשׁ	פָּגוּשׁ	פְּגֹשׁ	בִּפְגֹשׁ
פָּגַשְׁתָּ	פְּגַשְׁתֶּם	תִּפְגֹּשׁ	תִּפְגְּשׁוּ	פּוֹגֶשֶׁת	פְּגוּשָׁה	פִּגְשִׁי	כִּפְגֹשׁ
פָּגַשְׁתְּ	פְּגַשְׁתֶּן	תִּפְגְּשִׁי	תִּפְגֹּשְׁנָה	(פּוֹגְשָׁה)	פְּגוּשִׁים	פִּגְשׁוּ	לִפְגֹּשׁ
פָּגַשׁ	פָּגְשׁוּ	יִפְגֹּשׁ	יִפְגְּשׁוּ	פּוֹגְשִׁים	פְּגוּשׁוֹת	פְּגֹשְׁנָה	מִפְּגֹשׁ
פָּגְשָׁה		תִּפְגֹּשׁ	תִּפְגֹּשְׁנָה	פּוֹגְשׁוֹת			

Nif'al

II — נִפְגַּשׁ — הִפָּגֵשׁ to meet (intr.): הִפָּגֵשׁ, הִפָּגֵשׁ

Past		Future		Present	Imperative	Gerund
נִפְגַּשְׁתִּי	נִפְגַּשְׁנוּ	אֶפָּגֵשׁ	נִפָּגֵשׁ	נִפְגָּשׁ	הִפָּגֵשׁ	בְּהִפָּגֵשׁ
נִפְגַּשְׁתָּ	נִפְגַּשְׁתֶּם	תִּפָּגֵשׁ	תִּפָּגְשׁוּ	נִפְגֶּשֶׁת	הִפָּגְשִׁי	כְּהִפָּגֵשׁ
נִפְגַּשְׁתְּ	נִפְגַּשְׁתֶּן	תִּפָּגְשִׁי	תִּפָּגַשְׁנָה	(נִפְגָּשָׁה)	הִפָּגְשׁוּ	לְהִפָּגֵשׁ
נִפְגַּשׁ	נִפְגְּשׁוּ	יִפָּגֵשׁ	יִפָּגְשׁוּ	נִפְגָּשִׁים	הִפָּגַשְׁנָה	מֵהִפָּגֵשׁ
נִפְגְּשָׁה		תִּפָּגֵשׁ	תִּפָּגַשְׁנָה	נִפְגָּשׁוֹת		

Pi'el

III*—

Pu'al

IV*—

* This root has not developed this form.

פגשׁ

Hif'il

V – הִפְגִּישׁ – הַפְגִּישׁ to cause to meet, to introduce: הַפְגִּישׁ, הַפְגֵּשׁ

Past		Future		Present	Imperative	Gerund
הִפְגַּשְׁתִּי	הִפְגַּשְׁנוּ	אַפְגִּישׁ	נַפְגִּישׁ	מַפְגִּישׁ	הַפְגֵּשׁ	בְּהַפְגִּישׁ
הִפְגַּשְׁתָּ	הִפְגַּשְׁתֶּם	תַּפְגִּישׁ	תַּפְגִּישׁוּ	מַפְגֶּשֶׁת	הַפְגִּישִׁי	כְּהַפְגִּישׁ
הִפְגַּשְׁתְּ	הִפְגַּשְׁתֶּן	תַּפְגִּישִׁי	תַּפְגֵּשְׁנָה	(מַפְגִּישָׁה)	הַפְגִּישׁוּ	לְהַפְגִּישׁ
הִפְגִּישׁ	הִפְגִּישׁוּ	יַפְגִּישׁ	יַפְגִּישׁוּ	מַפְגִּישִׁים	הַפְגֵּשְׁנָה	מֵהַפְגִּישׁ
הִפְגִּישָׁה		תַּפְגִּישׁ	תַּפְגֵּשְׁנָה	מַפְגִּישׁוֹת		

Huf'al

VI – הֻפְגַּשׁ – הֻפְגַּשׁ to be introduced: הֻפְגֵּשׁ

Past		Future		Present
הֻפְגַּשְׁתִּי	הֻפְגַּשְׁנוּ	אֻפְגַּשׁ	נֻפְגַּשׁ	מֻפְגָּשׁ
הֻפְגַּשְׁתָּ	הֻפְגַּשְׁתֶּם	תֻּפְגַּשׁ	תֻּפְגְּשׁוּ	מֻפְגֶּשֶׁת
הֻפְגַּשְׁתְּ	הֻפְגַּשְׁתֶּן	תֻּפְגְּשִׁי	תֻּפְגַּשְׁנָה	(מֻפְגָּשָׁה)
הֻפְגַּשׁ	הֻפְגְּשׁוּ	יֻפְגַּשׁ	יֻפְגְּשׁוּ	מֻפְגָּשִׁים
הֻפְגְּשָׁה		תֻּפְגַּשׁ	תֻּפְגַּשְׁנָה	מֻפְגָּשׁוֹת

Hitpa'el

VII – הִתְפַּגֵּשׁ – הִתְפַּגֵּשׁ to meet one another: הִתְפַּגֵּשׁ, הִתְפַּגֵּשׁ

Past		Future		Present	Imperative	Gerund
הִתְפַּגַּשְׁתִּי	הִתְפַּגַּשְׁנוּ	אֶתְפַּגֵּשׁ	נִתְפַּגֵּשׁ	מִתְפַּגֵּשׁ	הִתְפַּגֵּשׁ	בְּהִתְפַּגֵּשׁ
הִתְפַּגַּשְׁתָּ	הִתְפַּגַּשְׁתֶּם	תִּתְפַּגֵּשׁ	תִּתְפַּגְּשׁוּ	מִתְפַּגֶּשֶׁת	הִתְפַּגְּשִׁי	כְּהִתְפַּגֵּשׁ
הִתְפַּגַּשְׁתְּ	הִתְפַּגַּשְׁתֶּן	תִּתְפַּגְּשִׁי	תִּתְפַּגֵּשְׁנָה	(מִתְפַּגְּשָׁה)	הִתְפַּגְּשׁוּ	לְהִתְפַּגֵּשׁ
הִתְפַּגֵּשׁ	הִתְפַּגְּשׁוּ	יִתְפַּגֵּשׁ	יִתְפַּגְּשׁוּ	מִתְפַּגְּשִׁים	הִתְפַּגֵּשְׁנָה	מֵהִתְפַּגֵּשׁ
הִתְפַּגְּשָׁה		תִּתְפַּגֵּשׁ	תִּתְפַּגֵּשְׁנָה	מִתְפַּגְּשׁוֹת		

פחד

Kal

I – פָּחַד – פְּחַד to fear, to be afraid: **פְּחֹד, פָּחֹד**

Past	*Past*	*Future*	*Future*	*Present*	*Imperative*	*Gerund*
פָּחַדְתִּי	פָּחַדְנוּ	אֶפְחַד	נִפְחַד	פּוֹחֵד	פְּחַד	בִּפְחֹד
פָּחַדְתָּ	פְּחַדְתֶּם	תִּפְחַד	תִּפְחֲדוּ	פּוֹחֶדֶת	פַּחֲדִי	כִּפְחֹד
פָּחַדְתְּ	פְּחַדְתֶּן	תִּפְחֲדִי	תִּפְחַדְנָה	(פּוֹחֲדָה)	פַּחֲדוּ	לִפְחֹד
פָּחַד	פָּחֲדוּ	יִפְחַד	יִפְחֲדוּ	פּוֹחֲדִים	פְּחַדְנָה	מִפְּחֹד
פָּחֲדָה		תִּפְחַד	תִּפְחַדְנָה	פּוֹחֲדוֹת		

Nif'al

II – נִפְחַד – הִפָּחֵד to be frightened: **הִפָּחֵד, הִפָּחֵד**

Past	*Past*	*Future*	*Future*	*Present*	*Imperative*	*Gerund*
נִפְחַדְתִּי	נִפְחַדְנוּ	אֶפָּחֵד	נִפָּחֵד	נִפְחָד	הִפָּחֵד	בְּהִפָּחֵד
נִפְחַדְתָּ	נִפְחַדְתֶּם	תִּפָּחֵד	תִּפָּחֲדוּ	נִפְחֶדֶת	הִפָּחֲדִי	כְּהִפָּחֵד
נִפְחַדְתְּ	נִפְחַדְתֶּן	תִּפָּחֲדִי	תִּפָּחַדְנָה	(נִפְחָדָה)	הִפָּחֲדוּ	לְהִפָּחֵד
נִפְחַד	נִפְחֲדוּ	יִפָּחֵד	יִפָּחֲדוּ	נִפְחָדִים	הִפָּחַדְנָה	מֵהִפָּחֵד
נִפְחֲדָה		תִּפָּחֵד	תִּפָּחַדְנָה	נִפְחָדוֹת		

Pi'el

III – פִּחֵד – פַּחֵד to be in great dread, to be anxious: **פַּחֵד, פַּחֵד**

Past	*Past*	*Future*	*Future*	*Present*	*Imperative*	*Gerund*
פִּחַדְתִּי	פִּחַדְנוּ	אֲפַחֵד	נְפַחֵד	מְפַחֵד	פַּחֵד	בְּפַחֵד
פִּחַדְתָּ	פִּחַדְתֶּם	תְּפַחֵד	תְּפַחֲדוּ	מְפַחֶדֶת	פַּחֲדִי	כְּפַחֵד
פִּחַדְתְּ	פִּחַדְתֶּן	תְּפַחֲדִי	תְּפַחֵדְנָה	(מְפַחֲדָה)	פַּחֲדוּ	לְפַחֵד
פִּחֵד	פִּחֲדוּ	יְפַחֵד	יְפַחֲדוּ	מְפַחֲדִים	פַּחֵדְנָה	מְפַחֵד
פִּחֲדָה		תְּפַחֵד	תְּפַחֵדְנָה	מְפַחֲדוֹת		

Pu'al

IV – פֻּחַד – פֻּחַד to be gravely frightened: **פֻּחֹד**

Past	*Past*	*Future*	*Future*	*Present*
פֻּחַדְתִּי	פֻּחַדְנוּ	אֲפֻחַד	נְפֻחַד	מְפֻחָד
פֻּחַדְתָּ	פֻּחַדְתֶּם	תְּפֻחַד	תְּפֻחֲדוּ	מְפֻחֶדֶת
פֻּחַדְתְּ	פֻּחַדְתֶּן	תְּפֻחֲדִי	תְּפֻחַדְנָה	(מְפֻחָדָה)
פֻּחַד	פֻּחֲדוּ	יְפֻחַד	יְפֻחֲדוּ	מְפֻחָדִים
פֻּחֲדָה		תְּפֻחַד	תְּפֻחַדְנָה	מְפֻחָדוֹת

פחד

Hif'il

V – הִפְחִיד – הַפְחִיד to cause fear, to frighten: הַפְחִיד, הַפְחֵד

Past		Future		Present	Imperative	Gerund
הִפְחַדְתִּי	הִפְחַדְנוּ	אַפְחִיד	נַפְחִיד	מַפְחִיד	הַפְחֵד	בְּהַפְחִיד
הִפְחַדְתָּ	הִפְחַדְתֶּם	תַּפְחִיד	תַּפְחִידוּ	מַפְחֶדֶת	הַפְחִידִי	כְּהַפְחִיד
הִפְחַדְתְּ	הִפְחַדְתֶּן	תַּפְחִידִי	תַּפְחֵדְנָה	(מַפְחִידָה)	הַפְחִידוּ	לְהַפְחִיד
הִפְחִיד	הִפְחִידוּ	יַפְחִיד	יַפְחִידוּ	מַפְחִידִים	הַפְחֵדְנָה	מֵהַפְחִיד
הִפְחִידָה		תַּפְחִיד	תַּפְחֵדְנָה	מַפְחִידוֹת		

Huf'al

VI*–

* This root has not developed this form.

Hitpa'el

VII – הִתְפַּחֵד – הִתְפַּחֵד to be excited, to await with anxiety: הִתְפַּחֵד, הִתְפַּחֵד

Past		Future		Present	Imperative	Gerund
הִתְפַּחַדְתִּי	הִתְפַּחַדְנוּ	אֶתְפַּחֵד	נִתְפַּחֵד	מִתְפַּחֵד	הִתְפַּחֵד	בְּהִתְפַּחֵד
הִתְפַּחַדְתָּ	הִתְפַּחַדְתֶּם	תִּתְפַּחֵד	תִּתְפַּחֲדוּ	מִתְפַּחֶדֶת	הִתְפַּחֲדִי	כְּהִתְפַּחֵד
הִתְפַּחַדְתְּ	הִתְפַּחַדְתֶּן	תִּתְפַּחֲדִי	תִּתְפַּחֵדְנָה	(מִתְפַּחֲדָה)	הִתְפַּחֲדוּ	לְהִתְפַּחֵד
הִתְפַּחֵד	הִתְפַּחֲדוּ	יִתְפַּחֵד	יִתְפַּחֲדוּ	מִתְפַּחֲדִים	הִתְפַּחֵדְנָה	מֵהִתְפַּחֵד
הִתְפַּחֲדָה		תִּתְפַּחֵד	תִּתְפַּחֵדְנָה	מִתְפַּחֲדוֹת		

Nitpa'el: Passive Past — נִתְפַּחֲדָה נִתְפַּחֵד נִתְפַּחַדְתְּ נִתְפַּחַדְתָּ נִתְפַּחַדְתִּי etc.

פלא

Kal

I*—

Nif'al

II — נִפְלָא — הִפָּלֵא to be extraordinary, to be wonderful: הִפָּלֵא, הִפָּלֵא

Past		*Future*		*Present*	*Imperative*	*Gerund*
נִפְלֵאתִי	נִפְלֵאנוּ	אֶפָּלֵא	נִפָּלֵא	נִפְלָא	הִפָּלֵא	בְּהִפָּלֵא
נִפְלֵאתָ	נִפְלֵאתֶם	תִּפָּלֵא	תִּפָּלְאוּ	נִפְלֵאת	הִפָּלְאִי	כְּהִפָּלֵא
נִפְלֵאת	נִפְלֵאתֶן	תִּפָּלְאִי	תִּפָּלֶאנָה	(נִפְלָאָה)	הִפָּלְאוּ	לְהִפָּלֵא
נִפְלָא	נִפְלְאוּ	יִפָּלֵא	יִפָּלְאוּ	נִפְלָאִים	הִפָּלֶאנָה	מֵהִפָּלֵא
נִפְלְאָה		תִּפָּלֵא	תִּפָּלֶאנָה	נִפְלָאוֹת		

Pi'el

III — פִּלֵּא — פַּלֵּא to make a vow, to search: פַּלֵּא, פַּלֵּא

Past		*Future*		*Present*	*Imperative*	*Gerund*
פִּלֵּאתִי	פִּלֵּאנוּ	אֲפַלֵּא	נְפַלֵּא	מְפַלֵּא	פַּלֵּא	בְּפַלֵּא
פִּלֵּאתָ	פִּלֵּאתֶם	תְּפַלֵּא	תְּפַלְּאוּ	מְפַלֵּאת	פַּלְּאִי	כְּפַלֵּא
פִּלֵּאת	פִּלֵּאתֶן	תְּפַלְּאִי	תְּפַלֶּאנָה	(מְפַלְּאָה)	פַּלְּאוּ	לְפַלֵּא
פִּלֵּא	פִּלְּאוּ	יְפַלֵּא	יְפַלְּאוּ	מְפַלְּאִים	פַּלֶּאנָה	מְפַלֵּא
פִּלְּאָה		תְּפַלֵּא	תְּפַלֶּאנָה	מְפַלְּאוֹת		

Pu'al

IV*—

* This root has not developed this form.

פלא

Hif'il

V – הִפְלִיא – הַפְלִיא to amaze, to do wondrously: **הַפְלִיא, הַפְלֵא**

Past	*Past*	*Future*	*Future*	*Present*	*Imperative*	*Gerund*
הִפְלֵאתִי	הִפְלֵאנוּ	אַפְלִיא	נַפְלִיא	מַפְלִיא	הַפְלֵא	בְּהַפְלִיא
הִפְלֵאתָ	הִפְלֵאתֶם	תַּפְלִיא	תַּפְלִיאוּ	מַפְלִיאָה	הַפְלִיאִי	כְּהַפְלִיא
הִפְלֵאת	הִפְלֵאתֶן	תַּפְלִיאִי	תַּפְלֶאנָה	מַפְלִיאִים	הַפְלִיאוּ	לְהַפְלִיא
הִפְלִיא	הִפְלִיאוּ	יַפְלִיא	יַפְלִיאוּ	מַפְלִיאוֹת	הַפְלֶאנָה	מֵהַפְלִיא
הִפְלִיאָה		תַּפְלִיא	תַּפְלֶאנָה			

Huf'al

VI – הָפְלָא – הָפְלָא to be amazed, to be distinguished: **הָפְלֵא**

Past	*Past*	*Future*	*Future*	*Present*
הָפְלֵאתִי	הָפְלֵאנוּ	אָפְלָא	נָפְלָא	מָפְלָא
הָפְלֵאתָ	הָפְלֵאתֶם	תָּפְלָא	תָּפְלְאוּ	מָפְלֵאת
הָפְלֵאת	הָפְלֵאתֶן	תָּפְלְאִי	תָּפְלֶאנָה	(מָפְלָאָה)
הָפְלָא	הָפְלְאוּ	יָפְלָא	יָפְלְאוּ	מָפְלָאִים
הָפְלְאָה		תָּפְלָא	תָּפְלֶאנָה	מָפְלָאוֹת

Hitpa'el

VII – הִתְפַּלֵּא – הִתְפַּלֵּא to wonder, to be surprised: **הִתְפַּלֵּא, הִתְפַּלֵּא**

Past	*Past*	*Future*	*Future*	*Present*	*Imperative*	*Gerund*
הִתְפַּלֵּאתִי	הִתְפַּלֵּאנוּ	אֶתְפַּלֵּא	נִתְפַּלֵּא	מִתְפַּלֵּא	הִתְפַּלֵּא	בְּהִתְפַּלֵּא
הִתְפַּלֵּאתָ	הִתְפַּלֵּאתֶם	תִּתְפַּלֵּא	תִּתְפַּלְּאוּ	מִתְפַּלֵּאת	הִתְפַּלְּאִי	כְּהִתְפַּלֵּא
הִתְפַּלֵּאת	הִתְפַּלֵּאתֶן	תִּתְפַּלְּאִי	תִּתְפַּלֶּאנָה	(מִתְפַּלְּאָה)	הִתְפַּלְּאוּ	לְהִתְפַּלֵּא
הִתְפַּלֵּא	הִתְפַּלְּאוּ	יִתְפַּלֵּא	יִתְפַּלְּאוּ	מִתְפַּלְּאִים	הִתְפַּלֶּאנָה	מֵהִתְפַּלֵּא
הִתְפַּלְּאָה		תִּתְפַּלֵּא	תִּתְפַּלֶּאנָה	מִתְפַּלְּאוֹת		

פלל

Kal

I*–

Nif'al

II*–

Pi'el

III – פִּלֵּל – פַּלֵּל to decide, to conceive: **פַּלֵּל, פַּלֵּל**

Past		Future		Present	Imperative	Gerund
פִּלַּלְתִּי	פִּלַּלְנוּ	אֲפַלֵּל	נְפַלֵּל	מְפַלֵּל	פַּלֵּל	בְּפַלֵּל
פִּלַּלְתָּ	פִּלַּלְתֶּם	תְּפַלֵּל	תְּפַלְּלוּ	מְפַלֶּלֶת	פַּלְּלִי	כְּפַלֵּל
פִּלַּלְתְּ	פִּלַּלְתֶּן	תְּפַלְּלִי	תְּפַלֵּלְנָה	(מְפַלְּלָה)	פַּלְּלוּ	לְפַלֵּל
פִּלֵּל	פִּלְּלוּ	יְפַלֵּל	יְפַלְּלוּ	מְפַלְּלִים	פַּלֵּלְנָה	מִפַּלֵּל
פִּלְּלָה		תְּפַלֵּל	תְּפַלֵּלְנָה	מְפַלְּלוֹת		

Pu'al

IV*–

*This root has not developed this form.

פלל

Hif'il

V*–

Huf'al

VI*–

* This root has not developed this form.

Hitpa'el

VII – הִתְפַּלֵּל – הִתְפַּלֵּל to pray: **הִתְפַּלֵּל, הִתְפַּלֵּל**

Past		*Future*		*Present*	*Imperative*	*Gerund*
הִתְפַּלַּלְתִּי	הִתְפַּלַּלְנוּ	אֶתְפַּלֵּל	נִתְפַּלֵּל	מִתְפַּלֵּל	הִתְפַּלֵּל	בְּהִתְפַּלֵּל
הִתְפַּלַּלְתָּ	הִתְפַּלַּלְתֶּם	תִּתְפַּלֵּל	תִּתְפַּלְלוּ	מִתְפַּלֶּלֶת	הִתְפַּלְלִי	כְּהִתְפַּלֵּל
הִתְפַּלַּלְתְּ	הִתְפַּלַּלְתֶּן	תִּתְפַּלְלִי	תִּתְפַּלֵּלְנָה	(מִתְפַּלְלָה)	הִתְפַּלְלוּ	לְהִתְפַּלֵּל
הִתְפַּלֵּל	הִתְפַּלְלוּ	יִתְפַּלֵּל	יִתְפַּלְלוּ	מִתְפַּלְלִים	הִתְפַּלֵּלְנָה	מֵהִתְפַּלֵּל
הִתְפַּלְלָה		תִּתְפַּלֵּל	תִּתְפַּלֵּלְנָה	מִתְפַּלְלוֹת		

פנה

Kal

I — פָּנָה — פְּנֵה to turn, to depart: פָּנֹה, פְּנוֹת

Past		*Future*		*Present*	*Passive Present*	*Imperative*	*Gerund*
פָּנִיתִי	פָּנִינוּ	אֶפְנֶה	נִפְנֶה	פּוֹנֶה	פָּנוּי	פְּנֵה	בִּפְנוֹת
פָּנִיתָ	פְּנִיתֶם	תִּפְנֶה	תִּפְנוּ	פּוֹנָה	פְּנוּיָה	פְּנִי	כִּפְנוֹת
פָּנִית	פְּנִיתֶן	תִּפְנִי	תִּפְנֶינָה	פּוֹנִים	פְּנוּיִים	פְּנוּ	לִפְנוֹת
פָּנָה	פָּנוּ	יִפְנֶה	יִפְנוּ	פּוֹנוֹת	פְּנוּיוֹת	פְּנֶינָה	מִפְּנוֹת
פָּנְתָה		תִּפְנֶה	תִּפְנֶינָה				

Nif'al

II — נִפְנָה — הִפָּנֵה to be removed, to be at leisure: הִפָּנֵה, הִפָּנוֹת

Past		*Future*		*Present*	*Imperative*	*Gerund*
נִפְנֵיתִי	נִפְנֵינוּ	אֶפָּנֶה	נִפָּנֶה	נִפְנֶה	הִפָּנֵה	בְּהִפָּנוֹת
נִפְנֵיתָ	נִפְנֵיתֶם	תִּפָּנֶה	תִּפָּנוּ	נִפְנֵית	הִפָּנִי	כְּהִפָּנוֹת
נִפְנֵית	נִפְנֵיתֶן	תִּפָּנִי	תִּפָּנֶינָה	נִפְנִים	הִפָּנוּ	לְהִפָּנוֹת
נִפְנָה	נִפְנוּ	יִפָּנֶה	יִפָּנוּ	נִפְנוֹת	הִפָּנֶינָה	מֵהִפָּנוֹת
נִפְנְתָה		תִּפָּנֶה	תִּפָּנֶינָה			

Pi'el

III — פִּנָּה — פַּנֵּה to remove, to empty: פַּנֵּה, פַּנּוֹת

Past		*Future*		*Present*	*Imperative*	*Gerund*
פִּנִּיתִי	פִּנִּינוּ	אֲפַנֶּה	נְפַנֶּה	מְפַנֶּה	פַּנֵּה	בְּפַנּוֹת
פִּנִּיתָ	פִּנִּיתֶם	תְּפַנֶּה	תְּפַנּוּ	מְפַנָּה	פַּנִּי	כְּפַנּוֹת
פִּנִּית	פִּנִּיתֶן	תְּפַנִּי	תְּפַנֶּינָה	מְפַנִּים	פַּנּוּ	לְפַנּוֹת
פִּנָּה	פִּנּוּ	יְפַנֶּה	יְפַנּוּ	מְפַנּוֹת	פַּנֶּינָה	מְפַנּוֹת
פִּנְּתָה		תְּפַנֶּה	תְּפַנֶּינָה			

Pu'al

IV — פֻּנָּה — פֻּנֵּה to be emptied, to be cleared away: פֻּנֹּה

Past		*Future*		*Present*
פֻּנֵּיתִי	פֻּנֵּינוּ	אֲפֻנֶּה	נְפֻנֶּה	מְפֻנֶּה
פֻּנֵּיתָ	פֻּנֵּיתֶם	תְּפֻנֶּה	תְּפֻנּוּ	מְפֻנָּה
פֻּנֵּית	פֻּנֵּיתֶן	תְּפֻנִּי	תְּפֻנֶּינָה	(מְפֻנֵּית)
פֻּנָּה	פֻּנּוּ	יְפֻנֶּה	יְפֻנּוּ	מְפֻנִּים
פֻּנְּתָה		תְּפֻנֶּה	תְּפֻנֶּינָה	מְפֻנּוֹת

פנה

Hif'il

V – הִפְנָה – הַפְנֵה to cause to turn, to direct: **הַפְנוֹת, הַפְנֵה**

Past		*Future*		*Present*	*Imperative*	*Gerund*
הִפְנֵיתִי	הִפְנִינוּ	אַפְנֶה	נַפְנֶה	מַפְנֶה	הַפְנֵה	בְּהַפְנוֹת
הִפְנֵיתָ	הִפְנֵיתֶם	תַּפְנֶה	תַּפְנוּ	מַפְנָה	הַפְנִי	כְּהַפְנוֹת
הִפְנֵית	הִפְנֵיתֶן	תַּפְנִי	תַּפְנֶינָה	מַפְנִים	הַפְנוּ	לְהַפְנוֹת
הִפְנָה	הִפְנוּ	יַפְנֶה	יַפְנוּ	מַפְנוֹת	הַפְנֶינָה	מֵהַפְנוֹת
הִפְנְתָה		תַּפְנֶה	תַּפְנֶינָה			

Huf'al

VI – הָפְנָה – הָפְנֵה to be directed, to be free: **הָפְנֵה**

Past		*Future*		*Present*
הָפְנֵיתִי	הָפְנִינוּ	אָפְנֶה	נָפְנֶה	מָפְנֶה
הָפְנֵיתָ	הָפְנֵיתֶם	תָּפְנֶה	תָּפְנוּ	מָפְנֵית
הָפְנֵית	הָפְנֵיתֶן	תָּפְנִי	תָּפְנֶינָה	(מָפְנָה)
הָפְנָה	הָפְנוּ	יָפְנֶה	יָפְנוּ	מָפְנִים
הָפְנְתָה		תָּפְנֶה	תָּפְנֶינָה	מָפְנוֹת

Hitpa'el

VII – הִתְפַּנָּה – הִתְפַּנֵּה to be vacated, to be cleared: **הִתְפַּנּוֹת, הִתְפַּנֵּה**

Past		*Future*		*Present*	*Imperative*	*Gerund*
הִתְפַּנֵּיתִי	הִתְפַּנִּינוּ	אֶתְפַּנֶּה	נִתְפַּנֶּה	מִתְפַּנֶּה	הִתְפַּנֵּה	בְּהִתְפַּנּוֹת
הִתְפַּנֵּיתָ	הִתְפַּנֵּיתֶם	תִּתְפַּנֶּה	תִּתְפַּנּוּ	מִתְפַּנָּה	הִתְפַּנִּי	כְּהִתְפַּנּוֹת
הִתְפַּנֵּית	הִתְפַּנֵּיתֶן	תִּתְפַּנִּי	תִּתְפַּנֶּינָה	(מִתְפַּנֵּית)	הִתְפַּנּוּ	לְהִתְפַּנּוֹת
הִתְפַּנָּה	הִתְפַּנּוּ	יִתְפַּנֶּה	יִתְפַּנּוּ	מִתְפַּנִּים	הִתְפַּנֶּינָה	מֵהִתְפַּנּוֹת
הִתְפַּנְּתָה		תִּתְפַּנֶּה	תִּתְפַּנֶּינָה	מִתְפַּנּוֹת		

פסק

Kal

I — פָּסַק — פְּסֹק to cease, to decide: פְּסֹק, פָּסֹק

Past		*Future*		*Present*	*Passive present*	*Imperative*	*Gerund*
פָּסַקְתִּי	פָּסַקְנוּ	אֶפְסֹק	נִפְסֹק	פּוֹסֵק	פָּסוּק	פְּסֹק	בִּפְסֹק
פָּסַקְתָּ	פְּסַקְתֶּם	תִּפְסֹק	תִּפְסְקוּ	פּוֹסֶקֶת	פְּסוּקָה	פִּסְקִי	כִּפְסֹק
פָּסַקְתְּ	פְּסַקְתֶּן	תִּפְסְקִי	תִּפְסֹקְנָה	(פּוֹסְקָה)	פְּסוּקִים	פִּסְקוּ	לִפְסֹק
פָּסַק	פָּסְקוּ	יִפְסֹק	יִפְסְקוּ	פּוֹסְקִים	פְּסוּקוֹת	פְּסֹקְנָה	מִפְּסֹק
פָּסְקָה		תִּפְסֹק	תִּפְסֹקְנָה	פּוֹסְקוֹת			

Nif'al

II — נִפְסַק — הִפָּסֵק to be cut, to be split: הִפָּסֵק, הִפָּסֵק

Past		*Future*		*Present*	*Imperative*	*Gerund*
נִפְסַקְתִּי	נִפְסַקְנוּ	אֶפָּסֵק	נִפָּסֵק	נִפְסָק	הִפָּסֵק	בְּהִפָּסֵק
נִפְסַקְתָּ	נִפְסַקְתֶּם	תִּפָּסֵק	תִּפָּסְקוּ	נִפְסֶקֶת	הִפָּסְקִי	כְּהִפָּסֵק
נִפְסַקְתְּ	נִפְסַקְתֶּן	תִּפָּסְקִי	תִּפָּסַקְנָה	(נִפְסָקָה)	הִפָּסְקוּ	לְהִפָּסֵק
נִפְסַק	נִפְסְקוּ	יִפָּסֵק	יִפָּסְקוּ	נִפְסָקִים	הִפָּסַקְנָה	מֵהִפָּסֵק
נִפְסְקָה		תִּפָּסֵק	תִּפָּסַקְנָה	נִפְסָקוֹת		

Pi'el

III — פִּסֵּק — פַּסֵּק to cut, to trim: פַּסֵּק, פַּסֵּק

Past		*Future*		*Present*	*Imperative*	*Gerund*
פִּסַּקְתִּי	פִּסַּקְנוּ	אֲפַסֵּק	נְפַסֵּק	מְפַסֵּק	פַּסֵּק	בְּפַסֵּק
פִּסַּקְתָּ	פִּסַּקְתֶּם	תְּפַסֵּק	תְּפַסְּקוּ	מְפַסֶּקֶת	פַּסְּקִי	כְּפַסֵּק
פִּסַּקְתְּ	פִּסַּקְתֶּן	תְּפַסְּקִי	תְּפַסֵּקְנָה	(מְפַסְּקָה)	פַּסְּקוּ	לְפַסֵּק
פִּסֵּק	פִּסְּקוּ	יְפַסֵּק	יְפַסְּקוּ	מְפַסְּקִים	פַּסֵּקְנָה	מִפַּסֵּק
פִּסְּקָה		תְּפַסֵּק	תְּפַסֵּקְנָה	מְפַסְּקוֹת		

Pu'al

IV — פֻּסַּק — פֻּסַּק to be cut, to be trimmed: פֻּסֹּק

Past		*Future*		*Present*
פֻּסַּקְתִּי	פֻּסַּקְנוּ	אֲפֻסַּק	נְפֻסַּק	מְפֻסָּק
פֻּסַּקְתָּ	פֻּסַּקְתֶּם	תְּפֻסַּק	תְּפֻסְּקוּ	מְפֻסֶּקֶת
פֻּסַּקְתְּ	פֻּסַּקְתֶּן	תְּפֻסְּקִי	תְּפֻסַּקְנָה	(מְפֻסָּקָה)
פֻּסַּק	פֻּסְּקוּ	יְפֻסַּק	יְפֻסְּקוּ	מְפֻסָּקִים
פֻּסְּקָה		תְּפֻסַּק	תְּפֻסַּקְנָה	מְפֻסָּקוֹת

פסק

Hif'il

V – הִפְסִיק – הַפְסִיק – הַפְסִיק to interrupt, to come to cease: הַפְסִיק, הַפְסֵק

Past	Past	Future	Future	Present	Imperative	Gerund
הִפְסַקְתִּי	הִפְסַקְנוּ	אַפְסִיק	נַפְסִיק	מַפְסִיק	הַפְסֵק	בְּהַפְסִיק
הִפְסַקְתָּ	הִפְסַקְתֶּם	תַּפְסִיק	תַּפְסִיקוּ	מַפְסֶקֶת	הַפְסִיקִי	כְּהַפְסִיק
הִפְסַקְתְּ	הִפְסַקְתֶּן	תַּפְסִיקִי	תַּפְסֵקְנָה	(מַפְסִיקָה)	הַפְסִיקוּ	לְהַפְסִיק
הִפְסִיק	הִפְסִיקוּ	יַפְסִיק	יַפְסִיקוּ	מַפְסִיקִים	הַפְסֵקְנָה	מֵהַפְסִיק
הִפְסִיקָה		תַּפְסִיק	תַּפְסֵקְנָה	מַפְסִיקוֹת		

Huf'al

VI – הֻפְסַק – הֻפְסַק to be interrupted: הֻפְסֵק

Past	Past	Future	Future	Present
הֻפְסַקְתִּי	הֻפְסַקְנוּ	אֻפְסַק	נֻפְסַק	מֻפְסָק
הֻפְסַקְתָּ	הֻפְסַקְתֶּם	תֻּפְסַק	תֻּפְסְקוּ	מֻפְסֶקֶת
הֻפְסַקְתְּ	הֻפְסַקְתֶּן	תֻּפְסְקִי	תֻּפְסַקְנָה	(מֻפְסָקָה)
הֻפְסַק	הֻפְסְקוּ	יֻפְסַק	יֻפְסְקוּ	מֻפְסָקִים
הֻפְסְקָה		תֻּפְסַק	תֻּפְסַקְנָה	מֻפְסָקוֹת

Hitpa'el

VII – הִתְפַּסֵּק – הִתְפַּסֵּק – הִתְפַּסֵּק to be severed, to be split: הִתְפַּסֵּק, הִתְפַּסֵּק

Past	Past	Future	Future	Present	Imperative	Gerund
הִתְפַּסַּקְתִּי	הִתְפַּסַּקְנוּ	אֶתְפַּסֵּק	נִתְפַּסֵּק	מִתְפַּסֵּק	הִתְפַּסֵּק	בְּהִתְפַּסֵּק
הִתְפַּסַּקְתָּ	הִתְפַּסַּקְתֶּם	תִּתְפַּסֵּק	תִּתְפַּסְּקוּ	מִתְפַּסֶּקֶת	הִתְפַּסְּקִי	כְּהִתְפַּסֵּק
הִתְפַּסַּקְתְּ	הִתְפַּסַּקְתֶּן	תִּתְפַּסְּקִי	תִּתְפַּסֵּקְנָה	(מִתְפַּסְּקָה)	הִתְפַּסְּקוּ	לְהִתְפַּסֵּק
הִתְפַּסֵּק	הִתְפַּסְּקוּ	יִתְפַּסֵּק	יִתְפַּסְּקוּ	מִתְפַּסְּקִים	הִתְפַּסֵּקְנָה	מֵהִתְפַּסֵּק
הִתְפַּסְּקָה		תִּתְפַּסֵּק	תִּתְפַּסֵּקְנָה	מִתְפַּסְּקוֹת		

Nitpa'el: Passive Past — נִתְפַּסַּקְתִּי נִתְפַּסַּקְתָּ נִתְפַּסַּקְתְּ נִתְפַּסֵּק נִתְפַּסְּקָה etc.

פרנס

Kal

I*—

Nif'al

II*—

*This root has not developed this form.

Pi'el

III – פִּרְנֵס – פַּרְנֵס to support, to provide for: פַּרְנֵס, פַּרְנֵס

Past		Future		Present	Imperative	Gerund
פִּרְנַסְתִּי	פִּרְנַסְנוּ	אֲפַרְנֵס	נְפַרְנֵס	מְפַרְנֵס	פַּרְנֵס	בְּפַרְנֵס
פִּרְנַסְתָּ	פִּרְנַסְתֶּם	תְּפַרְנֵס	תְּפַרְנְסוּ	מְפַרְנֶסֶת	פַּרְנְסִי	כְּפַרְנֵס
פִּרְנַסְתְּ	פִּרְנַסְתֶּן	תְּפַרְנְסִי	תְּפַרְנֵסְנָה	(מְפַרְנְסָה)	פַּרְנְסוּ	לְפַרְנֵס
פִּרְנֵס	פִּרְנְסוּ	יְפַרְנֵס	יְפַרְנְסוּ	מְפַרְנְסִים	פַּרְנֵסְנָה	מִפַּרְנֵס
פִּרְנְסָה		תְּפַרְנֵס	תְּפַרְנֵסְנָה	מְפַרְנְסוֹת		

Pu'al

IV – פֻּרְנַס – פֻּרְנַס to be supported, to be provided for: פֻּרְנָס

Past		Future		Present
פֻּרְנַסְתִּי	פֻּרְנַסְנוּ	אֲפֻרְנַס	נְפֻרְנַס	מְפֻרְנָס
פֻּרְנַסְתָּ	פֻּרְנַסְתֶּם	תְּפֻרְנַס	תְּפֻרְנְסוּ	מְפֻרְנֶסֶת
פֻּרְנַסְתְּ	פֻּרְנַסְתֶּן	תְּפֻרְנְסִי	תְּפֻרְנַסְנָה	(מְפֻרְנָסָה)
פֻּרְנַס	פֻּרְנְסוּ	יְפֻרְנַס	יְפֻרְנְסוּ	מְפֻרְנָסִים
פֻּרְנְסָה		תְּפֻרְנַס	תְּפֻרְנַסְנָה	מְפֻרְנָסוֹת

פרנס

Hif'il

V*–

Huf'al

VI*–

* This root has not developed this form.

Hitpa'el

VII–הִתְפַּרְנֵס–הִתְפַּרְנֵס to support oneself, to provide for oneself: הִתְפַּרְנֵס, הִתְפַּרְנֵס

Past		*Future*		*Present*	*Imperative*	*Gerund*
הִתְפַּרְנַסְתִּי	הִתְפַּרְנַסְנוּ	אֶתְפַּרְנֵס	נִתְפַּרְנֵס	מִתְפַּרְנֵס	הִתְפַּרְנֵס	בְּהִתְפַּרְנֵס
הִתְפַּרְנַסְתָּ	הִתְפַּרְנַסְתֶּם	תִּתְפַּרְנֵס	תִּתְפַּרְנְסוּ	מִתְפַּרְנֶסֶת	הִתְפַּרְנְסִי	כְּהִתְפַּרְנֵס
הִתְפַּרְנַסְתְּ	הִתְפַּרְנַסְתֶּן	תִּתְפַּרְנְסִי	תִּתְפַּרְנֵסְנָה	(מִתְפַּרְנְסָה)	הִתְפַּרְנְסוּ	לְהִתְפַּרְנֵס
הִתְפַּרְנֵס	הִתְפַּרְנְסוּ	יִתְפַּרְנֵס	יִתְפַּרְנְסוּ	מִתְפַּרְנְסִים	הִתְפַּרְנֵסְנָה	מֵהִתְפַּרְנֵס
הִתְפַּרְנְסָה		תִּתְפַּרְנֵס	תִּתְפַּרְנֵסְנָה	מִתְפַּרְנְסוֹת		

פרסם

Kal

I*–

Nif'al

II*–

* This root has not developed this form.

Pi'el

III – פִּרְסֵם – פִּרְסֵם – פַּרְסֵם to publish, to publicize: **פִּרְסֵם, פַּרְסֵם**

Past		*Future*		*Present*	*Imperative*	*Gerund*
פִּרְסַמְתִּי	פִּרְסַמְנוּ	אֲפַרְסֵם	נְפַרְסֵם	מְפַרְסֵם	פַּרְסֵם	בְּפַרְסֵם
פִּרְסַמְתָּ	פִּרְסַמְתֶּם	תְּפַרְסֵם	תְּפַרְסְמוּ	מְפַרְסֶמֶת	פַּרְסְמִי	כְּפַרְסֵם
פִּרְסַמְתְּ	פִּרְסַמְתֶּן	תְּפַרְסְמִי	תְּפַרְסֵמְנָה	(מְפַרְסְמָה)	פַּרְסְמוּ	לְפַרְסֵם
פִּרְסֵם	פִּרְסְמוּ	יְפַרְסֵם	יְפַרְסְמוּ	מְפַרְסְמִים	פַּרְסֵמְנָה	מִפַּרְסֵם
פִּרְסְמָה		תְּפַרְסֵם	תְּפַרְסֵמְנָה	מְפַרְסְמוֹת		

Pu'al

IV – פֻּרְסַם – פֻּרְסַם to be published, to be famous: **פֻּרְסֵם**

Past		*Future*		*Present*
פֻּרְסַמְתִּי	פֻּרְסַמְנוּ	אֲפֻרְסַם	נְפֻרְסַם	מְפֻרְסָם
פֻּרְסַמְתָּ	פֻּרְסַמְתֶּם	תְּפֻרְסַם	תְּפֻרְסְמוּ	מְפֻרְסֶמֶת
פֻּרְסַמְתְּ	פֻּרְסַמְתֶּן	תְּפֻרְסְמִי	תְּפֻרְסַמְנָה	(מְפֻרְסָמָה)
פֻּרְסַם	פֻּרְסְמוּ	יְפֻרְסַם	יְפֻרְסְמוּ	מְפֻרְסָמִים
פֻּרְסְמָה		תְּפֻרְסַם	תְּפֻרְסַמְנָה	מְפֻרְסָמוֹת

פרסם

Hif'il

V*–

Huf'al

VI*–

Hitpa'el

VII-הִתְפַּרְסֵם-הִתְפַּרְסֵם to become known, to become famous: **הִתְפַּרְסֵם, הִתְפַּרְסֵם**

Past		*Future*		*Present*	*Imperative*	*Gerund*
הִתְפַּרְסַמְתִּי	הִתְפַּרְסַמְנוּ	אֶתְפַּרְסֵם	נִתְפַּרְסֵם	מִתְפַּרְסֵם	הִתְפַּרְסֵם	בְּהִתְפַּרְסֵם
הִתְפַּרְסַמְתָּ	הִתְפַּרְסַמְתֶּם	תִּתְפַּרְסֵם	תִּתְפַּרְסְמוּ	מִתְפַּרְסֶמֶת	הִתְפַּרְסְמִי	כְּהִתְפַּרְסֵם
הִתְפַּרְסַמְתְּ	הִתְפַּרְסַמְתֶּן	תִּתְפַּרְסְמִי	תִּתְפַּרְסֵמְנָה	(מִתְפַּרְסְמָה)	הִתְפַּרְסְמוּ	לְהִתְפַּרְסֵם
הִתְפַּרְסֵם	הִתְפַּרְסְמוּ	יִתְפַּרְסֵם	יִתְפַּרְסְמוּ	מִתְפַּרְסְמִים	הִתְפַּרְסֵמְנָה	מֵהִתְפַּרְסֵם
הִתְפַּרְסְמָה		תִּתְפַּרְסֵם	תִּתְפַּרְסֵמְנָה	מִתְפַּרְסְמוֹת		

Nitpa'el: Passive Past — נִתְפַּרְסַמְתִּי נִתְפַּרְסַמְתָּ נִתְפַּרְסַמְתְּ נִתְפַּרְסֵם נִתְפַּרְסְמָה etc.

פרשׁ

Kal

I — פָּרַשׁ — פְּרֹשׁ to retire, to abstain: פְּרֹשׁ, פָּרֹשׁ

Past		*Future*		*Present*	*Passive Present*	*Imperative*	*Gerund*
פָּרַשְׁתִּי	פָּרַשְׁנוּ	אֶפְרֹשׁ	נִפְרֹשׁ	פּוֹרֵשׁ	פָּרוּשׁ	פְּרֹשׁ	בִּפְרֹשׁ
פָּרַשְׁתָּ	פְּרַשְׁתֶּם	תִּפְרֹשׁ	תִּפְרְשׁוּ	פּוֹרֶשֶׁת	פְּרוּשָׁה	פִּרְשִׁי	כִּפְרֹשׁ
פָּרַשְׁתְּ	פְּרַשְׁתֶּן	תִּפְרְשִׁי	תִּפְרֹשְׁנָה	(פּוֹרְשָׁה)	פְּרוּשִׁים	פִּרְשׁוּ	לִפְרֹשׁ
פָּרַשׁ	פָּרְשׁוּ	יִפְרֹשׁ	יִפְרְשׁוּ	פּוֹרְשִׁים	פְּרוּשׁוֹת	פְּרֹשְׁנָה	מִפְּרֹשׁ
פָּרְשָׁה		תִּפְרֹשׁ	תִּפְרֹשְׁנָה	פּוֹרְשׁוֹת			

Nif'al

II — נִפְרַשׁ — הִפָּרֵשׁ to be separated: הִפָּרֵשׁ, הִפָּרֵשׁ

Past		*Future*		*Present*	*Imperative*	*Gerund*
נִפְרַשְׁתִּי	נִפְרַשְׁנוּ	אֶפָּרֵשׁ	נִפָּרֵשׁ	נִפְרָשׁ	הִפָּרֵשׁ	בְּהִפָּרֵשׁ
נִפְרַשְׁתָּ	נִפְרַשְׁתֶּם	תִּפָּרֵשׁ	תִּפָּרְשׁוּ	נִפְרֶשֶׁת	הִפָּרְשִׁי	כְּהִפָּרֵשׁ
נִפְרַשְׁתְּ	נִפְרַשְׁתֶּן	תִּפָּרְשִׁי	תִּפָּרַשְׁנָה	(נִפְרָשָׁה)	הִפָּרְשׁוּ	לְהִפָּרֵשׁ
נִפְרַשׁ	נִפְרְשׁוּ	יִפָּרֵשׁ	יִפָּרְשׁוּ	נִפְרָשִׁים	הִפָּרַשְׁנָה	מֵהִפָּרֵשׁ
נִפְרְשָׁה		תִּפָּרֵשׁ	תִּפָּרַשְׁנָה	נִפְרָשׁוֹת		

Pi'el

III — פֵּרֵשׁ — פָּרֵשׁ to explain, to specify: פָּרֵשׁ, פָּרֵשׁ

Past		*Future*		*Present*	*Imperative*	*Gerund*
פֵּרַשְׁתִּי	פֵּרַשְׁנוּ	אֲפָרֵשׁ	נְפָרֵשׁ	מְפָרֵשׁ	פָּרֵשׁ	בְּפָרֵשׁ
פֵּרַשְׁתָּ	פֵּרַשְׁתֶּם	תְּפָרֵשׁ	תְּפָרְשׁוּ	מְפָרֶשֶׁת	פָּרְשִׁי	כְּפָרֵשׁ
פֵּרַשְׁתְּ	פֵּרַשְׁתֶּן	תְּפָרְשִׁי	תְּפָרֵשְׁנָה	(מְפָרְשָׁה)	פָּרְשׁוּ	לְפָרֵשׁ
פֵּרֵשׁ	פֵּרְשׁוּ	יְפָרֵשׁ	יְפָרְשׁוּ	מְפָרְשִׁים	פָּרֵשְׁנָה	מִפָּרֵשׁ
פֵּרְשָׁה		תְּפָרֵשׁ	תְּפָרֵשְׁנָה	מְפָרְשׁוֹת		

Pu'al

IV — פֹּרַשׁ — פֹּרַשׁ to be explained, to be specified: פֹּרֹשׁ

Past		*Future*		*Present*
פֹּרַשְׁתִּי	פֹּרַשְׁנוּ	אֲפֹרַשׁ	נְפֹרַשׁ	מְפֹרָשׁ
פֹּרַשְׁתָּ	פֹּרַשְׁתֶּם	תְּפֹרַשׁ	תְּפֹרְשׁוּ	מְפֹרֶשֶׁת
פֹּרַשְׁתְּ	פֹּרַשְׁתֶּן	תְּפֹרְשִׁי	תְּפֹרַשְׁנָה	(מְפֹרָשָׁה)
פֹּרַשׁ	פֹּרְשׁוּ	יְפֹרַשׁ	יְפֹרְשׁוּ	מְפֹרָשִׁים
פֹּרְשָׁה		תְּפֹרַשׁ	תְּפֹרַשְׁנָה	מְפֹרָשׁוֹת

פרש

Hif'il

V – הִפְרִישׁ – הִפְרִישׁ to set aside, to dedicate: הַפְרִישׁ, הַפְרֵשׁ

Past		Future		Present	Imperative	Gerund
הִפְרַשְׁתִּי	הִפְרַשְׁנוּ	אַפְרִישׁ	נַפְרִישׁ	מַפְרִישׁ	הַפְרֵשׁ	בְּהַפְרִישׁ
הִפְרַשְׁתָּ	הִפְרַשְׁתֶּם	תַּפְרִישׁ	תַּפְרִישׁוּ	מַפְרֶשֶׁת	הַפְרִישִׁי	כְּהַפְרִישׁ
הִפְרַשְׁתְּ	הִפְרַשְׁתֶּן	תַּפְרִישִׁי	תַּפְרֵשְׁנָה	(מַפְרִישָׁה)	הַפְרִישׁוּ	לְהַפְרִישׁ
הִפְרִישׁ	הִפְרִישׁוּ	יַפְרִישׁ	יַפְרִישׁוּ	מַפְרִישִׁים	הַפְרֵשְׁנָה	מֵהַפְרִישׁ
הִפְרִישָׁה		תַּפְרִישׁ	תַּפְרֵשְׁנָה	מַפְרִישׁוֹת		

Huf'al

VI – הָפְרַשׁ – הָפְרַשׁ to be set aside: הָפְרֵשׁ

Past		Future		Present
הָפְרַשְׁתִּי	הָפְרַשְׁנוּ	אָפְרַשׁ	נָפְרַשׁ	מָפְרָשׁ
הָפְרַשְׁתָּ	הָפְרַשְׁתֶּם	תָּפְרַשׁ	תָּפְרְשׁוּ	מָפְרֶשֶׁת
הָפְרַשְׁתְּ	הָפְרַשְׁתֶּן	תָּפְרְשִׁי	תָּפְרַשְׁנָה	(מָפְרָשָׁה)
הָפְרַשׁ	הָפְרְשׁוּ	יָפְרַשׁ	יָפְרְשׁוּ	מָפְרָשִׁים
הָפְרְשָׁה		תָּפְרַשׁ	תָּפְרַשְׁנָה	מָפְרָשׁוֹת

Hitpa'el

VII – הִתְפָּרֵשׁ – הִתְפָּרֵשׁ to be explained, to be specified: הִתְפָּרֵשׁ, הִתְפָּרֵשׁ

Past		Future		Present	Imperative	Gerund
הִתְפָּרַשְׁתִּי	הִתְפָּרַשְׁנוּ	אֶתְפָּרֵשׁ	נִתְפָּרֵשׁ	מִתְפָּרֵשׁ	הִתְפָּרֵשׁ	בְּהִתְפָּרֵשׁ
הִתְפָּרַשְׁתָּ	הִתְפָּרַשְׁתֶּם	תִּתְפָּרֵשׁ	תִּתְפָּרְשׁוּ	מִתְפָּרֶשֶׁת	הִתְפָּרְשִׁי	כְּהִתְפָּרֵשׁ
הִתְפָּרַשְׁתְּ	הִתְפָּרַשְׁתֶּן	תִּתְפָּרְשִׁי	תִּתְפָּרֵשְׁנָה	(מִתְפָּרְשָׁה)	הִתְפָּרְשׁוּ	לְהִתְפָּרֵשׁ
הִתְפָּרֵשׁ	הִתְפָּרְשׁוּ	יִתְפָּרֵשׁ	יִתְפָּרְשׁוּ	מִתְפָּרְשִׁים	הִתְפָּרֵשְׁנָה	מֵהִתְפָּרֵשׁ
הִתְפָּרְשָׁה		תִּתְפָּרֵשׁ	תִּתְפָּרֵשְׁנָה	מִתְפָּרְשׁוֹת		

Nitpael: Passive Past – נִתְפָּרַשְׁתִּי נִתְפָּרַשְׁתָּ נִתְפָּרַשְׁתְּ נִתְפָּרֵשׁ נִתְפָּרְשָׁה etc.

פשט

Kal

I — פָּשַׁט — פְּשֹׁט to stretch, to take off, to spread: פְּשֹׁט, פָּשֹׁט

Past		*Future*		*Present*	*Passive Present*	*Imperative*	*Gerund*
פָּשַׁטְתִּי	פָּשַׁטְנוּ	אֶפְשֹׁט	נִפְשֹׁט	פּוֹשֵׁט	פָּשׁוּט	פְּשֹׁט	בִּפְשֹׁט
פָּשַׁטְתָּ	פְּשַׁטְתֶּם	תִּפְשֹׁט	תִּפְשְׁטוּ	פּוֹשֶׁטֶת	פְּשׁוּטָה	פִּשְׁטִי	כִּפְשֹׁט
פָּשַׁטְתְּ	פְּשַׁטְתֶּן	תִּפְשְׁטִי	תִּפְשֹׁטְנָה	(פּוֹשְׁטָה)	פְּשׁוּטִים	פִּשְׁטוּ	לִפְשֹׁט
פָּשַׁט	פָּשְׁטוּ	יִפְשֹׁט	יִפְשְׁטוּ	פּוֹשְׁטִים	פְּשׁוּטוֹת	פְּשֹׁטְנָה	מִפְּשֹׁט
פָּשְׁטָה		תִּפְשֹׁט	תִּפְשֹׁטְנָה	פּוֹשְׁטוֹת			

Nif'al

II — נִפְשַׁט — הִפָּשֵׁט to become flat, to be stretched: הִפָּשֵׁט, הִפָּשֵׁט

Past		*Future*		*Present*	*Imperative*	*Gerund*
נִפְשַׁטְתִּי	נִפְשַׁטְנוּ	אֶפָּשֵׁט	נִפָּשֵׁט	נִפְשָׁט	הִפָּשֵׁט	בְּהִפָּשֵׁט
נִפְשַׁטְתָּ	נִפְשַׁטְתֶּם	תִּפָּשֵׁט	תִּפָּשְׁטוּ	נִפְשֶׁטֶת	הִפָּשְׁטִי	כְּהִפָּשֵׁט
נִפְשַׁטְתְּ	נִפְשַׁטְתֶּן	תִּפָּשְׁטִי	תִּפָּשַׁטְנָה	(נִפְשָׁטָה)	הִפָּשְׁטוּ	לְהִפָּשֵׁט
נִפְשַׁט	נִפְשְׁטוּ	יִפָּשֵׁט	יִפָּשְׁטוּ	נִפְשָׁטִים	הִפָּשַׁטְנָה	מֵהִפָּשֵׁט
נִפְשְׁטָה		תִּפָּשֵׁט	תִּפָּשַׁטְנָה	נִפְשָׁטוֹת		

Pi'el

III — פִּשֵּׁט — פַּשֵּׁט to straighten, to stretch out: פַּשֵּׁט, פַּשֵּׁט

Past		*Future*		*Present*	*Imperative*	*Gerund*
פִּשַּׁטְתִּי	פִּשַּׁטְנוּ	אֲפַשֵּׁט	נְפַשֵּׁט	מְפַשֵּׁט	פַּשֵּׁט	בְּפַשֵּׁט
פִּשַּׁטְתָּ	פִּשַּׁטְתֶּם	תְּפַשֵּׁט	תְּפַשְּׁטוּ	מְפַשֶּׁטֶת	פַּשְּׁטִי	כְּפַשֵּׁט
פִּשַּׁטְתְּ	פִּשַּׁטְתֶּן	תְּפַשְּׁטִי	תְּפַשֵּׁטְנָה	(מְפַשְּׁטָה)	פַּשְּׁטוּ	לְפַשֵּׁט
פִּשֵּׁט	פִּשְּׁטוּ	יְפַשֵּׁט	יְפַשְּׁטוּ	מְפַשְּׁטִים	פַּשֵּׁטְנָה	מִפַּשֵּׁט
פִּשְּׁטָה		תְּפַשֵּׁט	תְּפַשֵּׁטְנָה	מְפַשְּׁטוֹת		

Pu'al

IV — פֻּשַּׁט — פֻּשַּׁט to be straight, to be stretched out: פֻּשֹּׁט

Past		*Future*		*Present*
פֻּשַּׁטְתִּי	פֻּשַּׁטְנוּ	אֲפֻשַּׁט	נְפֻשַּׁט	מְפֻשָּׁט
פֻּשַּׁטְתָּ	פֻּשַּׁטְתֶּם	תְּפֻשַּׁט	תְּפֻשְּׁטוּ	מְפֻשֶּׁטֶת
פֻּשַּׁטְתְּ	פֻּשַּׁטְתֶּן	תְּפֻשְּׁטִי	תְּפֻשַּׁטְנָה	(מְפֻשָּׁטָה)
פֻּשַּׁט	פֻּשְּׁטוּ	יְפֻשַּׁט	יְפֻשְּׁטוּ	מְפֻשָּׁטִים
פֻּשְּׁטָה		תְּפֻשַּׁט	תְּפֻשַּׁטְנָה	מְפֻשָּׁטוֹת

פשט

Hif'il

V — הִפְשִׁיט — הִפְשִׁיט — הַפְשִׁיט to strip, to make abstract: הַפְשִׁיט, הַפְשֵׁט

Past		Future		Present	Imperative	Gerund
הִפְשַׁטְתִּי	הִפְשַׁטְנוּ	אַפְשִׁיט	נַפְשִׁיט	מַפְשִׁיט	הַפְשֵׁט	בְּהַפְשִׁיט
הִפְשַׁטְתָּ	הִפְשַׁטְתֶּם	תַּפְשִׁיט	תַּפְשִׁיטוּ	מַפְשֶׁטֶת	הַפְשִׁיטִי	כְּהַפְשִׁיט
הִפְשַׁטְתְּ	הִפְשַׁטְתֶּן	תַּפְשִׁיטִי	תַּפְשֵׁטְנָה	(מַפְשִׁיטָה)	הַפְשִׁיטוּ	לְהַפְשִׁיט
הִפְשִׁיט	הִפְשִׁיטוּ	יַפְשִׁיט	יַפְשִׁיטוּ	מַפְשִׁיטִים	הַפְשֵׁטְנָה	מֵהַפְשִׁיט
הִפְשִׁיטָה		תַּפְשִׁיט	תַּפְשֵׁטְנָה	מַפְשִׁיטוֹת		

Huf'al

VI — הָפְשַׁט — הָפְשַׁט — הָפְשַׁט to be stripped, to be made abstract: הָפְשֵׁט

Past		Future		Present
הָפְשַׁטְתִּי	הָפְשַׁטְנוּ	אָפְשַׁט	נָפְשַׁט	מָפְשָׁט
הָפְשַׁטְתָּ	הָפְשַׁטְתֶּם	תָּפְשַׁט	תָּפְשְׁטוּ	מָפְשֶׁטֶת
הָפְשַׁטְתְּ	הָפְשַׁטְתֶּן	תָּפְשְׁטִי	תָּפְשַׁטְנָה	(מָפְשָׁטָה)
הָפְשַׁט	הָפְשְׁטוּ	יָפְשַׁט	יָפְשְׁטוּ	מָפְשָׁטִים
הָפְשְׁטָה		תָּפְשַׁט	תָּפְשַׁטְנָה	מָפְשָׁטוֹת

Hitpa'el

VII—הִתְפַּשֵּׁט—הִתְפַּשֵּׁט—הִתְפַּשֵּׁט to strip oneself, to be disseminated, to spread: הִתְפַּשֵּׁט, הִתְפַּשֵּׁט

Past		Future		Present	Imperative	Gerund
הִתְפַּשַּׁטְתִּי	הִתְפַּשַּׁטְנוּ	אֶתְפַּשֵּׁט	נִתְפַּשֵּׁט	מִתְפַּשֵּׁט	הִתְפַּשֵּׁט	בְּהִתְפַּשֵּׁט
הִתְפַּשַּׁטְתָּ	הִתְפַּשַּׁטְתֶּם	תִּתְפַּשֵּׁט	תִּתְפַּשְּׁטוּ	מִתְפַּשֶּׁטֶת	הִתְפַּשְּׁטִי	כְּהִתְפַּשֵּׁט
הִתְפַּשַּׁטְתְּ	הִתְפַּשַּׁטְתֶּן	תִּתְפַּשְּׁטִי	תִּתְפַּשֵּׁטְנָה	(מִתְפַּשְּׁטָה)	הִתְפַּשְּׁטוּ	לְהִתְפַּשֵּׁט
הִתְפַּשֵּׁט	הִתְפַּשְּׁטוּ	יִתְפַּשֵּׁט	יִתְפַּשְּׁטוּ	מִתְפַּשְּׁטִים	הִתְפַּשֵּׁטְנָה	מֵהִתְפַּשֵּׁט
הִתְפַּשְּׁטָה		תִּתְפַּשֵּׁט	תִּתְפַּשֵּׁטְנָה	מִתְפַּשְּׁטוֹת		

Nitpa'el: Passive Past — נִתְפַּשַּׁטְתִּי נִתְפַּשַּׁטְתָּ נִתְפַּשַּׁטְתְּ נִתְפַּשֵּׁט נִתְפַּשְּׁטָה etc.

פתח

Kal

I – פָּתַח – פְּתַח to open, to begin: פְּתֹחַ, פָּתֹחַ

Past		*Future*		*Present*	*Passive Present*	*Imperative*	*Gerund*
פָּתַחְתִּי	פָּתַחְנוּ	אֶפְתַּח	נִפְתַּח	פּוֹתֵחַ	פָּתוּחַ	פְּתַח	בִּפְתֹחַ
פָּתַחְתָּ	פְּתַחְתֶּם	תִּפְתַּח	תִּפְתְּחוּ	פּוֹתַחַת	פְּתוּחָה	פִּתְחִי	כִּפְתֹחַ
פָּתַחַתְּ	פְּתַחְתֶּן	תִּפְתְּחִי	תִּפְתַּחְנָה	(פּוֹתְחָה)	פְּתוּחִים	פִּתְחוּ	לִפְתֹּחַ
פָּתַח	פָּתְחוּ	יִפְתַּח	יִפְתְּחוּ	פּוֹתְחִים	פְּתוּחוֹת	פְּתַחְנָה	מִפְּתֹחַ
פָּתְחָה		תִּפְתַּח	תִּפְתַּחְנָה	פּוֹתְחוֹת			

Nif'al

II – נִפְתַּח – הִפָּתַח to be opened: הִפָּתַח, הִפָּתֵחַ

Past		*Future*		*Present*	*Imperative*	*Gerund*
נִפְתַּחְתִּי	נִפְתַּחְנוּ	אֶפָּתַח	נִפָּתַח	נִפְתָּח	הִפָּתַח	בְּהִפָּתַח
נִפְתַּחְתָּ	נִפְתַּחְתֶּם	תִּפָּתַח	תִּפָּתְחוּ	נִפְתַּחַת	הִפָּתְחִי	כְּהִפָּתַח
נִפְתַּחַתְּ	נִפְתַּחְתֶּן	תִּפָּתְחִי	תִּפָּתַחְנָה	(נִפְתָּחָה)	הִפָּתְחוּ	לְהִפָּתַח
נִפְתַּח	נִפְתְּחוּ	יִפָּתַח	יִפָּתְחוּ	נִפְתָּחִים	הִפָּתַחְנָה	מֵהִפָּתַח
נִפְתְּחָה		תִּפָּתַח	תִּפָּתַחְנָה	נִפְתָּחוֹת		

Pi'el

III – פִּתַּח – פַּתַּח to engrave, to develop: פַּתַּח, פַּתֵּחַ

Past		*Future*		*Present*	*Imperative*	*Gerund*
פִּתַּחְתִּי	פִּתַּחְנוּ	אֲפַתַּח	נְפַתַּח	מְפַתֵּחַ	פַּתַּח	בְּפַתַּח
פִּתַּחְתָּ	פִּתַּחְתֶּם	תְּפַתַּח	תְּפַתְּחוּ	מְפַתַּחַת	פַּתְּחִי	כְּפַתַּח
פִּתַּחַתְּ	פִּתַּחְתֶּן	תְּפַתְּחִי	תְּפַתַּחְנָה	(מְפַתְּחָה)	פַּתְּחוּ	לְפַתַּח
פִּתַּח	פִּתְּחוּ	יְפַתַּח	יְפַתְּחוּ	מְפַתְּחִים	פַּתַּחְנָה	מִפַּתַּח
פִּתְּחָה		תְּפַתַּח	תְּפַתַּחְנָה	מְפַתְּחוֹת		

Pu'al

IV – פֻּתַּח – פֻּתַּח to be developed: פֻּתֹּחַ

Past		*Future*		*Present*
פֻּתַּחְתִּי	פֻּתַּחְנוּ	אֲפֻתַּח	נְפֻתַּח	מְפֻתָּח
פֻּתַּחְתָּ	פֻּתַּחְתֶּם	תְּפֻתַּח	תְּפֻתְּחוּ	מְפֻתַּחַת
פֻּתַּחַתְּ	פֻּתַּחְתֶּן	תְּפֻתְּחִי	תְּפֻתַּחְנָה	(מְפֻתָּחָה)
פֻּתַּח	פֻּתְּחוּ	יְפֻתַּח	יְפֻתְּחוּ	מְפֻתָּחִים
פֻּתְּחָה		תְּפֻתַּח	תְּפֻתַּחְנָה	מְפֻתָּחוֹת

פתח

Hif'il

V*–

Huf'al

VI*–

*This root has not developed this form.

Hitpa'el

VII – הִתְפַּתַּח – הִתְפַּתַּח to develop (intr.): הִתְפַּתַּח, הִתְפַּתֵּחַ

Past		Future		Present	Imperative	Gerund
הִתְפַּתַּחְתִּי	הִתְפַּתַּחְנוּ	אֶתְפַּתַּח	נִתְפַּתַּח	מִתְפַּתֵּחַ	הִתְפַּתַּח	בְּהִתְפַּתֵּחַ
הִתְפַּתַּחְתָּ	הִתְפַּתַּחְתֶּם	תִּתְפַּתַּח	תִּתְפַּתְּחוּ	מִתְפַּתַּחַת	הִתְפַּתְּחִי	כְּהִתְפַּתֵּחַ
הִתְפַּתַּחַתְּ	הִתְפַּתַּחְתֶּן	תִּתְפַּתְּחִי	תִּתְפַּתַּחְנָה	(מִתְפַּתְּחָה)	הִתְפַּתְּחוּ	לְהִתְפַּתֵּחַ
הִתְפַּתַּח	הִתְפַּתְּחוּ	יִתְפַּתַּח	יִתְפַּתְּחוּ	מִתְפַּתְּחִים	הִתְפַּתַּחְנָה	מֵהִתְפַּתֵּחַ
הִתְפַּתְּחָה		תִּתְפַּתַּח	תִּתְפַּתַּחְנָה	מִתְפַּתְּחוֹת		

צחק

Kal

I – צָחַק – צְחַק (שָׂחַק - שְׂחַק) to laugh: צְחֹק, צָחֹק

Past		*Future*		*Present*	*Imperative*	*Gerund*
צָחַקְתִּי	צָחַקְנוּ	אֶצְחַק	נִצְחַק	צוֹחֵק	צְחַק	בִּצְחֹק
צָחַקְתָּ	צְחַקְתֶּם	תִּצְחַק	תִּצְחֲקוּ	צוֹחֶקֶת	צַחֲקִי	כִּצְחֹק
צָחַקְתְּ	צְחַקְתֶּן	תִּצְחֲקִי	תִּצְחַקְנָה	(צוֹחֲקָה)	צַחֲקוּ	לִצְחֹק
צָחַק	צָחֲקוּ	יִצְחַק	יִצְחֲקוּ	צוֹחֲקִים	צְחַקְנָה	מִצְחֹק
צָחֲקָה		תִּצְחַק	תִּצְחַקְנָה	צוֹחֲקוֹת		

Nif'al

II*–

Pi'el

III – שִׂחֵק – שַׂחֵק (צַחֵק – צִחֵק) to play: שַׂחֵק, שִׂחֵק

Past		*Future*		*Present*	*Imperative*	*Gerund*
שִׂחַקְתִּי	שִׂחַקְנוּ	אֲשַׂחֵק	נְשַׂחֵק	מְשַׂחֵק	שַׂחֵק	בְּשַׂחֵק
שִׂחַקְתָּ	שִׂחַקְתֶּם	תְּשַׂחֵק	תְּשַׂחֲקוּ	מְשַׂחֶקֶת	שַׂחֲקִי	כְּשַׂחֵק
שִׂחַקְתְּ	שִׂחַקְתֶּן	תְּשַׂחֲקִי	תְּשַׂחֵקְנָה	(מְשַׂחֲקָה)	שַׂחֲקוּ	לְשַׂחֵק
שִׂחֵק	שִׂחֲקוּ	יְשַׂחֵק	יְשַׂחֲקוּ	מְשַׂחֲקִים	שַׂחֵקְנָה	מְשַׂחֵק
שִׂחֲקָה		תְּשַׂחֵק	תְּשַׂחֵקְנָה	מְשַׂחֲקוֹת		

Pu'al

IV*–

* This root has not developed this form.

צחק

Hif'il

V – הִצְחִיק – הַצְחִיק to make one laugh: הַצְחִיק, הַצְחֵק

Past		Future		Present	Imperative	Gerund
הִצְחַקְתִּי	הִצְחַקְנוּ	אַצְחִיק	נַצְחִיק	מַצְחִיק	הַצְחֵק	בְּהַצְחִיק
הִצְחַקְתָּ	הִצְחַקְתֶּם	תַּצְחִיק	תַּצְחִיקוּ	מַצְחֶקֶת	הַצְחִיקִי	כְּהַצְחִיק
הִצְחַקְתְּ	הִצְחַקְתֶּן	תַּצְחִיקִי	תַּצְחֵקְנָה	(מַצְחִיקָה)	הַצְחִיקוּ	לְהַצְחִיק
הִצְחִיק	הִצְחִיקוּ	יַצְחִיק	יַצְחִיקוּ	מַצְחִיקִים	הַצְחֵקְנָה	מֵהַצְחִיק
הִצְחִיקָה		תַּצְחִיק	תַּצְחֵקְנָה	מַצְחִיקוֹת		

Huf'al

VI – הֻצְחַק – הֻצְחַק to be made to laugh: הֻצְחֵק

Past		Future		Present
הֻצְחַקְתִּי	הֻצְחַקְנוּ	אֻצְחַק	נֻצְחַק	מֻצְחָק
הֻצְחַקְתָּ	הֻצְחַקְתֶּם	תֻּצְחַק	תֻּצְחֲקוּ	מֻצְחֶקֶת
הֻצְחַקְתְּ	הֻצְחַקְתֶּן	תֻּצְחֲקִי	תֻּצְחַקְנָה	(מֻצְחָקָה)
הֻצְחַק	הֻצְחֲקוּ	יֻצְחַק	יֻצְחֲקוּ	מֻצְחָקִים
הֻצְחֲקָה		תֻּצְחַק	תֻּצְחַקְנָה	מֻצְחָקוֹת

Hitpa'el

VII – הִצְטַחֵק – הִצְטַחֵק to chuckle, to laugh mildly, to smile: הִצְטַחֵק, הִצְטַחֵק

Past		Future		Present	Imperative	Gerund
הִצְטַחַקְתִּי	הִצְטַחַקְנוּ	אֶצְטַחֵק	נִצְטַחֵק	מִצְטַחֵק	הִצְטַחֵק	בְּהִצְטַחֵק
הִצְטַחַקְתָּ	הִצְטַחַקְתֶּם	תִּצְטַחֵק	תִּצְטַחֲקוּ	מִצְטַחֶקֶת	הִצְטַחֲקִי	כְּהִצְטַחֵק
הִצְטַחַקְתְּ	הִצְטַחַקְתֶּן	תִּצְטַחֲקִי	תִּצְטַחֵקְנָה	(מִצְטַחֲקָה)	הִצְטַחֲקוּ	לְהִצְטַחֵק
הִצְטַחֵק	הִצְטַחֲקוּ	יִצְטַחֵק	יִצְטַחֲקוּ	מִצְטַחֲקִים	הִצְטַחֵקְנָה	מֵהִצְטַחֵק
הִצְטַחֲקָה		תִּצְטַחֵק	תִּצְטַחֵקְנָה	מִצְטַחֲקוֹת		

צין

Kal

I*–

Nif'al

II*–

*This root has not developed this form.

Pi'el

III – צִיֵּן – צַיֵּן to mark, to remark, to distinguish: צַיֵּן, צַיֵּן

Past		Future		Present	Imperative	Gerund
צִיַּנְתִּי	צִיַּנּוּ	אֲצַיֵּן	נְצַיֵּן	מְצַיֵּן	צַיֵּן	בְּצַיֵּן
צִיַּנְתָּ	צִיַּנְתֶּם	תְּצַיֵּן	תְּצַיְּנוּ	מְצַיֶּנֶת	צַיְּנִי	כְּצַיֵּן
צִיַּנְתְּ	צִיַּנְתֶּן	תְּצַיְּנִי	תְּצַיֵּנָּה	מְצַיְּנִים	צַיְּנוּ	לְצַיֵּן
צִיֵּן	צִיְּנוּ	יְצַיֵּן	יְצַיְּנוּ	מְצַיְּנוֹת	צַיֵּנָּה	מִצַּיֵּן
צִיְּנָה		תְּצַיֵּן	תְּצַיֵּנָּה			

Pu'al

IV – צֻיַּן – צֻיַּן to be marked, to be excellent: צֻיֹּן

Past		Future		Present
צֻיַּנְתִּי	צֻיַּנּוּ	אֲצֻיַּן	נְצֻיַּן	מְצֻיָּן
צֻיַּנְתָּ	צֻיַּנְתֶּם	תְּצֻיַּן	תְּצֻיְּנוּ	מְצֻיֶּנֶת
צֻיַּנְתְּ	צֻיַּנְתֶּן	תְּצֻיְּנִי	תְּצֻיַּנָּה	(מְצֻיָּנָה)
צֻיַּן	צֻיְּנוּ	יְצֻיַּן	יְצֻיְּנוּ	מְצֻיָּנִים
צֻיְּנָה		תְּצֻיַּן	תְּצֻיַּנָּה	מְצֻיָּנוֹת

צין

Hif'il

V*–

Huf'al

VI*–

* This root has not developed this form.

Hitpa'el

VII – הִצְטַיֵּן – הִצְטַיֵּן to excel, to distinguish oneself: הִצְטַיֵּן, הִצְטַיֵּן

Past	*Past*	*Future*	*Future*	*Present*	*Imperative*	*Gerund*
הִצְטַיַּנְתִּי	הִצְטַיַּנּוּ	אֶצְטַיֵּן	נִצְטַיֵּן	מִצְטַיֵּן	הִצְטַיֵּן	בְּהִצְטַיֵּן
הִצְטַיַּנְתָּ	הִצְטַיַּנְתֶּם	תִּצְטַיֵּן	תִּצְטַיְּנוּ	מִצְטַיֶּנֶת	הִצְטַיְּנִי	כְּהִצְטַיֵּן
הִצְטַיַּנְתְּ	הִצְטַיַּנְתֶּן	תִּצְטַיְּנִי	תִּצְטַיֵּנָּה	(מִצְטַיְּנָה)	הִצְטַיְּנוּ	לְהִצְטַיֵּן
הִצְטַיֵּן	הִצְטַיְּנוּ	יִצְטַיֵּן	יִצְטַיְּנוּ	מִצְטַיְּנִים	הִצְטַיֵּנָּה	מֵהִצְטַיֵּן
הִצְטַיְּנָה		תִּצְטַיֵּן	תִּצְטַיֵּנָּה	מִצְטַיְּנוֹת		

צלח

Kal

I – צָלַח – צְלַח to rush, to be fit: **צְלֹחַ, צָלֹחַ**

Past		*Future*		*Present*	*Imperative*	*Gerund*
צָלַחְתִּי	צָלַחְנוּ	אֶצְלַח	נִצְלַח	צוֹלֵחַ	צְלַח	בִּצְלֹחַ
צָלַחְתָּ	צְלַחְתֶּם	תִּצְלַח	תִּצְלְחוּ	צוֹלַחַת	צִלְחִי	כִּצְלֹחַ
צָלַחַתְּ	צְלַחְתֶּן	תִּצְלְחִי	תִּצְלַחְנָה	(צוֹלְחָה)	צִלְחוּ	לִצְלֹחַ
צָלַח	צָלְחוּ	יִצְלַח	יִצְלְחוּ	צוֹלְחִים	צְלַחְנָה	מִצְּלֹחַ
צָלְחָה		תִּצְלַח	תִּצְלַחְנָה	צוֹלְחוֹת		

Nif'al

II*–

Pi'el

III*–

Pu'al

IV*–

*This root has not developed this form.

צלח

Hif'il

V – הִצְלִיחַ – הַצְלִיחַ to prosper, to succeed: הַצְלִיחַ, הַצְלֵחַ

Gerund	Imperative	Present	Future	Future	Past	Past
בְּהַצְלִיחַ	הַצְלַח	מַצְלִיחַ	נַצְלִיחַ	אַצְלִיחַ	הִצְלַחְנוּ	הִצְלַחְתִּי
כְּהַצְלִיחַ	הַצְלִיחִי	מַצְלַחַת	תַּצְלִיחוּ	תַּצְלִיחַ	הִצְלַחְתֶּם	הִצְלַחְתָּ
לְהַצְלִיחַ	הַצְלִיחוּ	(מַצְלִיחָה)	תַּצְלַחְנָה	תַּצְלִיחִי	הִצְלַחְתֶּן	הִצְלַחַתְּ
מֵהַצְלִיחַ	הַצְלַחְנָה	מַצְלִיחִים	יַצְלִיחוּ	יַצְלִיחַ	הִצְלִיחוּ	הִצְלִיחַ
		מַצְלִיחוֹת	תַּצְלַחְנָה	תַּצְלִיחַ		הִצְלִיחָה

Huf'al

VI – הֻצְלַח – הֻצְלַח to be successful: הֻצְלֵחַ

Present	Future	Future	Past	Past
מֻצְלָח	נֻצְלַח	אֻצְלַח	הֻצְלַחְנוּ	הֻצְלַחְתִּי
מֻצְלַחַת	תֻּצְלְחוּ	תֻּצְלַח	הֻצְלַחְתֶּם	הֻצְלַחְתָּ
(מֻצְלָחָה)	תֻּצְלַחְנָה	תֻּצְלְחִי	הֻצְלַחְתֶּן	חֻצְלַחַתְּ
מֻצְלָחִים	יֻצְלְחוּ	יֻצְלַח	הֻצְלְחוּ	הֻצְלַח
מֻצְלָחוֹת	תֻּצְלַחְנָה	תֻּצְלַח		חֻצְלְחָה

Hitpa'el

VII*–

* This root has not developed this form.

צעק

Kal

I – צָעַק – צְעַק to cry, to shout: צְעֹק, צָעֹק

Past		Future		Present	Imperative	Gerund
צָעַקְתִּי	צָעַקְנוּ	אֶצְעַק	נִצְעַק	צוֹעֵק	צְעַק	בִּצְעֹק
צָעַקְתָּ	צְעַקְתֶּם	תִּצְעַק	תִּצְעֲקוּ	צוֹעֶקֶת	צַעֲקִי	כִּצְעֹק
צָעַקְתְּ	צְעַקְתֶּן	תִּצְעֲקִי	תִּצְעַקְנָה	(צוֹעֲקָה)	צַעֲקוּ	לִצְעֹק
צָעַק	צָעֲקוּ	יִצְעַק	יִצְעֲקוּ	צוֹעֲקִים	צְעַקְנָה	מִצְּעֹק
צָעֲקָה		תִּצְעַק	תִּצְעַקְנָה	צוֹעֲקוֹת		

Nif'al

II – נִצְעַק – הִצָּעֵק to be summoned, to assemble: הִצָּעֵק, הִצָּעֵק

Past		Future		Present	Imperative	Gerund
נִצְעַקְתִּי	נִצְעַקְנוּ	אֶצָּעֵק	נִצָּעֵק	נִצְעָק	הִצָּעֵק	בְּהִצָּעֵק
נִצְעַקְתָּ	נִצְעַקְתֶּם	תִּצָּעֵק	תִּצָּעֲקוּ	נִצְעֶקֶת	הִצָּעֲקִי	כְּהִצָּעֵק
נִצְעַקְתְּ	נִצְעַקְתֶּן	תִּצָּעֲקִי	תִּצָּעַקְנָה	(נִצְעָקָה)	הִצָּעֲקוּ	לְהִצָּעֵק
נִצְעַק	נִצְעֲקוּ	יִצָּעֵק	יִצָּעֲקוּ	נִצְעָקִים	הִצָּעַקְנָה	מֵהִצָּעֵק
נִצְעֲקָה		תִּצָּעֵק	תִּצָּעַקְנָה	נִצְעָקוֹת		

Pi'el

III – צִעֵק – צַעֵק to cry out loud: צַעֵק, צַעֵק

Past		Future		Present	Imperative	Gerund
צִעַקְתִּי	צִעַקְנוּ	אֲצַעֵק	נְצַעֵק	מְצַעֵק	צַעֵק	בְּצַעֵק
צִעַקְתָּ	צִעַקְתֶּם	תְּצַעֵק	תְּצַעֲקוּ	מְצַעֶקֶת	צַעֲקִי	כְּצַעֵק
צִעַקְתְּ	צִעַקְתֶּן	תְּצַעֲקִי	תְּצַעֵקְנָה	מְצַעֲקִים	צַעֲקוּ	לְצַעֵק
צִעֵק	צִעֲקוּ	יְצַעֵק	יְצַעֲקוּ	מְצַעֲקוֹת	צַעֵקְנָה	מְצַעֵק
צִעֲקָה		תְּצַעֵק	תְּצַעֵקְנָה			

Pu'al

IV*–

* This root has not developed this form.

צעק

Hif'il

V – הִצְעִיק – הַצְעִיק to call together, to assemble: הַצְעִיק, הַצְעֵק

Past		Future		Present	Imperative	Gerund
הִצְעַקְתִּי	הִצְעַקְנוּ	אַצְעִיק	נַצְעִיק	מַצְעִיק	הַצְעֵק	בְּהַצְעִיק
הִצְעַקְתָּ	הִצְעַקְתֶּם	תַּצְעִיק	תַּצְעִיקוּ	מַצְעֶקֶת	הַצְעִיקִי	כְּהַצְעִיק
הִצְעַקְתְּ	הִצְעַקְתֶּן	תַּצְעִיקִי	תַּצְעֵקְנָה	(מַצְעִיקָה)	הַצְעִיקוּ	לְהַצְעִיק
הִצְעִיק	הִצְעִיקוּ	יַצְעִיק	יַצְעִיקוּ	מַצְעִיקִים	הַצְעֵקְנָה	מֵהַצְעִיק
הִצְעִיקָה		תַּצְעִיק	תַּצְעֵקְנָה	מַצְעִיקוֹת		

Huf'al

VI*–

*This root has not developed this form.

Hitpa'el

VII – הִצְטַעֵק – הִצְטַעֵק to start shouting: הִצְטַעֵק, הִצְטַעֵק

Past		Future		Present	Imperative	Gerund
הִצְטַעַקְתִּי	הִצְטַעַקְנוּ	אֶצְטַעֵק	נִצְטַעֵק	מִצְטַעֵק	הִצְטַעֵק	בְּהִצְטַעֵק
הִצְטַעַקְתָּ	הִצְטַעַקְתֶּם	תִּצְטַעֵק	תִּצְטַעֲקוּ	מִצְטַעֶקֶת	הִצְטַעֲקִי	כְּהִצְטַעֵק
הִצְטַעַקְתְּ	הִצְטַעַקְתֶּן	תִּצְטַעֲקִי	תִּצְטַעֵקְנָה	(מִצְטַעֲקָה)	הִצְטַעֲקוּ	לְהִצְטַעֵק
הִצְטַעֵק	הִצְטַעֲקוּ	יִצְטַעֵק	יִצְטַעֲקוּ	מִצְטַעֲקִים	הִצְטַעֵקְנָה	מֵהִצְטַעֵק
הִצְטַעֲקָה		תִּצְטַעֵק	תִּצְטַעֵקְנָה	מִצְטַעֲקוֹת		

צער

Kal

I — צְעַר — צָעַר — צְעַר to be small, to grow insignificant: **צְעֹר, צָעֹר**

Past		*Future*		*Present*	*Passive present*	*Imperative*	*Gerund*
צָעַרְתִּי	צָעַרְנוּ	אֶצְעַר	נִצְעַר	צוֹעֵר	צָעוּר	צְעַר	בִּצְעֹר
צָעַרְתָּ	צְעַרְתֶּם	תִּצְעַר	תִּצְעֲרוּ	צוֹעֶרֶת	צְעוּרָה	צַעֲרִי	כִּצְעֹר
צָעַרְתְּ	צְעַרְתֶּן	תִּצְעֲרִי	תִּצְעַרְנָה	צוֹעֲרִים	צְעוּרִים	צַעֲרוּ	לִצְעֹר
צָעַר	צָעֲרוּ	יִצְעַר	יִצְעֲרוּ	צוֹעֲרוֹת	צְעוּרוֹת	צְעַרְנָה	מִצְּעֹר
צָעֲרָה		תִּצְעַר	תִּצְעַרְנָה				

Nif'al

II*—

* This root has not developed this form.

Pi'el

III — צִעֵר — צִעֵר — צַעֵר to grieve, to cause pain: **צַעֵר, צַעֵר**

Past		*Future*		*Present*	*Imperative*	*Gerund*
צִעַרְתִּי	צִעַרְנוּ׳	אֲצַעֵר	נְצַעֵר	מְצַעֵר	צַעֵר	בְּצַעֵר
צִעַרְתָּ	צִעַרְתֶּם	תְּצַעֵר	תְּצַעֲרוּ	מְצַעֶרֶת	צַעֲרִי	כְּצַעֵר
צִעַרְתְּ	צִעַרְתֶּן	תְּצַעֲרִי	תְּצַעֵרְנָה	(מְצַעֲרָה)	צַעֲרוּ	לְצַעֵר
צִעֵר	צִעֲרוּ	יְצַעֵר	יְצַעֲרוּ	מְצַעֲרִים	צַעֵרְנָה	מִצַּעֵר
צִעֲרָה		תְּצַעֵר	תְּצַעֵרְנָה	מְצַעֲרוֹת		

Pu'al

IV — צֹעַר — צֹעַר — צֹעַר to be grieved, to suffer pain: **צֹעַר**

Past		*Future*		*Present*
צֹעַרְתִּי	צֹעַרְנוּ	אֲצֹעַר	נְצֹעַר	מְצֹעָר
צֹעַרְתָּ	צֹעַרְתֶּם	תְּצֹעַר	תְּצֹעֲרוּ	מְצֹעֶרֶת
צֹעַרְתְּ	צֹעַרְתֶּן	תְּצֹעֲרִי	תְּצֹעַרְנָה	(מְצֹעָרָה)
צֹעַר	צֹעֲרוּ	יְצֹעַר	יְצֹעֲרוּ	מְצֹעָרִים
צֹעֲרָה		תְּצֹעַר	תְּצֹעַרְנָה	מְצֹעָרוֹת

צער

Hif'il

הַצְעִיר – הִצְעִיר – V to lessen, to regard as inferior: הַצְעִיר, הַצְעֵר

Past		Future		Present	Imperative	Gerund
הִצְעַרְתִּי	הִצְעַרְנוּ	אַצְעִיר	נַצְעִיר	מַצְעִיר	הַצְעֵר	בְּהַצְעִיר
הִצְעַרְתָּ	הִצְעַרְתֶּם	תַּצְעִיר	תַּצְעִירוּ	מַצְעִירָה	הַצְעִירִי	כְּהַצְעִיר
הִצְעַרְתְּ	הִצְעַרְתֶּן	תַּצְעִירִי	תַּצְעֵרְנָה	(מַצְעֶרֶת)	הַצְעִירוּ	לְהַצְעִיר
הִצְעִיר	הִצְעִירוּ	יַצְעִיר	יַצְעִירוּ	מַצְעִירִים	הַצְעֵרְנָה	מֵהַצְעִיר
הִצְעִירָה		תַּצְעִיר	תַּצְעֵרְנָה	מַצְעִירוֹת		

Huf'al

הָצְעַר – הָצְעַר – VI to be little, to be restricted: הָצְעֵר

Past		Future		Present
הָצְעַרְתִּי	הָצְעַרְנוּ	אָצְעַר	נָצְעַר	מָצְעָר
הָצְעַרְתָּ	הָצְעַרְתֶּם	תָּצְעַר	תָּצְעֲרוּ	מָצְעֶרֶת
הָצְעַרְתְּ	הָצְעַרְתֶּן	תָּצְעֲרִי	תָּצְעַרְנָה	(מָצְעָרָה)
הָצְעַר	הָצְעֲרוּ	יָצְעַר	יָצְעֲרוּ	מָצְעָרִים
הָצְעֲרָה		תָּצְעַר	תָּצְעַרְנָה	מָצְעָרוֹת

Hitpa'el

הִצְטַעֵר – הִצְטַעֵר – VII to feel grief, to be vexed: הִצְטַעֵר, הִצְטַעֵר

Past		Future		Present	Imperative	Gerund
הִצְטַעַרְתִּי	הִצְטַעַרְנוּ	אֶצְטַעֵר	נִצְטַעֵר	מִצְטַעֵר	הִצְטַעֵר	בְּהִצְטַעֵר
הִצְטַעַרְתָּ	הִצְטַעַרְתֶּם	תִּצְטַעֵר	תִּצְטַעֲרוּ	מִצְטַעֶרֶת	הִצְטַעֲרִי	כְּהִצְטַעֵר
הִצְטַעַרְתְּ	הִצְטַעַרְתֶּן	תִּצְטַעֲרִי	תִּצְטַעֵרְנָה	מִצְטַעֲרִים	הִצְטַעֲרוּ	לְהִצְטַעֵר
הִצְטַעֵר	הִצְטַעֲרוּ	יִצְטַעֵר	יִצְטַעֲרוּ	מִצְטַעֲרוֹת	הִצְטַעֵרְנָה	מֵהִצְטַעֵר
הִצְטַעֲרָה		תִּצְטַעֵר	תִּצְטַעֵרְנָה			

Nitpa'el: Passive Past — נִצְטַעֲרָה נִצְטַעֵר נִצְטַעַרְתְּ נִצְטַעַרְתָּ נִצְטַעַרְתִּי etc.

צרך

Kal

I – צָרַךְ – צְרַךְ to need, to have to: **צְרֹךְ, צָרֹךְ**

Past		Future		Present	Passive present	Imperative	Gerund
צָרַכְתִּי	צָרַכְנוּ	אֶצְרַךְ	נִצְרַךְ	צוֹרֵךְ	צָרִיךְ	צְרַךְ	בִּצְרֹךְ
צָרַכְתָּ	צְרַכְתֶּם	תִּצְרַךְ	תִּצְרְכוּ	צוֹרֶכֶת	צְרִיכָה	צִרְכִי	כִּצְרֹךְ
צָרַכְתְּ	צְרַכְתֶּן	תִּצְרְכִי	תִּצְרַכְנָה	(צוֹרְכָה)	צְרִיכִים	צִרְכוּ	לִצְרֹךְ
צָרַךְ	צָרְכוּ	יִצְרַךְ	יִצְרְכוּ	צוֹרְכִים	צְרִיכוֹת	צְרַכְנָה	מִצְּרֹךְ
צָרְכָה		תִּצְרַךְ	תִּצְרַכְנָה	צוֹרְכוֹת			

Nif'al

II – נִצְרַךְ – הִצָּרֵךְ to be in need, to be obliged: **הִצָּרֵךְ, הִצָּרֵךְ**

Past		Future		Present		Imperative	Gerund
נִצְרַכְתִּי	נִצְרַכְנוּ	אֶצָּרֵךְ	נִצָּרֵךְ	נִצְרָךְ		הִצָּרֵךְ	בְּהִצָּרֵךְ
נִצְרַכְתָּ	נִצְרַכְתֶּם	תִּצָּרֵךְ	תִּצָּרְכוּ	נִצְרֶכֶת		הִצָּרְכִי	כְּהִצָּרֵךְ
נִצְרַכְתְּ	נִצְרַכְתֶּן	תִּצָּרְכִי	תִּצָּרַכְנָה	(נִצְרָכָה)		הִצָּרְכוּ	לְהִצָּרֵךְ
נִצְרַךְ	נִצְרְכוּ	יִצָּרֵךְ	יִצָּרְכוּ	נִצְרָכִים		הִצָּרַכְנָה	מֵהִצָּרֵךְ
נִצְרְכָה		תִּצָּרֵךְ	תִּצָּרַכְנָה	נִצְרָכוֹת			

Pi'el

III*–

Pu'al

IV*–

* This root has not developed this form.

צרך

Hif'il

V — הַצְרִיךְ – הַצְרֵךְ to cause to need, to oblige: הַצְרִיךְ, הַצְרֵךְ

Past		Future		Present	Imperative	Gerund
הִצְרַכְתִּי	הִצְרַכְנוּ	אַצְרִיךְ	נַצְרִיךְ	מַצְרִיךְ	הַצְרֵךְ	בְּהַצְרִיךְ
הִצְרַכְתָּ	הִצְרַכְתֶּם	תַּצְרִיךְ	תַּצְרִיכוּ	מַצְרִיכָה	הַצְרִיכִי	כְּהַצְרִיךְ
הִצְרַכְתְּ	הִצְרַכְתֶּן	תַּצְרִיכִי	תַּצְרֵכְנָה	(מַצְרֶכֶת)	הַצְרִיכוּ	לְהַצְרִיךְ
הִצְרִיךְ	הִצְרִיכוּ	יַצְרִיךְ	יַצְרִיכוּ	מַצְרִיכִים	הַצְרֵכְנָה	מֵהַצְרִיךְ
הִצְרִיכָה		תַּצְרִיךְ	תַּצְרֵכְנָה	מַצְרִיכוֹת		

Huf'al

VI — הָצְרַךְ – הָצְרֵךְ to be in need, to be needed: הָצְרֵךְ

Past		Future		Present
הָצְרַכְתִּי	הָצְרַכְנוּ	אָצְרַךְ	נָצְרַךְ	מָצְרָךְ
הָצְרַכְתָּ	הָצְרַכְתֶּם	תָּצְרַךְ	תָּצְרְכוּ	מָצְרָכָה
הָצְרַכְתְּ	הָצְרַכְתֶּן	תָּצְרְכִי	תָּצְרַכְנָה	(מָצְרֶכֶת)
הָצְרַךְ	הָצְרְכוּ	יָצְרַךְ	יָצְרְכוּ	מָצְרָכִים
הָצְרְכָה		תָּצְרַךְ	תָּצְרַכְנָה	מָצְרָכוֹת

Hitpa'el

VII — הִצְטָרֵךְ – הִצְטָרֵךְ to need, to be obliged to: הִצְטָרֵךְ, הִצְטָרֵךְ

Past		Future		Present	Imperative	Gerund
הִצְטָרַכְתִּי	הִצְטָרַכְנוּ	אֶצְטָרֵךְ	נִצְטָרֵךְ	מִצְטָרֵךְ	הִצְטָרֵךְ	בְּהִצְטָרֵךְ
הִצְטָרַכְתָּ	הִצְטָרַכְתֶּם	תִּצְטָרֵךְ	תִּצְטָרְכוּ	מִצְטָרֶכֶת	הִצְטָרְכִי	כְּהִצְטָרֵךְ
הִצְטָרַכְתְּ	הִצְטָרַכְתֶּן	תִּצְטָרְכִי	תִּצְטָרֵכְנָה	(מִצְטָרְכָה)	הִצְטָרְכוּ	לְהִצְטָרֵךְ
הִצְטָרֵךְ	הִצְטָרְכוּ	יִצְטָרֵךְ	יִצְטָרְכוּ	מִצְטָרְכִים	הִצְטָרֵכְנָה	מֵהִצְטָרֵךְ
הִצְטָרְכָה		תִּצְטָרֵךְ	תִּצְטָרֵכְנָה	מִצְטָרְכוֹת		

Nitpa'el: Passive Past — נִצְטָרְכָה נִצְטָרֵךְ נִצְטָרְכַתְּ נִצְטָרַכְתְּ נִצְטָרַכְתִּי etc.

קבל

Kal

I – קָבַל – קְבֹל to complain, to cry out: קְבֹל, קָבֹל

Past		Future		Present	Imperative	Gerund
קָבַלְתִּי	קָבַלְנוּ	אֶקְבֹּל	נִקְבֹּל	קוֹבֵל	קְבֹל	בִּקְבֹל
קָבַלְתָּ	קְבַלְתֶּם	תִּקְבֹּל	תִּקְבְּלוּ	קוֹבֶלֶת	קִבְלִי	כִּקְבֹל
קָבַלְתְּ	קְבַלְתֶּן	תִּקְבְּלִי	תִּקְבֹּלְנָה	(קוֹבְלָה)	קִבְלוּ	לִקְבֹּל
קָבַל	קָבְלוּ	יִקְבֹּל	יִקְבְּלוּ	קוֹבְלִים	קְבֹלְנָה	מִקְבֹל
קָבְלָה		תִּקְבֹּל	תִּקְבֹּלְנָה	קוֹבְלוֹת		

Nif'al

II*–

* This root has not developed this form.

Pi'el

III – קִבֵּל – קַבֵּל to receive, to accept: קַבֵּל, קַבֵּל

Past		Future		Present	Imperative	Gerund
קִבַּלְתִּי	קִבַּלְנוּ	אֲקַבֵּל	נְקַבֵּל	מְקַבֵּל	קַבֵּל	בְּקַבֵּל
קִבַּלְתָּ	קִבַּלְתֶּם	תְּקַבֵּל	תְּקַבְּלוּ	מְקַבֶּלֶת	קַבְּלִי	כְּקַבֵּל
קִבַּלְתְּ	קִבַּלְתֶּן	תְּקַבְּלִי	תְּקַבֵּלְנָה	(מְקַבְּלָה)	קַבְּלוּ	לְקַבֵּל
קִבֵּל	קִבְּלוּ	יְקַבֵּל	יְקַבְּלוּ	מְקַבְּלִים	קַבֵּלְנָה	מִקַּבֵּל
קִבְּלָה		תְּקַבֵּל	תְּקַבֵּלְנָה	מְקַבְּלוֹת		

Pu'al

IV – קֻבַּל – קֻבַּל to be accepted: קֻבֹּל

Past		Future		Present
קֻבַּלְתִּי	קֻבַּלְנוּ	אֲקֻבַּל	נְקֻבַּל	מְקֻבָּל
קֻבַּלְתָּ	קֻבַּלְתֶּם	תְּקֻבַּל	תְּקֻבְּלוּ	מְקֻבֶּלֶת
קֻבַּלְתְּ	קֻבַּלְתֶּן	תְּקֻבְּלִי	תְּקֻבַּלְנָה	(מְקֻבָּלָה)
קֻבַּל	קֻבְּלוּ	יְקֻבַּל	יְקֻבְּלוּ	מְקֻבָּלִים
קֻבְּלָה		תְּקֻבַּל	תְּקֻבַּלְנָה	מְקֻבָּלוֹת

קבל

Hif'il

V – הִקְבִּיל – הַקְבִּיל to parallel, to oppose: הַקְבִּיל, הַקְבֵּל

Past		Future		Present	Imperative	Gerund
הִקְבַּלְתִּי	הִקְבַּלְנוּ	אַקְבִּיל	נַקְבִּיל	מַקְבִּיל	הַקְבֵּל	בְּהַקְבִּיל
הִקְבַּלְתָּ	הִקְבַּלְתֶּם	תַּקְבִּיל	תַּקְבִּילוּ	מַקְבֶּלֶת	הַקְבִּילִי	כְּהַקְבִּיל
הִקְבַּלְתְּ	הִקְבַּלְתֶּן	תַּקְבִּילִי	תַּקְבֵּלְנָה	(מַקְבִּילָה)	הַקְבִּילוּ	לְהַקְבִּיל
הִקְבִּיל	הִקְבִּילוּ	יַקְבִּיל	יַקְבִּילוּ	מַקְבִּילִים	הַקְבֵּלְנָה	מֵהַקְבִּיל
הִקְבִּילָה		תַּקְבִּיל	תַּקְבֵּלְנָה	מַקְבִּילוֹת		

Huf'al

VI – הֻקְבַּל – הֻקְבַּל to be greeted: הֻקְבֵּל

Past		Future		Present
הֻקְבַּלְתִּי	הֻקְבַּלְנוּ	אֻקְבַּל	נֻקְבַּל	מֻקְבָּל
הֻקְבַּלְתָּ	הֻקְבַּלְתֶּם	תֻּקְבַּל	תֻּקְבְּלוּ	מֻקְבֶּלֶת
הֻקְבַּלְתְּ	הֻקְבַּלְתֶּן	תֻּקְבְּלִי	תֻּקְבַּלְנָה	(מֻקְבָּלָה)
הֻקְבַּל	הֻקְבְּלוּ	יֻקְבַּל	יֻקְבְּלוּ	מֻקְבָּלִים
הֻקְבְּלָה		תֻּקְבַּל	תֻּקְבַּלְנָה	מֻקְבָּלוֹת

Hitpa'el

VII – הִתְקַבֵּל – הִתְקַבֵּל to be received, to be accepted: הִתְקַבֵּל, הִתְקַבֵּל

Past		Future		Present	Imperative	Gerund
הִתְקַבַּלְתִּי	הִתְקַבַּלְנוּ	אֶתְקַבֵּל	נִתְקַבֵּל	מִתְקַבֵּל	הִתְקַבֵּל	בְּהִתְקַבֵּל
הִתְקַבַּלְתָּ	הִתְקַבַּלְתֶּם	תִּתְקַבֵּל	תִּתְקַבְּלוּ	מִתְקַבֶּלֶת	הִתְקַבְּלִי	כְּהִתְקַבֵּל
הִתְקַבַּלְתְּ	הִתְקַבַּלְתֶּן	תִּתְקַבְּלִי	תִּתְקַבֵּלְנָה	(מִתְקַבְּלָה)	הִתְקַבְּלוּ	לְהִתְקַבֵּל
הִתְקַבֵּל	הִתְקַבְּלוּ	יִתְקַבֵּל	יִתְקַבְּלוּ	מִתְקַבְּלִים	הִתְקַבֵּלְנָה	מֵהִתְקַבֵּל
הִתְקַבְּלָה		תִּתְקַבֵּל	תִּתְקַבֵּלְנָה	מִתְקַבְּלוֹת		

Nitpa'el: Passive Past — נִתְקַבַּלְתִּי נִתְקַבַּלְתָּ נִתְקַבַּלְתְּ נִתְקַבֵּל נִתְקַבְּלָה etc.

קבע

Kal

I — קָבַע — קְבַע to insert, to fix, to appoint: קְבֹעַ, קָבֹעַ

Past		*Future*		*Present*	*Passive Present*	*Imperative*	*Gerund*
קָבַעְתִּי	קָבַעְנוּ	אֶקְבַּע	נִקְבַּע	קוֹבֵעַ	קָבוּעַ	קְבַע	בִּקְבֹעַ
קָבַעְתָּ	קְבַעְתֶּם	תִּקְבַּע	תִּקְבְּעוּ	קוֹבַעַת	קְבוּעָה	קִבְעִי	כִּקְבֹעַ
קָבַעַתְּ	קְבַעְתֶּן	תִּקְבְּעִי	תִּקְבַּעְנָה	קוֹבְעִים	קְבוּעִים	קִבְעוּ	לִקְבֹּעַ
קָבַע	קָבְעוּ	יִקְבַּע	יִקְבְּעוּ	קוֹבְעוֹת	קְבוּעוֹת	קְבַעְנָה	מִקְּבֹעַ
קָבְעָה		תִּקְבַּע	תִּקְבַּעְנָה				

Nif'al

II — נִקְבַּע — הִקָּבַע to be established, to be fixed: הִקָּבַע, הִקָּבַע

Past		*Future*		*Present*	*Imperative*	*Gerund*
נִקְבַּעְתִּי	נִקְבַּעְנוּ	אֶקָּבַע	נִקָּבַע	נִקְבָּע	הִקָּבַע	בְּהִקָּבַע
נִקְבַּעְתָּ	נִקְבַּעְתֶּם	תִּקָּבַע	תִּקָּבְעוּ	נִקְבַּעַת	הִקָּבְעִי	כְּהִקָּבַע
נִקְבַּעַתְּ	נִקְבַּעְתֶּן	תִּקָּבְעִי	תִּקָּבַעְנָה	(נִקְבָּעָה)	הִקָּבְעוּ	לְהִקָּבַע
נִקְבַּע	נִקְבְּעוּ	יִקָּבַע	יִקָּבְעוּ	נִקְבָּעִים	הִקָּבַעְנָה	מֵהִקָּבַע
נִקְבְּעָה		תִּקָּבַע	תִּקָּבַעְנָה	נִקְבָּעוֹת		

Pi'el

III — קִבַּע — קַבַּע to wedge in: קַבַּע, קַבַּע

Past		*Future*		*Present*	*Imperative*	*Gerund*
קִבַּעְתִּי	קִבַּעְנוּ	אֲקַבַּע	נְקַבַּע	מְקַבֵּעַ	קַבַּע	בְּקַבַּע
קִבַּעְתָּ	קִבַּעְתֶּם	תְּקַבַּע	תְּקַבְּעוּ	מְקַבַּעַת	קַבְּעִי	כְּקַבַּע
קִבַּעַתְּ	קִבַּעְתֶּן	תְּקַבְּעִי	תְּקַבַּעְנָה	(מְקַבְּעָה)	קַבְּעוּ	לְקַבַּע
קִבַּע	קִבְּעוּ	יְקַבַּע	יְקַבְּעוּ	מְקַבְּעִים	קַבַּעְנָה	מִקַּבַּע
קִבְּעָה		תְּקַבַּע	תְּקַבַּעְנָה	מְקַבְּעוֹת		

Pu'al

IV — קֻבַּע — קֻבַּע to be wedged in: קֻבֹּעַ

Past		*Future*		*Present*
קֻבַּעְתִּי	קֻבַּעְנוּ	אֲקֻבַּע	נְקֻבַּע	מְקֻבָּע
קֻבַּעְתָּ	קֻבַּעְתֶּם	תְּקֻבַּע	תְּקֻבְּעוּ	מְקֻבַּעַת
קֻבַּעַתְּ	קֻבַּעְתֶּן	תְּקֻבְּעִי	תְּקֻבַּעְנָה	(מְקֻבָּעָה)
קֻבַּע	קֻבְּעוּ	יְקֻבַּע	יְקֻבְּעוּ	מְקֻבָּעִים
קֻבְּעָה		תְּקֻבַּע	תְּקֻבַּעְנָה	מְקֻבָּעוֹת

קבע

Hif'il

V – הִקְבִּיעַ – הַקְבִּיעַ to set in place, to install: הַקְבִּיעַ, הַקְבֵּעַ

Past		Future		Present	Imperative	Gerund
הִקְבַּעְתִּי	הִקְבַּעְנוּ	אַקְבִּיעַ	נַקְבִּיעַ	מַקְבִּיעַ	הַקְבֵּעַ	בְּהַקְבִּיעַ
הִקְבַּעְתָּ	הִקְבַּעְתֶּם	תַּקְבִּיעַ	תַּקְבִּיעוּ	מַקְבַּעַת	הַקְבִּיעִי	כְּהַקְבִּיעַ
הִקְבַּעַתְּ	הִקְבַּעְתֶּן	תַּקְבִּיעִי	תַּקְבֵּעְנָה	(מַקְבִּיעָה)	הַקְבִּיעוּ	לְהַקְבִּיעַ
הִקְבִּיעַ	הִקְבִּיעוּ	יַקְבִּיעַ	יַקְבִּיעוּ	מַקְבִּיעִים	הַקְבֵּעְנָה	מֵהַקְבִּיעַ
הִקְבִּיעָה		תַּקְבִּיעַ	תַּקְבֵּעְנָה	מַקְבִּיעוֹת		

Huf'al

VI – הָקְבַּע – הָקְבַּע to be set in place, to be installed: הָקְבַּע

Past		Future		Present
הָקְבַּעְתִּי	הָקְבַּעְנוּ	אָקְבַּע	נָקְבַּע	מָקְבָּע
הָקְבַּעְתָּ	הָקְבַּעְתֶּם	תָּקְבַּע	תָּקְבְּעוּ	מָקְבַּעַת
הָקְבַּעַתְּ	הָקְבַּעְתֶּן	תָּקְבְּעִי	תָּקְבַּעְנָה	(מָקְבָּעָה)
הָקְבַּע	הָקְבְּעוּ	יָקְבַּע	יָקְבְּעוּ	מָקְבָּעִים
הָקְבְּעָה		תָּקְבַּע	תָּקְבַּעְנָה	מָקְבָּעוֹת

Hitpa'el

VII*–

* This root has not developed this form.

קוה

Kal

I – קָוָה – קְוֵה to collect: **קְווֹת, קָוֹה**

Past		*Future*		*Present*	*Passive Present*	*Imperative*	*Gerund*
קָוִיתִי	קָוִינוּ	אֶקְוֶה	נִקְוֶה	קוֹוֶה	קָווּי	קְוֵה	בִּקְווֹת
קָוִיתָ	קְוִיתֶם	תִּקְוֶה	תִּקְווּ	קוֹוָה	קְווּיָה	קְוִי	כִּקְווֹת
קָוִית	קְוִיתֶן	תִּקְוִי	תִּקְוֶינָה	קוֹוִים	קְווּיִים	קְווּ	לִקְווֹת
קָוָה	קָווּ	יִקְוֶה	יִקְווּ	קוֹווֹת	קְווּיוֹת	קְוֶינָה	מִקְווֹת
קָוְתָה		תִּקְוֶה	תִּקְוֶינָה				

Nif'al

II – נִקְוָה – הִקָּוֵה to be collected: **הִקָּוֵה, הִקָּוֵה**

Past		*Future*		*Present*	*Imperative*	*Gerund*
נִקְוֵיתִי	נִקְוִינוּ	אֶקָּוֶה	נִקָּוֶה	נִקְוֶה	הִקָּוֵה	בְּהִקָּווֹת
נִקְוֵיתָ	נִקְוֵיתֶם	תִּקָּוֶה	תִּקָּווּ	נִקְוֵית	הִקָּוִי	כְּהִקָּווֹת
נִקְוֵית	נִקְוֵיתֶן	תִּקָּוִי	תִּקָּוֶינָה	(נִקְוָה)	הִקָּווּ	לְהִקָּווֹת
נִקְוָה	נִקְווּ	יִקָּוֶה	יִקָּווּ	נִקְוִים	הִקָּוֶינָה	מֵהִקָּווֹת
נִקְוְתָה		תִּקָּוֶה	תִּקָּוֶינָה	נִקְווֹת		

Pi'el

III – קִוָּה – קַוֵּה to hope, to expect: **קַוּוֹת, קַוֵּה**

Past		*Future*		*Present*	*Imperative*	*Gerund*
קִוִּיתִי	קִוִּינוּ	אֲקַוֶּה	נְקַוֶּה	מְקַוֶּה	קַוֵּה	בְּקַוּוֹת
קִוִּיתָ	קִוִּיתֶם	תְּקַוֶּה	תְּקַוּוּ	מְקַוָּה	קַוִּי	כְּקַוּוֹת
קִוִּית	קִוִּיתֶן	תְּקַוִּי	תְּקַוֶּינָה	מְקַוִּים	קַוּוּ	לְקַוּוֹת
קִוָּה	קִוּוּ	יְקַוֶּה	יְקַוּוּ	מְקַוּוֹת	קַוֶּינָה	מְקַוּוֹת
קִוְּתָה		תְּקַוֶּה	תְּקַוֶּינָה			

Pu'al

IV – קֻוָּה – קֻוֵּה to be hoped, to be expected: **קֻוֹּה**

Past		*Future*		*Present*
קֻוֵּיתִי	קֻוֵּינוּ	אֲקֻוֶּה	נְקֻוֶּה	מְקֻוֶּה
קֻוֵּיתָ	קֻוֵּיתֶם	תְּקֻוֶּה	תְּקֻוּוּ	מְקֻוָּה
קֻוֵּית	קֻוֵּיתֶן	תְּקֻוִּי	תְּקֻוֶּינָה	מְקֻוִּים
קֻוָּה	קֻוּוּ	יְקֻוֶּה	יְקֻוּוּ	מְקֻוּוֹת
קֻוְּתָה		תְּקֻוֶּה	תְּקֻוֶּינָה	

קוה

Hif'il

V – הִקְוָה – הַקְוֵה to rouse hope, to cause to collect: הַקְווֹת, הַקְוֵה

Past		*Future*		*Present*	*Imperative*	*Gerund*
הִקְוֵיתִי	הִקְוִינוּ	אַקְוֶה	נַקְוֶה	מַקְוֶה	הַקְוֵה	בְּהַקְווֹת
הִקְוֵיתָ	הִקְוֵיתֶם	תַּקְוֶה	תַּקְווּ	מַקְוָה	הַקְוִי	כְּהַקְווֹת
הִקְוֵית	הִקְוֵיתֶן	תַּקְוִי	תַּקְוֶינָה	מַקְוִים	הַקְווּ	לְהַקְווֹת
הִקְוָה	הִקְווּ	יַקְוֶה	יַקְווּ	מַקְווֹת	הַקְוֶינָה	מֵהַקְווֹת
הִקְוְתָה		תַּקְוֶה	תַּקְוֶינָה			

Huf'al

VI – הָקְוָה – הָקְוֵה to be made to collect: הָקְוֵה

Past		*Future*		*Present*
הָקְוֵיתִי	הָקְוִינוּ	אָקְוֶה	נָקְוֶה	מָקְוֶה
הָקְוֵיתָ	הָקְוֵיתֶם	תָּקְוֶה	תָּקְווּ	מָקְוָה
חָקְוֵית	הָקְוֵיתֶן	תָּקְוִי	תָּקְוֶינָה	מָקְוִים
הָקְוָה	הָקְווּ	יָקְוֶח	יָקְווּ	מָקְווֹת
חָקְוְתָה		תָּקְוֶה	תָּקְוֶינָה	

Hitpa'el

VII*–

* This root has not developed this form.

קום א׳

Kal

I — קָם — קוּם to stand up, to stand: קוּם, קוּם

Past		Future		Present	Imperative	Gerund
קַמְתִּי	קַמְנוּ	אָקוּם	נָקוּם	קָם	קוּם	בְּקוּם
קַמְתָּ	קַמְתֶּם	תָּקוּם	תָּקוּמוּ	קָמָה	קוּמִי	כְּקוּם
קַמְתְּ	קַמְתֶּן	תָּקוּמִי	תָּקֹמְנָה	קָמִים	קוּמוּ	לָקוּם
קָם	קָמוּ	יָקוּם	יָקוּמוּ	קָמוֹת	קֹמְנָה	מִקּוּם
קָמָה		תָּקוּם	תָּקֹמְנָה			

Nif'al

II*—

* This root has not developed this form.

Pi'el

III — קוֹמֵם — קוֹמֵם to arouse, to restore: קוֹמֵם, קוֹמֵם

Past		Future		Present	Imperative	Gerund
קוֹמַמְתִּי	קוֹמַמְנוּ	אֲקוֹמֵם	נְקוֹמֵם	מְקוֹמֵם	קוֹמֵם	בְּקוֹמֵם
קוֹמַמְתָּ	קוֹמַמְתֶּם	תְּקוֹמֵם	תְּקוֹמְמוּ	מְקוֹמֶמֶת	קוֹמְמִי	כְּקוֹמֵם
קוֹמַמְתְּ	קוֹמַמְתֶּן	תְּקוֹמְמִי	תְּקוֹמֵמְנָה	(מְקוֹמְמָה)	קוֹמְמוּ	לְקוֹמֵם
קוֹמֵם	קוֹמְמוּ	יְקוֹמֵם	יְקוֹמְמוּ	מְקוֹמְמִים	קוֹמֵמְנָה	מְקוֹמֵם
קוֹמְמָה		תְּקוֹמֵם	תְּקוֹמֵמְנָה	מְקוֹמְמוֹת		

Pu'al

IV — קוֹמַם — קוֹמַם to be aroused, to be restored: קוֹמַם

Past		Future		Present
קוֹמַמְתִּי	קוֹמַמְנוּ	אֲקוֹמַם	נְקוֹמַם	מְקוֹמָם
קוֹמַמְתָּ	קוֹמַמְתֶּם	תְּקוֹמַם	תְּקוֹמְמוּ	מְקוֹמֶמֶת
קוֹמַמְתְּ	קוֹמַמְתֶּן	תְּקוֹמְמִי	תְּקוֹמַמְנָה	(מְקוֹמָמָה)
קוֹמַם	קוֹמְמוּ	יְקוֹמַם	יְקוֹמְמוּ	מְקוֹמָמִים
קוֹמְמָה		תְּקוֹמַם	תְּקוֹמַמְנָה	מְקוֹמָמוֹת

קום א׳

Hif'il

V – הָקִים – הֵקִים to raise, to establish: **הָקִים, הָקֵם**

Past		Future		Present	Imperative	Gerund
*הֵקַמְתִּי	הֵקַמְנוּ	אָקִים	נָקִים	מֵקִים	הָקֵם	בְּהָקִים
הֵקַמְתָּ	הֲקַמְתֶּם	תָּקִים	תָּקִימוּ	מְקִימָה	הָקִימִי	כְּהָקִים
הֵקַמְתְּ	הֲקַמְתֶּן	תָּקִימִי	תָּקֵמְנָה }	מְקִימִים	הָקִימוּ	לְהָקִים
הֵקִים	הֵקִימוּ	יָקִים	תְּקִימֶינָה }	מְקִימוֹת	הָקֵמְנָה	מֵהָקִים
הֵקִימָה		תָּקִים	יָקִימוּ			
			תָּקֵמְנָה }			
			תְּקִימֶינָה }			

* or: הֲקִימוֹתִי הֲקִימוֹתָ הֲקִימוֹת הֵקִים הֵקִימָה ect.

Huf'al

VI – הוּקַם – הוּקַם to be raised, to be established: **הוּקֵם**

Past		Future		Present
הוּקַמְתִּי	הוּקַמְנוּ	אוּקַם	נוּקַם	מוּקָם
הוּקַמְתָּ	הוּקַמְתֶּם	תוּקַח	תוּקְמוּ	מוּקֶמֶת
הוּקַמְתְּ	הוּקַמְתֶּן	תוּקְמִי	תוּקַמְנָה	(מוּקָמָח)
הוּקַם	הוּקְמוּ	יוּקַם	יוּקְמוּ	מוּקָמִים
הוּקְמָה		תוּקַם	תוּקַמְנָה	מוּקָמוֹת

Hitpa'el

VII – הִתְקוֹמֵם – הִתְקוֹמֵם to rise against: **הִתְקוֹמֵם, הִתְקוֹמֵם**

Past		Future		Present	Imperative	Gerund
הִתְקוֹמַמְתִּי	הִתְקוֹמַמְנוּ	אֶתְקוֹמֵם	נִתְקוֹמֵם	מִתְקוֹמֵם	הִתְקוֹמֵם	בְּהִתְקוֹמֵם
הִתְקוֹמַמְתָּ	הִתְקוֹמַמְתֶּם	תִּתְקוֹמֵם	תִּתְקוֹמְמוּ	מִתְקוֹמֶמֶת	הִתְקוֹמְמִי	כְּהִתְקוֹמֵם
הִתְקוֹמַמְתְּ	הִתְקוֹמַמְתֶּן	תִּתְקוֹמְמִי	תִּתְקוֹמֵמְנָה	(מִתְקוֹמְמָה)	הִתְקוֹמְמוּ	לְהִתְקוֹמֵם
הִתְקוֹמֵם	הִתְקוֹמְמוּ	יִתְקוֹמֵם	יִתְקוֹמְמוּ	מִתְקוֹמְמִים	הִתְקוֹמֵמְנָה	מֵהִתְקוֹמֵם
הִתְקוֹמְמָה		תִּתְקוֹמֵם	תִּתְקוֹמֵמְנָה	מִתְקוֹמְמוֹת		

קום ב׳

Kal

I*—

Nif'al

II*—

* This root has not developed this form.

Pi'el

III — קַיֵּם — קִיֵּם to fulfill, to preserve: **קַיֵּם, קַיֵּם**

Past		*Future*		*Present*	*Imperative*	*Gerund*
קִיַּמְתִּי	קִיַּמְנוּ	אֲקַיֵּם	נְקַיֵּם	מְקַיֵּם	קַיֵּם	בְּקַיֵּם
קִיַּמְתָּ	קִיַּמְתֶּם	תְּקַיֵּם	תְּקַיְּמוּ	מְקַיֶּמֶת	קַיְּמִי	כְּקַיֵּם
קִיַּמְתְּ	קִיַּמְתֶּן	תְּקַיְּמִי	תְּקַיֵּמְנָה	(מְקַיְּמָה)	קַיְּמוּ	לְקַיֵּם
קִיֵּם	קִיְּמוּ	יְקַיֵּם	יְקַיְּמוּ	מְקַיְּמִים	קַיֵּמְנָה	מִקַּיֵּם
קִיְּמָה		תְּקַיֵּם	תְּקַיֵּמְנָה	מְקַיְּמוֹת		

Pu'al

IV — קֻיַּם — קֻיַּם to be fulfilled, to be preserved: **קֻיַּם**

Past		*Future*		*Present*
קֻיַּמְתִּי	קֻיַּמְנוּ	אֲקֻיַּם	נְקֻיַּם	מְקֻיָּם
קֻיַּמְתָּ	קֻיַּמְתֶּם	תְּקֻיַּם	תְּקֻיְּמוּ	מְקֻיֶּמֶת
קֻיַּמְתְּ	קֻיַּמְתֶּן	תְּקֻיְּמִי	תְּקֻיַּמְנָה	(מְקֻיָּמָה)
קֻיַּם	קֻיְּמוּ	יְקֻיַּם	יְקֻיְּמוּ	מְקֻיָּמִים
קֻיְּמָה		תְּקֻיַּם	תְּקֻיַּמְנָה	מְקֻיָּמוֹת

קום ב׳

Hif'il

V*–

Huf'al

VI*–

* This root has not developed this form.

Hitpa'el

VII – הִתְקַיֵּם – הִתְקַיֵּם to exist, to be realized: הִתְקַיֵּם, הִתְקַיֵּם

Past		Future		Present	Imperative	Gerund
הִתְקַיַּמְתִּי	הִתְקַיַּמְנוּ	אֶתְקַיֵּם	נִתְקַיֵּם	מִתְקַיֵּם	הִתְקַיֵּם	בְּהִתְקַיֵּם
הִתְקַיַּמְתָּ	הִתְקַיַּמְתֶּם	תִּתְקַיֵּם	תִּתְקַיְּמוּ	מִתְקַיֶּמֶת	הִתְקַיְּמִי	כְּהִתְקַיֵּם
הִתְקַיַּמְתְּ	הִתְקַיַּמְתֶּן	תִּתְקַיְּמִי	תִּתְקַיֵּמְנָה	(מִתְקַיְּמָה)	הִתְקַיְּמוּ	לְהִתְקַיֵּם
הִתְקַיֵּם	הִתְקַיְּמוּ	יִתְקַיֵּם	יִתְקַיְּמוּ	מִתְקַיְּמִים	הִתְקַיֵּמְנָה	מֵהִתְקַיֵּם
הִתְקַיְּמָה		תִּתְקַיֵּם	תִּתְקַיֵּמְנָה	מִתְקַיְּמוֹת		

Nitpa'el: Passive Past — נִתְקַיְּמָה נִתְקַיֵּם נִתְקַיַּמְתְּ נִתְקַיַּמְתָּ נִתְקַיַּמְתִּי
נִתְקַיְּמוּ נִתְקַיַּמְתֶּן נִתְקַיַּמְתֶּם נִתְקַיַּמְנוּ

קנה

Kal

I – קָנָה – קְנֵה to buy, to acquire: קְנוֹת, קָנֹה

Past		*Future*		*Present*	*Passive Present*	*Imperative*	*Gerund*
קָנִיתִי	קָנִינוּ	אֶקְנֶה	נִקְנֶה	קוֹנֶה	קָנוּי	קְנֵה	בִּקְנוֹת
קָנִיתָ	קְנִיתֶם	תִּקְנֶה	תִּקְנוּ	קוֹנָה	קְנוּיָה	קְנִי	כִּקְנוֹת
קָנִית	קְנִיתֶן	תִּקְנִי	תִּקְנֶינָה	קוֹנִים	קְנוּיִים	קְנוּ	לִקְנוֹת
קָנָה	קָנוּ	יִקְנֶה	יִקְנוּ	קוֹנוֹת	קְנוּיוֹת	קְנֶינָה	מִקְנוֹת
קָנְתָה		תִּקְנֶה	תִּקְנֶינָה				

Nif'al

II – נִקְנָה – הִקָּנֵה to be bought: הִקָּנוֹת, הִקָּנֵה

Past		*Future*		*Present*	*Imperative*	*Gerund*
נִקְנֵיתִי	נִקְנֵינוּ	אֶקָּנֶה	נִקָּנֶה	נִקְנֶה	הִקָּנֵה	בְּהִקָּנוֹת
נִקְנֵיתָ	נִקְנֵיתֶם	תִּקָּנֶה	תִּקָּנוּ	נִקְנֵית	הִקָּנִי	כְּהִקָּנוֹת
נִקְנֵית	נִקְנֵיתֶן	תִּקָּנִי	תִּקָּנֶינָה	(נִקְנָה)	הִקָּנוּ	לְהִקָּנוֹת
נִקְנָה	נִקְנוּ	יִקָּנֶה	יִקָּנוּ	נִקְנִים	הִקָּנֶינָה	מֵהִקָּנוֹת
נִקְנְתָה		תִּקָּנֶה	תִּקָּנֶינָה	נִקְנוֹת		

Pi'el

III*–

Pu'al

IV*–

* This root has not developed this form.

קנה

Hif'il

V – הִקְנָה – הַקְנֵה to sell, to transfer possession: הַקְנוֹת, הַקְנֵה

Past		*Future*		*Present*	*Imperative*	*Gerund*
הִקְנֵיתִי	הִקְנִינוּ	אַקְנֶה	נַקְנֶה	מַקְנֶה	הַקְנֵה	בְּהַקְנוֹת
הִקְנֵיתָ	הִקְנֵיתֶם	תַּקְנֶה	תַּקְנוּ	מַקְנָה	הַקְנִי	כְּהַקְנוֹת
הִקְנֵית	הִקְנֵיתֶן	תַּקְנִי	תַּקְנֶינָה	(מַקְנֵית)	הַקְנוּ	לְהַקְנוֹת
הִקְנָה	הִקְנוּ	יַקְנֶה	יַקְנוּ	מַקְנִים	הַקְנֶינָה	מֵהַקְנוֹת
הִקְנְתָה		תַּקְנֶה	תַּקְנֶינָה	מַקְנוֹת		

Huf'al

VI – הֻקְנָה – הֻקְנֵה to be sold to: הֻקְנֵה

Past		*Future*		*Present*
הֻקְנֵיתִי	הֻקְנֵינוּ	אֻקְנֶה	נֻקְנֶה	מֻקְנֶה
הֻקְנֵיתָ	הֻקְנֵיתֶם	תֻּקְנֶה	תֻּקְנוּ	מֻקְנֵית
הֻקְנֵית	הֻקְנֵיתֶן	תֻּקְנִי	תֻּקְנֶינָה	(מֻקְנָה)
הֻקְנָה	הֻקְנוּ	יֻקְנֶה	יֻקְנוּ	מֻקְנִים
הֻקְנְתָה		תֻּקְנֶה	תֻּקְנֶינָה	מֻקְנוֹת

Hitpa'el

VII*–

* This root has not developed this form.

קפץ

Kal

I – קָפַץ – קְפֹץ to jump, to leap: **קְפֹץ, קָפֹץ**

Past		*Future*		*Present*	*Imperative*	*Gerund*
קָפַצְתִּי	קָפַצְנוּ	אֶקְפֹּץ	נִקְפֹּץ	קוֹפֵץ	קְפֹץ	בִּקְפֹּץ
קָפַצְתָּ	קְפַצְתֶּם	תִּקְפֹּץ	תִּקְפְּצוּ	קוֹפֶצֶת	קִפְצִי	כִּקְפֹּץ
קָפַצְתְּ	קְפַצְתֶּן	תִּקְפְּצִי	תִּקְפֹּצְנָה	(קוֹפְצָה)	קִפְצוּ	לִקְפֹּץ
קָפַץ	קָפְצוּ	יִקְפֹּץ	יִקְפְּצוּ	קוֹפְצִים	קְפֹצְנָה	מִקְפֹּץ
קָפְצָה		תִּקְפֹּץ	תִּקְפֹּצְנָה	קוֹפְצוֹת		

Nif'al

II – נִקְפַּץ – הִקָּפֵץ to draw oneself in: **הִקָּפֵץ, הִקָּפֵץ**

Past		*Future*		*Present*	*Imperative*	*Gerund*
נִקְפַּצְתִּי	נִקְפַּצְנוּ	אֶקָּפֵץ	נִקָּפֵץ	נִקְפָּץ	הִקָּפֵץ	בְּהִקָּפֵץ
נִקְפַּצְתָּ	נִקְפַּצְתֶּם	תִּקָּפֵץ	תִּקָּפְצוּ	נִקְפֶּצֶת	הִקָּפְצִי	כְּהִקָּפֵץ
נִקְפַּצְתְּ	נִקְפַּצְתֶּן	תִּקָּפְצִי	תִּקָּפַצְנָה	(נִקְפָּצָה)	הִקָּפְצוּ	לְהִקָּפֵץ
נִקְפַּץ	נִקְפְּצוּ	יִקָּפֵץ	יִקָּפְצוּ	נִקְפָּצִים	הִקָּפַצְנָה	מֵהִקָּפֵץ
נִקְפְּצָה		תִּקָּפֵץ	תִּקָּפַצְנָה	נִקְפָּצוֹת		

Pi'el

III – קִפֵּץ – קַפֵּץ to skip, to sprint: **קַפֵּץ, קַפֵּץ**

Past		*Future*		*Present*	*Imperative*	*Gerund*
קִפַּצְתִּי	קִפַּצְנוּ	אֲקַפֵּץ	נְקַפֵּץ	מְקַפֵּץ	קַפֵּץ	בְּקַפֵּץ
קִפַּצְתָּ	קִפַּצְתֶּם	תְּקַפֵּץ	תְּקַפְּצוּ	מְקַפֶּצֶת	קַפְּצִי	כְּקַפֵּץ
קִפַּצְתְּ	קִפַּצְתֶּן	תְּקַפְּצִי	תְּקַפֵּצְנָה	(מְקַפְּצָה)	קַפְּצוּ	לְקַפֵּץ
קִפֵּץ	קִפְּצוּ	יְקַפֵּץ	יְקַפְּצוּ	מְקַפְּצִים	קַפֵּצְנָה	מִקַּפֵּץ
קִפְּצָה		תְּקַפֵּץ	תְּקַפֵּצְנָה	מְקַפְּצוֹת		

Pu'al

IV*–

* This root has not developed this form.

קפץ

Hif'il

V – הִקְפִּיץ – הַקְפִּיץ to cause to leap, to bounce: הַקְפִּיץ, הַקְפֵּץ

Past		*Future*		*Present*	*Imperative*	*Gerund*
הִקְפַּצְתִּי	הִקְפַּצְנוּ	אַקְפִּיץ	נַקְפִּיץ	מַקְפִּיץ	הַקְפֵּץ	בְּהַקְפִּיץ
הִקְפַּצְתָּ	הִקְפַּצְתֶּם	תַּקְפִּיץ	תַּקְפִּיצוּ	מַקְפֶּצֶת	הַקְפִּיצִי	כְּהַקְפִּיץ
הִקְפַּצְתְּ	הִקְפַּצְתֶּן	תַּקְפִּיצִי	תַּקְפֵּצְנָה	(מַקְפִּיצָה)	הַקְפִּיצוּ	לְהַקְפִּיץ
הִקְפִּיץ	הִקְפִּיצוּ	יַקְפִּיץ	יַקְפִּיצוּ	מַקְפִּיצִים	הַקְפֵּצְנָה	מֵהַקְפִּיץ
הִקְפִּיצָה		תַּקְפִּיץ	תַּקְפֵּצְנָה	מַקְפִּיצוֹת		

Huf'al

VI – הָקְפַּץ – הָקְפַּץ to be made to bounce, to be skipped: הָקְפֵּץ

Past		*Future*		*Present*
הָקְפַּצְתִּי	הָקְפַּצְנוּ	אָקְפַּץ	נָקְפַּץ	מָקְפָּץ
הָקְפַּצְתָּ	הָקְפַּצְתֶּם	תָּקְפַּץ	תָּקְפְּצוּ	מָקְפֶּצֶת
הָקְפַּצְתְּ	הָקְפַּצְתֶּן	תָּקְפְּצִי	תָּקְפַּצְנָה	(מָקְפָּצָה)
הָקְפַּץ	הָקְפְּצוּ	יָקְפַּץ	יָקְפְּצוּ	מָקְפָּצִים
הָקְפְּצָה		תָּקְפַּץ	תָּקְפַּצְנָה	מָקְפָּצוֹת

Hitpa'el

VII – הִתְקַפֵּץ – הִתְקַפֵּץ to contract, to become smaller: הִתְקַפֵּץ, הִתְקַפֵּץ

Past		*Future*		*Present*	*Imperative*	*Gerund*
הִתְקַפַּצְתִּי	הִתְקַפַּצְנוּ	אֶתְקַפֵּץ	נִתְקַפֵּץ	מִתְקַפֵּץ	הִתְקַפֵּץ	בְּהִתְקַפֵּץ
הִתְקַפַּצְתָּ	הִתְקַפַּצְתֶּם	תִּתְקַפֵּץ	תִּתְקַפְּצוּ	מִתְקַפֶּצֶת	הִתְקַפְּצִי	כְּהִתְקַפֵּץ
הִתְקַפַּצְתְּ	הִתְקַפַּצְתֶּן	תִּתְקַפְּצִי	תִּתְקַפֵּצְנָה	(מִתְקַפְּצָה)	הִתְקַפְּצוּ	לְהִתְקַפֵּץ
הִתְקַפֵּץ	הִתְקַפְּצוּ	יִתְקַפֵּץ	יִתְקַפְּצוּ	מִתְקַפְּצִים	הִתְקַפֵּצְנָה	מֵהִתְקַפֵּץ
הִתְקַפְּצָה		תִּתְקַפֵּץ	תִּתְקַפֵּצְנָה	מִתְקַפְּצוֹת		

Nitpa'el: Passive Past — נִתְקַפְּצָה נִתְקַפֵּץ נִתְקַפַּצְתְּ נִתְקַפַּצְתָּ נִתְקַפַּצְתִּי etc.

קרא

Kal

I – קָרָא – קְרָא to call, to name, to read: **קְרֹא, קָרֹא**

Past		*Future*		*Present*	*Passive Present*	*Imperative*	*Gerund*
קָרָאתִי	קָרָאנוּ	אֶקְרָא	נִקְרָא	קוֹרֵא	* קָרוּא	קְרָא	בִּקְרֹא
קָרָאתָ	קְרָאתֶם	תִּקְרָא	תִּקְרְאוּ	קוֹרֵאת	קְרוּאָה	קִרְאִי	כִּקְרֹא
קָרָאת	קְרָאתֶן	תִּקְרְאִי	תִּקְרֶאנָה	קוֹרְאִים	קְרוּאִים	קִרְאוּ	לִקְרֹא
קָרָא	קָרְאוּ	יִקְרָא	יִקְרְאוּ	קוֹרְאוֹת	קְרוּאוֹת	קְרֶאנָה	מִקְּרֹא
קָרְאָה		תִּקְרָא	תִּקְרֶאנָה				

* or: קָרוּי קְרוּיָה קְרוּיִים קְרוּיוֹת

Nif'al

II – נִקְרָא – הִקָּרֵא to be called, to be read: **הִקָּרֵא, הִקָּרֵא**

Past		*Future*		*Present*	*Imperative*	*Gerund*
נִקְרֵאתִי	נִקְרֵאנוּ	אֶקָּרֵא	נִקָּרֵא	נִקְרָא	הִקָּרֵא	בְּהִקָּרֵא
נִקְרֵאתָ	נִקְרֵאתֶם	תִּקָּרֵא	תִּקָּרְאוּ	נִקְרֵאת	הִקָּרְאִי	כְּהִקָּרֵא
נִקְרֵאת	נִקְרֵאתֶן	תִּקָּרְאִי	תִּקָּרֶאנָה	(נִקְרָאָה)	הִקָּרְאוּ	לְהִקָּרֵא
נִקְרָא	נִקְרְאוּ	יִקָּרֵא	יִקָּרְאוּ	נִקְרָאִים	הִקָּרֶאנָה	מֵהִקָּרֵא
נִקְרְאָה		תִּקָּרֵא	תִּקָּרֶאנָה	נִקְרָאוֹת		

Pi'el

III–**

Pu'al

IV–**

** This root has not developed this form.

קרא

Hif'il

V – הִקְרִיא – הַקְרִיא to give a reading, to dictate: הַקְרִיא, הַקְרֵא

Past		Future		Present	Imperative	Gerund
הִקְרֵאתִי	הִקְרֵאנוּ	אַקְרִיא	נַקְרִיא	מַקְרִיא	הַקְרֵא	בְּהַקְרִיא
הִקְרֵאתָ	הִקְרֵאתֶם	תַּקְרִיא	תַּקְרִיאוּ	מַקְרִיאָה	הַקְרִיאִי	כְּהַקְרִיא
הִקְרֵאת	הִקְרֵאתֶן	תַּקְרִיאִי	תַּקְרֶאנָה	(מַקְרֵאת)	הַקְרִיאוּ	לְהַקְרִיא
הִקְרִיא	הִקְרִיאוּ	יַקְרִיא	יַקְרִיאוּ	מַקְרִיאִים	הַקְרֶאנָה	מֵהַקְרִיא
הִקְרִיאָה		תַּקְרִיא	תַּקְרֶאנָה	מַקְרִיאוֹת		

Huf'al

VI – הָקְרָא – הָקְרָא to be read in public, to be dictated: הָקְרֵא

Past		Future		Present
הָקְרֵאתִי	הָקְרֵאנוּ	אָקְרָא	נָקְרָא	מָקְרָא
הָקְרֵאתָ	הָקְרֵאתֶם	תָּקְרָא	תָּקְרְאוּ	מָקְרֵאת
הָקְרֵאת	הָקְרֵאתֶן	תָּקְרְאִי	תָּקְרֶאנָה	(מָקְרָאָה)
הָקְרָא	הָקְרְאוּ	יָקְרָא	יָקְרְאוּ	מָקְרָאִים
הָקְרְאָה		תָּקְרָא	תָּקְרֶאנָה	מָקְרָאוֹת

Hitpa'el

VII – הִתְקָרֵא – הִתְקָרֵא to be named: הִתְקָרֵא, הִתְקָרֵא

Past		Future		Present	Imperative	Gerund
הִתְקָרֵאתִי	הִתְקָרֵאנוּ	אֶתְקָרֵא	נִתְקָרֵא	מִתְקָרֵא	הִתְקָרֵא	בְּהִתְקָרֵא
הִתְקָרֵאתָ	הִתְקָרֵאתֶם	תִּתְקָרֵא	תִּתְקָרְאוּ	מִתְקָרֵאת	הִתְקָרְאִי	כְּהִתְקָרֵא
הִתְקָרֵאת	הִתְקָרֵאתֶן	תִּתְקָרְאִי	תִּתְקָרֶאנָה	(מִתְקָרְאָה)	הִתְקָרְאוּ	לְהִתְקָרֵא
הִתְקָרֵא	הִתְקָרְאוּ	יִתְקָרֵא	יִתְקָרְאוּ	מִתְקָרְאִים	הִתְקָרֶאנָה	מֵהִתְקָרֵא
הִתְקָרְאָה		תִּתְקָרֵא	תִּתְקָרֶאנָה	מִתְקָרְאוֹת		

קרב

Kal

I — קָרַב — קְרַב to approach, to come near: קְרֹב, קָרוֹב

Past		*Future*		*Present*	*Imperative*	*Gerund*
קָרַבְתִּי	קָרַבְנוּ	אֶקְרַב	נִקְרַב	קָרֵב	קְרַב	בִּקְרֹב
קָרַבְתָּ	קְרַבְתֶּם	תִּקְרַב	תִּקְרְבוּ	קְרֵבָה	קִרְבִי	כִּקְרֹב
קָרַבְתְּ	קְרַבְתֶּן	תִּקְרְבִי	תִּקְרַבְנָה	קְרֵבִים	קִרְבוּ	לִקְרֹב
קָרַב	קָרְבוּ	יִקְרַב	יִקְרְבוּ	קְרֵבוֹת	קְרַבְנָה	מִקְּרֹב
קָרְבָה		תִּקְרַב	תִּקְרַבְנָה			

Nif'al

II — נִקְרַב — הִקָּרֵב to be brought near, to be sacrificed: הִקָּרֵב, הִקָּרֵב

Past		*Future*		*Present*	*Imperative*	*Gerund*
נִקְרַבְתִּי	נִקְרַבְנוּ	אֶקָּרֵב	נִקָּרֵב	נִקְרָב	הִקָּרֵב	בְּהִקָּרֵב
נִקְרַבְתָּ	נִקְרַבְתֶּם	תִּקָּרֵב	תִּקָּרְבוּ	נִקְרֶבֶת	הִקָּרְבִי	כְּהִקָּרֵב
נִקְרַבְתְּ	נִקְרַבְתֶּן	תִּקָּרְבִי	תִּקָּרַבְנָה	(נִקְרָבָה)	הִקָּרְבוּ	לְהִקָּרֵב
נִקְרַב	נִקְרְבוּ	יִקָּרֵב	יִקָּרְבוּ	נִקְרָבִים	הִקָּרַבְנָה	מֵהִקָּרֵב
נִקְרְבָה		תִּקָּרֵב	תִּקָּרַבְנָה	נִקְרָבוֹת		

Pi'el

III — קֵרֵב — קָרֵב to bring near, to befriend: קָרֵב, קָרֵב

Past		*Future*		*Present*	*Imperative*	*Gerund*
קֵרַבְתִּי	קֵרַבְנוּ	אֲקָרֵב	נְקָרֵב	מְקָרֵב	קָרֵב	בְּקָרֵב
קֵרַבְתָּ	קֵרַבְתֶּם	תְּקָרֵב	תְּקָרְבוּ	מְקָרֶבֶת	קָרְבִי	כְּקָרֵב
קֵרַבְתְּ	קֵרַבְתֶּן	תְּקָרְבִי	תְּקָרֵבְנָה	(מְקָרְבָה)	קָרְבוּ	לְקָרֵב
קֵרֵב	קֵרְבוּ	יְקָרֵב	יְקָרְבוּ	מְקָרְבִים	קָרֵבְנָה	מְקָרֵב
קֵרְבָה		תְּקָרֵב	תְּקָרֵבְנָה	מְקָרְבוֹת		

Pu'al

IV — קֹרַב — קֹרַב to be placed near, to be befriended: קֹרַב

Past		*Future*		*Present*
קֹרַבְתִּי	קֹרַבְנוּ	אֲקֹרַב	נְקֹרַב	מְקֹרָב
קֹרַבְתָּ	קֹרַבְתֶּם	תְּקֹרַב	תְּקֹרְבוּ	מְקֹרֶבֶת
קֹרַבְתְּ	קֹרַבְתֶּן	תְּקֹרְבִי	תְּקֹרַבְנָה	(מְקֹרָבָה)
קֹרַב	קֹרְבוּ	יְקֹרַב	יְקֹרְבוּ	מְקֹרָבִים
קֹרְבָה		תְּקֹרַב	תְּקֹרַבְנָה	מְקֹרָבוֹת

קרב

Hif'il

V – הִקְרִיב – הַקְרִיב to sacrifice: **הַקְרִיב, הַקְרֵב**

Past		Future		Present	Imperative	Gerund
הִקְרַבְתִּי	הִקְרַבְנוּ	אַקְרִיב	נַקְרִיב	מַקְרִיב	הַקְרֵב	בְּהַקְרִיב
הִקְרַבְתָּ	הִקְרַבְתֶּם	תַּקְרִיב	תַּקְרִיבוּ	מַקְרֶבֶת	הַקְרִיבִי	כְּהַקְרִיב
הִקְרַבְתְּ	הִקְרַבְתֶּן	תַּקְרִיבִי	תַּקְרֵבְנָה	(מַקְרִיבָה)	הַקְרִיבוּ	לְהַקְרִיב
הִקְרִיב	הִקְרִיבוּ	יַקְרִיב	יַקְרִיבוּ	מַקְרִיבִים	הַקְרֵבְנָה	מֵהַקְרִיב
הִקְרִיבָה		תַּקְרִיב	תַּקְרֵבְנָה	מַקְרִיבוֹת		

Huf'al

VI – הֻקְרַב – הֻקְרַב to be sacrificed: **הֻקְרֵב**

Past		Future		Present
הֻקְרַבְתִּי	הֻקְרַבְנוּ	אֻקְרַב	נֻקְרַב	מֻקְרָב
הֻקְרַבְתָּ	הֻקְרַבְתֶּם	תֻּקְרַב	תֻּקְרְבוּ	מֻקְרֶבֶת
הֻקְרַבְתְּ	הֻקְרַבְתֶּן	תֻּקְרְבִי	תֻּקְרַבְנָה	(מֻקְרָבָה)
הֻקְרַב	הֻקְרְבוּ	יֻקְרַב	יֻקְרְבוּ	מֻקְרָבִים
הֻקְרְבָה		תֻּקְרַב	תֻּקְרַבְנָה	מֻקְרָבוֹת

Hitpa'el

VII – הִתְקָרֵב – הִתְקָרֵב to come close, to become friendly: **הִתְקָרֵב, הִתְקָרֵב**

Past		Future		Present	Imperative	Gerund
הִתְקָרַבְתִּי	הִתְקָרַבְנוּ	אֶתְקָרֵב	נִתְקָרֵב	מִתְקָרֵב	הִתְקָרֵב	בְּהִתְקָרֵב
הִתְקָרַבְתָּ	הִתְקָרַבְתֶּם	תִּתְקָרֵב	תִּתְקָרְבוּ	מִתְקָרֶבֶת	הִתְקָרְבִי	כְּהִתְקָרֵב
הִתְקָרַבְתְּ	הִתְקָרַבְתֶּן	תִּתְקָרְבִי	תִּתְקָרֵבְנָה	(מִתְקָרְבָה)	הִתְקָרְבוּ	לְהִתְקָרֵב
הִתְקָרֵב	הִתְקָרְבוּ	יִתְקָרֵב	יִתְקָרְבוּ	מִתְקָרְבִים	הִתְקָרֵבְנָה	מֵהִתְקָרֵב
הִתְקָרְבָה		תִּתְקָרֵב	תִּתְקָרֵבְנָה	מִתְקָרְבוֹת		

קרה

Kal

I – קָרָה – קְרֵה to encounter, to happen: קְרוֹת, קָרֹה

Past		Future		Present	Imperative	Gerund
קָרִיתִי	קָרִינוּ	אֶקְרֶה	נִקְרֶה	קוֹרֶה	קְרֵה	בִּקְרוֹת
קָרִיתָ	קְרִיתֶם	תִּקְרֶה	תִּקְרוּ	קוֹרָה	קְרִי	כִּקְרוֹת
קָרִית	קְרִיתֶן	תִּקְרִי	תִּקְרֶינָה	קוֹרִים	קְרוּ	לִקְרוֹת
קָרָה	קָרוּ	יִקְרֶה	יִקְרוּ	קוֹרוֹת	קְרֶינָה	מִקְּרוֹת
קָרְתָה		תִּקְרֶה	תִּקְרֶינָה			

Nif'al

II – נִקְרָה – הִקָּרֵה to happen, to meet: הִקָּרוֹת, הִקָּרֵה

Past		Future		Present	Imperative	Gerund
נִקְרֵיתִי	נִקְרֵינוּ	אֶקָּרֶה	נִקָּרֶה	נִקְרֶה	הִקָּרֵה	בְּהִקָּרוֹת
נִקְרֵיתָ	נִקְרֵיתֶם	תִּקָּרֶה	תִּקָּרוּ	נִקְרֵית	הִקָּרִי	כְּהִקָּרוֹת
נִקְרֵית	נִקְרֵיתֶן	תִּקָּרִי	תִּקָּרֶינָה	(נִקְרָה)	הִקָּרוּ	לְהִקָּרוֹת
נִקְרָה	נִקְרוּ	יִקָּרֶה	יִקָּרוּ	נִקְרִים	הִקָּרֶינָה	מֵהִקָּרוֹת
נִקְרְתָה		תִּקָּרֶה	תִּקָּרֶינָה	נִקְרוֹת		

Pi'el

III – קֵרָה – קָרֵה to lay beams, to roof: קָרוֹת, קָרֵה

Past		Future		Present	Imperative	Gerund
קֵרִיתִי	קֵרִינוּ	אֲקָרֶה	נְקָרֶה	מְקָרֶה	קָרֵה	בְּקָרוֹת
קֵרִיתָ	קֵרִיתֶם	תְּקָרֶה	תְּקָרוּ	מְקָרָה	קָרִי	כְּקָרוֹת
קֵרִית	קֵרִיתֶן	תְּקָרִי	תְּקָרֶינָה	מְקָרִים	קָרוּ	לְקָרוֹת
קֵרָה	קֵרוּ	יְקָרֶה	יְקָרוּ	מְקָרוֹת	קָרֶינָה	מִקָּרוֹת
קֵרְתָה		תְּקָרֶה	תְּקָרֶינָה			

Pu'al

IV – קֹרָה – קֹרֵה to be covered, to be roofed: קֹרֹה

Past		Future		Present
קֹרֵיתִי	קֹרֵינוּ	אֲקֹרֶה	נְקֹרֶה	מְקֹרֶה
קֹרֵיתָ	קֹרֵיתֶם	תְּקֹרֶה	תְּקֹרוּ	מְקֹרָה
קֹרֵית	קֹרֵיתֶן	תְּקֹרִי	תְּקֹרֶינָה	(מְקֹרֵית)
קֹרָה	קֹרוּ	יְקֹרֶה	יְקֹרוּ	מְקֹרִים
קֹרְתָה		תְּקֹרֶה	תְּקֹרֶינָה	מְקֹרוֹת

קרה

Hif'il

V – הִקְרָה – הִקְרֵה **to cause to happen *or* to meet:** הַקְרוֹת, הַקְרֵה

Past		*Future*		*Present*	*Imperative*	*Gerund*
הִקְרֵיתִי	הִקְרֵינוּ	אַקְרֶה	נַקְרֶה	מַקְרֶה	הַקְרֵה	בְּהַקְרוֹת
הִקְרֵיתָ	הִקְרֵיתֶם	תַּקְרֶה	תַּקְרוּ	מַקְרָה	הַקְרִי	כְּהַקְרוֹת
הִקְרֵית	הִקְרֵיתֶן	תַּקְרִי	תַּקְרֶינָה	מַקְרִים	הַקְרוּ	לְהַקְרוֹת
הִקְרָה	הִקְרוּ	יַקְרֶה	יַקְרוּ	מַקְרוֹת	הַקְרֶינָה	מֵהַקְרוֹת
הִקְרְתָה		תַּקְרֶה	תַּקְרֶינָה			

Hof'al

VI – הָקְרָה – הָקְרֵה **to be made to happen:** הָקְרֵה

Past		*Future*		*Present*
הָקְרֵיתִי	הָקְרֵינוּ	אָקְרֶה	נָקְרֶה	מָקְרֶה
הָקְרֵיתָ	הָקְרֵיתֶם	תָּקְרֶה	תָּקְרוּ	מָקְרֵית
הָקְרֵית	הָקְרֵיתֶן	תָּקְרִי	תָּקְרֶינָה	(מָקְרָה)
הָקְרָה	הָקְרוּ	יָקְרֶה	יָקְרוּ	מָקְרִים
הָקְרְתָה		תָּקְרֶה	תָּקְרֶינָה	מָקְרוֹת

Hitpa'el

VII*–

* This root has not developed this form.

קשר

Kal

I — קָשַׁר — קְשֹׁר to tie, to bind, to conspire: **קְשֹׁר, קָשֹׁר**

Past		*Future*		*Present*	*Passive Present*	*Imperative*	*Gerund*
קָשַׁרְתִּי	קָשַׁרְנוּ	אֶקְשֹׁר	נִקְשֹׁר	קוֹשֵׁר	קָשׁוּר	קְשֹׁר	בִּקְשֹׁר
קָשַׁרְתָּ	קְשַׁרְתֶּם	תִּקְשֹׁר	תִּקְשְׁרוּ	קוֹשֶׁרֶת	קְשׁוּרָה	קִשְׁרִי	כִּקְשֹׁר
קָשַׁרְתְּ	קְשַׁרְתֶּן	תִּקְשְׁרִי	תִּקְשֹׁרְנָה	(קוֹשְׁרָה)	קְשׁוּרִים	קִשְׁרוּ	לִקְשֹׁר
קָשַׁר	קָשְׁרוּ	יִקְשֹׁר	יִקְשְׁרוּ	קוֹשְׁרִים	קְשׁוּרוֹת	קְשֹׁרְנָה	מִקְּשֹׁר
קָשְׁרָה		תִּקְשֹׁר	תִּקְשֹׁרְנָה	קוֹשְׁרוֹת			

Nif'al

II — נִקְשַׁר — הִקָּשֵׁר to be tied, to be joined: **הִקָּשֵׁר, הִקָּשֵׁר**

Past		*Future*		*Present*	*Imperative*	*Gerund*
נִקְשַׁרְתִּי	נִקְשַׁרְנוּ	אֶקָּשֵׁר	נִקָּשֵׁר	נִקְשָׁר	הִקָּשֵׁר	בְּהִקָּשֵׁר
נִקְשַׁרְתָּ	נִקְשַׁרְתֶּם	תִּקָּשֵׁר	תִּקָּשְׁרוּ	נִקְשֶׁרֶת	הִקָּשְׁרִי	כְּהִקָּשֵׁר
נִקְשַׁרְתְּ	נִקְשַׁרְתֶּן	תִּקָּשְׁרִי	תִּקָּשַׁרְנָה	(נִקְשָׁרָה)	הִקָּשְׁרוּ	לְהִקָּשֵׁר
נִקְשַׁר	נִקְשְׁרוּ	יִקָּשֵׁר	יִקָּשְׁרוּ	נִקְשָׁרִים	הִקָּשַׁרְנָה	מֵהִקָּשֵׁר
נִקְשְׁרָה		תִּקָּשֵׁר	תִּקָּשַׁרְנָה	נִקְשָׁרוֹת		

Pi'el

III — קִשֵּׁר — קַשֵּׁר to tie on, to attach: **קַשֵּׁר, קַשֵּׁר**

Past		*Future*		*Present*	*Imperative*	*Gerund*
קִשַּׁרְתִּי	קִשַּׁרְנוּ	אֲקַשֵּׁר	נְקַשֵּׁר	מְקַשֵּׁר	קַשֵּׁר	בְּקַשֵּׁר
קִשַּׁרְתָּ	קִשַּׁרְתֶּם	תְּקַשֵּׁר	תְּקַשְּׁרוּ	מְקַשֶּׁרֶת	קַשְּׁרִי	כְּקַשֵּׁר
קִשַּׁרְתְּ	קִשַּׁרְתֶּן	תְּקַשְּׁרִי	תְּקַשֵּׁרְנָה	(מְקַשְּׁרָה)	קַשְּׁרוּ	לְקַשֵּׁר
קִשֵּׁר	קִשְּׁרוּ	יְקַשֵּׁר	יְקַשְּׁרוּ	מְקַשְּׁרִים	קַשֵּׁרְנָה	מִקַּשֵּׁר
קִשְּׁרָה		תְּקַשֵּׁר	תְּקַשֵּׁרְנָה	מְקַשְּׁרוֹת		

Pu'al

IV — קֻשַּׁר — קֻשֹּׁר to be tied on, to be strong: **קֻשֹּׁר**

Past		*Future*		*Present*
קֻשַּׁרְתִּי	קֻשַּׁרְנוּ	אֲקֻשַּׁר	נְקֻשַּׁר	מְקֻשָּׁר
קֻשַּׁרְתָּ	קֻשַּׁרְתֶּם	תְּקֻשַּׁר	תְּקֻשְּׁרוּ	מְקֻשֶּׁרֶת
קֻשַּׁרְתְּ	קֻשַּׁרְתֶּן	תְּקֻשְּׁרִי	תְּקֻשַּׁרְנָה	(מְקֻשָּׁרָה)
קֻשַּׁר	קֻשְּׁרוּ	יְקֻשַּׁר	יְקֻשְּׁרוּ	מְקֻשָּׁרִים
קֻשְּׁרָה		תְּקֻשַּׁר	תְּקֻשַּׁרְנָה	מְקֻשָּׁרוֹת

קשר

Hif'il

V – הַקְשִׁיר, הִקְשִׁיר to make one tie, to put in context: **הַקְשִׁיר, הַקְשֵׁר**

Past		Future		Present	Imperative	Gerund
הִקְשַׁרְתִּי	הִקְשַׁרְנוּ	אַקְשִׁיר	נַקְשִׁיר	מַקְשִׁיר	הַקְשֵׁר	בְּהַקְשִׁיר
הִקְשַׁרְתָּ	הִקְשַׁרְתֶּם	תַּקְשִׁיר	תַּקְשִׁירוּ	מַקְשֶׁרֶת	הַקְשִׁירִי	כְּהַקְשִׁיר
הִקְשַׁרְתְּ	הִקְשַׁרְתֶּן	תַּקְשִׁירִי	תַּקְשֵׁרְנָה	(מַקְשִׁירָה)	הַקְשִׁירוּ	לְהַקְשִׁיר
הִקְשִׁיר	הִקְשִׁירוּ	יַקְשִׁיר	יַקְשִׁירוּ	מַקְשִׁירִים	הַקְשֵׁרְנָה	מֵהַקְשִׁיר
הִקְשִׁירָה		תַּקְשִׁיר	תַּקְשֵׁרְנָה	מַקְשִׁירוֹת		

Huf'al

VI – הָקְשַׁר – הָקְשַׁר to be made to join: **הָקְשֵׁר**

Past		Future		Present
הָקְשַׁרְתִּי	הָקְשַׁרְנוּ	אָקְשַׁר	נָקְשַׁר	מָקְשָׁר
הָקְשַׁרְתָּ	הָקְשַׁרְתֶּם	תָּקְשַׁר	תָּקְשְׁרוּ	מָקְשֶׁרֶת
חָקְשַׁרְתְּ	הָקְשַׁרְתֶּן	תָּקְשְׁרִי	תָּקְשַׁרְנָה	(מָקְשָׁרָה)
הָקְשַׁר	הָקְשְׁרוּ	יָקְשַׁר	יָקְשְׁרוּ	מָקְשָׁרִים
חָקְשְׁרָה		תָּקְשַׁר	תָּקְשַׁרְנָה	מָקְשָׁרוֹת

Hitpa'el

VII – הִתְקַשֵּׁר – הִתְקַשֵּׁר to get in touch with, to make an agreement: **הִתְקַשֵּׁר, הִתְקַשֵּׁר**

Past		Future		Present	Imperative	Gerund
הִתְקַשַּׁרְתִּי	הִתְקַשַּׁרְנוּ	אֶתְקַשֵּׁר	נִתְקַשֵּׁר	מִתְקַשֵּׁר	הִתְקַשֵּׁר	בְּהִתְקַשֵּׁר
הִתְקַשַּׁרְתָּ	הִתְקַשַּׁרְתֶּם	תִּתְקַשֵּׁר	תִּתְקַשְּׁרוּ	מִתְקַשֶּׁרֶת	הִתְקַשְּׁרִי	כְּהִתְקַשֵּׁר
הִתְקַשַּׁרְתְּ	הִתְקַשַּׁרְתֶּן	תִּתְקַשְּׁרִי	תִּתְקַשֵּׁרְנָה	(מִתְקַשְּׁרָה)	הִתְקַשְּׁרוּ	לְהִתְקַשֵּׁר
הִתְקַשֵּׁר	הִתְקַשְּׁרוּ	יִתְקַשֵּׁר	יִתְקַשְּׁרוּ	מִתְקַשְּׁרִים	הִתְקַשֵּׁרְנָה	מֵהִתְקַשֵּׁר
הִתְקַשְּׁרָה		תִּתְקַשֵּׁר	תִּתְקַשֵּׁרְנָה	מִתְקַשְּׁרוֹת		

רָאָה

Kal

I – רָאָה – רְאֵה to see, to perceive: **רְאוֹת, רָאֹה**

Past		Future		Present	Passive present	Imperative	Gerund
רָאִיתִי	רָאִינוּ	אֶרְאֶה	נִרְאֶה	רוֹאֶה	רָאוּי	רְאֵה	בִּרְאוֹת
רָאִיתָ	רְאִיתֶם	תִּרְאֶה	תִּרְאוּ	רוֹאָה	רְאוּיָה	רְאִי	כִּרְאוֹת
רָאִית	רְאִיתֶן	תִּרְאִי	תִּרְאֶינָה	רוֹאִים	רְאוּיִים	רְאוּ	לִרְאוֹת
רָאָה	רָאוּ	יִרְאֶה	יִרְאוּ	רוֹאוֹת	רְאוּיוֹת	רְאֶינָה	מֵרְאוֹת
רָאֲתָה		תִּרְאֶה	תִּרְאֶינָה				

Nif'al

II – נִרְאָה – הֵרָאֵה to be seen, to appear: **הֵרָאוֹת, הֵרָאֵה**

Past		Future		Present	Imperative	Gerund
נִרְאֵיתִי	נִרְאֵינוּ	אֵרָאֶה	נֵרָאֶה	נִרְאֶה	הֵרָאֵה	בְּהֵרָאוֹת
נִרְאֵיתָ	נִרְאֵיתֶם	תֵּרָאֶה	תֵּרָאוּ	נִרְאֵית	הֵרָאִי	כְּהֵרָאוֹת
נִרְאֵית	נִרְאֵיתֶן	תֵּרָאִי	תֵּרָאֶינָה	(נִרְאָה)	הֵרָאוּ	לְהֵרָאוֹת
נִרְאָה	נִרְאוּ	יֵרָאֶה	יֵרָאוּ	נִרְאִים	הֵרָאֶינָה	מֵהֵרָאוֹת
נִרְאֲתָה		תֵּרָאֶה	תֵּרָאֶינָה	נִרְאוֹת		

Pi'el

III*–

Pu'al

IV*–

* This root has not developed this form.

רָאָה

Hif'il

V – הֶרְאָה – הַרְאֵה, הַרְאוֹת :to show

Past		Future		Present	Imperative	Gerund
הֶרְאֵיתִי	הֶרְאֵינוּ	אַרְאֶה	נַרְאֶה	מַרְאֶה	הַרְאֵה	בְּהַרְאוֹת
הֶרְאֵיתָ	הֶרְאֵיתֶם	תַּרְאֶה	תַּרְאוּ	מַרְאָה	הַרְאִי	כְּהַרְאוֹת
הֶרְאֵית	הֶרְאֵיתֶן	תַּרְאִי	תַּרְאֶינָה	מַרְאִים	הַרְאוּ	לְהַרְאוֹת
הֶרְאָה	הֶרְאוּ	יַרְאֶה	יַרְאוּ	מַרְאוֹת	הַרְאֶינָה	מֵהַרְאוֹת
הֶרְאֲתָה		תַּרְאֶה	תַּרְאֶינָה			

Huf'al

VI – הָרְאָה – הָרְאֵה :to be shown

Past		Future		Present
הָרְאֵיתִי	הָרְאֵינוּ	אָרְאֶה	נָרְאֶה	מָרְאֶה
הָרְאֵיתָ	הָרְאֵיתֶם	תָּרְאֶה	תָּרְאוּ	מָרְאֵית
הָרְאֵית	הָרְאֵיתֶן	תָּרְאִי	תָּרְאֶינָה	(מָרְאָה)
הָרְאָה	הָרְאוּ	יָרְאֶה	יָרְאוּ	מָרְאִים
הָרְאֲתָה		תָּרְאֶה	תָּרְאֶינָה	מָרְאוֹת

Hitpa'el

VII – הִתְרָאָה – הִתְרָאֵה, הִתְרָאוֹת :to see each other, to show oneself

Past		Future		Present	Imperative	Gerund
הִתְרָאֵיתִי	הִתְרָאֵינוּ	אֶתְרָאֶה	נִתְרָאֶה	מִתְרָאֶה	הִתְרָאֵה	בְּהִתְרָאוֹת
הִתְרָאֵיתָ	הִתְרָאֵיתֶם	תִּתְרָאֶה	תִּתְרָאוּ	מִתְרָאֵית	הִתְרָאִי	כְּהִתְרָאוֹת
הִתְרָאֵית	הִתְרָאֵיתֶן	תִּתְרָאִי	תִּתְרָאֶינָה	(מִתְרָאָה)	הִתְרָאוּ	לְהִתְרָאוֹת
הִתְרָאָה	הִתְרָאוּ	יִתְרָאֶה	יִתְרָאוּ	מִתְרָאִים	הִתְרָאֶינָה	מֵהִתְרָאוֹת
הִתְרָאֲתָה		תִּתְרָאֶה	תִּתְרָאֶינָה	מִתְרָאוֹת		

Nitpa'el: Passive Past — נִתְרָאֵיתִי etc.

רגש

Kal

I — רָגַשׁ — רְגַשׁ to rage, to be in tumult: רְגֹשׁ, רָגֹשׁ

Past		*Future*		*Present*	*Imperative*	*Gerund*
רָגַשְׁתִּי	רָגַשְׁנוּ	אֶרְגַּשׁ	נִרְגַּשׁ	רוֹגֵשׁ	רְגַשׁ	בִּרְגֹּשׁ
רָגַשְׁתָּ	רְגַשְׁתֶּם	תִּרְגַּשׁ	תִּרְגְּשׁוּ	רוֹגֶשֶׁת	רִגְשִׁי	כִּרְגֹּשׁ
רָגַשְׁתְּ	רְגַשְׁתֶּן	תִּרְגְּשִׁי	תִּרְגַּשְׁנָה	(רוֹגְשָׁה)	רִגְשׁוּ	לִרְגֹּשׁ
רָגַשׁ	רָגְשׁוּ	יִרְגַּשׁ	יִרְגְּשׁוּ	רוֹגְשִׁים	רְגַשְׁנָה	מֵרְגֹּשׁ
רָגְשָׁה		תִּרְגַּשׁ	תִּרְגַּשְׁנָה	רוֹגְשׁוֹת		

Nif'al

II — נִרְגַּשׁ — הֵרָגֵשׁ to be excited, to be moved: הֵרָגֵשׁ, הֵרָגֹשׁ

Past		*Future*		*Present*	*Imperative*	*Gerund*
נִרְגַּשְׁתִּי	נִרְגַּשְׁנוּ	אֵרָגֵשׁ	נֵרָגֵשׁ	נִרְגָּשׁ	הֵרָגֵשׁ	בְּהֵרָגֵשׁ
נִרְגַּשְׁתָּ	נִרְגַּשְׁתֶּם	תֵּרָגֵשׁ	תֵּרָגְשׁוּ	נִרְגֶּשֶׁת	הֵרָגְשִׁי	כְּהֵרָגֵשׁ
נִרְגַּשְׁתְּ	נִרְגַּשְׁתֶּן	תֵּרָגְשִׁי	תֵּרָגַשְׁנָה	(נִרְגָּשָׁה)	הֵרָגְשׁוּ	לְהֵרָגֵשׁ
נִרְגַּשׁ	נִרְגְּשׁוּ	יֵרָגֵשׁ	יֵרָגְשׁוּ	נִרְגָּשִׁים	הֵרָגַשְׁנָה	מֵהֵרָגֵשׁ
נִרְגְּשָׁה		תֵּרָגֵשׁ	תֵּרָגַשְׁנָה	נִרְגָּשׁוֹת		

Pi'el

III — רִגֵּשׁ — רַגֵּשׁ to stir, to excite: רַגֵּשׁ, רַגֵּשׁ

Past		*Future*		*Present*	*Imperative*	*Gerund*
רִגַּשְׁתִּי	רִגַּשְׁנוּ	אֲרַגֵּשׁ	נְרַגֵּשׁ	מְרַגֵּשׁ	רַגֵּשׁ	בְּרַגֵּשׁ
רִגַּשְׁתָּ	רִגַּשְׁתֶּם	תְּרַגֵּשׁ	תְּרַגְּשׁוּ	מְרַגֶּשֶׁת	רַגְּשִׁי	כְּרַגֵּשׁ
רִגַּשְׁתְּ	רִגַּשְׁתֶּן	תְּרַגְּשִׁי	תְּרַגֵּשְׁנָה	(מְרַגְּשָׁה)	רַגְּשׁוּ	לְרַגֵּשׁ
רִגֵּשׁ	רִגְּשׁוּ	יְרַגֵּשׁ	יְרַגְּשׁוּ	מְרַגְּשִׁים	רַגֵּשְׁנָה	מֵרַגֵּשׁ
רִגְּשָׁה		תְּרַגֵּשׁ	תְּרַגֵּשְׁנָה	מְרַגְּשׁוֹת		

Pu'al

IV*—

* This root has not developed this form.

רגש

Hif'il

V – הרגיש – הַרְגִּישׁ – הִרְגִּישׁ to feel, to perceive: הַרְגִּישׁ, הַרְגֵּשׁ

Past		*Future*		*Present*	*Imperative*	*Gerund*
הִרְגַּשְׁתִּי	הִרְגַּשְׁנוּ	אַרְגִּישׁ	נַרְגִּישׁ	מַרְגִּישׁ	הַרְגֵּשׁ	בְּהַרְגִּישׁ
הִרְגַּשְׁתָּ	הִרְגַּשְׁתֶּם	תַּרְגִּישׁ	תַּרְגִּישׁוּ	מַרְגִּישָׁה	הַרְגִּישִׁי	כְּהַרְגִּישׁ
הִרְגַּשְׁתְּ	הִרְגַּשְׁתֶּן	תַּרְגִּישִׁי	תַּרְגֵּשְׁנָה	(מַרְגֶּשֶׁת)	הַרְגִּישׁוּ	לְהַרְגִּישׁ
הִרְגִּישׁ	הִרְגִּישׁוּ	יַרְגִּישׁ	יַרְגִּישׁוּ	מַרְגִּישִׁים	הַרְגֵּשְׁנָה	מֵהַרְגִּישׁ
הִרְגִּישָׁה		תַּרְגִּישׁ	תַּרְגֵּשְׁנָה	מַרְגִּישׁוֹת		

Huf'al

VI – הרגש – הֻרְגַּשׁ – הֻרְגַּשׁ to be felt, to be perceived: הֻרְגַּשׁ

Past		*Future*		*Present*
הֻרְגַּשְׁתִּי	הֻרְגַּשְׁנוּ	אֻרְגַּשׁ	נֻרְגַּשׁ	מֻרְגָּשׁ
הֻרְגַּשְׁתָּ	הֻרְגַּשְׁתֶּם	תֻּרְגַּשׁ	תֻּרְגְּשׁוּ	מֻרְגֶּשֶׁת
הֻרְגַּשְׁתְּ	הֻרְגַּשְׁתֶּן	תֻּרְגְּשִׁי	תֻּרְגַּשְׁנָה	(מֻרְגָּשָׁה)
הֻרְגַּשׁ	הֻרְגְּשׁוּ	יֻרְגַּשׁ	יֻרְגְּשׁוּ	מֻרְגָּשִׁים
הֻרְגְּשָׁה		תֻּרְגַּשׁ	תֻּרְגַּשְׁנָה	מֻרְגָּשׁוֹת

Hitpa'el

VII – התרגש – הִתְרַגֵּשׁ – הִתְרַגֵּשׁ to become excited, to be stirred: הִתְרַגֵּשׁ, הִתְרַגֵּשׁ

Past		*Future*		*Present*	*Imperative*	*Gerund*
הִתְרַגַּשְׁתִּי	הִתְרַגַּשְׁנוּ	אֶתְרַגֵּשׁ	נִתְרַגֵּשׁ	מִתְרַגֵּשׁ	הִתְרַגֵּשׁ	בְּהִתְרַגֵּשׁ
הִתְרַגַּשְׁתָּ	הִתְרַגַּשְׁתֶּם	תִּתְרַגֵּשׁ	תִּתְרַגְּשׁוּ	מִתְרַגֶּשֶׁת	הִתְרַגְּשִׁי	כְּהִתְרַגֵּשׁ
הִתְרַגַּשְׁתְּ	הִתְרַגַּשְׁתֶּן	תִּתְרַגְּשִׁי	תִּתְרַגֵּשְׁנָה	(מִתְרַגְּשָׁה)	הִתְרַגְּשׁוּ	לְהִתְרַגֵּשׁ
הִתְרַגֵּשׁ	הִתְרַגְּשׁוּ	יִתְרַגֵּשׁ	יִתְרַגְּשׁוּ	מִתְרַגְּשִׁים	הִתְרַגֵּשְׁנָה	מֵהִתְרַגֵּשׁ
הִתְרַגְּשָׁה		תִּתְרַגֵּשׁ	תִּתְרַגֵּשְׁנָה	מִתְרַגְּשׁוֹת		

Nitpa'el: Passive Past — נִתְרַגַּשְׁתִּי נִתְרַגַּשְׁתָּ נִתְרַגַּשְׁתְּ נִתְרַגֵּשׁ נִתְרַגְּשָׁה etc.

רדף

Kal

I — רָדַף — רְדֹף to chase, to pursue: **רְדֹף, רָדֹף**

Past		*Future*		*Present*	*Passive Present*	*Imperative*	*Gerund*
רָדַפְתִּי	רָדַפְנוּ	אֶרְדֹּף	נִרְדֹּף	רוֹדֵף	רָדוּף	רְדֹף	בִּרְדֹף
רָדַפְתָּ	רְדַפְתֶּם	תִּרְדֹּף	תִּרְדְּפוּ	רוֹדֶפֶת	רְדוּפָה	רִדְפִי	כִּרְדֹף
רָדַפְתְּ	רְדַפְתֶּן	תִּרְדְּפִי	תִּרְדֹּפְנָה	(רוֹדְפָה)	רְדוּפִים	רִדְפוּ	לִרְדֹּף
רָדַף	רָדְפוּ	יִרְדֹּף	יִרְדְּפוּ	רוֹדְפִים	רְדוּפוֹת	רְדֹפְנָה	מֵרְדֹף
רָדְפָה		תִּרְדֹּף	תִּרְדֹּפְנָה	רוֹדְפוֹת			

Nif'al

II — נִרְדַּף — הֵרָדֵף to be chased, to be persecuted: **הֵרָדֵף, הֵרָדֵף**

Past		*Future*		*Present*	*Imperative*	*Gerund*
נִרְדַּפְתִּי	נִרְדַּפְנוּ	אֵרָדֵף	נֵרָדֵף	נִרְדָּף	הֵרָדֵף	בְּהֵרָדֵף
נִרְדַּפְתָּ	נִרְדַּפְתֶּם	תֵּרָדֵף	תֵּרָדְפוּ	נִרְדֶּפֶת	הֵרָדְפִי	כְּהֵרָדֵף
נִרְדַּפְתְּ	נִרְדַּפְתֶּן	תֵּרָדְפִי	תֵּרָדַפְנָה	(נִרְדָּפָה)	הֵרָדְפוּ	לְהֵרָדֵף
נִרְדַּף	נִרְדְּפוּ	יֵרָדֵף	יֵרָדְפוּ	נִרְדָּפִים	הֵרָדַפְנָה	מֵהֵרָדֵף
נִרְדְּפָה		תֵּרָדֵף	תֵּרָדַפְנָה	נִרְדָּפוֹת		

Pi'el

III — רִדֵּף — רַדֵּף to pursue ardently, to strive for: **רַדֵּף, רַדֵּף**

Past		*Future*		*Present*	*Imperative*	*Gerund*
רִדַּפְתִּי	רִדַּפְנוּ	אֲרַדֵּף	נְרַדֵּף	מְרַדֵּף	רַדֵּף	בְּרַדֵּף
רִדַּפְתָּ	רִדַּפְתֶּם	תְּרַדֵּף	תְּרַדְּפוּ	מְרַדֶּפֶת	רַדְּפִי	כְּרַדֵּף
רִדַּפְתְּ	רִדַּפְתֶּן	תְּרַדְּפִי	תְּרַדֵּפְנָה	(מְרַדְּפָה)	רַדְּפוּ	לְרַדֵּף
רִדֵּף	רִדְּפוּ	יְרַדֵּף	יְרַדְּפוּ	מְרַדְּפִים	רַדֵּפְנָה	מֵרַדֵּף
רִדְּפָה		תְּרַדֵּף	תְּרַדֵּפְנָה	מְרַדְּפוֹת		

Pu'al

IV — רֻדַּף — רֻדַּף to be driven, to be chased: **רֻדֹּף**

Past		*Future*		*Present*
רֻדַּפְתִּי	רֻדַּפְנוּ	אֲרֻדַּף	נְרֻדַּף	מְרֻדָּף
רֻדַּפְתָּ	רֻדַּפְתֶּם	תְּרֻדַּף	תְּרֻדְּפוּ	מְרֻדֶּפֶת
רֻדַּפְתְּ	רֻדַּפְתֶּן	תְּרֻדְּפִי	תְּרֻדַּפְנָה	(מְרֻדָּפָה)
רֻדַּף	רֻדְּפוּ	יְרֻדַּף	יְרֻדְּפוּ	מְרֻדָּפִים
רֻדְּפָה		תְּרֻדַּף	תְּרֻדַּפְנָה	מְרֻדָּפוֹת

רדף

Hif'il

V – הִרְדִּיף – הַרְדִּיף to cause to chase, to pursue: **הַרְדִּיף, הַרְדֵּף**

Past		*Future*		*Present*	*Imperative*	*Gerund*
הִרְדַּפְתִּי	הִרְדַּפְנוּ	אַרְדִּיף	נַרְדִּיף	מַרְדִּיף	הַרְדֵּף	בְּהַרְדִּיף
הִרְדַּפְתָּ	הִרְדַּפְתֶּם	תַּרְדִּיף	תַּרְדִּיפוּ	מַרְדֶּפֶת	הַרְדִּיפִי	כְּהַרְדִּיף
הִרְדַּפְתְּ	הִרְדַּפְתֶּן	תַּרְדִּיפִי	תַּרְדֵּפְנָה	(מַרְדִּיפָה)	הַרְדִּיפוּ	לְהַרְדִּיף
הִרְדִּיף	הִרְדִּיפוּ	יַרְדִּיף	יַרְדִּיפוּ	מַרְדִּיפִים	הַרְדֵּפְנָה	מֵהַרְדִּיף
הִרְדִּיפָה		תַּרְדִּיף	תַּרְדֵּפְנָה	מַרְדִּיפוֹת		

Huf'al

VI – הֻרְדַּף – הָרְדַּף to be pursued: **הֻרְדֵּף**

Past		*Future*		*Present*
הֻרְדַּפְתִּי	הֻרְדַּפְנוּ	אֻרְדַּף	נֻרְדַּף	מֻרְדָּף
הֻרְדַּפְתָּ	הֻרְדַּפְתֶּם	תֻּרְדַּף	תֻּרְדְּפוּ	מֻרְדֶּפֶת
הֻרְדַּפְתְּ	הֻרְדַּפְתֶּן	תֻּרְדְּפִי	תֻּרְדַּפְנָה	(מֻרְדָּפָה)
הֻרְדַּף	הֻרְדְּפוּ	יֻרְדַּף	יֻרְדְּפוּ	מֻרְדָּפִים
הֻרְדְּפָה		תֻּרְדַּף	תֻּרְדַּפְנָה	מֻרְדָּפוֹת

Hitpa'el

VII – הִתְרַדֵּף – הִתְרַדֵּף to scatter, to disperse: **הִתְרַדֵּף, הִתְרַדֵּף**

Past		*Future*		*Present*	*Imperative*	*Gerund*
הִתְרַדַּפְתִּי	הִתְרַדַּפְנוּ	אֶתְרַדֵּף	נִתְרַדֵּף	מִתְרַדֵּף	הִתְרַדֵּף	בְּהִתְרַדֵּף
הִתְרַדַּפְתָּ	הִתְרַדַּפְתֶּם	תִּתְרַדֵּף	תִּתְרַדְּפוּ	מִתְרַדֶּפֶת	הִתְרַדְּפִי	כְּהִתְרַדֵּף
הִתְרַדַּפְתְּ	הִתְרַדַּפְתֶּן	תִּתְרַדְּפִי	תִּתְרַדֵּפְנָה	(מִתְרַדְּפָה)	הִתְרַדְּפוּ	לְהִתְרַדֵּף
הִתְרַדֵּף	הִתְרַדְּפוּ	יִתְרַדֵּף	יִתְרַדְּפוּ	מִתְרַדְּפִים	הִתְרַדֵּפְנָה	מֵהִתְרַדֵּף
הִתְרַדְּפָה		תִּתְרַדֵּף	תִּתְרַדֵּפְנָה	מִתְרַדְּפוֹת		

רום

Kal

I — רָם — רוּם to be high, to be proud: רוּם, רוּם

Past		*Future*		*Present*	*Imperative*	*Gerund*
רַמְתִּי	רַמְנוּ	אָרוּם	נָרוּם	רָם	רוּם	בְּרוּם
רַמְתָּ	רַמְתֶּם	תָּרוּם	תָּרוּמוּ	רָמָה	רוּמִי	כְּרוּם
רַמְתְּ	רַמְתֶּן	תָּרוּמִי	תָּרֹמְנָה	רָמִים	רוּמוּ	לָרוּם
רָם	רָמוּ	יָרוּם	יָרוּמוּ	רָמוֹת	רֹמְנָה	מֵרוּם
רָמָה		תָּרוּם	תָּרֹמְנָה			

Nif'al

II — נָרוֹם — הֵרוֹם to lift oneself, to separate (intr.): הֵרוֹם, הֵרוֹם

Past		*Future*		*Present*	*Imperative*	*Gerund*
נְרוּמוֹתִי	נְרוּמוֹנוּ	אֵרוֹם	נֵרוֹם	נָרוֹם	הֵרוֹם	בְּהֵרוֹם
נְרוּמוֹתָ	נְרוּמוֹתֶם	תֵּרוֹם	תֵּרוֹמוּ	נְרוֹמָה	הֵרוֹמִי	כְּהֵרוֹם
נְרוּמוֹת	נְרוּמוֹתֶן	תֵּרוֹמִי	תֵּרֹמְנָה	נְרוֹמִים	הֵרוֹמוּ	לְהֵרוֹם
נָרוֹם	נָרוֹמוּ	יֵרוֹם	יֵרוֹמוּ	נְרוֹמוֹת	הֵרֹמְנָה	מֵהֵרוֹם
נְרוֹמָה		תֵּרוֹם	תֵּרֹמְנָה			

Pi'el

III — רוֹמֵם — רוֹמֵם to raise, to exalt: רוֹמֵם, רוֹמֵם

Past		*Future*		*Present*	*Imperative*	*Gerund*
רוֹמַמְתִּי	רוֹמַמְנוּ	אֲרוֹמֵם	נְרוֹמֵם	מְרוֹמֵם	רוֹמֵם	בְּרוֹמֵם
רוֹמַמְתָּ	רוֹמַמְתֶּם	תְּרוֹמֵם	תְּרוֹמְמוּ	מְרוֹמֶמֶת	רוֹמְמִי	כְּרוֹמֵם
רוֹמַמְתְּ	רוֹמַמְתֶּן	תְּרוֹמְמִי	תְּרוֹמֵמְנָה	(מְרוֹמְמָה)	רוֹמְמוּ	לְרוֹמֵם
רוֹמֵם	רוֹמְמוּ	יְרוֹמֵם	יְרוֹמְמוּ	מְרוֹמְמִים	רוֹמֵמְנָה	מֵרוֹמֵם
רוֹמְמָה		תְּרוֹמֵם	תְּרוֹמֵמְנָה	מְרוֹמְמוֹת		

Pu'al

IV — רוֹמַם — רוֹמַם to be raised, to be exalted: רוֹמַם

Past		*Future*		*Present*
רוֹמַמְתִּי	רוֹמַמְנוּ	אֲרוֹמַם	נְרוֹמַם	מְרוֹמָם
רוֹמַמְתָּ	רוֹמַמְתֶּם	תְּרוֹמַם	תְּרוֹמְמוּ	מְרוֹמֶמֶת
רוֹמַמְתְּ	רוֹמַמְתֶּן	תְּרוֹמְמִי	תְּרוֹמַמְנָה	(מְרוֹמָמָה)
רוֹמַם	רוֹמְמוּ	יְרוֹמַם	יְרוֹמְמוּ	מְרוֹמָמִים
רוֹמְמָה		תְּרוֹמַם	תְּרוֹמַמְנָה	מְרוֹמָמוֹת

רום

Hif'il

V – הָרִים – הֵרִים to lift, to elevate: הָרִים, הָרֵם

Past		Future		Present	Imperative	Gerund
הֵרַמְתִּי*	הֵרַמְנוּ	אָרִים	נָרִים	מֵרִים	הָרֵם	בְּהָרִים
הֵרַמְתָּ	הֲרַמְתֶּם	תָּרִים	תָּרִימוּ	מְרִימָה	הָרִימִי	כְּהָרִים
הֵרַמְתְּ	הֲרַמְתֶּן	תָּרִימִי	תָּרֵמְנָה }	מְרִימִים	הָרִימוּ	לְהָרִים
הֵרִים	הֵרִימוּ	יָרִים	תְּרִימֶינָה }	מְרִימוֹת	הָרֵמְנָה	מֵהָרִים
הֵרִימָה		תָּרִים	יָרִימוּ			
			תָּרֵמְנָה }			
			תְּרִימֶינָה }			

* or: הֵרִימוּ הֲרִימוֹתֶן הֲרִימוֹתֶם הֲרִימוֹנוּ הֵרִימָה הֵרִים הֲרִימוֹת הֲרִימוֹתָ הֲרִימוֹתִי

Huf'al

VI – הוּרַם – הוּרַם to be lifted, to be elevated: הוּרַם

Past		Future		Present
הוּרַמְתִּי	הוּרַמְנוּ	אוּרַם	נוּרַם	מוּרָם
הוּרַמְתָּ	הוּרַמְתֶּם	תּוּרַם	תּוּרְמוּ	מוּרֶמֶת
הוּרַמְתְּ	הוּרַמְתֶּן	תּוּרְמִי	תּוּרַמְנָה	(מוּרָמָה)
הוּרַם	הוּרְמוּ	יוּרַם	יוּרְמוּ	מוּרָמִים
הוּרְמָה		תּוּרַם	תּוּרַמְנָה	מוּרָמוֹת

Hitpa'el

VII – הִתְרוֹמֵם – הִתְרוֹמֵם to exalt oneself, to rise: הִתְרוֹמֵם, הִתְרוֹמֵם

Past		Future		Present	Imperative	Gerund
הִתְרוֹמַמְתִּי	הִתְרוֹמַמְנוּ	אֶתְרוֹמֵם	נִתְרוֹמֵם	מִתְרוֹמֵם	הִתְרוֹמֵם	בְּהִתְרוֹמֵם
הִתְרוֹמַמְתָּ	הִתְרוֹמַמְתֶּם	תִּתְרוֹמֵם	תִּתְרוֹמְמוּ	מִתְרוֹמֶמֶת	הִתְרוֹמְמִי	כְּהִתְרוֹמֵם
הִתְרוֹמַמְתְּ	הִתְרוֹמַמְתֶּן	תִּתְרוֹמְמִי	תִּתְרוֹמֵמְנָה	(מִתְרוֹמְמָה)	הִתְרוֹמְמוּ	לְהִתְרוֹמֵם
הִתְרוֹמֵם	הִתְרוֹמְמוּ	יִתְרוֹמֵם	יִתְרוֹמְמוּ	מִתְרוֹמְמִים	הִתְרוֹמֵמְנָה	מֵהִתְרוֹמֵם
הִתְרוֹמְמָה		תִּתְרוֹמֵם	תִּתְרוֹמֵמְנָה	מִתְרוֹמְמוֹת		

רוץ

Kal

I – רָץ – רוּץ to run, to rush: **רוּץ, רוּץ**

Past		*Future*		*Present*	*Imperative*	*Gerund*
רַצְתִּי	רַצְנוּ	אָרוּץ	נָרוּץ	רָץ	רוּץ	בְּרוּץ
רַצְתָּ	רַצְתֶּם	תָּרוּץ	תָּרוּצוּ	רָצָה	רוּצִי	כְּרוּץ
רַצְתְּ	רַצְתֶּן	תָּרוּצִי	תָּרֹצְנָה	רָצִים	רוּצוּ	לָרוּץ
רָץ	רָצוּ	יָרוּץ	יָרוּצוּ	רָצוֹת	רֹצְנָה	מֵרוּץ
רָצָה		תָּרוּץ	תָּרֹצְנָה			

Nif'al

II*–

Pi'el

III – רוֹצֵץ – רוֹצֵץ to run swiftly: **רוֹצֵץ, רוֹצֵץ**

Past		*Future*		*Present*	*Imperative*	*Gerund*
רוֹצַצְתִּי	רוֹצַצְנוּ	אֲרוֹצֵץ	נְרוֹצֵץ	מְרוֹצֵץ	רוֹצֵץ	בְּרוֹצֵץ
רוֹצַצְתָּ	רוֹצַצְתֶּם	תְּרוֹצֵץ	תְּרוֹצְצוּ	מְרוֹצֶצֶת	רוֹצְצִי	כְּרוֹצֵץ
רוֹצַצְתְּ	רוֹצַצְתֶּן	תְּרוֹצְצִי	תְּרוֹצֵצְנָה	(מְרוֹצְצָה)	רוֹצְצוּ	לְרוֹצֵץ
רוֹצֵץ	רוֹצְצוּ	יְרוֹצֵץ	יְרוֹצְצוּ	מְרוֹצְצִים	רוֹצֵצְנָה	מֵרוֹצֵץ
רוֹצְצָה		תְּרוֹצֵץ	תְּרוֹצֵצְנָה	מְרוֹצְצוֹת		

Pu'al

IV*–

* This root has not developed this form.

רוץ

Hif'il

V – הֵרִיץ – הָרִיץ to dispatch, to bring hastily: הָרִיץ, הָרֵץ

Past		Future		Present	Imperative	Gerund
*הֵרַצְתִּי	הֵרַצְנוּ	אָרִיץ	נָרִיץ	מֵרִיץ	הָרֵץ	בְּהָרִיץ
הֵרַצְתָּ	הֲרַצְתֶּם	תָּרִיץ	תָּרִיצוּ	מְרִיצָה	הָרִיצִי	כְּהָרִיץ
הֵרַצְתְּ	הֲרַצְתֶּן	תָּרִיצִי	תָּרֵצְנָה	מְרִיצִים	הָרִיצוּ	לְהָרִיץ
הֵרִיץ	הֵרִיצוּ	יָרִיץ	יָרִיצוּ	מְרִיצוֹת	הָרֵצְנָה	מֵהָרִיץ
הֵרִיצָה		תָּרִיץ	תָּרֵצְנָה			

* or: הֵרִיצוּ הֲרִיצוֹתֶן הֲרִיצוֹתֶם הֵרִיצוֹנוּ הֵרִיצָה הֵרִיץ הֲרִיצוֹת הֲרִיצוֹתָ הֲרִיצוֹתִי

Huf'al

VI – הוּרַץ – הוּרַץ to be dispatched, to be brought hastily: הוּרֵץ

Past		Future		Present
הוּרַצְתִּי	הוּרַצְנוּ	אוּרַץ	נוּרַץ	מוּרָץ
הוּרַצְתָּ	הוּרַצְתֶּם	תּוּרַץ	תּוּרְצוּ	מוּרֶצֶת
הוּרַצְתְּ	הוּרַצְתֶּן	תּוּרְצִי	תּוּרַצְנָה	(מוּרָצָה)
חוּרַץ	הוּרְצוּ	יוּרַץ	יוּרְצוּ	מוּרָצִים
הוּרְצָה		תּוּרַץ	תּוּרַצְנָה	מוּרָצוֹת

Hitpa'el

VII – הִתְרוֹצֵץ – הִתְרוֹצֵץ to run about, to run back and forth: הִתְרוֹצֵץ, הִתְרוֹצֵץ

Past		Future		Present	Imperative	Gerund
הִתְרוֹצַצְתִּי	הִתְרוֹצַצְנוּ	אֶתְרוֹצֵץ	נִתְרוֹצֵץ	מִתְרוֹצֵץ	הִתְרוֹצֵץ	בְּהִתְרוֹצֵץ
הִתְרוֹצַצְתָּ	הִתְרוֹצַצְתֶּם	תִּתְרוֹצֵץ	תִּתְרוֹצְצוּ	מִתְרוֹצֶצֶת	הִתְרוֹצְצִי	כְּהִתְרוֹצֵץ
הִתְרוֹצַצְתְּ	הִתְרוֹצַצְתֶּן	תִּתְרוֹצְצִי	תִּתְרוֹצֵצְנָה	(מִתְרוֹצְצָה)	הִתְרוֹצְצוּ	לְהִתְרוֹצֵץ
הִתְרוֹצֵץ	הִתְרוֹצְצוּ	יִתְרוֹצֵץ	יִתְרוֹצְצוּ	מִתְרוֹצְצִים	הִתְרוֹצֵצְנָה	מֵהִתְרוֹצֵץ
הִתְרוֹצְצָה		תִּתְרוֹצֵץ	תִּתְרוֹצֵצְנָה	מִתְרוֹצְצוֹת		

רחץ

Kal

I – רָחַץ – רְחַץ to wash, to bathe: רְחֹץ, רָחֹץ

Past		Future		Present	Passive Present	Imperative	Gerund
רָחַצְתִּי	רָחַצְנוּ	אֶרְחַץ	נִרְחַץ	רוֹחֵץ	רָחוּץ	רְחַץ	בִּרְחֹץ
רָחַצְתָּ	רְחַצְתֶּם	תִּרְחַץ	תִּרְחֲצוּ	רוֹחֶצֶת	רְחוּצָה	רַחֲצִי	כִּרְחֹץ
רָחַצְתְּ	רְחַצְתֶּן	תִּרְחֲצִי	תִּרְחַצְנָה	(רוֹחֲצָה)	רְחוּצִים	רַחֲצוּ	לִרְחֹץ
רָחַץ	רָחֲצוּ	יִרְחַץ	יִרְחֲצוּ	רוֹחֲצִים	רְחוּצוֹת	רְחַצְנָה	מֵרְחֹץ
רָחֲצָה		תִּרְחַץ	תִּרְחַצְנָה	רוֹחֲצוֹת			

Nif'al

II – נִרְחַץ – הֵרָחֵץ to be washed, to be bathed: הֵרָחֵץ, הֵרָחֵץ

Past		Future		Present	Imperative	Gerund
נִרְחַצְתִּי	נִרְחַצְנוּ	אֵרָחֵץ	נֵרָחֵץ	נִרְחָץ	הֵרָחֵץ	בְּהֵרָחֵץ
נִרְחַצְתָּ	נִרְחַצְתֶּם	תֵּרָחֵץ	תֵּרָחֲצוּ	נִרְחֶצֶת	הֵרָחֲצִי	כְּהֵרָחֵץ
נִרְחַצְתְּ	נִרְחַצְתֶּן	תֵּרָחֲצִי	תֵּרָחַצְנָה	(נִרְחָצָה)	הֵרָחֲצוּ	לְהֵרָחֵץ
נִרְחַץ	נִרְחֲצוּ	יֵרָחֵץ	יֵרָחֲצוּ	נִרְחָצִים	הֵרָחַצְנָה	מֵהֵרָחֵץ
נִרְחֲצָה		תֵּרָחֵץ	תֵּרָחַצְנָה	נִרְחָצוֹת		

Pi'el

III – רִחֵץ – רַחֵץ to wash clean, to cleanse: רַחֵץ, רַחֵץ

Past		Future		Present	Imperative	Gerund
רִחַצְתִּי	רִחַצְנוּ	אֲרַחֵץ	נְרַחֵץ	מְרַחֵץ	רַחֵץ	בְּרַחֵץ
רִחַצְתָּ	רִחַצְתֶּם	תְּרַחֵץ	תְּרַחֲצוּ	מְרַחֶצֶת	רַחֲצִי	כְּרַחֵץ
רִחַצְתְּ	רִחַצְתֶּן	תְּרַחֲצִי	תְּרַחֵצְנָה	(מְרַחֲצָה)	רַחֲצוּ	לְרַחֵץ
רִחֵץ	רִחֲצוּ	יְרַחֵץ	יְרַחֲצוּ	מְרַחֲצִים	רַחֵצְנָה	מֵרַחֵץ
רִחֲצָה		תְּרַחֵץ	תְּרַחֵצְנָה	מְרַחֲצוֹת		

Pu'al

IV – רֻחַץ – רֻחַץ to be cleansed: רֻחֹץ

Past		Future		Present
רֻחַצְתִּי	רֻחַצְנוּ	אֲרֻחַץ	נְרֻחַץ	מְרֻחָץ
רֻחַצְתָּ	רֻחַצְתֶּם	תְּרֻחַץ	תְּרֻחֲצוּ	מְרֻחֶצֶת
רֻחַצְתְּ	רֻחַצְתֶּן	תְּרֻחֲצִי	תְּרֻחַצְנָה	(מְרֻחָצָה)
רֻחַץ	רֻחֲצוּ	יְרֻחַץ	יְרֻחֲצוּ	מְרֻחָצִים
רֻחֲצָה		תְּרֻחַץ	תְּרֻחַצְנָה	מְרֻחָצוֹת

רחץ

Hif'il

V – הִרְחִיץ – הַרְחִיץ to cause to bathe: הַרְחִיץ, הַרְחֵץ

Past	Past	Future	Future	Present	Imperative	Gerund
הִרְחַצְתִּי	הִרְחַצְנוּ	אַרְחִיץ	נַרְחִיץ	מַרְחִיץ	הַרְחֵץ	בְּהַרְחִיץ
הִרְחַצְתָּ	הִרְחַצְתֶּם	תַּרְחִיץ	תַּרְחִיצוּ	מַרְחֶצֶת	הַרְחִיצִי	כְּהַרְחִיץ
הִרְחַצְתְּ	הִרְחַצְתֶּן	תַּרְחִיצִי	תַּרְחֵצְנָה	(מַרְחִיצָה)	הַרְחִיצוּ	לְהַרְחִיץ
הִרְחִיץ	הִרְחִיצוּ	יַרְחִיץ	יַרְחִיצוּ	מַרְחִיצִים	הַרְחֵצְנָה	מֵהַרְחִיץ
הִרְחִיצָה		תַּרְחִיץ	תַּרְחֵצְנָה	מַרְחִיצוֹת		

Huf'al

VI – הֻרְחַץ – הֻרְחַץ to be made to bathe: הֻרְחֵץ

Past	Past	Future	Future	Present
הֻרְחַצְתִּי	הֻרְחַצְנוּ	אֻרְחַץ	נֻרְחַץ	מֻרְחָץ
הֻרְחַצְתָּ	הֻרְחַצְתֶּם	תֻּרְחַץ	תֻּרְחֲצוּ	מֻרְחֶצֶת
הֻרְחַצְתְּ	הֻרְחַצְתֶּן	תֻּרְחֲצִי	תֻּרְחַצְנָה	(מֻרְחָצָה)
הֻרְחַץ	הֻרְחֲצוּ	יֻרְחַץ	יֻרְחֲצוּ	מֻרְחָצִים
הֻרְחֲצָה		תֻּרְחַץ	תֻּרְחַצְנָה	מֻרְחָצוֹת

Hitpa'el

VII – הִתְרַחֵץ – הִתְרַחֵץ to wash oneself: הִתְרַחֵץ, הִתְרַחֵץ

Past	Past	Future	Future	Present	Imperative	Gerund
הִתְרַחַצְתִּי	הִתְרַחַצְנוּ	אֶתְרַחֵץ	נִתְרַחֵץ	מִתְרַחֵץ	הִתְרַחֵץ	בְּהִתְרַחֵץ
הִתְרַחַצְתָּ	הִתְרַחַצְתֶּם	תִּתְרַחֵץ	תִּתְרַחֲצוּ	מִתְרַחֶצֶת	הִתְרַחֲצִי	כְּהִתְרַחֵץ
הִתְרַחַצְתְּ	הִתְרַחַצְתֶּן	תִּתְרַחֲצִי	תִּתְרַחֵצְנָה	(מִתְרַחֲצָה)	הִתְרַחֲצוּ	לְהִתְרַחֵץ
הִתְרַחֵץ	הִתְרַחֲצוּ	יִתְרַחֵץ	יִתְרַחֲצוּ	מִתְרַחֲצִים	הִתְרַחֵצְנָה	מֵהִתְרַחֵץ
הִתְרַחֲצָה		תִּתְרַחֵץ	תִּתְרַחֵצְנָה	מִתְרַחֲצוֹת		

רחם

Kal

I — רָחַם — רָחַם — רְחַם to love: רָחֹם, רְחֹם

Past		Future		Present	Passive Present	Imperative	Gerund
רָחַמְתִּי	רָחַמְנוּ	אֶרְחַם	נִרְחַם	רוֹחֵם	רָחוּם	רְחַם	בִּרְחֹם
רָחַמְתָּ	רְחַמְתֶּם	תִּרְחַם	תִּרְחֲמוּ	רוֹחֶמֶת	רְחוּמָה	רַחֲמִי	כִּרְחֹם
רָחַמְתְּ	רְחַמְתֶּן	תִּרְחֲמִי	תִּרְחַמְנָה	(רוֹחֲמָה)	רְחוּמִים	רַחֲמוּ	לִרְחֹם
רָחַם	רָחֲמוּ	יִרְחַם	יִרְחֲמוּ	רוֹחֲמִים	רְחוּמוֹת	רְחַמְנָה	מֵרְחֹם
רָחֲמָה		תִּרְחַם	תִּרְחַמְנָה	רוֹחֲמוֹת			

Nif'al

II*—

* This root has not developed this form.

Pi'el

III — רִחֵם — רִחֵם — רַחֵם to pity, to have mercy: רַחֵם, רַחֵם

Past		Future		Present	Imperative	Gerund
רִחַמְתִּי	רִחַמְנוּ	אֲרַחֵם	נְרַחֵם	מְרַחֵם	רַחֵם	בְּרַחֵם
רִחַמְתָּ	רִחַמְתֶּם	תְּרַחֵם	תְּרַחֲמוּ	מְרַחֶמֶת	רַחֲמִי	כְּרַחֵם
רִחַמְתְּ	רִחַמְתֶּן	תְּרַחֲמִי	תְּרַחֵמְנָה	(מְרַחֲמָה)	רַחֲמוּ	לְרַחֵם
רִחֵם	רִחֲמוּ	יְרַחֵם	יְרַחֲמוּ	מְרַחֲמִים	רַחֵמְנָה	מֵרַחֵם
רִחֲמָה		תְּרַחֵם	תְּרַחֵמְנָה	מְרַחֲמוֹת		

Pu'al

IV — רֻחַם — רֻחַם — רֻחַם to be pitied, to find mercy: רֻחֹם

Past		Future		Present
רֻחַמְתִּי	רֻחַמְנוּ	אֲרֻחַם	נְרֻחַם	מְרֻחָם
רֻחַמְתָּ	רֻחַמְתֶּם	תְּרֻחַם	תְּרֻחֲמוּ	מְרֻחֶמֶת
רֻחַמְתְּ	רֻחַמְתֶּן	תְּרֻחֲמִי	תְּרֻחַמְנָה	(מְרֻחָמָה)
רֻחַם	רֻחֲמוּ	יְרֻחַם	יְרֻחֲמוּ	מְרֻחָמִים
רֻחֲמָה		תְּרֻחַם	תְּרֻחַמְנָה	מְרֻחָמוֹת

רחם

Hif‘il

V*–

Huf‘al

VI*–

* This root has not developed this form.

Hitpa‘el

VII – הִתְרַחֵם – הִתְרַחֵם to be moved to pity, or to mercy: הִתְרַחֵם, הִתְרַחֵם

	Past		Future		Present	Imperative	Gerund
הִתְרַחַמְתִּי	הִתְרַחַמְנוּ	אֶתְרַחֵם	נִתְרַחֵם	מִתְרַחֵם	הִתְרַחֵם	בְּהִתְרַחֵם
הִתְרַחַמְתָּ	הִתְרַחַמְתֶּם	תִּתְרַחֵם	תִּתְרַחֲמוּ	מִתְרַחֶמֶת	הִתְרַחֲמִי	כְּהִתְרַחֵם
הִתְרַחַמְתְּ	הִתְרַחַמְתֶּן	תִּתְרַחֲמִי	תִּתְרַחֵמְנָה	(מִתְרַחֲמָה)	הִתְרַחֲמוּ	לְהִתְרַחֵם
הִתְרַחֵם	הִתְרַחֲמוּ	יִתְרַחֵם	יִתְרַחֲמוּ	מִתְרַחֲמִים	הִתְרַחֵמְנָה	מֵהִתְרַחֵם
הִתְרַחֲמָה		תִּתְרַחֵם	תִּתְרַחֵמְנָה	מִתְרַחֲמוֹת		

רכב

Kal

I — רָכַב — רָכַב to ride, to mount: רְכֹב, רָכֹב

Past		Future		Present	Passive Present	Imperative	Gerund
רָכַבְתִּי	רָכַבְנוּ	אֶרְכַּב	נִרְכַּב	רוֹכֵב	רָכוּב	רְכַב	בִּרְכֹּב
רָכַבְתָּ	רְכַבְתֶּם	תִּרְכַּב	תִּרְכְּבוּ	רוֹכֶבֶת	רְכוּבָה	רִכְבִי	כִּרְכֹּב
רָכַבְתְּ	רְכַבְתֶּן	תִּרְכְּבִי	תִּרְכַּבְנָה	(רוֹכְבָה)	רְכוּבִים	רִכְבוּ	לִרְכֹּב
רָכַב	רָכְבוּ	יִרְכַּב	יִרְכְּבוּ	רוֹכְבִים	רְכוּבוֹת	רְכַבְנָה	מֵרְכֹּב
רָכְבָה		תִּרְכַּב	תִּרְכַּבְנָה	רוֹכְבוֹת			

Nif'al

II*—

* This root has not developed this form.

Pi'el

III — רִכֵּב — רִכֵּב to compound, to combine: רַכֵּב, רַכֵּב

Past		Future		Present	Imperative	Gerund
רִכַּבְתִּי	רִכַּבְנוּ	אֲרַכֵּב	נְרַכֵּב	מְרַכֵּב	רַכֵּב	בְּרַכֵּב
רִכַּבְתָּ	רִכַּבְתֶּם	תְּרַכֵּב	תְּרַכְּבוּ	מְרַכֶּבֶת	רַכְּבִי	כְּרַכֵּב
רִכַּבְתְּ	רִכַּבְתֶּן	תְּרַכְּבִי	תְּרַכֵּבְנָה	(מְרַכְּבָה)	רַכְּבוּ	לְרַכֵּב
רִכֵּב	רִכְּבוּ	יְרַכֵּב	יְרַכְּבוּ	מְרַכְּבִים	רַכֵּבְנָה	מֵרַכֵּב
רִכְּבָה		תְּרַכֵּב	תְּרַכֵּבְנָה	מְרַכְּבוֹת		

Pu'al

IV — רֻכַּב — רֻכַּב to be compounded: רֻכֹּב

Past		Future		Present
רֻכַּבְתִּי	רֻכַּבְנוּ	אֲרֻכַּב	נְרֻכַּב	מְרֻכָּב
רֻכַּבְתָּ	רֻכַּבְתֶּם	תְּרֻכַּב	תְּרֻכְּבוּ	מְרֻכֶּבֶת
רֻכַּבְתְּ	רֻכַּבְתֶּן	תְּרֻכְּבִי	תְּרֻכַּבְנָה	(מְרֻכָּבָה)
רֻכַּב	רֻכְּבוּ	יְרֻכַּב	יְרֻכְּבוּ	מְרֻכָּבִים
רֻכְּבָה		תְּרֻכַּב	תְּרֻכַּבְנָה	מְרֻכָּבוֹת

רכב

Hif'il

V – הִרְכִּיב – הַרְכִּיב to cause to ride, to inoculate: **הַרְכִּיב, הַרְכֵּב**

Past		Future		Present	Imperative	Gerund
הִרְכַּבְתִּי	הִרְכַּבְנוּ	אַרְכִּיב	נַרְכִּיב	מַרְכִּיב	הַרְכֵּב	בְּהַרְכִּיב
הִרְכַּבְתָּ	הִרְכַּבְתֶּם	תַּרְכִּיב	תַּרְכִּיבוּ	מַרְכִּיבָה	הַרְכִּיבִי	כְּהַרְכִּיב
הִרְכַּבְתְּ	הִרְכַּבְתֶּן	תַּרְכִּיבִי	תַּרְכֵּבְנָה	(מַרְכֶּבֶת)	הַרְכִּיבוּ	לְהַרְכִּיב
הִרְכִּיב	הִרְכִּיבוּ	יַרְכִּיב	יַרְכִּיבוּ	מַרְכִּיבִים	הַרְכֵּבְנָה	מֵהַרְכִּיב
הִרְכִּיבָה		תַּרְכִּיב	תַּרְכֵּבְנָה	מַרְכִּיבוֹת		

Huf'al

VI – הָרְכַּב – הָרְכַּב to be compounded, to be inoculated: **הָרְכֵּב**

Past		Future		Present
הָרְכַּבְתִּי	הָרְכַּבְנוּ	אָרְכַּב	נָרְכַּב	מָרְכָּב
הָרְכַּבְתָּ	הָרְכַּבְתֶּם	תָּרְכַּב	תָּרְכְּבוּ	מָרְכֶּבֶת
הָרְכַּבְתְּ	הָרְכַּבְתֶּן	תָּרְכְּבִי	תָּרְכַּבְנָה	(מָרְכָּבָה)
הָרְכַּב	הָרְכְּבוּ	יָרְכַּב	יָרְכְּבוּ	מָרְכָּבִים
הָרְכְּבָה		תָּרְכַּב	תָּרְכַּבְנָה	מָרְכָּבוֹת

Hitpa'el

VII – הִתְרַכֵּב – הִתְרַכֵּב to be joined, to be amalgamated: **הִתְרַכֵּב, הִתְרַכֵּב**

Past		Future		Present	Imperative	Gerund
הִתְרַכַּבְתִּי	הִתְרַכַּבְנוּ	אֶתְרַכֵּב	נִתְרַכֵּב	מִתְרַכֵּב	הִתְרַכֵּב	בְּהִתְרַכֵּב
הִתְרַכַּבְתָּ	הִתְרַכַּבְתֶּם	תִּתְרַכֵּב	תִּתְרַכְּבוּ	מִתְרַכֶּבֶת	הִתְרַכְּבִי	כְּהִתְרַכֵּב
הִתְרַכַּבְתְּ	הִתְרַכַּבְתֶּן	תִּתְרַכְּבִי	תִּתְרַכֵּבְנָה	(מִתְרַכְּבָה)	הִתְרַכְּבוּ	לְהִתְרַכֵּב
הִתְרַכֵּב	הִתְרַכְּבוּ	יִתְרַכֵּב	יִתְרַכְּבוּ	מִתְרַכְּבִים	הִתְרַכֵּבְנָה	מֵהִתְרַכֵּב
הִתְרַכְּבָה		תִּתְרַכֵּב	תִּתְרַכֵּבְנָה	מִתְרַכְּבוֹת		

רצה

Kal

I – רָצָה – רְצֵה to desire, to want: רְצוֹת, רָצֹה

Past		Future		Present	Passive Present	Imperative	Gerund
רָצִיתִי	רָצִינוּ	אֶרְצֶה	נִרְצֶה	רוֹצֶה	רָצוּי	רְצֵה	בִּרְצוֹת
רָצִיתָ	רְצִיתֶם	תִּרְצֶה	תִּרְצוּ	רוֹצָה	רְצוּיָה	רְצִי	כִּרְצוֹת
רָצִית	רְצִיתֶן	תִּרְצִי	תִּרְצֶינָה	רוֹצִים	רְצוּיִים	רְצוּ	לִרְצוֹת
רָצָה	רָצוּ	יִרְצֶה	יִרְצוּ	רוֹצוֹת	רְצוּיוֹת	רְצֶינָה	מֵרְצוֹת
רָצְתָה		תִּרְצֶה	תִּרְצֶינָה				

Nif'al

II – נִרְצָה – הֵרָצֵה to be accepted, to be appeased: הֵרָצוֹת, הֵרָצֵה

Past		Future		Present	Imperative	Gerund
נִרְצֵיתִי	נִרְצֵינוּ	אֵרָצֶה	נֵרָצֶה	נִרְצֶה	הֵרָצֵה	בְּהֵרָצוֹת
נִרְצֵיתָ	נִרְצֵיתֶם	תֵּרָצֶה	תֵּרָצוּ	נִרְצֵית	הֵרָצִי	כְּהֵרָצוֹת
נִרְצֵית	נִרְצֵיתֶן	תֵּרָצִי	תֵּרָצֶינָה	(נִרְצָה)	הֵרָצוּ	לְהֵרָצוֹת
נִרְצָה	נִרְצוּ	יֵרָצֶה	יֵרָצוּ	נִרְצִים	הֵרָצֶינָה	מֵהֵרָצוֹת
נִרְצְתָה		תֵּרָצֶה	תֵּרָצֶינָה	נִרְצוֹת		

Pi'el

III – רִצָּה – רַצֵּה to seek favor, to make acceptable: רַצּוֹת, רַצֵּה

Past		Future		Present	Imperative	Gerund
רִצִּיתִי	רִצִּינוּ	אֲרַצֶּה	נְרַצֶּה	מְרַצֶּה	רַצֵּה	בְּרַצּוֹת
רִצִּיתָ	רִצִּיתֶם	תְּרַצֶּה	תְּרַצּוּ	מְרַצָּה	רַצִּי	כְּרַצּוֹת
רִצִּית	רִצִּיתֶן	תְּרַצִּי	תְּרַצֶּינָה	(מְרַצֵּית)	רַצּוּ	לְרַצּוֹת
רִצָּה	רִצּוּ	יְרַצֶּה	יְרַצּוּ	מְרַצִּים	רַצֶּינָה	מֵרַצּוֹת
רִצְּתָה		תְּרַצֶּה	תְּרַצֶּינָה	מְרַצּוֹת		

Pu'al

IV – רֻצָּה – רֻצֵּה to be satisfied, to be willing: רֻצֹּה

Past		Future		Present
רֻצֵּיתִי	רֻצֵּינוּ	אֲרֻצֶּה	נְרֻצֶּה	מְרֻצֶּה
רֻצֵּיתָ	רֻצֵּיתֶם	תְּרֻצֶּה	תְּרֻצּוּ	מְרֻצָּה
רֻצֵּית	רֻצֵּיתֶן	תְּרֻצִּי	תְּרֻצֶּינָה	(מְרֻצֵּית)
רֻצָּה	רֻצּוּ	יְרֻצֶּה	יְרֻצּוּ	מְרֻצִּים
רֻצְּתָה		תְּרֻצֶּה	תְּרֻצֶּינָה	מְרֻצּוֹת

רצה

Hif'il

V – הִרְצָה – הַרְצֵה to pay off, to lecture: הַרְצוֹת, הַרְצֵה

Past		*Future*		*Present*	*Imperative*	*Gerund*
הִרְצֵיתִי	הִרְצֵינוּ	אַרְצֶה	נַרְצֶה	מַרְצֶה	הַרְצֵה	בְּהַרְצוֹת
הִרְצֵיתָ	הִרְצֵיתֶם	תַּרְצֶה	תַּרְצוּ	מַרְצָה	הַרְצִי	כְּהַרְצוֹת
הִרְצֵית	הִרְצֵיתֶן	תַּרְצִי	תַּרְצֶינָה	מַרְצִים	הַרְצוּ	לְהַרְצוֹת
הִרְצָה	הִרְצוּ	יַרְצֶה	יַרְצוּ	מַרְצוֹת	הַרְצֶינָה	מֵהַרְצוֹת
הִרְצְתָה		תַּרְצֶה	תַּרְצֶינָה			

Huf'al

VI – הֻרְצָה – הֻרְצֵה to be favorably accepted: הֻרְצֵה

Past		*Future*		*Present*
הֻרְצֵיתִי	הֻרְצֵינוּ	אֻרְצֶה	נֻרְצֶה	מֻרְצֶה
הֻרְצֵיתָ	הֻרְצֵיתֶם	תֻּרְצֶה	תֻּרְצוּ	מֻרְצָה
הֻרְצֵית	הֻרְצֵיתֶן	תֻּרְצִי	תֻּרְצֶינָה	(מֻרְצֵית)
הֻרְצָה	הֻרְצוּ	יֻרְצֶה	יֻרְצוּ	מֻרְצִים
הֻרְצְתָה		תֻּרְצֶה	תֻּרְצֶינָה	מֻרְצוֹת

Hitpa'el

VII – הִתְרַצָּה – הִתְרַצֵּה to be reconciled, to agree, to consent: הִתְרַצּוֹת, הִתְרַצֵּה

Past		*Future*		*Present*	*Imperative*	*Gerund*
הִתְרַצֵּיתִי	הִתְרַצֵּינוּ	אֶתְרַצֶּה	נִתְרַצֶּה	מִתְרַצֶּה	הִתְרַצֵּה	בְּהִתְרַצּוֹת
הִתְרַצֵּיתָ	הִתְרַצֵּיתֶם	תִּתְרַצֶּה	תִּתְרַצּוּ	מִתְרַצָּה	הִתְרַצִּי	כְּהִתְרַצּוֹת
הִתְרַצֵּית	הִתְרַצֵּיתֶן	תִּתְרַצִּי	תִּתְרַצֶּינָה	(מִתְרַצֵּית)	הִתְרַצּוּ	לְהִתְרַצּוֹת
הִתְרַצָּה	הִתְרַצּוּ	יִתְרַצֶּה	יִתְרַצּוּ	מִתְרַצִּים	הִתְרַצֶּינָה	מֵהִתְרַצּוֹת
הִתְרַצְּתָה		תִּתְרַצֶּה	תִּתְרַצֶּינָה	מִתְרַצּוֹת		

Nitpa'el: Passive Past – נִתְרַצֵּיתִי etc.

רקד

Kal

I – רָקַד – רְקֹד to skip, to dance: רְקֹד, רָקֹד

Past		*Future*		*Present*	*Imperative*	*Gerund*
רָקַדְתִּי	רָקַדְנוּ	אֶרְקֹד	נִרְקֹד	רוֹקֵד	רְקֹד	בִּרְקֹד
רָקַדְתָּ	רְקַדְתֶּם	תִּרְקֹד	תִּרְקְדוּ	רוֹקֶדֶת	רִקְדִי	כִּרְקֹד
רָקַדְתְּ	רְקַדְתֶּן	תִּרְקְדִי	תִּרְקֹדְנָה	(רוֹקְדָה)	רִקְדוּ	לִרְקֹד
רָקַד	רָקְדוּ	יִרְקֹד	יִרְקְדוּ	רוֹקְדִים	רְקֹדְנָה	מֵרְקֹד
רָקְדָה		תִּרְקֹד	תִּרְקֹדְנָה	רוֹקְדוֹת		

Nif'al

II*—

* This root has not developed this form.

Pi'el

III – רִקֵּד – רַקֵּד to dance excitedly, to sift: רַקֵּד, רַקֵּד

Past		*Future*		*Present*	*Imperative*	*Gerund*
רִקַּדְתִּי	רִקַּדְנוּ	אֲרַקֵּד	נְרַקֵּד	מְרַקֵּד	רַקֵּד	בְּרַקֵּד
רִקַּדְתָּ	רִקַּדְתֶּם	תְּרַקֵּד	תְּרַקְּדוּ	מְרַקֶּדֶת	רַקְּדִי	כְּרַקֵּד
רִקַּדְתְּ	רִקַּדְתֶּן	תְּרַקְּדִי	תְּרַקֵּדְנָה	(מְרַקְּדָה)	רַקְּדוּ	לְרַקֵּד
רִקֵּד	רִקְּדוּ	יְרַקֵּד	יְרַקְּדוּ	מְרַקְּדִים	רַקֵּדְנָה	מֵרַקֵּד
רִקְּדָה		תְּרַקֵּד	תְּרַקֵּדְנָה	מְרַקְּדוֹת		

Pu'al

IV – רֻקַּד – רֻקַּד to be sifted: רֻקֹּד

Past		*Future*		*Present*
רֻקַּדְתִּי	רֻקַּדְנוּ	אֲרֻקַּד	נְרֻקַּד	מְרֻקָּד
רֻקַּדְתָּ	רֻקַּדְתֶּם	תְּרֻקַּד	תְּרֻקְּדוּ	מְרֻקֶּדֶת
רֻקַּדְתְּ	רֻקַּדְתֶּן	תְּרֻקְּדִי	תְּרֻקַּדְנָה	(מְרֻקָּדָה)
רֻקַּד	רֻקְּדוּ	יְרֻקַּד	יְרֻקְּדוּ	מְרֻקָּדִים
רֻקְּדָה		תְּרֻקַּד	תְּרֻקַּדְנָה	מְרֻקָּדוֹת

רקד

Hif'il

V – הִרְקִיד – הַרְקֵד to sift, to shake (in a sieve): הַרְקִיד, הַרְקֵד

Gerund	Imperative	Present	Future		Past	
בְּהַרְקִיד	הַרְקֵד	מַרְקִיד	נַרְקִיד	אַרְקִיד	הִרְקַדְנוּ	הִרְקַדְתִּי
כְּהַרְקִיד	הַרְקִידִי	מַרְקֶדֶת	תַּרְקִידוּ	תַּרְקִיד	הִרְקַדְתֶּם	הִרְקַדְתָּ
לְהַרְקִיד	הַרְקִידוּ	(מַרְקִידָה)	תַּרְקֵדְנָה	תַּרְקִידִי	הִרְקַדְתֶּן	הִרְקַדְתְּ
מֵהַרְקִיד	הַרְקֵדְנָה	מַרְקִידִים	יַרְקִידוּ	יַרְקִיד	הִרְקִידוּ	הִרְקִיד
		מַרְקִידוֹת	תַּרְקֵדְנָה	תַּרְקִיד		הִרְקִידָה

Huf'al

VI – הָרְקַד – הֻרְקַד to be sifted, to be shaken: הֻרְקַד

Present	Future		Past	
מֻרְקָד	נֻרְקַד	אֻרְקַד	הֻרְקַדְנוּ	הֻרְקַדְתִּי
מֻרְקֶדֶת	תֻּרְקְדוּ	תֻּרְקַד	הֻרְקַדְתֶּם	הֻרְקַדְתָּ
(מֻרְקָדָה)	תֻּרְקַדְנָה	תֻּרְקְדִי	הֻרְקַדְתֶּן	הֻרְקַדְתְּ
מֻרְקָדִים	יֻרְקְדוּ	יֻרְקַד	הֻרְקְדוּ	הֻרְקַד
מֻרְקָדוֹת	תֻּרְקַדְנָה	תֻּרְקַד		הֻרְקְדָה

Hitpa'el

VII*–

* This root has not developed this form.

רשם

Kal

I – רָשַׁם – רְשֹׁם to mark, to note, to register: רְשֹׁם, רָשֹׁם

Past		*Future*		*Present*	*Passive Present*	*Imperative*	*Gerund*
רָשַׁמְתִּי	רָשַׁמְנוּ	אֶרְשֹׁם	נִרְשֹׁם	רוֹשֵׁם	רָשׁוּם	רְשֹׁם	בִּרְשֹׁם
רָשַׁמְתָּ	רְשַׁמְתֶּם	תִּרְשֹׁם	תִּרְשְׁמוּ	רוֹשֶׁמֶת	רְשׁוּמָה	רִשְׁמִי	כִּרְשֹׁם
רָשַׁמְתְּ	רְשַׁמְתֶּן	תִּרְשְׁמִי	תִּרְשֹׁמְנָה	(רוֹשְׁמָה)	רְשׁוּמִים	רִשְׁמוּ	לִרְשֹׁם
רָשַׁם	רָשְׁמוּ	יִרְשֹׁם	יִרְשְׁמוּ	רוֹשְׁמִים	רְשׁוּמוֹת	רְשֹׁמְנָה	מֵרְשֹׁם
רָשְׁמָה		תִּרְשֹׁם	תִּרְשֹׁמְנָה	רוֹשְׁמוֹת			

Nif'al

II – נִרְשַׁם – הֵרָשֵׁם to be marked, to register (intr.): הֵרָשֵׁם, הֵרָשֵׁם

Past		*Future*		*Present*	*Imperative*	*Gerund*
נִרְשַׁמְתִּי	נִרְשַׁמְנוּ	אֵרָשֵׁם	נֵרָשֵׁם	נִרְשָׁם	הֵרָשֵׁם	בְּהֵרָשֵׁם
נִרְשַׁמְתָּ	נִרְשַׁמְתֶּם	תֵּרָשֵׁם	תֵּרָשְׁמוּ	נִרְשֶׁמֶת	הֵרָשְׁמִי	כְּהֵרָשֵׁם
נִרְשַׁמְתְּ	נִרְשַׁמְתֶּן	תֵּרָשְׁמִי	תֵּרָשַׁמְנָה	(נִרְשָׁמָה)	הֵרָשְׁמוּ	לְהֵרָשֵׁם
נִרְשַׁם	נִרְשְׁמוּ	יֵרָשֵׁם	יֵרָשְׁמוּ	נִרְשָׁמִים	הֵרָשַׁמְנָה	מֵהֵרָשֵׁם
נִרְשְׁמָה		תֵּרָשֵׁם	תֵּרָשַׁמְנָה	נִרְשָׁמוֹת		

Pi'el

III – רִשֵּׁם – רַשֵּׁם to sketch, to etch: רַשֵּׁם, רַשֵּׁם

Past		*Future*		*Present*	*Imperative*	*Gerund*
רִשַּׁמְתִּי	רִשַּׁמְנוּ	אֲרַשֵּׁם	נְרַשֵּׁם	מְרַשֵּׁם	רַשֵּׁם	בְּרַשֵּׁם
רִשַּׁמְתָּ	רִשַּׁמְתֶּם	תְּרַשֵּׁם	תְּרַשְּׁמוּ	מְרַשֶּׁמֶת	רַשְּׁמִי	כְּרַשֵּׁם
רִשַּׁמְתְּ	רִשַּׁמְתֶּן	תְּרַשְּׁמִי	תְּרַשֵּׁמְנָה	(מְרַשְּׁמָה)	רַשְּׁמוּ	לְרַשֵּׁם
רִשֵּׁם	רִשְּׁמוּ	יְרַשֵּׁם	יְרַשְּׁמוּ	מְרַשְּׁמִים	רַשֵּׁמְנָה	מֵרַשֵּׁם
רִשְּׁמָה		תְּרַשֵּׁם	תְּרַשֵּׁמְנָה	מְרַשְּׁמוֹת		

Pu'al

IV – רֻשַּׁם – רֻשֹּׁם to be sketched, to be etched: רֻשֹּׁם

Past		*Future*		*Present*
רֻשַּׁמְתִּי	רֻשַּׁמְנוּ	אֲרֻשַּׁם	נְרֻשַּׁם	מְרֻשָּׁם
רֻשַּׁמְתָּ	רֻשַּׁמְתֶּם	תְּרֻשַּׁם	תְּרֻשְּׁמוּ	מְרֻשֶּׁמֶת
רֻשַּׁמְתְּ	רֻשַּׁמְתֶּן	תְּרֻשְּׁמִי	תְּרֻשַּׁמְנָה	(מְרֻשָּׁמָה)
רֻשַּׁם	רֻשְּׁמוּ	יְרֻשַּׁם	יְרֻשְּׁמוּ	מְרֻשָּׁמִים
רֻשְּׁמָה		תְּרֻשַּׁם	תְּרֻשַּׁמְנָה	מְרֻשָּׁמוֹת

רשם

Hif'il

V – הִרְשִׁים – הַרְשִׁים to impress, to register: **הַרְשִׁים, הַרְשֵׁם**

Past		*Future*		*Present*	*Imperative*	*Gerund*
הִרְשַׁמְתִּי	הִרְשַׁמְנוּ	אַרְשִׁים	נַרְשִׁים	מַרְשִׁים	הַרְשֵׁם	בְּהַרְשִׁים
הִרְשַׁמְתָּ	הִרְשַׁמְתֶּם	תַּרְשִׁים	תַּרְשִׁימוּ	מַרְשֶׁמֶת	הַרְשִׁימִי	כְּהַרְשִׁים
הִרְשַׁמְתְּ	הִרְשַׁמְתֶּן	תַּרְשִׁימִי	תַּרְשֵׁמְנָה	(מַרְשִׁימָה)	הַרְשִׁימוּ	לְהַרְשִׁים
הִרְשִׁים	הִרְשִׁימוּ	יַרְשִׁים	יַרְשִׁימוּ	מַרְשִׁימִים	הַרְשֵׁמְנָה	מֵהַרְשִׁים
הִרְשִׁימָה		תַּרְשִׁים	תַּרְשֵׁמְנָה	מַרְשִׁימוֹת		

Huf'al

VI – הָרְשַׁם – הָרְשַׁם to be impressed: **הָרְשֵׁם**

Past		*Future*		*Present*
הָרְשַׁמְתִּי	הָרְשַׁמְנוּ	אָרְשַׁם	נָרְשַׁם	מָרְשָׁם
הָרְשַׁמְתָּ	הָרְשַׁמְתֶּם	תָּרְשַׁם	תָּרְשְׁמוּ	מָרְשֶׁמֶת
הָרְשַׁמְתְּ	הָרְשַׁמְתֶּן	תָּרְשְׁמִי	תָּרְשַׁמְנָה	(מָרְשָׁמָה)
הָרְשַׁם	הָרְשְׁמוּ	יָרְשַׁם	יָרְשְׁמוּ	מָרְשָׁמִים
הָרְשְׁמָה		תָּרְשַׁם	תָּרְשַׁמְנָה	מָרְשָׁמוֹת

Hitpa'el

VII – הִתְרַשֵּׁם – הִתְרַשֵּׁם – הִתְרַשֵּׁם to become impressed: **הִתְרַשֵּׁם, הִתְרַשֵּׁם**

Past		*Future*		*Present*	*Imperative*	*Gerund*
הִתְרַשַּׁמְתִּי	הִתְרַשַּׁמְנוּ	אֶתְרַשֵּׁם	נִתְרַשֵּׁם	מִתְרַשֵּׁם	הִתְרַשֵּׁם	בְּהִתְרַשֵּׁם
הִתְרַשַּׁמְתָּ	הִתְרַשַּׁמְתֶּם	תִּתְרַשֵּׁם	תִּתְרַשְּׁמוּ	מִתְרַשֶּׁמֶת	הִתְרַשְּׁמִי	כְּהִתְרַשֵּׁם
הִתְרַשַּׁמְתְּ	הִתְרַשַּׁמְתֶּן	תִּתְרַשְּׁמִי	תִּתְרַשֵּׁמְנָה	(מִתְרַשְּׁמָה)	הִתְרַשְּׁמוּ	לְהִתְרַשֵּׁם
הִתְרַשֵּׁם	הִתְרַשְּׁמוּ	יִתְרַשֵּׁם	יִתְרַשְּׁמוּ	מִתְרַשְּׁמִים	הִתְרַשֵּׁמְנָה	מֵהִתְרַשֵּׁם
הִתְרַשְּׁמָה		תִּתְרַשֵּׁם	תִּתְרַשֵּׁמְנָה	מִתְרַשְּׁמוֹת		

שכר

Kal

I – שָׂכַר – שְׂכֹר to hire, to rent: שְׂכֹר, שָׂכֹר

Past		*Future*		*Present*	*Imperative*	*Gerund*
שָׂכַרְתִּי	שָׂכַרְנוּ	אֶשְׂכֹּר	נִשְׂכֹּר	שׂוֹכֵר	שְׂכֹר	בִּשְׂכֹּר
שָׂכַרְתָּ	שְׂכַרְתֶּם	תִּשְׂכֹּר	תִּשְׂכְּרוּ	שׂוֹכֶרֶת	שִׂכְרִי	כִּשְׂכֹּר
שָׂכַרְתְּ	שְׂכַרְתֶּן	תִּשְׂכְּרִי	תִּשְׂכֹּרְנָה	(שׂוֹכְרָה)	שִׂכְרוּ	לִשְׂכֹּר
שָׂכַר	שָׂכְרוּ	יִשְׂכֹּר	יִשְׂכְּרוּ	שׂוֹכְרִים	שְׂכֹרְנָה	מִשְּׂכֹּר
שָׂכְרָה		תִּשְׂכֹּר	תִּשְׂכֹּרְנָה	שׂוֹכְרוֹת		

Nif'al

II – נִשְׂכַּר – הִשָּׂכֵר to be hired, to benefit: הִשָּׂכֵר, הִשָּׂכֵר

Past		*Future*		*Present*	*Imperative*	*Gerund*
נִשְׂכַּרְתִּי	נִשְׂכַּרְנוּ	אֶשָּׂכֵר	נִשָּׂכֵר	נִשְׂכָּר	הִשָּׂכֵר	בְּהִשָּׂכֵר
נִשְׂכַּרְתָּ	נִשְׂכַּרְתֶּם	תִּשָּׂכֵר	תִּשָּׂכְרוּ	נִשְׂכֶּרֶת	הִשָּׂכְרִי	כְּהִשָּׂכֵר
נִשְׂכַּרְתְּ	נִשְׂכַּרְתֶּן	תִּשָּׂכְרִי	תִּשָּׂכַרְנָה	(נִשְׂכָּרָה)	הִשָּׂכְרוּ	לְהִשָּׂכֵר
נִשְׂכַּר	נִשְׂכְּרוּ	יִשָּׂכֵר	יִשָּׂכְרוּ	נִשְׂכָּרִים	הִשָּׂכַרְנָה	מֵהִשָּׂכֵר
נִשְׂכְּרָה		תִּשָּׂכֵר	תִּשָּׂכַרְנָה	נִשְׂכָּרוֹת		

Pi'el

III*—

Pu'al

IV*—

* This root has not developed this form.

שכר

Hif'il

V – הִשְׂכִּיר – הַשְׂכִּיר to lease, to let: הַשְׂכִּיר, הַשְׂכֵּר

Past		*Future*		*Present*	*Imperative*	*Gerund*
הִשְׂכַּרְתִּי	הִשְׂכַּרְנוּ	אַשְׂכִּיר	נַשְׂכִּיר	מַשְׂכִּיר	הַשְׂכֵּר	בְּהַשְׂכִּיר
הִשְׂכַּרְתָּ	הִשְׂכַּרְתֶּם	תַּשְׂכִּיר	תַּשְׂכִּירוּ	מַשְׂכֶּרֶת	הַשְׂכִּירִי	כְּהַשְׂכִּיר
הִשְׂכַּרְתְּ	הִשְׂכַּרְתֶּן	תַּשְׂכִּירִי	תַּשְׂכֵּרְנָה	(מַשְׂכִּירָה)	הַשְׂכִּירוּ	לְהַשְׂכִּיר
הִשְׂכִּיר	הִשְׂכִּירוּ	יַשְׂכִּיר	יַשְׂכִּירוּ	מַשְׂכִּירִים	הַשְׂכֵּרְנָה	מֵהַשְׂכִּיר
הִשְׂכִּירָה		תַּשְׂכִּיר	תַּשְׂכֵּרְנָה	מַשְׂכִּירוֹת		

Huf'al

VI – הֻשְׂכַּר – הֻשְׂכַּר to be leased, to be rented: הֻשְׂכַּר

Past		*Future*		*Present*
הֻשְׂכַּרְתִּי	הֻשְׂכַּרְנוּ	אֻשְׂכַּר	נֻשְׂכַּר	מֻשְׂכָּר
הֻשְׂכַּרְתָּ	הֻשְׂכַּרְתֶּם	תֻּשְׂכַּר	תֻּשְׂכְּרוּ	מֻשְׂכֶּרֶת
הֻשְׂכַּרְתְּ	הֻשְׂכַּרְתֶּן	תֻּשְׂכְּרִי	תֻּשְׂכַּרְנָה	(מֻשְׂכָּרָה)
הֻשְׂכַּר	הֻשְׂכְּרוּ	יֻשְׂכַּר	יֻשְׂכְּרוּ	מֻשְׂכָּרִים
הֻשְׂכְּרָה		תֻּשְׂכַּר	תֻּשְׂכַּרְנָה	מֻשְׂכָּרוֹת

Hitpa'el

VII – הִשְׂתַּכֵּר – הִשְׂתַּכֵּר to earn wages, to make profit: הִשְׂתַּכֵּר, הִשְׂתַּכֵּר

Past		*Future*		*Present*	*Imperative*	*Gerund*
הִשְׂתַּכַּרְתִּי	הִשְׂתַּכַּרְנוּ	אֶשְׂתַּכֵּר	נִשְׂתַּכֵּר	מִשְׂתַּכֵּר	הִשְׂתַּכֵּר	בְּהִשְׂתַּכֵּר
הִשְׂתַּכַּרְתָּ	הִשְׂתַּכַּרְתֶּם	תִּשְׂתַּכֵּר	תִּשְׂתַּכְּרוּ	מִשְׂתַּכֶּרֶת	הִשְׂתַּכְּרִי	כְּהִשְׂתַּכֵּר
הִשְׂתַּכַּרְתְּ	הִשְׂתַּכַּרְתֶּן	תִּשְׂתַּכְּרִי	תִּשְׂתַּכֵּרְנָה	(מִשְׂתַּכְּרָה)	הִשְׂתַּכְּרוּ	לְהִשְׂתַּכֵּר
הִשְׂתַּכֵּר	הִשְׂתַּכְּרוּ	יִשְׂתַּכֵּר	יִשְׂתַּכְּרוּ	מִשְׂתַּכְּרִים	הִשְׂתַּכֵּרְנָה	מֵהִשְׂתַּכֵּר
הִשְׂתַּכְּרָה		תִּשְׂתַּכֵּר	תִּשְׂתַּכֵּרְנָה	מִשְׂתַּכְּרוֹת		

שים

Kal

I — שָׂם — שִׂים to put, to make: שִׂים, שִׂים

Past		*Future*		*Present*	*Passive present*	*Imperative*	*Gerund*
שַׂמְתִּי	שַׂמְנוּ	אָשִׂים	נָשִׂים	שָׂם	שׂוּם	שִׂים	בְּשִׂים
שַׂמְתָּ	שַׂמְתֶּם	תָּשִׂים	תָּשִׂימוּ	שָׂמָה	שׂוּמָה	שִׂימִי	כְּשִׂים
שַׂמְתְּ	שַׂמְתֶּן	תָּשִׂימִי	תָּשֵׂמְנָה	שָׂמִים	שׂוּמִים	שִׂימוּ	לָשִׂים
שָׂם	שָׂמוּ	יָשִׂים	יָשִׂימוּ	שָׂמוֹת	שׂוּמוֹת	שֵׂמְנָה	מִשִׂים
שָׂמָה		תָּשִׂים	תָּשֵׂמְנָה				

Nif'al

II*—

Pi'el

III*—

Pu'al

IV*—

* This root has not developed this form.

שים

Hif'il

V – הֵשִׂים – הָשִׂים to put: הָשִׂים, הָשֵׂם

Past		*Future*		*Present*	*Imperative*	*Gerund*
הֵשַׂמְתִּי	הֵשַׂמְנוּ	אָשִׂים	נָשִׂים	מֵשִׂים	הָשֵׂם	בְּהָשִׂים
הֵשַׂמְתָּ	הֲשַׂמְתֶּם	תָּשִׂים	תָּשִׂימוּ	מְשִׂימָה	הָשִׂימִי	כְּהָשִׂים
הֵשַׂמְתְּ	הֲשַׂמְתֶּן	תָּשִׂימִי	תָּשֵׂמְנָה	מְשִׂימִים	הָשִׂימוּ	לְהָשִׂים
הֵשִׂים	הֵשִׂימוּ	יָשִׂים	יָשִׂימוּ	מְשִׂימוֹת	הָשֵׂמְנָה	מֵהָשִׂים
הֵשִׂימָה		תָּשִׂים	תָּשֵׂמְנָה			

Huf'al

VI – הוּשַׂם – הוּשַׂם to be put, to be set: הוּשֵׂם

Past		*Future*		*Present*
הוּשַׂמְתִּי	הוּשַׂמְנוּ	אוּשַׂם	נוּשַׂם	מוּשָׂם
הוּשַׂמְתָּ	הוּשַׂמְתֶּם	תּוּשַׂם	תּוּשְׂמוּ	מוּשָׂמָה
הוּשַׂמְתְּ	הוּשַׂמְתֶּן	תּוּשְׂמִי	תּוּשַׂמְנָה	מוּשָׂמִים
הוּשַׂם	הוּשְׂמוּ	יוּשַׂם	יוּשְׂמוּ	מוּשָׂמוֹת
הוּשְׂמָה		תּוּשַׂח	תּוּשַׂנְנָח	

Hitpa'el

VII*–

* This root has not developed this form.

שמח

Kal

I – שָׂמַח – שְׂמַח to be glad, to rejoice: שְׂמֹחַ, שָׂמֹחַ

Past		*Future*		*Present*	*Imperative*	*Gerund*
שָׂמַחְתִּי	שָׂמַחְנוּ	אֶשְׂמַח	נִשְׂמַח	שָׂמֵחַ	שְׂמַח	בִּשְׂמֹחַ
שָׂמַחְתָּ	שְׂמַחְתֶּם	תִּשְׂמַח	תִּשְׂמְחוּ	שְׂמֵחָה	שִׂמְחִי	כִּשְׂמֹחַ
שָׂמַחַתְּ	שְׂמַחְתֶּן	תִּשְׂמְחִי	תִּשְׂמַחְנָה	שְׂמֵחִים	שִׂמְחוּ	לִשְׂמֹחַ
שָׂמַח	שָׂמְחוּ	יִשְׂמַח	יִשְׂמְחוּ	שְׂמֵחוֹת	שְׂמַחְנָה	מִשְּׂמֹחַ
שָׂמְחָה		תִּשְׂמַח	תִּשְׂמַחְנָה			

Nif'al

II* –

* This root has not developed this form.

Pi'el

III – שִׂמַּח – שַׂמַּח to gladden, to make joyous: שַׂמֵּחַ, שַׂמַּח

Past		*Future*		*Present*	*Imperative*	*Gerund*
שִׂמַּחְתִּי	שִׂמַּחְנוּ	אֲשַׂמַּח	נְשַׂמַּח	מְשַׂמֵּחַ	שַׂמַּח	בְּשַׂמַּח
שִׂמַּחְתָּ	שִׂמַּחְתֶּם	תְּשַׂמַּח	תְּשַׂמְּחוּ	מְשַׂמַּחַת	שַׂמְּחִי	כְּשַׂמַּח
שִׂמַּחַתְּ	שִׂמַּחְתֶּן	תְּשַׂמְּחִי	תְּשַׂמַּחְנָה	(מְשַׂמְּחָה)	שַׂמְּחוּ	לְשַׂמַּח
שִׂמַּח	שִׂמְּחוּ	יְשַׂמַּח	יְשַׂמְּחוּ	מְשַׂמְּחִים	שַׂמַּחְנָה	מִשַּׂמַּח
שִׂמְּחָה		תְּשַׂמַּח	תְּשַׂמַּחְנָה	מְשַׂמְּחוֹת		

Pu'al

IV – שֻׂמַּח – שֻׂמַּח to be gladdened: שֻׂמֹּחַ

Past		*Future*		*Present*
שֻׂמַּחְתִּי	שֻׂמַּחְנוּ	אֲשֻׂמַּח	נְשֻׂמַּח	מְשֻׂמָּח
שֻׂמַּחְתָּ	שֻׂמַּחְתֶּם	תְּשֻׂמַּח	תְּשֻׂמְּחוּ	מְשֻׂמַּחַת
שֻׂמַּחַתְּ	שֻׂמַּחְתֶּן	תְּשֻׂמְּחִי	תְּשֻׂמַּחְנָה	(מְשֻׂמָּחָה)
שֻׂמַּח	שֻׂמְּחוּ	יְשֻׂמַּח	יְשֻׂמְּחוּ	מְשֻׂמָּחִים
שֻׂמְּחָה		תְּשֻׂמַּח	תְּשֻׂמַּחְנָה	מְשֻׂמָּחוֹת

שמח

Hif'il

V – הִשְׂמִיחַ – הַשְׂמִיחַ to cause to be joyful: הַשְׂמִיחַ, הַשְׂמֵחַ

Past		Future		Present	Imperative	Gerund
הִשְׂמַחְתִּי	הִשְׂמַחְנוּ	אַשְׂמִיחַ	נַשְׂמִיחַ	מַשְׂמִיחַ	הַשְׂמַח	בְּהַשְׂמִיחַ
הִשְׂמַחְתָּ	הִשְׂמַחְתֶּם	תַּשְׂמִיחַ	תַּשְׂמִיחוּ	מַשְׂמַחַת	הַשְׂמִיחִי	כְּהַשְׂמִיחַ
הִשְׂמַחַתְּ	הִשְׂמַחְתֶּן	תַּשְׂמִיחִי	תַּשְׂמַחְנָה	(מַשְׂמִיחָה)	הַשְׂמִיחוּ	לְהַשְׂמִיחַ
הִשְׂמִיחַ	הִשְׂמִיחוּ	יַשְׂמִיחַ	יַשְׂמִיחוּ	מַשְׂמִיחִים	הַשְׂמַחְנָה	מֵהַשְׂמִיחַ
הִשְׂמִיחָה		תַּשְׂמִיחַ	תַּשְׂמַחְנָה	מַשְׂמִיחוֹת		

Huf'al

VI – הָשְׂמַח – הָשְׂמַח to be roused to joy: הָשְׂמֵחַ

Past		Future		Present
הָשְׂמַחְתִּי	הָשְׂמַחְנוּ	אָשְׂמַח	נָשְׂמַח	מָשְׂמָח
הָשְׂמַחְתָּ	הָשְׂמַחְתֶּם	תָּשְׂמַח	תָּשְׂמְחוּ	מָשְׂמַחַת
הָשְׂמַחַתְּ	הָשְׂמַחְתֶּן	תָּשְׂמְחִי	תָּשְׂמַחְנָה	(מָשְׂמָחָה)
הָשְׂמַח	הָשְׂמְחוּ	יָשְׂמַח	יָשְׂמְחוּ	מָשְׂמָחִים
הָשְׂמְחָה		תָּשְׂמַח	תָּשְׂמַחְנָה	מָשְׂמָחוֹת

Hitpa'el

VII*–

* This root has not developed this form.

שנא

Kal

I — שָׂנָא — שְׂנָא to hate: שָׂנֹא, שְׂנֹא

Past		Future		Present	Passive Present	Imperative	Gerund
שָׂנֵאתִי	שָׂנֵאנוּ	אֶשְׂנָא	נִשְׂנָא	שׂוֹנֵא	שָׂנוּא	שְׂנָא	בִּשְׂנֹא
שָׂנֵאתָ	שְׂנֵאתֶם	תִּשְׂנָא	תִּשְׂנְאוּ	שׂוֹנֵאת	שְׂנוּאָה	שִׂנְאִי	כִּשְׂנֹא
שָׂנֵאת	שְׂנֵאתֶן	תִּשְׂנְאִי	תִּשְׂנֶאנָה	(שׂוֹנְאָה)	שְׂנוּאִים	שִׂנְאוּ	לִשְׂנֹא
שָׂנֵא	שָׂנְאוּ	יִשְׂנָא	יִשְׂנְאוּ	שׂוֹנְאִים	שְׂנוּאוֹת	שְׂנֶאנָה	מִשְּׂנֹא
שָׂנְאָה		תִּשְׂנָא	תִּשְׂנֶאנָה	שׂוֹנְאוֹת			

Nif'al

II — נִשְׂנָא — הִשָּׂנֵא to be hated: הִשָּׂנֵא, הִשָּׂנֵא

Past		Future		Present		Imperative	Gerund
נִשְׂנֵאתִי	נִשְׂנֵאנוּ	אֶשָּׂנֵא	נִשָּׂנֵא	נִשְׂנָא		הִשָּׂנֵא	בְּהִשָּׂנֵא
נִשְׂנֵאתָ	נִשְׂנֵאתֶם	תִּשָּׂנֵא	תִּשָּׂנְאוּ	נִשְׂנֵאת		הִשָּׂנְאִי	כְּהִשָּׂנֵא
נִשְׂנֵאת	נִשְׂנֵאתֶן	תִּשָּׂנְאִי	תִּשָּׂנֶאנָה	(נִשְׂנָאָה)		הִשָּׂנְאוּ	לְהִשָּׂנֵא
נִשְׂנָא	נִשְׂנְאוּ	יִשָּׂנֵא	יִשָּׂנְאוּ	נִשְׂנָאִים		הִשָּׂנֶאנָה	מֵהִשָּׂנֵא
נִשְׂנְאָה		תִּשָּׂנֵא	תִּשָּׂנֶאנָה	נִשְׂנָאוֹת			

Pi'el

III — שִׂנֵּא — שַׂנֵּא to hate deeply: שַׂנֵּא, שַׂנֵּא

Past		Future		Present		Imperative	Gerund
שִׂנֵּאתִי	שִׂנֵּאנוּ	אֲשַׂנֵּא	נְשַׂנֵּא	מְשַׂנֵּא		שַׂנֵּא-	בְּשַׂנֵּא
שִׂנֵּאתָ	שִׂנֵּאתֶם	תְּשַׂנֵּא	תְּשַׂנְּאוּ	מְשַׂנֵּאת		שַׂנְּאִי	כְּשַׂנֵּא
שִׂנֵּאת	שִׂנֵּאתֶן	תְּשַׂנְּאִי	תְּשַׂנֶּאנָה	(מְשַׂנְּאָה)		שַׂנְּאוּ	לְשַׂנֵּא
שִׂנֵּא	שִׂנְּאוּ	יְשַׂנֵּא	יְשַׂנְּאוּ	מְשַׂנְּאִים		שַׂנֶּאנָה	מִשַּׂנֵּא
שִׂנְּאָה		תְּשַׂנֵּא	תְּשַׂנֶּאנָה	מְשַׂנְּאוֹת			

Pu'al

IV — שֻׂנָּא — שֻׂנָּא to be deeply hated: שֻׂנּא

Past		Future		Present
שֻׂנֵּאתִי	שֻׂנֵּאנוּ	אֲשֻׂנָּא	נְשֻׂנָּא	מְשֻׂנָּא
שֻׂנֵּאתָ	שֻׂנֵּאתֶם	תְּשֻׂנָּא	תְּשֻׂנְּאוּ	מְשֻׂנֵּאת
שֻׂנֵּאת	שֻׂנֵּאתֶן	תְּשֻׂנְּאִי	תְּשֻׂנֶּאנָה	(מְשֻׂנָּאָה)
שֻׂנָּא	שֻׂנְּאוּ	יְשֻׂנָּא	יְשֻׂנְּאוּ	מְשֻׂנָּאִים
שֻׂנְּאָה		תְּשֻׂנָּא	תְּשֻׂנֶּאנָה	מְשֻׂנָּאוֹת

שנא

Hif'il

V – הִשְׁנִיא – הַשְׁנִיא to make hateful: הַשְׁנִיא, הַשְׁנֵא

Past		Future		Present	Imperative	Gerund
הִשְׁנֵאתִי	הִשְׁנֵאנוּ	אַשְׁנִיא	נַשְׁנִיא	מַשְׁנִיא	הַשְׁנֵא	בְּהַשְׁנִיא
הִשְׁנֵאתָ	הִשְׁנֵאתֶם	תַּשְׁנִיא	תַּשְׁנִיאוּ	מַשְׁנִיאָה	הַשְׁנִיאִי	כְּהַשְׁנִיא
הִשְׁנֵאת	הִשְׁנֵאתֶן	תַּשְׁנִיאִי	תַּשְׁנֶאנָה	(מַשְׁנֵאת)	הַשְׁנִיאוּ	לְהַשְׁנִיא
הִשְׁנִיא	הִשְׁנִיאוּ	יַשְׁנִיא	יַשְׁנִיאוּ	מַשְׁנִיאִים	הַשְׁנֶאנָה	מֵהַשְׁנִיא
הִשְׁנִיאָה		תַּשְׁנִיא	תַּשְׁנֶאנָה	מַשְׁנִיאוֹת		

Huf'al

VI – הֻשְׁנָא – הֻשְׁנָא to be made hateful: הֻשְׁנֵא

Past		Future		Present
הֻשְׁנֵאתִי	הֻשְׁנֵאנוּ	אֻשְׁנָא	נֻשְׁנָא	מֻשְׁנָא
הֻשְׁנֵאתָ	הֻשְׁנֵאתֶם	תֻּשְׁנָא	תֻּשְׁנְאוּ	מֻשְׁנֵאת
הֻשְׁנֵאת	הֻשְׁנֵאתֶן	תֻּשְׁנְאִי	תֻּשְׁנֶאנָה	(מֻשְׁנָאָה)
הֻשְׁנָא	הֻשְׁנְאוּ	יֻשְׁנָא	יֻשְׁנְאוּ	מֻשְׁנָאִים
הֻשְׁנְאָה		תֻּשְׁנָא	תֻּשְׁנֶאנָה	מֻשְׁנָאוֹת

Hitpa'el

VII*–

*This root has not developed this form.

שרף

Kal

I – שָׂרַף – שְׂרֹף to burn, to absorb: שְׂרֹף, שָׂרֹף

Past	Past	Future	Future	Present	Passive Present	Imperative	Gerund
שָׂרַפְתִּי	שָׂרַפְנוּ	אֶשְׂרֹף	נִשְׂרֹף	שׂוֹרֵף	שָׂרוּף	שְׂרֹף	בִּשְׂרֹף
שָׂרַפְתָּ	שְׂרַפְתֶּם	תִּשְׂרֹף	תִּשְׂרְפוּ	שׂוֹרֶפֶת	שְׂרוּפָה	שִׂרְפִי	כִּשְׂרֹף
שָׂרַפְתְּ	שְׂרַפְתֶּן	תִּשְׂרְפִי	תִּשְׂרֹפְנָה	(שׂוֹרְפָה)	שְׂרוּפִים	שִׂרְפוּ	לִשְׂרֹף
שָׂרַף	שָׂרְפוּ	יִשְׂרֹף	יִשְׂרְפוּ	שׂוֹרְפִים	שְׂרוּפוֹת	שְׂרֹפְנָה	מִשְּׂרֹף
שָׂרְפָה		תִּשְׂרֹף	תִּשְׂרֹפְנָה	שׂוֹרְפוֹת			

Nif'al

II – נִשְׂרַף – הִשָּׂרֵף to be burned: הִשָּׂרֵף, הִשָּׂרֵף

Past	Past	Future	Future	Present	Imperative	Gerund
נִשְׂרַפְתִּי	נִשְׂרַפְנוּ	אֶשָּׂרֵף	נִשָּׂרֵף	נִשְׂרָף	הִשָּׂרֵף	בְּהִשָּׂרֵף
נִשְׂרַפְתָּ	נִשְׂרַפְתֶּם	תִּשָּׂרֵף	תִּשָּׂרְפוּ	נִשְׂרֶפֶת	הִשָּׂרְפִי	כְּהִשָּׂרֵף
נִשְׂרַפְתְּ	נִשְׂרַפְתֶּן	תִּשָּׂרְפִי	תִּשָּׂרַפְנָה	(נִשְׂרָפָה)	הִשָּׂרְפוּ	לְהִשָּׂרֵף
נִשְׂרַף	נִשְׂרְפוּ	יִשָּׂרֵף	יִשָּׂרְפוּ	נִשְׂרָפִים	הִשָּׂרַפְנָה	מֵהִשָּׂרֵף
נִשְׂרְפָה		תִּשָּׂרֵף	תִּשָּׂרַפְנָה	נִשְׂרָפוֹת		

Pi'el

III – שֵׂרֵף – שָׂרֵף to cover with resin: שָׂרֵף, שָׂרֵף

Past	Past	Future	Future	Present	Imperative	Gerund
שֵׂרַפְתִּי	שֵׂרַפְנוּ	אֲשָׂרֵף	נְשָׂרֵף	מְשָׂרֵף	שָׂרֵף	בְּשָׂרֵף
שֵׂרַפְתָּ	שֵׂרַפְתֶּם	תְּשָׂרֵף	תְּשָׂרְפוּ	מְשָׂרֶפֶת	שָׂרְפִי	כְּשָׂרֵף
שֵׂרַפְתְּ	שֵׂרַפְתֶּן	תְּשָׂרְפִי	תְּשָׂרֵפְנָה	(מְשָׂרְפָה)	שָׂרְפוּ	לְשָׂרֵף
שֵׂרֵף	שֵׂרְפוּ	יְשָׂרֵף	יְשָׂרְפוּ	מְשָׂרְפִים	שָׂרֵפְנָה	מְשָׂרֵף
שֵׂרְפָה		תְּשָׂרֵף	תְּשָׂרֵפְנָה	מְשָׂרְפוֹת		

Pu'al

IV*–

* This root has not developed this form.

שרף

Hif'il

V*–

Huf'al

VI*–

Hitpa'el

VII*–

* This root has not developed this form.

שאל

Kal

I – שָׁאַל – שְׁאַל to ask, to borrow: שְׁאֹל, שָׁאֹל

Past		Future		Present	Passive present	Imperative	Gerund
שָׁאַלְתִּי	שָׁאַלְנוּ	אֶשְׁאַל	נִשְׁאַל	שׁוֹאֵל	שָׁאוּל	שְׁאַל	בִּשְׁאֹל
שָׁאַלְתָּ	שְׁאַלְתֶּם	תִּשְׁאַל	תִּשְׁאֲלוּ	שׁוֹאֶלֶת	שְׁאוּלָה	שַׁאֲלִי	כִּשְׁאֹל
שָׁאַלְתְּ	שְׁאַלְתֶּן	תִּשְׁאֲלִי	תִּשְׁאַלְנָה	(שׁוֹאֲלָה)	שְׁאוּלִים	שַׁאֲלוּ	לִשְׁאֹל
שָׁאַל	שָׁאֲלוּ	יִשְׁאַל	יִשְׁאֲלוּ	שׁוֹאֲלִים	שְׁאוּלוֹת	שְׁאַלְנָה	מִשְׁאֹל
שָׁאֲלָה		תִּשְׁאַל	תִּשְׁאַלְנָה	שׁוֹאֲלוֹת			

Nif'al

II – נִשְׁאַל – הִשָּׁאֵל to be asked, to do gratuitously: הִשָּׁאֵל, הִשָּׁאֵל

Past		Future		Present	Imperative	Gerund
נִשְׁאַלְתִּי	נִשְׁאַלְנוּ	אֶשָּׁאֵל	נִשָּׁאֵל	נִשְׁאָל	הִשָּׁאֵל	בְּהִשָּׁאֵל
נִשְׁאַלְתָּ	נִשְׁאַלְתֶּם	תִּשָּׁאֵל	תִּשָּׁאֲלוּ	נִשְׁאֶלֶת	הִשָּׁאֲלִי	כְּהִשָּׁאֵל
נִשְׁאַלְתְּ	נִשְׁאַלְתֶּן	תִּשָּׁאֲלִי	תִּשָּׁאַלְנָה	(נִשְׁאָלָה)	הִשָּׁאֲלוּ	לְהִשָּׁאֵל
נִשְׁאַל	נִשְׁאֲלוּ	יִשָּׁאֵל	יִשָּׁאֲלוּ	נִשְׁאָלִים	הִשָּׁאַלְנָה	מֵהִשָּׁאֵל
נִשְׁאֲלָה		תִּשָּׁאֵל	תִּשָּׁאַלְנָה	נִשְׁאָלוֹת		

Pi'el

III – שִׁאֵל – שָׁאֵל to inquire carefully, to beg alms: שָׁאֵל, שָׁאֵל

Past		Future		Present	Imperative	Gerund
שִׁאַלְתִּי	שִׁאַלְנוּ	אֲשָׁאֵל	נְשָׁאֵל	מְשָׁאֵל	שָׁאֵל	בְּשָׁאֵל
שִׁאַלְתָּ	שִׁאַלְתֶּם	תְּשָׁאֵל	תְּשָׁאֲלוּ	מְשָׁאֶלֶת	שָׁאֲלִי	כְּשָׁאֵל
שִׁאַלְתְּ	שִׁאַלְתֶּן	תְּשָׁאֲלִי	תְּשָׁאֵלְנָה	(מְשָׁאֲלָה)	שָׁאֲלוּ	לְשָׁאֵל
שִׁאֵל	שִׁאֲלוּ	יְשָׁאֵל	יְשָׁאֲלוּ	מְשָׁאֲלִים	שָׁאֵלְנָה	מִשָּׁאֵל
שִׁאֲלָה		תְּשָׁאֵל	תְּשָׁאֵלְנָה	מְשָׁאֲלוֹת		

Pu'al

IV*–

* This root has not developed this form.

שאל

Hif'il

V – הִשְׁאִיל – הַשְׁאִיל to lend: הַשְׁאִיל, הַשְׁאֵל

Past		Future		Present	Imperative	Gerund
הִשְׁאַלְתִּי	הִשְׁאַלְנוּ	אַשְׁאִיל	נַשְׁאִיל	מַשְׁאִיל	הַשְׁאֵל	בְּהַשְׁאִיל
הִשְׁאַלְתָּ	הִשְׁאַלְתֶּם	תַּשְׁאִיל	תַּשְׁאִילוּ	מַשְׁאֶלֶת	הַשְׁאִילִי	כְּהַשְׁאִיל
הִשְׁאַלְתְּ	הִשְׁאַלְתֶּן	תַּשְׁאִילִי	תַּשְׁאֵלְנָה	(מַשְׁאִילָה)	הַשְׁאִילוּ	לְהַשְׁאִיל
הִשְׁאִיל	הִשְׁאִילוּ	יַשְׁאִיל	יַשְׁאִילוּ	מַשְׁאִילִים	הַשְׁאֵלְנָה	מֵהַשְׁאִיל
הִשְׁאִילָה		תַּשְׁאִיל	תַּשְׁאֵלְנָה	מַשְׁאִילוֹת		

Huf'al

VI – הָשְׁאַל – הָשְׁאַל to be lent: הָשְׁאֵל

Past		Future		Present
הָשְׁאַלְתִּי	הָשְׁאַלְנוּ	אָשְׁאַל	נָשְׁאַל	מָשְׁאָל
הָשְׁאַלְתָּ	הָשְׁאַלְתֶּם	תָּשְׁאַל	תָּשְׁאֲלוּ	מָשְׁאֶלֶת
הָשְׁאַלְתְּ	הָשְׁאַלְתֶּן	תָּשְׁאֲלִי	תָּשְׁאַלְנָה	(מָשְׁאָלָה)
הָשְׁאַל	הָשְׁאֲלוּ	יָשְׁאַל	יָשְׁאֲלוּ	מָשְׁאָלִים
הָשְׁאֲלָה		תָּשְׁאַל	תָּשְׁאַלְנָה	מָשְׁאָלוֹת

Hitpa'el

VII*–

* This root has not developed this form.

שאר

Kal

I – שָׁאַר – שְׁאַר to remain: שְׁאֹר, שָׁאֹר

Past		Future		Present	Imperative	Gerund
שָׁאַרְתִּי	שָׁאַרְנוּ	אֶשְׁאַר	נִשְׁאַר	שׁוֹאֵר	שְׁאַר	בִּשְׁאֹר
שָׁאַרְתָּ	שְׁאַרְתֶּם	תִּשְׁאַר	תִּשְׁאֲרוּ	שׁוֹאֶרֶת	שַׁאֲרִי	כִּשְׁאֹר
שָׁאַרְתְּ	שְׁאַרְתֶּן	תִּשְׁאֲרִי	תִּשְׁאַרְנָה	(שׁוֹאֲרָה)	שַׁאֲרוּ	לִשְׁאֹר
שָׁאַר	שָׁאֲרוּ	יִשְׁאַר	יִשְׁאֲרוּ	שׁוֹאֲרִים	שְׁאַרְנָה	מִשְּׁאֹר
שָׁאֲרָה		תִּשְׁאַר	תִּשְׁאַרְנָה	שׁוֹאֲרוֹת		

Nif'al

II – נִשְׁאַר – הִשָּׁאֵר to remain, to be left: הִשָּׁאֵר, הִשָּׁאֵר

Past		Future		Present	Imperative	Gerund
נִשְׁאַרְתִּי	נִשְׁאַרְנוּ	אֶשָּׁאֵר	נִשָּׁאֵר	נִשְׁאָר	הִשָּׁאֵר	בְּהִשָּׁאֵר
נִשְׁאַרְתָּ	נִשְׁאַרְתֶּם	תִּשָּׁאֵר	תִּשָּׁאֲרוּ	נִשְׁאֶרֶת	הִשָּׁאֲרִי	כְּהִשָּׁאֵר
נִשְׁאַרְתְּ	נִשְׁאַרְתֶּן	תִּשָּׁאֲרִי	תִּשָּׁאַרְנָה	(נִשְׁאָרָה)	הִשָּׁאֲרוּ	לְהִשָּׁאֵר
נִשְׁאַר	נִשְׁאֲרוּ	יִשָּׁאֵר	יִשָּׁאֲרוּ	נִשְׁאָרִים	הִשָּׁאַרְנָה	מֵהִשָּׁאֵר
נִשְׁאֲרָה		תִּשָּׁאֵר	תִּשָּׁאַרְנָה	נִשְׁאָרוֹת		

Pi'el

III – שִׁיֵּר – שַׁיֵּר to leave, to reserve: שַׁיֵּר, שַׁיֵּר

Past		Future		Present	Imperative	Gerund
שִׁיַּרְתִּי	שִׁיַּרְנוּ	אֲשַׁיֵּר	נְשַׁיֵּר	מְשַׁיֵּר	שַׁיֵּר	בְּשַׁיֵּר
שִׁיַּרְתָּ	שִׁיַּרְתֶּם	תְּשַׁיֵּר	תְּשַׁיְּרוּ	מְשַׁיֶּרֶת	שַׁיְּרִי	כְּשַׁיֵּר
שִׁיַּרְתְּ	שִׁיַּרְתֶּן	תְּשַׁיְּרִי	תְּשַׁיֵּרְנָה	(מְשַׁיְּרָה)	שַׁיְּרוּ	לְשַׁיֵּר
שִׁיֵּר	שִׁיְּרוּ	יְשַׁיֵּר	יְשַׁיְּרוּ	מְשַׁיְּרִים	שַׁיֵּרְנָה	מִשַּׁיֵּר
שִׁיְּרָה		תְּשַׁיֵּר	תְּשַׁיֵּרְנָה	מְשַׁיְּרוֹת		

Pu'al

IV – שֻׁיַּר – שֻׁיַּר to be left, to be reserved: שֻׁיֹּר

Past		Future		Present
שֻׁיַּרְתִּי	שֻׁיַּרְנוּ	אֲשֻׁיַּר	נְשֻׁיַּר	מְשֻׁיָּר
שֻׁיַּרְתָּ	שֻׁיַּרְתֶּם	תְּשֻׁיַּר	תְּשֻׁיְּרוּ	מְשֻׁיֶּרֶת
שֻׁיַּרְתְּ	שֻׁיַּרְתֶּן	תְּשֻׁיְּרִי	תְּשֻׁיַּרְנָה	(מְשֻׁיָּרָה)
שֻׁיַּר	שֻׁיְּרוּ	יְשֻׁיַּר	יְשֻׁיְּרוּ	מְשֻׁיָּרִים
שֻׁיְּרָה		תְּשֻׁיַּר	תְּשֻׁיַּרְנָה	מְשֻׁיָּרוֹת

שאר

Hif'il

V – הִשְׁאִיר – הַשְׁאִיר to leave over, to spare: **הַשְׁאִיר, הַשְׁאֵר**

Gerund	*Imperative*	*Present*	*Future*		*Past*	
בְּהַשְׁאִיר	הַשְׁאֵר	מַשְׁאִיר	נַשְׁאִיר	אַשְׁאִיר	הִשְׁאַרְתִּי	הִשְׁאַרְנוּ
כְּהַשְׁאִיר	הַשְׁאִירִי	מַשְׁאֶרֶת	תַּשְׁאִירוּ	תַּשְׁאִיר	הִשְׁאַרְתָּ	הִשְׁאַרְתֶּם
לְהַשְׁאִיר	הַשְׁאִירוּ	(מַשְׁאִירָה)	תַּשְׁאֵרְנָה	תַּשְׁאִירִי	הִשְׁאַרְתְּ	הִשְׁאַרְתֶּן
מֵהַשְׁאִיר	הַשְׁאֵרְנָה	מַשְׁאִירִים	יַשְׁאִירוּ	יַשְׁאִיר	הִשְׁאִיר	הִשְׁאִירוּ
		מַשְׁאִירוֹת	תַּשְׁאֵרְנָה	תַּשְׁאִיר	הִשְׁאִירָה	

Huf'al

VI – הָשְׁאַר – הָשְׁאַר to be left over, to be spared: **הָשְׁאֵר**

Present	*Future*		*Past*	
מָשְׁאָר	נָשְׁאַר	אָשְׁאַר	הָשְׁאַרְתִּי	הָשְׁאַרְנוּ
מָשְׁאֶרֶת	תָּשְׁאֲרוּ	תָּשְׁאַר	הָשְׁאַרְתָּ	הָשְׁאַרְתֶּם
(מָשְׁאָרָה)	תָּשְׁאַרְנָה	תָּשְׁאֲרִי	הָשְׁאַרְתְּ	הָשְׁאַרְתֶּן
מָשְׁאָרִים	יָשְׁאֲרוּ	יָשְׁאַר	הָשְׁאַר	הָשְׁאֲרוּ
מָשְׁאָרוֹת	תָּשְׁאַרְנָה	תָּשְׁאַר	הָשְׁאֲרָה	

Hitpa'el

VII – הִשְׁתָּאֵר – נִשְׁתַּיֵּר – הִשְׁתָּאֵר to remain, to survive: **הִשְׁתַּיֵּר, הִשְׁתַּיֵּר**

Gerund	*Imperative*	*Present*	*Future*		*Past*	
בְּהִשְׁתַּיֵּר	הִשְׁתַּיֵּר	**מִשְׁתָּאֵר	נִשְׁתָּאֵר	*אֶשְׁתָּאֵר	הִשְׁתָּאַרְתִּי	הִשְׁתָּאַרְנוּ
כְּהִשְׁתַּיֵּר	הִשְׁתַּיְּרִי	מִשְׁתָּאֶרֶת	תִּשְׁתָּאֲרוּ	תִּשְׁתָּאֵר	הִשְׁתָּאַרְתָּ	הִשְׁתָּאַרְתֶּם
לְהִשְׁתַּיֵּר	הִשְׁתַּיְּרוּ	(מִשְׁתָּאֲרָה)	תִּשְׁתָּאֵרְנָה	תִּשְׁתָּאֲרִי	הִשְׁתָּאַרְתְּ	הִשְׁתָּאַרְתֶּן
מֵהִשְׁתַּיֵּר	הִשְׁתַּיֵּרְנָה	מִשְׁתָּאֲרִים	יִשְׁתָּאֲרוּ	יִשְׁתָּאֵר	הִשְׁתָּאֵר	הִשְׁתָּאֲרוּ
		מִשְׁתָּאֲרוֹת	תִּשְׁתָּאֵרְנָה	תִּשְׁתָּאֵר	הִשְׁתָּאֲרָה	

* Passive Future — אֶשְׁתַּיֵּר תִּשְׁתַּיֵּר תִּשְׁתַּיְּרִי יִשְׁתַּיֵּר תִּשְׁתַּיֵּר etc.

** or: מִשְׁתַּיֵּר מִשְׁתַּיֶּרֶת (מִשְׁתַּיְּרָה) מִשְׁתַּיְּרִים מִשְׁתַּיְּרוֹת etc.

Nitpa'el: Passive Past — נִשְׁתַּיַּרְתִּי נִשְׁתַּיַּרְתָּ נִשְׁתַּיַּרְתְּ נִשְׁתַּיֵּר נִשְׁתַּיְּרָה etc.

שבע

Kal

I*—

Nif'al

II — הִשָּׁבַע — נִשְׁבַּע to swear, to take an oath: הִשָּׁבַע, הִשָּׁבֵעַ

Past		Future		Present	Imperative	Gerund
נִשְׁבַּעְתִּי	נִשְׁבַּעְנוּ	אֶשָּׁבַע	נִשָּׁבַע	נִשְׁבָּע	הִשָּׁבַע	בְּהִשָּׁבַע
נִשְׁבַּעְתָּ	נִשְׁבַּעְתֶּם	תִּשָּׁבַע	תִּשָּׁבְעוּ	נִשְׁבַּעַת	הִשָּׁבְעִי	כְּהִשָּׁבַע
נִשְׁבַּעַתְּ	נִשְׁבַּעְתֶּן	תִּשָּׁבְעִי	תִּשָּׁבַעְנָה	(נִשְׁבָּעָה)	הִשָּׁבְעוּ	לְהִשָּׁבַע
נִשְׁבַּע	נִשְׁבְּעוּ	יִשָּׁבַע	יִשָּׁבְעוּ	נִשְׁבָּעִים	הִשָּׁבַעְנָה	מֵהִשָּׁבַע
נִשְׁבְּעָה		תִּשָּׁבַע	תִּשָּׁבַעְנָה	נִשְׁבָּעוֹת		

Pi'el

III — שַׁבַּע — שִׁבַּע to do something seven times: שַׁבַּע, שַׁבֵּעַ

Past		Future		Present	Imperative	Gerund
שִׁבַּעְתִּי	שִׁבַּעְנוּ	אֲשַׁבַּע	נְשַׁבַּע	מְשַׁבֵּעַ	שַׁבַּע	בְּשַׁבַּע
שִׁבַּעְתָּ	שִׁבַּעְתֶּם	תְּשַׁבַּע	תְּשַׁבְּעוּ	מְשַׁבַּעַת	שַׁבְּעִי	כְּשַׁבַּע
שִׁבַּעַתְּ	שִׁבַּעְתֶּן	תְּשַׁבְּעִי	תְּשַׁבַּעְנָה	(מְשַׁבְּעָה)	שַׁבְּעוּ	לְשַׁבַּע
שִׁבַּע	שִׁבְּעוּ	יְשַׁבַּע	יְשַׁבְּעוּ	מְשַׁבְּעִים	שַׁבַּעְנָה	מִשַּׁבַּע
שִׁבְּעָה		תְּשַׁבַּע	תְּשַׁבַּעְנָה	מְשַׁבְּעוֹת		

Pu'al

IV*—

* This root has not developed this form.

שבע

Hif'il

V – הִשְׁבִּיעַ – הַשְׁבִּיעַ to impose an oath: הַשְׁבִּיעַ, הַשְׁבֵּעַ

Past		Future		Present	Imperative	Gerund
הִשְׁבַּעְתִּי	הִשְׁבַּעְנוּ	אַשְׁבִּיעַ	נַשְׁבִּיעַ	מַשְׁבִּיעַ	הַשְׁבַּע	בְּהַשְׁבִּיעַ
הִשְׁבַּעְתָּ	הִשְׁבַּעְתֶּם	תַּשְׁבִּיעַ	תַּשְׁבִּיעוּ	מַשְׁבַּעַת	הַשְׁבִּיעִי	כְּהַשְׁבִּיעַ
הִשְׁבַּעַתְּ	הִשְׁבַּעְתֶּן	תַּשְׁבִּיעִי	תַּשְׁבַּעְנָה	(מַשְׁבִּיעָה)	הַשְׁבִּיעוּ	לְהַשְׁבִּיעַ
הִשְׁבִּיעַ	הִשְׁבִּיעוּ	יַשְׁבִּיעַ	יַשְׁבִּיעוּ	מַשְׁבִּיעִים	הַשְׁבַּעְנָה	מֵהַשְׁבִּיעַ
הִשְׁבִּיעָה		תַּשְׁבִּיעַ	תַּשְׁבַּעְנָה	מַשְׁבִּיעוֹת		

Huf'al

VI – הֻשְׁבַּע – הֻשְׁבַּע to be made to swear: הֻשְׁבֵּעַ

Past		Future		Present
הֻשְׁבַּעְתִּי	הֻשְׁבַּעְנוּ	אֻשְׁבַּע	נֻשְׁבַּע	מֻשְׁבָּע
הֻשְׁבַּעְתָּ	הֻשְׁבַּעְתֶּם	תֻּשְׁבַּע	תֻּשְׁבְּעוּ	מֻשְׁבַּעַת
חֻשְׁבַּעַתְּ	הֻשְׁבַּעְתֶּן	תֻּשְׁבְּעִי	תֻּשְׁבַּעְנָה	(מֻשְׁבָּעָה)
הֻשְׁבַּע	חֻשְׁבְּעוּ	יֻשְׁבַּע	יֻשְׁבְּעוּ	מֻשְׁבָּעִים
חֻשְׁבְּעָה		תֻּשְׁבַּע	תֻּשְׁבַּעְנָה	מֻשְׁבָּעוֹת

Hitpa'el

VII*–

* This root has not developed this form.

שבר

Kal

I – שָׁבַר – שְׁבֹר to break, to give a receipt: שְׁבֹר, שָׁבֹר

Past		Future		Present	Passive Present	Imperative	Gerund
שָׁבַרְתִּי	שָׁבַרְנוּ	אֶשְׁבֹּר	נִשְׁבֹּר	שׁוֹבֵר	שָׁבוּר	שְׁבֹר	בִּשְׁבֹּר
שָׁבַרְתָּ	שְׁבַרְתֶּם	תִּשְׁבֹּר	תִּשְׁבְּרוּ	שׁוֹבֶרֶת	שְׁבוּרָה	שִׁבְרִי	כִּשְׁבֹּר
שָׁבַרְתְּ	שְׁבַרְתֶּן	תִּשְׁבְּרִי	תִּשְׁבֹּרְנָה	(שׁוֹבְרָה)	שְׁבוּרִים	שִׁבְרוּ	לִשְׁבֹּר
שָׁבַר	שָׁבְרוּ	יִשְׁבֹּר	יִשְׁבְּרוּ	שׁוֹבְרִים	שְׁבוּרוֹת	שְׁבֹרְנָה	מִשְּׁבֹר
שָׁבְרָה		תִּשְׁבֹּר	תִּשְׁבֹּרְנָה	שׁוֹבְרוֹת			

Nif'al

II – הִשָּׁבֵר – נִשְׁבַּר to be broken, to be destroyed: הִשָּׁבֵר, הִשָּׁבֵר

Past		Future		Present	Imperative	Gerund
נִשְׁבַּרְתִּי	נִשְׁבַּרְנוּ	אֶשָּׁבֵר	נִשָּׁבֵר	נִשְׁבָּר	הִשָּׁבֵר	בְּהִשָּׁבֵר
נִשְׁבַּרְתָּ	נִשְׁבַּרְתֶּם	תִּשָּׁבֵר	תִּשָּׁבְרוּ	נִשְׁבֶּרֶת	הִשָּׁבְרִי	כְּהִשָּׁבֵר
נִשְׁבַּרְתְּ	נִשְׁבַּרְתֶּן	תִּשָּׁבְרִי	תִּשָּׁבַרְנָה	(נִשְׁבָּרָה)	הִשָּׁבְרוּ	לְהִשָּׁבֵר
נִשְׁבַּר	נִשְׁבְּרוּ	יִשָּׁבֵר	יִשָּׁבְרוּ	נִשְׁבָּרִים	הִשָּׁבַרְנָה	מֵהִשָּׁבֵר
נִשְׁבְּרָה		תִּשָּׁבֵר	תִּשָּׁבַרְנָה	נִשְׁבָּרוֹת		

Pi'el

III – שִׁבֵּר – שַׁבֵּר to shatter, to smash: שַׁבֵּר, שַׁבֵּר

Past		Future		Present	Imperative	Gerund
שִׁבַּרְתִּי	שִׁבַּרְנוּ	אֲשַׁבֵּר	נְשַׁבֵּר	מְשַׁבֵּר	שַׁבֵּר	בְּשַׁבֵּר
שִׁבַּרְתָּ	שִׁבַּרְתֶּם	תְּשַׁבֵּר	תְּשַׁבְּרוּ	מְשַׁבֶּרֶת	שַׁבְּרִי	כְּשַׁבֵּר
שִׁבַּרְתְּ	שִׁבַּרְתֶּן	תְּשַׁבְּרִי	תְּשַׁבֵּרְנָה	(מְשַׁבְּרָה)	שַׁבְּרוּ	לְשַׁבֵּר
שִׁבֵּר	שִׁבְּרוּ	יְשַׁבֵּר	יְשַׁבְּרוּ	מְשַׁבְּרִים	שַׁבֵּרְנָה	מִשַּׁבֵּר
שִׁבְּרָה		תְּשַׁבֵּר	תְּשַׁבֵּרְנָה	מְשַׁבְּרוֹת		

Pu'al

IV – שֻׁבַּר – שֻׁבַּר to be shattered, to be smashed: שֻׁבֹּר

Past		Future		Present
שֻׁבַּרְתִּי	שֻׁבַּרְנוּ	אֲשֻׁבַּר	נְשֻׁבַּר	מְשֻׁבָּר
שֻׁבַּרְתָּ	שֻׁבַּרְתֶּם	תְּשֻׁבַּר	תְּשֻׁבְּרוּ	מְשֻׁבֶּרֶת
שֻׁבַּרְתְּ	שֻׁבַּרְתֶּן	תְּשֻׁבְּרִי	תְּשֻׁבַּרְנָה	(מְשֻׁבָּרָה)
שֻׁבַּר	שֻׁבְּרוּ	יְשֻׁבַּר	יְשֻׁבְּרוּ	מְשֻׁבָּרִים
שֻׁבְּרָה		תְּשֻׁבַּר	תְּשֻׁבַּרְנָה	מְשֻׁבָּרוֹת

שבר

Hif'il

V – הִשְׁבִּיר – הַשְׁבִּיר to cause a crisis, to supply: הַשְׁבִּיר, הַשְׁבֵּר

Past		Future		Present	Imperative	Gerund
הִשְׁבַּרְתִּי	הִשְׁבַּרְנוּ	אַשְׁבִּיר	נַשְׁבִּיר	מַשְׁבִּיר	הַשְׁבֵּר	בְּהַשְׁבִּיר
הִשְׁבַּרְתָּ	הִשְׁבַּרְתֶּם	תַּשְׁבִּיר	תַּשְׁבִּירוּ	מַשְׁבֶּרֶת	הַשְׁבִּירִי	כְּהַשְׁבִּיר
הִשְׁבַּרְתְּ	הִשְׁבַּרְתֶּן	תַּשְׁבִּירִי	תַּשְׁבֵּרְנָה	(מַשְׁבִּירָה)	הַשְׁבִּירוּ	לְהַשְׁבִּיר
הִשְׁבִּיר	הִשְׁבִּירוּ	יַשְׁבִּיר	יַשְׁבִּירוּ	מַשְׁבִּירִים	הַשְׁבֵּרְנָה	מֵהַשְׁבִּיר
הִשְׁבִּירָה		תַּשְׁבִּיר	תַּשְׁבֵּרְנָה	מַשְׁבִּירוֹת		

Huf'al

VI – הָשְׁבַּר – הָשְׁבַּר to be broken, to be crushed: הָשְׁבֵּר

Past		Future		Present
הָשְׁבַּרְתִּי	הָשְׁבַּרְנוּ	אָשְׁבַּר	נָשְׁבַּר	מָשְׁבָּר
הָשְׁבַּרְתָּ	הָשְׁבַּרְתֶּם	תָּשְׁבַּר	תָּשְׁבְּרוּ	מָשְׁבֶּרֶת
הָשְׁבַּרְתְּ	הָשְׁבַּרְתֶּן	תָּשְׁבְּרִי	תָּשְׁבַּרְנָה	(מָשְׁבָּרָה)
הָשְׁבַּר	הָשְׁבְּרוּ	יָשְׁבַּר	יָשְׁבְּרוּ	מָשְׁבָּרִים
הָשְׁבְּרָה		תָּשְׁבַּר	תָּשְׁבַּרְנָה	מָשְׁבָּרוֹת

Hitpa'el

VII – הִשְׁתַּבֵּר – הִשְׁתַּבֵּר to be broken, to be fragile: הִשְׁתַּבֵּר, הִשְׁתַּבֵּר

Past		Future		Present	Imperative	Gerund
הִשְׁתַּבַּרְתִּי	הִשְׁתַּבַּרְנוּ	אֶשְׁתַּבֵּר	נִשְׁתַּבֵּר	מִשְׁתַּבֵּר	הִשְׁתַּבֵּר	בְּהִשְׁתַּבֵּר
הִשְׁתַּבַּרְתָּ	הִשְׁתַּבַּרְתֶּם	תִּשְׁתַּבֵּר	תִּשְׁתַּבְּרוּ	מִשְׁתַּבֶּרֶת	הִשְׁתַּבְּרִי	כְּהִשְׁתַּבֵּר
הִשְׁתַּבַּרְתְּ	הִשְׁתַּבַּרְתֶּן	תִּשְׁתַּבְּרִי	תִּשְׁתַּבֵּרְנָה	(מִשְׁתַּבְּרָה)	הִשְׁתַּבְּרוּ	לְהִשְׁתַּבֵּר
הִשְׁתַּבֵּר	הִשְׁתַּבְּרוּ	יִשְׁתַּבֵּר	יִשְׁתַּבְּרוּ	מִשְׁתַּבְּרִים	הִשְׁתַּבֵּרְנָה	מֵהִשְׁתַּבֵּר
הִשְׁתַּבְּרָה		תִּשְׁתַּבֵּר	תִּשְׁתַּבֵּרְנָה	מִשְׁתַּבְּרוֹת		

Nitpa'el: Passive Past – נִשְׁתַּבַּרְתִּי נִשְׁתַּבַּרְתָּ נִשְׁתַּבַּרְתְּ נִשְׁתַּבֵּר נִשְׁתַּבְּרָה etc.

שדל

Kal

I*—

Nif'al

II*—

* This root has not developed this form.

Pi'el

III — שִׁדֵּל — שַׁדֵּל to persuade, to entice: שַׁדֵּל, שַׁדֵּל

Past		Future		Present	Imperative	Gerund
שִׁדַּלְתִּי	שִׁדַּלְנוּ	אֲשַׁדֵּל	נְשַׁדֵּל	מְשַׁדֵּל	שַׁדֵּל	בְּשַׁדֵּל
שִׁדַּלְתָּ	שִׁדַּלְתֶּם	תְּשַׁדֵּל	תְּשַׁדְּלוּ	מְשַׁדֶּלֶת	שַׁדְּלִי	כְּשַׁדֵּל
שִׁדַּלְתְּ	שִׁדַּלְתֶּן	תְּשַׁדְּלִי	תְּשַׁדֵּלְנָה	(מְשַׁדְּלָה)	שַׁדְּלוּ	לְשַׁדֵּל
שִׁדֵּל	שִׁדְּלוּ	יְשַׁדֵּל	יְשַׁדְּלוּ	מְשַׁדְּלִים	שַׁדֵּלְנָה	מִשַּׁדֵּל
שִׁדְּלָה		תְּשַׁדֵּל	תְּשַׁדֵּלְנָה	מְשַׁדְּלוֹת		

Pu'al

IV — שֻׁדַּל — שֻׁדַּל to be persuaded, to be enticed: שֻׁדֹּל

Past		Future		Present
שֻׁדַּלְתִּי	שֻׁדַּלְנוּ	אֲשֻׁדַּל	נְשֻׁדַּל	מְשֻׁדָּל
שֻׁדַּלְתָּ	שֻׁדַּלְתֶּם	תְּשֻׁדַּל	תְּשֻׁדְּלוּ	מְשֻׁדֶּלֶת
שֻׁדַּלְתְּ	שֻׁדַּלְתֶּן	תְּשֻׁדְּלִי	תְּשֻׁדַּלְנָה	(מְשֻׁדָּלָה)
שֻׁדַּל	שֻׁדְּלוּ	יְשֻׁדַּל	יְשֻׁדְּלוּ	מְשֻׁדָּלִים
שֻׁדְּלָה		תְּשֻׁדַּל	תְּשֻׁדַּלְנָה	מְשֻׁדָּלוֹת

שדל

Hif'il

V*–

Huf'al

VI*–

* This root has not developed this form.

Hitpa'el

VII – הִשְׁתַּדֵּל – הִשְׁתַּדֵּל to try, to strive: הִשְׁתַּדֵּל, הִשְׁתַּדֵּל

Past		Future		Present	Imperative	Gerund
הִשְׁתַּדַּלְנוּ	הִשְׁתַּדַּלְתִּי	נִשְׁתַּדֵּל	אֶשְׁתַּדֵּל	מִשְׁתַּדֵּל	הִשְׁתַּדֵּל	בְּהִשְׁתַּדֵּל
הִשְׁתַּדַּלְתֶּם	הִשְׁתַּדַּלְתָּ	תִּשְׁתַּדְּלוּ	תִּשְׁתַּדֵּל	מִשְׁתַּדֶּלֶת	הִשְׁתַּדְּלִי	כְּהִשְׁתַּדֵּל
הִשְׁתַּדַּלְתֶּן	הִשְׁתַּדַּלְתְּ	תִּשְׁתַּדֵּלְנָה	תִּשְׁתַּדְּלִי	(מִשְׁתַּדְּלָה)	הִשְׁתַּדְּלוּ	לְהִשְׁתַּדֵּל
הִשְׁתַּדְּלוּ	הִשְׁתַּדֵּל	יִשְׁתַּדְּלוּ	יִשְׁתַּדֵּל	מִשְׁתַּדְּלִים	הִשְׁתַּדֵּלְנָה	מֵהִשְׁתַּדֵּל
	הִשְׁתַּדְּלָה	תִּשְׁתַּדֵּלְנָה	תִּשְׁתַּדֵּל	מִשְׁתַּדְּלוֹת		

שיר

Kal

I – שָׁר – שִׁיר to sing, to compose poetry: שִׁיר, שִׁיר

Past		*Future*		*Present*	*Imperative*	*Gerund*
שַׁרְתִּי	שַׁרְנוּ	אָשִׁיר	נָשִׁיר	שָׁר	שִׁיר	בְּשִׁיר
שַׁרְתָּ	שַׁרְתֶּם	תָּשִׁיר	תָּשִׁירוּ	שָׁרָה	שִׁירִי	כְּשִׁיר
שַׁרְתְּ	שַׁרְתֶּן	תָּשִׁירִי	תָּשֵׁרְנָה	שָׁרִים	שִׁירוּ	לָשִׁיר
שָׁר	שָׁרוּ	יָשִׁיר	יָשִׁירוּ	שָׁרוֹת	שֵׁרְנָה	מִשִּׁיר
שָׁרָה		תָּשִׁיר	תָּשֵׁרְנָה			

Nif'al

II*–

Pi'el

III – שׁוֹרֵר – שׁוֹרֵר to sing, to compose poetry: שׁוֹרֵר, שׁוֹרֵר

Past		*Future*		*Present*	*Imperative*	*Gerund*
שׁוֹרַרְתִּי	שׁוֹרַרְנוּ	אֲשׁוֹרֵר	נְשׁוֹרֵר	מְשׁוֹרֵר	שׁוֹרֵר	בְּשׁוֹרֵר
שׁוֹרַרְתָּ	שׁוֹרַרְתֶּם	תְּשׁוֹרֵר	תְּשׁוֹרְרוּ	מְשׁוֹרֶרֶת	שׁוֹרְרִי	כְּשׁוֹרֵר
שׁוֹרַרְתְּ	שׁוֹרַרְתֶּן	תְּשׁוֹרְרִי	תְּשׁוֹרֵרְנָה	(מְשׁוֹרְרָה)	שׁוֹרְרוּ	לְשׁוֹרֵר
שׁוֹרֵר	שׁוֹרְרוּ	יְשׁוֹרֵר	יְשׁוֹרְרוּ	מְשׁוֹרְרִים	שׁוֹרֵרְנָה	מְשׁוֹרֵר
שׁוֹרְרָה		תְּשׁוֹרֵר	תְּשׁוֹרֵרְנָה	מְשׁוֹרְרוֹת		

Pu'al

IV*–

* This root has not developed this form.

שיר

Hif'il

V – הֵשִׁיר – הָשִׁיר to make sing: הָשִׁיר, הָשֵׁר

Past		Future		Present	Imperative	Gerund
הֵשַׁרְתִּי	הֵשַׁרְנוּ	אָשִׁיר	נָשִׁיר	מֵשִׁיר	הָשֵׁר	בְּהָשִׁיר
הֵשַׁרְתָּ	הֲשַׁרְתֶּם	תָּשִׁיר	תָּשִׁירוּ	מְשִׁירָה	הָשִׁירִי	כְּהָשִׁיר
הֵשַׁרְתְּ	הֲשַׁרְתֶּן	תָּשִׁירִי	תָּשֵׁרְנָה	מְשִׁירִים	הָשִׁירוּ	לְהָשִׁיר
הֵשִׁיר	הֵשִׁירוּ	יָשִׁיר	יָשִׁירוּ	מְשִׁירוֹת	הָשֵׁרְנָה	מֵהָשִׁיר
הֵשִׁירָה		תָּשִׁיר	תָּשֵׁרְנָה			

Huf'al

VI – הוּשַׁר – הוּשַׁר to be made to sing, to be sung: הוּשֵׁר

Past		Future		Present
הוּשַׁרְתִּי	הוּשַׁרְנוּ	אוּשַׁר	נוּשַׁר	מוּשָׁר
הוּשַׁרְתָּ	הוּשַׁרְתֶּם	תּוּשַׁר	תּוּשְׁרוּ	מוּשָׁרָה
הוּשַׁרְתְּ	הוּשַׁרְתֶּן	תּוּשְׁרִי	תּוּשַׁרְנָה	מוּשָׁרִים
הוּשַׁר	הוּשְׁרוּ	יוּשַׁר	יוּשְׁרוּ	מוּשָׁרוֹת
הוּשְׁרָה		תּוּשַׁר	תּוּשַׁרְנָה	

Hitpa'el

VII*–

* This root has not developed this form.

שכב

Kal

I — שָׁכַב — שְׁכַב to lie down: שְׁכֹב, שָׁכֹב

Past		*Future*		*Present*	*Passive Present*	*Imperative*	*Gerund*
שָׁכַבְתִּי	שָׁכַבְנוּ	אֶשְׁכַּב	נִשְׁכַּב	שׁוֹכֵב	שָׁכוּב	שְׁכַב	בִּשְׁכֹּב
שָׁכַבְתָּ	שְׁכַבְתֶּם	תִּשְׁכַּב	תִּשְׁכְּבוּ	שׁוֹכֶבֶת	שְׁכוּבָה	שִׁכְבִי	כִּשְׁכֹּב
שָׁכַבְתְּ	שְׁכַבְתֶּן	תִּשְׁכְּבִי	תִּשְׁכַּבְנָה	(שׁוֹכְבָה)	שְׁכוּבִים	שִׁכְבוּ	לִשְׁכֹּב
שָׁכַב	שָׁכְבוּ	יִשְׁכַּב	יִשְׁכְּבוּ	שׁוֹכְבִים	שְׁכוּבוֹת	שְׁכַבְנָה	(לִשְׁכַּב)
שָׁכְבָה		תִּשְׁכַּב	תִּשְׁכַּבְנָה	שׁוֹכְבוֹת			מִשְּׁכֹּב

Nif'al

II — נִשְׁכַּב — הִשָּׁכֵב to be lain with, to be ravished: הִשָּׁכֵב, הִשָּׁכֵב

Past		*Future*		*Present*	*Imperative*	*Gerund*
נִשְׁכַּבְתִּי	נִשְׁכַּבְנוּ	אֶשָּׁכֵב	נִשָּׁכֵב	נִשְׁכָּב	הִשָּׁכֵב	בְּהִשָּׁכֵב
נִשְׁכַּבְתָּ	נִשְׁכַּבְתֶּם	תִּשָּׁכֵב	תִּשָּׁכְבוּ	נִשְׁכֶּבֶת	הִשָּׁכְבִי	כְּהִשָּׁכֵב
נִשְׁכַּבְתְּ	נִשְׁכַּבְתֶּן	תִּשָּׁכְבִי	תִּשָּׁכַבְנָה	(נִשְׁכָּבָה)	הִשָּׁכְבוּ	לְהִשָּׁכֵב
נִשְׁכַּב	נִשְׁכְּבוּ	יִשָּׁכֵב	יִשָּׁכְבוּ	נִשְׁכָּבִים	הִשָּׁכַבְנָה	מֵהִשָּׁכֵב
נִשְׁכְּבָה		תִּשָּׁכֵב	תִּשָּׁכַבְנָה	נִשְׁכָּבוֹת		

Pi'el

III* –

Pu'al

IV* –

* This root has not developed this form.

שכב

Hif'il

V – הִשְׁכִּיב – הַשְׁכִּיב to cause to lie down, to lay down: הַשְׁכִּיב, הַשְׁכֵּב

Past	Past	Future	Future	Present	Imperative	Gerund
הִשְׁכַּבְתִּי	הִשְׁכַּבְנוּ	אַשְׁכִּיב	נַשְׁכִּיב	מַשְׁכִּיב	הַשְׁכֵּב	בְּהַשְׁכִּיב
הִשְׁכַּבְתָּ	הִשְׁכַּבְתֶּם	תַּשְׁכִּיב	תַּשְׁכִּיבוּ	מַשְׁכִּיבָה	הַשְׁכִּיבִי	כְּהַשְׁכִּיב
הִשְׁכַּבְתְּ	הִשְׁכַּבְתֶּן	תַּשְׁכִּיבִי	תַּשְׁכֵּבְנָה	(מַשְׁכֶּבֶת)	הַשְׁכִּיבוּ	לְהַשְׁכִּיב
הִשְׁכִּיב	הִשְׁכִּיבוּ	יַשְׁכִּיב	יַשְׁכִּיבוּ	מַשְׁכִּיבִים	הַשְׁכֵּבְנָה	מֵהַשְׁכִּיב
הִשְׁכִּיבָה		תַּשְׁכִּיב	תַּשְׁכֵּבְנָה	מַשְׁכִּיבוֹת		

Huf'al

VI – הֻשְׁכַּב – הֻשְׁכַּב to be laid, to be made to lie: הֻשְׁכֵּב

Past	Past	Future	Future	Present
הֻשְׁכַּבְתִּי	הֻשְׁכַּבְנוּ	אֻשְׁכַּב	נֻשְׁכַּב	מֻשְׁכָּב
הֻשְׁכַּבְתָּ	הֻשְׁכַּבְתֶּם	תֻּשְׁכַּב	תֻּשְׁכְּבוּ	מֻשְׁכֶּבֶת
הֻשְׁכַּבְתְּ	הֻשְׁכַּבְתֶּן	תֻּשְׁכְּבִי	תֻּשְׁכַּבְנָה	(מֻשְׁכָּבָה)
הֻשְׁכַּב	הֻשְׁכְּבוּ	יֻשְׁכַּב	יֻשְׁכְּבוּ	מֻשְׁכָּבִים
הֻשְׁכְּבָה		תֻּשְׁכַּב	תֻּשְׁכַּבְנָה	מֻשְׁכָּבוֹת

Hitpa'el

VII*–

* This root has not developed this form.

שכח

Kal

I – שָׁכַח – שְׁכַח to forget: שְׁכֹחַ, שָׁכֹחַ

Past		Future		Present	Passive Present	Imperative	Gerund
שָׁכַחְתִּי	שָׁכַחְנוּ	אֶשְׁכַּח	נִשְׁכַּח	שׁוֹכֵחַ	שָׁכוּחַ	שְׁכַח	בִּשְׁכֹחַ
שָׁכַחְתָּ	שְׁכַחְתֶּם	תִּשְׁכַּח	תִּשְׁכְּחוּ	שׁוֹכַחַת	שְׁכוּחָה	שִׁכְחִי	כִּשְׁכֹחַ
שָׁכַחַתְּ	שְׁכַחְתֶּן	תִּשְׁכְּחִי	תִּשְׁכַּחְנָה	(שׁוֹכְחָה)	שְׁכוּחִים	שִׁכְחוּ	לִשְׁכֹחַ
שָׁכַח	שָׁכְחוּ	יִשְׁכַּח	יִשְׁכְּחוּ	שׁוֹכְחִים	שְׁכוּחוֹת	שְׁכַחְנָה	מִשְּׁכֹחַ
שָׁכְחָה		תִּשְׁכַּח	תִּשְׁכַּחְנָה	שׁוֹכְחוֹת			

Nif'al

II – נִשְׁכַּח – הִשָּׁכַח to be forgotten: הִשָּׁכַח, הִשָּׁכֵחַ

Past		Future		Present	Imperative	Gerund
נִשְׁכַּחְתִּי	נִשְׁכַּחְנוּ	אֶשָּׁכַח	נִשָּׁכַח	נִשְׁכָּח	הִשָּׁכַח	בְּהִשָּׁכַח
נִשְׁכַּחְתָּ	נִשְׁכַּחְתֶּם	תִּשָּׁכַח	תִּשָּׁכְחוּ	נִשְׁכַּחַת	הִשָּׁכְחִי	כְּהִשָּׁכַח
נִשְׁכַּחַתְּ	נִשְׁכַּחְתֶּן	תִּשָּׁכְחִי	תִּשָּׁכַחְנָה	(נִשְׁכָּחָה)	הִשָּׁכְחוּ	לְהִשָּׁכַח
נִשְׁכַּח	נִשְׁכְּחוּ	יִשָּׁכַח	יִשָּׁכְחוּ	נִשְׁכָּחִים	הִשָּׁכַחְנָה	מֵהִשָּׁכַח
נִשְׁכְּחָה		תִּשָּׁכַח	תִּשָּׁכַחְנָה	נִשְׁכָּחוֹת		

Pi'el

III – שִׁכַּח – שַׁכַּח to make forgotten: שַׁכַּח, שַׁכֵּחַ

Past		Future		Present	Imperative	Gerund
שִׁכַּחְתִּי	שִׁכַּחְנוּ	אֲשַׁכַּח	נְשַׁכַּח	מְשַׁכֵּחַ	שַׁכַּח	בְּשַׁכַּח
שִׁכַּחְתָּ	שִׁכַּחְתֶּם	תְּשַׁכַּח	תְּשַׁכְּחוּ	מְשַׁכַּחַת	שַׁכְּחִי	כְּשַׁכַּח
שִׁכַּחַתְּ	שִׁכַּחְתֶּן	תְּשַׁכְּחִי	תְּשַׁכַּחְנָה	(מְשַׁכְּחָה)	שַׁכְּחוּ	לְשַׁכַּח
שִׁכַּח	שִׁכְּחוּ	יְשַׁכַּח	יְשַׁכְּחוּ	מְשַׁכְּחִים	שַׁכַּחְנָה	מִשַּׁכַּח
שִׁכְּחָה		תְּשַׁכַּח	תְּשַׁכַּחְנָה	מְשַׁכְּחוֹת		

Pu'al

IV – שֻׁכַּח – שֻׁכַּח to be made forgotten: שֻׁכֹּחַ

Past		Future		Present
שֻׁכַּחְתִּי	שֻׁכַּחְנוּ	אֲשֻׁכַּח	נְשֻׁכַּח	מְשֻׁכָּח
שֻׁכַּחְתָּ	שֻׁכַּחְתֶּם	תְּשֻׁכַּח	תְּשֻׁכְּחוּ	מְשֻׁכַּחַת
שֻׁכַּחַתְּ	שֻׁכַּחְתֶּן	תְּשֻׁכְּחִי	תְּשֻׁכַּחְנָה	(מְשֻׁכָּחָה)
שֻׁכַּח	שֻׁכְּחוּ	יְשֻׁכַּח	יְשֻׁכְּחוּ	מְשֻׁכָּחִים
שֻׁכְּחָה		תְּשֻׁכַּח	תְּשֻׁכַּחְנָה	מְשֻׁכָּחוֹת

שכח

Hif'il

V – הִשְׁכִּיחַ – הַשְׁכִּיחַ to cause to forget: הַשְׁכִּיחַ, הַשְׁכֵּחַ

Past		Future		Present	Imperative	Gerund
הִשְׁכַּחְתִּי	הִשְׁכַּחְנוּ	אַשְׁכִּיחַ	נַשְׁכִּיחַ	מַשְׁכִּיחַ	הַשְׁכַּח	בְּהַשְׁכִּיחַ
הִשְׁכַּחְתָּ	הִשְׁכַּחְתֶּם	תַּשְׁכִּיחַ	תַּשְׁכִּיחוּ	מַשְׁכַּחַת	הַשְׁכִּיחִי	כְּהַשְׁכִּיחַ
הִשְׁכַּחְתְּ	הִשְׁכַּחְתֶּן	תַּשְׁכִּיחִי	תַּשְׁכַּחְנָה	(מַשְׁכִּיחָה)	הַשְׁכִּיחוּ	לְהַשְׁכִּיחַ
הִשְׁכִּיחַ	הִשְׁכִּיחוּ	יַשְׁכִּיחַ	יַשְׁכִּיחוּ	מַשְׁכִּיחִים	הַשְׁכַּחְנָה	מֵהַשְׁכִּיחַ
הִשְׁכִּיחָה		תַּשְׁכִּיחַ	תַּשְׁכַּחְנָה	מַשְׁכִּיחוֹת		

Huf'al

VI – הֻשְׁכַּח – הֻשְׁכַּח to be made to forget: הֻשְׁכֵּחַ

Past		Future		Present
הֻשְׁכַּחְתִּי	הֻשְׁכַּחְנוּ	אֻשְׁכַּח	נֻשְׁכַּח	מֻשְׁכָּח
הֻשְׁכַּחְתָּ	הֻשְׁכַּחְתֶּם	תֻּשְׁכַּח	תֻּשְׁכְּחוּ	מֻשְׁכַּחַת
הֻשְׁכַּחְתְּ	הֻשְׁכַּחְתֶּן	תֻּשְׁכְּחִי	תֻּשְׁכַּחְנָה	(מֻשְׁכָּחָה)
הֻשְׁכַּח	הֻשְׁכְּחוּ	יֻשְׁכַּח	יֻשְׁכְּחוּ	מֻשְׁכָּחִים
הֻשְׁכְּחָה		תֻּשְׁכַּח	תֻּשְׁכַּחְנָה	מֻשְׁכָּחוֹת

Hitpa'el

VII – הִשְׁתַּכַּח – הִשְׁתַּכַּח to become forgotten: הִשְׁתַּכַּח, הִשְׁתַּכֵּחַ

Past		Future		Present	Imperative	Gerund
הִשְׁתַּכַּחְתִּי	הִשְׁתַּכַּחְנוּ	אֶשְׁתַּכַּח	נִשְׁתַּכַּח	מִשְׁתַּכֵּחַ	הִשְׁתַּכַּח	בְּהִשְׁתַּכַּח
הִשְׁתַּכַּחְתָּ	הִשְׁתַּכַּחְתֶּם	תִּשְׁתַּכַּח	תִּשְׁתַּכְּחוּ	מִשְׁתַּכַּחַת	הִשְׁתַּכְּחִי	כְּהִשְׁתַּכַּח
הִשְׁתַּכַּחְתְּ	הִשְׁתַּכַּחְתֶּן	תִּשְׁתַּכְּחִי	תִּשְׁתַּכַּחְנָה	(מִשְׁתַּכְּחָה)	הִשְׁתַּכְּחוּ	לְהִשְׁתַּכֵּחַ
הִשְׁתַּכַּח	הִשְׁתַּכְּחוּ	יִשְׁתַּכַּח	יִשְׁתַּכְּחוּ	מִשְׁתַּכְּחִים	הִשְׁתַּכַּחְנָה	מֵהִשְׁתַּכֵּחַ
הִשְׁתַּכְּחָה		תִּשְׁתַּכַּח	תִּשְׁתַּכַּחְנָה	מִשְׁתַּכְּחוֹת		

שלח

Kal

I – שָׁלַח – שְׁלַח to send: שְׁלֹחַ, שָׁלֹחַ

Past		*Future*		*Present*	*Passive present*	*Imperative*	*Gerund*
שָׁלַחְתִּי	שָׁלַחְנוּ	אֶשְׁלַח	נִשְׁלַח	שׁוֹלֵחַ	שָׁלוּחַ	שְׁלַח	בִּשְׁלֹחַ
שָׁלַחְתָּ	שְׁלַחְתֶּם	תִּשְׁלַח	תִּשְׁלְחוּ	שׁוֹלַחַת	שְׁלוּחָה	שִׁלְחִי	כִּשְׁלֹחַ
שָׁלַחַתְּ	שְׁלַחְתֶּן	תִּשְׁלְחִי	תִּשְׁלַחְנָה	(שׁוֹלְחָה)	שְׁלוּחִים	שִׁלְחוּ	לִשְׁלֹחַ
שָׁלַח	שָׁלְחוּ	יִשְׁלַח	יִשְׁלְחוּ	שׁוֹלְחִים	שְׁלוּחוֹת	שְׁלַחְנָה	מִשְּׁלֹחַ
שָׁלְחָה		תִּשְׁלַח	תִּשְׁלַחְנָה	שׁוֹלְחוֹת			

Nif'al

II – נִשְׁלַח – הִשָּׁלַח to be sent: הִשָּׁלַח, הִשָּׁלֵחַ

Past		*Future*		*Present*	*Imperative*	*Gerund*
נִשְׁלַחְתִּי	נִשְׁלַחְנוּ	אֶשָּׁלַח	נִשָּׁלַח	נִשְׁלָח	הִשָּׁלַח	בְּהִשָּׁלַח
נִשְׁלַחְתָּ	נִשְׁלַחְתֶּם	תִּשָּׁלַח	תִּשָּׁלְחוּ	נִשְׁלַחַת	הִשָּׁלְחִי	כְּהִשָּׁלַח
נִשְׁלַחַתְּ	נִשְׁלַחְתֶּן	תִּשָּׁלְחִי	תִּשָּׁלַחְנָה	(נִשְׁלָחָה)	הִשָּׁלְחוּ	לְהִשָּׁלַח
נִשְׁלַח	נִשְׁלְחוּ	יִשָּׁלַח	יִשָּׁלְחוּ	נִשְׁלָחִים	הִשָּׁלַחְנָה	מֵהִשָּׁלַח
נִשְׁלְחָה		תִּשָּׁלַח	תִּשָּׁלַחְנָה	נִשְׁלָחוֹת		

Pi'el

III – שִׁלַּח – שַׁלַּח to send away, to dismiss: שַׁלַּח, שַׁלֵּחַ

Past		*Future*		*Present*	*Imperative*	*Gerund*
שִׁלַּחְתִּי	שִׁלַּחְנוּ	אֲשַׁלַּח	נְשַׁלַּח	מְשַׁלֵּחַ	שַׁלַּח	בְּשַׁלַּח
שִׁלַּחְתָּ	שִׁלַּחְתֶּם	תְּשַׁלַּח	תְּשַׁלְּחוּ	מְשַׁלַּחַת	שַׁלְּחִי	כְּשַׁלַּח
שִׁלַּחַתְּ	שִׁלַּחְתֶּן	תְּשַׁלְּחִי	תְּשַׁלַּחְנָה	(מְשַׁלְּחָה)	שַׁלְּחוּ	לְשַׁלַּח
שִׁלַּח	שִׁלְּחוּ	יְשַׁלַּח	יְשַׁלְּחוּ	מְשַׁלְּחִים	שַׁלַּחְנָה	מִשַּׁלַּח
שִׁלְּחָה		תְּשַׁלַּח	תְּשַׁלַּחְנָה	מְשַׁלְּחוֹת		

Pu'al

IV – שֻׁלַּח – שֻׁלַּח to be sent away, dismissed: שֻׁלֹּחַ

Past		*Future*		*Present*
שֻׁלַּחְתִּי	שֻׁלַּחְנוּ	אֲשֻׁלַּח	נְשֻׁלַּח	מְשֻׁלָּח
שֻׁלַּחְתָּ	שֻׁלַּחְתֶּם	תְּשֻׁלַּח	תְּשֻׁלְּחוּ	מְשֻׁלַּחַת
שֻׁלַּחַתְּ	שֻׁלַּחְתֶּן	תְּשֻׁלְּחִי	תְּשֻׁלַּחְנָה	(מְשֻׁלָּחָה)
שֻׁלַּח	שֻׁלְּחוּ	יְשֻׁלַּח	יְשֻׁלְּחוּ	מְשֻׁלָּחִים
שֻׁלְּחָה		תְּשֻׁלַּח	תְּשֻׁלַּחְנָה	מְשֻׁלָּחוֹת

שלח

Hif'il

V – הִשְׁלִיחַ – הַשְׁלִיחַ to set loose, to inflict: **הַשְׁלִיחַ, הַשְׁלֵחַ**

Past		*Future*		*Present*	*Imperative*	*Gerund*
הִשְׁלַחְתִּי	הִשְׁלַחְנוּ	אַשְׁלִיחַ	נַשְׁלִיחַ	מַשְׁלִיחַ	הַשְׁלַח	בְּהַשְׁלִיחַ
הִשְׁלַחְתָּ	הִשְׁלַחְתֶּם	תַּשְׁלִיחַ	תַּשְׁלִיחוּ	מַשְׁלַחַת	הַשְׁלִיחִי	כְּהַשְׁלִיחַ
הִשְׁלַחַתְּ	הִשְׁלַחְתֶּן	תַּשְׁלִיחִי	תַּשְׁלַחְנָה	(מַשְׁלִיחָה)	הַשְׁלִיחוּ	לְהַשְׁלִיחַ
הִשְׁלִיחַ	הִשְׁלִיחוּ	יַשְׁלִיחַ	יַשְׁלִיחוּ	מַשְׁלִיחִים	הַשְׁלַחְנָה	מֵהַשְׁלִיחַ
הִשְׁלִיחָה		תַּשְׁלִיחַ	תַּשְׁלַחְנָה	מַשְׁלִיחוֹת		

Huf'al

VI – הָשְׁלַח – הָשְׁלַח to be set loose, to be inflicted: **הָשְׁלֵחַ**

Past		*Future*		*Present*
הָשְׁלַחְתִּי	הָשְׁלַחְנוּ	אָשְׁלַח	נָשְׁלַח	מָשְׁלָח
הָשְׁלַחְתָּ	הָשְׁלַחְתֶּם	תָּשְׁלַח	תָּשְׁלְחוּ	מָשְׁלַחַת
חָשְׁלַחַתְּ	חָשְׁלַחְתֶּן	תָּשְׁלְחִי	תָּשְׁלַחְנָה	(מָשְׁלָחָה)
הָשְׁלַח	הָשְׁלְחוּ	יָשְׁלַח	יָשְׁלְחוּ	מָשְׁלָחִים
הָשְׁלְחָה		תָּשְׁלַח	תָּשְׁלַחְנָה	מָשְׁלָחוֹת

Hitpa'el

VII – הִשְׁתַּלַּח – הִשְׁתַּלַּח to be sent away, dispatched: **הִשְׁתַּלַּח, הִשְׁתַּלֵּחַ**

Past		*Future*		*Present*	*Imperative*	*Gerund*
הִשְׁתַּלַּחְתִּי	הִשְׁתַּלַּחְנוּ	אֶשְׁתַּלַּח	נִשְׁתַּלַּח	מִשְׁתַּלֵּחַ	הִשְׁתַּלַּח	בְּהִשְׁתַּלַּח
הִשְׁתַּלַּחְתָּ	הִשְׁתַּלַּחְתֶּם	תִּשְׁתַּלַּח	תִּשְׁתַּלְּחוּ	מִשְׁתַּלַּחַת	הִשְׁתַּלְּחִי	כְּהִשְׁתַּלַּח
הִשְׁתַּלַּחַתְּ	הִשְׁתַּלַּחְתֶּן	תִּשְׁתַּלְּחִי	תִּשְׁתַּלַּחְנָה	(מִשְׁתַּלְּחָה)	הִשְׁתַּלְּחוּ	לְהִשְׁתַּלֵּחַ
הִשְׁתַּלַּח	הִשְׁתַּלְּחוּ	יִשְׁתַּלַּח	יִשְׁתַּלְּחוּ	מִשְׁתַּלְּחִים	הִשְׁתַּלַּחְנָה	מֵהִשְׁתַּלֵּחַ
הִשְׁתַּלְּחָה		תִּשְׁתַּלַּח	תִּשְׁתַּלַּחְנָה	מִשְׁתַּלְּחוֹת		

שלך

Kal

I*–

Nif'al

II – נִשְׁלַךְ – הִשָּׁלֵךְ to be thrown: **הִשָּׁלֵךְ, הִשָּׁלֵךְ**

Past		*Future*		*Present*	*Imperative*	*Gerund*
נִשְׁלַכְתִּי	נִשְׁלַכְנוּ	אֶשָּׁלֵךְ	נִשָּׁלֵךְ	נִשְׁלָךְ	הִשָּׁלֵךְ	בְּהִשָּׁלֵךְ
נִשְׁלַכְתָּ	נִשְׁלַכְתֶּם	תִּשָּׁלֵךְ	תִּשָּׁלְכוּ	נִשְׁלֶכֶת	הִשָּׁלְכִי	כְּהִשָּׁלֵךְ
נִשְׁלַכְתְּ	נִשְׁלַכְתֶּן	תִּשָּׁלְכִי	תִּשָּׁלַכְנָה	(נִשְׁלָכָה)	הִשָּׁלְכוּ	לְהִשָּׁלֵךְ
נִשְׁלַךְ	נִשְׁלְכוּ	יִשָּׁלֵךְ	יִשָּׁלְכוּ	נִשְׁלָכִים	הִשָּׁלַכְנָה	מֵהִשָּׁלֵךְ
נִשְׁלְכָה		תִּשָּׁלֵךְ	תִּשָּׁלַכְנָה	נִשְׁלָכוֹת		

Pi'el

III*–

Pu'al

IV*–

* This root has not developed this form.

שלך

Hifi'l

V – הִשְׁלִיךְ – הַשְׁלִיךְ to throw, to throw away: **הַשְׁלִיךְ, הַשְׁלֵךְ**

Past		*Future*		*Present*	*Imperative*	*Gerund*
הִשְׁלַכְתִּי	הִשְׁלַכְנוּ	אַשְׁלִיךְ	נַשְׁלִיךְ	מַשְׁלִיךְ	הַשְׁלֵךְ	בְּהַשְׁלִיךְ
הִשְׁלַכְתָּ	הִשְׁלַכְתֶּם	תַּשְׁלִיךְ	תַּשְׁלִיכוּ	מַשְׁלֶכֶת	הַשְׁלִיכִי	כְּהַשְׁלִיךְ
הִשְׁלַכְתְּ	הִשְׁלַכְתֶּן	תַּשְׁלִיכִי	תַּשְׁלֵכְנָה	(מַשְׁלִיכָה)	הַשְׁלִיכוּ	לְהַשְׁלִיךְ
הִשְׁלִיךְ	הִשְׁלִיכוּ	יַשְׁלִיךְ	יַשְׁלִיכוּ	מַשְׁלִיכִים	הַשְׁלֵכְנָה	מֵהַשְׁלִיךְ
הִשְׁלִיכָה		תַּשְׁלִיךְ	תַּשְׁלֵכְנָה	מַשְׁלִיכוֹת		

Huf'al

VI – הָשְׁלַךְ – הָשְׁלַךְ to be thrown away: **הָשְׁלֵךְ**

Past		*Future*		*Present*
הָשְׁלַכְתִּי	הָשְׁלַכְנוּ	אָשְׁלַךְ	נָשְׁלַךְ	מָשְׁלָךְ
הָשְׁלַכְתָּ	הָשְׁלַכְתֶּם	תָּשְׁלַךְ	תָּשְׁלְכוּ	מָשְׁלֶכֶת
הָשְׁלַכְתְּ	הָשְׁלַכְתֶּן	תָּשְׁלְכִי	תָּשְׁלַכְנָה	(מָשְׁלָכָה)
הָשְׁלַךְ	הָשְׁלְכוּ	יָשְׁלַךְ	יָשְׁלְכוּ	מָשְׁלָכִים
הָשְׁלְכָה		תָּשְׁלַךְ	תָּשְׁלַכְנָה	מָשְׁלָכוֹת

Hitpa'el

VII*–

*This root has not developed this form.

שלם

Kal

I — שָׁלַם — שְׁלַם to be complete, to be ended: שְׁלֹם, שָׁלֹם

Past		Future		Present	Imperative	Gerund
שָׁלַמְתִּי	שָׁלַמְנוּ	אֶשְׁלַם	נִשְׁלַם	שָׁלֵם	שְׁלַם	בִּשְׁלֹם
שָׁלַמְתָּ	שְׁלַמְתֶּם	תִּשְׁלַם	תִּשְׁלְמוּ	שְׁלֵמָה	שִׁלְמִי	כִּשְׁלֹם
שָׁלַמְתְּ	שְׁלַמְתֶּן	תִּשְׁלְמִי	תִּשְׁלַמְנָה	שְׁלֵמִים	שִׁלְמוּ	לִשְׁלֹם
שָׁלַם	שָׁלְמוּ	יִשְׁלַם	יִשְׁלְמוּ	שְׁלֵמוֹת	שְׁלַמְנָה	מִשְּׁלֹם
שָׁלְמָה		תִּשְׁלַם	תִּשְׁלַמְנָה			

Nif'al

II — נִשְׁלַם — הִשָּׁלֵם to be finished: הִשָּׁלֵם, הִשָּׁלֹם

Past		Future		Present	Imperative	Gerund
נִשְׁלַמְתִּי	נִשְׁלַמְנוּ	אֶשָּׁלֵם	נִשָּׁלֵם	נִשְׁלָם	הִשָּׁלֵם	בְּהִשָּׁלֵם
נִשְׁלַמְתָּ	נִשְׁלַמְתֶּם	תִּשָּׁלֵם	תִּשָּׁלְמוּ	נִשְׁלֶמֶת	הִשָּׁלְמִי	כְּהִשָּׁלֵם
נִשְׁלַמְתְּ	נִשְׁלַמְתֶּן	תִּשָּׁלְמִי	תִּשָּׁלַמְנָה	(נִשְׁלָמָה)	הִשָּׁלְמוּ	לְהִשָּׁלֵם
נִשְׁלַם	נִשְׁלְמוּ	יִשָּׁלֵם	יִשָּׁלְמוּ	נִשְׁלָמִים	הִשָּׁלַמְנָה	מֵהִשָּׁלֵם
נִשְׁלְמָה		תִּשָּׁלֵם	תִּשָּׁלַמְנָה	נִשְׁלָמוֹת		

Pi'el

III — שִׁלֵּם — שַׁלֵּם to pay, to recompense: שַׁלֵּם, שַׁלֵּם

Past		Future		Present	Imperative	Gerund
שִׁלַּמְתִּי	שִׁלַּמְנוּ	אֲשַׁלֵּם	נְשַׁלֵּם	מְשַׁלֵּם	שַׁלֵּם	בְּשַׁלֵּם
שִׁלַּמְתָּ	שִׁלַּמְתֶּם	תְּשַׁלֵּם	תְּשַׁלְּמוּ	מְשַׁלֶּמֶת	שַׁלְּמִי	כְּשַׁלֵּם
שִׁלַּמְתְּ	שִׁלַּמְתֶּן	תְּשַׁלְּמִי	תְּשַׁלֵּמְנָה	(מְשַׁלְּמָה)	שַׁלְּמוּ	לְשַׁלֵּם
שִׁלֵּם	שִׁלְּמוּ	יְשַׁלֵּם	יְשַׁלְּמוּ	מְשַׁלְּמִים	שַׁלֵּמְנָה	מִשַּׁלֵּם
שִׁלְּמָה		תְּשַׁלֵּם	תְּשַׁלֵּמְנָה	מְשַׁלְּמוֹת		

Pu'al

IV — שֻׁלַּם — שֻׁלַּם to be repaid: שֻׁלֹּם

Past		Future		Present
שֻׁלַּמְתִּי	שֻׁלַּמְנוּ	אֲשֻׁלַּם	נְשֻׁלַּם	מְשֻׁלָּם
שֻׁלַּמְתָּ	שֻׁלַּמְתֶּם	תְּשֻׁלַּם	תְּשֻׁלְּמוּ	מְשֻׁלֶּמֶת
שֻׁלַּמְתְּ	שֻׁלַּמְתֶּן	תְּשֻׁלְּמִי	תְּשֻׁלַּמְנָה	(מְשֻׁלָּמָה)
שֻׁלַּם	שֻׁלְּמוּ	יְשֻׁלַּם	יְשֻׁלְּמוּ	מְשֻׁלָּמִים
שֻׁלְּמָה		תְּשֻׁלַּם	תְּשֻׁלַּמְנָה	מְשֻׁלָּמוֹת

שלם

Hif'il

V – הִשְׁלִים – הַשְׁלִים to complete, to make peace: **הַשְׁלִים, הַשְׁלֵם**

Past		Future		Present	Imperative	Gerund
הִשְׁלַמְתִּי	הִשְׁלַמְנוּ	אַשְׁלִים	נַשְׁלִים	מַשְׁלִים	הַשְׁלֵם	בְּהַשְׁלִים
הִשְׁלַמְתָּ	הִשְׁלַמְתֶּם	תַּשְׁלִים	תַּשְׁלִימוּ	מַשְׁלֶמֶת	הַשְׁלִימִי	כְּהַשְׁלִים
הִשְׁלַמְתְּ	הִשְׁלַמְתֶּן	תַּשְׁלִימִי	תַּשְׁלֵמְנָה	(מַשְׁלִימָה)	הַשְׁלִימוּ	לְהַשְׁלִים
הִשְׁלִים	הִשְׁלִימוּ	יַשְׁלִים	יַשְׁלִימוּ	מַשְׁלִימִים	הַשְׁלֵמְנָה	מֵהַשְׁלִים
הִשְׁלִימָה		תַּשְׁלִים	תַּשְׁלֵמְנָה	מַשְׁלִימוֹת		

Huf'al

VI – הֻשְׁלַם – הֻשְׁלַם to be completed, to be accomplished: **הֻשְׁלֵם**

Past		Future		Present
הֻשְׁלַמְתִּי	הֻשְׁלַמְנוּ	אֻשְׁלַם	נֻשְׁלַם	מֻשְׁלָם
הֻשְׁלַמְתָּ	הֻשְׁלַמְתֶּם	תֻּשְׁלַם	תֻּשְׁלְמוּ	מֻשְׁלֶמֶת
הֻשְׁלַמְתְּ	הֻשְׁלַמְתֶּן	תֻּשְׁלְמִי	תֻּשְׁלַמְנָה	(מֻשְׁלָמָה)
הֻשְׁלַם	הֻשְׁלְמוּ	יֻשְׁלַם	יֻשְׁלְמוּ	מֻשְׁלָמִים
הֻשְׁלְמָה		תֻּשְׁלַם	תֻּשְׁלַמְנָה	מֻשְׁלָמוֹת

Hitpa'el

VII – הִשְׁתַּלֵּם – הִשְׁתַּלֵּם to perfect oneself, to be remunerative: **הִשְׁתַּלֵּם, הִשְׁתַּלֵּם**

Past		Future		Present	Imperative	Gerund
הִשְׁתַּלַּמְתִּי	הִשְׁתַּלַּמְנוּ	אֶשְׁתַּלֵּם	נִשְׁתַּלֵּם	מִשְׁתַּלֵּם	הִשְׁתַּלֵּם	בְּהִשְׁתַּלֵּם
הִשְׁתַּלַּמְתָּ	הִשְׁתַּלַּמְתֶּם	תִּשְׁתַּלֵּם	תִּשְׁתַּלְּמוּ	מִשְׁתַּלֶּמֶת	הִשְׁתַּלְּמִי	כְּהִשְׁתַּלֵּם
הִשְׁתַּלַּמְתְּ	הִשְׁתַּלַּמְתֶּן	תִּשְׁתַּלְּמִי	תִּשְׁתַּלֵּמְנָה	(מִשְׁתַּלְּמָה)	הִשְׁתַּלְּמוּ	לְהִשְׁתַּלֵּם
הִשְׁתַּלֵּם	הִשְׁתַּלְּמוּ	יִשְׁתַּלֵּם	יִשְׁתַּלְּמוּ	מִשְׁתַּלְּמִים	הִשְׁתַּלֵּמְנָה	מֵהִשְׁתַּלֵּם
הִשְׁתַּלְּמָה		תִּשְׁתַּלֵּם	תִּשְׁתַּלֵּמְנָה	מִשְׁתַּלְּמוֹת		

שמע

Kal

I – שמע – שָׁמַע – שְׁמַע to hear, to listen: שְׁמֹעַ, שָׁמֹעַ

Past		*Future*		*Present*	*Passive Present*	*Imperative*	*Gerund*
שָׁמַעְתִּי	שָׁמַעְנוּ	אֶשְׁמַע	נִשְׁמַע	שׁוֹמֵעַ	שָׁמוּעַ	שְׁמַע	בִּשְׁמֹעַ
שָׁמַעְתָּ	שְׁמַעְתֶּם	תִּשְׁמַע	תִּשְׁמְעוּ	שׁוֹמַעַת	שְׁמוּעָה	שִׁמְעִי	כִּשְׁמֹעַ
שָׁמַעַתְּ	שְׁמַעְתֶּן	תִּשְׁמְעִי	תִּשְׁמַעְנָה	(שׁוֹמְעָה)	שְׁמוּעִים	שִׁמְעוּ	לִשְׁמֹעַ
שָׁמַע	שָׁמְעוּ	יִשְׁמַע	יִשְׁמְעוּ	שׁוֹמְעִים	שְׁמוּעוֹת	שְׁמַעְנָה	מִשְּׁמֹעַ
שָׁמְעָה		תִּשְׁמַע	תִּשְׁמַעְנָה	שׁוֹמְעוֹת			

Nif'al

II – שמע – נִשְׁמַע – הִשָּׁמַע to be heared, to be understood: הִשָּׁמַע, הִשָּׁמֵעַ

Past		*Future*		*Present*	*Imperative*	*Gerund*
נִשְׁמַעְתִּי	נִשְׁמַעְנוּ	אֶשָּׁמַע	נִשָּׁמַע	נִשְׁמָע	הִשָּׁמַע	בְּהִשָּׁמַע
נִשְׁמַעְתָּ	נִשְׁמַעְתֶּם	תִּשָּׁמַע	תִּשָּׁמְעוּ	נִשְׁמַעַת	הִשָּׁמְעִי	כְּהִשָּׁמַע
נִשְׁמַעַתְּ	נִשְׁמַעְתֶּן	תִּשָּׁמְעִי	תִּשָּׁמַעְנָה	(נִשְׁמָעָה)	הִשָּׁמְעוּ	לְהִשָּׁמַע
נִשְׁמַע	נִשְׁמְעוּ	יִשָּׁמַע	יִשָּׁמְעוּ	נִשְׁמָעִים	הִשָּׁמַעְנָה	מֵהִשָּׁמַע
נִשְׁמְעָה		תִּשָּׁמַע	תִּשָּׁמַעְנָה	נִשְׁמָעוֹת		

Pi'el

III – שמע – שִׁמַּע – שַׁמַּע to call together, to assemble: שַׁמַּע, שַׁמֵּעַ

Past		*Future*		*Present*	*Imperative*	*Gerund*
שִׁמַּעְתִּי	שִׁמַּעְנוּ	אֲשַׁמַּע	נְשַׁמַּע	מְשַׁמֵּעַ	שַׁמַּע	בְּשַׁמַּע
שִׁמַּעְתָּ	שִׁמַּעְתֶּם	תְּשַׁמַּע	תְּשַׁמְּעוּ	מְשַׁמַּעַת	שַׁמְּעִי	כְּשַׁמַּע
שִׁמַּעַתְּ	שִׁמַּעְתֶּן	תְּשַׁמְּעִי	תְּשַׁמַּעְנָה	(מְשַׁמְּעָה)	שַׁמְּעוּ	לְשַׁמַּע
שִׁמַּע	שִׁמְּעוּ	יְשַׁמַּע	יְשַׁמְּעוּ	מְשַׁמְּעִים	שַׁמַּעְנָה	מִשַּׁמַּע
שִׁמְּעָה		תְּשַׁמַּע	תְּשַׁמַּעְנָה	מְשַׁמְּעוֹת		

Pu'al

IV – שמע – שֻׁמַּע – שֻׁמַּע to be called together, to be assembled: שֻׁמֹּעַ

Past		*Future*		*Present*
שֻׁמַּעְתִּי	שֻׁמַּעְנוּ	אֲשֻׁמַּע	נְשֻׁמַּע	מְשֻׁמָּע
שֻׁמַּעְתָּ	שֻׁמַּעְתֶּם	תְּשֻׁמַּע	תְּשֻׁמְּעוּ	מְשֻׁמַּעַת
שֻׁמַּעַתְּ	שֻׁמַּעְתֶּן	תְּשֻׁמְּעִי	תְּשֻׁמַּעְנָה	(מְשֻׁמָּעָה)
שֻׁמַּע	שֻׁמְּעוּ	יְשֻׁמַּע	יְשֻׁמְּעוּ	מְשֻׁמָּעִים
שֻׁמְּעָה		תְּשֻׁמַּע	תְּשֻׁמַּעְנָה	מְשֻׁמָּעוֹת

שמע

Hif'il

V – הִשְׁמִיעַ – הַשְׁמִיעַ to cause to hear, to announce: הַשְׁמִיעַ, הַשְׁמֵעַ

Past		*Future*		*Present*	*Imperative*	*Gerund*
הִשְׁמַעְתִּי	הִשְׁמַעְנוּ	אַשְׁמִיעַ	נַשְׁמִיעַ	מַשְׁמִיעַ	הַשְׁמַע	בְּהַשְׁמִיעַ
הִשְׁמַעְתָּ	הִשְׁמַעְתֶּם	תַּשְׁמִיעַ	תַּשְׁמִיעוּ	מַשְׁמַעַת	הַשְׁמִיעִי	כְּהַשְׁמִיעַ
הִשְׁמַעַתְּ	הִשְׁמַעְתֶּן	תַּשְׁמִיעִי	תַּשְׁמַעְנָה	(מַשְׁמִיעָה)	הַשְׁמִיעוּ	לְהַשְׁמִיעַ
הִשְׁמִיעַ	הִשְׁמִיעוּ	יַשְׁמִיעַ	יַשְׁמִיעוּ	מַשְׁמִיעִים	הַשְׁמַעְנָה	מֵהַשְׁמִיעַ
הִשְׁמִיעָה		תַּשְׁמִיעַ	תַּשְׁמַעְנָה	מַשְׁמִיעוֹת		

Huf'al

VI – הֻשְׁמַע – הֻשְׁמַע to be announced: הֻשְׁמֵעַ

Past		*Future*		*Present*
הֻשְׁמַעְתִּי	הֻשְׁמַעְנוּ	אֻשְׁמַע	נֻשְׁמַע	מֻשְׁמָע
הֻשְׁמַעְתָּ	הֻשְׁמַעְתֶּם	תֻּשְׁמַע	תֻּשְׁמְעוּ	מֻשְׁמַעַת
הֻשְׁמַעַתְּ	הֻשְׁמַעְתֶּן	תֻּשְׁמְעִי	תֻּשְׁמַעְנָה	(מֻשְׁמָעָה)
הֻשְׁמַע	הֻשְׁמְעוּ	יֻשְׁמַע	יֻשְׁמְעוּ	מֻשְׁמָעִים
הֻשְׁמְעָה		תֻּשְׁמַע	תֻּשְׁמַעְנָה	מֻשְׁמָעוֹת

Hitpa'el

VII – הִשְׁתַּמַּע – הִשְׁתַּמַּע to be heard, to bc understood: הִשְׁתַּמֵּעַ, הִשְׁתַּמֵּעַ

Past		*Future*		*Present*	*Imperative*	*Gerund*
הִשְׁתַּמַּעְתִּי	הִשְׁתַּמַּעְנוּ	אֶשְׁתַּמַּע	נִשְׁתַּמַּע	מִשְׁתַּמֵּעַ	הִשְׁתַּמַּע	בְּהִשְׁתַּמַּע
הִשְׁתַּמַּעְתָּ	הִשְׁתַּמַּעְתֶּם	תִּשְׁתַּמַּע	תִּשְׁתַּמְּעוּ	מִשְׁתַּמַּעַת	הִשְׁתַּמְּעִי	כְּהִשְׁתַּמַּע
הִשְׁתַּמַּעַתְּ	הִשְׁתַּמַּעְתֶּן	תִּשְׁתַּמְּעִי	תִּשְׁתַּמַּעְנָה	(מִשְׁתַּמְּעָה)	הִשְׁתַּמְּעוּ	לְהִשְׁתַּמֵּעַ
הִשְׁתַּמַּע	הִשְׁתַּמְּעוּ	יִשְׁתַּמַּע	יִשְׁתַּמְּעוּ	מִשְׁתַּמְּעִים	הִשְׁתַּמַּעְנָה	מֵהִשְׁתַּמֵּעַ
הִשְׁתַּמְּעָה		תִּשְׁתַּמַּע	תִּשְׁתַּמַּעְנָה	מִשְׁתַּמְּעוֹת		

שמר

Kal

I — שָׁמַר — שְׁמֹר to keep, to watch: שְׁמֹר, שָׁמֹר

Past		Future		Present	Passive Present	Imperative	Gerund
שָׁמַרְתִּי	שָׁמַרְנוּ	אֶשְׁמֹר	נִשְׁמֹר	שׁוֹמֵר	שָׁמוּר	שְׁמֹר	בִּשְׁמֹר
שָׁמַרְתָּ	שְׁמַרְתֶּם	תִּשְׁמֹר	תִּשְׁמְרוּ	שׁוֹמֶרֶת	שְׁמוּרָה	שִׁמְרִי	כִּשְׁמֹר
שָׁמַרְתְּ	שְׁמַרְתֶּן	תִּשְׁמְרִי	תִּשְׁמֹרְנָה	(שׁוֹמְרָה)	שְׁמוּרִים	שִׁמְרוּ	לִשְׁמֹר
שָׁמַר	שָׁמְרוּ	יִשְׁמֹר	יִשְׁמְרוּ	שׁוֹמְרִים	שְׁמוּרוֹת	שְׁמֹרְנָה	מִשְּׁמֹר
שָׁמְרָה		תִּשְׁמֹר	תִּשְׁמֹרְנָה	שׁוֹמְרוֹת			

Nif'al

II — נִשְׁמַר — הִשָּׁמֵר to be careful, to watch oneself: הִשָּׁמֵר, הִשָּׁמֵר

Past		Future		Present	Imperative	Gerund
נִשְׁמַרְתִּי	נִשְׁמַרְנוּ	אֶשָּׁמֵר	נִשָּׁמֵר	נִשְׁמָר	הִשָּׁמֵר	בְּהִשָּׁמֵר
נִשְׁמַרְתָּ	נִשְׁמַרְתֶּם	תִּשָּׁמֵר	תִּשָּׁמְרוּ	נִשְׁמֶרֶת	הִשָּׁמְרִי	כְּהִשָּׁמֵר
נִשְׁמַרְתְּ	נִשְׁמַרְתֶּן	תִּשָּׁמְרִי	תִּשָּׁמַרְנָה	(נִשְׁמָרָה)	הִשָּׁמְרוּ	לְהִשָּׁמֵר
נִשְׁמַר	נִשְׁמְרוּ	יִשָּׁמֵר	יִשָּׁמְרוּ	נִשְׁמָרִים	הִשָּׁמַרְנָה	מֵהִשָּׁמֵר
נִשְׁמְרָה		תִּשָּׁמֵר	תִּשָּׁמַרְנָה	נִשְׁמָרוֹת		

Pi'el

III — שִׁמֵּר — שַׁמֵּר to pay regard, to preserve: שַׁמֵּר, שַׁמֵּר

Past		Future		Present	Imperative	Gerund
שִׁמַּרְתִּי	שִׁמַּרְנוּ	אֲשַׁמֵּר	נְשַׁמֵּר	מְשַׁמֵּר	שַׁמֵּר	בְּשַׁמֵּר
שִׁמַּרְתָּ	שִׁמַּרְתֶּם	תְּשַׁמֵּר	תְּשַׁמְּרוּ	מְשַׁמֶּרֶת	שַׁמְּרִי	כְּשַׁמֵּר
שִׁמַּרְתְּ	שִׁמַּרְתֶּן	תְּשַׁמְּרִי	תְּשַׁמֵּרְנָה	(מְשַׁמְּרָה)	שַׁמְּרוּ	לְשַׁמֵּר
שִׁמֵּר	שִׁמְּרוּ	יְשַׁמֵּר	יְשַׁמְּרוּ	מְשַׁמְּרִים	שַׁמֵּרְנָה	מִשַּׁמֵּר
שִׁמְּרָה		תְּשַׁמֵּר	תְּשַׁמֵּרְנָה	מְשַׁמְּרוֹת		

Pu'al

IV — שֻׁמַּר — שֻׁמַּר to be preserved: שֻׁמֹּר

Past		Future		Present
שֻׁמַּרְתִּי	שֻׁמַּרְנוּ	אֲשֻׁמַּר	נְשֻׁמַּר	מְשֻׁמָּר
שֻׁמַּרְתָּ	שֻׁמַּרְתֶּם	תְּשֻׁמַּר	תְּשֻׁמְּרוּ	מְשֻׁמֶּרֶת
שֻׁמַּרְתְּ	שֻׁמַּרְתֶּן	תְּשֻׁמְּרִי	תְּשֻׁמַּרְנָה	(מְשֻׁמָּרָה)
שֻׁמַּר	שֻׁמְּרוּ	יְשֻׁמַּר	יְשֻׁמְּרוּ	מְשֻׁמָּרִים
שֻׁמְּרָה		תְּשֻׁמַּר	תְּשֻׁמַּרְנָה	מְשֻׁמָּרוֹת

שמר

Hif'il

V*–

Huf'al

VI*–

Hitpa'el

VII – הִשְׁתַּמֵּר – הִשְׁתַּמֵּר to take heed, to be kept: **הִשְׁתַּמֵּר, הִשְׁתַּמֵּר**

Past		Future		Present	Imperative	Gerund
הִשְׁתַּמַּרְתִּי	הִשְׁתַּמַּרְנוּ	אֶשְׁתַּמֵּר	נִשְׁתַּמֵּר	מִשְׁתַּמֵּר	הִשְׁתַּמֵּר	בְּהִשְׁתַּמֵּר
הִשְׁתַּמַּרְתָּ	הִשְׁתַּמַּרְתֶּם	תִּשְׁתַּמֵּר	תִּשְׁתַּמְּרוּ	מִשְׁתַּמֶּרֶת	הִשְׁתַּמְּרִי	כְּהִשְׁתַּמֵּר
הִשְׁתַּמַּרְתְּ	הִשְׁתַּמַּרְתֶּן	תִּשְׁתַּמְּרִי	תִּשְׁתַּמֵּרְנָה	(מִשְׁתַּמְּרָה)	הִשְׁתַּמְּרוּ	לְהִשְׁתַּמֵּר
הִשְׁתַּמֵּר	הִשְׁתַּמְּרוּ	יִשְׁתַּמֵּר	יִשְׁתַּמְּרוּ	מִשְׁתַּמְּרִים	הִשְׁתַּמֵּרְנָה	מֵהִשְׁתַּמֵּר
הִשְׁתַּמְּרָה		תִּשְׁתַּמֵּר	תִּשְׁתַּמֵּרְנָה	מִשְׁתַּמְּרוֹת		

שמש

Kal

I*—

Nif'al

II*—

* This root has not developed this form.

Pi'el

III — שִׁמֵּשׁ — שַׁמֵּשׁ — שִׁמֵּשׁ to minister, to serve: שַׁמֵּשׁ, שַׁמֵּשׁ

Past		Future		Present	Imperative	Gerund
שִׁמַּשְׁתִּי	שִׁמַּשְׁנוּ	אֲשַׁמֵּשׁ	נְשַׁמֵּשׁ	מְשַׁמֵּשׁ	שַׁמֵּשׁ	בְּשַׁמֵּשׁ
שִׁמַּשְׁתָּ	שִׁמַּשְׁתֶּם	תְּשַׁמֵּשׁ	תְּשַׁמְּשׁוּ	מְשַׁמֶּשֶׁת	שַׁמְּשִׁי	כְּשַׁמֵּשׁ
שִׁמַּשְׁתְּ	שִׁמַּשְׁתֶּן	תְּשַׁמְּשִׁי	תְּשַׁמֵּשְׁנָה	(מְשַׁמְּשָׁה)	שַׁמְּשׁוּ	לְשַׁמֵּשׁ
שִׁמֵּשׁ	שִׁמְּשׁוּ	יְשַׁמֵּשׁ	יְשַׁמְּשׁוּ	מְשַׁמְּשִׁים	שַׁמֵּשְׁנָה	מִשַּׁמֵּשׁ
שִׁמְּשָׁה		תְּשַׁמֵּשׁ	תְּשַׁמֵּשְׁנָה	מְשַׁמְּשׁוֹת		

Pu'al

IV — שֻׁמַּשׁ — שֻׁמַּשׁ to be served, to be used: שֻׁמַּשׁ

Past		Future		Present
שֻׁמַּשְׁתִּי	שֻׁמַּשְׁנוּ	אֲשֻׁמַּשׁ	נְשֻׁמַּשׁ	מְשֻׁמָּשׁ
שֻׁמַּשְׁתָּ	שֻׁמַּשְׁתֶּם	תְּשֻׁמַּשׁ	תְּשֻׁמְּשׁוּ	מְשֻׁמֶּשֶׁת
שֻׁמַּשְׁתְּ	שֻׁמַּשְׁתֶּן	תְּשֻׁמְּשִׁי	תְּשֻׁמַּשְׁנָה	(מְשֻׁמָּשָׁה)
שֻׁמַּשׁ	שֻׁמְּשׁוּ	יְשֻׁמַּשׁ	יְשֻׁמְּשׁוּ	מְשֻׁמָּשִׁים
שֻׁמְּשָׁה		תְּשֻׁמַּשׁ	תְּשֻׁמַּשְׁנָה	מְשֻׁמָּשׁוֹת

שמש

Hif'il

V*–

Huf'al

VI*–

* This root has not developed this form.

Hitpa'el

VII – הִשְׁתַּמֵּשׁ – הִשְׁתַּמֵּשׁ – הִשְׁתַּמֵּשׁ to use: הִשְׁתַּמֵּשׁ, הִשְׁתַּמֵּשׁ

Past		*Future*		*Present*	*Imperative*	*Gerund*
הִשְׁתַּמַּשְׁתִּי	הִשְׁתַּמַּשְׁנוּ	אֶשְׁתַּמֵּשׁ	נִשְׁתַּמֵּשׁ	מִשְׁתַּמֵּשׁ	הִשְׁתַּמֵּשׁ	בְּהִשְׁתַּמֵּשׁ
הִשְׁתַּמַּשְׁתָּ	הִשְׁתַּמַּשְׁתֶּם	תִּשְׁתַּמֵּשׁ	תִּשְׁתַּמְּשׁוּ	מִשְׁתַּמֶּשֶׁת	הִשְׁתַּמְּשִׁי	כְּהִשְׁתַּמֵּשׁ
הִשְׁתַּמַּשְׁתְּ	הִשְׁתַּמַּשְׁתֶּן	תִּשְׁתַּמְּשִׁי	תִּשְׁתַּמֵּשְׁנָה	(מִשְׁתַּמְּשָׁה)	הִשְׁתַּמְּשׁוּ	לְהִשְׁתַּמֵּשׁ
הִשְׁתַּמֵּשׁ	הִשְׁתַּמְּשׁוּ	יִשְׁתַּמֵּשׁ	יִשְׁתַּמְּשׁוּ	מִשְׁתַּמְּשִׁים	הִשְׁתַּמֵּשְׁנָה	מֵהִשְׁתַּמֵּשׁ
הִשְׁתַּמְּשָׁה		תִּשְׁתַּמֵּשׁ	תִּשְׁתַּמֵּשְׁנָה	מִשְׁתַּמְּשׁוֹת		

שנה

Kal

I — שָׁנָה — שְׁנֵה to be different, to learn: שְׁנוֹת, שָׁנֹה

Past		*Future*		*Present*	*Passive Present*	*Imperative*	*Gerund*
שָׁנִיתִי	שָׁנִינוּ	אֶשְׁנֶה	נִשְׁנֶה	שׁוֹנֶה	שָׁנוּי	שְׁנֵה	בִּשְׁנוֹת
שָׁנִיתָ	שְׁנִיתֶם	תִּשְׁנֶה	תִּשְׁנוּ	שׁוֹנָה	שְׁנוּיָה	שְׁנִי	כִּשְׁנוֹת
שָׁנִית	שְׁנִיתֶן	תִּשְׁנִי	תִּשְׁנֶינָה	שׁוֹנִים	שְׁנוּיִים	שְׁנוּ	לִשְׁנוֹת
שָׁנָה	שָׁנוּ	יִשְׁנֶה	יִשְׁנוּ	שׁוֹנוֹת	שְׁנוּיוֹת	שְׁנֶינָה	מִשְּׁנוֹת
שָׁנְתָה		תִּשְׁנֶה	תִּשְׁנֶינָה				

Nif'al

II — נִשְׁנָה — הִשָּׁנֵה to be repeated, to be learned: הִשָּׁנוֹת, הִשָּׁנֵה

Past		*Future*		*Present*	*Imperative*	*Gerund*
נִשְׁנֵיתִי	נִשְׁנִינוּ	אֶשָּׁנֶה	נִשָּׁנֶה	נִשְׁנֶה	הִשָּׁנֵה	בְּהִשָּׁנוֹת
נִשְׁנֵיתָ	נִשְׁנֵיתֶם	תִּשָּׁנֶה	תִּשָּׁנוּ	נִשְׁנֵית	הִשָּׁנִי	כְּהִשָּׁנוֹת
נִשְׁנֵית	נִשְׁנֵיתֶן	תִּשָּׁנִי	תִּשָּׁנֶינָה	(נִשְׁנָה)	הִשָּׁנוּ	לְהִשָּׁנוֹת
נִשְׁנָה	נִשְׁנוּ	יִשָּׁנֶה	יִשָּׁנוּ	נִשְׁנִים	הִשָּׁנֶינָה	מֵהִשָּׁנוֹת
נִשְׁנְתָה		תִּשָּׁנֶה	תִּשָּׁנֶינָה	נִשְׁנוֹת		

Pi'el

III — שִׁנָּה — שַׁנֵּה to change, to differentiate: שַׁנּוֹת, שַׁנֵּה

Past		*Future*		*Present*	*Imperative*	*Gerund*
שִׁנִּיתִי	שִׁנִּינוּ	אֲשַׁנֶּה	נְשַׁנֶּה	מְשַׁנֶּה	שַׁנֵּה	בְּשַׁנּוֹת
שִׁנִּיתָ	שִׁנִּיתֶם	תְּשַׁנֶּה	תְּשַׁנּוּ	מְשַׁנָּה	שַׁנִּי	כְּשַׁנּוֹת
שִׁנִּית	שִׁנִּיתֶן	תְּשַׁנִּי	תְּשַׁנֶּינָה	מְשַׁנִּים	שַׁנּוּ	לְשַׁנּוֹת
שִׁנָּה	שִׁנּוּ	יְשַׁנֶּה	יְשַׁנּוּ	מְשַׁנּוֹת	שַׁנֶּינָה	מִשַּׁנּוֹת
שִׁנְּתָה		תְּשַׁנֶּה	תְּשַׁנֶּינָה			

Pu'al

IV — שֻׁנָּה — שֻׁנֵּה to be changed, to be different: שֻׁנֹּה

Past		*Future*		*Present*
שֻׁנֵּיתִי	שֻׁנִּינוּ	אֲשֻׁנֶּה	נְשֻׁנֶּה	מְשֻׁנֶּה
שֻׁנֵּיתָ	שֻׁנֵּיתֶם	תְּשֻׁנֶּה	תְּשֻׁנּוּ	מְשֻׁנָּה
שֻׁנֵּית	שֻׁנֵּיתֶן	תְּשֻׁנִּי	תְּשֻׁנֶּינָה	(מְשֻׁנֵּית)
שֻׁנָּה	שֻׁנּוּ	יְשֻׁנֶּה	יְשֻׁנּוּ	מְשֻׁנִּים
שֻׁנְּתָה		תְּשֻׁנֶּה	תְּשֻׁנֶּינָה	מְשֻׁנּוֹת

שנה

Hif'il

V – הַשְׁנֵה – הִשְׁנָה to teach, הַשְׁנוֹת, הַשְׁנֵה

Past		Future		Present	Imperative	Gerund
הִשְׁנֵיתִי	הִשְׁנִינוּ	אַשְׁנֶה	נַשְׁנֶה	מַשְׁנֶה	הַשְׁנֵה	בְּהַשְׁנוֹת
הִשְׁנֵיתָ	הִשְׁנֵיתֶם	תַּשְׁנֶה	תַּשְׁנוּ	מַשְׁנָה	הַשְׁנִי	כְּהַשְׁנוֹת
הִשְׁנֵית	הִשְׁנֵיתֶן	תַּשְׁנִי	תַּשְׁנֶינָה	מַשְׁנִים	הַשְׁנוּ	לְהַשְׁנוֹת
הִשְׁנָה	הִשְׁנוּ	יַשְׁנֶה	יַשְׁנוּ	מַשְׁנוֹת	הַשְׁנֶינָה	מֵהַשְׁנוֹת
הִשְׁנְתָה		תַּשְׁנֶה	תַּשְׁנֶינָה			

Huf'al

VI*–

* This root has not developed this form.

Hitpa'el

VII – הִשְׁתַּנֵּה – הִשְׁתַּנָּה to change (intr.), to become different: הִשְׁתַּנּוֹת, הִשְׁתַּנֵּה

Past		Future		Present	Imperative	Gerund
הִשְׁתַּנֵּיתִי	הִשְׁתַּנִּינוּ	אֶשְׁתַּנֶּה	נִשְׁתַּנֶּה	מִשְׁתַּנֶּה	הִשְׁתַּנֵּה	בְּהִשְׁתַּנּוֹת
הִשְׁתַּנֵּיתָ	הִשְׁתַּנֵּיתֶם	תִּשְׁתַּנֶּה	תִּשְׁתַּנּוּ	מִשְׁתַּנֵּית	הִשְׁתַּנִּי	כְּהִשְׁתַּנּוֹת
הִשְׁתַּנֵּית	הִשְׁתַּנֵּיתֶן	תִּשְׁתַּנִּי	תִּשְׁתַּנֶּינָה	(מִשְׁתַּנָּה)	הִשְׁתַּנּוּ	לְהִשְׁתַּנּוֹת
הִשְׁתַּנָּה	הִשְׁתַּנּוּ	יִשְׁתַּנֶּה	יִשְׁתַּנּוּ	מִשְׁתַּנִּים	הִשְׁתַּנֶּינָה	מֵהִשְׁתַּנּוֹת
הִשְׁתַּנְּתָה		תִּשְׁתַּנֶּה	תִּשְׁתַּנֶּינָה	מִשְׁתַּנּוֹת		

Nitpa'el: Passive Past — נִשְׁתַּנְּתָה נִשְׁתַּנָּה נִשְׁתַּנֵּית נִשְׁתַּנֵּיתָ נִשְׁתַּנֵּיתִי etc.

שפט

Kal

I — שָׁפַט — שְׁפֹט to judge, to punish, to govern: שְׁפֹט, שָׁפֹט

Past		*Future*		*Present*	*Passive Present*	*Imperative*	*Gerund*
שָׁפַטְתִּי	שָׁפַטְנוּ	אֶשְׁפֹּט	נִשְׁפֹּט	שׁוֹפֵט	שָׁפוּט	שְׁפֹט	בִּשְׁפֹּט
שָׁפַטְתָּ	שְׁפַטְתֶּם	תִּשְׁפֹּט	תִּשְׁפְּטוּ	שׁוֹפֶטֶת	שְׁפוּטָה	שִׁפְטִי	כִּשְׁפֹּט
שָׁפַטְתְּ	שְׁפַטְתֶּן	תִּשְׁפְּטִי	תִּשְׁפֹּטְנָה	(שׁוֹפְטָה)	שְׁפוּטִים	שִׁפְטוּ	לִשְׁפֹּט
שָׁפַט	שָׁפְטוּ	יִשְׁפֹּט	יִשְׁפְּטוּ	שׁוֹפְטִים	שְׁפוּטוֹת	שְׁפֹטְנָה	מִשְּׁפֹּט
שָׁפְטָה		תִּשְׁפֹּט	תִּשְׁפֹּטְנָה	שׁוֹפְטוֹת			

Nif'al

II — נִשְׁפַּט — הִשָּׁפֵט to be judged, to dispute: הִשָּׁפֵט, הִשָּׁפֵט

Past		*Future*		*Present*	*Imperative*	*Gerund*
נִשְׁפַּטְתִּי	נִשְׁפַּטְנוּ	אֶשָּׁפֵט	נִשָּׁפֵט	נִשְׁפָּט	הִשָּׁפֵט	בְּהִשָּׁפֵט
נִשְׁפַּטְתָּ	נִשְׁפַּטְתֶּם	תִּשָּׁפֵט	תִּשָּׁפְטוּ	נִשְׁפֶּטֶת	הִשָּׁפְטִי	כְּהִשָּׁפֵט
נִשְׁפַּטְתְּ	נִשְׁפַּטְתֶּן	תִּשָּׁפְטִי	תִּשָּׁפַטְנָה	(נִשְׁפָּטָה)	הִשָּׁפְטוּ	לְהִשָּׁפֵט
נִשְׁפַּט	נִשְׁפְּטוּ	יִשָּׁפֵט	יִשָּׁפְטוּ	נִשְׁפָּטִים	הִשָּׁפַטְנָה	מֵהִשָּׁפֵט
נִשְׁפְּטָה		תִּשָּׁפֵט	תִּשָּׁפַטְנָה	נִשְׁפָּטוֹת		

Pi'el

III*—

Pu'al

IV*—

*This root has not developed this form.

שפט

Hif'il

V*–

Huf'al

VI*–

Hitpa'el

VII*–

* This root has not developed this form.

שפך

Kal

I – שָׁפַךְ – שְׁפֹךְ to pour, to spill: שְׁפֹךְ, שָׁפֹךְ

Past		*Future*		*Present*	*Passive Present*	*Imperative*	*Gerund*
שָׁפַכְתִּי	שָׁפַכְנוּ	אֶשְׁפֹּךְ	נִשְׁפֹּךְ	שׁוֹפֵךְ	שָׁפוּךְ	שְׁפֹךְ	בִּשְׁפֹּךְ
שָׁפַכְתָּ	שְׁפַכְתֶּם	תִּשְׁפֹּךְ	תִּשְׁפְּכוּ	שׁוֹפֶכֶת	שְׁפוּכָה	שִׁפְכִי	כִּשְׁפֹּךְ
שָׁפַכְתְּ	שְׁפַכְתֶּן	תִּשְׁפְּכִי	תִּשְׁפֹּכְנָה	(שׁוֹפְכָה)	שְׁפוּכִים	שִׁפְכוּ	לִשְׁפֹּךְ
שָׁפַךְ	שָׁפְכוּ	יִשְׁפֹּךְ	יִשְׁפְּכוּ	שׁוֹפְכִים	שְׁפוּכוֹת	שְׁפֹכְנָה	מִשְּׁפֹּךְ
שָׁפְכָה		תִּשְׁפֹּךְ	תִּשְׁפֹּכְנָה	שׁוֹפְכוֹת			

Nif'al

II – נִשְׁפַּךְ – הִשָּׁפֵךְ to be spilled, to be shed: הִשָּׁפֵךְ, הִשָּׁפֵךְ

Past		*Future*		*Present*		*Imperative*	*Gerund*
נִשְׁפַּכְתִּי	נִשְׁפַּכְנוּ	אֶשָּׁפֵךְ	נִשָּׁפֵךְ	נִשְׁפָּךְ		הִשָּׁפֵךְ	בְּהִשָּׁפֵךְ
נִשְׁפַּכְתָּ	נִשְׁפַּכְתֶּם	תִּשָּׁפֵךְ	תִּשָּׁפְכוּ	נִשְׁפֶּכֶת		הִשָּׁפְכִי	כְּהִשָּׁפֵךְ
נִשְׁפַּכְתְּ	נִשְׁפַּכְתֶּן	תִּשָּׁפְכִי	תִּשָּׁפַכְנָה	(נִשְׁפָּכָה)		הִשָּׁפְכוּ	לְהִשָּׁפֵךְ
נִשְׁפַּךְ	נִשְׁפְּכוּ	יִשָּׁפֵךְ	יִשָּׁפְכוּ	נִשְׁפָּכִים		הִשָּׁפַכְנָה	מֵהִשָּׁפֵךְ
נִשְׁפְּכָה		תִּשָּׁפֵךְ	תִּשָּׁפַכְנָה	נִשְׁפָּכוֹת			

Pi'el

III*–

Pu'al

IV*–

* This root has not developed this form.

שפך

Hif'il

V*–

Huf'al

VI*–

* This root has not developed this form.

Hitpa'el

VII – הִשְׁתַּפֵּךְ – הִשְׁתַּפֵּךְ to overflow, to be poured out: הִשְׁתַּפֵּךְ, הִשְׁתַּפֵּךְ

Past		Future		Present	Imperative	Gerund
חִשְׁתַּפַּכְתִּי	הִשְׁתַּפַּכְנוּ	אֶשְׁתַּפֵּךְ	נִשְׁתַּפֵּךְ	מִשְׁתַּפֵּךְ	הִשְׁתַּפֵּךְ	בְּהִשְׁתַּפֵּךְ
הִשְׁתַּפַּכְתָּ	הִשְׁתַּפַּכְתֶּם	תִּשְׁתַּפֵּךְ	תִּשְׁתַּפְּכוּ	מִשְׁתַּפֶּכֶת	הִשְׁתַּפְּכִי	כְּהִשְׁתַּפֵּךְ
הִשְׁתַּפַּכְתְּ	הִשְׁתַּפַּכְתֶּן	תִּשְׁתַּפְּכִי	תִּשְׁתַּפֵּכְנָה	(מִשְׁתַּפְּכָה)	הִשְׁתַּפְּכוּ	לְהִשְׁתַּפֵּךְ
הִשְׁתַּפֵּךְ	הִשְׁתַּפְּכוּ	יִשְׁתַּפֵּךְ	יִשְׁתַּפְּכוּ	מִשְׁתַּפְּכִים	הִשְׁתַּפֵּכְנָה	מֵהִשְׁתַּפֵּךְ
הִשְׁתַּפְּכָה		תִּשְׁתַּפֵּךְ	תִּשְׁתַּפֵּכְנָה	מִשְׁתַּפְּכוֹת		

שפע

Kal

I — שָׁפַע — שְׁפַע to bestow, to flow: שְׁפֹעַ, שָׁפֹעַ

Past		*Future*		*Present*	*Imperative*	*Gerund*
שָׁפַעְתִּי	שָׁפַעְנוּ	אֶשְׁפַּע	נִשְׁפַּע	שׁוֹפֵעַ	שְׁפַע	בִּשְׁפֹעַ
שָׁפַעְתָּ	שְׁפַעְתֶּם	תִּשְׁפַּע	תִּשְׁפְּעוּ	שׁוֹפַעַת	שִׁפְעִי	כִּשְׁפֹעַ
שָׁפַעַתְּ	שְׁפַעְתֶּן	תִּשְׁפְּעִי	תִּשְׁפַּעְנָה	(שׁוֹפְעָה)	שִׁפְעוּ	לִשְׁפֹעַ
שָׁפַע	שָׁפְעוּ	יִשְׁפַּע	יִשְׁפְּעוּ	שׁוֹפְעִים	שְׁפַעְנָה	מִשְּׁפֹעַ
שָׁפְעָה		תִּשְׁפַּע	תִּשְׁפַּעְנָה	שׁוֹפְעוֹת		

Nif'al

II — נִשְׁפַּע — הִשָּׁפַע to bestow, to emanate: הִשָּׁפַע, הִשָּׁפֵעַ

Past		*Future*		*Present*	*Imperative*	*Gerund*
נִשְׁפַּעְתִּי	נִשְׁפַּעְנוּ	אֶשָּׁפַע	נִשָּׁפַע	נִשְׁפָּע	הִשָּׁפַע	בְּהִשָּׁפַע
נִשְׁפַּעְתָּ	נִשְׁפַּעְתֶּם	תִּשָּׁפַע	תִּשָּׁפְעוּ	נִשְׁפַּעַת	הִשָּׁפְעִי	כְּהִשָּׁפַע
נִשְׁפַּעַתְּ	נִשְׁפַּעְתֶּן	תִּשָּׁפְעִי	תִּשָּׁפַעְנָה	(נִשְׁפָּעָה)	הִשָּׁפְעוּ	לְהִשָּׁפַע
נִשְׁפַּע	נִשְׁפְּעוּ	יִשָּׁפַע	יִשָּׁפְעוּ	נִשְׁפָּעִים	הִשָּׁפַעְנָה	מֵהִשָּׁפַע
נִשְׁפְּעָה		תִּשָּׁפַע	תִּשָּׁפַעְנָה	נִשְׁפָּעוֹת		

Pi'el

III — שִׁפַּע — שַׁפַּע to set at an incline: שַׁפַּע, שַׁפֵּעַ

Past		*Future*		*Present*	*Imperative*	*Gerund*
שִׁפַּעְתִּי	שִׁפַּעְנוּ	אֲשַׁפַּע	נְשַׁפַּע	מְשַׁפֵּעַ	שַׁפַּע	בְּשַׁפַּע
שִׁפַּעְתָּ	שִׁפַּעְתֶּם	תְּשַׁפַּע	תְּשַׁפְּעוּ	מְשַׁפַּעַת	שַׁפְּעִי	כְּשַׁפַּע
שִׁפַּעַתְּ	שִׁפַּעְתֶּן	תְּשַׁפְּעִי	תְּשַׁפַּעְנָה	(מְשַׁפְּעָה)	שַׁפְּעוּ	לְשַׁפַּע
שִׁפַּע	שִׁפְּעוּ	יְשַׁפַּע	יְשַׁפְּעוּ	מְשַׁפְּעִים	שַׁפַּעְנָה	מִשַּׁפַּע
שִׁפְּעָה		תְּשַׁפַּע	תְּשַׁפַּעְנָה	מְשַׁפְּעוֹת		

Pu'al

IV — שֻׁפַּע — שֻׁפַּע to be inclined: שֻׁפֹּעַ

Past		*Future*		*Present*
שֻׁפַּעְתִּי	שֻׁפַּעְנוּ	אֲשֻׁפַּע	נְשֻׁפַּע	מְשֻׁפָּע
שֻׁפַּעְתָּ	שֻׁפַּעְתֶּם	תְּשֻׁפַּע	תְּשֻׁפְּעוּ	מְשֻׁפַּעַת
שֻׁפַּעַתְּ	שֻׁפַּעְתֶּן	תְּשֻׁפְּעִי	תְּשֻׁפַּעְנָה	(מְשֻׁפָּעָה)
שֻׁפַּע	שֻׁפְּעוּ	יְשֻׁפַּע	יְשֻׁפְּעוּ	מְשֻׁפָּעִים
שֻׁפְּעָה		תְּשֻׁפַּע	תְּשֻׁפַּעְנָה	מְשֻׁפָּעוֹת

שפע

Hif'il

V – הִשְׁפִּיעַ – הַשְׁפִּיעַ to bestow, to influence: הַשְׁפִּיעַ, הַשְׁפֵּעַ

Past		*Future*		*Present*	*Imperative*	*Gerund*
הִשְׁפַּעְתִּי	הִשְׁפַּעְנוּ	אַשְׁפִּיעַ	נַשְׁפִּיעַ	מַשְׁפִּיעַ	הַשְׁפַּע	בְּהַשְׁפִּיעַ
הִשְׁפַּעְתָּ	הִשְׁפַּעְתֶּם	תַּשְׁפִּיעַ	תַּשְׁפִּיעוּ	מַשְׁפַּעַת	הַשְׁפִּיעִי	כְּהַשְׁפִּיעַ
הִשְׁפַּעַתְּ	הִשְׁפַּעְתֶּן	תַּשְׁפִּיעִי	תַּשְׁפַּעְנָה	(מַשְׁפִּיעָה)	הַשְׁפִּיעוּ	לְהַשְׁפִּיעַ
הִשְׁפִּיעַ	הִשְׁפִּיעוּ	יַשְׁפִּיעַ	יַשְׁפִּיעוּ	מַשְׁפִּיעִים	הַשְׁפַּעְנָה	מֵהַשְׁפִּיעַ
הִשְׁפִּיעָה		תַּשְׁפִּיעַ	תַּשְׁפַּעְנָה	מַשְׁפִּיעוֹת		

Huf'al

VI – הֻשְׁפַּע – הֻשְׁפַּע to be bestowed, to be influenced: הֻשְׁפֵּעַ

Past		*Future*		*Present*
הֻשְׁפַּעְתִּי	הֻשְׁפַּעְנוּ	אֻשְׁפַּע	נֻשְׁפַּע	מֻשְׁפָּע
הֻשְׁפַּעְתָּ	הֻשְׁפַּעְתֶּם	תֻּשְׁפַּע	תֻּשְׁפְּעוּ	מֻשְׁפַּעַת
הֻשְׁפַּעַתְּ	הֻשְׁפַּעְתֶּן	תֻּשְׁפְּעִי	תֻּשְׁפַּעְנָה	(מֻשְׁפָּעָה)
הֻשְׁפַּע	הֻשְׁפְּעוּ	יֻשְׁפַּע	יֻשְׁפְּעוּ	מֻשְׁפָּעִים
הֻשְׁפְּעָה		תֻּשְׁפַּע	תֻּשְׁפַּעְנָה	מֻשְׁפָּעוֹת

Hitpa'el

VII – הִשְׁתַּפֵּעַ – הִשְׁתַּפַּע to slant, to be slanting: הִשְׁתַּפַּע, הִשְׁתַּפֵּעַ

Past		*Future*		*Present*	*Imperative*	*Gerund*
הִשְׁתַּפַּעְתִּי	הִשְׁתַּפַּעְנוּ	אֶשְׁתַּפַּע	נִשְׁתַּפַּע	מִשְׁתַּפֵּעַ	הִשְׁתַּפַּע	בְּהִשְׁתַּפַּע
הִשְׁתַּפַּעְתָּ	הִשְׁתַּפַּעְתֶּם	תִּשְׁתַּפַּע	תִּשְׁתַּפְּעוּ	מִשְׁתַּפַּעַת	הִשְׁתַּפְּעִי	כְּהִשְׁתַּפַּע
הִשְׁתַּפַּעַתְּ	הִשְׁתַּפַּעְתֶּן	תִּשְׁתַּפְּעִי	תִּשְׁתַּפַּעְנָה	(מִשְׁתַּפְּעָה)	הִשְׁתַּפְּעוּ	לְהִשְׁתַּפֵּעַ
הִשְׁתַּפַּע	הִשְׁתַּפְּעוּ	יִשְׁתַּפַּע	יִשְׁתַּפְּעוּ	מִשְׁתַּפְּעִים	הִשְׁתַּפַּעְנָה	מֵהִשְׁתַּפֵּעַ
הִשְׁתַּפְּעָה		תִּשְׁתַּפַּע	תִּשְׁתַּפַּעְנָה	מִשְׁתַּפְּעוֹת		

שקע

Kal

I – שָׁקַע – שְׁקַע to sink, to go down: שְׁקֹעַ, שָׁקֹעַ

Past		Future		Present	Passive Present	Imperative	Gerund
שָׁקַעְתִּי	שָׁקַעְנוּ	אֶשְׁקַע	נִשְׁקַע	שׁוֹקֵעַ	שָׁקוּעַ	שְׁקַע	בִּשְׁקֹעַ
שָׁקַעְתָּ	שְׁקַעְתֶּם	תִּשְׁקַע	תִּשְׁקְעוּ	שׁוֹקַעַת	שְׁקוּעָה	שִׁקְעִי	כִּשְׁקֹעַ
שָׁקַעַתְּ	שְׁקַעְתֶּן	תִּשְׁקְעִי	תִּשְׁקַעְנָה	(שׁוֹקְעָה)	שְׁקוּעִים	שִׁקְעוּ	לִשְׁקֹעַ
שָׁקַע	שָׁקְעוּ	יִשְׁקַע	יִשְׁקְעוּ	שׁוֹקְעִים	שְׁקוּעוֹת	שְׁקַעְנָה	מִשְׁקֹעַ
שָׁקְעָה		תִּשְׁקַע	תִּשְׁקַעְנָה	שׁוֹקְעוֹת			

Nif'al

II – נִשְׁקַע – הִשָּׁקַע to be sunk, to disappear: הִשָּׁקַע, הִשָּׁקֵעַ

Past		Future		Present	Imperative	Gerund
נִשְׁקַעְתִּי	נִשְׁקַעְנוּ	אֶשָּׁקַע	נִשָּׁקַע	נִשְׁקָע	הִשָּׁקַע	בְּהִשָּׁקַע
נִשְׁקַעְתָּ	נִשְׁקַעְתֶּם	תִּשָּׁקַע	תִּשָּׁקְעוּ	נִשְׁקַעַת	הִשָּׁקְעִי	כְּהִשָּׁקַע
נִשְׁקַעַתְּ	נִשְׁקַעְתֶּן	תִּשָּׁקְעִי	תִּשָּׁקַעְנָה	(נִשְׁקָעָה)	הִשָּׁקְעוּ	לְהִשָּׁקַע
נִשְׁקַע	נִשְׁקְעוּ	יִשָּׁקַע	יִשָּׁקְעוּ	נִשְׁקָעִים	הִשָּׁקַעְנָה	מֵהִשָּׁקַע
נִשְׁקְעָה		תִּשָּׁקַע	תִּשָּׁקַעְנָה	נִשְׁקָעוֹת		

Pi'el

III – שִׁקַּע – שַׁקַּע to drown, to make sink: שַׁקַּע, שַׁקֵּעַ

Past		Future		Present	Imperative	Gerund
שִׁקַּעְתִּי	שִׁקַּעְנוּ	אֲשַׁקַּע	נְשַׁקַּע	מְשַׁקֵּעַ	שַׁקַּע	בְּשַׁקַּע
שִׁקַּעְתָּ	שִׁקַּעְתֶּם	תְּשַׁקַּע	תְּשַׁקְּעוּ	מְשַׁקַּעַת	שַׁקְּעִי	כְּשַׁקַּע
שִׁקַּעַתְּ	שִׁקַּעְתֶּן	תְּשַׁקְּעִי	תְּשַׁקַּעְנָה	(מְשַׁקְּעָה)	שַׁקְּעוּ	לְשַׁקַּע
שִׁקַּע	שִׁקְּעוּ	יְשַׁקַּע	יְשַׁקְּעוּ	מְשַׁקְּעִים	שַׁקַּעְנָה	מִשַּׁקַּע
שִׁקְּעָה		תְּשַׁקַּע	תְּשַׁקַּעְנָה	מְשַׁקְּעוֹת		

Pu'al

IV – שֻׁקַּע – שֻׁקַּע to be drowned: שֻׁקֹּעַ

Past		Future		Present
שֻׁקַּעְתִּי	שֻׁקַּעְנוּ	אֲשֻׁקַּע	נְשֻׁקַּע	מְשֻׁקָּע
שֻׁקַּעְתָּ	שֻׁקַּעְתֶּם	תְּשֻׁקַּע	תְּשֻׁקְּעוּ	מְשֻׁקַּעַת
שֻׁקַּעַתְּ	שֻׁקַּעְתֶּן	תְּשֻׁקְּעִי	תְּשֻׁקַּעְנָה	(מְשֻׁקָּעָה)
שֻׁקַּע	שֻׁקְּעוּ	יְשֻׁקַּע	יְשֻׁקְּעוּ	מְשֻׁקָּעִים
שֻׁקְּעָה		תְּשֻׁקַּע	תְּשֻׁקַּעְנָה	מְשֻׁקָּעוֹת

שקע

Hif'il

V – הִשְׁקִיעַ – הַשְׁקִיעַ to immerse, to invest: הַשְׁקִיעַ, הַשְׁקֵעַ

Past	Past	Future	Future	Present	Imperative	Gerund
הִשְׁקַעְתִּי	הִשְׁקַעְנוּ	אַשְׁקִיעַ	נַשְׁקִיעַ	מַשְׁקִיעַ	הַשְׁקַע	בְּהַשְׁקִיעַ
הִשְׁקַעְתָּ	הִשְׁקַעְתֶּם	תַּשְׁקִיעַ	תַּשְׁקִיעוּ	מַשְׁקַעַת	הַשְׁקִיעִי	כְּהַשְׁקִיעַ
הִשְׁקַעַתְּ	הִשְׁקַעְתֶּן	תַּשְׁקִיעִי	תַּשְׁקַעְנָה	(מַשְׁקִיעָה)	הַשְׁקִיעוּ	לְהַשְׁקִיעַ
הִשְׁקִיעַ	הִשְׁקִיעוּ	יַשְׁקִיעַ	יַשְׁקִיעוּ	מַשְׁקִיעִים	הַשְׁקַעְנָה	מֵהַשְׁקִיעַ
הִשְׁקִיעָה		תַּשְׁקִיעַ	תַּשְׁקַעְנָה	מַשְׁקִיעוֹת		

Huf'al

VI – הֻשְׁקַע – הֻשְׁקַע to be immersed, to be invested: הֻשְׁקֵעַ

Past	Past	Future	Future	Present
הֻשְׁקַעְתִּי	הֻשְׁקַעְנוּ	אֻשְׁקַע	נֻשְׁקַע	מֻשְׁקָע
הֻשְׁקַעְתָּ	הֻשְׁקַעְתֶּם	תֻּשְׁקַע	תֻּשְׁקְעוּ	מֻשְׁקַעַת
הֻשְׁקַעַתְּ	הֻשְׁקַעְתֶּן	תֻּשְׁקְעִי	תֻּשְׁקַעְנָה	(מֻשְׁקָעָה)
הֻשְׁקַע	הֻשְׁקְעוּ	יֻשְׁקַע	יֻשְׁקְעוּ	מֻשְׁקָעִים
הֻשְׁקְעָה		תֻּשְׁקַע	תֻּשְׁקַעְנָה	מֻשְׁקָעוֹת

Hitpa'el

VII – הִשְׁתַּקַּע – הִשְׁתַּקַּע to be sunk, to settle permanently: הִשְׁתַּקַּע, הִשְׁתַּקֵּעַ

Past	Past	Future	Future	Present	Imperative	Gerund
הִשְׁתַּקַּעְתִּי	הִשְׁתַּקַּעְנוּ	אֶשְׁתַּקַּע	נִשְׁתַּקַּע	מִשְׁתַּקֵּעַ	הִשְׁתַּקַּע	בְּהִשְׁתַּקַּע
הִשְׁתַּקַּעְתָּ	הִשְׁתַּקַּעְתֶּם	תִּשְׁתַּקַּע	תִּשְׁתַּקְּעוּ	מִשְׁתַּקַּעַת	הִשְׁתַּקְּעִי	כְּהִשְׁתַּקַּע
הִשְׁתַּקַּעַתְּ	הִשְׁתַּקַּעְתֶּן	תִּשְׁתַּקְּעִי	תִּשְׁתַּקַּעְנָה	(מִשְׁתַּקְּעָה)	הִשְׁתַּקְּעוּ	לְהִשְׁתַּקֵּעַ
הִשְׁתַּקַּע	הִשְׁתַּקְּעוּ	יִשְׁתַּקַּע	יִשְׁתַּקְּעוּ	מִשְׁתַּקְּעִים	הִשְׁתַּקַּעְנָה	מֵהִשְׁתַּקֵּעַ
הִשְׁתַּקְּעָה		תִּשְׁתַּקַּע	תִּשְׁתַּקַּעְנָה	מִשְׁתַּקְּעוֹת		

Nitpa'el: Passive Past — נִשְׁתַּקְּעָה נִשְׁתַּקַּע נִשְׁתַּקַּעַתְּ נִשְׁתַּקַּעְתָּ נִשְׁתַּקַּעְתִּי etc.

שתה

Kal

I – שָׁתָה – שְׁתֵה to drink: שְׁתוֹת, שָׁתֹה

Past		*Future*		*Present*	*Passive Present*	*Imperative*	*Gerund*
שָׁתִיתִי	שָׁתִינוּ	אֶשְׁתֶּה	נִשְׁתֶּה	שׁוֹתֶה	שָׁתוּי	שְׁתֵה	בִּשְׁתוֹת
שָׁתִיתָ	שְׁתִיתֶם	תִּשְׁתֶּה	תִּשְׁתּוּ	שׁוֹתָה	שְׁתוּיָה	שְׁתִי	כִּשְׁתוֹת
שָׁתִית	שְׁתִיתֶן	תִּשְׁתִּי	תִּשְׁתֶּינָה	שׁוֹתִים	שְׁתוּיִים	שְׁתוּ	לִשְׁתּוֹת
שָׁתָה	שָׁתוּ	יִשְׁתֶּה	יִשְׁתּוּ	שׁוֹתוֹת	שְׁתוּיוֹת	שְׁתֶינָה	מִשְּׁתוֹת
שָׁתְתָה		תִּשְׁתֶּה	תִּשְׁתֶּינָה				

Nif'al

II – נִשְׁתָּה – הִשָּׁתֵה to be drunk: הִשָּׁתוֹת, הִשָּׁתֵה

Past		*Future*		*Present*		*Imperative*	*Gerund*
נִשְׁתֵּיתִי	נִשְׁתֵּינוּ	אֶשָּׁתֶה	נִשָּׁתֶה	נִשְׁתֶּה		הִשָּׁתֵה	בְּהִשָּׁתוֹת
נִשְׁתֵּיתָ	נִשְׁתֵּיתֶם	תִּשָּׁתֶה	תִּשָּׁתוּ	נִשְׁתֵּית		הִשָּׁתִי	כְּהִשָּׁתוֹת
נִשְׁתֵּית	נִשְׁתֵּיתֶן	תִּשָּׁתִי	תִּשָּׁתֶינָה	(נִשְׁתָּה)		הִשָּׁתוּ	לְהִשָּׁתוֹת
נִשְׁתָּה	נִשְׁתּוּ	יִשָּׁתֶה	יִשָּׁתוּ	נִשְׁתִּים		הִשָּׁתֶינָה	מֵהִשָּׁתוֹת
נִשְׁתְּתָה		תִּשָּׁתֶה	תִּשָּׁתֶינָה	נִשְׁתּוֹת			

Pi'el

III*–

Pu'al

IV*–

* This root has not developed this form.

שתה

Hif'il

V – הִשְׁתָּה – הַשְׁתֵּה to found, to weave: הַשְׁתּוֹת, הַשְׁתֵּה

Past		*Future*		*Present*	*Imperative*	*Gerund*
הִשְׁתֵּיתִי	הִשְׁתִּינוּ	אַשְׁתֶּה	נַשְׁתֶּה	מַשְׁתֶּה	הַשְׁתֵּה	בְּהַשְׁתּוֹת
הִשְׁתֵּיתָ	הִשְׁתֵּיתֶם	תַּשְׁתֶּה	תַּשְׁתּוּ	מַשְׁתָּה	הַשְׁתִּי	כְּהַשְׁתּוֹת
הִשְׁתֵּית	הִשְׁתֵּיתֶן	תַּשְׁתִּי	תַּשְׁתֶּינָה	(מַשְׁתֵּית)	הַשְׁתּוּ	לְהַשְׁתּוֹת
הִשְׁתָּה	הִשְׁתּוּ	יַשְׁתֶּה	יַשְׁתּוּ	מַשְׁתִּים	הַשְׁתֶּינָה	מֵהַשְׁתּוֹת
הִשְׁתְּתָה		תַּשְׁתֶּה	תַּשְׁתֶּינָה	מַשְׁתּוֹת		

Huf'al

VI – הֻשְׁתָּה – הֻשְׁתֵּה to be founded: הֻשְׁתֵּה

Past		*Future*		*Present*
הֻשְׁתֵּיתִי	הֻשְׁתִּינוּ	אֻשְׁתֶּה	נֻשְׁתֶּה	מֻשְׁתֶּה
הֻשְׁתֵּיתָ	הֻשְׁתֵּיתֶם	תֻּשְׁתֶּה	תֻּשְׁתּוּ	מֻשְׁתֵּית
הֻשְׁתֵּית	הֻשְׁתֵּיתֶן	תֻּשְׁתִּי	תֻּשְׁתֶּינָה	(מֻשְׁתָּה)
הֻשְׁתָּה	הֻשְׁתּוּ	יֻשְׁתֶּה	יֻשְׁתּוּ	מֻשְׁתִּים
הֻשְׁתְּתָה		תֻּשְׁתֶּה	תֻּשְׁתֶּינָה	מֻשְׁתּוֹת

Hitpa'el

VII*–

* This root has not developed this form.

שתף

Kal

I*–

Nif'al

II*–

* This root has not developed this form.

Pi'el

III – שִׁתֵּף – שַׁתֵּף to associate, to make partner: שַׁתֵּף, שַׁתֵּף

Past		*Future*		*Present*	*Imperative*	*Gerund*
שִׁתַּפְתִּי	שִׁתַּפְנוּ	אֲשַׁתֵּף	נְשַׁתֵּף	מְשַׁתֵּף	שַׁתֵּף	בְּשַׁתֵּף
שִׁתַּפְתָּ	שִׁתַּפְתֶּם	תְּשַׁתֵּף	תְּשַׁתְּפוּ	מְשַׁתֶּפֶת	שַׁתְּפִי	כְּשַׁתֵּף
שִׁתַּפְתְּ	שִׁתַּפְתֶּן	תְּשַׁתְּפִי	תְּשַׁתֵּפְנָה	(מְשַׁתְּפָה)	שַׁתְּפוּ	לְשַׁתֵּף
שִׁתֵּף	שִׁתְּפוּ	יְשַׁתֵּף	יְשַׁתְּפוּ	מְשַׁתְּפִים	שַׁתֵּפְנָה	מִשַּׁתֵּף
שִׁתְּפָה		תְּשַׁתֵּף	תְּשַׁתֵּפְנָה	מְשַׁתְּפוֹת		

Pu'al

IV – שֻׁתַּף – שֻׁתַּף to be associated, to be made partner: שֻׁתֹּף

Past		*Future*		*Present*
שֻׁתַּפְתִּי	שֻׁתַּפְנוּ	אֲשֻׁתַּף	נְשֻׁתַּף	מְשֻׁתָּף
שֻׁתַּפְתָּ	שֻׁתַּפְתֶּם	תְּשֻׁתַּף	תְּשֻׁתְּפוּ	מְשֻׁתֶּפֶת
שֻׁתַּפְתְּ	שֻׁתַּפְתֶּן	תְּשֻׁתְּפִי	תְּשֻׁתַּפְנָה	(מְשֻׁתָּפָה)
שֻׁתַּף	שֻׁתְּפוּ	יְשֻׁתַּף	יְשֻׁתְּפוּ	מְשֻׁתָּפִים
שֻׁתְּפָה		תְּשֻׁתַּף	תְּשֻׁתַּפְנָה	מְשֻׁתָּפוֹת

שתף

Hif'il

V*–

Huf'al

VI*–

* This root has not developed this form.

Hitpa'el

VII – הִשְׁתַּתֵּף – הִשְׁתַּתֵּף to participate, to join in a partnership: **הִשְׁתַּתֵּף, הִשְׁתַּתֵּף**

Past		Future		Present	Imperative	Gerund
הִשְׁתַּתַּפְתִּי	הִשְׁתַּתַּפְנוּ	אֶשְׁתַּתֵּף	נִשְׁתַּתֵּף	מִשְׁתַּתֵּף	הִשְׁתַּתֵּף	בְּהִשְׁתַּתֵּף
הִשְׁתַּתַּפְתָּ	הִשְׁתַּתַּפְתֶּם	תִּשְׁתַּתֵּף	תִּשְׁתַּתְּפוּ	מִשְׁתַּתֶּפֶת	הִשְׁתַּתְּפִי	כְּהִשְׁתַּתֵּף
הִשְׁתַּתַּפְתְּ	הִשְׁתַּתַּפְתֶּן	תִּשְׁתַּתְּפִי	תִּשְׁתַּתֵּפְנָה	(מִשְׁתַּתְּפָה)	הִשְׁתַּתְּפוּ	לְהִשְׁתַּתֵּף
הִשְׁתַּתֵּף	הִשְׁתַּתְּפוּ	יִשְׁתַּתֵּף	יִשְׁתַּתְּפוּ	מִשְׁתַּתְּפִים	הִשְׁתַּתֵּפְנָה	מֵהִשְׁתַּתֵּף
הִשְׁתַּתְּפָה		תִּשְׁתַּתֵּף	תִּשְׁתַּתֵּפְנָה	מִשְׁתַּתְּפוֹת		

תאם

Kal

I — תאם — תָּאַם — תְּאַם to be double, to fit: תְּאֹם, תָּאֹם

Past		Future		Present	Imperative	Gerund
תָּאַמְתִּי	תָּאַמְנוּ	אֶתְאַם	נִתְאַם	תּוֹאֵם	תְּאַם	בִּתְאֹם
תָּאַמְתָּ	תְּאַמְתֶּם	תִּתְאַם	תִּתְאֲמוּ	תּוֹאֶמֶת	תַּאֲמִי	כִּתְאֹם
תָּאַמְתְּ	תְּאַמְתֶּן	תִּתְאֲמִי	תִּתְאַמְנָה	(תּוֹאֲמָה)	תַּאֲמוּ	לִתְאֹם
תָּאַם	תָּאֲמוּ	יִתְאַם	יִתְאֲמוּ	תּוֹאֲמִים	תְּאַמְנָה	מִתְּאֹם
תָּאֲמָה		תִּתְאַם	תִּתְאַמְנָה	תּוֹאֲמוֹת		

Nif'al

II — נִתְאַם — הִתָּאֵם to be parallel, to be suited: הִתָּאֵם, הִתָּאֵם

Past		Future		Present	Imperative	Gerund
נִתְאַמְתִּי	נִתְאַמְנוּ	אֶתָּאֵם	נִתָּאֵם	נִתְאָם	הִתָּאֵם	בְּהִתָּאֵם
נִתְאַמְתָּ	נִתְאַמְתֶּם	תִּתָּאֵם	תִּתָּאֲמוּ	נִתְאֶמֶת	הִתָּאֲמִי	כְּהִתָּאֵם
נִתְאַמְתְּ	נִתְאַמְתֶּן	תִּתָּאֲמִי	תִּתָּאַמְנָה	(נִתְאָמָה)	הִתָּאֲמוּ	לְהִתָּאֵם
נִתְאַם	נִתְאֲמוּ	יִתָּאֵם	יִתָּאֲמוּ	נִתְאָמִים	הִתָּאַמְנָה	מֵהִתָּאֵם
נִתְאֲמָה		תִּתָּאֵם	תִּתָּאַמְנָה	נִתְאָמוֹת		

Pi'el

III — תאם — תֵּאֵם — תָּאֵם to adjust, to reconcile: תָּאֵם, תָּאֵם

Past		Future		Present	Imperative	Gerund
תֵּאַמְתִּי	תֵּאַמְנוּ	אֲתָאֵם	נְתָאֵם	מְתָאֵם	תָּאֵם	בְּתָאֵם
תֵּאַמְתָּ	תֵּאַמְתֶּם	תְּתָאֵם	תְּתָאֲמוּ	מְתָאֶמֶת	תָּאֲמִי	כְּתָאֵם
תֵּאַמְתְּ	תֵּאַמְתֶּן	תְּתָאֲמִי	תְּתָאֵמְנָה	(מְתָאֲמָה)	תָּאֲמוּ	לְתָאֵם
תֵּאֵם	תֵּאֲמוּ	יְתָאֵם	יְתָאֲמוּ	מְתָאֲמִים	תָּאֵמְנָה	מִתָּאֵם
תֵּאֲמָה		תְּתָאֵם	תְּתָאֵמְנָה	מְתָאֲמוֹת		

Pu'al

IV — תֹּאם — תֹּאַם — תֹּאַם to be adjusted, to be reconciled: תֹּאֹם

Past		Future		Present
תֹּאַמְתִּי	תֹּאַמְנוּ	אֲתֹאַם	נְתֹאַם	מְתֹאָם
תֹּאַמְתָּ	תֹּאַמְתֶּם	תְּתֹאַם	תְּתֹאֲמוּ	מְתֹאֶמֶת
תֹּאַמְתְּ	תֹּאַמְתֶּן	תְּתֹאֲמִי	תְּתֹאַמְנָה	(מְתֹאָמָה)
תֹּאַם	תֹּאֲמוּ	יְתֹאַם	יְתֹאֲמוּ	מְתֹאָמִים
תֹּאֲמָה		תְּתֹאַם	תְּתֹאַמְנָה	מְתֹאָמוֹת

תאם

Hif'il

V – הִתְאִים – הַתְאִים to match, to fit: הַתְאִים, הַתְאֵם

Past		Future		Present	Imperative	Gerund
הִתְאַמְתִּי	הִתְאַמְנוּ	אַתְאִים	נַתְאִים	מַתְאִים	הַתְאֵם	בְּהַתְאִים
הִתְאַמְתָּ	הִתְאַמְתֶּם	תַּתְאִים	תַּתְאִימוּ	מַתְאִימָה	הַתְאִימִי	כְּהַתְאִים
הִתְאַמְתְּ	הִתְאַמְתֶּן	תַּתְאִימִי	תַּתְאֵמְנָה	(מַתְאֶמֶת)	הַתְאִימוּ	לְהַתְאִים
הִתְאִים	הִתְאִימוּ	יַתְאִים	יַתְאִימוּ	מַתְאִימִים	הַתְאֵמְנָה	מֵהַתְאִים
הִתְאִימָה		תַּתְאִים	תַּתְאֵמְנָה	מַתְאִימוֹת		

Huf'al

VI – הֻתְאַם – הֻתְאַם to be matched, to be fitted: הֻתְאֵם

Past		Future		Present
הֻתְאַמְתִּי	הֻתְאַמְנוּ	אֻתְאַם	נֻתְאַם	מֻתְאָם
הֻתְאַמְתָּ	הֻתְאַמְתֶּם	תֻּתְאַם	תֻּתְאֲמוּ	מֻתְאֶמֶת
הֻתְאַמְתְּ	הֻתְאַמְתֶּן	תֻּתְאֲמִי	תֻּתְאַמְנָה	(מֻתְאָמָה)
הֻתְאַם	הֻתְאֲמוּ	יֻתְאַם	יֻתְאֲמוּ	מֻתְאָמִים
הֻתְאֲמָה		תֻּתְאַם	תֻּתְאַמְנָה	מֻתְאָמוֹת

Hitpa'el

VII*–

* This root has not developed this form.

תבע

Kal

I – תָּבַע – תְּבַע – תָּבַע to demand, to claim, to summon: **תְּבֹעַ, תָּבֹעַ**

Past		*Future*		*Present*	*Passive Present*	*Imperative*	*Gerund*
תָּבַעְתִּי	תָּבַעְנוּ	אֶתְבַּע	נִתְבַּע	תּוֹבֵעַ	תָּבוּעַ	תְּבַע	בִּתְבֹעַ
תָּבַעְתָּ	תְּבַעְתֶּם	תִּתְבַּע	תִּתְבְּעוּ	תּוֹבַעַת	תְּבוּעָה	תִּבְעִי	כִּתְבֹעַ
תָּבַעַתְּ	תְּבַעְתֶּן	תִּתְבְּעִי	תִּתְבַּעְנָה	(תּוֹבְעָה)	תְּבוּעִים	תִּבְעוּ	לִתְבֹּעַ
תָּבַע	תָּבְעוּ	יִתְבַּע	יִתְבְּעוּ	תּוֹבְעִים	תְּבוּעוֹת	תְּבַעְנָה	מִתְּבֹעַ
תָּבְעָה		תִּתְבַּע	תִּתְבַּעְנָה	תּוֹבְעוֹת			

Nif'al

II – נִתְבַּע – הִתָּבַע – הִתָּבַע to be summoned, to be claimed: **הִתָּבַע, הִתָּבֵעַ**

Past		*Future*		*Present*	*Imperative*	*Gerund*
נִתְבַּעְתִּי	נִתְבַּעְנוּ	אֶתָּבַע	נִתָּבַע	נִתְבָּע	הִתָּבַע	בְּהִתָּבַע
נִתְבַּעְתָּ	נִתְבַּעְתֶּם	תִּתָּבַע	תִּתָּבְעוּ	נִתְבַּעַת	הִתָּבְעִי	כְּהִתָּבַע
נִתְבַּעַתְּ	נִתְבַּעְתֶּן	תִּתָּבְעִי	תִּתָּבַעְנָה	(נִתְבָּעָה)	הִתָּבְעוּ	לְהִתָּבַע
נִתְבַּע	נִתְבְּעוּ	יִתָּבַע	יִתָּבְעוּ	נִתְבָּעִים	הִתָּבַעְנָה	מֵהִתָּבַע
נִתְבְּעָה		תִּתָּבַע	תִּתָּבַעְנָה	נִתְבָּעוֹת		

Pi'el

III*–

Pu'al

IV*–

* This root has not developed this form.

תבע

Hif‘il

V*—

Huf‘al

VI*—

Hitpa‘el

VII*—

*This root has not developed this form.

תחל

Kal

I*–

Nif'al

II*–

Pi'el

III*–

Pu'al

IV*–

* This root has not developed this form.

תחל

Hif'il

V – הִתְחִיל – הַתְחִיל to begin, to start: הַתְחִיל, הַתְחֵל

Past	*Past*	*Future*	*Future*	*Present*	*Imperative*	*Gerund*
הִתְחַלְתִּי	הִתְחַלְנוּ	אַתְחִיל	נַתְחִיל	מַתְחִיל	הַתְחֵל	בְּהַתְחִיל
הִתְחַלְתָּ	הִתְחַלְתֶּם	תַּתְחִיל	תַּתְחִילוּ	מַתְחֶלֶת	הַתְחִילִי	כְּהַתְחִיל
הִתְחַלְתְּ	הִתְחַלְתֶּן	תַּתְחִילִי	תַּתְחֵלְנָה	(מַתְחִילָה)	הַתְחִילוּ	לְהַתְחִיל
הִתְחִיל	הִתְחִילוּ	יַתְחִיל	יַתְחִילוּ	מַתְחִילִים	הַתְחֵלְנָה	מֵהַתְחִיל
הִתְחִילָה		תַּתְחִיל	תַּתְחֵלְנָה	מַתְחִילוֹת		

Huf'al

VI – הָתְחַל – הָתְחַל to be begun, to be started: הָתְחֵל

Past	*Past*	*Future*	*Future*	*Present*
הָתְחַלְתִּי	הָתְחַלְנוּ	אָתְחַל	נָתְחַל	מָתְחָל
הָתְחַלְתָּ	הָתְחַלְתֶּם	תָּתְחַל	תָתְחֲלוּ	מָתְחֶלֶת
הָתְחַלְתְּ	הָתְחַלְתֶּן	תָּתְחֲלִי	תָּתְחַלְנָה	(מָתְחָלָה)
הָתְחַל	הָתְחֲלוּ	יָתְחַל	יָתְחֲלוּ	מָתְחָלִים
הָתְחֲלָה		תָּתְחַל	תָּתְחַלְנָה	מָתְחָלוֹת

Hitpa'el

VII*–

*This root has not developed this form.

תלה

Kal

I – תָּלָה – תְּלֵה to hang, to suspend: תְּלוֹת, תָּלֹה

Past		Future		Present	Passive Present	Imperative	Gerund
תָּלִיתִי	תָּלִינוּ	אֶתְלֶה	נִתְלֶה	תּוֹלֶה	תָּלוּי	תְּלֵה	בִּתְלוֹת
תָּלִיתָ	תְּלִיתֶם	תִּתְלֶה	תִּתְלוּ	תּוֹלָה	תְּלוּיָה	תְּלִי	כִּתְלוֹת
תָּלִית	תְּלִיתֶן	תִּתְלִי	תִּתְלֶינָה	תּוֹלִים	תְּלוּיִים	תְּלוּ	לִתְלוֹת
תָּלָה	תָּלוּ	יִתְלֶה	יִתְלוּ	תּוֹלוֹת	תְּלוּיוֹת	תְּלֶינָה	מִתְּלוֹת
תָּלְתָה		תִּתְלֶה	תִּתְלֶינָה				

Nif'al

II – נִתְלָה – הִתָּלֵה to be hanged, to grasp: הִתָּלוֹת, הִתָּלֵה

Past		Future		Present	Imperative	Gerund
נִתְלֵיתִי	נִתְלֵינוּ	אֶתָּלֶה	נִתָּלֶה	נִתְלֶה	הִתָּלֵה	בְּהִתָּלוֹת
נִתְלֵיתָ	נִתְלֵיתֶם	תִּתָּלֶה	תִּתָּלוּ	נִתְלֵית	הִתָּלִי	כְּהִתָּלוֹת
נִתְלֵית	נִתְלֵיתֶן	תִּתָּלִי	תִּתָּלֶינָה	(נִתְלָה)	הִתָּלוּ	לְהִתָּלוֹת
נִתְלָה	נִתְלוּ	יִתָּלֶה	יִתָּלוּ	נִתְלִים	הִתָּלֶינָה	מֵהִתָּלוֹת
נִתְלְתָה		תִּתָּלֶה	תִּתָּלֶינָה	נִתְלוֹת		

Pi'el

III – תִּלָּה – תַּלֵּה to hang up: תַּלּוֹת, תַּלֵּה

Past		Future		Present	Imperative	Gerund
תִּלִּיתִי	תִּלִּינוּ	אֲתַלֶּה	נְתַלֶּה	מְתַלֶּה	תַּלֵּה	בְּתַלּוֹת
תִּלִּיתָ	תִּלִּיתֶם	תְּתַלֶּה	תְּתַלּוּ	מְתַלָּה	תַּלִּי	כְּתַלּוֹת
תִּלִּית	תִּלִּיתֶן	תְּתַלִּי	תְּתַלֶּינָה	(מְתַלֵּית)	תַּלּוּ	לְתַלּוֹת
תִּלָּה	תִּלּוּ	יְתַלֶּה	יְתַלּוּ	מְתַלִּים	תַּלֶּינָה	מִתַּלּוֹת
תִּלְּתָה		תְּתַלֶּה	תְּתַלֶּינָה	מְתַלּוֹת		

Pu'al

IV*–

* This root has not developed this form.

תלה

Hif'il

V – הִתְלָה – הַתְלֵה to swing: הַתְלוֹת, הַתְלֵה

Past		*Future*		*Present*	*Imperative*	*Gerund*
הִתְלֵיתִי	הִתְלֵינוּ	אַתְלֶה	נַתְלֶה	מַתְלֶה	הַתְלֵה	בְּהַתְלוֹת
הִתְלֵיתָ	הִתְלֵיתֶם	תַּתְלֶה	תַּתְלוּ	מַתְלָה	הַתְלִי	כְּהַתְלוֹת
הִתְלֵית	הִתְלֵיתֶן	תַּתְלִי	תַּתְלֶינָה	(מַתְלֵית)	הַתְלוּ	לְהַתְלוֹת
הִתְלָה	הִתְלוּ	יַתְלֶה	יַתְלוּ	מַתְלִים	הַתְלֶינָה	מֵהַתְלוֹת
הִתְלְתָה		תַּתְלֶה	תַּתְלֶינָה	מַתְלוֹת		

Huf'al

VI*–

Hitpa'el

VII*–

*This root has not developed this form.

HEBREW VERBS UNDER EVERY PARADIGM

to mix	2, 3, 4, 5, 6, 7	ערב
to mutilate	1, 2, 5, 7	פגם
to pinch	1, 2, 5, 6	צבט
to be right	1, 2, 3, 4, 5, 6, 7	צדק
to crucify	1, 2, 3, 4, 5, 6, 7	צלב
to peel	1, 2, 3, 4, 5, 6, 7	קלף
to be sparing	1, 2, 3, 4, 5, 7, 6	קמץ
to fold	1, 2, 3, 4, 5, 6, 7	קפל
to spread	1, 2, 5	רבד
to be moist	1, 2, 3, 4, 5, 6, 7	רטב
to beckon, to hint	1, 2, 3, 4, 5, 6	רמז
to repair	3, 4, 7	שפץ
to look, reflect	1, 2, 3, 4, 5, , 7	שקף
to serve	3, 4	שרת
to tear, pluck	1, 2, 3, 4	תלש
to contribute	1, 2, 5, 6	תרם

to populate	3, 4, 7	אכלס
to organize	3, 4, 7	ארגן
to confuse	3, 4, 7	בלבל
to stutter	3, 4, 7	גמגם
to tickle	3, 4	דגדג
to leaf	3, 7	דפדף
to think	3, 5, 7	הרהר
to disparage	3, 4, 7	זלזל
to deride, to mock	3, 4, 7	לגלג
to soil	3, 4, 7	לכלך
to polish	3, 4, 7	צחצח
to tease	3, 4, 7	קנטר
to set free	3, 4, 7	שחרר
to bore	3, 4, 7	שעמם
to manouever	3, 4	תמרן

to pack	1, 2	ארז
to entertain	3, 4, 7	בדר
to be frightened	2, 3, 4, 5, 6, 7	בהל
to protrude	1, 5, 6, 7	בלט
to flee, run away	1, 5, 6, 7	ברח
to announce	3, 4, 7	בשׂר
to be mighty	1, 2, 3, 4, 5, 6, 7	גבר
to belch	1, 3, 5	גהק
to giggle	1, 3, 4, 7	גחך
to shave	3, 4, 7	גלח
to hide	1.2, 7	גנז
to be astounded	2, 5, 6	דהם
to pack fight	1, 2, 3, 5, 7	דחס
to tread	1, 2, 3	דרס
to tighten	1, 3, 4, 7	הדק
to shine	1, 5, 6, 7	זרח
to beat	1, 2, 3, 7	חבט
to spare, to save	1, 2, 3, 4	חסך
to fry	2, 3, 4, 7	טגן
to climb	1, 5, 6, 7	טפס
to be ashamed	2, 5, 6	כלם
to wilt, wither	1, 2, 3, 5, 7	כמש
to escape	2, 3, 4, 5, 6, 7	מלט
to polish	1, 2, 3, 4, 7	מרט
to inherit	1, 3, 4, 5, 6, 7	נחל
to drip	1, 2, 3, 5	נטף
to entangle	1, 2, 3, 4, 5, 6, 7	סבך
to sum up, to agree	1, 2, 3, 4, 5, 6, 7	סכם
to pervert	1, 2, 3, 4, 7	סלף
to comb	1, 2, 3, 4, 5, 6, 7	סרק
to envelop	1, 2, 3, 4, 5, 6, 7	עטף
to sting, to prick	1, 2, 3, 4, 5	עקץ

English—Hebrew Verb Index

Verb	Root	Steps	Page	Paradigm
A				
able	יכל	1	130⁻1	פ״י
accept	קבל	1, 2, 3, 4, 5, 7	306⁻7	שלמים
acquire	זכה	1, 3, 4, 7	76⁻7	ל״ה
add	יסף	1, 2, 5, 6, 7	134⁻5	פ״י
add	יתר	2, 3, 4, 5, 7	146⁻7	פ״י
advise	יעץ	1, 2, 3, 7	136⁻7	פ״י
afflict	נגע	1, 2, 3, 4, 5, 6, 7	200⁻1	פ״נ
air	אור	1, 2, 3, 4, 5, 6, 7	6⁻7	פ״א, ע״ו
amaze	פלא	2, 3, 5, 6, 7	274⁻5	ל״א
answer	ענה	1, 2, 3, 4, 7	260⁻1	ל״ה
announce	שמע	1, 2, 3, 4, 5, 6, 7	380⁻1	שלמים
apologize	נצל	2, 3, 4, 5, 6, 7	222⁻3	פ״נ
appoint	קבע	1, 2, 3, 4, 5, 6	306⁻7	שלמים
approach	נגש	1, 2, 5, 6, 7	202⁻3	פ״נ
argue	דין	1, 2, 3, 7	62⁻3	ע״י
argue	טען	1, 2, 3, 4, 5, 6	116⁻7	שלמים
arrange	סדר	1, 2, 3, 4, 5, 7	236⁻7	שלמים
arrange (in columns)	עמד	1, 2, 3, 4, 5, 6, 7	258⁻9	שלמים
arrange	ערך	1, 2, 5, 6	264⁻5	שלמים
ask	שאל	1, 2, 3, 5, 6	358⁻9	שלמים
assemble	צעק	1, 2, 3, 5, 7	298⁻9	שלמים
assemble	כנס	1, 2, 3, 4, 5, 6, 7	158⁻9	שלמים
assemble	אסף	1, 2, 3, 4, 7	18⁻9	פ״א
assign	ידע	1, 2, 3, 4, 5, 6, 7	126⁻7	פ״י
attack	נטל	1, 2, 3, 5	212⁻3	פ״נ
attack	נפל	2, 3, 4, 5, 6, 7	220⁻1	פ״נ
awake	עור	1, 2, 3, 4, 5, 6, 7	248⁻9	ע״ו
B				
bath	רחץ	1, 2, 3, 4, 5, 6, 7	336⁻7	שלמים
bear	ילד	1, 2, 3, 5, 6, 7	132⁻3	פ״י
begin	פתח	1, 2, 3, 4, 7	290⁻1	שלמים
behave	נהג	1, 2, 3, 4, 5, 6, 7	204⁻5	פ״נ
believe	אמן	1, 2, 3, 4, 5, 6, 7	14⁻5	פ״א
benefit	שכר	1, 2, 5, 6, 7	348⁻9	שלמים
bind	קשר	1, 2, 3, 4, 5, 6, 7	328⁻9	שלמים
bless	ברך	1, 2, 3, 4, 5, 6, 7	46⁻7	שלמים
boast	אמר	1, 2, 3, 5, 7	16⁻7	פ״א
boast	הלל	3, 4, 7	70⁻1	כפולים
boast	נשא	1, 2, 3, 4, 5, 6, 7	224⁻5	פ״נ, ל״א
bother	טפל	1, 2, 3, 4, 5, 6, 7	118⁻9	שלמים
borrow	שאל	1, 2, 3, 5, 6	358⁻9	שלמים
break	שבר	1, 2, 3, 4, 5, 6, 7	364⁻5	שלמים

Verb	Root	Steps	Page	Paradigm
break bones	גרם	1, 2, 3, 4, 5, 6	56‾7	שלמים
bring	בוא	1, 3, 4, 5, 6	22‾3	ע״ו, ל״א
bring forth	ילד	1, 2, 3, 5, 6, 7	132‾3	פ״י
bring in bondage	כבש	1, 2, 3, 4, 5, 6, 7	150‾1	שלמים
bring up	אמן	1, 2, 3, 4, 5, 6, 7	14‾5	פ״א
build	בנה	1, 2, 3, 4, 7	38‾9	ל״ה
burn	שרף	1, 2, 3	356‾7	שלמים
buy	קנה	1, 2, 5, 6	314‾5	ל״ה
buy a wife	מהר	1, 2, 3, 7	174‾5	שלמים
C				
calculate	חשב	1, 2, 3, 4, 5, 6, 7	110‾1	שלמים
call	קרא	1, 2, 5, 6, 7	318‾9	ל״א
cancel	בטל	1, 2, 3, 4, 5, 6, 7	28‾9	שלמים
cast	טיל	3, 5, 6, 7	114‾5	שלמים
cast	ידה	1, 3, 5, 7	124‾5	פ״י, ל״ה
cause	גרם	1, 2, 3, 4, 5, 6	56‾7	שלמים
cease	חדל	1, 2, 5	82‾3	שלמים
cease	בטל	1, 2, 3, 4, 5, 6, 7	28‾9	שלמים
cease	פסק	1, 2, 3, 4, 5, 6, 7	280‾1	שלמים
chance	זמן	3, 4, 5, 6, 7	80‾1	שלמים
change	חלף	1, 2, 3, 4, 5, 6, 7	98‾9	שלמים
change	שנה	1, 2, 3, 4, 5, 7	386‾7	ל״ה
choose	בחר	1, 3, 4, 5, 6	22‾3	שלמים
clean	זכה	1, 3, 4, 7	76‾7	ל״ה
cleanse	רחץ	1, 2, 3, 4, 5, 6, 7	336‾7	שלמים
collect	כנס	1, 2, 3, 4, 5, 6, 7	158‾9	שלמים
colonize	ישב	1, 2, 3, 4, 5, 6, 7	142‾3	פ״י
combine	רכב	1, 3, 4, 5, 6, 7	340‾1	שלמים
come	בוא	1, 3, 4, 5, 6	22‾3	ע״ו, ל״א
come close	קרב	1, 2, 3, 4, 5, 6	320‾1	שלמים
commit suicide	אבד	1, 2, 3, 4, 5, 7	2‾3	פ״א
comment	עור	1, 2, 3, 4, 5, 6, 7	248‾9	ע״ו
complain	קבל	1, 3, 4, 5, 6, 7	304‾5	שלמים
complete	שלם	1, 2, 3, 4, 5, 6, 7	378‾9	שלמים
compose music	נגן	3, 4, 5, 6, 7	198‾9	פ״נ
conceal	כסה	1, 2, 3, 4, 7	160‾1	ל״ה
conceive	פלל	3, 7	276‾7	כפולים
conflict	נגש	1, 2, 5, 6, 7	202‾3	פ״נ
conquer	כבש	1, 2, 3, 4, 5, 6, 7	150‾1	שלמים
consider	בין	1, 2, 3, 4, 5, 6, 7	30‾1	ע״י
consider	מלך	1, 2, 5, 6, 7	182‾3	שלמים
consult	יעץ	1, 2, 3, 7	136‾7	פ״י
converse	דבר	1, 2, 3, 4, 5, 6, 7	60‾1	שלמים
cover	אחז	1, 2, 3, 4, 5, 6, 7	8‾9	פ״א
cover	כסה	1, 2, 3, 4, 7	160‾1	ל״ה
continue	משך	1, 2, 3, 4, 5, 6, 7	190‾1	שלמים
contradict	נגד	1, 3, 4, 5, 6, 7	196‾7	פ״נ

Verb	Root	Steps	Page	Paradigm
convince	יכח	2,5,6,7	128-9	פ״י
correspond	כתב	1,2,3,4,5,6,7	162-3	שלמים
count	ספר	1,2,3,4,7	242-3	שלמים
create	ברא	1,2,3,5,6	44-5	ל״א
criticize	בקר	3,4,7	40-1	שלמים
cross	עבר	1,2,3,4,5,6,7	246-7	שלמים
cry	צעק	1,2,3,5,7	298-9	שלמים
cry	בכה	1,3,5,7	32-3	ל״ה
cut down	ברא	1,2,3,5,6	44-5	ל״א
cut hair	ספר	1,2,3,4,7	242-3	שלמים
D				
dance	רקד	1,3,4,5,6	344-5	שלמים
debate	יכח	2,5,6,7	128-9	פ״י
decay	בלה	1,3,3,7	34-5	ל״ה
decide	חתך	1,2,3,4,7	112-3	שלמים
decide	פלל	3,7	276-7	כפולים
decide	גמר	1,2,3,4,6,7	52-3	שלמים
declare	אמר	1,2,3,5,7	16-7	פ״א
decline	נטה	1,2,5,6	210-1	פ״נ, ל״ה
dedicate	פרש	1,2,3,4,5,6,7	286-7	שלמים
defile	גאל	1,2,3,4,5,6,7	48-9	שלמים
delay	משך	1,2,3,4,5,6,7	190-1	שלמים
demand	תבע	1,2	402-3	שלמים
depend	בטח	1,2,3,4,5,6	26-7	שלמים
deprive	חסר	1,2,3,4,5,6,7	104-5	שלמים
desist	בטל	1,2,3,4,5,6,7	28-9	שלמים
desire	חמד	1,2,3,4,5,7	102-3	שלמים
desire	רצה	1,2,3,4,5,6,7	342-3	ל״ה
destroy	אבד	1,2,3,4,5,7	2-3	פ״א
destroy	בלע	1,2,3,4,5,6,7	36-7	שלמים
develope	פרש	1,2,3,4,7	290-1	שלמים
devote oneself	מכר	1,2,7	178-9	שלמים
devote oneself	מסר	1,2,7	188-9	שלמים
devour	אכל	1,2,3,4,5,6,7	12-3	פ״א
dictate	כתב	1,2,3,4,5,6,7	162-3	שלמים
die	מות	1,3,5,6	176-7	ע״ו
differ	חלק	1,2,3,4,5,6,7	100-1	שלמים
digest	אכל	1,2,3,4,5,6,7	12-3	פ״א
direct	כון	3,4,5,6,7	154-5	שלמים
disappear	עלם	2,3,4,5,6,7	256-7	שלמים
disappear	בלע	1,2,3,4,5,6,7	36-7	שלמים
disguise	חפש	1,2,3,4,7	106-7	שלמים
dispatch	רוץ	1,3,5,6,7	334-5	ע״ו
dispute	שפט	1,2	388-9	שלמים
distinguish	דין	3,4,7	294-5	שלמים
distribute	חלק	1,2,3,4,5,6,7	100-1	שלמים
direct	פנה	1,2,3,4,5,6,7	278-9	ל״ה

Verb	Root	Steps	Page	Paradigm
divide	חלק	1, 2, 3, 4, 5, 6, 7	100⁻1	שלמים
divorce	גרש	1, 2, 3, 4, 7	58⁻9	שלמים
do	עשה	1, 2, 3, 4, 5	266⁻7	ל״ה
do again	יסף	1, 2, 5, 6, 7	134⁻5	פ״י
drink	שתה	1, 2, 5, 6	396⁻7	ל״ה
drive	נהג	1, 2, 3, 4, 5, 6, 7	204⁻5	פ״נ
dry	יבש	1, 3, 4, 5, 6, 7	122⁻3	פ״י
dwell	גור	1, 3, 4, 7	50⁻1	ע״ו
E				
eat	אכל	1, 2, 3, 4, 5, 6, 7	12⁻3	פ״א
eat bread	לחם	1, 2, 5, 6, 7	166⁻7	שלמים
edit	ערך	1, 2, 5, 6	264⁻5	שלמים
employ	עבד	1, 2, 3, 4, 5, 6, 7	244⁻5	שלמים
enclose	אחז	1, 2, 3, 4, 5, 6, 7	8⁻9	פ״א
enslave	עבד	1, 2, 3, 4, 5, 6, 7	244⁻5	שלמים
enter	כנס	1, 2, 3, 4, 5, 6, 7	158⁻9	שלמים
erect	בנה	1, 2, 3, 4, 7	38⁻9	ל״ה
escape	נדל	2, 3, 4, 5, 6, 7	222⁻3	פ״נ
establish	קום	1, 3, 4, 5, 6, 7	310⁻1	ע״ו
establish	כון	2, 3, 4, 5, 6, 7	152⁻3	ע״י
esteem	חשב	1, 2, 3, 4, 5, 6, 7	110⁻1	שלמים
evaluate	ערך	1, 2, 5, 6	264⁻5	שלמים
examine	בקר	3, 4, 7	40⁻1	שלמים
excel	צין	3, 4, 7	294⁻5	ע״י
exchange	חלף	1, 2, 3, 4, 5, 6, 7	98⁻9	שלמים
excite	רגש	1, 2, 3, 4, 5, 6, 7	328⁻9	שלמים
exist	קום	3, 4, 7	312⁻3	ע״ו
exist	מצא	1, 2, 5, 6, 7	188⁻9	ל״א
expel	יצא	1, 3, 4, 5, 6	138⁻9	פ״י, ל״א
explain	באר	3, 4, 5, 7	20⁻1	שלמים
explain	פרש	1, 2, 3, 4, 5, 6, 7	286⁻7	שלמים
explore	חקר	1, 2, 3, 5, 7	108⁻9	שלמים
export	יצא	1, 3, 4, 5, 6	138⁻9	פ״י, ל״א
express	נבע	1, 5, 6	194⁻5	פ״נ
extend	משך	1, 2, 3, 4, 5, 6, 7	190⁻1	שלמים
extend	נטה	1, 2, 5, 6	210⁻1	פ״נ, ל״ה
F				
fall	נפל	1, **2**, 5, 6, 7	220⁻1	פ״נ
famous (to be)	פרסם	3, 4, 7	284⁻5	מרובעים
fatten	ברא	1, 2, 3, 5, 6	44⁻5	ל״א
fear	פחד	1, 2, 3, 4, 5, 7	272⁻3	שלמים
feel	רגש	1, 2, 3, 4, 5, 6, 7	328⁻9	שלמים
feel hurt	פגע	1, 2, 3, 4, 5	268⁻9	שלמים
fight	לחם	1, 2, 5, 6, 7	166⁻7	שלמים
fill	מלא	1, 2, 3, 4, 7	180⁻1	ל״א
find	מצא	1, 2, 5, 6, 7	188⁻9	ל״א

Verb	Root	Steps	Page	Paradigm
finish	גמר	1, 2, 3, 4, 6, 7	52–3	שלמים
fit	תאם	1, 2, 3, 4, 5, 6	400–1	שלמים
fix	קבע	1, 2, 3, 4, 5, 6	306–7	שלמים
flame up	לקח	1, 2, 7	170–1	שלמים
flatter	חלק	1, 2, 3, 4, 5, 6, 7	100–1	שלמים
flog	נגד	1, 3, 4, 5, 6, 7	196–7	פ״נ
flow	נבע	1, 5, 6	194–5	פ״נ
force	עשה	1, 2, 3, 4, 5	266–7	ל״ה
forget	שכח	1, 2, 3, 4, 5, 6, 7	372–3	שלמים
forgive	סלח	1, 2	240–1	שלמים
form	ברא	1, 2, 3, 5, 6	44–5	ל״א
form	היה	1, 2, 3, 4, 7	66–7	ל״ה
found	שתה	1, 2, 5, 6	396–7	ל״ה
fulfil	קום	3, 4, 7	312–3	ע״ו
G				
gain honour	כבד	1, 2, 3, 4, 5, 6, 7	148–9	שלמים
gather	אסף	1, 2, 3, 4, 7	18–9	פ״א
get in touch	קשר	1, 2, 3, 4, 5, 6, 7	324–5	שלמים
get ready	כון	2, 3, 4, 5, 6, 7	152–3	ע״ו
give	נתן	1, 2	230–1	פ״נ
glean	לקט	1, 2, 3, 4, 5, 7	172–3	שלמים
glorify	אמר	1, 2, 3, 5, 7	16–7	פ״א
go	הלך	1, 2, 3, 5, 7	68–9	פ״י
go down	ירד	1, 5, 6	140–1	פ״י
go out	יצא	1, 3, 4, 5, 6	138–9	פ״י, ל״א
go up	עלה	1, 2, 3, 4, 5, 6, 7	254–5	ל״ה
grieve	צער	1, 3, 4, 5, 6, 7	300–1	שלמים
grow insignificant	צער	1, 3, 4, 5, 6, 7	300–1	שלמים
grow old	ישן	1, 2, 3, 4, 7	144–5	פ״י
guide	כון	3, 4, 5, 6, 7	154–5	ע״ו
guide	נהל	3, 4, 7	206–7	פ״נ
H				
hang	תלה	1, 2, 3, 5	406–7	ל״ה
happen	קרה	1, 2, 3, 4, 5, 6	322–3	ל״ה
harden	חזק	1, 3, 4, 5, 6, 7	84–5	שלמים
hasty (to be)	מהר	1, 2, 3, 7	174–5	שלמים
hate	שנא	1, 2, 3, 4, 5, 6	354–5	ל״א
hear	שמע	1, 2, 3, 4, 5, 6, 7	380–1	שלמים
heavy (to be)	כבד	1, 2, 3, 4, 5, 6, 7	148–9	שלמים
help	עזר	1, 2, 5, 6, 7	252–3	שלמים
hire	שכר	1, 2, 5, 6, 7	348–9	שלמים
hold	חזק	1, 3, 4, 5, 6, 7	84–5	שלמים
hope	קוה	1, 2, 3, 4, 5, 6	308–9	ל״ה
I				
idle (to be)	בטל	1, 2, 3, 4, 5, 6, 7	28–9	שלמים

Verb	Root	Steps	Page	Parad'gm
illuminate	אור	1, 2, 3, 4, 5, 6, 7	6–7	פ״א, ע״ו
imagine	דמה	1, 2, 3, 4, 7	64–5	ל״ה
implore	חלה	1, 2, 3, 4, 5, 6, 7	94–5	ל״ה
impress	רשם	1, 2, 3, 4, 5, 6, 7	346–7	שלמים
impregnate	עבר	1, 2, 3, 4, 5, 6, 7	246–7	שלמים
imprison	סגר	1, 2, 3, 4, 5, 6, 7	234–5	שלמים
impute	טפל	1, 2, 3, 4, 5, 6, 7	118–9	שלמים
increase	יסף	1, 2, 5, 6, 7	134–5	פ״י
inflict	שלח	1, 2, 3, 4, 5, 6, 7	374–5	שלמים
influence	שפע	1, 2, 3, 4, 5, 6, 7	392–3	שלמים
inform	ידע	1, 2, 3, 4, 5, 6, 7	126–7	פ״י
inoculate	רכב	1, 3, 4, 5, 6, 7	340–1	שלמים
intend	אמר	1, 2, 3, 5, 7	16–7	פ״א
intercede	פגע	1, 2, 5	268–9	שלמים
interest	ענין	3, 4, 7	262–3	מרובעים
interrupt	פסק	1, 2, 3, 4, 5, 6, 7	280–1	שלמים
invent	מצא	1, 2, 5, 6, 7	188–9	ל״א
invest	שקע	1, 2, 3, 4, 5, 6, 7	394–5	שלמים
investigate	חקר	1, 2, 3, 5, 7	108–9	שלמים
invite	זמן	3, 4, 5, 6, 7	80–1	שלמים
J				
join	טפל	1, 2, 3, 4, 5, 6, 7	118–9	שלמים
join together	לחם	1, 2, 5, 6, 7	166–7	שלמים
journey	נסע	1, 2, 5, 6	218–9	פ״נ
judge	דין	1, 2, 3, 7	62–3	ע״י
jump	קפץ	1, 2, 3, 5, 6, 7	316–7	שלמים
K				
kill	הרג	1, 2	74–5	שלמים
kill	מות	1, 3, 5, 6	176–7	ע״ו
kiss	נשק	1, 2, 3, 4, 5, 7	228–9	פ״נ
kneel	ברך	1, 2, 3, 4, 5, 6, 7	46–7	שלמים
know	ידע	1, 2, 3, 4, 5, 6, 7	126–7	פ״י
L				
lack	חסר	1, 2, 3, 4, 5, 6, 7	104–5	שלמים
lament	בכה	1, 3, 5, 7	32–3	ל״ה
late (to be)	אחר	3, 4, 5, 7	10–1	פ״א
laugh	צחק	1, 3, 5, 6, 7	292–3	שלמים
lead	הלך	1, 2, 3, 5, 7	68–9	פ״י
lead	יבל	3, 4, 5, 6	120–1	פ״י
learn	שנה	1, 2, 3, 4, 5, 7	386–7	ל״ה
leave	עזב	1, 2, 3, 4, 5, 7	250–1	שלמים
leave over	יתר	2, 3, 4, 5, 7	146–7	פ״י
lecture	רצה	1, 2, 3, 4, 5, 6, 7	342–3	ל״ה
lend	שאל	1, 2, 3, 5, 6	358–9	שלמים
let alone	נוח	1, 2, 5, 6	208–9	ע״ו
lie down	שכב	1, 2, 5, 6	370–1	שלמים

Verb	Root	Steps	Page	Paradigm
lift	רום	1, 2, 3, 4, 5, 6, 7	332‾3	ע״ו
lift	נשא	1, 2, 3, 4, 5, 6, 7	224‾5	פ״נ, ל״א
light	אור	1, 2, 3, 4, 5, 6, 7	6‾7	פ״א, ע״ו
like	אהב	1, 2, 3, 4, 5, 7	4‾5	פ״א
linger	אחר	3, 4, 5, 7	10‾1	פ״א
litigate	דין	1, 2, 3, 7	62‾3	ע״י
live	חיה	1, 3, 4, 5, 6, 7	90‾1	ל״ה
load	טען	1, 2, 3, 4, 5, 6	116‾7	שלמים
load	סבל	1, 2, 3, 4, 7	232‾3	שלמים
long for	חכה	3, 4	92‾3	ל״ה
look about	נבט	1, 2, 5, 6	192‾3	פ״נ
lose	אבד	1, 2, 3, 4, 5, 7	2‾3	פ״א
love	רחם	1, 3, 4, 7	338‾9	שלמים
love	אהב	1, 2, 3, 4, 5, 7	4‾5	פ״א
lower	ירד	1, 5, 6	140‾1	פ״י
lust	אהב	1, 2, 3, 4, 5, 7	4‾5	פ״א
M				
manage	נהל	3, 4, 7	206‾7	פ״נ
make abstract	פשט	1, 2, 3, 4, 5, 6, 7	288‾9	שלמים
make a vow	פלא	2, 3, 5, 6, 7	274‾5	ל״א
make partner	שתף	3, 4, 7	308‾0	שלמים
make peace	שלם	1, 2, 3, 4, 5, 6, 7	378‾9	שלמים
make profit	שׂכר	1, 2, 5, 6, 7	348‾9	שלמים
mark	צין	3, 4, 7	294‾5	ע״י
marry	נשא	1, 2, 3, 4, 5, 6, 7	224‾5	פ״נ, ל״א
mean	כון	3, 4, 5, 6, 7	154‾5	ע״ו
meet	פגע	1, 2, 5	268‾9	שלמים
meet	זמן	3, 4, 5, 6, 7	80‾1	שלמים
meet	פגש	1, 2, 5 6, 7	270‾1	שלמים
mingle	בלע	1, 2, 3, 4, 5, 6, 7	36‾7	שלמים
miss	חטא	1, 3, 4, 5, 6, 7	888‾9	ל״א
N				
name	קרא	1, 2, 5, 6, 7	318‾9	ל״א
need	צרך	1, 2, 5, 6, 7	318‾9	שלמים
neglect utterly	עלם	2, 3, 4, 5, 6, 7	302‾3	שלמים
note	רשם	1, 2, 3, 4, 5, 6, 7	346‾7	שלמים
nourish	כלכל	3, 4, 7	156‾7	מרובעים
O				
obtain	נשג	5, 6	226‾7	פ״נ
offend	פגע	1, 2, 5	268‾9	שלמים
old (to be)	בלה	1, 2, 3, 7	34‾5	ל״ה
open	פתח	1, 2, 3, 4, 7	290‾1	שלמים
P				
parallel	קבל	1, 2, 3, 4, 5, 6, 7	304‾5	שלמים

Verb	Root	Steps	Page	Paradigm
pardon	סלח	1, 2	240-1	שלמים
pass	חלף	1, 2, 3, 4, 5, 6, 7	98-9	שלמים
pass away	הלך	1, 2, 3, 5, 7	68-9	פ״י
pay	שלם	1, 2, 3, 4, 5, 6, 7	378-9	שלמים
pay off	רצה	1, 2, 3, 4, 5, 6, 7	342-3	ל״ה
peck	געגע	3, 7	54-5	מרובעים
perish	אבד	1, 2, 3, 4, 5, 6, 7	2-3	פ״א
pierce	טען	1, 2, 3, 4, 5, 6	116-7	שלמים
pity	רחם	1, 3, 4, 7	338-9	שלמים
play	צחק	1, 3, 5, 6, 7	292-3	שלמים
play an instrument	נגן	3, 4, 5, 6, 7	198-9	פ״נ
pluck out	נסע	1, 2, 5, 6	218-9	פ״נ
postpone	אחר	3, 4, 5, 7	10-1	פ״א
pour	שפך	1, 2	390-1	שלמים
praise	הלל	3, 4, 7	70-1	כפולים
praise	ידה	1, 3, 5, 7	124-5	פ״י, ל״ה
pray	פלל	3, 7	276-7	כפולים
prefer	בחר	1, 2, 3, 4, 5, 6	24-5	שלמים
prepare	כון	2, 3, 4, 5, 6, 7	152-3	ע״ו
present	יכח	2, 5, 6, 7	128-9	פ״י
preserve	שמר	1, 2, 3, 4, 7	382-3	שלמים
press	כבש	1, 2, 3, 4, 5, 6, 7	150-1	שלמים
pretend	אמר	1, 2, 3, 5, 7	16-7	פ״א
proclaim a leap year	עבר	1, 2, 3, 4, 5, 6, 7	246-7	שלמים
promenade	טיל	3, 5, 6, 7	114-5	ע״י
promise	בטח	1, 2, 3, 4, 5, 6	26-7	שלמים
proselyte (to make a)	גיר	1, 3, 4, 7	50-1	ע״י
provide for	פרנס	3, 4, 7	282-3	מרובעים
publish	פרסם	3, 4, 7	284-5	מרובעים
punish	שפט	1, 2	388-9	שלמים
pursuade	שדל	3, 4, 7	366-7	שלמים
pursue	רדף	1, 2, 3, 4, 5, 6, 7	330-1	שלמים
R				
raise	בנה	1, 2, 3, 4, 7	38-9	ל״ה
raise	רום	1, 2, 3, 4, 5, 6, 7	332-3	ע״ו
reach	נגע	1, 2, 3, 4, 5, 6, 7	200-1	פ״נ
read	קרא	1, 2, 5, 6, 7	318-9	ל״א
rear guard (to act as)	אסף	1, 2, 3, 4, 7	18-9	פ״א
reckon	חשב	1, 2, 3, 4, 5, 6, 7	110-1	שלמים
recuperate	חלם	1,5	96-7	שלמים
redeem	גאל	1, 2, 3, 4, 5, 6, 7	48-9	שלמים
reduce	חסר	1, 2, 3, 4, 5, 6, 7	104-5	שלמים
regard as	חזק	1, 2, 4, 5, 6, 7	84-5	שלמים
register	רשם	1, 2, 3, 4, 5, 6, 7	346-7	שלמים
rejoice	שמח	1, 3, 4, 5, 6	352-3	שלמים
rely on	בטח	1, 2, 3, 4, 5, 6	26-7	שלמים
remain	שאר	1, 2, 3, 4, 5, 6, 7	360-1	שלמים

Verb	Root	Steps	Page	Paradigm
remember	זכר	1, 2, 3, 4, 5, 6, 7	78⁻9	שלמים
remove warts	יבל	3, 4, 5, 6	120⁻1	פ״י
respect	שנה	1, 2, 3, 4, 5, 7	386⁻7	ל״ה
replace	חלף	1, 2, 3, 4, 5, 6, 7	98⁻9	שלמים
request	בקש	3, 4, 7	42⁻3	שלמים
resemble	דמה	1, 2, 3, 4, 7	64⁻5	ל״ה
reserve	שאר	1, 2, 3, 4, 5, 6, 7	360⁻1	שלמים
rest	נוח	1, 2, 5, 6	208⁻9	ע״י
restrain	מנע	1, 2, 5	184⁻5	שלמים
result	יצא	3, 4, 5, 6	138⁻9	פ״י, ל״א
retire	פרש	1, 2, 3, 4, 5, 6, 7	286⁻7	שלמים
return	חזר	1, 2, 5, 6, 7	86⁻7	שלמים
reverse	הפך	1, 2, 3, 4, 7	72⁻3	שלמים
revive	חיה	1, 3, 4, 5, 6, 7	90⁻1	ל״ה
ripen	גמר	1, 2, 3, 4, 6, 7	52⁻3	שלמים
roof	קרה	1, 2, 3, 4, 5, 6	322⁻3	ל״ה
rule	מלך	1, 2, 5, 6, 7	182⁻3	שלמים
run	רוץ	1, 3, 5, 6, 7	334⁻5	ע״ו
S				
sacrifice	קרב	1, 2, 3, 4, 5, 6	320⁻1	שלמים
save	נצל	2, 3, 4, 5, 6, 7	222⁻3	פ״נ
say	אמר	1, 2, 3, 5, 7	16⁻7	פ״א
search	חקר	1, 2, 3, 5, 7	108⁻9	שלמים
secure	בטח	1, 2, 3, 4, 5, 6	26⁻7	שלמים
see	ראה	1, 2, 5, 6, 7	326⁻7	ל״ה
seed	נבל	1, 2, 5, 6	192⁻3	פ״נ
seek favor	רצה	1, 2, 3, 4, 5, 6, 7	346⁻7	ל״ה
select	בחר	1, 2, 3, 4, 5, 6	24⁻5	שלמים
sell	מכר	1, 2, 7	178⁻9	שלמים
seize	אחז	1, 2, 3, 4, 5, 6, 7	8⁻9	פ״א
send	שלח	1, 2, 3, 4, 5, 6, 7	374⁻5	שלמים
serve	נגש	1, 2, 5, 6, 7	202⁻3	פ״נ
set at an incline	שפע	1, 2, 3, 4, 5, 6, 7	392⁻3	שלמים
set type	סדר	1, 2, 3, 4, 5, 7	236⁻7	שלמים
shine	אור	1, 2, 3, 4, 5, 6, 7	6⁻7	ע״ו
show	ראה	1, 2, 5, 6, 7	326⁻7	ל״ה
show partiality	נכר	2, 4, 4, 5, 6, 7	216⁻7	פ״נ
sick (to be)	חלה	1, 2, 3, 4, 5, 6, 7	94⁻5	ל״ה
sin	חטא	1, 3, 4, 5, 6, 7	88⁻9	ל״א
sing	שיר	1, 3, 5, 6	368⁻9	ע״י
sink	שקע	1, 2, 3, 4, 5, 6, 7	394⁻5	שלמים
sit	ישב	1, 2, 3, 4, 5, 6, 7	142⁻3	פ״י
sleep	ישן	1, 2, 3, 4, 5, 6, 7	144⁻5	פ״י
slide	חלק	1, 2, 3, 4, 5, 6, 7	100⁻1	שלמים
sketch	רשם	1, 2, 3, 4, 5, 6, 7	346⁻7	שלמים
soar	אמר	1, 2, 3, 5, 7	16⁻7	פ״א

Verb	Root	Steps	Page	Paradigm
spare	שאר	1, 2, 3, 4, 5, 6, 7	360-1	שלמים
sprout	נבט	1, 2, 5, 6	192-3	פ״נ
stain	גאל	1, 2, 3, 4, 5, 6, 7	48-9	שלמים
start	תחל	5, 6	404-5	שלמים
stretch	פשט	1, 2, 3, 4, 5, 6, 7	288-9	שלמים
strew	לקט	1, 2, 3, 4, 5, 7	172-3	שלמים
strike	אמר	1, 2, 3, 5, 7	16-7	פ״א
strong (to be)	חזק	1, 3, 4, 5, 6, 7	84-5	שלמים
study	למד	1, 2, 3, 4, 7	168-9	שלמים
subdue	כבש	1, 2, 3, 4, 5, 6, 7	150-1	שלמים
subdue	דבר	1, 2, 3, 4, 5, 6, 7	60-1	שלמים
suffer	סבל	1, 2, 3, 4, 7	232-3	שלמים
suffer	ענה	1, 2, 3, 4, 7	260-1	ל״ה
summon	תבע	1, 2	402-3	שלמים
supply	שבר	2, 3, 5, 6	362-3	שלמים
support	פרנס	3, 4, 7	282-3	מרובעים
suspend	בטל	1, 2, 3, 4, 5, 6, 7	28-9	שלמים
sustain	כלכל	3, 4, 7	156-7	מרובעים
surrender	סגר	1, 2, 3, 4, 5, 6, 7	234-5	שלמים
swallow	בלע	1, 2, 3, 4, 5, 6, 7	36-7	שלמים
swear	שבע	2, 3, 5, 6	362-3	שלמים
sweep	כבד	1, 2, 3, 4, 5, 6, 7	148-9	שלמים
swing	תלה	1, 2, 3, 5	456-7	ל״ה
T				
take	נטל	1, 2, 3, 5	212-3	פ״נ
take	לקח	1, 2, 7	170-1	שלמים
take off	פשט	1, 2, 3, 4, 5, 6, 7	288-9	שלמים
tarry	אחר	3, 4, 5, 7	10-1	פ״א
tell	נגד	1, 3, 4, 5, 6, 7	196-7	פ״נ
think	חשב	1, 2, 3, 4, 5, 6, 7	110-1	שלמים
throw	ידה	1, 3, 5	124-5	פ״י, ל״ה
throw	שלך	2, 5, 6	376-7	שלמים
throw down	נפל	1, 2, 5, 6, 7	220-1	פ״נ
torture	ענה	1, 2, 3, 4, 7	260-1	ל״ה
touch	נגע	1, 2, 3, 4, 5, 7	200-1	פ״נ
train	אמן	1, 2, 3, 4, 5, 6, 7	14-5	פ״א
train	למד	1, 2, 3, 4, 7	168-9	שלמים
treat as masculine	זכר	1, 2, 3, 4, 5, 6, 7	78-9	שלמים
trim	פסק	1, 2, 3, 4, 5, 6, 7	280-1	שלמים
true (to be)	אמן	1, 2, 3, 4, 5, 6, 7	14-5	פ״א
trust	בטח	1, 2, 3, 4, 5, 6	26-7	שלמים
try	שדל	3, 4, 7	366-7	שלמים
turn	הפך	1, 2, 3, 4, 7	72-3	שלמים
turn	נטה	1, 2, 5, 6	210-1	ל״ה
turn aside	סור	1, 3, 5, 6	238-9	ע״ו

Verb	Root	Steps	Page	Paradigm
U				
understand	בין	1, 2, 3, 4, 5, 6, 7	30⁻1	ע״י
use	שמש	3, 4, 7	384⁻5	שלמים
V				
visit	בקר	3, 4, 7	40⁻1	שלמים
W				
wait	חכה	3, 4	92⁻3	ל״ה
wash	רחץ	1, 2, 3, 4, 5, 6, 7	336⁻7	שלמים
waste	אבד	1, 2, 3, 4, 5, 7	2⁻3	פ״א
watch	שמר	1, 2, 3, 4, 7	382⁻3	שלמים
wear	לבש	1, 2, 4, 4, 5, 7	164⁻5	שלמים
wedge in	קבע	1, 2, 3, 4, 5, 6	306⁻7	שלמים
weed	יבל	3, 4, 5, 6	120⁻1	פ״י
weep	בכה	1, 3, 5, 7	32⁻3	ל״ה
withdraw	עלה	1, 2, 3, 4, 5, 6, 7	254⁻5	ל״ה
work	עבד	1, 2, 3, 4, 5, 6, 7	244⁻5	שלמים
worthy (to be)	זכה	1, 3, 4, 7	76⁻7	ל״ה
write	כתב	1, 2, 3, 4, 5, 6, 7	162⁻3	שלמים
Y				
yearn	געגע	3, 7	54⁻5	מרובעים

Hebrew—English Verb Index

Verb (root)		Steps	Page	Paradigm
א				
אבד	to perish, to be lost, to waste, to destroy, to commit suicide	1, 2, 3, 4, 5, 7	2-3	פ״א
אהב	to love, to like, to lust	1, 2, 3, 4, 5, 7	4-5	פ״א
אור	to become light, to shine, to air, to be illuminated	1, 2, 3, 4, 5, 6, 7	6-7	פ״א, ע״ו
אחז	to seize, to cover, to enclose, to settle	1, 2, 3, 4, 5, 6, 7	8-9	פ״א
אחר	to be late, to linger, to postpone, to tarry	3, 4, 5, 7	10-1	פ״א
אכל	to eat, to devour ,to be digested	1, 2, 3, 4, 5, 6, 7	12-3	פ״א
אמן	to bring up, to foster, to be true, to train, to believe	1, 2, 3, 4, 5, 6, 7	14-5	פ״א
אמר	to intend, to say, to declare a strike, to glorify, to soar, to boast, to pretend	1, 2, 3, 5, 7	16-7	פ״א
אסף	to gather, to assemble, to receive a guest, to act as a rear guard	1, 2, 3, 4, 7	18-9	פ״א
ב				
באר	to explain, to tell in detail	3, 4, 5, 7	20-1	שלמים
בוא	to come, to import, to bring	1, 3, 4, 5, 6	22-3	ע״ו, ל״א
בחר	to choose, to prefer, to select	1, 2, 3, 4, 5, 6	24-5	שלמים
בטח	to trust, to depend, to rely on, to insure, to secure, to promise	1, 2, 3, 4, 5, 6	26-7	שלמים
בטל	to be idle, to cease, to desist, to cancel, to suspend	1, 2, 3, 4, 5, 6, 7	28-9	שלמים
בין	to understand, to consider	1, 2, 3, 4, 5, 6, 7	30-1	ע״י
בכה	to cry, to weep, to lament	1, 3, 5, 7	32-3	ל״ה
בלה	to decay, to become old	1, 2, 3, 7	34-5	ל״ה
בלע	to swallow, to destroy, to mingle, to disappear	1, 2, 3, 4, 5, 6, 7	36-7	שלמים
בנה	to build, to raise, to erect	1, 2, 3, 4, 7	38-9	ל״ה
בקר	to visit, to criticize, to examine	3, 4, 7	40-1	שלמים
בקש	to seek, to request,	3, 4, 7	42-3	שלמים
ברא	to create, to form ,to cut down, to fatten	1, 2, 3, 5, 6	44-5	ל״א
ברך	to kneel, to bless	1, 2, 3, 4, 5, 6, 7	46-7	שלמים
ג				
גאל	to redeem, to defile, to stain	1, 2, 3, 4, 5, 6, 7	48-9	שלמים
גור	to dwell, to make a proselyte	1, 3, 4, 7	50-1	שלמים, ע״ו
גמר	to finish, to waste, to be decided, to ripen	1, 2, 3, 4, 6, 7	52-3	שלמים
געגע	to peck, to yearn	3, 7	54-5	מרובעים
גרם	to cause, to break bones	1, 2, 3, 4, 5, 6	56-7	שלמים
גרש	to drive out, to divorce,	1, 2, 3, 4, 7	58-9	שלמים

Verb (root)		Steps	Page	Paradigm
ד				
דבר	to converse, to subdue	1, 2, 3, 4, 5, 6, 7	60–1	שלמים
דין	to judge, to argue	1, 2, 3, 7	62–3	ע״י
דמה	to resemble, to imagine	1, 2, 3, 4, 7	64–5	ל״ה
ה				
היה	to exist, to form	1, 2, 3, 4, 7	66–7	ל״ה
הלך	to go, to pass away, to lead	1, 2, 3, 5, 7	68–9	שלמים, פ״י
הלל	to praise, to boast	3, 4, 7	70–1	כפולים
הפך	to turn, to change, to reverse	1, 2, 3, 4, 7	72–3	שלמים
הרג	to kill	1, 2	74–5	שלמים
ז				
זכה	to acquire, to be worthy, to credit, to make oneself clean	1, 3, 4, 7	76–7	ל״ה
זכר	to remember, to treat as masculine, to remind, to reminisce	1, 2, 3, 4, 5, 6, 7	78–9	שלמים
זמן	to provide, to prepare, to invite, to meet, to chance	3, 4, 5, 6, 7	80–1	שלמים
ח				
חדל	to cease	1, 2, 5	82–3	שלמים
חזק	to be strong, to harden, to hold	1, 3, 4, 5, 6, 7	84–5	שלמים
חזר	to return, to circulate	1, 3, 5, 6, 7	86–7	שלמים
חטא	to sin, to miss, to cleanse	1, 3, 4, 5, 6, 7	88–9	ל״א
חיה	to live, to revive	1, 3, 4, 5, 6, 7	90–1	ל״ה
חכה	to wait, to long for	3, 4	92–3	ל״ה
חלה	to be sick, to implore	1, 2, 3, 4, 5, 6, 7	94–5	ל״ה
חלם	to dream, to recuperate	1, 5	96–7	שלמים
חלף	to pass, to change, to replace, exchange	1, 2, 3, 4, 5, 6, 7	98–9	שלמים
חלק	to divide, to differ, to distribute, to flatter, to slide	1, 2, 3, 4, 5, 6, 7	100–1	שלמים
חמד	to desire	1, 2, 3, 4, 5, 7	102–3	שלמים
חסר	to lack, to deprive, to reduce	1, 2, 3, 4, 5, 6, 7	104–5	שלמים
חפש	to search, to investigate, to disguise	1, 2, 3, 4, 7	106–7	שלמים
חקר	to search, to explore, to investigate, to carry on research	1, 2, 3, 5, 7	108–9	שלמים
חשב	to think, to calculate, to esteem, to reckon	1, 2, 3, 4, 5, 6, 7	110–1	שלמים
חתך	to cut, to decide	1, 2, 3, 4, 7	112–3	שלמים
ט				
טיל	to promenade, to cast	3, 5, 6, 7	114–5	שלמים
טען	to load, to argue, to pierce	1, 2, 3, 4, 5, 6	116–7	שלמים
טפל	to impute, to join, to bother	1, 2, 3, 4, 5, 6, 7	118–9	שלמים
י				
יבל	to weed, to remove warts, to lead	3, 4, 5, 6	120–1	פ״י
יבש	to dry	1, 3, 4, 5, 6, 7	122–3	פ״י
ידה	to throw, to cast, to praise	1, 3, 5, 7	124–5	פ״י, ל״ה
ידע	to know, to assign, to inform	1, 2, 3, 4, 5, 6, 7	126–7	פ״י
יכח	to be present, to be convinced, to debate	2, 5, 6, 7	128–9	פ״י

Verb (root)		Steps	Page	Paradigm
יכל	to be able, to prevail	1	130⁻1	פ״י
ילד	to bear, to bring forth, to act as midwife	1, 2, 3, 5, 6, 7	132⁻3	פ״י
יסף	to increase, to do again, to add	1, 2, 5, 6, 7	134⁻5	פ״י
יעץ	to advise, to consult	1, 2, 3, 7	136⁻7	פ״י
יצא	to go out, to result, to export, to expel	1, 3, 4, 5, 6	138⁻9	פ״י
ירד	to go down, to descend, to lower	1, 5, 6	140⁻1	פ״י
ישב	to sit, to settle, to colonize, to be at ease	1, 2, 3, 4, 5, 6, 7	142⁻3	פ״י
ישן	to sleep, to grow old	1, 2, 3, 4, 7	144⁻5	פ״י
יתר	to remain, to add, to leave over	2, 3, 4, 5, 7	146⁻7	פ״י

כ

כבד	to be heavy, to gain honour, to sweep	1, 2, 3, 4, 5, 6, 7	148⁻9	שלמים
כבש	to subdue, to press, to conquer, to bring in bondage	1, 2, 3, 4, 5, 6, 7	150⁻1	שלמים
כון	to get ready, to establish, to prepare	2, 3, 4, 5, 6, 7	155⁻5	ע״ו
כון	to direct, to mean, to guide	3, 4, 5, 6, 7	154⁻5	ע״ו
כלכל	to sustain, to nourish	3, 4, 7	156⁻7	מרובעים
כנס	to collect, to gather, to enter, to assemble	1, 2, 3, 4, 5, 6, 7	158⁻9	שלמים
כסה	to cover, to conceal	1, 2, 3, 4, 7	160⁻1	ל״ה
כתב	to write, to dictate, to correspond	1, 2, 3, 4, 5, 6, 7	162⁻3	שלמים

ל

לבש	to wear	1, 2, 4, 5, 6, 7	164⁻5	שלמים
לחם	to fight, to eat bread, to join together	1, 2, 5, 6, 7	166⁻7	שלמים
למד	to study, to train	1, 2, 3, 4, 7	168⁻9	שלמים
לקח	to take, to flame up	1, 2, 7	170⁻1	שלמים
לקט	to glean, to collect, to strew	1, 2, 3, 4, 5, 7	172⁻3	שלמים

מ

מהר	to buy a wife, to be hasty	1, 2, 3, 7	174⁻5	שלמים
מות	to die, to kill	1, 3, 5, 6	176⁻7	ע״ו
מכר	to sell, to devote oneself	1, 2, 7	178⁻9	שלמים
מלא	to fill, to fulfil	1, 2, 3, 4, 7	180⁻1	ל״א
מלך	to rule, to be king, to consider	1, 2, 5, 6, 7	182⁻3	שלמים
מנע	to restrain, to refrain	1, 2, 5	184⁻5	שלמים
מסר	to deliver, to devote oneself	1, 2, 7	186⁻7	שלמים
מצא	to find, to exist, to invent, to find one's way	1, 2, 5, 6, 7	188⁻9	ל״א
משך	to pull, to delay, to continue, to extend	1, 2, 3, 4, 5, 6, 7	190⁻1	שלמים

נ

נבט	to sprout, to look about, to seed	1, 2, 5, 6	192⁻3	פ״נ
נבע	to flow, to express	1, 5, 6	194⁻5	פ״נ
נגד	to contradict, to flog, to tell	1, 3, 4, 5, 6, 7	196⁻7	פ״נ
נגן	to play an instrument, to compose music	3, 4, 5, 6, 7	198⁻9	פ״נ
נגע	to touch, to afflict, to be afflicted with leprosy, to reach	1, 2, 3, 4, 5, 6, 7	200⁻1	פ״נ
נגש	to approach, to serve, to conflict	1, 2, 3, 4, 5, 6, 7	202⁻3	פ״נ
נהג	to drive, to behave, to conduct	1, 2, 3, 4, 5, 6, 7	204⁻5	פ״נ

Verb (root)		Steps	Page	Paradigm
נהל	to guide, to manage, to move along	3, 4, 7	206–7	פ״נ
נוח	to rest, to put, to let alone	1, 2, 5, 6	208–9	ע״ו
נטה	to turn, to decline, to extend	1, 2, 5, 6	210–1	פ״נ, ל״ה
נטל	to take, to attach	1, 2, 3, 5	212–3	פ״נ
נטע	to plant	1, 2	214–5	פ״נ
נכר	to be evident, to show partiality, to recognize, to act as a stranger	2, 3, 4, 5, 6, 7	216–7	פ״נ
נסע	to journey, to pluck out	1, 2, 5, 6	218–9	פ״נ
נפל	to fall, to throw down, to attack	1, 2, 5, 6, 7	220–1	פ״נ
נצל	to escape, to exploit, to save, to apologize	2, 3, 4, 5, 6, 7	222–3	פ״נ
נשא	to lift, to marry, to exalt, to boast	1, 2, 3, 4, 5, 6, 7	224–5	פ״נ, ל״א
נשג	to overtake, to obtain	5, 6	226–7	פ״נ
נשק	to kiss, to touch gently	1, 2, 3, 4, 5, 7	228–9	פ״נ
נתן	to give, to let	1, 2	230–1	פ״נ
ס				
סבל	to suffer, to load	1, 2, 3, 4, 7	232–3	שלמים
סגר	to shut, to surrender, to imprison	1, 2, 3, 4, 5, 6, 7	234–5	שלמים
סדר	to arrange, to set type	1, 2, 3, 4, 5, 7	236–7	שלמים
סור	to turn aside, to remove	1, 3, 5, 6	238–9	ע״ו
סלח	to forgive, to pardon	1, 2	240–1	שלמים
ספר	to count, to cut hair	1, [illegible], [illegible], [illegible], 7	242–3	שלמים
ע				
עבד	to work, to elaborate, to employ, to enslave	1, 2, 3, 4, 5, 6, 7	244–5	שלמים
עבר	to pass, to cross, to impregnate, to proclaim a leap-year, to remove, to become angry	1, 2, 3, 4, 5, 6, 7	246–7	שלמים
עור	to awake, to rouse, to comment	1, 2, 3, 4, 5, 6, 7	248–9	ע״ו
עזב	to leave, to abandon, to effect a divorce	1, 2, 3, 4, 5, 7	250–1	שלמים
עזר	to help	1, 2, 5, 6, 7	252–3	שלמים
עלה	to go up, to withdraw, to praise, to lift oneself up	1, 2, 3, 4, 5, 6, 7	254–5	ל״ה
עלם	to disappear, to tie up, to hide, to neglect utterly	2, 3, 4, 5, 6, 7	256–7	שלמים
עמד	to stand, to stop, to arrange in columns or pages, to place, to be presented	1, 2, 3, 4, 5, 6, 7	258–9	שלמים
ענה	to answer, to torture, to suffer	1, 2, 3, 4, 7	260–1	ל״ה
ענין	to interest	3, 4, 7	262–3	מרובעים
ערך	to arrange, to edit, to evaluate	1, 2, 5, 6	264–5	שלמים
עשה	to do, to force	1, 2, 3, 4, 5	266–7	ל״ה
פ				
פגע	to meet, to offend, to feel hurt, to intercede	1, 2, 5	268–9	שלמים
פגש	to meet	1, 2, 5, 6, 7	270–1	שלמים
פחד	to fear	1, 2, 3, 4, 5, 7	272–3	שלמים
פלא	to be wonderful, extraordinary, to make a vow, to amaze	2, 3, 5, 6, 7	274–5	ל״א
פלל	to decide, to conceive, to pray	3, 7	276–7	כפולים
פנה	to turn, to remove, to direct, to be free	1, 2, 3, 4, 5, 6, 7	278–9	ל״ה
פסק	to cease, to decide, to trim, to interrupt, to be split	1, 2, 3, 4, 5, 6, 7	280–1	שלמים

Verb (root)		Steps	Page	Paradigm
פרנס	to support, to provide for	3, 4, 7	282⁻3	מרובעים
פרסם	to publish, to be famous	3, 4, 7	284⁻5	מרובעים
פרש	to retire, to explain, to dedicate	1, 2, 3, 4, 5, 6, 7	286⁻7	שלמים
פשט	to ‿.etch, to take off, to strip, to make abstract	1, 2, 3, 4, 5, 6, 7	288⁻9	שלמים
פתח	ιo open, to begin, to develop	1, 2, 3, 4, 7	290⁻1	שלמים
צ				
צחק	to laugh, to play, to smile	1, 3, 5, 6, 7	292⁻3	שלמים
צין	to mark, to distinguish, to excel	3, 4, 7	294⁻5	ע״י
צלח	to rush, to succeed	1, 5, 6	296⁻7	שלמים
צעק	to cry, to shout, to assemble	1, 2, 3, 5, 7	298⁻9	שלמים
צער	to grow insignificant, to grieve, to cause pain	1, 3, 4, 5, 6, 7	300⁻1	שלמים
צרך	to need, to oblige	1, 2, 5, 6, 7	302⁻3	שלמים
ק				
קבל	to compalin, to accept, to parallel, to be greeted	1, 3, 4, 5, 6, 7	304⁻5	שלמים
קבע	to fix, to appoint, to wedge in, to install,	1, 2, 3, 4, 5, 6	306⁻7	שלמים
קוה	to collect, to hope	1, 2, 3, 4, 5, 6	308⁻9	ל״ה
קום	to stand up, to arouse, to establish, to rise against	1, 3, 4, 5, 6, 7	310⁻1	ע״ו
קום	to fulfil, to exist, to be realized	3, 4, 7	312⁻3	ע״ו
קנה	to buy, to sell	1, 2, 5, 6	314⁻5	ל״ה
קפץ	to jump, to sprint, to contract	1, 2, 3, 5, 6, 7	316⁻7	שלמים
קרא	to read, to call, to name	1, 2, 5, 6, 7	318⁻9	ל״א
קרב	to sacrifice, to come close	1, 2, 3, 4, 5, 6, 7	323⁻1	שלמים
קרה	to happen, to roof, to meet	1, 2, 3, 4, 5, 6	322⁻3	ל״ה
קשר	to bind, to conspire, to put in context, to get in touch with	1, 2, 3, 4, 5, 6, 7	324⁻5	שלמים
ר				
ראה	to see, to appear, to show,	1, 2, 5, 6, 7	326⁻7	ל״ה
רגש	to rage, to excite, to feel	1, 2, 3, 4, 5, 6, 7	328⁻9	שלמים
רדף	to pursue, to scatter	1, 2, 3, 4, 5, 6, 7	330⁻1	שלמים
רום	to raise, to exalt, to lift	1, 2, 3, 4, 5, 6, 7	332⁻3	ע״ו
רוץ	to run, to run back and forth, to dispatch	1, 3, 5, 6, 7	334⁻5	ע״ו
רחץ	to watch, to cleanse, to bathe	1, 2, 3, 4, 5, 6, 7	336⁻7	שלמים
רחם	to love, to pity	1, 3, 4, 7	338⁻9	שלמים
רכב	to ride, to combine, to inoculate	1, 3, 4, 5, 6, 7	340⁻1	שלמים
רצה	to desire, to seek favour, to be satisfied, to pay off,	1, 2, 3, 4, 5, 6, 7	342⁻3	ל״ה
רקד	to dance, to sift	1, 3, 4, 5, 6	344⁻5	שלמים
רשם	to note, to register, to sketch, to impress	1, 2, 3, 4, 5, 6, 7	346⁻7	שלמים
ש				
שכר	to hire, to benefit, to let, to make profit	1, 2, 5, 6, 7	348⁻9	שלמים
שים	to put	1, 5, 6	350⁻1	ע״י
שמח	to rejoice	1, 3, 4, 5, 6	352⁻3	שלמים
שנא	to hate	1, 2, 3, 4, 5, 6	354⁻5	ל״א

LANGUAGE PACKAGES FOR BUSY PEOPLE

NOTES

NOTES

NOTES

NOTES

NOTES

NOTES